EUROPA INSTITUT ZÜRICH

HERAUSGEBER: ROGER ZÄCH / DANIEL THÜRER / ROLF H. WEBER

Frank Scherrer

Das europäische und das schweizerische Fusionskontrollverfahren

SCHULTHESS POLYGRAPHISCHER VERLAG ZÜRICH

Abdruck der der Rechtswissenschaftlichen Fakultät
der Universität Zürich vorgelegten Dissertation

© Schulthess Polygraphischer Verlag AG, Zürich 1996
ISBN 3 7255 3498 5

Meinen Eltern

Vorwort

Die vorliegende Arbeit ist hauptsächlich in der Zeit meiner Tätigkeit als wissenschaftlicher Mitarbeiter am Europa Institut Zürich entstanden.

Für die vielfältige Unterstützung und die Förderung meiner Arbeit möchte ich Herrn Prof. Dr. Roger Zäch, Direktor am Europa Institut Zürich und Mitglied des Präsidiums der Wettbewerbskommission, ganz besonders danken.

Auch den Mitarbeiterinnen und Mitarbeitern des Europa Instituts Zürich danke ich sehr herzlich für die menschlich reiche und fachlich anspruchsvolle Zeit, während der ich am Institut arbeiten konnte.

Zahlreiche Informationen zum neuen Kartellgesetz verdanke ich Herrn Botschafter Dr. Marino Baldi und Herrn Dr. Jürg Borer vom Bundesamt für Aussenwirtschaft sowie Herrn Dr. Heinz Peter Widmer vom Sekretariat der Wettbewerbskommission. Dank gebührt auch den Mitarbeiterinnen und Mitarbeitern der Europäischen Kommission, die mir immer sehr bereitwillig Auskunft gegeben haben.

Das Manuskript begutachtet und zahlreiche Verbesserungen angeregt haben Rechtsanwältin Dr. Barbara Schmidhauser, Susanne Nüesch und Rechtsanwalt Marcel Meinhardt, LL.M. (NYU) und LL.M. (Bruges). Bei den Korrekturarbeiten waren mir meine Mutter und Andrea Fasel behilflich. Sie haben Anteil am Gelingen dieser Arbeit.

Zürich, Juni 1996

Inhaltsübersicht

INHALTSVERZEICHNIS XI
ABKÜRZUNGSVERZEICHNIS XXVII
VERZEICHNIS DER KURZBEZEICHNUNGEN XXXI
LITERATURVERZEICHNIS XXXIII
   I. Zum europäischen Recht XXXIII
   II. Zum schweizerischen Recht XLV
   III. Zum europäischen und zum schweizerischen Recht XLIX

EINLEITUNG 1
   I. Thema und Ziele 1
   II. Abgrenzung des Verfahrens vom materiellen Recht 2
   III. Struktur der Arbeit 3

TEIL 1 DAS EUROPÄISCHE FUSIONSKONTROLLVERFAHREN 5

KAPITEL 1 GRUNDLAGEN 5
   I. Geschichte der FKVO 5
   II. Gründe für den Erlass der FKVO 5
   III. Grundlage der FKVO im EG-Vertrag 6
   IV. Übersicht über die materielle Beurteilung von Zusammenschlüssen 7
   V. Auf das Fusionskontrollverfahren anwendbare Vorschriften 9
   VI. Ausschliessliche Zuständigkeit der Kommission 11
   VII. Verhältnis zu anderen Vorschriften zur Kontrolle von Unternehmenszusammenschlüssen 12

KAPITEL 2 ALLGEMEINE BESTIMMUNGEN 25
   I. Anwendungsbereich der FKVO 25
   II. Verfahrensbeteiligte 47
   III. Verfahrensmaximen 59
   IV. Verfahrenssprache 60
   V. Fristen 61
   VI. Informelles Verfahren 71
   VII. Zusammenarbeit mit anderen Wettbewerbsbehörden 76

KAPITEL 3 VERFAHRENSABLAUF 89
   I. Übersicht 89
   II. Hauptunterschiede zum Kartellverfahren 89
   III. Ordentliches Verfahren 90
   IV. Besondere Verfahren 181

KAPITEL 4 GERICHTLICHER RECHTSSCHUTZ 203
   I. Grundsatz 203
   II. Zuständigkeit 203
   III. Nichtigkeitsklage (Art. 173 EGV) 205
   IV. Andere Rechtsmittel 221
   V. Aufschiebende Wirkung und einstweilige Anordnungen im Verfahren vor dem Gerichtshof 222
   VI. Zusammenfassung zum Rechtsschutz 225

KAPITEL 5 VERFAHRENSRECHTE UND ALLGEMEINE GRUNDSÄTZE DES GEMEINSCHAFTSRECHTS ... 227
   I. Grundlagen ... *227*
   II. Einzelne Verfahrensrechte ... *235*
   III. Grundsätze des Verwaltungshandelns ... *289*
KAPITEL 6 VORSCHLÄGE FÜR DIE ANWENDUNG UND ÄNDERUNG DES EUROPÄISCHEN FUSIONS-
   KONTROLLVERFAHRENS ... 297
   I. Die für 1996 geplante Revision der FKVO ... *297*
   II. Zusammenfassung der in der Arbeit entwickelten Vorschläge ... *298*

TEIL 2 DAS SCHWEIZERISCHE FUSIONSKONTROLLVERFAHREN MIT VERGLEICHENDER BETRACHTUNG DES EUROPÄISCHEN VERFAHRENS ... 307

KAPITEL 1 GRUNDLAGEN ... 307
   I. Geschichte der Zusammenschlusskontrolle in der Schweiz ... *307*
   II. Gründe für eine präventive Zusammenschlusskontrolle in der Schweiz ... *312*
   III. Grundlage der Fusionskontrolle des KG 95 in der Bundesverfassung ... *314*
   IV. Orientierung an ausländischen Rechtsordnungen, besonders der europäischen FKVO ... *316*
   V. Übersicht über die materielle Beurteilung von Zusammenschlüssen ... *317*
   VI. Auf das Fusionskontrollverfahren anwendbare Vorschriften ... *324*
   VII. Folgen der Anwendbarkeit des VwVG ... *324*
KAPITEL 2 ALLGEMEINE BESTIMMUNGEN ... 327
   I. Zeitlicher Geltungsbereich ... *327*
   II. Anwendungsbereich der Fusionskontrolle ... *328*
   III. Verfahrensbeteiligte ... *343*
   IV. Verfahrensmaximen ... *354*
   V. Verfahrenssprache ... *356*
   VI. Fristen ... *356*
   VII. Informelles Verfahren ... *364*
   VIII. Zusammenarbeit mit anderen Wettbewerbsbehörden ... *367*
KAPITEL 3 VERFAHRENSABLAUF ... 373
   I. Übersicht ... *373*
   II. Präventive Ausgestaltung der Fusionskontrolle, Melde-, Genehmigungs- oder Zulassungspflicht 374
   III. Ordentliches Verfahren ... *377*
   IV. Besondere Verfahren ... *426*
KAPITEL 4 RECHTSSCHUTZ ... 433
   I. Grundsatz ... *433*
   II. Beschwerde an die Rekurskommission für Wettbewerbsfragen ... *434*
   III. Verwaltungsgerichtsbeschwerde an das Bundesgericht ... *440*
   IV. Andere Rechtsmittel und Rechtsbehelfe ... *442*
   V. Vergleich mit dem europäischen Recht ... *444*

KAPITEL 5 VERFAHRENSRECHTE UND GRUNDSÄTZE DES VERWALTUNGSRECHTS 447
   I. Grundlagen *447*
   II. Einzelne Verfahrensrechte *451*
   III. Weitere Grundsätze des Verwaltungshandelns *479*
KAPITEL 6 ZUSAMMENFASSUNG DER VORSCHLÄGE FÜR DIE ANWENDUNG UND ÄNDERUNG DES SCHWEIZERISCHEN FUSIONSKONTROLLVERFAHRENS 489
KAPITEL 7 BEURTEILUNG DER FUSIONSKONTROLLE DES KG 95 493

ZUSAMMENFASSENDE GEGENÜBERSTELLUNG DER SCHWEIZERISCHEN UND DER EUROPÄISCHEN ZUSAMMENSCHLUSSKONTROLLE **495**

ANHANG: LISTE DER BIS ZUM 31.12.95 ERGANGENEN ENDGÜLTIGEN ENTSCHEIDUNGEN
   UNTER DER FKVO 501

STICHWORTVERZEICHNIS 511
ZU TEIL 1 (EUROPÄISCHES FUSIONSKONTROLLVERFAHREN) 511
ZU TEIL 2 (SCHWEIZERISCHES FUSIONSKONTROLLVERFAHREN) 521

Inhaltsverzeichnis

ABKÜRZUNGSVERZEICHNIS XXVII
VERZEICHNIS DER KURZBEZEICHNUNGEN XXXI
LITERATURVERZEICHNIS XXXIII
   I. Zum europäischen Recht .... *XXXIII*
   II. Zum schweizerischen Recht .... *XLV*
   III. Zum europäischen und zum schweizerischen Recht .... *XLIX*

EINLEITUNG 1
   I. Thema und Ziele *1*
   II. Abgrenzung des Verfahrens vom materiellen Recht *2*
   III. Struktur der Arbeit *3*

TEIL 1 DAS EUROPÄISCHE FUSIONSKONTROLLVERFAHREN 5

KAPITEL 1 GRUNDLAGEN 5
   I. Geschichte der FKVO *5*
   II. Gründe für den Erlass der FKVO *5*
   III. Grundlage der FKVO im EG-Vertrag *6*
   IV. Übersicht über die materielle Beurteilung von Zusammenschlüssen *7*
   V. Auf das Fusionskontrollverfahren anwendbare Vorschriften *9*
   VI. Ausschliessliche Zuständigkeit der Kommission *11*
   VII. Verhältnis zu anderen Vorschriften zur Kontrolle von Unternehmenszusammenschlüssen *12*
      A. EGKS-Vertrag 12
      B. EWR-Abkommen 12
      C. Artikel 85 und 86 EGV 16
         1. Anwendbarkeit von Art. 85 und 86 EGV auf Zusammenschlüsse 16
            a) Art. 86 EGV - das Urteil Continental Can 16
            b) Art. 85 EGV - das Urteil Philip Morris 17
            c) Ausschluss der Verfahrensvorschriften des Kartellverfahrens 18
               aa) Zweck 18
               bb) Folgen 19
         2. Zusammenfassung 22
      D. Vorschriften der Mitgliedstaaten 22
         1. Zusammenschlusskontrolle in den Mitgliedstaaten 22
         2. Nichtanwendbarkeit nationaler Vorschriften 23

KAPITEL 2 ALLGEMEINE BESTIMMUNGEN 25
   I. Anwendungsbereich der FKVO *25*
      A. Unternehmensbegriff 25
      B. Personenbegriff 27
      C. Zusammenschluss 28
         1. Begriff 28
         2. Fusion 29
         3. Kontrollerwerb 30
            a) Kontrolle 30

XI

b) Arten des Kontrollerwerbs 32
c) Kritik 33
4. Abgrenzung von konzentrativen und kooperativen Gemeinschaftsunternehmen 33
D. Umsatzschwellen (Gemeinschafts- und EFTA-weite Bedeutung) 35
1. Schwellenwerte 35
a) Gemeinschaftsweite Bedeutung 35
b) EFTA-weite Bedeutung - Anwendung der EWR-Zusammenschlusskontrolle 38
2. Umsatzberechnung 40
a) Beteiligte Unternehmen 41
b) Einzubeziehende Umsätze 42
c) Banken und Versicherungen 45
3. Kritik 45
E. Ausnahmen 46
II. Verfahrensbeteiligte *47*
A. Behörden 48
1. Kommission 48
2. Task Force Fusionskontrolle 48
3. Entscheidungsbefugnis und ihre Delegation 49
4. Beratender Ausschuss 54
5. Anhörungsbeauftragter 54
6. Nationale Wettbewerbsbehörden und Gerichte 56
B. Zusammenschlussbeteiligte 57
1. Begriff 57
2. Vertretung im Verfahren 58
C. Dritte 58
III. Verfahrensmaximen *59*
A. Offizialmaxime 59
B. Dispositionsmaxime 59
C. Untersuchungsmaxime 59
D. Opportunitätsmaxime 60
IV. Verfahrenssprache *60*
V. Fristen *61*
A. Arten und Dauer 62
B. Berechnung 65
C. Hemmung 68
D. Unterbrechung 69
E. Folgen der Fristversäumnis 69
F. Zusammenfassung 70
VI. Informelles Verfahren *71*
A. Begriff 71
B. Bedeutung und Anwendungsbereich im europäischen Wettbewerbsrecht 71
C. Rechtliche Probleme 74
D. Beurteilung 76

VII. Zusammenarbeit mit anderen Wettbewerbsbehörden ... 76
   A. Notwendigkeit der Zusammenarbeit von Wettbewerbsbehörden ... 76
   B. Zusammenarbeit mit den Behörden der Mitgliedstaaten ... 78
      1. Informationsaustausch ... 79
      2. Vollzug durch die Behörden der Mitgliedstaaten ... 81
      3. Amtshilfe ... 82
      4. Beratender Ausschuss ... 82
   C. Zusammenarbeit mit Behörden von EWR-Staaten ... 84
      1. Formen der Zusammenarbeit ... 84
      2. Amtshilfe im Untersuchungsverfahren ... 86
      3. Kommentar ... 86
   D. Zusammenarbeit mit Behörden von Drittstaaten ... 87
KAPITEL 3 VERFAHRENSABLAUF ... 89
I. Übersicht ... *89*
II. Hauptunterschiede zum Kartellverfahren ... *89*
III. Ordentliches Verfahren ... *90*
   A. Vorprüfverfahren ... 90
      1. Übersicht ... 90
      2. Anmeldung des Zusammenschlusses ... 91
         a) Eröffnung des Verfahrens ... 91
         b) Anmeldepflicht (Art. 4 Abs. 2) ... 91
         c) Adressat und Übermittlung der Anmeldung ... 92
         d) Zeitpunkt der Anmeldung ... 94
         e) Inhalt der Anmeldung ... 96
            aa) Formblatt CO ... 96
            bb) Erleichterte Anmeldung für Gemeinschaftsunternehmen ... 101
            cc) Befreiung ... 102
            dd) Behandlung von Geschäftsgeheimnissen ... 103
         f) Umdeutung der Anmeldung (Art. 5 DVO) ... 104
         g) Rückzug der Anmeldung ... 104
         h) Missachtung der Anmeldepflicht ... 105
         i) Stellungnahme ... 105
            aa) Zweckmässigkeit der Bestimmungen ... 105
            bb) Verhältnismässigkeit der Anforderungen ... 106
      3. Vollzugsverbot ... 107
         a) Grundsatz ... 107
         b) Bedeutung von „Vollzug" ... 108
            aa) Zusammenschluss durch Fusion ... 108
            bb) Kontrollerwerb durch Vertrag ... 109
            cc) Kontrollerwerb durch Erwerb von Anteilen ... 111
         c) Wirkung des Vollzugsverbots ... 111
         d) Dauer des Vollzugsverbots ... 112
         e) Ausnahme ... 113
         f) Befreiung ... 115
         g) Verlängerung des Vollzugsverbots ... 116

4. Andere Massnahmen 118
   a) Grundsatz 118
   b) Inhalt 119
   c) Verfahren 120
5. Missachtung des Vollzugsverbots 121
   a) Nachträgliche Prüfung des Zusammenschlusses 121
   b) Wirksamkeit der Rechtsgeschäfte 121
   c) Strafbestimmungen 124
6. Informationsbeschaffung 124
7. Auskunftsverlangen und Nachprüfungen 125
8. Entscheidungen nach Art. 6 125
   a) Beurteilung des Zusammenschlusses im Vorprüfverfahren 126
   b) Nichtanwendbarkeitsentscheidung (Art. 6 Abs. 1 lit. a) 126
   c) Mitteilung der Kommission, kein Verfahren zu eröffnen 127
   d) Genehmigungsentscheidung nach Art. 6 Abs. 1 lit. b 128
   e) Genehmigungsfiktion (Art. 10 Abs. 6) 130
      aa) Grundsatz 130
      bb) Wirkung 131
   f) Entscheidung, ein Hauptprüfverfahren einzuleiten (Art. 6 Abs. 1 lit. c) .. 131
      aa) Kriterien für die Eröffnung des Hauptprüfverfahrens 133
      bb) Natur und Wirkung 134
   g) Widerruf von Entscheidungen im Vorprüfverfahren 134
9. Auflagen im Vorprüfverfahren 135
   a) Zulässigkeit 137
   b) Durchsetzbarkeit 140
B. Hauptprüfverfahren 141
 1. Übersicht 141
 2. Eröffnung 141
 3. Ermittlungsbefugnisse der Kommission 142
   a) Grundsatz und Grenzen 142
   b) Auskunftsverlangen 144
      aa) Zweck 144
      bb) Adressaten 144
      cc) Verfahren 144
      dd) Verhältnismässigkeit 145
   c) Nachprüfungen 146
      aa) Zweck 146
      bb) Adressaten 146
      cc) Verfahren 147
      dd) Befugnisse der Kommission 147
      ee) Rechte und Pflichten der Unternehmen 148
   d) Sanktionen 148
   e) Anfechtung von Auskunftsverlangen und Nachprüfungen 149
   f) Kritik an der Sachverhaltsermittlung 149
 4. Informationswürdigung 150

```
        5. Mitteilung der Einwände ..................................................................................... 151
        6. Ausarbeitung der Entscheidung ........................................................................ 152
        7. Entscheidungen nach Art. 8 ............................................................................... 153
            a) Übersicht ....................................................................................................... 153
            b) Genehmigung (Art. 8 Abs. 2 UA 1) ............................................................ 154
            c) Genehmigung unter Bedingungen und Auflagen (Art. 8 Abs. 2 UA 2) ........ 156
                aa) Natur und Wirkung .................................................................................. 157
                bb) Inhalt von Bedingungen und Auflagen .................................................. 159
                cc) Nichtrealisierung einer Bedingung oder Auflage .................................. 162
            d) Untersagung (Art. 8 Abs. 3) ......................................................................... 164
            e) Wiederherstellung wirksamen Wettbewerbs (Art. 8 Abs. 4) ...................... 166
                aa) Inhalt ......................................................................................................... 167
                bb) Natur und Wirkung ................................................................................. 168
            f) Widerruf einer Genehmigung (Art. 8 Abs. 5) ............................................. 168
    C. Gemeinsame Bestimmungen ..................................................................................... 170
        1. Veröffentlichungen ............................................................................................... 170
            a) Grundsatz ....................................................................................................... 170
            b) Einzelne Veröffentlichungen ........................................................................ 171
            c) Verhältnis zu den Geheimhaltungspflichten ................................................ 174
        2. Zustellung ............................................................................................................. 176
        3. Vollstreckung ........................................................................................................ 177
        4. Strafbestimmungen ............................................................................................... 179
            a) Praktische Bedeutung .................................................................................... 179
            b) Höhe der Busse .............................................................................................. 180
            c) Natur von Busse und Zwangsgeld ................................................................ 181
*IV. Besondere Verfahren* ....................................................................................................... *181*
    A. Art. 9 („Deutsche Klausel") ....................................................................................... 181
        1. Zweck ..................................................................................................................... 181
        2. Voraussetzungen .................................................................................................... 183
            a) Zeitgerechter Antrag des Mitgliedstaats ....................................................... 183
            b) Vorliegen eines gesonderten Marktes in diesem Mitgliedstaat ................... 183
            c) Bestehen der Gefahr der Begründung oder Verstärkung einer beherrschenden Stellung,
               durch die wirksamer Wettbewerb auf diesem Markt erheblich behindert würde .............. 184
        3. Entscheidungen ..................................................................................................... 185
            a) Verweisung .................................................................................................... 185
            b) Gesonderter Markt, keine Verweisung ......................................................... 188
            c) Kein gesonderter Markt ................................................................................. 189
            d) Verweisungsfiktion ....................................................................................... 189
        4. Verfahren ............................................................................................................... 190
        5. Rechtsschutz .......................................................................................................... 191
        6. Kommentar ............................................................................................................ 192
    B. Art. 21 Abs. 3 .............................................................................................................. 193
    C. Art. 22 Abs. 3 - 5 („Niederländische Klausel") ......................................................... 195
        1. Voraussetzungen .................................................................................................... 196
        2. Verfahren ............................................................................................................... 197
```

Inhaltsverzeichnis

    3. Entscheidungen 198
    4. Kommentar 200
KAPITEL 4 GERICHTLICHER RECHTSSCHUTZ 203
I. Grundsatz 203
II. Zuständigkeit 203
    A. EuG und EuGH 203
    B. Zuständigkeit des EuG 204
    C. Rechtsmittel gegen ein Urteil des EuG 204
III. Nichtigkeitsklage (Art. 173 EGV) 205
    A. Objekt 205
    B. Gründe 209
    C. Legitimation 211
        1. Klage gegen Entscheidungen nach Art. 6 und 8 211
        2. Klagen gegen die Verweisung an einen Mitgliedstaat nach Art. 9 217
        3. Klagen gegen die Anerkennung eines berechtigten Interesses nach Art. 21 Abs. 3 218
    D. Kognition 218
    E. Nichtigerklärung 219
IV. Andere Rechtsmittel 221
    A. Untätigkeitsklage 221
    B. Vorabentscheidungsverfahren 222
    C. Klage auf Schadenersatz 222
V. Aufschiebende Wirkung und einstweilige Anordnungen im Verfahren vor dem Gerichtshof 222
VI. Zusammenfassung zum Rechtsschutz 225
KAPITEL 5 VERFAHRENSRECHTE UND ALLGEMEINE GRUNDSÄTZE DES GEMEINSCHAFTSRECHTS 227
I. Grundlagen 227
    A. Begriff und Wesen der Verfahrensrechte und der allgemeinen Grundsätze des Gemeinschaftsrechts 227
    B. Geltung der Verfahrensrechte im Fusionskontrollverfahren 230
    C. Anwendbarkeit der EMRK 232
II. Einzelne Verfahrensrechte 235
    A. Wahrung des Amtsgeheimnisses 235
        1. Grundsatz und Begriff 235
        2. Verpflichtete 236
        3. Umfang 237
        4. Verwendung der Information 238
            a) Durch die Kommission 238
            b) Durch Behörden der Mitgliedstaaten 240
        5. Grenzen des Amtsgeheimnisses 242
        6. Geheimhaltungsmassnahmen 242
        7. Rechtsfolgen der Missachtung 243
    B. Schutz von Geschäftsgeheimnissen 244
        1. Begriff des Geschäftsgeheimnisses 244
        2. Schutz von Geschäftsgeheimnissen im Fusionskontrollverfahren 247
            a) Schutz von Geschäftsgeheimnissen bei der Akteneinsicht 248
            b) Schutz von Geschäftsgeheimnissen bei der Mitteilung der Einwände 248

c) Schutz von Geschäftsgeheimnissen bei mündlichen Anhörungen 248
d) Schutz von Geschäftsgeheimnissen bei Veröffentlichungen 248
3. Rechtsfolgen der Missachtung 248
C. Schutz der Vertraulichkeit des Schriftverkehrs zwischen Anwalt und Mandant - „Legal professional privilege" 249
1. Grundsatz 249
2. Verfahren bei Uneinigkeit über die Natur der Dokumente 252
3. Kritik 253
D. Selbstbezichtigungsvorbehalt 253
E. Schutz vertraulicher Information - Zusammenfassung 255
F. Schutz der Privatwohnung 255
G. Rechtliches Gehör 256
1. Grundsatz und Verhältnis zur Akteneinsicht 256
2. Berechtigte 257
3. Umfang 259
4. Modalitäten der Äusserung 262
5. Zeitpunkt der Äusserung 263
6. Missachtung des rechtlichen Gehörs 264
H. Akteneinsicht 265
1. Begriff und Grundsatz 265
2. Berechtigte 266
3. Umfang 267
a) Grundsatz 267
b) Praxis von Kommission und Gerichtshof im Kartellverfahren 268
c) Regelung der Akteneinsicht im Fusionskontrollverfahren 271
d) Stellungnahme zum Umfang der Akteneinsicht 273
e) Schranken 275
aa) Abwägung zwischen dem Anspruch auf rechtliches Gehör und anderen Interessen, insbesondere dem Geheimnisschutz 275
bb) Geschäftsgeheimnisse 275
cc) Interne Dokumente der Kommission 278
dd) Sonstige vertrauliche Dokumente 278
ee) Entscheidung über die Weitergabe der Information 279
ff) Zusammenfassung 280
4. Zeitpunkt der Ausübung 281
5. Durchführung 282
6. Missachtung des Rechts auf Akteneinsicht 283
I. Mündliche Anhörung 284
1. Grundsatz 284
2. Berechtigte 285
3. Durchführung 286
4. Bericht des Anhörungsbeauftragten 288
5. Missachtung des Rechts auf mündliche Äusserung 289
K. Andere Rechte 289

III. Grundsätze des Verwaltungshandelns	289
A. Rechtmässigkeit der Verwaltungstätigkeit	289
B. Begründungspflicht	290
C. Verhältnismässigkeit	291
D. Vertrauensschutz	292
E. Unantastbarkeit der gefassten Entscheidung	294
F. Beschleunigungsgebot	296
G. Andere Grundsätze des Verwaltungshandelns	296
KAPITEL 6 VORSCHLÄGE FÜR DIE ANWENDUNG UND ÄNDERUNG DES EUROPÄISCHEN FUSIONS-KONTROLLVERFAHRENS	297
I. Die für 1996 geplante Revision der FKVO	297
A. Stand der Revisionsarbeiten	297
B. Hauptpunkte der Revision	297
II. Zusammenfassung der in der Arbeit entwickelten Vorschläge	298
Anwendungsbereich	298
1. Zusammenschlussbegriff	298
2. Umsatzschwellen	298
3. 2/3-Regel	299
Entscheidkompetenz	299
Fristen	299
Anmeldepflicht	299
Vollzugsverbot	300
Zusagen im Vorprüfverfahren	300
Widerruf von Entscheidungen im Vorprüfverfahren	301
Widerruf der Genehmigungsfiktion	301
Sachverhaltsermittlung	301
Entscheidungen im Hauptprüfverfahren	301
1. Bedingungen und Auflagen	301
2. Entflechtung	302
3. Widerruf	302
Art. 9	302
Art. 22 Abs. 3 - 5	303
Gerichtlicher Rechtsschutz	303
Vertraulichkeit des Schriftverkehrs zwischen Anwalt und Mandant	304
Rechtliches Gehör	304
Akteneinsicht	304
Mündliche Anhörung	305
Formelles	305

TEIL 2 DAS SCHWEIZERISCHE FUSIONSKONTROLLVERFAHREN MIT VERGLEICHENDER BETRACHTUNG DES EUROPÄISCHEN VERFAHRENS 307

KAPITEL 1 GRUNDLAGEN 307
I. *Geschichte der Zusammenschlusskontrolle in der Schweiz* *307*
   A. KG 62 307
   B. KG 85 308
   C. KG 95 311
II. *Gründe für eine präventive Zusammenschlusskontrolle in der Schweiz* *312*
III. *Grundlage der Fusionskontrolle des KG 95 in der Bundesverfassung* *314*
IV. *Orientierung an ausländischen Rechtsordnungen, besonders der europäischen FKVO* *316*
V. *Übersicht über die materielle Beurteilung von Zusammenschlüssen* *317*
   A. Grundsatz 317
   B. Stellung der Unternehmen im internationalen Wettbewerb 320
   C. Berücksichtigung der Gläubigerinteressen bei Bankzusammenschlüssen 320
   D. Ausnahmsweise Zulassung aus überwiegenden öffentlichen Interessen 322
   E. Vergleich mit der FKVO 323
VI. *Auf das Fusionskontrollverfahren anwendbare Vorschriften* *324*
VII. *Folgen der Anwendbarkeit des VwVG* *324*

KAPITEL 2 ALLGEMEINE BESTIMMUNGEN 327
I. *Zeitlicher Geltungsbereich* *327*
II. *Anwendungsbereich der Fusionskontrolle* *328*
   A. Unternehmensbegriff 328
   B. Zusammenschluss 329
      1. Begriff 329
      2. Fusion 330
      3. Kontrollerwerb 330
         a) Kontrolle 330
         b) Arten des Kontrollerwerbs 332
         c) Vergleich mit der FKVO 334
   C. Umsatzschwellen 335
      1. Schwellenwerte 335
      2. Umsatzberechnung 338
      3. Vergleich mit der FKVO 339
   D. Beteiligung eines marktmächtigen Unternehmens 340
   E. Vorbehalt wettbewerbsbeschränkender öffentlich-rechtlicher Vorschriften 341
   F. Kritik an den Anwendungsvoraussetzungen 342
III. *Verfahrensbeteiligte* *343*
   A. Behörden 343
      1. Wettbewerbskommission 343
      2. Eidgenössische Bankenkommission 348
      3. Sekretariat (Art. 23 und 24) 349
      4. Bundesrat 350
      5. Rekurskommission für Wettbewerbsfragen 350
      6. Vergleich mit der europäischen Fusionskontrolle 351

B. Zusammenschlussbeteiligte 351
    1. Begriff 351
    2. Vertretung im Verfahren 352
  C. Dritte 353
IV. Verfahrensmaximen 354
  A. Offizialmaxime 354
  B. Dispositionsmaxime 354
  C. Untersuchungsmaxime 354
  D. Opportunitätsmaxime 355
  E. Vergleich mit der FKVO 356
V. Verfahrenssprache 356
VI. Fristen 356
  A. Arten 357
  B. Dauer 358
  C. Exkurs: Verhältnis zu anderen Fristen 358
  D. Berechnung 360
  E. Stillstand und Unterbrechung 361
  F. Folgen der Fristversäumnis 363
  G. Vergleich mit der FKVO 363
VII. Informelles Verfahren 364
  A. Bedeutung und Anwendungsbereich im schweizerischen Wettbewerbsrecht 364
  B. Rechtliche Probleme 366
  C. Vergleich mit der FKVO 367
VIII. Zusammenarbeit mit anderen Wettbewerbsbehörden 367
  A. Zusammenarbeit mit anderen Behörden des Bundes und der Kantone 367
  B. Zusammenarbeit mit ausländischen Behörden 368
    1. Amtshilfe 369
    2. Rechtshilfe 371
KAPITEL 3 VERFAHRENSABLAUF 373
I. Übersicht 373
II. Präventive Ausgestaltung der Fusionskontrolle, Melde-, Genehmigungs- oder Zulassungspflicht 374
III. Ordentliches Verfahren 377
  A. Vorprüfverfahren 377
    1. Übersicht 377
    2. Meldung des Zusammenschlusses 377
      a) Eröffnung des Verfahrens 377
      b) Meldepflicht 377
      c) Adressat und Übermittlung der Meldung 378
      d) Zeitpunkt der Meldung 378
      e) Inhalt der Meldung 379
        aa) Umfang der Meldung nach der AVO 380
        bb) Vergleich mit der Anmeldung nach dem Formblatt CO 382
        cc) Stellungnahme zum Umfang der Meldung nach schweizerischem Recht 384
          aaa) Zweckmässigkeit der Anforderungen 384
          bbb) Verhältnismässigkeit der Anforderungen 385

f) Missachtung der Meldepflicht ... 386
3. Vollzugsverbot ... 386
   a) Grundsatz ... 386
   b) Bedeutung von „Vollzug" ... 386
   c) Wirkung des Vollzugsverbots ... 387
   d) Dauer des Vollzugsverbots ... 387
   e) Befreiung ... 387
   f) Vollzugsverbot im Hauptprüfverfahren ... 388
   g) Missachtung des Vollzugsverbots ... 389
      aa) Nachträgliche Prüfung des Zusammenschlusses ... 389
      bb) Wirksamkeit der Rechtsgeschäfte ... 390
      cc) Strafbestimmungen ... 392
   h) Vergleich mit der FKVO ... 392
4. Informationsbeschaffung ... 393
5. Entscheidungen am Ende des Vorprüfverfahrens ... 394
   a) Beurteilung des Zusammenschlusses im Vorprüfverfahren ... 395
   b) Eröffnung des Hauptprüfverfahrens ... 395
      aa) Natur ... 395
      bb) Kriterien für die Eröffnung des Hauptprüfverfahrens ... 396
      cc) Wirkungen ... 396
   c) Keine Eröffnung des Hauptprüfverfahrens/Unbedenklichkeitserklärung ... 397
   d) Einvernehmliche Regelung im Vorprüfverfahren ... 398
   e) Vergleich der Entscheidungen mit der FKVO ... 400
B. Hauptprüfverfahren ... 401
1. Übersicht ... 401
2. Eröffnung ... 402
3. Informationsbeschaffung ... 402
   a) Informationsquellen ... 402
   b) Auskunfts- und Vorlagepflicht (Art. 40) ... 404
      aa) Verpflichtete ... 404
      bb) Umfang der Pflicht ... 405
   c) Untersuchungsmassnahmen (Art. 42) ... 406
      aa) Einvernahme von Dritten als Zeugen ... 407
      bb) Verpflichtung der Beteiligten zur Beweisaussage ... 408
      cc) Hausdurchsuchung und Sicherstellung von Beweisgegenständen ... 408
   d) Sanktionen ... 409
   e) Anfechtung von Untersuchungsmassnahmen ... 409
   f) Vergleich der Ermittlungsbefugnisse der Schweizer Wettbewerbsbehörden und der Europäischen Kommission ... 409
4. Informationswürdigung und Ausarbeitung der Entscheidung ... 410
5. Entscheidungen am Ende des Hauptprüfverfahrens ... 411
   a) Übersicht ... 411
   b) Zulassung ... 411
   c) Zulassung unter Bedingungen und Auflagen ... 412
      aa) Natur und Wirkung ... 412

bb) Inhalt von Bedingungen und Auflagen	413
cc) Nichtrealisierung einer Bedingung oder Auflage	413
d) Untersagung	414
e) Zulassungsfiktion (Art. 34)	414
f) Wiederherstellung wirksamen Wettbewerbs	414
aa) Inhalt der Massnahmen	415
bb) Natur und Wirkung	416
cc) Beurteilung	416
g) Widerruf und Revision einer Zulassung	416
h) Vergleich der Entscheidungen mit der FKVO	417
C. Gemeinsame Bestimmungen	418
1. Vorsorgliche Massnahmen	418
2. Veröffentlichungen	419
a) Einzelne Veröffentlichungen	419
b) Verhältnis zu den Geheimhaltungspflichten	420
c) Vergleich mit der FKVO	421
3. Eröffnung von Entscheidungen	421
4. Vollstreckung	423
5. Strafbestimmungen	423
a) Verwaltungssanktionen	423
b) Strafrechtliche Sanktionen	424
c) Vergleich mit der FKVO	425
IV. Besondere Verfahren	*426*
A. Ausnahmsweise Zulassung eines Zusammenschlusses durch den Bundesrat (Art. 11)	426
1. Grundsatz	426
2. Verfahren	426
3. Kritik	428
B. Beurteilung von Bankzusammenschlüssen durch die Eidgenössische Bankenkommission	429
KAPITEL 4 RECHTSSCHUTZ	433
I. Grundsatz	*433*
II. Beschwerde an die Rekurskommission für Wettbewerbsfragen	*434*
A. Objekt	434
B. Legitimation	435
C. Gründe	438
D. Frist	439
E. Wirkungen	439
F. Entscheid	440
III. Verwaltungsgerichtsbeschwerde an das Bundesgericht	*440*
A. Objekt	440
B. Legitimation	441
C. Gründe	441
D. Frist	441
E. Wirkungen	442
F. Entscheid	442

IV. Andere Rechtsmittel und Rechtsbehelfe	*442*
A. Revision	442
B. Wiedererwägung	442
C. Aufsichtsbeschwerde	443
D. Schadenersatzklage	444
V. Vergleich mit dem europäischen Recht	*444*
KAPITEL 5 VERFAHRENSRECHTE UND GRUNDSÄTZE DES VERWALTUNGSRECHTS	447
I. Grundlagen	*447*
A. Begriff und Wesen der Verfahrensrechte und der Grundsätze des Verwaltungsrechts	447
B. Persönlicher und sachlicher Geltungsbereich	449
C. Anwendbarkeit der EMRK	450
D. Folgen der Anwendbarkeit des VwVG	450
II. Einzelne Verfahrensrechte	*451*
A. Wahrung des Amtsgeheimnisses	451
1. Grundsatz und Begriff	451
2. Verpflichtete	452
3. Umfang	452
4. Verwendung der Information	453
5. Grenzen des Amtsgeheimnisses	454
6. Geheimhaltungsmassnahmen	454
7. Rechtsfolgen der Missachtung	454
8. Vergleich mit dem europäischen Recht	455
B. Schutz von Geschäftsgeheimnissen	455
1. Begriff des Geschäftsgeheimnisses	456
2. Schutzvorkehren	456
a) Amtsgeheimnis und weitere strafrechtliche Schutzbestimmungen	456
b) Schutz von Geschäftsgeheimnissen bei der Akteneinsicht	457
c) Schutz von Geschäftsgeheimnissen bei mündlichen Anhörungen	458
d) Schutz von Geschäftsgeheimnissen bei Veröffentlichungen	458
3. Rechtsfolgen der Missachtung	458
4. Vergleich mit dem europäischen Recht	458
C. Schutz des Berufsgeheimnisses	459
D. Auskunfts- und Zeugnisverweigerungsrecht	460
1. Auskunfts- und Zeugnisverweigerungsrecht im Verwaltungsverfahren	460
2. Vergleich mit dem europäischen Recht	461
E. Schutz vertraulicher Informationen im Vergleich zum europäischen Recht	461
F. Rechtliches Gehör	462
1. Das rechtliche Gehör als Sammelbegriff für Äusserungs-, Orientierungs- und Mitwirkungsrechte	462
2. Das rechtliche Gehör als Äusserungsrecht:	464
3. Berechtigte	464
4. Umfang	464
5. Modalitäten der Äusserung	466
6. Zeitpunkt der Äusserung	467
7. Missachtung des rechtlichen Gehörs	467

Inhaltsverzeichnis

- G. Akteneinsicht 469
  - 1. Begriff und Grundsatz 469
  - 2. Berechtigte 469
  - 3. Umfang 470
    - a) Grundsatz 470
    - b) Schranken 470
  - 4. Zeitpunkt der Ausübung 472
  - 5. Durchführung 473
  - 6. Missachtung des Rechts auf Akteneinsicht 473
- H. Mündliche Anhörung 474
  - 1. Grundsatz 474
  - 2. Teilnehmer 474
  - 3. Durchführung 475
- I. Vergleich von rechtlichem Gehör und Akteneinsicht im schweizerischen und europäischen Recht 475
- K. Andere Rechte 478

III. Weitere Grundsätze des Verwaltungshandelns 479
- A. Gesetzmässigkeit der Verwaltungstätigkeit 479
  - 1. Nach schweizerischem Recht 479
  - 2. Vergleich mit dem europäischen Recht 479
- B. Begründungspflicht 480
  - 1. Nach schweizerischem Recht 480
  - 2. Vergleich mit dem europäischen Recht 481
- C. Verhältnismässigkeit 481
  - 1. Nach schweizerischem Recht 481
  - 2. Vergleich mit dem europäischen Recht 482
- D. Grundsatz von Treu und Glauben 482
  - 1. Vertrauensschutz 483
  - 2. Verbot widersprüchlichen Verhaltens 485
  - 3. Vergleich mit dem europäischen Recht 486
- E. Unantastbarkeit der gefassten Entscheidung 486
- F. Beschleunigungsgebot 487
  - 1. Nach schweizerischem Recht 487
  - 2. Vergleich mit dem europäischen Recht 487
- G. Andere Grundsätze des Verwaltungshandelns 488

KAPITEL 6 ZUSAMMENFASSUNG DER VORSCHLÄGE FÜR DIE ANWENDUNG UND ÄNDERUNG DES SCHWEIZERISCHEN FUSIONSKONTROLLVERFAHRENS 489
- Zusammenschlussbegriff 489
- Umsatzschwellen 489
- Beteiligung eines marktmächtigen Unternehmens 489
- Behördenorganisation 489
- Fristen 490
- Amtshilfe 490
- Meldung des Zusammenschlusses 490
- Vollzugsverbot 491

Entscheidungen im Vorprüfverfahren 491
Entscheidungen im Hauptprüfverfahren 491
Ausnahmsweise Zulassung durch den Bundesrat 491
Veröffentlichungen 491
Rechtsschutz 492
Rechtliches Gehör 492
Akteneinsicht 492

KAPITEL 7 BEURTEILUNG DER FUSIONSKONTROLLE DES KG 95 493

ZUSAMMENFASSENDE GEGENÜBERSTELLUNG DER SCHWEIZERISCHEN UND
DER EUROPÄISCHEN ZUSAMMENSCHLUSSKONTROLLE **495**

ANHANG: LISTE DER BIS ZUM 31.12.95 ERGANGENEN ENDGÜLTIGEN ENTSCHEIDUNGEN
UNTER DER FKVO 501

STICHWORTVERZEICHNIS 511
ZU TEIL 1 (EUROPÄISCHES FUSIONSKONTROLLVERFAHREN) 511
ZU TEIL 2 (SCHWEIZERISCHES FUSIONSKONTROLLVERFAHREN) 521

Abkürzungsverzeichnis

ABl.	Amtsblatt der Europäischen Gemeinschaften
Abs.	Absatz
aDVO	„Alte Durchführungsverordnung", Verordnung Nr. 2367/90 der Kommission vom 25.7.90 über die Anmeldungen, über die Fristen sowie über die Anhörung nach der Verordnung (EWG) Nr. 4064/89 des Rates über die Kontrolle von Unternehmenszusammenschlüssen, ABl. 1990 L 219/5, geändert durch die Verordnung Nr. 3666/93, ABl. 1993 L 366/1 (Anpassung an EWR-Abkommen)
AG	Die Aktiengesellschaft
AJP	Aktuelle Juristische Praxis
a.M.	anderer Meinung
Amtl. Bull. NR	Amtliches Bulletin der Bundesversammlung. Nationalrat
Amtl. Bull. StR	Amtliches Bulletin der Bundesversammlung. Ständerat
Art.	Artikel
AS	Eidgenössische Gesetzessammlung, seit 1948: Sammlung der eidgenössischen Gesetze
Aufl.	Auflage
AVO	Verordnung über die Kontrolle von Unternehmenszusammenschlüssen vom 17. Juni 1996, AS 1996, 1658
BaG	Bundesgesetz über die Banken und Sparkassen vom 8. November 1934, SR 952.0 (BaG)
BB	Betriebsberater
BBl	Bundesblatt der Schweizerischen Eidgenossenschaft
BEHG	Bundesgesetz über die Börsen und den Effektenhandel (Börsengesetz) vom 24. März 1995
BG	Bundesgesetz
BGE	Entscheidung(en) des Schweizerischen Bundesgerichts
BGer	Bundesgericht
BLE	Business Law Europe
BLR	Business Law Review
BR	Bundesrat
BV	Bundesverfassung der Schweizerischen Eidgenossenschaft vom 29. Mai 1874
BZP	Bundesgesetz über den Zivilprozess vom 4. Dezember 1947, SR 273
bzw.	beziehungsweise
CDE	Cahiers de droit européen
CMLRev	Common Market Law Review
CPN	Competiton Policy Newsletter, vierteljährliche Publikation der Generaldirektion Wettbewerb der Europäischen Kommission
d.h.	das heisst
DVBl.	Deutsches Verwaltungsblatt
DVO	Durchführungsverordnung, Verordnung (EG) Nr. 3384/94 der Kommission vom 21.12.94 über die Anmeldungen, über die Fristen sowie über die Anhörung nach der Verordnung (EWG) Nr. 4064/89 des Rates über die Kontrolle von Unternehmenszusammenschlüssen, ABl. 1994 L 377/1
E	Entwurf des Bundesrates für ein Bundesgesetz über Kartelle und andere Wettbewerbsbeschränkungen, Sonderdruck 94.100, 171-188.
EBK	Eidgenössische Bankenkommission

ECLR	European Competition Law Review
ECU	European Currency Unit
EEA	Einheitliche Europäische Akte
EG	Europäische Gemeinschaft
EGKS	Europäische Gemeinschaft für Kohle und Stahl, gegründet durch den Vertrag über die Gründung der Europäischen Gemeinschaft für Kohle und Stahl vom 18. April 1951
EGV	Vertrag zur Gründung der Europäischen Gemeinschaft vom 25. März 1957, in der Fassung des Vertrages über die Europäische Union vom 7.2.1992
ELRev	European Law Review
EMRK	Europäische Menschenrechtskonvention vom 4. November 1950 zum Schutz der Menschenrechte und Grundfreiheiten, SR 0.10
ESA	European Surveillance Authority (EFTA-Überwachungsbehörde)
etc.	et cetera
EU	Europäische Union
EuG	Europäisches Gericht erster Instanz
EuGH	Europäischer Gerichtshof
EuGRZ	Europäische Grundrechte-Zeitschrift
EuR	Europarecht
EUV	Vertrag über die Europäische Union (Maastricht-Vertrag) vom 7. Februar 1992
EuZW	Europäische Zeitschrift für Wirtschaftsrecht
EVD	Eidgenössisches Volkswirtschaftsdepartement
EWGV	Vertrag zur Gründung der Europäischen Wirtschaftsgemeinschaft vom 25. März 1957
EWR	Europäischer Wirtschaftsraum
EWRA	Abkommen über den Europäischen Wirtschaftsraum vom 2. Mai 1992
f.	folgende Seite
ff.	folgende Seiten
FKVO	Verordnung (EWG) Nr. 4064/89 des Rates über die Kontrolle von Unternehmenszusammenschlüssen vom 21. Dezember 1989, ABl. 1989 L 395/1, berichtigt durch ABl. 1990 L 257/14
Fn	Fussnote
GA	Generalanwalt
GEI	Gericht erster Instanz
gl.M.	gleicher Meinung
GO	Geschäftsordnung
GWB	(deutsches) Gesetz gegen Wettbewerbsbeschränkungen vom 27. Juli 1957
Hrsg.	Herausgeber
ICCLR	International Company and Commercial Law Review
IPRG	Bundesgesetz über das Internationale Privatrecht (IPRG) vom 18. Dezember 1987, SR 291
IRSG	Bundesgesetz über die Rechtshilfe in Strafsachen vom 20. März 1981, SR 351.1
i.V.m.	in Verbindung mit
JBL	Journal of Business Law
JZ	Juristenzeitung
KG 62	Bundesgesetz über Kartelle und ähnliche Organisationen vom 20. Dezember 1962, AS 1964, 53

KG 85	Bundesgesetz über Kartelle und ähnliche Organisationen vom 20. Dezember 1985, AS 1986, 874
KG 95	Bundesgesetz über Kartelle und andere Wettbewerbsbeschränkungen vom 6. Oktober 1995, AS 1996, 546
LIEI	Legal issues of European Integration
lit.	litera
m.E.	meines Erachtens
m.w.H.	mit weiteren Hinweisen
N	Note
NAFTA	North American Free Trade Association
NJW	Neue Juristische Wochenschrift
NR	Nationalrat
Nr.	Nummer
NVwZ	Neue Zeitschrift für Verwaltungsrecht
NZZ	Neue Zürcher Zeitung
OG	Bundesgesetz über die Organisation der Bundesrechtspflege vom 16. Dezember 1943, SR 173.110
OR	Bundesgesetz über das Obligationenrecht vom 30. März 1911/18. Dezember 1936, SR 220
RIW	Recht der internationalen Wirtschaft
RTDE	Revue trimestrielle de droit européen
s.	siehe
S.	Seite
SAG	Schweizerische Aktiengesellschaft (ab 1990 SZW)
SJZ	Schweizerische Juristen-Zeitung
Slg.	amtliche Sammlung der Rechtsprechung des Gerichtshofes der EG (ab 1990 amtliche Sammlung der Rechtsprechung des Gerichtshofes und des Gerichts erster Instanz)
sog.	sogenannte(r)
SR	Systematische Sammlung des Bundesrechts
StGB	Schweizerisches Strafgesetzbuch vom 21. Dezember 1937, SR 311.0
StR	Ständerat
SZW	Schweizerische Zeitschrift für Wirtschaftsrecht
u.a.	und andere
UWG	Bundesgesetz über den unlauteren Wettbewerb vom 19. Dezember 1986, SR 241
VerfO	Verfahrensordnung
vgl.	vergleiche
VKKP	Veröffentlichungen der Schweizerischen Kartellkommission und des Preisüberwachers (vor 1987 VKK)
VO	Verordnung
VPB	Verwaltungspraxis der Bundesbehörden
VwVG	Bundesgesetz über das Verwaltungsverfahren vom 20. Dezember 1968, SR 172.021
WTO	World Trade Organisation
WuR	Wirtschaft und Recht
WuW	Wirtschaft und Wettbewerb
YEL	Yearbook of European Law
z.B.	zum Beispiel

ZBJV	Zeitschrift des Bernischen Juristenvereins
ZBl	Zentralblatt, Schweizerisches Zentralblatt für Staats- und Verwaltungsrecht (vor 1989: Schweizerisches Zentralblatt für Staats- und Gemeindeverwaltung)
ZHR	Zeitschrift für das gesamte Handels- und Wirtschaftsrecht
Ziff.	Ziffer
ZSR	Zeitschrift für Schweizerisches Recht

Verzeichnis der Kurzbezeichnungen
(für Rechtsakte und offizielle Texte)

Bekanntmachung über den Begriff der beteiligten Unternehmen
    Bekanntmachung der Kommission über den Begriff der beteiligten Unternehmen in der Verordnung (EWG) Nr. 4064/89 des Rates vom 21. Dezember 1989 über die Kontrolle von Unternehmenszusammenschlüssen, ABl. 1994 C 385/12

Bekanntmachung über den Begriff des Zusammenschlusses
    Bekanntmachung der Kommission über den Begriff des Zusammenschlusses der Verordnung (EWG) Nr. 4064/89 des Rates vom 21. Dezember 1989 über die Kontrolle von Unternehmenszusammenschlüssen, ABl. 1994 C 385/5

Bekanntmachung über die Berechnung des Umsatzes
    Bekanntmachung der Kommission über die Berechnung des Umsatzes im Sinne der Verordnung (EWG) Nr. 4064/89 des Rates vom 21. Dezember 1989 über die Kontrolle von Unternehmenszusammenschlüssen, ABl. 1994 C 385/21

Bekanntmachung über die Unterscheidung von kooperativen und konzentrativen Gemeinschaftsunternehmen
    Bekanntmachung der Kommission über die Unterscheidung zwischen kooperativen und konzentrativen Gemeinschaftsunternehmen nach der Verordnung (EWG) Nr. 4064/89 des Rates vom 21. Dezember 1989 über die Kontrolle von Unternehmenszusammenschlüssen, ABl. 1994 C 385/1

Bekanntmachung über Konzentrations- und Kooperationstatbestände
    Bekanntmachung der Kommission vom 25.7.1990 über Konzentrations- und Kooperationstatbestände nach der Verordnung (EWG) Nr. 4064/89 des Rates vom 21. Dezember 1989 über die Kontrolle von Unternehmenszusammenschlüssen, ABl. 1990 C 203/10

Bekanntmachung über Nebenabreden
    Bekanntmachung der Kommission über Nebenabreden zu Zusammenschlüssen nach der Verordnung (EWG) Nr. 4064/89 des Rates vom 21. Dezember 1989 über die Kontrolle von Unternehmenszusammenschlüssen, ABl. 1990 C 203/5

Botschaft	Botschaft des Bundesrates für ein Bundesgesetz über Kartelle und andere Wettbewerbsbeschränkungen (Kartellgesetz, KG) vom 23. November 1994, Sonderdruck 94.100 der EDMZ (BBl 1995 I 468)
Botschaft 1981	Botschaft des Bundesrates zu einem Bundesgesetz über Kartelle und ähnliche Organisationen (KG), BBl 1981 II 1293-1391
GO der Kommission	Geschäftsordnung der Kommission vom 17. Februar 1993, ABl. 1993 L 230/15, geändert durch Beschluss der Kommission vom 8. März 1995, ABl. 1995 L 97/82

Verzeichnis der Kurzbezeichnungen

Grünbuch	Grünbuch über die Revision der FKVO, von der Kommission vorgelegt am 31.1.96, KOM(96) 19endg.
Kommentar zur AVO	Eidgenössisches Volkswirtschaftsdepartement, Kommentar zum Entwurf einer Verordnung über die Kontrolle von Unternehmenszusammenschlüssen, Februar 1996
Mandat	Beschluss der Kommission vom 12. Dezember 1994 über das Mandat des Anhörungsbeauftragten in Wettbewerbsverfahren vor der Kommission, ABl. 1994 L 330/67.
VO 1	Verordnung Nr. 1 zur Regelung der Sprachenfrage für die Europäische Wirtschaftsgemeinschaft vom 15. April 1958, ABl. 1958, S. 385, zuletzt geändert durch den Beitrittsvertrag von Finnland, Österreich und Schweden, ABl. 1995 L 1/218
VO 1182/71	Verordnung (EWG, Euratom) Nr. 1182/71 des Rates vom 3. Juni 1971 zur Festlegung der Regeln für die Fristen, Daten und Termine, ABl. 1971 L 124/1.
VO 17	Verordnung Nr. 17 des Rates vom 6. Februar 1962. Erste Durchführungsverordnung zu den Artikeln 85 und 86 des Vertrages, ABl. 1962, S. 204
VO 27	Verordnung Nr. 27 der Kommission der Europäischen Wirtschaftsgemeinschaft, Erste Ausführungsverordnung zur Verordnung Nr. 17 des Rates, ABl. 1968 L 189/1
VO 99/63	VO Nr. 99/63 vom 25.7.1963 über die Anhörung nach Artikel 19 Absätze (1) und (2) der Verordnung Nr. 17 des Rates, ABl. 1963, S. 2268
Vorentwurf	Vorentwurf des Bundesrates zu einem Bundesgesetz über Kartelle und andere Wettbewerbsbeschränkungen vom 3. September 1993

Literaturverzeichnis

Zitierhinweis:
Weiterführende Literatur, auf die nur einmal verwiesen wird, ist im Text vollständig zitiert und im Literaturverzeichnis nicht aufgeführt.

Die im Literaturverzeichnis aufgeführten Texte werden grundsätzlich mit dem Autorennamen zitiert. Befinden sich im Literaturverzeichnis mehrere Texte desselben Autors, wird mit dem Autorennamen und der im Literaturverzeichnis in Klammern angeführten Kurzbezeichnung zitiert.

I. Zum europäischen Recht

ALEXIADIS PETER, Nullity of Commission Decisions: Court of First Instance Ruling in the PVC Case, ICCLR 1992, 218-222

ART JEAN-YVES/VAN LIEDEKERKE DIRK, Developments in EC Competition Law in 1994 - An Overview, CMLRev 1995, 921-971

ASSOCIATION EUROPÉENNE DES AVOCATS (A.E.A.), livre blanc, in: Droits de la défense et droits de la Commission dans le droit communautaire de la concurrence, Bruxelles 1994 (Weissbuch)

AXSTER OLIVER, Die europäische Fusionskontrolle, in: HARM PETER WESTERMANN/WOLFGANG ROSENER (Hrsg.), Festschrift für Karlheinz Quack zum 65. Geburtstag, Berlin 1991, 569-588

BECHTOLD RAINER, Anmerkungen zum Spanische-Banken-Urteil, EuZW 1992, 675-676 (Anmerkungen)

BECHTOLD RAINER, Die Grundzüge der neuen EWG-Fusionskontrolle, RIW 1990, 253-262 (Grundzüge)

BECHTOLD RAINER, Die Stellung der Kommission und der Unternehmen im EWG-Kartellverfahren, EuR 1992, 41-54 (Stellung)

BECHTOLD RAINER, Fusionskontrolle im EG-Binnenmarkt, in: GISELA WILD/INE-MARIE SCHULTE-FRANZHEIM/MONIKA LORENZ-WOLF (Hrsg.), Festschrift für Alfred-Carl Gaedertz zum 70. Geburtstag, München 1992, 45-59 (Fusionskontrolle)

BECHTOLD RAINER, Zwischenbilanz zum EG-Fusionskontrollrecht, EuZW 1994, 653-659 (Zwischenbilanz)

BEEMAN EARL RAY, The EEC Merger Regulation: Preparing for A Common European Market, Pepperdine Law Review 1992, 589-634

BELLAMY CHRISTOPHER/CHILD GRAHAM, Common Market Law of Competition, 4. Aufl., London 1993

BERLIN DOMINIQUE, Contrôle communautaire des concentrations, Pedone, Paris 1992 (Contrôle)

BERLIN DOMINIQUE, L'application du droit communautaire de la concurrence par les autorités françaises, RTDE 1991, 1-45, 211-238 (Application)

BEUTLER BENGT, Der Schutz der Vertraulichkeit zwischen Anwalt und Mandanten im europäischen Recht, RIW 1982, 820-825

BLANK JOSEF, Europäische Fusionskontolle im Rahmen der Artt. 85, 86 des EWG-Vertrages, Baden-Baden 1991

BOLZE CHRISTIAN, Le règlement (CEE) 4064/89 du Conseil relatif au contrôle des opérations de concentration, Revue des sociétés 1990, 207-219

BORCHARDT KLAUS-DIETER, Der Grundsatz des Vertrauensschutzes im Europäischen Gemeinschaftsrecht, Dissertation, Berlin 1987

BORCHARDT KLAUS-DIETER, Vertrauensschutz im Europäischen Gemeinschaftsrecht - Die Rechtsprechung des EuGH von Allegra über CNTA bis Mulder und von Deetzen, EuGRZ 1988, 309-315 (Rechtsprechung)

BOS PIERRE/STUYCK JULES/WYTINCK PETER, Concentration Control in the European Economic Community, London 1992

BOURGEOIS JACQUES, EEC Control Over International Mergers, YEL 1990, 103-132 (International Mergers)

BOURGEOIS JACQUES, Undertakings in E.C. Competition Law, in: PIET JAN SLOT/ALISON MCDONELL (Hrsg.), Procedure and Enforcement in E.C. and U.S. Competition Law; Proceedings of the Leiden Europa Instituut Seminar on User-friendly Competition Law, London 1993, 90-103 (Undertakings)

BOURGEOIS JACQUES/LANGEHEINE BERND, Jurisdictional Issues: EEC Merger Regulation, Member State Laws and Articles 85-86, in: BARRY E. HAWK (Hrsg.), International Mergers and Joint Ventures, Fordham Corporate Law Institute (1990), New York 1991, 583-609

BRIDGE JOHN, Procedural Aspects of the Enforcement of European Community Law through the Legal Systems of the Member States, ELRev 1984, 28-42

BRITTAN LEON, The development of merger control in EEC Competiton Law, Hersch Lauterpacht memorial lecture, Cambridge 1990, 23-56 (Development)

BRITTAN LEON, The Law and Policy of Merger Control in the EEC, ELRev 1990, 351-357 (Law and Policy)

BROBERG MORTEN, The Delimitation of Jurisdiction with Regard to Concentration Control, ECLR 1995, 30-39

BROWN ADRIAN, Notification of Agreements to the EC Commission: Whether to Submit to a Flawed System, ELRev 1992, 323-342

BRULARD Y./DEMOLIN P., Legal Privilege, in: ASSOCIATION EUROPÉENNE DES AVOCATS, Droits de la défense et droits de la Commission dans le droit communautaire de la concurrence, Bruxelles 1994, 64-112

BURKARD PETER H., Attorney-Client Privilege in the EEC: The Perspective of Multinational Corporate Counsel, The International Lawyer 1986, 677-688

CANENBLEY CORNELIS, Verfahrensregeln der Kommission der Europäischen Gemeinschaften, in: XI. Internationales EG-Kartellrechtsforum, München 1986, 74-93

CHRISTOFOROU THEOFANIS, Protection of Legal Privilege in EEC Competition Law: The Imperfections of a Case, LIEI 1985/2, 1-45

COLLINS WAYNE D., The Coming of Age of EC Competition Policy, Yale Journal of International Law 1992, 249-296

Competition Law Handbook, VAN DER WOUDE MARC/JONES CHRISTOPHER/LEWIS XAVIER, EEC Competition Law Handbook, 1993 Edition, London 1994 (Competition Law Handbook 1993)

COOK JOHN/KERSE CHRIS, EEC Merger Control, London 1991

DALLMANN MICHAEL, Nachprüfungen und Richtervorbehalt im Kartellverfahrensrecht der Europäischen Wirtschaftsgemeinschaft, Band 3 der Hamburger Studien zum Europäischen und Internationalen Recht, Berlin 1994

DAVIDOW JOEL, EEC Fact-Finding Procedures in Competition Cases: An American Critique, CMLRev 1977, 175-189

DAVIES JOHN/LAVOIE CHANTAL, EEC Merger Control - A Half-Term Report Before the 1993 Review?, World Competition 1993, 27-36

DE BRONETT GEORG-KLAUS, Die einstweiligen Anordnungen des EuGH und EuGEI in Wettbewerbssachen, WuW 1994, 813-824

DEIMEL ALBERT, Rechtsgrundlagen einer europäischen Zusammenschlusskontrolle, Dissertation, Baden-Baden 1992

DE LA TORRE FERNANDO CASTILLO, Besprechung des Urteils des EuGH Rs. C-49/88, Al-Jubail/ Rat vom 27.6.91, ELRev 1992, 344-346

DE MELLO XAVIER, Droits de la concurrence et droits de l'homme, RTDE 1994, 601-633

DÉRÉCHY JEAN-LUC, Le règlement communautaire sur le contrôle des concentrations, RTDE 1990, 307-328

DIEM ANDREAS, Überblick über das EWR-Kartellrecht, WuW 1994, 522-534

DOHERTY BARRY, Playing Poker with the Commission: Rights of Access to the Commission's File in Competition Cases, ECLR 1994, 8-15

DOWNES T. ANTHONY/ELLISON JULIAN, The Legal Control of Mergers in the EEC, London 1991

DOWNES T. ANTHONY/MACDOUGALL DAVID S., Significantly Impeding Effective Competition: Substantive Appraisal under the Merger Regulation, ELRev 1994, 286-303

DRAUZ GOETZ/SCHROEDER DIRK, Praxis der Europäischen Fusionskontrolle, 1. Aufl., Köln 1992 (1. Aufl.)

DRAUZ GOETZ/SCHROEDER DIRK, Praxis der Europäischen Fusionskontrolle, 3. Aufl., Köln 1995

DRIJBER BEREND JAN, Access to File and Confidentiality in EEC Competition Proceedings, Schwerpunkte des Kartellrechts 1992/93, FIW-Schriftenreihe, Heft 158, Köln 1994, 109-122

DUE OLE, Le respect des droits de la défense dans le droit administratif communautaire, CDE 1987, 383-396 (droits de la défense)

DUE OLE, Verfahrensrechte der Unternehmen im Wettbewerbsverfahren vor der EG-Kommission, EuR 1988, 33-45 (Verfahrensrechte)

EDWARD DAVID, Constitutional Rules of Community Law in EEC Competition Cases, in: BARRY E. HAWK (Hrsg.), International Mergers and Joint Ventures, Fordham Corporate Law Institute (1990), New York 1991, 383-427

EHLERMANN CLAUS-DIETER, Developments in Community Competition Law Procedures, in: ASSOCIATION EUROPÉENNE DES AVOCATS, Droits de la défense et droits de la Commission dans le droit communautaire de la concurrence, Bruxelles 1994, 195-208 (Developments)

EHLERMANN CLAUS-DIETER, Developments in Community Competiton Law Procedures, in: CPN, Vol. 1, Nr. 1, Spring 1994, 2-6 (CPN)

EHLERMANN CLAUS-DIETER, Die europäische Fusionskontrolle - erste Erfahrungen, WuW 1992, 535-545 (Fusionskontrolle)

EHLERMANN CLAUS-DIETER, Neuere Entwicklungen im europäischen Wettbewerbsrecht, EuR 1991, 307-328

EHLERMANN CLAUS-DIETER, Zukünftige Entwicklungen des Europäischen Wettbewerbsrechts, CPN, Vol. 1, Nr. 2, Summer 1994, 1-9 (Zukünftige Entwicklungen)

ELLAND WILLIAM, The Merger Control Regulation and its Effect on National Merger Controls and the Residual Application of Articles 85 and 86, ECLR 1991, 19-28

ELLAND WILLIAM, The Merger Control Regulation (EEC) No. 4064/89, ECLR 1990, 111-117

EVERLING ULRICH, Auf dem Wege zu einem europäischen Verwaltungsrecht, Neue Zeitschrift für Verwaltungsrecht 1987, 1-10 (Weg)

EVERLING ULRICH, Die Mitwirkung nationaler Behörden in der EG-Wettbewerbspraxis, WuW 1993, 709-723 (Mitwirkung)

EVERLING ULRICH, Elemente eines europäischen Verwaltungsrechts, DVBl 1983, 649-658 (Elemente)

EVERLING ULRICH, Zur richterlichen Kontrolle der Tatsachenfeststellungen und der Beweiswürdigung durch die Kommission in Wettbewerbssachen, WuW 1989, 877-893 (Beweiswürdigung)

FAULL JONATHAN, Legal Professional Privilege (AM&S): The Commission Proposes International Negotiations, ELRev 1985, 119-124 (AM&S)

FAULL JONATHAN, Speeding up Procedures: Regulation 17 v. Regulation 4064/89, in: PIET JAN SLOT/ALISON MCDONELL (Hrsg.), Procedure and Enforcement in E.C. and U.S. Competition Law, Proceedings of the Leiden Europa Instituut Seminar on User-friendly Competition Law, London 1993, 114-122 (Procedure)

FERRY J.E., Procedure and Powers of the EEC Commission in Anti-Trust Cases, European Intellectual Property Review 1979, 126-132

FINE FRANK L., EC Merger Control: An Analysis of the New Regulation, ECLR 1990, 47-51 (Analysis)

FINE FRANK L., Mergers and Joint Ventures in Europe: The Law and Policy of the EEC, 2. Aufl., London/Dordrecht/Boston 1994 (Mergers)

FINE FRANK L., The EC Merger Control Regulation: The Commission's Dilemma, BLR 1990, 94-96 (Dilemma)

FISCHER CLAUDIA, Die Stellung Dritter im europäischen Wettbewerbsverfahren - eine vergleichende Untersuchung mit Blick auf das Antidumping- und EGKS-Recht sowie ausgewählte nationale Rechtsordnungen, Frankfurt am Main/Bern/New York/Paris 1989

FISCHER MICHAEL TH./ILIOPOULOS KONSTANTIN, Die Sicherung der Vertraulichkeit der Anwaltskorrespondenz im kartellrechtlichen Nachprüfungsverfahren, NJW 1983, 1031-1035

Fordham Corporate Law Institute (1987), BARRY E. HAWK (Hrsg.), North American and Common Market Antitrust and Trade Laws, New York 1988
Podiumsdiskussion über „Judicial Review of EEC Competition Cases", 629-644

Fordham Corporate Law Institute (1990), BARRY E. HAWK (Hrsg.), International Mergers and Joint Ventures, New York 1991
Podiumsdiskussion über „Constitutional Rules and the Role of the Hearing Officer in EEC Competition Cases", 383-427

Fordham Corporate Law Institute (1990), BARRY E. HAWK (Hrsg.), International Mergers and Joint Ventures, New York 1991
Podiumsdiskussion über „Procedures and Enforcement under EEC Merger Regulation", 461-479

Fordham Corporate Law Institute (1990), BARRY E. HAWK (Hrsg.), International Mergers and Joint Ventures, New York 1991
Podiumsdiskussion über: Jurisdictional issues „EEC merger Regulation, Member State Laws and Articles 85-86", 627-637

Fordham Corporate Law Institute (1991), BARRY E. HAWK (Hrsg.), EC and U.S. Competition Law and Policy, New York 1992
Podiumsdiskussion über „The First Year of Enforcement under the EEC Merger Regulation", 767-783

FORRESTER IAN S., Complement or Overlap? Jurisdiction of National and Community Bodies in Competition Matters after Sabam, CMLRev. 1974, 171-182

FORRESTER IAN S./NORALL CHRISTOPHER, Competition Law (Annual survey), in: YEL 1991, 419-487

FUCHS ANDREAS, Zusagen, Auflagen und Bedingungen in der europäischen Fusionskontrolle, WuW 1996, 269-286

GILLMEISTER FERDINAND, Ermittlungsrechte im deutschen und europäischen Kartellordnungswidrigkeitenverfahren, Baden-Baden 1985

GILSDORF PETER, Vertrauensschutz, Bestandsschutz und Rückwirkungsbegrenzung im Gemeinschaftsrecht, RIW 1983, 22-29

GIRNAU MARCUS, Die Stellung der Betroffenen im EG-Kartellverfahren - Reichweite des Akteneinsichtsrechts und Wahrung von Geschäftsgeheimnissen, Köln/Berlin/Bonn/München 1992

GLEISS/HIRSCH: MARTIN HIRSCH/THOMAS A. BURKERT (Hrsg.), Kommentar zum EG-Kartellrecht, Band 1, 4. Aufl., Heidelberg 1993

GORNIG GILBERT/TRÜE CHRISTIANE, Die Rechtsprechung des EuGH zum europäischen allgemeinen Verwaltungsrecht, JZ 1993, 884-893 und 934-942

GOYDER D.G., EC Competition Law, 2. Aufl., Oxford 1993

GRABITZ EBERHARD, Europäisches Verwaltungsrecht - Gemeinschaftsrechtliche Grundsätze des Verwaltungsverfahrens, NJW 1989, 1776-1783

GRABITZ EBERHARD/HILF MEINHARD (Hrsg.), Kommentar zur Europäischen Union, Loseblatt (Stand: Mai 1995), München (Bearb., in: GRABITZ zu Art. x)

GREEN NICHOLAS, Evidence and Proof in E.C. Competition Cases, in: PIET JAN SLOT/ALISON MCDONELL (Hrsg.), Procedure and Enforcement in E.C. and U.S. Competition Law; Proceedings of the Leiden Europa Instituut Seminar on User-friendly Competition Law, London 1993, 127-143

GROGER THOMAS/JANICKI THOMAS, Weiterentwicklung des Europäischen Wettbewerbsrechts, WuW 1992, 991-1005

GUGERBAUER NORBERT, Das EWR-Kartellrecht, Wien/München/Basel 1993

GÜNDISCH JÜRGEN, Rechtsschutz in der Europäischen Gemeinschaft, Stuttgart 1994

HAM ALLARD D., International Cooperation in anti-trust, in particular the agreement US-EC, CMLRev 1993, 571-597

HAPPE CLAUS-MICHAEL, Die Fristen im EG-Fusionskontrollverfahren, EuZW 1995, 303-308

HAYMANN MICHEL, Joint Ventures and Mergers as a Test-Mark für a European Competition Law between EEC and EFTA: Switzerland as an Example, World Competition - Law and Economics Review 1990-91, 5-29

HEIDENHAIN MARTIN, Anmerkungen zum Urteil T-2/93, Air France/Kommission, EuZW 1994, 540-541 (Anmerkungen)

HEIDENHAIN MARTIN, Commitments in EC Merger Control, in: BARRY E. HAWK (Hrsg.), Antitrust in a Global Economy, Fordham Corporate Law Institute (1993), New York 1994, 435-449

HEIDENHAIN MARTIN, Control of Concentrations without Community Dimension according to Article 22(2) to (5) Council Regulation 4064/89, in: BARRY E. HAWK (Hrsg.), International Mergers and Joint Ventures, Fordham Corporate Law Institute (1990), New York 1991, 413-423

HEIDENHAIN MARTIN, Die Entscheidung der EG-Kommission im Fusionskontrollverfahren „ICI/Tioxide" - eine Anmerkung, EuZW 1991, 180-181

HEIDENHAIN MARTIN, Europäische Fusionskontrolle für Zusammenschlüsse ohne gemeinschaftsweite Bedeutung, EuZW 1990, 84-88 (Bedeutung)

HEIDENHAIN MARTIN, Fusionskontrolle gewinnt Konturen, EuZW 1991, 449

HEIDENHAIN MARTIN, Zur Klagebefugnis Dritter in der europäischen Fusionskontrolle, EuZW 1991, 590-595

HEIDENHAIN MARTIN, Zusagenpraxis in der EG-Fusionskontrolle, EuZW 1994, 135-139 (Zusagenpraxis)

HELALI M.S.E., La Convention européenne des droits de l'homme et les droits français et communautaires de la concurrence, RTDE 1991, 335-362

HERMANNS FERDINAND, Ermittlungsbefugnisse der Kartellbehörden nach deutschem und europäischem Recht, 2. Aufl., Köln 1978

HIRSBRUNNER SIMON, Fusionskontrolle der Kommission im Jahre 1994, EuZW 1995, 295-303

HITZLER GERHARD, Die europäische Fusionskontrolle kann beginnen, EuZW 1990, 369-371

HIX JAN-PETER, Das Recht auf Akteneinsicht im europäischen Wirtschaftsverwaltungsrecht, Baden-Baden 1991

HORNSBY STEPHEN, National and Community Control of Concentrations in a Single Market: Should Member States be Allowed to Impose Stricter Standards? ELRev 1988, 295-317

JANICKI THOMAS, EG-Fusionskontrolle auf dem Weg zur praktischen Umsetzung, WuW 1990, 195-205 (Umsetzung)

JANICKI THOMAS, Inhalt und Praxis der Rückverweisungsvorschriften in Art. 9 EG-Fusionskontrollverordnung, Schwerpunkte des Kartellrechts 1992/93, FIW-Schriftenreihe, Heft 158, 1994, 63-76 (Inhalt und Praxis)

JEANTET FERNAND-CHARLES, La défense dans les procédures répressives en droit de la concurrence, RTDE 1986, 53-67 (Défense)

JEANTET FERNAND-CHARLES, Le rôle préventif du contrôle communautaire des opérations de concentration, in: Recueil Dalloz 1991, c4-c8 (Rôle préventif)

JOHANNES HARTMUT, Erfahrungen eines Anhörungsbeauftragten, in: ULRICH EVERLING/KARL-HEINZ NARJES/JOACHIM SEDEMUND (Hrsg.), Europarecht, Kartellrecht, Wirtschaftsrecht, Festschrift für Arved Deringer, Baden-Baden 1993, 293-309 (Erfahrungen)

JOHANNES HARTMUT, The Role of the Hearing Officer, in: BARRY E. HAWK (Hrsg.), 1992 and EEC/U.S. Competition and Trade Law, Fordham Corporate Institute (1989), New York 1990, 347-358 (Role)

JOHANNES HARTMUT/GILCHRIST JOSEPH, Role and Powers of the Hearing Officers under the enlarged mandate, CPN Vol. 1, Nr. 4, spring 1994, 11-12

JONES CHRISTOPHER, Summary of the most important recent developments, CPN Vol. 1, Nr.2, summer 1994, 13-16

JONES CHRISTOPHER, The Scope of Application of the Merger Regulation, in: BARRY E. HAWK (Hrsg.), International Mergers and Joint Ventures, Fordham Corporate Law Institute (1990), New York 1991, 385-412 (Scope of Application)

JONES CHRISTOPHER/GONZÁLEZ-DÍAZ ENRIQUE, (Hrsg.: COLIN OVERBURY), The EEC Merger Regulation, London 1992

JOSHUA JULIAN M., Balancing the public Interests: Confidentiality, Trade Secret and Disclosure of Evidence in EC Competition Procedures, ECLR 1994, 68-80 (Balancing)

JOSHUA JULIAN M., Information in EEC Competition Law Procedures, ELRev 1986, 409-429 (Information)

JOSHUA JULIAN M., Proof in Contested EEC Competition Cases - A Comparison with the Rules of Evidence in Common Law, ELRev 1987, 315-353 (Proof)

JOSHUA JULIAN M., The Element of Surprise: EEC Competition Investigations under Article 14(3) of Regulation 17, ELRev 1983, 3-23

JOSHUA JULIAN M., The Powers of the Commission: Efficiency and Swiftness in Investigative Procedures, in: ASSOCIATION EUROPÉENNE DES AVOCATS, Droits de la défense et droits de la Commission dans le droit communautaire de la concurrence, Bruxelles 1994, 9-37 (Powers)

JOSHUA JULIAN M., The right to be heard in EEC competition procedures, Fordham International Law Journal 1991-1992, 16-91 (Right)

KAMBUROGLOU PANAGIOTIS/PIRRWITZ BJÖRN, Reichweite und Vollstreckung von Nachprüfungsentscheidungen der EG-Kommission, RIW 1990, 263-272

KARL MATTHIAS, Die Rechtsstellung privater Dritter in der europäischen Fusionskontrolle, in: WINFRIED VEELKEN/MATTHIAS KARL/STEFAN RICHTER (Hrsg.), Die europäische Fusionskontrolle, Tübingen 1992, 37-82

KASTEN HANS-HERMANN, Entwicklung eines Europäischen Allgemeinen Verwaltungsrechts, Die Öffentliche Verwaltung, 1985, 570-574

KERBER WOLFGANG, Der EG-Fusionskontrollfall „Nestlé/Perrier", WuW 1994, 21-35

KERBER WOLFGANG, Die Europäische Fusionskontrollpraxis und die Wettbewerbskonzeption der EG, Bayreuth 1994

KERSE CHRISTOPHER STEPHEN, Besprechung des Urteils Rs. C-36/92P, SEP/Kommission vom 19. Mai 1994, CMLRev 1995, 857-869 (SEP)

KERSE CHRISTOPHER STEPHEN, E.C. Antitrust Procedure, 3. Aufl., London 1994

KERSE CHRISTOPHER STEPHEN, Procedures in EC Competiton Cases: The Oral Hearing, ECLR 1994, 40-43 (Oral Hearing)

KEVEKORDES JOHANNES, Zur Rechtsstellung Drittbeteiligter im EG-(Kartell-)Verfahrensrecht, in: Der Betrieb 1989, 2521-2526

KIRCHHOFF WOLFGANG, Europäische Fusionskontrolle, Betriebsberater, Beilage 14 zu Heft 11/1990

KLEEMANN DIETRICH, The First Year of Enforcement under the EEC Merger Regulation - A Commission View, in: BARRY E. HAWK (Hrsg.), EC and U.S. Competition Law and Policy, Fordham Corporate Law Institute (1991), New York 1992, 623-648

KOMMISSION, Bericht der Kommission über die Anwendung der Fusionskontrollverordnung vom 28.7.1993, KOM(93) 385 endg.

KOMMISSION, Die Untersuchungsbefugnisse der Kommission der EG auf dem Gebiete des Wettbewerbs, Europ. Dokumentation, 1985 (Untersuchungsbefugnisse)

KOMMISSION, Die Wettbewerbspolitik der Europäischen Gemeinschaft, 1994, Luxemburg 1995

KORAH VALENTINE, The Rights of the Defence in Administrative Proceedings under Community Law, Current Legal Problems 1980, 75-97

KOVAR R., The EEC Merger Control Regulation, YEL 1990, 71-101

KREIS HELMUT, Commission Procedures in Competition Proceedings - Recent Reforms in Practice and Law, in: BARRY E. HAWK (Hrsg.), Antitrust and Trade Policies of the European Economic Community, Fordham Corporate Law Institute (1983), New York 1984, 145-177 (Commission Procedures)

KREIS HELMUT, Ermittlungsverfahren der EG-Kommission in Kartellsachen, RIW 1981, 281-297 (Ermittlungsverfahren)

KREIS HELMUT, The AM&S judgment of the European Court of Justice and its consequences within and outside the Community, Swiss Review of International Antitrust Law 1984, 3-22 (AM&S)

KRIMPHOVE DIETER, Europäische Fusionskontrolle, Köln/Berlin/Bonn/München 1992

KULKA MICHAEL, Anmerkungen zum Hoechst-Urteil, Der Betrieb 1989, 2115-2117

KURZ STEFAN, Das Verhältnis der EG-Fusionskontrollverordnung zu Artikel 85 und 86 des EWG-Vertrages, Dissertation, Bonn 1993, Europäische Hochschulschriften Band II/1453

KUYPER P.J./VAN RIJN T.P.J.N., Procedural Guarantees and Investigatory Methods in European Law, with Special Reference to Competition, YEL 1982, 1-55

LANGEHEINE BERND, Judicial Review in the Field of Merger Control, JBL 1992, 121-135

LANGEN EUGEN/BUNTE HERMANN-JOSEF (Hrsg.), Kommentar zum deutschen und europäischen Kartellrecht, 7. Aufl., Neuwied/Kriftel/Berlin 1994

LAVOIE CHANTAL, The Investigative Powers of the Commission with respect to Business Secrets under Community Competition Rules, ELRev 1992, 20-40

LENZ CARL-OTTO (Hrsg.), EG-Vertrag Kommentar, Köln/Basel/Wien 1994

LENZ CARL-OTTO/GRILL GERHARD, Zum Recht auf Akteneinsicht im EG-Kartellverfahrensrecht, in: ULRICH EVERLING/KARL-HEINZ NARJES/JOACHIM SEDEMUND (Hrsg.), Europarecht, Kartellrecht, Wirtschaftsrecht, Festschrift für Arved Deringer, Baden-Baden 1993, 310-327

LENZ CARL-OTTO/MÖLLS WALTER, „Due Process" im Wettbewerbsrecht der EWG, WuW 1991, 771-793

LIEBERKNECHT OTFRIED, Die Behandlung von Geschäftsgeheimnissen im deutschen und EG-Recht, WuW 1988, 833-848

LÖFFLER HEINZ F., Kommentar zur FKVO, in: EUGEN LANGEN/HERMANN-JOSEF BUNTE (Hrsg.), Kommentar zum deutschen und europäischen Kartellrecht, 7. Aufl., Neuwied/Kriftel/Berlin 1994

LOGUE ANNE M., Commission Procedures under Scrutiny, ICCLR 1992, 308-312

MACH OLIVIER, Le contrôle des concentrations, in: OLIVIER JACOT-GUILLARMOD (Hrsg.), Accord EEE, Schriften zum Europarecht Band 9, Zürich 1992, 355-375

MACIVER ANGUS K., The First Year of Enforcement under the EEC Merger Regulation - A View from the Trenches, in: BARRY E. HAWK (Hrsg.), EC and U.S. Competition Law and Policy, Fordham Corporate Law Institute (1991), New York 1992, 751-765

MCCLELLAN ANTHONY, Mergers and Joint Ventures with a Community Dimension and Other Acquisitions, JBL 1992, 136-149

MEESSEN KARL M., Industriepolitisch wirksamer Wettbewerb im EWG-Fusionskontrollrecht, in: GISELA WILD/INE-MARIE SCHULTE-FRANZHEIM/MONIKA LORENZ-WOLF (Hrsg.), Festschrift für Alfred-Carl Gaedertz zum 70. Geburtstag, München 1992, 417-430

MEIER GERT, Europäische Amtshilfe - Ein Stützpfeiler des Europäischen Binnenmarktes, EuR 1989, 237-248

MERKIN ROBERT (Hrsg.), Encyclopedia of Competition Law, Loseblatt (Stand: September 1995), London

MESTMÄCKER ERNST-JOACHIM, Zur Anwendbarkeit der Wettbewerbsregeln auf die Mitgliedstaaten und die Europäischen Gemeinschaften, in: JÜRGEN F. BAUR/PETER-CHRISTIAN MÜLLER-GRAFF/MANFRED ZULEEG (Hrsg.), Europarecht Energierecht Wirtschaftsrecht, Festschrift zum 70. Geburtstag von Bodo Börner, Köln 1992, 277-288

MIERSCH MICHAEL, Kommentar zur EG-Verordnung Nr. 4064/89 über die Kontrolle von Unternehmenszusammenschlüssen, Neuwied/Frankfurt a.M. 1991

MONOPOLKOMMISSION [Deutschlands], Konzeption einer europäischen Fusionskontrolle, Sondergutachten 17, Baden-Baden 1989

MOOSECKER KARLHEINZ, Anmerkungen zum Hoechst-Entscheid, WuW 1989, 1012-1016

MÖSCHEL WERNHARD, Neuere Entwicklungen im europäischen Wettbewerbsrecht, in: ULRICH EVERLING/KARL-HEINZ NARJES/JOACHIM SEDEMUND (Hrsg.), Europarecht, Kartellrecht, Wirtschaftsrecht, Festschrift für Arved Deringer, Baden-Baden 1993, 328-345

MÜLLER-LAUBE H.M., Europa 1992: die Europäische Fusionskontrolle - Gedanken zu einem neuen europäischen Gesetz, Juristische Schulung 31 (1991), 184-190

MURRAY ANGUS, The Role of National Authorities in EC Merger Regulation Cases, ICCLR 1992, 225-227

NIEMEYER HANS-JÜRG, Die europäische Fusionskontrollverordnung, Sonderveröffentlichung zum Recht der Internationalen Wirtschaft, Heidelberg 1991

NORBERG SVEN, Die institutionellen Lösungen zur Sicherstellung eines dynamischen und homogenen EWR, EFTA-Bulletin 1/92, 2-7

OVERBURY COLIN/JONES CHRISTOPHER, EEC Merger Regulation Procedure: A Practical View, in: BARRY E. HAWK (Hrsg.), EC and U.S. Competition Law and Policy, Fordham Corporate Law Institute (1991), New York 1992, 353-384

PAPPALARDO AURELIO, Le Règlement CEE sur le contrôle des concentrations, Revue internationale de droit économique 1990, 2-42

PATHAK ANAND S., EEC Concentration Control: The Forseeable Uncertainties, ECLR 1990, 119-125

PLIAKOS ASTERIS, Les droits de la défense et le droit communautaire de la concurrence, Bruxelles 1987

RABE HANS-JÜRGEN, Das Gericht erster Instanz der Europäischen Gemeinschaften, NJW 1989, 3041-3047

REISCHL GERHARD, Ansätze zur Herausbildung eines europäischen Verwaltungsrechtes in der Rechtsprechung des EuGH - Bestandesaufnahme, Einflussnahme der unterschiedlichen nationalen Rechtsvorstellungen, in: JÜRGEN SCHWARZE (Hrsg.), Europäisches Verwaltungsrecht im Werden, Baden-Baden 1982, 97-113

RENGELING HANS-WERNER, Die Entwicklung verwaltungsrechtlicher Grundsätze durch den Gerichtshof der Europäischen Gemeinschaften, EuR 1984, 331-360 (Entwicklung)

RENGELING HANS-WERNER, Grundrechtsschutz in der Europäischen Gemeinschaft, München 1993 (Grundrechtsschutz)

RENGELING HANS-WERNER, Rechtsgrundsätze beim Verwaltungsvollzug des Europäischen Gemeinschaftsrechts, Köln 1977

RENGELING HANS-WERNER/MIDDEKE ANDREAS/GELLERMANN MARTIN, Rechtsschutz in der Europäischen Union, München 1994

RESS GEORG/UKROW JÖRG, Neue Aspekte des Grundrechtsschutzes in der Europäischen Gemeinschaft, EuZW 1990, 499-505

REYNOLDS MICHAEL J., The First Year of Enforcement under the EEC Merger Regulation - A Private View, in: BARRY E. HAWK (Hrsg.), EC and U.S. Competition Law and Policy, Fordham Corporate Law Institute (1991), New York 1992, 649-708

RICHTER STEFAN, Europäische Fusionskontrolle ausserhalb der Fusionskontrollverordnung - Überlegungen zu Auslegung und Wirksamkeit von Art. 22 Abs. 2 der Verordnung (EWG) Nr. 4064/89, in: WINFRIED VEELKEN/MATTHIAS KARL/STEFAN RICHTER (Hrsg.), Die europäische Fusionskontrolle, Tübingen 1992, 83-101

RIESENKAMPFF ALEXANDER, Perspektiven und Probleme der europäischen Fusionskontrolle, in: MANFRED LÖWISCH/CHRISTIAN SCHMIDT-LEITHOFF/BURKHARD SCHMIEDL (Hrsg.), Beiträge zum Handels- und Wirtschaftsrecht, Festschrift für Fritz Rittner zum 70. Geburtstag, München 1991, 491-507

RITTER LENNART/RAWLINSON FRANCIS/BRAUN W. DAVID, EEC Competition Law - A Practitioner's Guide, Deventer/Boston 1991

RIVALLAND JEAN-CLAUDE, Les entreprises face aux pouvoirs d'enquête de la commission des Communautés Européennes, Paris 1991

ROHARDT KLAUS PETER, Die europäische Fusionskontrolle beginnt Gestalt anzunehmen, WuW 1991, 365-383

ROHLFING STEPHANIE, Kartellrechtliche Untersuchungsverfahren nach deutschem, französischem und europäischem Kartellrecht und Verteidigungsrechte, Dissertation, Frankfurt 1989, Europäische Hochschulschriften II/845

RÖHLING ANDREAS, Offene Fragen der europäischen Fusionskontrolle, Zeitschrift für Wirtschaftsrecht 1990/II, 1179-1186

RÖSLER PATRICK, Implementierung einer Fusionskontrolle im europäischen Binnenmarkt, Dissertation, Konstanz 1994, Europäische Hochschulschriften II/1607

RUDILESE RICHARD, Zur Zwangsgeldentscheidung des EuGH im Hoechst-Urteil, EuZW 1990, 53-54

SCHÄFER HELGE, Internationaler Anwendungsbereich der präventiven Zusammenschlusskontrolle im deutschen und europäischen Recht, Dissertation, Hamburg 1992, Europäische Hochschulschriften II/1394

SCHMIDT CHRISTIAN RUDOLF, Die „Entwicklung des technischen und wirtschaftlichen Fortschritts" - Der Konflikt Wettbewerbspolitik - Industriepolitik in der Europäischen Fusionskontrolle, Baden-Baden 1992 (Konflikt)

SCHMIDT KARSTEN, Europäische Fusionskontrolle im System des Rechts gegen Wettbewerbsbeschränkungen, Betriebsberater 1990, 719-725 (System)

SCHMIDT KARSTEN, Klagebefugnis und Beschwerdebefugnis verfahrensbeteiligter Dritter im europäischen und im nationalen Kartellrecht, in: JÜRGEN F. BAUR/KLAUS J. HOPT/K. PETER MAILÄNDER (Hrsg.), Festschrift für Ernst Steindorff zum 70. Geburtstag, Berlin/New York 1990, 1085-1106

SCHMIDT KARSTEN, Konflikt oder Anpassung des europäischen und des nationalen Rechts gegen Wettbewerbsbeschränkungen?, Schwerpunkte des Kartellrechts 1989/90, FIW-Schriftenreihe, Heft 140, Köln 1991, 29-44

SCHMIDT KARSTEN, Negativattest und comfort letter: Das Europakartellrecht als Lehrmeister des nationalen Rechts gegen Wettbewerbsbeschränkungen, in: JÜRGEN F. BAUR/PETER-CHRISTIAN MÜLLER-GRAFF/MANFRED ZULEEG (Hrsg.), Europarecht Energierecht Wirtschaftsrecht, Festschrift zum 70. Geburtstag von Bodo Börner, Köln 1992, 789-802

SCHOLZ RUPERT, Grundrechtsprobleme im europäischen Kartellrecht - Zur Hoechst-Entscheidung des EuGH, WuW 1990, 99-108

SCHRIEFERS MARCUS, Die Ermittlungsbefugnisse der EG-Kommission in Kartellverfahren, WuW 1993, 98-106

SCHWARZE JÜRGEN, Der Beitrag des Europarates zur Entwicklung von Rechtsschutz und Verfahrensgarantien im Verwaltungsrecht, EuGRZ 1993, 377-384 (Beitrag)

SCHWARZE JÜRGEN, Der Schutz des Gemeinschaftsbürgers durch allgemeine Verwaltungsrechtsgrundsätze im EG-Recht, NJW 1986, 1067-1073 (Schutz)

SCHWARZE JÜRGEN, Europäisches Verwaltungsrecht, Baden-Baden 1988 (I bzw. II)

SCHWARZE JÜRGEN, Europäisches Verwaltungsrecht im Werden - Einführung und Problemaufriss, in: JÜRGEN SCHWARZE (Hrsg.), Europäisches Verwaltungsrecht im Werden, Baden-Baden 1982, 11-22 (Werden)

SCHWARZE JÜRGEN, Grenzen für die Ermittlungstätigkeit der Kommission als Wettbewerbsbehörde der EG, in: JÜRGEN SCHWARZE (Hrsg.), Der Gemeinsame Markt, Bestand und Zukunft in wirtschaftsrechtlicher Perspektive, Baden-Baden 1987, 159-180 (Grenzen)

SCHWARZE JÜRGEN, Grundzüge und neuere Entwicklungen des Rechtsschutzes im Recht der Europäischen Gemeinschaften, NJW 1992, 1065-1072 (Grundzüge)

SCHWARZE JÜRGEN, Probleme des europäischen Grundrechtsschutzes, in: ULRICH EVERLING/KARL-HEINZ NARJES/JOACHIM SEDEMUND (Hrsg.), Europarecht, Kartellrecht, Wirtschaftsrecht, Festschrift für Arved Deringer, Baden-Baden 1993, 160-174 (Probleme)

SCHWARZE JÜRGEN, Tendencies towards a Common Administrative Law in Europe, ELRev 1991, 3-19 (Tendencies)

SCHWARZE JÜRGEN, Vorläufiger Rechtsschutz im Widerstreit von Gemeinschaftsrecht und nationalem Verwaltungsverfahrens- und Prozessrecht, in: JÜRGEN F. BAUR/PETER-CHRISTIAN MÜLLER-GRAFF/MANFRED ZULEEG (Hrsg.), Europarecht Energierecht Wirtschaftsrecht, Festschrift zum 70. Geburtstag von Bodo Börner, Köln 1992, 389-401 (Vorläufiger Rechtsschutz)

SCHWEITZER MICHAEL/HUMMER WALDEMAR, Europarecht, 4. Aufl., Neuwied/Kriftel/Berlin 1993

SEDEMUND JOACHIM, Allgemeine Prinzipien des Verwaltungsverfahrensrechts, dargestellt am Beispiel des Verwaltungsverfahrens der EG in Kartellsachen, in: JÜRGEN SCHWARZE (Hrsg.), Europäisches Verwaltungsrecht im Werden, Baden-Baden 1982, 45-62 (Allgemeine Prinzipien)

SEDEMUND JOACHIM, Zwei Jahre europäische Fusionskontrolle: Ausgewählte Zentralfragen und Ausblick, in: ULRICH EVERLING/KARL-HEINZ NARJES/JOACHIM SEDEMUND (Hrsg.), Europarecht, Kartellrecht, Wirtschaftsrecht, Festschrift für Arved Deringer, Baden-Baden 1993, 379-397 (Zentralfragen)

SIRAGUSA MARIO, Current Procedural and Litigation Aspects of Mergers and Takeovers, in: BARRY E. HAWK (Hrsg.), 1992 And EEC/U.S. Competition and Trade Law, Fordham Corporate Law Institute (1989), New York 1990, 509-545

SIRAGUSA MARIO/SUBIOTTO ROMANO, Le contrôle des opérations de concentration entre entreprises au niveau européen: une première analyse pratique, RTDE 1992, 51-104 (Analyse)

SIRAGUSA MARIO/SUBIOTTO ROMANO, The EEC Merger Control Regulation: The Commission's evolving case law, CMLRev 1991, 877-934 (Case Law)

SLOT PIET JAN/MCDONELL ALISON (Hrsg.), Procedure and Enforcement in E.C. and U.S. Competition Law; Proceedings of the Leiden Europa Instituut Seminar on User-friendly Competition Law, London 1993

SNYDER WILLIAM, Due Process in the European Economic Community: Rights of Businesses during Commission Inspections, Toledo Law Review 1991, 955-974

STAUDENMAYER DIRK, Das Verhältnis der Art. 85, 86 EWGV zur EG-Fusionskontrollverordnung, WuW 1992, 475-482

STELKENS PAUL/BONK JOACHIM/SACHS MICHAEL, Verwaltungsverfahrensgesetz, Kommentar, 4. Aufl., München 1993

TEMPLE LANG JOHN, Community Antitrust Law - Compliance and Enforcement, CMLRev 1981, 335-362 (Compliance and Enforcement)

TEMPLE LANG JOHN, European Community Constitutional Law and the Enforcement of Community Antitrust Law, in: BARRY E. HAWK (Hrsg.), Antitrust in a Global Economy, Fordham Corporate Law Institute (1993), New York 1994, 525-604 (Constitutional Law)

TEMPLE LANG JOHN, The Impact of the New Court of First Instance in EEC Antitrust and Trade Cases, BARRY E. HAWK (Hrsg.), North American and Common Market Antitrust and Trade Laws, Fordham Corporate Law Institute (1987), New York 1988, 579-606 (Impact)

TEMPLE LANG JOHN, The Position of Third Parties in EEC Competition Cases, ELRev 1978, 177-190

TEMPLE LANG JOHN, The Procedure of the Commission in Competition Cases, CMLRev 1977, 155-173

TEMPLE LANG JOHN, The Sphere in which Member States are obliged to comply with the General Principles of Law and Community Fundamental Rights Principles, LIEI 1991/2, 23-35 (Sphere)

THIEFFRY PATRICK/VAN DOORN PHILIP/NAHMIAS PETER, The Notification of Mergers Under the New EEC Merger Control Regulation, The International Lawyer 1991, 615-645

TOTH A.G., Besprechung der Fälle T-79/89 u.a., BASF u.a./Kommission und T-3/93, Air France/Kommission, CMLRev 1995, 271-304

USHER JOHN A., European Court Practice, London 1983

USHER JOHN A., Legal professional privilege and confidentiality in EEC competition proceedings; the judgment of the European Court, JBL 1982, 398-401 (Legal professional privilge)

VAN BAEL IVO, A Practitioner's Guide to Due Process in EEC Antitrust and Antidumping Proceedings, International Lawyer 1984, 841-867

VAN BAEL IVO, Insufficient Judicial Control of EC Competition Law Enforcement, in: BARRY E. HAWK (Hrsg.), International Antitrust Law & Policy, Fordham Corporate Law Institute (1992), New York 1993, 733-744 (Insufficient Control)

VAN BAEL IVO, The Antitrust Settlement Practice of the Commission, CMLRev 1986, 61-90 (Settlement Practice)

VAN BAEL IVO, The Role of the National Courts, Editorial von ECLR 1994, 3-7 (Role)

VAN BAEL IVO/BELLIS JEAN-FRANÇOIS, Competiton Law of the EEC, 3. Aufl., CCE Europe 1994

VAN DER ESCH B., The principles of interpretation applied by the Court of Justice of the EC and their relevance for the scope of the EEC competition rules, 15 Fordham International Law Journal 91/92, 366-397

VAN DE WALLE DE GHELCKE BERNARD, Le règlement C.E.E. sur le contrôle des concentrations, Journal des Tribunaux 1990, 7 avril, no 5544, 245, 253-257

VAN OMMESLAGHE PIERRE, Le règlement sur le contrôle des opérations de concentration entre entreprises et les offres publiques d'acquisition, CDE 1991, 259-316

VAUGHAN DAVID, Access to the File and Confidentiality, in: PIET JAN SLOT/ALISON MCDONELL (Hrsg.), Procedure and Enforcement in E.C. and U.S. Competition Law; Proceedings of the Leiden Europa Instituut Seminar on User-friendly Competition Law, London 1993, 169-176

VENIT JAMES S., The „Merger" Control Regulation: Europe Comes of Age...or Caliban's dinner, CMLRev 1990, 7-50

VON DER GROEBEN HANS/THIESING JOCHEN/EHLERMANN CLAUS-DIETER, Handbuch des Europäischen Rechts, Loseblatt (Stand: Dezember 1995) (Bearb., in: VON DER GROEBEN, Handbuch)

VON DER GROEBEN HANS/THIESING JOCHEN/EHLERMANN CLAUS-DIETER, Kommentar zum EWG-Vertrag, 4. Aufl., Baden-Baden 1991 (Bearb., in: VON DER GROEBEN)

VON DIETZE PHILIPP, Verfahrensbeteiligung und Klagebefugnis im EG-Recht, Dissertation, München 1994, Europäische Hochschulschriften Band II/1733

VON HEYDEBRAND UND DER LASA HANS-CHRISTOPH, Confidential Information in Antidumping Proceedings before United States Courts and the European Court, ELRev 1986, 331-349

VONNEMANN WOLFGANG, Die neue europäische Fusionskontrolle, Der Betrieb 1990, 569-574

VON WINTERFELD ACHIM, Ermittlungsbefugnisse der EG-Kommission gegenüber Unternehmen am Beispiel des Kartellrechts, RIW 1992, 524-528

VON WINTERFELD ACHIM, Möglichkeiten der Verbesserung des individuellen Rechtsschutzes im Europäischen Gemeinschaftsrecht, NJW 1988, 1409-1414

VON WINTERFELD ACHIM, Neuere Entwicklungen bei der Vereinfachung und Beschleunigung von Kartellverwaltungsverfahren vor der EG-Kommission, RIW 1984, 929-934

WAELBROECK DENIS, New Forms of Settlement of Antitrust Cases and Procedural Safeguards: Is Regulation 17 Falling into Abeyance?, ELRev 1986, 268-280

WAELBROECK MICHEL, Do the French Rules on Protection of Confidentiality in Competition Proceedings Infringe EEC Law?, European Business Law Review 1992, 35-38 (French Rules)

WAELBROECK MICHEL, Judicial Review of Commission Action in Competition Matters, in: BARRY E. HAWK (Hrsg.), Antitrust and Trade Policies of the European Economic Community, Fordham Corporate Law Institute (1983), New York 1984, 179-217 (Judicial Review)

WEATHERILL STEPHEN, The Changing Law and Practice of UK and EEC Merger Control, Oxford Journal of Legal Studies 1991, 520-544

WEITBRECHT ANDREAS, Drei Jahre Fusionskontrolle - eine Zwischenbilanz, EuZW 1993, 687-690 (Zwischenbilanz)

WEITBRECHT ANDREAS, Zusammenschlusskontrolle im Europäischen Binnenmarkt, EuZW 1990, 18-21

WHISH RICHARD, Competition Law, 3. Aufl., London/Edingburgh 1993

WHISH RICHARD, The Enforcement of EC Competition Law in the Domestic Courts of Member States, ECLR 1994, 60-67 (Enforcement)

WINCKLER ANTOINE/GÉRONDEAU SOPHIE, Etude critique du règlement CEE sur le contrôle des concentrations d'entreprises, Revue du Marché Commun 1990, 541-549

WOOD DAVID, EC Merger Control and the Role of Third Parties, The Company Lawyer 1992, 185-187

ZÄCH ROGER, Wettbewerbsrecht der Europäischen Union, Praxis von Kommission und Gerichtshof, Bern/München 1994 (Praxis)

ZSCHOCKE CHRISTIAN, Harmonisierung der Fusionskontrolle aus der Sicht eines Praktikers, WuW 1996, 85-91

ZULEEG MANFRED, Der Rang des europäischen im Verhältnis zum nationalen Wettbewerbsrecht, EuR 1990, 123-134

II. Zum schweizerischen Recht

AUBERT JEAN-FRANÇOIS, Bundesstaatsrecht der Schweiz, Fassung von 1967. Neubearbeiteter Nachtrag bis 1994, Band II, Basel/Frankfurt am Main 1995

BAUDENBACHER CARL, Zur Revision des schweizerischen Kartellgesetzes, AJP 1994, 1367-1375 (Revision)

BINDER ANDREAS, Die Kontrolle von Unternehmens-Zusammenschlüssen im Revisionsentwurf des Kartellgesetzes, Baden 1980

BORNER SILVIO/BRUNETTI AYMO/WEDER ROLF, Ökonomische Analyse zur Revision des schweizerischen Kartellgesetzes, in: ROGER ZÄCH/PETER ZWEIFEL (Hrsg.), Grundfragen der schweizerischen Kartellrechtsreform, St. Gallen 1995, 35-92

BÜHLMANN HUBERT, Die Tragweite des Kartellartikels der Bundesverfassung im Hinblick auf eine Konzentrationskontrolle, Dissertation, St. Gallen 1979

CARRON BENOÎT, Le régime des ordres de marché du droit public en droit de la concurrence, Dissertation, Fribourg 1994

CAVELTI ULRICH, Gütliche Verständigung vor Instanzen der Verwaltungsrechtspflege, AJP 1995, 175-178

COTTIER THOMAS, Der Anspruch auf rechtliches Gehör (Art. 4 BV), recht 1984, 1-13 und 122-128

DAVID LUCAS, Der Rechtsschutz im Immaterialgüterrecht, in: ROLAND VON BÜREN (Hrsg.), Schweizer Immaterial- und Wettbewerbsrecht, Bd. I/2, Basel 1992

DROLSHAMMER JENS, Die Zusammenschlusskontrolle im EWR-Vertrag aus schweizerischer Sicht, in: GISELA WILD/INE-MARIE SCHULTE-FRANZHEIM/MONIKA LORENZ-WOLF (Hrsg.), Festschrift für Alfred-Carl Gaedertz zum 70. Geburtstag, München 1992, 111-136

DROLSHAMMER JENS/DUCREY PATRIK, Entwicklungen im Wettbewerbs- und Kartellrecht, SJZ 1995, 210-218 (1995)

DROLSHAMMER JENS/DUCREY PATRIK, Entwicklungen im Wettbewerbs- und Kartellrecht, SJZ 1996, 163-168 (1996)

FAVRE JACQUES, Les modalités d'action de la commission des cartels et les techniques juridiques utilisées, in: Charles-Albert Morand, Les instruments d'action de l'Etat, Basel/Frankfurt am Main 1991, 113-125

FREI LIONEL, The Service of Process and the Taking of Evidence on Behalf of U.S. Proceedings - the Problem of Granting Assistance, WuR 1983, 196-210

GRISEL ANDRÉ, Avis de droit pour la Commission des Cartels, VKKP 1986, 107-121 und 131-134

GUHL THEO, Das schweizerische Obligationenrecht, 8. Aufl., Zürich 1991

GYGI FRITZ, Bundesverwaltungsrechtspflege, 2. Aufl., Bern 1983

HAEFLIGER ARTHUR, Alle Schweizer sind vor dem Gesetze gleich, Bern 1985

HÄFELIN ULRICH/MÜLLER GEORG, Grundriss des Allgemeinen Verwaltungsrechts, 2. Aufl., Zürich 1993

HANGARTNER YVO, Grundzüge des schweizerischen Staatsrechts, Band II: Grundrechte, Zürich 1982

HOMBURGER ERIC, Kartellgesetz und Unternehmenszusammenschlüsse, SJZ 1972, 149-155 (Unternehmenszusammenschlüsse)

HOMBURGER ERIC, Kommentar zum Schweizerischen Kartellgesetz, Zürich 1990 (Kommentar zu Art. x)

JUNOD CHARLES-ANDRÉ/HIRSCH ALAIN (Hrsg.), Kolloquium: Die internationale Rechtshilfe in Straf-, Zivil-, Verwaltungs- und Steuersachen, Schweizerische Beiträge zum Europarecht, Heft 30, Genf 1986

KILLIAS PIERRE-ALAIN, La nature juridique des recommendations de la commission des cartels, SZW 1991, 281-287

KLEINER BEAT, Die Bankenkommission als Wettbewerbsbehörde?, NZZ Nr. 156 vom 8./9.7.95, S. 25 (NZZ-Artikel)

KÖLZ ALFRED/HÄNER ISABELLE, Verwaltungsverfahren und Verwaltungsrechtsprechung des Bundes, Zürich 1993

Kommentar zum schweizerischen Bankengesetz, BEAT KLEINER/BENNO LUTZ (Hrsg.), Zürich, Loseblatt (Stand: Dezember 1994), Zürich (Bearb., in: Kommentar zum Bankengesetz, Art. x)

Kommentar zur Bundesverfassung der Schweizerischen Eidgenossenschaft vom 29. Mai 1874, JEAN-FRANÇOIS AUBERT u.a. (Hrsg.), Loseblatt (Stand: 6. Lieferung, 1996), Basel/Zürich/Bern, (Bearb., in: Kommentar zu Art. x BV)

LEBER MARINO, Die Beteiligten am Verwaltungsprozess, recht 1985, 22-29

LIMBURG ANDREAS, Das Untersuchungsverfahren nach schweizerischem Kartellgesetz, Bern 1993

MANFRINI PIERRE LOUIS, Entraide administrative internationale, in: CHARLES-ANDRÉ JUNOD/ALAIN HIRSCH (Hrsg.), Kolloquium: Die internationale Rechtshilfe in Straf-, Zivil-, Verwaltungs- und Steuersachen, Schweizerische Beiträge zum Europarecht, Heft 30, Genf 1986, 115-167

Materialien zu einer Revision des Kartellgesetzes (mit Motion Schürmann), WuR 1972, 302-311

MOOR PIERRE, Droit administratif, Band I und II, Bern 1991

MÜLLER JÖRG-PAUL, Grundrechtliche Anforderungen an Entscheidstrukturen, in: GEORG MÜLLER u.a. (Hrsg.), Staatsorganisation und Staatsfunktionen im Wandel, Festschrift für Kurt Eichenberger, Basel 1982, 169-181

RHINOW RENÉ/BIAGGINI GIOVANNI, Verfassungsrechtliche Aspekte der Kartellgesetzrevision, in: ROGER ZÄCH/PETER ZWEIFEL (Hrsg.), Grundfragen der schweizerischen Kartellrechtsreform, St. Gallen 1995, 93-144

RICHLI PAUL, Gutachten für die Kartellkommission, VKKP 1986, 65-105 und 123-129 (Gutachten)

RICHLI PAUL, Neues Kartellgesetz und Binnenmarktgesetz - Überblick und Würdigung aus öffentlichrechtlicher Sicht, AJP 1995, 593-604 (Neues Kartellgesetz)

RICHLI PAUL, Öffentlich-rechtliche Probleme bei der Erfüllung von Staatsaufgaben mit Informationsmitteln, ZSR 1990 I 151-172 (Informationsmittel)

RICHLI PAUL, Verfahrensfragen, in: ROGER ZÄCH (Hrsg.), Kartellrecht auf neuer Grundlage, St. Gallen 1989, 197-238 (Verfahrensfragen)

RICHLI PAUL, Zu den Gründen, Möglichkeiten und Grenzen für Verhandlungselemente im öffentlichen Recht, ZBl 1991, 381-406 (Verhandlungselemente)

RICHLI PAUL, Zum verfahrens- und prozessrechtlichen Regelungsdefizit beim verfügungsfreien Staatshandeln, AJP 1992, 196-205 (Regelungsdefizit)

RIEDER PETER, Die Zusammenschlusskontrolle im Kartellgesetz, in: LEO SCHÜRMANN (Hrsg.), Probleme des Kartellverwaltungsrechts, Festschrift für Bruno Schmidhauser, Bern 1991, 161-185

RUFFNER MARKUS, Wettbewerbstheoretische Grundlagen der Kartellgesetzrevision, in: ROGER ZÄCH/PETER ZWEIFEL (Hrsg.), Grundfragen der schweizerischen Kartellrechtsreform, St. Gallen 1995, 145-251

SALADIN PETER, Das Verwaltungsverfahrensrecht des Bundes, Basel/Stuttgart 1979

SALADIN PETER, Verwaltungsprozessrecht und materielles Verwaltungsrecht, ZSR 1975 II 307-351

SCHERRER FRANK, Die schweizerische Fusionskontrolle - bisherige Anläufe und Ansatz zum Sprung, in: ANDREAS KELLERHALS (Hrsg.), Aktuelle Fragen zum Wirtschaftsrecht - Zur Emeritierung von Walter R. Schluep, Schriftenreihe des Europa Instituts Zürich, Zürich 1995, 193-216

SCHLUEP WALTER R., Grundzüge des Entwurfs der Expertenkommission zur Revision des BG über Kartelle und ähnliche Organisationen, ZBJV 1979, 65-105 (Grundzüge)

SCHLUEP WALTER R., The Swiss Act on Cartels and The Practice of the Swiss Cartel Commission Concerning Economic Concentration, in: KLAUS J. HOPT (Hrsg.), European Merger Control, Legal and Economic Analyses on Multinational Enterprises, Vol. I, Berlin/New York 1982, 123-151 (Concentration)

SCHLUEP WALTER R., Verfahrensrechtliche Anmerkungen zum BG über Kartelle und ähnliche Organisationen und zu dessen Weiterentwicklung, in: ISAAK MEIER/HANS MICHAEL RIEMER/PETER WEIMAR (Hrsg.), Recht und Rechtsdurchsetzung, Festschrift für Hans Ulrich Walder, Zürich 1994, 95-124 (Anmerkungen)

SCHLUEP WALTER R., „Wirksamer Wettbewerb": Schlüsselbegriff des neuen schweizerischen Wettbewerbsrechts, Bern 1987

SCHMIDHAUSER BRUNO, Altes und neues Kartellgesetz im Vergleich, WuR 1986, 361-382 (Vergleich)

SCHMIDHAUSER BRUNO, Die Untersuchungen der Kartellkommission nach Art. 29 des Kartellgesetzes (KG), in: ROGER ZÄCH (Hrsg.), Kartellrecht auf neuer Grundlage, St. Gallen 1989, 167-196 (Untersuchungen)

SCHMIDHAUSER BRUNO, Die Vorabklärungen der Kartellkommission nach Art. 28 des Kartellgesetzes (KG), in: ROGER ZÄCH (Hrsg.), Kartellrecht auf neuer Grundlage, St. Gallen 1989, 135-166 (Vorabklärungen)

SCHMIDHAUSER BRUNO, Parteien und Zeugen in der Sonderuntersuchung gemäss Kartellgesetz, WuR 1968, 95-110

SCHMIDHAUSER BRUNO, Über die administrative Bewältigung des verwaltungsrechtlichen Teils des Kartellgesetzes, Revue suisse du droit international de la concurrence 1978, 47-55 (Administrative Bewältigung)

SCHNEIDER MARTIN, Schutz des Unternehmensgeheimnisses vor unbefugter Verwertung, Dissertation, St. Gallen 1989

SCHNYDER ANTON K., Internationale Amts- und Rechtshilfe in Wirtschaftssachen, SAG 1988, 1-13

SCHÜRMANN LEO, Die Tragweite von Art. 29 Kartellgesetz, in: LEO SCHÜRMANN (Hrsg.), Probleme des Kartellverwaltungsrechts, Festschrift für Bruno Schmidhauser, Bern 1991, 187-213 (Tragweite)

SCHÜRMANN LEO, Wirtschaftsverwaltungsrecht, 3. Aufl., Bern 1994

SCHÜRMANN LEO/SCHLUEP WALTER R., Kommentar zum KG + PüG, Zürich 1988

SCHWEIZER RAINER J., Verträge und Abmachungen zwischen der Verwaltung und Privaten in der Schweiz, in: Veröffentlichungen der Vereinigung der Deutschen Staatsrechtslehrer, Heft 52, 1993, 314-322 (Abmachungen)

SIEBER HUGO/TUCHTFELDT EGON, Die Fusionskontrolle im revidierten Kartellgesetz, in: DETLEV DICKE/THOMAS FLEINER-GERSTER (Hrsg.), Staat und Gesellschaft, Festschrift für Leo Schürmann, Freiburg 1987, 353-366

SIMON JÜRG WALTER, Amtshilfe, Dissertation, Bern 1991

SOMMER PATRICK, Revitalisierung durch neue administrative Hürden, NZZ Nr. 221 vom 23./24.9. 1995, S. 22 (NZZ-Artikel)

STOFFEL WALTER, Das Schweizerische Kartellrecht: Rückblick auf die jüngste Praxis und Ausblick auf die Revisionsbemühungen, SZW 1994, 105-116 (Kartellrecht)

STOFFEL WALTER, L'application de la nouvelle LCart par la commission fédérale des cartels: un premier bilan, SZW 1992, 93-105 (Application)

STOFFEL WALTER, Le nouveau droit des cartels et la construction, Baurecht 1988, 52-59 (Nouveau droit)

TERCIER PIERRE, Du droit des cartels au droit de la concurrence, ZSR 1993 I 399-417

TRECHSEL STEFAN, Schweizerisches Strafgesetzbuch - Kurzkommentar, Zürich 1989

TSCHÄNI RUDOLF, Unternehmensübernahmen nach Schweizer Recht, 2. Aufl., Basel/Frankfurt a.M. 1991

WEBER-DÜRLER BEATRICE, Vertrauensschutz im öffentlichen Recht, Basel/Frankfurt am Main 1983

WIDMER HEINZ PETER, Der Inhalt der Empfehlungen der Kartellkommission, in: LEO SCHÜRMANN (Hrsg.), Probleme des Kartellverwaltungsrechts, Festschrift für Bruno Schmidhauser, Bern 1991, 59-83

WOHLMANN HERBERT, Deregulierung und Kartellrecht, SJZ 1995, 185-190

ZÄCH ROGER, Kartellrecht auf neuer Grundlage, St. Gallen 1989

ZÄCH ROGER, Schweizerisches Wettbewerbsrecht wohin?, AJP 1992, 857-866 (Wettbewerbsrecht)

ZÄCH ROGER/ZWEIFEL PETER, Plädoyer für das neue Kartellgesetz, in: ROGER ZÄCH/PETER ZWEIFEL (Hrsg.), Grundfragen der schweizerischen Kartellrechtsreform, St. Gallen 1995, 19-33

ZULAUF URS, Rechtshilfe - Amtshilfe, SZW 1995, 50-62

III. Zum europäischen und zum schweizerischen Recht

BAUDENBACHER CARL, Verfahren als Alternative zur Verrechtlichung im Wirtschaftsrecht, Zeitschrift für Rechtspolitik 1986, 301-305 (Alternative)

BAUDENBACHER CARL, Wettbewerbspolitik durch „soft law" - Drei Jahre Berliner Gelöbnis, WuW 1986, 941-956 (Soft law)

BEILSTEIN WERNER, Stand der Rechtshilfe und der internationalen Zusammenarbeit in Steuersachen, SZW 1995, 105-121

BROHM WINFRIED, Beschleunigung der Verwaltungsverfahren - Straffung oder konsensuales Verwaltungshandeln, NVwZ 1991, 1025

BUNTE HERMANN-JOSEF, Rechtliche Grenzen für die Änderung behördlicher Verwaltungspraxis, Heidelberg 1981

FIKENTSCHER WOLFGANG/HEINEMANN ANDREAS, Der „Draft International Antitrust Code" - Initiative für ein Weltkartellrecht im Rahmen des GATT, WuW 1994, 97-107

JAKOB-SIEBERT THINAM, Competition Rules in the EEC and Switzerland: A Comparison of Law and Practice, ECLR 1990, 255-263

JOERGENS CHRISTIAN, Vorüberlegungen zu einer Theorie des internationalen Wirtschaftsrechts, RabelsZ 1979, 6-79

KARTELLKOMMISSION, Das Verhältnis des KG zum EWR-Abkommen, VKKP 1a/1993, 81-92 (EWR-Abkommen)

KARTELLKOMMISSION, Rechtsvergleich EG - CH, VKKP 1a/1991, 94-116 (Rechtsvergleich EG - CH)

KRIEGER ALBRECHT, Zum Geheimnisschutz im Kartellverfahren, in: JÜRGEN F. BAUR/KLAUS J. HOPT/K. PETER MAILÄNDER (Hrsg.), Festschrift für Ernst Steindorff zum 70. Geburtstag, Berlin/New York 1990, 989-1003

MOZET PETER, Internationale Zusammenarbeit der Kartellbehörden, Heidelberg 1991

OSSENBÜHL FRITZ, Grundrechtsschutz im und durch Verfahrensrecht, in: GEORG MÜLLER u.a. (Hrsg.), Staatsorganisation und Staatsfunktionen im Wandel: Festschrift für Kurt Eichenberger, Basel 1982, 183-194

REUTER ALEXANDER, Informale Auskunftsbitten der Kartellbehörden - Praxis contra legem?, WuW 1986, 93-104

REUTER ALEXANDER, Kartellbehördliche Recherche als Eingriff in Freiheit und Eigentum - ein Beitrag zur Eingriffsdogmatik im Licht informaler Verfahrensweisen, Dissertation, Berlin 1984

RHINER DAMARIS, Von der Vision eines Weltkartellrechts, in: ANDREAS KELLERHALS (Hrsg.), Aktuelle Fragen zum Wirtschaftsrecht - Zur Emeritierung von Walter R. Schluep, Zürich 1995, 217-232

SCHLUEP WALTER R., Schweizerisches Kartellgesetz und Kartellrecht der EG: ein Vergleich der Grundkonzeptionen anhand von Fallgruppen, Mitteilungen des Schweizerischen Anwaltsverbandes 1976, Heft 52, 4-15 (Fallgruppen)

SCHLUEP WALTER R., Zum Vergleich der Wettbewerbsphilosophien der EWG und der Schweiz, in: GISELA WILD/INE-MARIE SCHULTE-FRANZHEIM/MONIKA LORENZ-WOLF (Hrsg.), Festschrift für Alfred-Carl Gaedertz zum 70. Geburtstag, München 1992, 487-524 (Wettbewerbsphilosophien)

SCHMID ROLF, Kooperatives Verwaltungshandeln in den Kartellverfahren der Schweiz und der EG, Dissertation, St. Gallen 1994

SCHMIDT KARSTEN, Drittschutz, Akteneinsicht und Geheimnisschutz im Kartellverfahren, FIW-Schriftenreihe, Heft 145, Köln 1982 (Akteneinsicht)

SCHWEIZER RAINER J., Auf dem Weg zu einem schweizerischen Verwaltungsverfahrens- und Verwaltungsprozessrecht, ZBl 1990, 193-223 (Verwaltungsverfahrensrecht)

TÄGER JÜRGEN, Die Offenbarung von Betriebs- und Geschäftsgeheimnissen, Baden-Baden 1988

VILLIGER MARK E., Probleme bei der Anwendung von Art. 6 Abs. 1 EMRK auf verwaltungs- und sozialgerichtliche Verfahren, AJP 1995, 163-171

WERNER ROSEMARIE, Zur Behandlung von Geschäftsgeheimnissen in Kartellverfahren, Die Aktiengesellschaft 1988, 149-151

ZÄCH ROGER, Der kartellrechtliche Kontrahierungszwang - Mittel zum Schutz der Wettbewerber und des Wettbewerbs, SZW 1992, 1-9 (Kontrahierungszwang)

ZÄCH ROGER, Die Rückabwicklung verbotener Kartelleistungen - dargestellt am Kartellrecht der Europäischen Gemeinschaften, Bern 1977 (Rückabwicklung)

Einleitung

I. Thema und Ziele

Zusammenschlüsse von Grossunternehmen haben in der Regel bedeutende wirtschaftliche Auswirkungen. Wegen der Erleichterung des grenzüberschreitenden Handels (WTO, NAFTA, Mercosur) und der Angleichung der wirtschaftlichen Rahmenbedingungen in grossen Teilen der Welt (EU, EWR) dürften Zusammenschlüsse von Grossunternehmen in nächster Zeit noch an Bedeutung gewinnen.

Unter dem Blickwinkel des Wettbewerbsrechts sind Zusammenschlüsse deshalb bedeutsam, weil sie zur Ausschaltung von Konkurrenten dienen können und den Wettbewerb ebenso vermindern können wie kartellistische Abreden oder Missbrauch von Marktmacht.[1] Aus diesem Grund unterwerfen immer mehr Rechtsordnungen Zusammenschlüsse einer wettbewerblichen Prüfung. In der Europäischen Union werden Zusammenschlüsse mit gemeinschaftsweiter Bedeutung seit September 1990 nach der Fusionskontrollverordnung (FKVO) geprüft. In der Schweiz sieht das revidierte Kartellgesetz vom 6. Oktober 1995 für bestimmte Zusammenschlüsse ab dem 1. Juli 1996 ebenfalls eine wettbewerbliche Prüfung vor.

Thema dieser Arbeit ist das Verfahren der europäischen und der schweizerischen Fusionskontrolle[2] unter Berücksichtigung der im jeweiligen Verfahren anwendbaren Verfahrensrechte und Verfahrensgrundsätze.

Ziel der Arbeit ist einerseits die eingehende und kritische Darstellung des europäischen Fusionskontrollverfahrens unter Berücksichtigung der mehr als fünfjährigen Anwendungspraxis und der Überarbeitung der Verfahrensvorschriften Ende 1994. Anderseits soll die Arbeit die Grundzüge des Verfahrens der neuen präventiven Fusionskontrolle in der Schweiz gestützt auf die vorliegenden Rechtsgrundlagen darstellen und es mit seinem wichtigsten Vorbild, dem europäischen Fusionskontrollverfahren vergleichen.

Schliesslich soll die Arbeit Vorschläge für die weitere Ausgestaltung und Auslegung der beiden Verfahrensordnungen machen.

Die Gegenüberstellung der Verfahrensrechte ist über das Fusionskontrollrecht hinaus von Interesse. Denn die im Fusionskontrollverfahren anwendbaren Verfahrensrechte entsprechen grundsätzlich denen, die im europäischen Wettbewerbsrecht bzw. im schweizerischen Verwaltungsrecht generell anwendbar sind.

---

[1] Bestehen andere starke Wettbewerber, können Zusammenschlüsse aber auch die gegenteilige Wirkung haben und den Wettbewerb verstärken.

[2] Die Begriffe „Fusionskontrolle" und „Fusionskontrollverfahren" werden im folgenden synonym zu „Kontrolle von Unternehmenszusammenschlüssen" und „Verfahren zur Kontrolle von Unternehmenszusammenschlüssen" verwendet, da sie gebräuchlicher und sprachlich einfacher zu verwenden sind. Sie sind jedoch nicht ganz korrekt, da eine Fusion nur eine der möglichen Zusammenschlussformen ist.

Es ist nicht Ziel dieser Arbeit, die beiden Fusionskontrollen wettbewerbstheoretisch zu rechtfertigen. Die Arbeit setzt voraus, dass eine wirksame Zusammenschlusskontrolle Teil einer fortschrittlichen wettbewerbsorientierten Rechtsordnung ist.

II. Abgrenzung des Verfahrens vom materiellen Recht

Die Arbeit behandelt das Verfahren; die materielle Beurteilung von Zusammenschlüssen wird nur gestreift.

Eine allgemeingültige Abgrenzung des Verfahrensrechts vom materiellen Recht ist allerdings nicht leicht.[3] Das Verfahrensrecht und das materielle Recht wirken immer zusammen. Das Verfahrensrecht soll dem materiellen Recht zur Durchsetzung verhelfen; insofern hat es instrumentale Funktion.

Als allgemeine Definition des Verwaltungsverfahrens schlagen etwa KÖLZ und HÄNER[4] vor:

„Das Verwaltungsverfahrensrecht als Teil des formellen Rechts regelt den Rahmen und Gang der Verwaltungstätigkeit, die Art und Weise des Zustandekommens einer Verfügung[5] oder eines Entscheides."

Das Verwaltungsverfahren bildet somit gleichsam das Geländer, entlang dem die Verwaltungsbehörde vorwärts schreitet, um zum Ziel einer Entscheidung zu gelangen, während das materielle Verwaltungsrecht den Inhalt der Entscheidung bestimmt. Jedoch gibt es viele Grenzfälle.

In der vorliegenden Arbeit werden behandelt: der Anwendungsbereich der Fusionskontrolle, Eröffnung, Gang und Abschluss des Verfahrens, Anmeldung und Vollzugsverbot, Sachverhaltsermittlung, Beteiligte und Behördenorganisation, Fristen, informelles Verfahren, Zusammenarbeit mit anderen Wettbewerbsbehörden, Strafbestimmungen, Verfahrensgrundsätze, Verfahrensrechte und Rechtsschutz. Die meisten dieser Themen können klar dem Verfahrensrecht zugeordnet werden. Einige, deren Zuordnung fraglich ist, stehen dem Verfahren so nahe, dass es sich rechtfertigt, sie in dieser Arbeit ebenfalls zu behandeln.

Die Bedeutung des Verfahrensrechts - besonders natürlich der Verfahrensrechte - sollte nicht unterschätzt werden. Ein „faires" Verfahren ist notwendige Voraussetzung für die „richtige" Beantwortung einer materiellen Rechtsfrage.[6] Der Gedanke

---

3   Vgl. SALADIN 308-310; RENGELING, Entwicklung, 345.
4   KÖLZ/HÄNER N 33.
5   Eine Verfügung nach schweizerischem VwVG würde im europäischen Recht als Entscheidung bezeichnet. Zum Begriff der Verfügung s. HÄFELIN/MÜLLER N 685-706.
6   Vgl. JOSHUA, Right, 16; EHLERMANN, CPN, 3; MÜLLER, in: Kommentar zu Art. 4 BV N 85.

der Legitimation von Entscheidungen durch Verfahren[7] hat besonders in nicht kontradiktorischen Verfahren, die komplexe wirtschaftliche oder technische Fragen betreffen, grosse Bedeutung.

III. Struktur der Arbeit

Die Arbeit gliedert sich in zwei Teile; im ersten wird das europäische Fusionskontrollverfahren, im zweiten das schweizerische behandelt. Beide Teile wurden nach Möglichkeit gleich gegliedert. Die Darstellung ist unterteilt in die sechs Kapitel Grundlagen, Allgemeine Bestimmungen, Verfahrensablauf des ordentlichen und der besonderen Verfahren, Rechtsschutz, Verfahrensrechte und Verfahrensgrundsätze sowie Vorschläge zur Anwendung und Änderung des jeweiligen Verfahrens. Im Teil über das schweizerische Recht werden in jedem Abschnitt die europäische und die schweizerische Regelung verglichen.

---

[7] Vgl. schon RUDOLF VON JHERING, Geist des römischen Rechts auf den verschiedenen Stufen seiner Entwicklung, Bd. 2, 5. Aufl., Leipzig 1898, 471: „Die Form ist die geschworene Feindin der Willkür, die Zwillingsschwester der Freiheit".

Teil 1
Das europäische Fusionskontrollverfahren

KAPITEL 1
GRUNDLAGEN

I. Geschichte der FKVO

Die FKVO wurde am 21. Dezember 1989 verabschiedet[8] und trat am 21. September 1990 in Kraft.[9] Ihre Ausarbeitung nahm mehr als 16 Jahre in Anspruch.[10] Der erste Vorschlag datiert von 1973.[11] Eine Einigung kam deshalb so spät zustande, weil die Mitgliedstaaten grundsätzlich verschiedene Ansichten über Notwendigkeit und Ausgestaltung einer gemeinschaftlichen Fusionskontrolle hatten. Vor allem die wettbewerbspolitische Ausrichtung und die Kompetenzen der nationalen Behörden waren umstritten. Die endgültige Fassung der Verordnung ist das Ergebnis vieler Kompromisse.[12] Die angestrebte Vollendung des Binnenmarktes bis Ende 1992 und die Rechtsprechung des EuGH, die den Anwendungsbereich von Art. 85 und 86 EGV in Richtung einer Zusammenschlusskontrolle ausdehnte[13], waren wichtige Gründe dafür, dass der Rat die FKVO schliesslich verabschiedet hat.

II. Gründe für den Erlass der FKVO

Die Meinungen über die ökonomische Notwendigkeit einer Fusionskontrolle und ihre Eignung zum Schutz des wirksamen Wettbewerbs gehen auseinander.[14] Darauf wird hier nicht weiter eingegangen.

---

8   ABl. 1989 L 395/1, berichtigt im ABl. 1990 L 73/34 und L 257/14.
9   Art. 21 Abs. 1 (Artikelangaben ohne Bezeichnung des Rechtsaktes beziehen sich in Teil 1 dieser Arbeit auf die FKVO, in Teil 2 auf das KG 95).
10 Die Entstehungsgeschichte der FKVO ist im Detail beschrieben bei: BRITTAN, Development, 23-33; LÖFFLER, Vorbemerkungen N 7-11; KOCH, in: GRABITZ nach Art. 86 N 1-4; BOS/STUYCK/WYTINCK 119-122; GOYDER 386-394; VENIT 8 und 9.
11 ABl. 1973 C 92/1.
12 Vgl. auch die zahlreichen auslegenden Erklärungen von Rat und Kommission, Bulletin EG, Beilage 2/90, 23-26.
13 Rs. 6/72, Europemballage und Continental Can/Kommission Slg. 1973, 215 und Rs. 142 und 156/84, BAT und Reynolds/Kommission Slg. 1987, 4487.
14 Vgl. etwa WHISH 665-671.

Die Kommission und der Rat waren der Auffassung, dass die im EWGV (heute EGV) enthaltenen wettbewerbsrechtlichen Bestimmungen, d.h. Art. 85 bis 90, nicht ausreichten, um das Ziel von Art. 3 lit. f EWGV zu erreichen (Errichtung eines Systems, das den Wettbewerb vor Verfälschungen schützt), und dass eine besondere Regulierung gewisser Unternehmenszusammenschlüsse notwendig war.

Aus der Perspektive des Wettbewerbsschutzes ergänzt die FKVO die Art. 85 und 86 EGV, weil durch Zusammenschlüsse der Wettbewerb ebenso ausgeschaltet werden kann wie durch Kartelle oder den Missbrauch einer marktbeherrschenden Stellung.[15] Die Art. 85 und 86 EGV ermöglichen keine wirksame Fusionskontrolle. Denn bei Zusammenschlüssen liegen keine kartellistischen Absprachen vor, und auch das Verbot des Missbrauchs von Marktmacht ist nur anwendbar, wenn ein Unternehmen bereits eine marktbeherrschende Stellung innehat und den Zusammenschluss durch Missbrauch dieser Stellung bewirkt. Zudem lassen Art. 85 und 86 EGV nur nachträgliche Massnahmen zu.

Für die Unternehmen hat die FKVO den gewichtigen Vorteil, dass ein Zusammenschluss nur nach der europäischen FKVO und nicht nach den unterschiedlichen Vorschriften der einzelnen Mitgliedstaaten beurteilt wird (Prinzip des „one-stop shopping"[16]).[17] Indem die europäische Fusionskontrolle für alle europäischen Unternehmen in gleicher Weise gilt, trägt sie auch zur Vereinheitlichung der wirtschaftlichen Rahmenbedingungen im Gemeinsamen Markt bei.[18]

III. Grundlage der FKVO im EG-Vertrag

Die Gemeinschaft hat bekanntlich nur diejenigen Kompetenzen, die ihr die Mitgliedstaaten in den Gemeinschaftsverträgen übertragen haben.

Der EGV enthält keine ausdrückliche Ermächtigung zum Erlass einer Fusionskontrolle. Als Ermächtigungsvorschriften nennt die Präambel der FKVO die Art. 87 und 235 EWGV (heute EGV). Art. 87 ermächtigt den Rat, mit qualifizierter Mehrheit „alle zweckdienlichen Verordnungen oder Richtlinien zur Verwirklichung der in den Artikeln 85 und 86 niedergelegten Grundsätze" zu erlassen. Die FKVO kann deshalb nur insoweit auf Art. 87 gestützt werden, als sie Zusammenschlüsse betrifft, die nach der Rechtsprechung des Gerichtshofes unter Art. 85 oder 86 fallen (hinten 16ff.). Nach Ansicht der Kommission und des Rates sind dies nicht „alle Zusam-

---

15 MIERSCH 44-45; weitere Gründe für eine Fusionskontrolle nennt MIERSCH 46-73.
16 Auf Deutsch auch Prinzip des „einzigen Verfahrenszugs" genannt, 23. Wettbewerbsbericht Ziff. 248. Im folgenden wird der englische, gebräuchlichere Begriff verwendet.
17 Vgl. Grünbuch Ziff. 53.
18 Vgl. ROHARDT 365; Bericht der Kommission über die Anwendung der Fusionskontrollverordnung vom 28.7.93, KOM(93) 385endg., III Ziff. 2.

menschlüsse..., die sich als unvereinbar mit dem vom Vertrag geforderten System des unverfälschten Wettbewerbs erweisen könnten".[19] Deshalb wurde die FKVO auch auf Art. 235 EGV gestützt. Art. 235 EGV ist die „residuelle" Ermächtigungsnorm für Bereiche, für die der EGV der Gemeinschaft keine ausdrückliche Kompetenz verleiht, in denen jedoch ein Tätigwerden der Gemeinschaft im Interesse der Verwirklichung der Vertragsziele erforderlich scheint. Die Vertragsziele, zu deren Verwirklichung die FKVO beiträgt, sind die in den Artikeln 2 und 3 EGV niedergelegten wirtschafts- und wettbewerbspolitischen Ziele, insbesondere die Errichtung eines Systems, das den Wettbewerb innerhalb des Binnenmarktes vor Verfälschungen schützt (Art. 3 lit. g EGV; vormals Art. 3 lit. f EWGV).

Weil die FKVO auch auf Art. 235 EGV gestützt ist, musste sie der Rat einstimmig verabschieden.

Wegen der Anrufung von Art. 87 EGV als Rechtsgrundlage erscheint die FKVO teilweise als Implementierung der in Art. 85 und 86 EGV enthaltenen Grundsätze. Dadurch wird die gleichzeitige Anwendung dieser Artikel und der FKVO weitgehend ausgeschlossen, was der Absicht der Kommission entsprach.[20]

Welches die „richtige" Grundlage der FKVO im EGV ist, war schon vor ihrem Erlass umstritten und ist es auch danach geblieben.[21] Aus der Frage nach der Rechtsgrundlage ergeben sich zahlreiche Probleme im Zusammenhang mit dem Ausschluss der Durchführungsverordnungen zu den Art. 85 und 86 EGV und dem Verfahren zur Revision der FKVO.[22]

IV. Übersicht über die materielle Beurteilung von Zusammenschlüssen[23]

Die materiellen Kriterien zur Beurteilung von Zusammenschlüssen sind in Art. 2 niedergelegt. Die wichtigste Bestimmung, Art. 2 Abs. 3, lautet:

> „Zusammenschlüsse, die eine beherrschende Stellung begründen oder verstärken, durch die wirksamer Wettbewerb im Gemeinsamen Markt oder in einem wesentlichen Teil

---

19	6. Begründungserwägung der FKVO.
20	Auslegende Erklärung von Rat und Kommission zu Artikel 22, Bulletin EG, Beilage 2/90, 25; vgl. auch SCHRÖTER, in: VON DER GROEBEN zu Art. 87 II N 258; BRITTAN, Law and Policy, 352; KOVAR 72 und 73.
21	Gegen Art. 87 EGV als Grundlage: VENIT 11-18; FINE, Analysis, 51; KRIMPHOVE 213-217 m.w.H. Nur Art. 87 EGV als Grundlage: BOS/STUYCK/WYTINCK 398. Eine übersichtliche Darstellung der Frage findet sich bei KRIMPHOVE 340-344.
22	Dazu hinten 18ff.; umfassend: KURZ 180-271.
23	Dazu eingehend LÖFFLER zu Art. 2; DRAUZ/SCHROEDER 68-185; KRIMPHOVE 277-315; 22. Wettbewerbsbericht Ziff. 231-259.

desselben erheblich behindert würde, sind für unvereinbar mit dem Gemeinsamen Markt zu erklären."

Zusammenschlüsse, die keine solche beherrschende Stellung begründen oder verstärken, sind zulässig (Art. 2 Abs. 2). Ob eine marktbeherrschende Stellung vorliegt, wird grundsätzlich nach den für die Anwendung von Art. 86 EGV entwickelten Kriterien beurteilt.[24] Zusätzlich hält die Begründungserwägung 15 der FKVO lediglich fest, dass Zusammenschlüsse von Unternehmen mit Marktanteilen von weniger als 25% nicht geeignet sind, wirksamen Wettbewerb zu behindern.[25]

Der Eignung zur erheblichen Behinderung wirksamen Wettbewerbs kommt in der Kommissionspraxis gegenüber dem Kriterium der marktbeherrschenden Stellung nur geringe Bedeutung zu.[26] Sie scheint zu bedeuten, dass die marktbeherrschende Stellung auf Dauer angelegt sein muss.[27]

Die Kommission legt grosses Gewicht auf die voraussehbare Marktentwicklung.[28] Sie will ein besonderes Augenmerk auf die Offenhaltung von sich entwickelnden Märkten legen.[29] Drei der fünf bisher ergangenen Verbotsentscheidungen[30] betrafen denn auch Telekommunikationsmärkte.

Eine grundlegende Frage ist, ob eine Zusammenschlusskontrolle nur wettbewerbliche oder auch wirtschafts- und sozialpolitische Aspekte berücksichtigen soll.[31] Von den Kriterien, die die Kommission bei der Prüfung von Unternehmenszusammenschlüssen berücksichtigen muss, könnten allenfalls „die Interessen der Zwischen- und Endverbraucher sowie die Entwicklung des technischen und wirtschaftlichen Fortschritts, sofern diese dem Verbraucher dient und den Wettbewerb nicht behindert" (Art. 2 Abs. 1), wirtschaftspolitische Erwägungen in die Entscheidungen einfliessen lassen.

Die Begründungserwägung 13 der FKVO verweist neben den grundlegenden Zielen des EGV auch auf die Stärkung des wirtschaftlichen und sozialen Zusammenhalts der Gemeinschaft im Sinne von Art. 130a EGV. Da dieser Gedanke im Text der Verordnung jedoch nicht mehr ausdrücklich aufgenommen wurde, ist anzunehmen,

---

[24] 21. Wettbewerbsbericht, Anhang III, 406-416; MERKIN 4-602F; FINE, Mergers, 203-233; Artikel von DOWNES/MACDOUGALL; vgl. z.B. Tetra Pak/Alfa Laval, M.068; Mannesmann/Hoesch, M.222.

[25] Aus hohen Marktanteilen folgt keineswegs zwingend eine beherrschende Stellung, vgl. die genehmigten Zusammenschlüsse Magneti Marelli/CEAc, M.043 (60% Marktanteil) und Medeol/Elosua, M.431 (40%).

[26] FINE, Mergers, 206-208.

[27] Aérospatiale-Alenia/de Havilland, M.053, Ziff. 53; MSG Media Service, M.469, Ziff. 68-70, 73, 81 und 91.

[28] Vgl. die in Ziff. 96-134 der Entscheidung Mannesmann/Vallourec/Ilva, M.315, genannten Erwägungen, die eine Untersagung doch noch abwenden konnten.

[29] Rede von Wettbewerbskommissar VAN MIERT vom 11.5.95, CPN Vol. 1, Nr. 5, summer 1995, 2-3.

[30] S. hinten 164f.

[31] Dazu: SCHMIDT, Konflikt.

dass er entweder nur Programmcharakter hat oder in den Bestimmungen über die Verweisung des Falles an die Behörden eines Mitgliedstaates (Art. 9) und die Berücksichtigung besonderer Interessen der Mitgliedstaaten (Art. 21 Abs. 3) sowie den Kriterien zur materiellen Beurteilung (Art. 2) aufgegangen ist. In der Literatur wird auch die Meinung vertreten, dass die Kommission diese Kriterien als gleichwertig mit den wettbewerblichen ansehe und nicht gegen letztere aufwiegen müsse.[32] Im neueren Urteil Rs. T-96/92, CCE Grandes Sources u.a./Kommission[33], hat allerdings auch das EuG nebenbei erwähnt, dass bei der Beurteilung eines Zusammenschlusses auch dessen soziale Auswirkungen berücksichtigt werden sollen, wenn die sozialen Ziele von Art. 2 EGV beeinträchtigt werden könnten.[34]

Die Untersuchungen von SCHMIDT und DOWNES/MACDOUGALL kommen jedoch zum Schluss, dass die FKVO trotz dieser Kriterien streng am Wettbewerbsschutz orientiert ist.[35] Bei vereinzelten Entscheidungen wurden industriepolitische Aspekte diskutiert.[36] Bei einigen wenigen ist auch der Verdacht nicht von der Hand zu weisen, die Kommission habe auf politische Gegebenheiten Rücksicht genommen.[37] Die Berücksichtigung politischer Aspekte würde jedoch der Glaubwürdigkeit der europäischen Fusionskontrolle und den Interessen der Unternehmen schaden.

V. Auf das Fusionskontrollverfahren anwendbare Vorschriften

Die Verfahrensregeln für die Anwendung und Durchsetzung der Wettbewerbsregeln finden sich zu einem kleinen Teil im EGV selbst (Art. 190 EGV: Begründungspflicht

---

32 PHILIP WAREHAM/KAREN WILLIAMS, in: MERKIN 1-522 (im Gegensatz dazu allerdings 1-523). Die als Referenz angegebene Entschliessung des Parlaments (ABl. 1991 C 280/140), in der dieses ganz generell für die Berücksichtigung der „globalen Wettbewerbsfähigkeit der Industrie der Gemeinschaft, sowie von sozialen, regionalen und umweltpolitischen Auswirkungen" eintritt, zeigt aber, dass nicht einmal das Parlament von einer Berücksichtigung dieser Gesichtspunkte in konkreten Zusammenschlussfällen ausgeht. Die Äusserung ist insofern bemerkenswert, als Karen Williams eine Mitarbeiterin der Task Force Fusionskontrolle ist.

33 Slg. 1995 II 1213.

34 Vgl. auch die Rede von Wettbewerbskommissar VAN MIERT, in: CPN Vol. 1, Nr. 6, autumn/winter 1995, 3.

35 SCHMIDT, Konflikt, 197; DOWNES/MACDOUGALL 301.

36 Vgl. WHISH 723.

37 Z.B. bei dem nur wegen der Stimmenthaltung des Kommissionspräsidenten für zulässig erklärten Zusammenschluss Mannesmann/Vallourec/Ilva, M.315. Wettbewerbskommissar VAN MIERT war für eine Untersagung eingetreten, LÖFFLER zu Art. 6 N 15. Vgl. auch KERBER 34 zum Zusammenschluss Nestlé/Perrier, M.190.
Zumindest auf die Verfahrensdauer scheinen auch verfahrensfremde Gesichtspunkte einen Einfluss haben zu können. Bei der Übernahme von AST durch Krupp, Thyssen, Tadfin und Riva, M.484, gelangte die Kommission bereits nach zwei Monaten zu einer Genehmigungsentscheidung nach Art. 8 Abs. 2. Die Tatsache, dass die Zahlung bestimmter, von der Kommission und dem Rat genehmigter Beihilfen durch den italienischen Staat an AST unter der Bedingung stand, dass AST vor dem 31.12. 94 verkauft werde, scheint das Verfahren massgeblich beschleunigt zu haben.

für Entscheidungen, Art. 191 EGV: Bekanntgabe und Wirksamwerden von Gemeinschaftsakten), hauptsächlich in sekundären Rechtsquellen (VO 17, FKVO, DVO) und zu einem beträchtlichen Teil in der sich entwickelnden Rechtsprechung des Gerichtshofs.

Die FKVO hat eigene Verfahrensbestimmungen. Die Verordnungen, die das Verfahren zur Anwendung und Durchsetzung von Art. 85 und 86 EGV regeln, werden durch Art. 22 Abs. 2 ausdrücklich für nicht anwendbar erklärt. Die Gründe für den Ausschluss dieser Verordnungen sind hinten 18ff. genannt.

Nach Art. 23 kann die Kommission zusätzlich Durchführungsbestimmungen betreffend Anmeldung, Fristen und Anhörung erlassen. Gestützt auf diese Bestimmung erliess sie am 25. Juli 1990 die VO Nr. 2367/90 (im folgenden „aDVO"). Diese Durchführungsverordnung wurde am 21. Dezember 1994 durch die aktuelle Durchführungsverordnung, die VO Nr. 3384/94 („DVO") ersetzt.[38]

Nebst den bereits erwähnten Vorschriften sind auf das Fusionskontrollverfahren die VO 2988/74 über die Verjährung von Geldbussen[39] und die VO 1 zur Regelung der Sprachenfrage anwendbar.

Die Kommission hat vier Bekanntmachungen zur Konkretisierung der FKVO und der DVO veröffentlicht. Sie betreffen den Begriff des Zusammenschlusses, den Begriff der beteiligten Unternehmen, die Unterscheidung zwischen konzentrativen und kooperativen Zusammenschlüssen und die Berechnung des Umsatzes. Bekanntmachungen gehören nicht zu den in Art. 189 EGV genannten, verbindlichen Rechtsakten. Sie vermitteln aber die Interpretation bestimmter Rechtsakte durch die Kommission und fassen deren Praxis zusammen.

Die meisten verfahrensrechtlichen Bestimmungen der FKVO haben ihren Ursprung in der VO 17 oder der VO 99/63. Die Verfahrensvorschriften behandeln auch die gleichen Fragen. Es sind dies insbesondere das Amtsgeheimnis (Art. 17), das rechtliche Gehör (Art. 18), Auskunfts- und Nachprüfungsbefugnisse (Art. 11, 12 und 13) sowie Bussen und Zwangsgelder (Art. 14 und 15). Einige Bestimmungen wurden praktisch wörtlich übernommen (z.B. Art. 12 FKVO von Art. 13 VO 17, betreffend Nachprüfungen durch die Behörden der Mitgliedstaaten), teils wurden sie präzisiert (z.B. Art. 19 VO 17 durch Art. 18 FKVO, bezüglich dem Zeitpunkt, bis zu dem die Beteiligten anzuhören sind). Auf solche Bestimmungen dürfte die Rechtsprechung

---

[38] Parallel dazu hat die Kommission die VO 3385/94 über die Form, den Inhalt und die anderen Einzelheiten der Anträge und Anmeldungen nach der Verordnung Nr. 17 des Rates und ein neues Formblatt A/B erlassen, ABl. 1994 L 377/28 bzw. 31. Diese VO ist wie die DVO am 1. März 1995 in Kraft getreten.

[39] VO 2988/74 vom 26.11.1974 über die Verfolgungs- und Vollstreckungsverjährung im Verkehrs- und Wettbewerbsrecht der Europäischen Wirtschaftsgemeinschaften, ABl. 1974 L 319/1. Aus dem ausdrücklichen Widerruf bestimmter verfahrensrechtlicher Verordnungen kann e contrario wohl abgeleitet werden, dass andere, die Wettbewerbsvorschriften allgemein betreffende Verordnungen auch im Fusionskontrollverfahren anwendbar sind, gl.M. BERLIN, Contrôle, 243.

des Gerichtshofes zur VO 17 analog anwendbar sein. Einige Bestimmungen der FKVO (z.B. Art. 18 Abs. 3, betreffend Akteneinsicht) formulieren die zur VO 17 ergangene Rechtsprechung.

Trotz ähnlicher Verfahrensbestimmungen weisen das Fusionskontrollverfahren und das Kartellverfahren[40] einige grundlegende Unterschiede auf. Der Zweck der Verfahren ist verschieden. Während es im Kartellverfahren darum geht, gegenwärtige oder vergangene Verstösse gegen Art. 85 oder 86 EGV aufzuspüren und zu sanktionieren, ist im Fusionskontrollverfahren eine geplante Aktion auf ihre Vereinbarkeit mit gewissen Regeln zu beurteilen. Das Fusionskontrollverfahren ist damit nicht repressiv, sondern „projektiv". Den Befugnissen zur Sachverhaltsermittlung kommt im Fusionskontrollverfahren deshalb weit weniger Gewicht zu. Auch die Grundkonzeption des Fusionskontrollverfahrens ist neu im Gemeinschaftsrecht: vorgängige Anmeldepflicht verbunden mit einem Vollzugsverbot, zweistufiges Verfahren und Bindung der Kommission an relativ kurze Fristen.[41] Die unterschiedliche Grundkonzeption könnte eine unterschiedliche Auslegung von gleichlautenden Bestimmungen bewirken.

VI. Ausschliessliche Zuständigkeit der Kommission

Für die in der FKVO vorgesehenen Entscheidungen ist nur die Kommission zuständig (Art. 21 Abs. 1). Weder nationale Wettbewerbsbehörden noch nationale Gerichte können die in der FKVO vorgesehenen Entscheidungen treffen. Die ausschliessliche Geltung der FKVO für Zusammenschlüsse mit gemeinschaftsweiter Bedeutung und die alleinige Zuständigkeit der Kommission folgen aus dem Grundsatz des „one-stop shopping".

Dieser Grundsatz ist nicht ohne Ausnahmen. Handlungen der nationalen Behörden im Bereich der Fusionskontrolle sind zulässig gestützt auf die Möglichkeit der Verweisung des Falles (Art. 9, hinten 181ff.), den Vorbehalt berechtigter Interessen (Art. 21 Abs. 3, hinten 193ff.) oder die Pflicht zur Zusammenarbeit mit der Kommission (hinten 78ff.).

---

[40] Dieser Begriff soll im folgenden für das in Untersuchungen nach Art. 85 oder 86 EGV anwendbare Verfahren verwendet werden.

[41] Ein vergleichbares System von Fristen war schon durch das Widerspruchsverfahren in den Verkehrsverordnungen eingeführt worden: Art. 12 der VO (EWG) Nr. 1017/68 vom 19.7.1968 über die Anwendung von Wettbewerbsregeln auf dem Gebiet des Eisenbahn-, Strassen- und Binnenschiffverkehrs, ABl. 1968 L 175/1; Art. 12 der VO (EWG) Nr. 4056/86 vom 22.12.1986 über die Einzelheiten der Anwendung der Artikel 85 und 86 auf den Seeverkehr, ABl. 1985 L 378/4; Artikel 5 der VO (EWG) Nr. 3975/87 vom 14.12.1987 über die Einzelheiten der Anwendung der Wettbewerbsregeln auf Luftfahrtunternehmen, ABl. 1987 L 374/1. Ein Widerspruchsverfahren wurde auch in andere Gruppenfreistellungsverordnungen aufgenommen, z.B. VO (EWG) Nr. 418/85 vom 19.12.1984 über Vereinbarungen über Forschung und Entwicklung, revidiert durch VO (EWG) Nr. 151/93, ABl. 1993 L 21/8.

Sofern Art. 86 EGV auf einen Zusammenschluss anwendbar ist, können ihn auch nationale Gerichte anwenden (hinten 20).

VII. Verhältnis zu anderen Vorschriften zur Kontrolle von Unternehmenszusammenschlüssen

A. EGKS-Vertrag

Die FKVO ist nicht auf Zusammenschlüsse anwendbar, die unter die Zusammenschlusskontrolle des EGKS-Vertrages (Art. 66) fallen. Nach allgemeiner Regel gehen die Vorschriften des EGKS-Vertrages als Spezialvorschriften denjenigen des EGV vor (Art. 232 Abs. 1 EGV).[42]

Im Fall, dass einige - aber nicht alle - der sich zusammenschliessenden Unternehmen im Kohle- oder Stahlsektor tätig sind, oder dass eines oder mehrere der beteiligten Unternehmen nicht nur Tätigkeiten im Kohle- und Stahlsektor haben, muss der Zusammenschluss im Hinblick auf Art. 66 EGKS-Vertrag und die FKVO geprüft werden.[43] Für die Berechnung der Umsatzschwellen für die FKVO sollten jedoch auch die Umsätze aus dem Kohle- und Stahlsektor berücksichtigt werden.[44]

Seit 1994 ist die Task Force Fusionskontrolle auch für die Fusionskontrolle nach Art. 66 EGKS-Vertrag zuständig.[45] Dies erleichtert die Behandlung von gemischten Fällen.

B. EWR-Abkommen

Das EWR-Abkommen ist für die 15 heutigen EG-Mitgliedstaaten sowie die EFTA-Mitglieder Norwegen und Island am 1.1.94[46], und für das Fürstentum Liechtenstein

---

[42] Die Geltung des EGKS-Vertrages ist auf Unternehmen beschränkt, die eine Produktions- oder eine gewerbsmässige Vertriebstätigkeit (mit Ausnahme des Verkaufs an Haushaltungen oder an Kleingewerbetreibende) auf dem Gebiet von Kohle und Stahl ausüben (Art. 80 EGKS-Vertrag). Die Waren, die unter die Begriffe Kohle und Stahl fallen, sind im Anhang I zum EGKS-Vertrag aufgezählt.

[43] DRAUZ/SCHROEDER 1; z.B. British Steel/Svensk Stål/NSD, M.503; Usinor/ASD, M.073. Vor Inkrafttreten der FKVO hatte die Kommission Zusammenschlüsse sowohl im Hinblick auf ihre Vereinbarkeit mit Art. 66 EGKS-Vertrag als auch mit Art. 86 EGV untersucht: z.B. Entscheidung vom 7.3.83, British Bright Bar Limited, 13. Wettbewerbsbericht Ziff. 160, Bulletin EG 3-1983, Ziff. 2.1.34; Entscheidung vom 26.5.86, Usinor/Creusot-Loire, 16. Wettbewerbsbericht Ziff. 81, Bulletin EG 5-1986, Ziff. 2.1.53.

[44] Gl.M. BELLAMY/CHILD 306 Fn 2. Im Fall British Steel/Svensk Stål/NSD, M.503, ging die Kommission so vor.

[45] KOMMISSION, Die Wettbewerbspolitik der Europäischen Gemeinschaft, 47.

[46] ABl. 1994 L 1/606.

am 1.5.95[47] in Kraft getreten.

Das EWR-Abkommen übernimmt den sog. „Acquis communautaire"[48]. Deshalb basieren auch seine Wettbewerbsvorschriften (Art. 53 - 60) auf denjenigen des EGV. Teils sind die Bestimmungen wörtlich übernommen worden, teils verweisen das Abkommen oder seine Anhänge auf EG-Rechtsakte, die mit den notwendigen Anpassungen auch für den EWR gelten.

Das EWR-Abkommen hat den räumlichen Geltungsbereich des materiellen EG-Wettbewerbsrechts und damit auch der Fusionskontrolle auf weitere europäische Staaten ausgedehnt. Deshalb sollen die Grundzüge der rechtlich komplexen EWR-Bestimmungen nachfolgend kurz dargestellt werden.

Unternehmenszusammenschlüsse sind im EWR durch folgende Vorschriften geregelt: Art. 57 des EWR-Abkommens (materielle Bestimmung mit Verweis auf die FKVO, Anhang XIV und die Protokolle 21 und 24), Anhang XIV (enthält 18 Änderungen der FKVO „für die Zwecke des EWR-Abkommens"), Protokoll 21 (Durchführung der Wettbewerbsregeln für Unternehmen) und Protokoll 24 (Zusammenarbeit im Bereich der Kontrolle von Unternehmenszusammenschlüssen).

Art. 57 des EWR-Abkommens ist dann zu beachten, wenn der Zusammenschluss EFTA-weite Bedeutung hat (zur Bestimmung der EFTA-weiten Bedeutung s. hinten 38ff.) oder die Zusammenarbeit zwischen der Kommission und der ESA anwendbar ist (hinten 84f.).

Gemäss dem Zwei-Säulen-Prinzip besteht für den EWR ein Parallelorgan zur Kommission, die European Surveillance Authority (ESA, EFTA-Überwachungsbehörde).[49] Ein „EWR-Fusionskontrollverfahren" wird jeweils von der einen oder der anderen Behörde durchgeführt. Nach Art. 57 des EWR-Abkommens bleibt die Kommission für alle Zusammenschlüsse zuständig, die auch bisher aufgrund der FKVO in ihre Zuständigkeit fielen, also gemeinschaftsweite Bedeutung hatten.[50] Die ESA ist nur für Zusammenschlüsse von EFTA-, aber nicht gemeinschaftsweiter Bedeutung zuständig, also wenn

- der weltweite Gesamtumsatz der beteiligten Unternehmen grösser als 5 Mia. ECU ist, und

---

47 ABl. 1995 L 86/58.

48 Der Acquis communautaire umfasst grundsätzlich das am 31. Juli 1991 in den vom Abkommen umfassten Bereichen bestehende Gemeinschaftsrecht, vgl. Botschaft des Schweizerischen Bundesrates zum EWR, BBl 1992, Nr. 33, Band IV, 116.

49 Die ESA soll gleichwertige Befugnisse und ähnliche Aufgaben haben wie die Kommission, Art. 1 Protokoll 21. Die Verfahrensbestimmungen für das Wettbewerbsrecht finden sich in Protokoll 4, Kapitel XIII und XIV des Abkommens zwischen den EFTA-Staaten zur Errichtung einer Überwachungsbehörde und eines Gerichtshofes, abgedruckt bei GUGERBAUER 328-358.

50 Vgl. den Artikel von BROBERG.

- mindestens zwei der beteiligten Unternehmen jeweils mehr als 250 Mio. ECU in Norwegen, Island und Liechtenstein zusammen erwirtschaften, und

- keine zwei beteiligte Unternehmen jeweils mehr als 250 Mio. ECU Umsatz in der EU erzielen, und

- nicht alle beteiligten Unternehmen mehr als 2/3 ihres gemeinschafts- oder EFTA-weiten Gesamtumsatzes in ein und demselben Staat erzielen.

In „gemischten" Fällen, wenn also mindestens zwei Unternehmen mehr als 250 Mio. ECU Umsatz in der EU und mindestens zwei Unternehmen mehr als 250 Mio. ECU Umsatz in Norwegen, Island und dem Fürstentum Liechtenstein erzielen, ist die Kommission zuständig (Art. 1 FKVO in der Fassung von Anhang XIV, A. des EWRA). Die Kommission könnte also einen Zusammenschluss mit gemeinschafts- *und* EFTA-weiter Bedeutung schon untersagen, wenn er wirksamen Wettbewerb in einem wesentlichen Teil des EWR, der kein wesentlicher Teil des Gemeinsamen Marktes ist, behindert.

Die nationalen Behörden sämtlicher EWR-Staaten haben keine Kompetenzen, wenn die Kommission zur Beurteilung des Zusammenschlusses zuständig ist. Ist die ESA zuständig, sind nur die Behörden der EFTA-Staaten, aber nicht die Behörden der EU-Mitgliedstaaten einer allfälligen Zuständigkeit enthoben (Art. 57 Abs. 2 lit. b EWRA, Art. 1 und 3 Protokoll 21). Auch die Zuständigkeit der Kommission, über Art. 89 EGV die Art. 85 und 86 EGV anzuwenden, wird nicht aufgehoben. Die Parallelität der Kompetenzen von Kommission und ESA und der Grundsatz des one-stop shopping werden also hier durchbrochen.

Die Regelung der Kompetenzen und der Zusammenarbeit von EG- und EWR-Behörden ist recht kompliziert und einseitig zugunsten der EG-Behörden. Im Hinblick auf die Zusammenschlusskontrolle lässt sich die Meinung vertreten, diese einseitige Regelung liege in der Natur der Sache. Es ist klar, dass ein Zusammenschluss, ob er nun von gemeinschaftsweiter oder von gemeinschafts- und EFTA-weiter Bedeutung ist, von einer einzigen Behörde beurteilt werden sollte. Wegen der Grösse des Gemeinsamen Marktes im Vergleich zu Norwegen, Island und dem Fürstentum Liechtenstein und wegen der grösseren praktischen Erfahrung der Kommission scheint es sinnvoll, dass auch gemischte Zusammenschlüsse von der Kommission beurteilt werden.

Die Fälle, die eindeutig in die Kompetenz der ESA fallen, dürften sehr selten sein.[51] Bezüglich der Fusionskontrolle ist das Zwei-Säulen-Prinzip zwar eine architektonisch schöne Figur, die EFTA-Säule dürfte jedoch ewig im Schatten der EU-Säule stehen.

---

51 MACH 372. 1994 wurde kein einziger Zusammenschluss bei der ESA angemeldet, ART/VAN LIEDEKERKE 970.

Wegen des EWR-Abkommens muss die Kommission immer prüfen, ob der Zusammenschluss neben der gemeinschaftsweiten auch EFTA-weite Bedeutung hat. Ist dies der Fall, muss sie den Zusammenschluss auch im Hinblick auf die EFTA-Staaten beurteilen. Unter bestimmten Voraussetzungen findet eine verstärkte Zusammenarbeit zwischen der Kommission, der ESA und den Behörden der EFTA-Staaten nach Protokoll 24 statt (hinten 84f.).

In Fällen, wo die Zusammenarbeit erforderlich ist oder wo die Beurteilung nach EWR-Regeln zu erfolgen hat, muss die Kommission ihre Entscheidungen neben der FKVO auch auf Art. 57 des EWR-Abkommens stützen.[52] Die FKVO ist dann in der durch das EWR-Abkommen geänderten Fassung anwendbar.

Die Bestimmungen des EWR-Abkommens zur Kontrolle von Unternehmenszusammenschlüssen haben nach dem Inkrafttreten des EWR-Abkommens am 1.1.94 schrittweise Eingang in die veröffentlichten Entscheidungen der Kommission gefunden. Schon am 11.3.94 hat die Kommission im Dispositiv einer Entscheidung einen Zusammenschluss als mit dem Gemeinsamen Markt und dem EWR vereinbar erklärt.[53] Seit einem am 6.5.94 gefällten Entscheid hat sich in deutschsprachigen Entscheidungen die Formel eingebürgert: „Aus diesen Gründen hat die Kommission entschieden, den angemeldeten Zusammenschluss für vereinbar mit dem Gemeinsamen Markt und dem Funktionieren des EWR-Abkommens zu erklären."[54] In anderen Sprachen als Deutsch und Englisch wird nicht immer erwähnt, dass auch eine Prüfung nach den EWR-Bestimmungen stattgefunden hat.[55] In zahlreichen Fällen wurde erwähnt, ob ein Fall von Zusammenarbeit der beiden Wettbewerbsbehörden vorliegt.[56] In einigen französischsprachigen Entscheidungen wurde bis zum 27.6.94 darauf hingewiesen, dass die Entscheidung auf der Basis der FKVO und von Art. 17(sic!) des EWR-Abkommens getroffen wurde.[57]

Gegen Entscheidungen der Kommission, die das EWR-Wettbewerbsrecht verletzen, kann vor dem EuG geklagt werden. Gegen Entscheidungen der ESA in Wettbewerbssachen besteht eine Klagemöglichkeit an den EFTA-Gerichtshof (Art. 108 Abs. 2 lit. b EWRA).

---

52 Z.B. Neste/Statoil, M.361.
53 Philips/Hoechst, M.406.
54 Hüls/Phenolchemie, M.439.
55 Z.B. Holdercim/Origny-Desvroises, M.486.
56 ERC/NRG Victory, M.433; Rhône-Poulenc/Caffaro, M.427; Scandinavian Project, M.522.
57 Unilever France/Ortiz Miko (II), M.422 vom 15.3.94; Rhône-Poulenc/Caffaro, M.427 vom 17.6.94; zuletzt AGF/ASSUBEL, M.450 vom 27.6.94. In deutschen Entscheidungen wurde richtigerweise schon vorher auf Art. 57 EWRA verwiesen: Winterthur/DBV, M.429 vom 30.5.94.

C. Artikel 85 und 86 EGV

1. Anwendbarkeit von Art. 85 und 86 EGV auf Zusammenschlüsse

Obschon der EGV im Gegensatz zu Art. 66 EGKS-Vertrag keine ausdrücklichen Vorschriften zur Kontrolle von Unternehmenszusammenschlüssen enthält, billigt der Gerichtshof die Anwendung von Art. 86 EGV und, nach Ansicht einiger Autoren, auch von Art. 85 EGV auf Zusammenschlüsse. Die weite Auslegung der Art. 85 und 86 EGV durch Kommission und Gerichtshof hat die Verabschiedung der FKVO sicher beschleunigt. Die FKVO nun erhebt den Anspruch, das einzige Instrument zur Kontrolle von Unternehmenszusammenschlüssen mit Bedeutung für den Gemeinsamen Markt zu sein. Art. 22 Abs. 1 lautet schlicht: „Für Zusammenschlüsse im Sinne des Artikels 3 gilt allein diese Verordnung." Das Problem, das sich seit Inkrafttreten der FKVO stellt, ist, ob Art. 86 (und allenfalls Art. 85) EGV trotz Art. 22 noch auf Zusammenschlüsse anwendbar sind.

Soweit die Art. 85 und 86 EGV auch vor Inkrafttreten der FKVO auf Zusammenschlüsse anwendbar waren, bleiben sie es auch, da eine Verordnungsbestimmung eine Vertragsbestimmung nicht verdrängen kann.[58] DEIMEL ist zuzustimmen, wenn er sagt: „Der Bedeutungsgehalt des Art. 22 Abs. 1 FKVO dürfte sich damit auf den politischen Wunsch reduzieren, aus Rechtssicherheitsgründen eine Doppelkontrolle zu vermeiden."[59]

Praktische Bedeutung hat dieses Grundlagenproblem allerdings kaum, da nur wenige Zusammenschlusstatbestände überhaupt unter Art. 85 oder 86 fallen können, und die Kommission sie kaum anwenden würde (s. nachfolgend). Es ist auch eher unwahrscheinlich, dass die nationalen Behörden Art. 85 oder 86 EGV auf Zusammenschlüsse anwenden.[60]

a) Art. 86 EGV - das Urteil Continental Can

Der EuGH billigte 1973 in dem in vieler Hinsicht grundlegenden Urteil Continental Can[61] die Anwendung von Art. 86 EGV auf den Kauf eines Konkurrenzunternehmens, wodurch eine bestehende beherrschende Stellung noch weiter gefestigt wurde, so dass „der erreichte Beherrschungsgrad den Wettbewerb wesentlich behindert, dass also nur noch Unternehmen auf dem Markt bleiben, die in ihrem Marktverhalten von dem beherrschenden Unternehmen abhängen". Für den EuGH erfolgte der

---

[58] KOCH, in: GRABITZ nach Art. 86 N 50; SCHRÖTER, in: VON DER GROEBEN zu Art. 87 II N 254 und 287; DEIMEL 116-118. A.M. KURZ 179-180, 226, 270-271, der seine Ansicht auf den Zweckartikel Art. 3 EGV stützt.
[59] DEIMEL 118.
[60] Gl.M. BERLIN, Contrôle, 58.
[61] Rs. 6/72, Europemballage Corporation and Continental Can/Kommission Slg. 1973, 215.

Unternehmenskauf durch Missbrauch einer beherrschenden Stellung. In der Folge hat die Kommission bei zahlreichen Zusammenschlüssen die Vereinbarkeit mit Art. 86 EGV geprüft[62] und bei einigen Bedenken angemeldet[63]. Nur in zwei weiteren Fällen hat die Kommission jedoch entschieden, dass ein Zusammenschluss einen Missbrauch im Sinne von Art. 86 EGV darstelle.[64] Die Anwendung von Art. 86 EGV auf Zusammenschlüsse wird in zahlreichen Publikationen im Detail behandelt.[65]

Eine Kontrolle von Unternehmenszusammenschlüssen auf der Grundlage von Art. 86 EGV kann höchstens eine Notlösung sein, da sie nur in Fällen Anwendung finden kann, in denen eine beherrschende Stellung bereits besteht.[66]

b) Art. 85 EGV - das Urteil Philip Morris

Im Urteil Philip Morris von 1987[67] erklärte der EuGH, dass Art. 85 Abs. 1 EGV den Erwerb einer Minderheitsbeteiligung an einem Konkurrenzunternehmen erfasst, wenn diese dem Erwerber die Möglichkeit gibt, die Geschäftspolitik des Konkurrenzunternehmens zu beeinflussen, und dadurch der Wettbewerb wesentlich behindert wird. Einige Autoren erblicken darin den Beginn einer Zusammenschlusskontrolle auf der Grundlage von Art. 85 EGV.[68] Die Anwendbarkeit von Art. 85 EGV auf Unternehmenszusammenschlüsse ist in mehreren Werken ausführlich abgehandelt worden.[69]

Die wohl überwiegende Meinung verneint die Anwendbarkeit von Art. 85 EGV auf Unternehmenszusammenschlüsse.[70] Sie betrachtet Philip Morris nicht als Fall eines

---

62 Für eine Übersicht der Fälle, in denen die Anwendung von Art. 86 EGV auf Zusammenschlusstatbestände in Frage stand: Competition Law Handbook (1993) 544-545; FINE, Mergers, 125-133.
63 Eine Übersicht geben BELLAMY/CHILD 380 Fn 65.
64 Entscheidung der Kommission vom 26.7.88, Tetra Pak I, ABl. 1988 L 272/27 und Entscheidung der Kommission vom 24.7.91, Tetra Pak II, ABl. 1992 L 72/1. Klagen gegen diese beiden Entscheidungen wurden vom EuG abgewiesen: Rs. T-51/89, Tetra Pak/Kommission Slg. 1990 II 309 und Rs. T-83/91, Tetra Pak/Kommission Slg. 1994 II 755, Rechtsmittel eingelegt, Rs. C-333/94P. Die Kommission hatte in ihren Entscheidungen bestimmte Unternehmensübernahmen als Teil einer ganzen Unternehmensstrategie zur Ausschaltung von Wettbewerbern angesehen und als missbräuchlich bezeichnet. Der zweite Fall ist Warner Lambert/Gilette u. a., Entscheidung der Kommission vom 10.11.92, ABl. 1993 L 116/21.
65 Z.B. KURZ 45-87; DEIMEL 46-77; BLANK 104-106, 190-199; VAN BAEL/BELLIS 364-366 und 369-373; FINE, Mergers, 74-133; KRIMPHOVE 174-205.
66 Vgl. KURZ 51-57 und 86-87.
67 Rs. 142 und 156/84, BAT und Reynolds/Kommission Slg. 1987, 4487.
68 Z.B. MARTIN SCHÖDERMEIER, Auf dem Weg zur europäischen Fusionskontrolle, WuW 1988, 185-194.
69 KURZ 88-136; BLANK 106-189; DEIMEL 78-105; FINE, Mergers, 40-73; VAN BAEL/BELLIS 366-373; KRIMPHOVE 139-174; JONES/GONZÁLES-DÍAZ 79-83.
70 KOCH, in: GRABITZ nach Art. 86 N 7 m.w.H.; VAN BAEL/BELLIS 368; JONES/GONZÁLES-DÍAZ 80-83.

Zusammenschlusses, da kein Kontrollerwerb stattgefunden hat.[71] Nach überwiegender Auffassung ist Art. 85 EGV zur Kontrolle von Unternehmenszusammenschlüssen auch ungeeignet.[72] In der Praxis hat Art. 85 EGV für die Kontrolle von Unternehmenszusammenschlüssen keine Bedeutung erlangt.[73]

c) Ausschluss der Verfahrensvorschriften des Kartellverfahrens

Art. 22 Abs. 2 bestimmt, dass die Durchführungsverordnungen zu den Art. 85 und 86 EGV nicht auf Zusammenschlüsse im Sinne von Art. 3 anzuwenden sind. Dies betrifft die Verordnungen 17, 1017/68[74], 4056/86[75] und 3975/87[76]. Art. 3 definiert Zusammenschlüsse ohne Bezug auf die gemeinschaftsweite Bedeutung. Somit ist die FKVO die einzige Durchführungsverordnung der Art. 85 und 86 EGV für Zusammenschlüsse, unabhängig davon, ob sie gemeinschaftsweite Bedeutung haben oder nicht.[77]

aa) Zweck

Durch die Ausschaltung der Durchführungsverordnungen zu den Wettbewerbsvorschriften des Vertrages wollten Rat und Kommission erreichen, dass auf Zusammenschlüsse nur die FKVO und nicht auch die Art. 85 und 86 anzuwenden sind.[78] Art. 22 Abs. 2 muss in Verbindung mit Art. 22 Abs. 1 gelesen werden. Dieser besagt, dass auf Zusammenschlüsse nach Art. 3 allein die FKVO anwendbar ist. Da Art. 22 Abs. 1 die Art. 85 und 86 EGV nicht verdrängen kann, mussten zusätzliche Mittel gefunden werden, um deren Anwendung auf Zusammenschlüsse auszuschliessen. Durch den Widerruf der Verfahrensvorschriften für ihre Durchsetzung wird ihre Anwendung, wenn nicht verunmöglicht, so doch erheblich erschwert. Die Zulässigkeit dieses Vorgehens ist allerdings umstritten.[79]

Obschon sich die Kommission ausdrücklich das Recht vorbehalten hat, die Art. 85 und 86 EGV auch auf Zusammenschlüsse ohne gemeinschaftsweite Bedeutung

---

[71] VAN BAEL/BELLIS 368; BELLAMY/CHILD 379-380.

[72] KURZ 114-136; SCHMIDT, System, 721; VAN BAEL/BELLIS 363.

[73] Vgl. KURZ 113-114. Die Kommission wurde zwar bei einigen weiteren Unternehmenskäufen gestützt auf Art. 85 EGV tätig, ohne jedoch einen Zusammenschluss zu verbieten, FINE, Mergers, 58-64.

[74] VO (EWG) Nr. 1017/68 über die Anwendung von Wettbewerbsregeln auf dem Gebiet des Eisenbahn-, Strassen- und Binnenschiffverkehrs, ABl. 1968 L 175/1.

[75] VO (EWG) Nr. 4056/86 über die Einzelheiten der Anwendung der Artikel 85 und 86 des Vertrages auf den Seeverkehr, ABl. 1986 L 378/4.

[76] VO (EWG) Nr. 3975/87 über die Einzelheiten der Anwendung der Wettbewerbsregeln auf Luftfahrtunternehmen, ABl. 1987 L 374/1.

[77] DEIMEL 143-149; a.M. RICHTER 89-101.

[78] 7. Begründungserwägung der FKVO; s. auch BRITTAN, Development, 42-43.

[79] Vgl. BOS/STUYCK/WYTINCK 399; VENIT 11-18.

anzuwenden[80], hat sie doch angekündigt, dass sie bei Umsätzen, die nicht 2 Mia. ECU weltweit oder 100 Mio. ECU gemeinschaftsweit erreichen, nicht eingreifen werde.[81] SIR LEON BRITTAN hat sogar die Absicht geäussert, nach Inkrafttreten der FKVO überhaupt nicht mehr gestützt auf Art. 85 oder 86 EGV gegen Zusammenschlüsse im Sinne der FKVO vorzugehen.[82] Soweit ersichtlich, hat die Kommission dies auch nicht getan.

Die genannten Schwellenwerte entsprechen denjenigen, die die Kommission ursprünglich vorgeschlagen hatte, um die gemeinschaftsweite Bedeutung zu definieren, dann aber nach oben anpassen musste.[83] Durch den Vorbehalt, Art. 85 oder 86 EGV allenfalls auf Zusammenschlüsse anzuwenden, die die genannten Schwellenwerte überschreiten, hält sie in gewisser Weise an den von ihr ursprünglich gewählten Umsatzschwellen fest.

bb) Folgen

Gemäss der Rechtsprechung des Gerichtshofes sind die Art. 85 und 86 EGV (wenn überhaupt) nur auf bestimmte Zusammenschlusstatbestände anwendbar (vorne a und b). Nur bei solchen besonderen Tatbeständen könnte ein Konflikt mit der FKVO entstehen. Durch den Widerruf der Durchführungsverordnungen der Art. 85 und 86 EGV für das Fusionskontrollverfahren wurde die Situation wiederhergestellt, wie sie vor Erlass von Durchführungsverordnungen bestand.[84] Die Anwendung der Art. 85 und 86 EGV ist also durch Art. 88 und 89 EGV geregelt.

Nach der Übergangsregelung von Art. 88 EGV entscheiden die Behörden der Mitgliedstaaten[85] gestützt auf die Art. 85 und 86 EGV „bis zum Inkrafttreten der gemäss Artikel 87 erlassenen Vorschriften" selbst. Für Zusammenschlüsse mit gemeinschaftsweiter Bedeutung setzt die FKVO als Durchführungsverordnung die Grundsätze der Art. 85 und 86 EGV um.[86] Somit können die Verwaltungsbehörden der Mitgliedstaaten Zusammenschlüsse mit gemeinschaftsweiter Bedeutung nicht mehr im Hinblick auf Art. 85 und 86 EGV beurteilen.[87] Für Zusammenschlüsse ohne

---

[80] Für GOYDER ist dieser Vorbehalt nur eine Massnahme gegen allfällige Beschwerden, die Kommission komme ihrer Aufgabe als Hüterin der Verträge nicht nach, GOYDER 404.

[81] Auslegende Erklärung von Rat und Kommission zu Artikel 22, Bulletin EG, Beilage 2/90, 25-26. Die Protokollerklärung hat keine bindende Wirkung, DEIMEL 158-162; KURZ 157.

[82] BRITTAN, Law and Policy, 357.

[83] Hinten 37.

[84] Im Luftfahrtsektor dauerte dieser Zustand bis 1988, als die VO 3975/87 (ABl. 1987 L 374/1) in Kraft trat, vgl. Rs. 66/86, Ahmed Saeed Flugreisen/Zentrale zur Bekämpfung unlauteren Wettbewerbs Slg. 1989, 803.

[85] Darunter sind Verwaltungs- und nicht Gerichtsbehörden gemeint, Rs. 127/73, BRT/SABAM Slg. 1974, 51.

[86] Vgl. SCHRÖTER, in: VON DER GROEBEN zu Art. 87 II N 258; DEIMEL 131; a.M. KURZ 149-151 und FINE, Dilemma, 94.

[87] Vgl. DEIMEL 131; BOS/STUYCK/WYTINCK 374; WINCKLER/GÉRONDEAU 549; PATHAK 120.

gemeinschaftsweite Bedeutung[88] können sich die Behörden der Mitgliedstaaten auf Art. 88 EGV stützen und im Einklang mit den innerstaatlichen Zuständigkeits- und Verfahrensvorschriften Entscheidungen nach Art. 85 und 86 EGV treffen.[89] In der Praxis ist diese Möglichkeit aber unbedeutend.[90]

Auch die Kommission erhielt durch Art. 89 EGV bestimmte Kompetenzen zur Anwendung der Art. 85 und 86 EGV für den Fall, dass keine Durchführungsverordnungen bestehen. Es ist umstritten, ob Art. 89 EGV (mit Ausnahme von Abs. 1 Satz 1) eine Übergangsregelung ist.[91] Sollte sie keine Übergangsregelung sein, hätte die Kommission sogar nach wie vor die Kompetenz, Art. 85 und 86 EGV auf Zusammenschlüsse mit gemeinschaftsweiter Bedeutung anzuwenden. Es ist jedoch in jedem Fall unwahrscheinlich, dass die Kommission von den ihr durch Art. 89 EGV übertragenen Kompetenzen Gebrauch machen würde (vorne 18f.).[92]

Die Gerichte der Mitgliedstaaten können nach der Rechtsprechung des Gerichtshofs die direkt anwendbaren Bestimmungen des Vertrages unabhängig von Durchführungsverordnungen des Rates anwenden.[93] Direkt anwendbar sind die Art. 85 Abs. 1 und 86 EGV.[94] Auf Nichtigkeit nach Art. 85 Abs. 2 EGV kann ein nationales Gericht nur unter der hier einzig relevanten Bedingung erkennen, dass die Kommission durch Entscheidung nach Art. 89 Abs. 2 EGV festgestellt hat, dass ein Kartellrechtsverstoss vorliegt.[95] Für Zusammenschlüsse ist eine solche Kommissionsentscheidung höchst unwahrscheinlich. Die Anwendung von Art. 85 Abs. 2 EGV ist damit praktisch ausgeschlossen.[96] Diese Überlegungen sind selbstverständlich nur insoweit relevant, als die Anwendbarkeit von Art. 85 EGV auf Zusammenschlüsse bejaht wird.

Das Verbot des Missbrauchs einer marktbeherrschenden Stellung gemäss Art. 86 EGV ist auch ohne Durchführungsverordnung direkt anwendbar.[97] Die Gerichte der Mitgliedstaaten können Art. 86 EGV deshalb auf Zusammenschlüsse mit und ohne gemeinschaftsweite Bedeutung anwenden, ohne auf eine Entscheidung der Kommis-

---

88 Auch Zusammenschlüsse ohne gemeinschaftsweite Bedeutung können geeignet sein, den Handel zwischen den Mitgliedstaaten zu beeinträchtigen, hinten 36f.
89 DEIMEL 167-169.
90 DEIMEL 169; FINE, Mergers, 251-252.
91 Hinweise bei BOURGEOIS/LANGEHEINE 604. Dagegen: SCHRÖTER, in: VON DER GROEBEN zu Art. 89 N 9. Dafür: NIEMEYER 32; DEIMEL 120; KURZ 155; PERNICE, in: GRABITZ zu Art. 89 N 1.
92 Vgl. DEIMEL 151-153.
93 Rs. 127/73, BRT/SABAM Slg. 1974, 51.
94 Rs. 127/73, BRT/SABAM Slg. 1974, 51.
95 Rs. 13/61, Bosch/De Geus Slg. 1962, 101; Rs. 209 bis 213/84, Ministère Public/Asjes (Nouvelles Frontières) Slg. 1986, 1425.
96 Vgl. DEIMEL 135.
97 Rs. 66/86, Ahmed Saeed Flugreisen/Zentrale zur Bekämpfung unlauteren Wettbewerbs Slg. 1989, 803.

sion angewiesen zu sein.[98] Bei einem Zusammenschluss mit gemeinschaftsweiter Bedeutung ist es unwahrscheinlich, dass ein nationales Gericht gestützt auf Art. 86 EGV entscheidet, wenn ein Fusionskontrollverfahren vor der Kommission hängig ist. Wegen der Verfahrensökonomie wird das nationale Gericht zuerst die kurzen Fristen für die Entscheidung der Kommission abwarten.

Nach der Rechtsprechung des EuGH müssen die Behörden der Mitgliedstaaten angemessene Massnahmen treffen, um das Risiko von parallelen wettbewerbsrechtlichen Untersuchungen mit gegensätzlichen Ergebnissen zu vermeiden.[99] Im Urteil Rs. C-234/89, Delimitis[100] hat der EuGH präzisiert, dass ein nationales Gericht bei Gefahr von sich widersprechenden Entscheidungen im Rahmen der Anwendung der Art. 85 Abs. 1 und 86 EGV den Aufschub des Verfahrens oder geeignete vorsorgliche Massnahmen in Betracht ziehen muss.[101] Die Untersuchung eines Zusammenschlusses durch die Kommission nach der FKVO und durch eine nationale Behörde nach Art. 86 EGV sind wohl Verfahren, bei denen das Risiko von sich widersprechenden Entscheidungen gegeben ist.[102]

Ein Problem könnte entstehen, wenn die Kommission den Zusammenschluss bewilligt hat, das nationale Gericht ihn aber gestützt auf Art. 86 EGV verbieten will. Das nationale Gericht ist dann unter Umständen verpflichtet, ein Vorabentscheidungsverfahren nach Art. 177 EGV einzuleiten.[103] Auch in dieser Situation gilt wohl der Grundsatz, dass die Behörden der Mitgliedstaaten die einheitliche Anwendung der Wettbewerbsregeln der Gemeinschaft nicht in Frage stellen dürfen.[104]

Bei einem Zusammenschluss ohne gemeinschaftsweite Bedeutung besteht das Risiko von sich widersprechenden Entscheidungen der Kommission unter der FKVO und eines nationalen Gerichts nicht. Es ist möglich, dass ein nationales Gericht Art. 86 EGV auf solche Zusammenschlüsse anwendet.[105] Auch in bezug auf Zusammenschlüsse ohne gemeinschaftsweite Bedeutung dürfte eine Zusammenschlusskontrolle durch nationale Gerichte auf der Basis von Art. 86 EGV unwahrscheinlich sein.

---

98 DEIMEL 136; BOS/STUYCK/WYTINCK 375; SCHRÖTER, in: VON DER GROEBEN zu Art. 87 II N 288; KIRCHHOFF 12-13; a.M. BECHTOLD, Grundzüge, 260.
99 Rs. 14/68, Walt Wilhelm/Bundeskartellamt Slg. 1969, 1; vgl. BELLAMY/CHILD 669-670.
100 Slg. 1991 I 935.
101 Vgl. auch DEIMEL 140-141.
102 Vgl. BOS/STUYCK/WYTINCK 377 und 400; KIRCHHOFF 12; DEIMEL 141.
103 DEIMEL 138-139.
104 Rs. 14/68, Walt Wilhelm/Bundeskartellamt Slg. 1969, 1.
105 KURZ 160-162; WHISH 725 und 726; BOS/STUYCK/WYTINCK 377.

Teil 1: Das europäische Fusionskontrollverfahren

2. Zusammenfassung

Die Anwendung der Art. 85 und 86 EGV auf Zusammenschlüsse oder zusammenschlussähnliche Tatbestände durch den Gerichtshof hat der FKVO den Weg bereitet, aber dafür die Grenzen des Anwendungsbereichs der beiden Artikel verwischt. Der von der Kommission gewählte Weg zur Verhinderung der Anwendung der Wettbewerbsbestimmungen des Vertrages auf Zusammenschlüsse von gemeinschaftsweiter Bedeutung, nämlich der Widerruf ihrer Durchführungsverordnungen, ist praktisch befriedigend. In der Praxis dürften Zusammenschlüsse mit gemeinschaftsweiter Bedeutung ausschliesslich von der Kommission nach der FKVO beurteilt werden. Dogmatisch ist das gewählte Vorgehen fragwürdig. Es stellt die Frage nach der Zulässigkeit des Widerrufs der Durchführungsverordnungen und der Grundlage der FKVO im EGV. Die FKVO hat bisher allerdings auch ohne ein dogmatisch erdbebensicheres Fundament eine beachtliche Wirksamkeit gezeigt.

D. Vorschriften der Mitgliedstaaten

1. Zusammenschlusskontrolle in den Mitgliedstaaten

Gegenwärtig besteht in allen Mitgliedstaaten ausser Luxemburg, Finnland und Dänemark eine Fusionskontrolle.[106] Neun Mitgliedstaaten sehen eine zwingende Prüfung vor.[107] Vor Inkrafttreten der FKVO bestand in folgenden Mitgliedstaaten eine eigenständige Zusammenschlusskontrolle: Deutschland, Grossbritannien, Frankreich, Irland und Portugal.[108] Neue Gesetze zur Kontrolle von Unternehmenszusammenschlüssen wurden insbesondere in Italien[109], Belgien[110], Österreich[111] und Holland[112] erlassen. Zahlreiche dieser Gesetze orientieren sich an der FKVO.

Einige Mitgliedstaaten mit einer eingespielten Zusammenschlusskontrolle, vor allem Deutschland und England, wehrten sich dagegen, einen Teil ihrer Befugnisse an die Gemeinschaft abgeben zu müssen. Sie traten deshalb für hohe Schwellenwerte in der

---

[106] Pressemitteilung IP/96/97141; vgl. Anhang 2 des Grünbuchs.
[107] Grünbuch Ziff. 14.
[108] BERLIN, Contrôle, 55; LÖFFLER, Vorbemerkungen N 6. Eine kurze Beschreibung der nationalen Fusionskontrollvorschriften geben KRIMPHOVE 358-370; LÖFFLER, Vorbemerkungen N 3-5 und der Anhang 2 des Grünbuchs.
[109] Gesetz zur Kontrolle von Unternehmenszusammenschlüssen von Oktober 1990, 21. Wettbewerbsbericht, Anhang V, A; BOURGEOIS/LANGEHEINE 595.
[110] Loi sur la protection de la concurrence économique, 23. Wettbewerbsbericht Ziff. 588. Das Gesetz ist seit dem 1. April 1993 in Kraft.
[111] § 41-42 e des Bundesgesetzes vom 19. Oktober 1988 über Kartelle und andere Wettbewerbsbeschränkungen, BGBl. Nr. 600/1988 in der Fassung der Kartellgesetz-Novelle 1993, BGBl. Nr. 693/1993. Das Gesetz ist seit dem 1. November 1993 in Kraft.
[112] Pressemitteilung IP/96/97141.

FKVO ein. Auch die Ausnahmen vom Prinzip des one-stop shopping (hinten 181ff.) zeugen von zahlreichen Zugeständnissen der Gemeinschaft an die Mitgliedstaaten. Zwischen den Fusionskontrollvorschriften der Mitgliedstaaten bestehen beträchtliche Unterschiede.[113] Die Mitgliedstaaten gehen von verschiedenen Wettbewerbsbegriffen aus und sehen unterschiedliche Rechtfertigungsgründe für Zusammenschlüsse mit wettbewerbsbeschränkenden Auswirkungen vor. Die Fusionskontrollen der Mitgliedstaaten werden teilweise sehr kritisch beurteilt. Im Urteil des ehemaligen Generaldirektors für Wettbewerb, CLAUS-DIETER EHLERMANN, bestehe nur in Deutschland, und auch dies unter Vorbehalt, ein unabhängiges Organ zur Kontrolle von Unternehmenszusammenschlüssen.[114] Darüber hinaus seien die Entscheidungen der Organe der anderen Mitgliedstaaten nur beschränkt oder überhaupt nicht gerichtlich nachprüfbar.

2. Nichtanwendbarkeit nationaler Vorschriften

Das Verhältnis der FKVO zu den nationalen Bestimmungen wird durch zwei Grundsätze bestimmt, nämlich den Vorrang der FKVO vor nationalem Recht (Vorrang des Gemeinschaftsrechts[115]) und den Grundsatz der einmaligen Kontrolle (one-stop shopping).[116] Nach dem Prinzip des one-stop shopping werden Zusammenschlüsse mit gemeinschaftsweiter Bedeutung nur durch eine Behörde, nämlich die Kommission, geprüft. Art. 21 Abs. 2 bestimmt deshalb, dass die Mitgliedstaaten ihr innerstaatliches Wettbewerbsrecht nicht auf Zusammenschlüsse von gemeinschaftsweiter Bedeutung anwenden.[117] Dies gilt unabhängig davon, ob ein Zusammenschluss durch Entscheidung oder Fiktion (bei Überschreiten der Entscheidungsfrist, Art. 10 Abs. 6) genehmigt worden ist.[118] Eine Ausnahme besteht für Untersuchungsmassnahmen im Hinblick auf einen Verweisungsantrag nach Art. 9.

Für die Unternehmen bietet die europäische Fusionskontrolle den gewichtigen Vorteil, dass ein einziges Verfahren nach einheitlichen Vorschriften an die Stelle mehrerer verschiedener Verfahren nach unterschiedlichen Vorschriften vor verschiedenen Behörden und vielleicht mit unterschiedlichen Ergebnissen tritt. Der grosse Umfang

---

[113] ZSCHOCKE 85-86.

[114] EHLERMANN, CPN, 6.

[115] Der Gerichtshof formulierte den allgemeinen Grundsatz des Vorranges des Gemeinschaftsrechts im Urteil Rs. 6/64, Costa/ENEL Slg. 1964, 585.

[116] Begründungserwägungen 7, 27 und 28 der FKVO; auslegende Erklärung von Rat und Kommission zu Artikel 22, Bulletin EG, Beilage 2/90, 25-26.

[117] Nach SCHRÖTER, in: VON DER GROEBEN zu Art. 87 II N 283, folge dies schon aus dem Grundsatz der Gemeinschaftstreue. Dies ist aber höchst fraglich, da das nationale Recht der Zusammenschlusskontrolle „strenger" als die FKVO sein könnte, also z.B. den Wettbewerb auch auf kleinen regionalen Märkten schützen könnte. In einem solchen Fall käme es nicht zu einem Konflikt zwischen nationalem Recht und Gemeinschaftsrecht, vgl. KRIMPHOVE 381 m.w.H.

[118] BECHTOLD, Grundzüge, 261; MIERSCH 177-178.

der Anmeldung nach der FKVO dürfte in den meisten Fällen durch diesen Vorteil und das rasche Verfahren aufgewogen werden.[119] Es wird in diesem Zusammenhang auch vom Konzentrationsprivileg gesprochen.[120]

Das Prinzip des one-stop shopping ist nicht durchgehend verwirklicht. Die FKVO sieht zwei Ausnahmen vor: die Verweisung an einen Mitgliedstaat (Art. 9, hinten 181ff.) und den Schutz anderer berechtigter Interessen (Art. 21 Abs. 3, hinten 193ff.). Eine weitere Ausnahme von der ordentlichen Zuständigkeitsverteilung der FKVO macht Art. 22 Abs. 3 - 5, der die Anwendung der FKVO auf Zusammenschlüsse ohne gemeinschaftsweite Bedeutung ermöglicht (hinten 195ff.). Diese Spezialbestimmungen können je nach Standpunkt als Berücksichtigung von Sonderwünschen einiger Mitgliedstaaten oder als Ausdruck des Subsidiaritätsprinzips[121] aufgefasst werden. Die Art. 9 und 22 Abs. 3 - 5 sollten im Rahmen der Revision der FKVO bis Ende 1993 einer Überprüfung unterzogen werden.[122] Die Revision wurde aber bis 1996 hinausgeschoben.[123] Gemäss dem Ende Januar 1996 erschienenen Grünbuch über die Revision der FKVO will die Kommission die beiden Bestimmungen beibehalten.[124]

---

[119] Gl.M. DRAUZ/SCHROEDER 31.

[120] LÖFFLER, zu Art. 21 N 8, erwähnt, dass gewisse Unternehmen ihre Zusammenarbeit intensiver als vorgesehen gestaltet haben, nur um unter die FKVO zu fallen. Um die Umsatzschwellen zu überschreiten, können auch zusätzliche Unternehmen, wie z.B. Banken, am Zusammenschluss beteiligt werden.

[121] WHISH 31. Auch die Kommission legt im Fusionskontrollverfahren seit kurzem grossen Wert auf das Subsidiaritätsprinzip, Grünbuch Ziff. 22, 24, 66 und 92.

[122] Art. 9 Abs. 10; Art. 22 Abs. 6 i.V.m. Art. 1 Abs. 3.

[123] Vgl. Bericht der Kommission über die Anwendung der Fusionskontrollverordnung vom 28.7.93, KOM(93) 385endg., IV A, 1.

[124] Grünbuch Ziff. 95 und 97.

KAPITEL 2
ALLGEMEINE BESTIMMUNGEN

I. Anwendungsbereich der FKVO

Der Anwendungsbereich der FKVO ist auch der Anwendungsbereich der Verfahrensregeln der FKVO. Deshalb werden in dieser Arbeit die Anwendungsvoraussetzungen der FKVO, obschon sie nicht zum Verfahren im engeren Sinne gehören, dargestellt.

Die FKVO ist nicht auf Zusammenschlüsse im Kohle- und Stahlsektor anwendbar (vorne 12). Bezüglich der besonders geregelten Landwirtschafts- und Verkehrssektoren (Art. 38 - 47 und 74 - 84) kommen BOS/STUYCK/WYTINCK zu dem Ergebnis, dass die Anwendung der FKVO auf den Landwirtschaftssektor eher fragwürdig, dass der Verkehrssektor der FKVO hingegen unterworfen ist.[125] Die Kommission hat schon mehrere Zusammenschlüsse im Luftverkehrssektor anhand der FKVO geprüft.[126]

Der FKVO unterliegen auch öffentliche Unternehmen (Art. 90 EGV und Begründungserwägung 12 der FKVO).[127] Die Anwendung der Wettbewerbsregeln ist hier insofern eingeschränkt, als sie nicht bewirken darf, dass die Erfüllung der einem Unternehmen übertragenen, besonderen öffentlichen Aufgabe verhindert wird (Art. 90 Abs. 2 EGV).

Mit Ausnahme von Zusammenschlüssen in bestimmten Wirtschaftssektoren ist die Verordnung auf alle Zusammenschlüsse (C) von Unternehmen (A) von gemeinschafts- oder EFTA-weiter Bedeutung (D) anwendbar (Art. 1).

A. Unternehmensbegriff

Ein Zusammenschluss findet zwischen Unternehmen statt. Der Unternehmensbegriff des EGV und der FKVO ist ein gemeinschaftsrechtlicher Begriff.[128] Für die Belange des Wettbewerbsrechts ist er weder im EGV noch in der FKVO definiert.

In ihrer Bekanntmachung über Konzentrations- und Kooperationstatbestände von 1990 gab die Kommission eine Definition, die allerdings in der revidierten Bekanntmachung von 1994 nicht mehr in dieser Form zu finden ist. Danach ist als Unter-

---

[125] BOS/STUYCK/WYTINCK 124-126.
[126] Delta Airlines/Pan Am, M.046; Air France/Sabena, M.116; British Airways/TAT, M.121; British Airways/Dan Air, M.132; Swissair/Sabena, M.616.
[127] Vgl. GLEISS/HIRSCH zu Art. 85(1) N 29-34.
[128] GLEISS/HIRSCH zu Art. 85 (1) N 5.

nehmen „eine organisatorische Zusammenfassung von personellen und sachlichen Mitteln zu verstehen, mit denen auf Dauer ein bestimmter wirtschaftlicher Zweck verfolgt wird".[129] Im EWR-Abkommen ist für die Zuweisung der Zuständigkeit an die Kommission oder die ESA „jedes Rechtssubjekt, das eine kommerzielle oder wirtschaftliche Tätigkeit ausübt" ein Unternehmen.[130]

Auch der Gerichtshof schaut vor allem auf die wirtschaftlichen Gegebenheiten. So hat er 1991 im Urteil Höfner und Elser[131] ausgeführt:

„Im Rahmen des Wettbewerbsrechts umfasst der Begriff des Unternehmens jede eine wirtschaftliche Tätigkeit ausübende Einheit, unabhängig von ihrer Rechtsform und der Art ihrer Finanzierung".

Diese Definition ist sehr umfassend. Sie verschiebt die Schwierigkeit auf die Definition der zwei Begriffe „wirtschaftliche Tätigkeit" und „Einheit".[132] Jedoch dürfte der Begriff „Einheit" der „organisatorischen Zusammenfassung personeller und sachlicher Mittel" der Kommissionsbekanntmachung entsprechen.[133] Die Umschreibung der Kommissionsbekanntmachung ist insofern präziser, als sie ausführt, dass der wirtschaftliche Zweck bestimmt sein und auf Dauer verfolgt werden muss.[134]

Die Begriffe Unternehmen und Gesellschaft sind nicht deckungsgleich. Insbesondere muss ein Unternehmen nicht die Rechtsform einer Gesellschaft haben.[135] Die an einem Zusammenschluss beteiligten Unternehmen dürften aber in der Regel Gesellschaften sein. Es ist auch nicht erforderlich, dass ein Unternehmen die Rechtspersönlichkeit im innerstaatlichen Recht hat, in der Regel dürfte es jedoch so sein.[136] Der Adressat einer Entscheidung (der nicht mit dem Adressaten der Gemeinschaftsrechtsnormen übereinzustimmen braucht) ist in der Regel eine Einheit mit Rechtspersönlichkeit.[137] Ein Anmelder eines Zusammenschlusses dürfte wohl immer Rechtspersönlichkeit haben.

Die weite Definition des Unternehmensbegriffs führt dazu, dass bei der Anwendung der Wettbewerbsregeln die Unternehmen in solche aufzuteilen sind, die wettbewerblich unabhängig sind und solche, die ein einheitliches wettbewerbliches Verhalten zeigen.[138] Die Kritik von BOS/STUYCK/WYTINCK an der Begriffsverwirrung von

---

129 Bekanntmachung der Kommission über Konzentrations- und Kooperationstatbestände, § 8.
130 Art. 1 Protokoll 22 zum EWRA.
131 Rs. C-41/90, Höfner und Elser/Macrotron Slg. 1991 I 1979.
132 Näheres dazu bei GLEISS/HIRSCH zu Art. 85 (1) N 13-17.
133 Vgl. BOS/STUYCK/WYTINCK 148.
134 Dazu: BOS/STUYCK/WYTINCK 148.
135 WHISH 123.
136 GLEISS/HIRSCH zu Art. 85 (1) N 5.
137 GLEISS/HIRSCH zu Art. 85 (1) N 11.
138 BOS/STUYCK/WYTINCK 148; GLEISS/HIRSCH 85 (1) N 7 und 190-193.

Unternehmen und eigenständiger wirtschaftlicher Einheit und ihr Vorschlag, zwischen Unternehmen mit wettbewerblicher Eigenständigkeit und solchen ohne zu unterscheiden, verdient Zustimmung.[139]

Staatliche Organisationen und Betriebe sind nicht vom Anwendungsbereich der FKVO ausgenommen (vorne 25). Sie sind aber auch nicht per se Unternehmen, da ihr Zweck nicht in erster Linie wirtschaftlich ist.[140] Hat eine von einer staatlichen Organisation kontrollierte Einheit einen wirtschaftlichen Zweck, so gilt sie als Unternehmen. Handelt eine staatliche Organisation nicht „iure imperii", sondern „iure gestionis", kann auch sie Subjekt der Wettbewerbsregeln werden.[141] Das gleiche gilt für eine internationale Organisation.[142]

B. Personenbegriff

Ein Zusammenschluss im Sinne von Art. 3 findet auch statt, wenn eine oder mehrere Personen, die bereits mindestens ein Unternehmen kontrollieren, die Kontrolle über ein weiteres Unternehmen erwerben. Es ist nicht nötig, dass die Person auf Dauer eine wirtschaftliche Tätigkeit ausübt.[143]

Unter Personen sind natürliche und juristische Personen des privaten wie des öffentlichen Rechts zu verstehen.[144] Der von der FKVO verwendete Personenbegriff richtet sich nicht notwendigerweise nach dem Recht der Mitgliedstaaten, denn er ist ein gemeinschaftsrechtlicher Begriff. Bei natürlichen Personen dürfte diesbezüglich kein Unterschied bestehen. Bei juristischen Personen werden die Kommission und der Gerichtshof die Personenqualität wohl eher weit auslegen. Wenn eine Körperschaft in ihrem Statutsstaat die Rechtspersönlichkeit hat, würde sie sicher auch von der Kommission als Person im Sinne der FKVO betrachtet. Die Kommission sieht auch Staaten oder andere öffentlich-rechtliche Körperschaften als Personen im Sinne von Art. 3 an: im Fall Air France/Sabena, M.157, hat die Kommission den Staat Belgien, im Fall Kali+Salz/MdK/Treuhand, M.308, die Treuhandanstalt für eine Person gehalten.

---

139   Die Praxis von Kommission und Gerichtshof ist dargestellt bei WHISH 188-189 und KERSE 4-5.
140   BOS/STUYCK/WYTINCK 148.
141   Vgl. Aérospatiale-Alenia/de Havilland, M.053; TNT/GD Net, M.102; GLEISS/HIRSCH zu Art. 85 (1) N 35-45.
142   Im Urteil Rs. C-364/92, SAT/Eurocontrol Slg. 1994 I 43, hat der Gerichtshof entschieden, dass eine internationale Organisation, die typisch hoheitliche Tätigkeiten ausübt, kein Unternehmen im Sinne der Wettbewerbsregeln des Vertrages ist, auch wenn die Tätigkeit finanzieller Natur ist.
143   Tut sie das, so wird sie möglicherweise direkt als Unternehmen behandelt. Die Kommission hat einen privaten Investor, Klaus J. Jacobs, als Unternehmen betrachtet, Entscheidung ASKO/Jacobs/ADIA, M.082. Zur diesbezüglichen Praxis unter Art. 85 und 86 EGV s. WHISH 188 Fn 11.
144   Bekanntmachung über den Begriff des Zusammenschlusses, Ziff. 8 Abs. 2.

C. Zusammenschluss

1. Begriff

Art. 3 Abs. 1 lautet:

„Ein Zusammenschluss wird dadurch bewirkt, dass

a) zwei oder mehr voneinander unabhängige Unternehmen fusionieren oder dass

b) - eine oder mehrere Personen, die bereits mindestens ein Unternehmen kontrollieren, oder

- ein oder mehrere Unternehmen

durch den Erwerb von Anteilsrechten oder Vermögenswerten, durch Vertrag oder in sonstiger Weise die unmittelbare oder mittelbare Kontrolle über die Gesamtheit oder über Teile eines oder mehrerer anderer Unternehmen erwerben."

Als Vorgänge, die einen Zusammenschluss bewirken, gelten somit die Fusion im eigentlichen Sinne und die Erlangung von Kontrolle durch Vertrag oder Erwerb von Anteilsrechten oder Vermögenswerten.

Eine genaue Abgrenzung der Tatbestände der Fusion und des Kontrollerwerbs ist nicht nötig, da sie unter der FKVO gleich behandelt werden. An einem Zusammenschluss müssen mindestens zwei vorher unabhängige Unternehmen beteiligt sein (Art. 3 Abs. 1 lit. a). Deshalb gelten Fusionen und der Kontrollerwerb unter schon vorher voneinander abhängigen Konzernunternehmen nicht als Zusammenschlüsse im Sinne der FKVO.[145] Konzerninterne Reorganisationen werden folglich nicht von der FKVO erfasst. Werden die zusammenschliessenden Unternehmen vom gleichen Staat oder der gleichen öffentlich-rechtlichen Körperschaft beherrscht, fällt der Vorgang unter die FKVO, wenn die Unternehmen mit autonomer Entscheidungsbefugnis ausgestattet sind und keine wirtschaftliche Einheit bilden.[146]

Die Zusammenschlusshandlungen müssen zu einer dauerhaften Veränderung der Struktur der beteiligten Unternehmen führen.[147] Wenn bei mehreren Zusammenschlussvorgängen die gleichen Parteien handeln, der gleiche Wirtschaftssektor betroffen ist und darüber hinaus jede Transaktion Teil einer Gesamtvereinbarung zwischen den Parteien ist, werden diese Transaktionen als einziger Zusammenschluss betrachtet.[148]

---

[145] Vgl. Bekanntmachung über den Begriff des Zusammenschlusses, Ziff. 8 Abs. 3; BERLIN, Contrôle, 56.

[146] Bekanntmachung über den Begriff des Zusammenschlusses, Ziff. 8 Abs. 4. Die Zahl der Zusammenschlüsse, bei denen Staatsunternehmen beteiligt sind, ist recht gross.

[147] Begründungserwägung 23 der FKVO; vgl. 21. Wettbewerbsbericht, Anhang III, 395.

[148] Mannesmann/Hoesch M.222; 22. Wettbewerbsbericht Ziff. 229.

Die Kommission hat den Zusammenschlussbegriff in der Bekanntmachung über den Begriff des Zusammenschlusses präzisiert. Im folgenden wird er nur in groben Zügen umrissen.[149]

2. Fusion

Eine Fusion, also die Vereinigung von mindestens zwei Unternehmen in eines, kann auf zwei Arten erfolgen: die bestehenden Unternehmen vereinigen sich in einem neu zu gründenden Unternehmen oder mindestens ein Unternehmen vereinigt sich mit einem schon bestehenden durch Einbringung seiner Vermögenswerte.[150]

Reine Fusionen, also solche, bei denen nachher nur noch ein Unternehmen besteht, sind selten. Bis Ende 1994 hat die Kommission nur „sechs- bis siebenmal" reine Fusionen beurteilt.[151] Dies dürfte damit zusammenhängen, dass für Fusionen von Gesellschaften aus verschiedenen Mitgliedstaaten noch keine einheitlichen gesellschaftsrechtlichen Bestimmungen existieren.[152]

Nach der Meinung der Kommission fallen nicht nur „rechtliche", sondern auch „wirtschaftliche" Fusionen unter den Zusammenschlussbegriff. Nach Ziff. 7 der Bekanntmachung über den Begriff des Zusammenschlusses liegt eine wirtschaftliche Fusion dann vor, wenn zwei oder mehr Unternehmen vertraglich vereinbaren, sich auf Dauer einer einheitlichen Leitung zu unterstellen, ohne ihre Rechtspersönlichkeit aufzugeben, und sie darüber hinaus zu einer echten wirtschaftlichen Einheit verschmelzen. Merkmale können ein Gewinn- und Verlustausgleich zwischen den verschiedenen Konzerngesellschaften im Innenverhältnis sein und eine solidarische Haftung gegen aussen. Dies sind aber nicht notwendige Bedingungen.[153] Die Kommission hat nur wenige Vorhaben als wirtschaftliche Zusammenschlüsse qualifiziert.[154]

---

149 Für eine genauere Untersuchung s. KRIMPHOVE 240-276.

150 Art. 3 und 4 der Richtlinie Nr. 78/855 des Rates vom 9.10.78 betreffend die Verschmelzung von Aktiengesellschaften (3. gesellschaftsrechtliche Richtlinie), ABl. 1978 L 295/36 und Richtlinie Nr. 90/434 des Rates vom 23.7.1990 über das gemeinsame Steuersystem für Fusionen, Spaltungen, die Einbringung von Unternehmensteilen und den Austausch von Anteilen, die Gesellschaften verschiedener Mitgliedstaaten betreffen (Fusionsrichtlinie), ABl. 1990 L 225/1. Eine ähnliche Definition gibt die Bekanntmachung über den Begriff des Zusammenschlusses, Ziff. 6. Vgl. auch Art. 748 und 749 des Schweizerischen OR.

151 24. Wettbewerbsbericht Ziff. 244.

152 Es besteht ein Vorschlag für eine 10. gesellschaftsrechtliche Richtlinie vom 8.1.1985 über internationale Fusionen, ABl. 1985 C 23/11.

153 Bekanntmachung über den Begriff des Zusammenschlusses, Ziff. 7. Im Gegensatz zur Bekanntmachung über Konzentrations- und Kooperationstatbestände von 1989.

154 Beispiele sind Volvo/Renault, M.004, betreffend die Bus- und Lastwagensparte, und Groupe AG/ Amev, M.018.

Die Figur der wirtschaftlichen Zusammenschlüsse ist zumindest fragwürdig.[155] Sie gehört auch nicht zum verbindlichen Gemeinschaftsrecht, da sie aus einer Kommissionsmitteilung stammt.

3. Kontrollerwerb

a) Kontrolle

Art. 3 Abs. 3 umschreibt den Begriff der Kontrolle:

„Die Kontrolle im Sinne dieser Verordnung wird durch Rechte, Verträge oder andere Mittel begründet, die einzeln oder zusammen unter Berücksichtigung aller tatsächlichen oder rechtlichen Umstände die Möglichkeit gewähren, einen bestimmenden Einfluss auf die Tätigkeit eines Unternehmens auszuüben, insbesondere durch:

a) Eigentums- oder Nutzungsrechte an der Gesamtheit oder an Teilen des Vermögens des Unternehmens;

b) Rechte oder Verträge, die einen bestimmenden Einfluss auf die Zusammensetzung, die Beratungen oder Beschlüsse der Organe des Unternehmens gewähren."

Das entscheidende Kriterium ist die Möglichkeit, einen bestimmenden Einfluss auszuüben. Das Unternehmen A kontrolliert das Unternehmen B, wenn es einen bestimmenden Einfluss auf die Tätigkeiten des Unternehmens B nehmen kann. Für die Kommission kann ein Unternehmen dann einen bestimmenden Einfluss ausüben, wenn es in der Lage ist, die „strategischen Entscheidungen", die das Marktverhalten des anderen Unternehmens beeinflussen, zu treffen.[156]

Die Möglichkeit, einen bestimmenden Einfluss auszuüben, kann aus rechtlichen und tatsächlichen Umständen resultieren.[157] Es sind jedoch nur die geplanten Vorgänge und nicht spätere hypothetische Änderungen der Kontrollmöglichkeiten zu berücksichtigen.[158] Kontrolle besteht in der Regel, wenn ein Unternehmen nach dem Zusammenschluss über die Mehrheit der Stimmrechte in der Generalversammlung des erworbenen Unternehmens verfügt. Wann dies der Fall ist, bestimmt das anwendbare Gesellschaftsrecht. In der Regel gibt die Mehrheit der Anteile auch die Mehrheit der Stimmrechte.[159] Die Möglichkeit, einen bestimmenden Einfluss auszuüben, kann

---

[155] Vgl. BOS/STUYCK/WYTINCK 140.

[156] JONES/GONZÁLES-DÍAZ 6-7.

[157] Vgl. Bekanntmachung über den Begriff des Zusammenschlusses, Ziff. 4 und 9.

[158] Bekanntmachung über den Begriff des Zusammenschlusses, Ziff. 15; Rs. T-2/93, Air France/Kommission Slg. 1994 II 323, wo eine Kaufoption unberücksichtigt geblieben ist, obwohl ihre Ausübung wirtschaftlich wahrscheinlich war.

[159] Ob die Beteiligung 50% plus eine Aktie, wie in Crédit Lyonnais/BFG, M.296, oder 100%, wie in Sarah Lee/BP Food Division, M.299, beträgt, ist unerheblich, Bekanntmachung über den Begriff des Zusammenschlusses, Ziff. 13.

schon bestehen, wenn das betreffende Unternehmen über eine Minderheitsbeteiligung verfügt, aber in den Generalversammlungen faktisch die Mehrheit hat[160], oder wenn neben der Minderheitsbeteiligung noch andere Rechte bestehen[161]. Ein Beispiel ist das vertragliche Recht, mehr als die Hälfte der Mitglieder des Verwaltungsrates zu bezeichnen.

Auch die Erhöhung einer bereits bestehenden Beteiligung, insbesondere der Wechsel von der gemeinsamen zur alleinigen Kontrolle kann einen Zusammenschluss darstellen.[162] Die Kommission geht von einem weiten Kontrollbegriff aus.[163] So fällt nach der Kommissionspraxis ein Zusammenschluss auch unter die FKVO, wenn der Erwerber der Anteile oder Rechte gar nicht die Absicht hatte, die Kontrolle zu erwerben.[164] Nach dem Wortlaut der FKVO genügt die blosse Möglichkeit, einen bestimmenden Einfluss ausüben zu können.[165]

Zwei oder mehr Unternehmen (oder Personen, die schon mindestens ein Unternehmen kontrollieren) können auch gemeinsam die Kontrolle über ein Unternehmen begründen oder erwerben[166]; letzteres wird dann zu einem Gemeinschaftsunternehmen (GU).[167] Gemeinsame Kontrolle liegt vor, wenn jedes beteiligte Unternehmen die Möglichkeit hat, einen bestimmenden Einfluss auszuüben.[168] Für die Kommission bedeutet das, dass die einzelnen Partner bei wichtigen Entscheidungen, die das Gemeinschaftsunternehmen betreffen, zu einer Übereinstimmung kommen müssen.[169] Dies ist zunächst einmal der Fall, wenn beide Gründerunternehmen über je 50 % der Stimmrechte verfügen. Bei anderen Beteiligungsverhältnissen kann auf-

---

[160] 21. Wettbewerbsbericht, Anhang III, 395; z.B. Arjomari/Wiggins Teape, M.025 (39% der Anteile; kein anderer Aktionär hatte mehr als 4%); Société Générale de Belgique/Générale de Banque, M.343 (Erhöhung von 20.94% auf 25,96%; gestützt auf die vorangehenden Generalversammlungen bedeutete dies einen Stimmenanteil von 56%).

[161] Vgl. Bekanntmachung über den Begriff des Zusammenschlusses, Ziff. 14; vgl. Conagra/Idea, M.010; CCIE/GTE, M.258.

[162] Z.B. Philips/Grundig M.382; ICI/Tioxide M.023; VW AG/WAG UK, M.304; West LB/Thomas Cook, M.350; vgl. auch die Bekanntmachung der Kommission über den Begriff der beteiligten Unternehmen, Ziff. 30-45.

[163] Die nicht ganz transparente Kommissionspraxis zum Kontrollbegriff ist näher beschrieben bei: BERLIN 71-77; BOS/STUYCK/WYTINCK 141-166.

[164] Bekanntmachung über den Begriff des Zusammenschlusses, Ziff. 9 Abs. 2; vgl. Air France/Sabena, M.157.

[165] So auch Bekanntmachung über den Begriff des Zusammenschlusses, Ziff. 9 Abs. 2.

[166] Bekanntmachung über den Begriff des Zusammenschlusses, Ziff. 8; z.B. ICI/Tioxide, M.023; ABB/Brel, M.221.

[167] Bekanntmachung über die Unterscheidung zwischen konzentrativen und kooperativen Gemeinschaftsunternehmen, Ziff. 3.

[168] Bekanntmachung über den Begriff des Zusammenschlusses, Ziff. 12.

[169] 23. Wettbewerbsbericht Ziff. 259; Bekanntmachung über den Begriff des Zusammenschlusses, Ziff. 18.

grund verschiedener Umstände ebenfalls gemeinsame Kontrolle bestehen.[170] In jedem Fall müssen die Partner Rechte besitzen, die über die Rechte hinausgehen, die normalerweise Minderheitsaktionären eines Unternehmens zustehen.[171] In der Regel müssen diese Rechte erlauben, strategische Entscheidungen betreffend das Wirtschaftsverhalten des Gemeinschaftsunternehmens zu blockieren.[172] Die Kommission legt sich nicht immer fest, ob alleinige oder gemeinsame Kontrolle vorliegt.[173]

b) Arten des Kontrollerwerbs

Art. 3 Abs. 1 lit. b nennt als Arten des Kontrollerwerbs den Erwerb von Anteilsrechten[174] oder Vermögenswerten[175] und den Abschluss von Verträgen entsprechenden Inhalts[176]. Die Aufzählung ist beispielhaft, auf andere Mittel weist die FKVO ausdrücklich hin. Die Kontrolle kann insbesondere auch durch eine irgendwie geartete Berechtigung an den aufgezählten Rechten und Verträgen erworben werden (Art. 3 Abs. 4).

Die häufigsten Arten des Kontrollerwerbs sind der Erwerb einer Mehrheitsbeteiligung und die Errichtung eines Gemeinschaftsunternehmens.[177]

Erfolgt der Kontrollerwerb gestaffelt durch Erwerb von Teilen eines oder mehrerer Unternehmen, so sind nach Art. 5 Abs. 2 UA 2 alle Erwerbsvorgänge innerhalb der letzten zwei Jahre als ein einziger Zusammenschluss anzusehen. Die Bestimmung soll verhindern, dass die FKVO durch scheibchenweisen Kauf von Unternehmensteilen, die die Umsatzschwellen nicht erreichen, umgangen werden kann. Durch die Zusammenfassung der Teilerwerbe der vergangenen zwei Jahre ist dies zumindest für diesen Zeitraum ausgeschlossen.

---

170 Vgl. 21. Wettbewerbsbericht, Anhang III, 396; im Detail s. LÖFFLER zu Art. 3 N 9-17.
171 23. Wettbewerbsbericht Ziff. 260; Bekanntmachung über den Begriff des Zusammenschlusses, Ziff. 22.
172 Bekanntmachung über den Begriff des Zusammenschlusses, Ziff. 19. In den Ziff. 20-38 werden die einzelnen Konstellationen von gemeinsamer Kontrolle näher beschrieben; vgl. z.B. Mannesmann/Vallourec/Ilva, M.315; Dräger/IBM/HMP, M.101.
173 RTL/Veronica/Endemol, M.553.
174 Näheres bei KRIMPHOVE 250-255.
175 Näheres bei KRIMPHOVE 249-250. Nach Ansicht der Kommission umfasst der Begriff Vermögenswerte insbesondere Werte, die ein Geschäft darstellen, mit dem am Markt Umsätze erzielt werden (z.B. eine Tochtergesellschaft, in manchen Fällen Marken und Lizenzen), Bekanntmachung über den Begriff der beteiligten Unternehmen, Fussnote 15. Zusammenschlüsse durch Kauf von Aktiven sind sehr selten.
176 Näheres bei KRIMPHOVE 256-257 und SIRAGUSA/SUBIOTTO, Analyse, 55-58.
177 Vgl. die Statistik im 23. Wettbewerbsbericht, Anhang IV, 579.

c) Kritik

Die Kommission legt den Begriff des Kontrollerwerbs sehr weit aus. So geht sie davon aus, dass auch eine Veränderung in der Zusammensetzung der Kontrolle einen Kontrollerwerb darstellt (also z.B. der Übergang von gemeinsamer zu alleiniger Kontrolle).[178] In einem Fall von 1994 hat sie sogar entschieden, dass der Verkauf bestimmter Anteile an einer Gesellschaft durch eine Partei eines Aktionärsvertrages einen Kontrollerwerb durch die verbleibenden Parteien darstelle und dass diese den Vorgang deshalb als Zusammenschluss anzumelden hätten.[179] Die Anmeldepflicht kann so ohne jegliche Handlung der Anmeldepflichtigen wegen dem blossen Besitz von Anteilsrechten an einem Unternehmen ausgelöst werden.

Die Kommission betrachtet auch die „Entfusionierung" und die Liquidation eines Gemeinschaftsunternehmens[180] als Zusammenschluss. Diese Praxis sollte überprüft werden.

4. Abgrenzung von konzentrativen und kooperativen Gemeinschaftsunternehmen

Mit der Gründung eines Gemeinschaftsunternehmens können die Gründerunternehmen entweder nur ihr Wettbewerbsverhalten koordinieren oder eine dauerhafte Veränderung in ihrer Unternehmensstruktur bewirken. Die blosse Koordinierung des Wettbewerbsverhaltens voneinander unabhängig bleibender Unternehmen stellt keinen Zusammenschluss dar (Art. 3 Abs. 2 UA 1) und fällt allenfalls unter Art. 85 EGV. Erfolgt keine Koordinierung des Wettbewerbsverhaltens der Gründerunternehmen untereinander oder im Verhältnis zu dem Gemeinschaftsunternehmen und erfüllt das Gemeinschaftsunternehmen auf Dauer alle Funktionen einer selbständigen wirtschaftlichen Einheit, so gilt die Gründung des Gemeinschaftsunternehmens als Zusammenschluss im Sinne der FKVO (Art. 3 Abs. 2 UA 2).

Zur Unterscheidung der beiden Typen von Gemeinschaftsunternehmen hat die Kommission 1989 die Bekanntmachung über die Unterscheidung von Konzentrations- und Kooperationstatbeständen erlassen.[181] Gestützt auf die Erfahrungen der ersten vier Jahre hat sie Ende 1994 eine revidierte Bekanntmachung über die Unterscheidung von konzentrativen und kooperativen Gemeinschaftsunternehmen veröffentlicht.[182]

---

[178] Fn 162.
[179] Avesta II, M.452.
[180] Bekanntmachung über den Begriff der beteiligten Unternehmen, Ziff. 46-48 und Anhang sowie Bekanntmachung über den Begriff des Zusammenschlusses, Ziff. 16; z.B. Solvay-Laporte/Interox, M.197.
[181] ABl. 1990 C 203/10.
[182] ABl. 1994 C 385/1.

Nach der Bekanntmachung ist ein Gemeinschaftsunternehmen dann eine selbständige wirtschaftliche Einheit, wenn es auf dem Markt alle Funktionen ausüben muss, die auch die anderen auf dem Markt tätigen Unternehmen ausüben (Vollfunktions-Gemeinschaftsunternehmen). Dazu benötigt es ausreichende finanzielle, personelle und immaterielle Ressourcen.[183] Für die Beurteilung der Selbständigkeit des Gemeinschaftsunternehmens müssen seine Beziehungen zu den Gründerunternehmen und zu den anderen Marktteilnehmern im Detail untersucht werden.[184]

Für die beteiligten Unternehmen bestehen in den meisten Fällen grosse Vorteile, wenn die Gründung eines Gemeinschaftsunternehmens als konzentrative Operation angesehen und damit nach der FKVO beurteilt wird (kurze, verbindliche Fristen, one-stop shopping, „grosse Wahrscheinlichkeit" einer positiven Entscheidung, praktische Unanfechtbarkeit konzentrativer Zusammenschlüsse ohne gemeinschaftsweite Bedeutung im Gemeinschaftsrecht).

Die Abgrenzung von kooperativen und konzentrativen Gemeinschaftsunternehmen hat sich in der Praxis als eine der schwierigsten Fragen des europäischen Wettbewerbsrechts erwiesen.[185] Sie hat eine grosse Bedeutung, da annähernd die Hälfte der Zusammenschlüsse, die unter die FKVO fallen, in der Errichtung eines Gemeinschaftsunternehmens bestehen.[186] Anfänglich war die Kommission bei der Anerkennung von konzentrativen Gemeinschaftsunternehmen zurückhaltender als heute.[187]

Die Verringerung der „Diskriminierung" zwischen konzentrativen und kooperativen Gemeinschaftsunternehmen ist einer der Hauptpunkte der Revision der FKVO von 1996.[188] Die Kommission erwägt verschiedene Möglichkeiten, darunter die Beurteilung kooperativer Vollfunktions-Gemeinschaftsunternehmen nach dem Verfahren der FKVO und sogar die Beurteilung aller Gemeinschaftsunternehmen im Verfahren und nach den Kriterien der FKVO.[189]

---

[183] Bekanntmachung über die Unterscheidung zwischen konzentrativen und kooperativen Gemeinschaftsunternehmen, Ziff. 13.

[184] Vgl. Bekanntmachung über die Unterscheidung zwischen konzentrativen und kooperativen Gemeinschaftsunternehmen, Ziff. 14-16.

[185] Vgl. Bericht der Kommission über die Anwendung der Fusionskontrollverordnung vom 28.7.93, KOM(93) 385endg., III Ziff. 21; LÖFFLER zu Art. 3 N 25-38 und MERKIN 4-603H-J. Zur Kommissionspraxis s. 21. Wettbewerbsbericht, Anhang III, 397-400; 22. Wettbewerbsbericht Ziff. 230; DRAUZ/SCHROEDER 50-67; FINE, Mergers, 147-171; HIRSBRUNNER 297; GUGERBAUER 144-151.

[186] LÖFFLER zu Art. 3 N 24 (bis zum 31.12.93).

[187] HIRSBRUNNER 296.

[188] Grünbuch Ziff. 102.

[189] Grünbuch Ziff. 107-121.

D. Umsatzschwellen (Gemeinschafts- und EFTA-weite Bedeutung)

1. Schwellenwerte

   a) Gemeinschaftsweite Bedeutung

Die FKVO ist nur auf Zusammenschlüsse mit „gemeinschaftsweiter Bedeutung" anwendbar. Diese ist durch drei Kriterien definiert (Art. 1 Abs. 2):[190]

> „Ein Zusammenschluss im Sinne dieser Verordnung hat gemeinschaftsweite Bedeutung, wenn folgende Umsätze erzielt werden:
>
> a) ein weltweiter Gesamtumsatz aller beteiligten Unternehmen zusammen von mehr als 5 Milliarden ECU und
>
> b) ein gemeinschaftsweiter Gesamtumsatz von mindestens zwei beteiligten Unternehmen von jeweils mehr als 250 Millionen ECU;
>
> dies gilt nicht, wenn die am Zusammenschluss beteiligten Unternehmen jeweils mehr als zwei Drittel ihres gemeinschaftsweiten Gesamtumsatzes in einem und demselben Mitgliedstaat erzielen."

Die drei Bedingungen sind kumulativ. Die Schwelle von 5 Mia. ECU[191] Gesamtumsatz aller am Zusammenschluss beteiligten Unternehmen beschränkt die Anwendung der FKVO auf Zusammenschlüsse, an denen mindestens ein Grossunternehmen beteiligt ist. Die zweite Bedingung, dass mindestens zwei der am Zusammenschluss beteiligten Unternehmen einen Umsatz von jeweils mehr als 250 Millionen ECU in der Gemeinschaft haben müssen, stellt die Marktpräsenz der am Zusammenschluss beteiligten Unternehmen in der EU sicher. Diese Bedingung erlaubt, für den Gemeinsamen Markt wichtige Zusammenschlüsse unabhängig vom Sitz der beteiligten Unternehmen zu beurteilen (vgl. hinten 92). Die dritte Bedingung verhindert die Anwendung der FKVO auf Zusammenschlüsse, die vor allem einen Mitgliedstaat betreffen, weil sämtliche daran beteiligten Unternehmen mehr als zwei Drittel ihres in der Gemeinschaft erzielten Umsatzes in demselben Mitgliedstaat erwirtschaften. Die FKVO geht davon aus, dass es dann Sache des betreffenden Mitgliedstaates ist, den Zusammenschluss zu beurteilen.

Das System der Umsatzschwellen basiert auf dem Umfang der Geschäftstätigkeit der sich zusammenschliessenden Unternehmen. Es erlaubt in den meisten Fällen, die Frage der Anwendbarkeit der FKVO eindeutig zu beantworten.[192] Die am Zusam-

---

[190] Die Kriterien waren lange umstritten. Die schliesslich gewählten sind das Ergebnis zahlreicher Kompromisse, vgl. LÖFFLER, Vorbemerkungen N 13 und zu Art. 1 N 2.
Die Definition der gemeinschaftsweiten Bedeutung ist theoretisch problematisch, HEIDENHAIN, Bedeutung, 85; BERLIN, Contrôle, 58 und 59.

[191] Rund 8 Mia. Schweizer Franken.

[192] Vgl. Grünbuch Ziff. 31.

menschluss beteiligten Unternehmen können selbst mit relativ grosser Sicherheit beurteilen, ob ihr Vorhaben unter die FKVO fällt und sie deshalb anmeldepflichtig werden. Das System ist relativ einfach anzuwenden.[193] Es gelingt ihm aber nicht, die Umsatzwerte auch mit den Tätigkeitsbereichen der beteiligten Unternehmen zu verknüpfen. Deshalb fällt auch der Kauf eines spezialisierten Kleinbetriebes durch zwei Grossunternehmen, von denen keines im Sektor des Kleinunternehmens tätig ist, unter die FKVO.[194] Zudem ist es wegen der 2/3-Regel möglich, dass Zusammenschlüsse mit einer beträchtlichen Bedeutung für den Gemeinsamen Markt in die Zuständigkeit einer nationalen Wettbewerbsbehörde fallen, weil die beteiligten Unternehmen mehr als 2/3 ihres Umsatzes in ein und demselben Mitgliedstaat erzielen. In Deutschland zum Beispiel kann es einige solche Zusammenschlüsse geben.[195]

Bis zum 31.12.95 sind bei der Kommission 398 Anmeldungen eingegangen, also im Durchschnitt jährlich etwa 70. 1994 und 1995 wurden mit 95 bzw. 111 Anmeldungen beträchtlich mehr verzeichnet als in den Vorjahren.[196]

Die rein formale Definition der gemeinschaftsweiten Bedeutung unterscheidet sich von der Eignung, den Handel zwischen den Mitgliedstaaten zu beeinträchtigen, welche das Anwendungskriterium der Art. 85 und 86 EGV ist. Das Verhältnis zwischen den beiden Kriterien ist unklar.[197] Man kann die beiden Kriterien so zu vereinbaren versuchen, dass man die Umsatzkriterien als Vermutung für die Eignung, den Handel zwischen den Mitgliedstaaten zu beeinträchtigen, ansieht.[198] Es ist aber offensichtlich, dass viele Zusammenschlüsse ohne gemeinschaftsweite Bedeutung sowohl den Handel zwischen den Mitgliedstaaten beeinträchtigen als auch den Wettbewerb innerhalb des Gemeinsamen Marktes behindern können.[199] Da die Anwendungsbedingungen das Ergebnis eines politischen Kompromisses sind, ist der Meinung beizupflichten, dass die Umsatzschwellen in erster Linie dazu dienen, bestimmte, für

---

[193] Vgl. etwa JONES, Scope, 386; LÖFFLER, Vorbemerkungen N 23.

[194] Z.B. GKN/Brambles/Leto Recycling, M.448. Es handelte sich um den gemeinsamen Kauf von Leto Recycling, einem Unternehmen, das im Gebiet der Beseitigung von Spezialabfällen tätig war, durch GKN und Brambles, zwei grosse Industrieunternehmen ohne Aktivitäten in diesem Gebiet. Leto Recycling hatte einen Gesamtumsatz von ca. 15 Mio. ECU.

[195] Z.B. der Zusammenschluss von Hoesch und Krupp, WuW 1992, 495. Der weltweite Gesamtumsatz von Hoesch war 1991 4929 Mio. ECU, ABl. 1993 L 114/34.

[196] CPN Vol. 1, Nr. 5, summer 1995, 14; WuW 1996, 209.

[197] BOURGEOIS, International Mergers, 107.

[198] Allerdings wird diese Eignung für Art. 85 und 86 EGV bereits durch die Bagatellbekanntmachung quantifiziert (Bekanntmachung vom 3.9.86, ABl. 1986 C 231/2, geändert im Jahr 1994, ABl. 1994 C 368/20). Die Bagatellbekanntmachung bestimmt als Schwellenwerte 5% Marktanteil für die betreffenden Produkte und einen Gesamtumsatz der beteiligten Unternehmen von 300 Mio. ECU.

[199] 23. Wettbewerbsbericht Ziff. 189; Grünbuch 2; vgl. RICHTER 92-93; BECHTOLD, Fusionskontrolle, 48; SCHRÖTER, in: VON DER GROEBEN zu Art. 87 II N 266.

genug wichtig angesehene Zusammenschlüsse zu identifizieren.[200]

Die Kommission hatte ursprünglich vorgeschlagen, die Schwellenwerte bei 2 Mia. ECU weltweitem Umsatz und 100 Mio. ECU gemeinschaftsweitem Umsatz festzusetzen.[201] Auf Druck verschiedener Mitgliedstaaten wurden höhere Schwellenwerte festgesetzt mit der Auflage, dass diese bis Ende 1993 auf Vorschlag der Kommission vom Rat mit qualifizierter Mehrheit überprüft werden (Art. 1 Abs. 3).[202] Obwohl die Kommission eine Herabsetzung der Schwellenwerte immer befürwortet hat[203], hat sie die Revision der FKVO im Jahre 1993 um weitere drei Jahre aufgeschoben. Der Grund dafür war, dass umfangreiche Konsultationen mit den Behörden der Mitgliedstaaten und den 300 grössten Unternehmen in der Gemeinschaft einigen Widerstand zeigten und ergaben, dass die Kommission für ihren Vorschlag keine Mehrheit der Mitgliedstaaten zusammenbringen könnte. Insbesondere Deutschland, Frankreich und Grossbritannien sprachen sich gegen die geplante Revision der Schwellenwerte aus.[204] Die Kommission erklärte, dass sie bis spätestens Ende 1996 die Möglichkeit eines Änderungsvorschlages an den Rat neu überprüfen werde.[205]

In dem am 31. Januar 1996 veröffentlichten Grünbuch[206] bekräftigt die Kommission ihre Absicht, dem Rat die Herabsetzung der Schwellenwerte auf 2 Mia. bzw. 100 Mio. ECU vorzuschlagen (zur Revision s. hinten 297f.). Im Grünbuch kommt sie zum Schluss, dass bei anhaltender Marktintegration die grenzüberschreitenden Zusammenschlussaktivitäten an Umfang und Bedeutung zugenommen haben und dass es Anzeichen gebe, dass „eine beträchtliche Anzahl von Zusammenschlüssen mit erheblichen grenzüberschreitenden Auswirkungen die gegenwärtigen Schwellenwerte nicht erreichen".[207] Die 2/3-Regel dagegen will die Kommission beibehalten.[208]

Die Mitgliedstaaten haben nach wie vor unterschiedliche Ansichten über die Herabsetzung der Schwellenwerte.[209]

---

[200] BOURGEOIS, International Mergers, 108; RICHTER 92-93; vgl. dazu den Versuch der Kommission, Beurteilungskriterien für die „optimale Aufteilung der Zusammenschlussfälle zwischen der Kommission und den Mitgliedstaaten" zu finden, Grünbuch Ziff. 22-58.

[201] Auslegende Erklärung von Rat und Kommission zu Artikel 1, Bulletin EG, Beilage 2/90, 23.

[202] Die Zulässigkeit einer Revision der FKVO mit qualifizierter Mehrheit wurde von verschiedenen Autoren in Frage gestellt, da die FKVO neben Art. 87 EGV auch auf Art. 235 EGV gestützt ist und letzterer Einstimmigkeit erfordert, vgl. BECHTOLD, Fusionskontrolle, 48. Mir scheint diese Bestimmung unproblematisch, da die Mitgliedstaaten sie einstimmig beschlossen haben.

[203] Rede von Wettbewerbskommissar VAN MIERT vom 11.5.95, veröffentlicht in CPN Vol. 1, Nr. 5, summer 1995, 4.

[204] VAN BAEL/BELLIS 375 Fn 50.

[205] Bericht der Kommission über die Anwendung der Fusionskontrollverordnung vom 28.7.93, KOM(93) 385endg., IV A, 1.

[206] Grünbuch Ziff. 64.

[207] Grünbuch Ziff. 34.

[208] Grünbuch Ziff. 66.

[209] Grünbuch Ziff. 61.

Sollte der Rat die Schwellenwerte nicht herabsetzen, will die Kommission sozusagen als Eventualantrag vorschlagen, dass alle Zusammenschlussvorhaben, die die von ihr angestrebten Umsatzschwellen erreichen und in mehreren Mitgliedstaaten angemeldet werden müssten, in ihre Zuständigkeit fallen.[210] Dieser Vorschlag hat den Vorteil, das Problem der Beurteilung eines Zusammenschlussvorhabens nach den unterschiedlichen Vorschriften der Mitgliedstaaten zu beseitigen.[211] Er macht die Anwendung der FKVO auf Zusammenschlüsse, die die geltenden Umsatzschwellen nicht erreichen, jedoch von rein formalen und nicht auf die Bedeutung des Zusammenschlusses bezogenen Bedingungen abhängig.[212] Zudem ist er in gewisser Weise gegen Mitgliedstaaten mit weiten Anwendungsbedingungen gerichtet. Diese Mitgliedstaaten könnten gerade wegen ihrer ausgreifenden Anwendungsbedingungen den Zusammenschluss nicht beurteilen. Der Vorschlag dürfte deshalb bei einigen Mitgliedstaaten (vor allem Deutschland) starke Opposition hervorrufen.

b) EFTA-weite Bedeutung - Anwendung der EWR-Zusammenschlusskontrolle

Gemäss dem EWR-Abkommen werden seit dem 1.1.94 auch Zusammenschlüsse mit EFTA-weiter Bedeutung von der Kommission bzw. der ESA (vorne 12ff.) nach den Kriterien der europäischen Fusionskontrolle beurteilt. Die EFTA[213]-weite Bedeutung wird in Art. 1 Abs. 2 in der Fassung nach Anhang XIV, A. des EWR-Abkommens so definiert:

„Ein Zusammenschluss im Sinne dieser Verordnung hat gemeinschafts- oder EFTA-weite Bedeutung, wenn folgende Umsätze erzielt werden:

a) ein weltweiter Gesamtumsatz aller beteiligten Unternehmen zusammen von mehr als 5 Milliarden ECU und

b) ein gemeinschafts- oder EFTA-weiter Gesamtumsatz von mindestens zwei beteiligten Unternehmen von jeweils mehr als 250 Millionen ECU;

dies gilt nicht, wenn die am Zusammenschluss beteiligten Unternehmen jeweils mehr als zwei Drittel ihres gemeinschafts- oder EFTA-weiten Gesamtumsatzes in einem und demselben Staat erzielen."

Lit. b kann auf zwei Arten ausgelegt werden: Der Umsatz, den ein beteiligtes Unternehmen in der EFTA erzielt, wird zu demjenigen, den es in der Gemeinschaft erzielt, dazugezählt, es wird also der EWR-weite Umsatz berechnet, oder der Umsatz, den ein beteiligtes Unternehmen in der EFTA erzielt, und derjenige, den es in der Gemeinschaft erzielt, wird separat berechnet. Nach der zweiten Auslegung hat der

---

210 Grünbuch Ziff. 78.
211 Vgl. Grünbuch Ziff. 51-57.
212 Vgl. die unterschiedlichen Umsatzschwellen in den Mitgliedstaaten, Grünbuch Ziff. 17.
213 EFTA meint hier die Staaten Norwegen, Island und das Fürstentum Liechtenstein, aber nicht die Schweiz.

Zusammenschluss gemeinschaftsweite Bedeutung, wenn mindestens zwei beteiligte Unternehmen einen Umsatz in der Gemeinschaft von mindestens 250 Mio. ECU erzielen, und EFTA-weite Bedeutung, wenn mindestens zwei beteiligte Unternehmen einen Umsatz in der EFTA von mindestens 250 Mio. ECU erzielen. Die Bestimmung der gemeinschafts- und der EFTA-weiten Bedeutung erfolgt also je separat.

Das Zusammenzählen aller in der EU und der EFTA erzielten Umsätze würde eigentlich der Absicht, ein einheitliches Wettbewerbsrecht im EWR zu schaffen, am besten gerecht, da die Anwendung der EWR-Fusionskontrollvorschriften nicht von der geographischen Verteilung der erzielten Umsätze abhängen würde.[214] Der Wirtschaftsraum wäre dann auch ein Wettbewerbsraum. Die EWR-Fusionskontrollvorschriften wären dann auf folgenden Zusammenschluss anwendbar:[215]

Beispiel 1:

	Umsatz in der EU (in Mio. ECU)	Umsatz in der EFTA (in Mio. ECU)
Unternehmen A	249	2
Unternehmen B	5005	0

Der Wortlaut von Art. 1 in der Fassung des EWR-Abkommens und Art. 57 Abs. 2 lit. a dieses Abkommens deuten aber in die andere Richtung. Hätte die erste Auslegung der Absicht der Vertragsparteien entsprochen, so wäre wohl nicht „gemeinschafts- oder EFTA-weite Bedeutung", sondern „EWR-weite Bedeutung" gebraucht worden.

Ein Zusammenrechnen der Umsätze würde zudem die Schwellenwerte für die Anwendung der FKVO in der Fassung des EWR-Abkommens, und damit für den Ausschluss der nationalen Vorschriften und Behörden, beträchtlich herabsetzen. Dies wollten die Mitgliedstaaten mit Sicherheit nicht.[216]

Darüber hinaus würde auch folgender Zusammenschluss unter die EWR-Fusionskontrollvorschriften fallen

Beispiel 2:

	Umsatz in der EU (in Mio. ECU)	Umsatz in der EFTA (in Mio. ECU)
Unternehmen A	2	249
Unternehmen B	0	5005

und von der Kommission zu beurteilen sein (Art. 57 Abs. 2 lit. b EWRA). Er fiele

---

214 Diese Auslegung vertritt GUGERBAUER 14.
215 In den nachfolgenden Beispielen wird vorausgesetzt, dass die beteiligten Unternehmen nicht alle mindestens 2/3 des gemeinschafts- oder EFTA-weiten Umsatzes in ein und demselben Staat erzielen.
216 JONES/GONZÁLES-DÍAZ 93.

auch nicht unter die Bestimmungen über die Zusammenarbeit der beiden Wettbewerbsbehörden.

Da beide am Zusammenschluss beteiligten Unternehmen 250 Mio. ECU EFTA-weiten Gesamtumsatz erzielten, wäre die ESA zur Beurteilung des folgenden Zusammenschlusses zuständig (Art. 57 Abs. 2 lit. b EWRA):

Beispiel 3:

	Umsatz in der EU (in Mio. ECU)	Umsatz in der EFTA (in Mio. ECU)
Unternehmen A	2	250
Unternehmen B	0	5005

Besonders der Unterschied zwischen Beispiel 2 und 3 wäre widersprüchlich. Aus den genannten Gründen ist die zweite Auslegung zu wählen. Sie wird auch von der überwiegenden Mehrheit der Autoren vertreten.[217]

Auch die 2/3-Regel wird für die EU und die EFTA separat berechnet.[218] Dies kann bewirken, dass der betreffende Zusammenschluss trotz Überschreitens der absoluten Umsatzschwellen entweder keine gemeinschaftsweite oder keine EFTA-weite Bedeutung hat. Hat der Zusammenschluss gemeinschaftsweite, aber nicht EFTA-weite Bedeutung, fällt er unter die FKVO; hat er EFTA-, aber nicht gemeinschaftsweite Bedeutung, fällt er unter die EWR-Fusionskontrolle und in die Zuständigkeit der ESA.

2. Umsatzberechnung[219]

Der Umsatzberechnung kommt einige Bedeutung zu, da die Umsatzschwellen das Hauptkriterium für die Anwendung der FKVO sind. Art. 1 und 5 betreffen diese Frage. Die Kommission hat ihre Praxis Ende 1994 in der Bekanntmachung über die Berechnung des Umsatzes veröffentlicht. Bei der Umsatzberechnung muss geklärt werden, welche Unternehmen und welche Arten von Umsätzen zu berücksichtigen sind. Eine ganz präzise Umsatzberechnung ist nicht nötig, wenn von vornherein klar ist, dass die Umsatzschwellen klar über- oder unterschritten werden.

---

[217] Vgl. BELLAMY/CHILD 371 Fn 24; DIEM 532; EWR-Botschaft I/350; MACH 372; JONES/GONZÁLES-DÍAZ 92.
[218] BROBERG 37.
[219] Dazu im Detail: BERLIN, Contrôle, 100-115 mit Beispielen; SIRAGUSA/SUBIOTTO, Analyse, 64-71; JONES/GONZÁLES-DÍAZ 16-37.

a) Beteiligte Unternehmen

Für die Berechnung der Umsatzschwellen sind die Umsätze der beteiligten Unternehmen zu berücksichtigen. Die FKVO verwendet den Begriff der „beteiligten Unternehmen" an vielen Stellen. Die beteiligten Unternehmen für die Zwecke der Umsatzberechnung (Art. 1 und 5) decken sich nicht notwendigerweise mit den Unternehmen, deren Kontrollrechte berücksichtigt werden, und den beteiligten Unternehmen für die Zwecke der mündlichen Anhörung, wie sie in Art. 11 DVO umschrieben sind.[220] Die FKVO definiert den Begriff der beteiligten Unternehmen für die Umsatzberechnung nicht. In Art. 5 nennt sie aber einige Regeln, welche Umsätze in die Berechnung einzubeziehen sind.

Grundsätzlich sind die beteiligten Unternehmen die fusionierenden bzw. das (die) die Kontrolle erwerbende(n) und zu erwerbende(n) Unternehmen.[221] Dieser Grundsatz wird für die Umsatzberechnung in der Bekanntmachung über den Begriff der beteiligten Unternehmen gestützt auf die bisherige Kommissionspraxis weiter ausformuliert.

Die wichtigsten Regeln sind:

Das Unternehmen, das Anteile oder Vermögenswerte veräussert und damit dem Erwerber den Kontrollerwerb ermöglicht, gilt nicht als beteiligtes Unternehmen, wenn es nicht zusammen mit dem Erwerber die gemeinsame Kontrolle behält.[222]

Beim gemeinsamen Kontrollerwerb über ein bestehendes oder neu zu gründendes Unternehmen bezieht die Kommission die Umsätze aller Erwerber in die Berechnung ein.[223] Nach der FKVO ist das nicht eindeutig. In der Literatur ist die Frage umstritten.[224]

Beim Kontrollerwerb durch ein Gemeinschaftsunternehmen stellt sich die Frage, ob nur das Gemeinschaftsunternehmen und das erworbene Unternehmen oder auch die hinter dem Gemeinschaftsunternehmen stehenden Unternehmen beteiligte Unternehmen sind. Die Kommission wendet eine wirtschaftliche Betrachtungsweise an:[225]

---

220 Vgl. Bekanntmachung über den Begriff der beteiligen Unternehmen, Ziff. 11.
221 Vgl. BELLAMY/CHILD 329; JONES/GONZÁLES-DÍAZ 19.
222 Bekanntmachung über den Begriff der beteiligten Unternehmen, Ziff. 8.
223 21. Wettbewerbsbericht, Anhang III, 394 und die dort erwähnten Fälle Varta/Bosch, M.012, und Aérospatiale-Alénia/de Havilland, M.053; Bekanntmachung über den Begriff des beteiligten Unternehmens, Ziff. 21-23; vgl. auch BOS/STUYCK/WYTINCK 135.
224 BOS/STUYCK/WYTINCK 135; JONES, Scope, 389.
225 Bekanntmachung über den Begriff der beteiligten Unternehmen, Ziff. 26-29; 21. Wettbewerbsbericht, Anhang III, 394; DRAUZ/SCHROEDER 3-4; LÖFFLER zu Art. 1 N 17; BELLAMY/CHILD 329 und 333-334; JONES/GONZÁLES-DÍAZ 22-24. Beispiele sind BSN-Nestlé/Cokoladovny, M.090; TNT/Canada Post, M.102; ASKO/Jacobs/ADIA M.082; Kelt/American Express, M.118; ABC Générales des Eaux/Canal + W.H. Smith, M.110; UAP/Transatlantic/Sun Life M.141; Eucom/Digital, M.218.

Ist das erwerbende Gemeinschaftsunternehmen voll funktionsfähig[226], so gelten die dahinter stehenden Unternehmen nicht als beteiligte Unternehmen. Ist das Gemeinschaftsunternehmen ein Werkzeug für den Kontrollerwerb, werden sie in die Umsatzberechnung einbezogen.

Beim Erwerb von Teilen eines oder mehrerer Unternehmen werden nur die Teile, die erworben werden, als beteiligte Unternehmen angesehen (Art. 5 Abs. 2 UA 1).[227] Die Kommission will bei der Revision der FKVO von 1996 die Verwendung des Begriffs der beteiligten Unternehmen überprüfen.[228]

b) Einzubeziehende Umsätze

Nach Art. 5 Abs. 1 müssen alle während des letzten Geschäftsjahres mit Waren und Dienstleistungen jeglicher Art erzielten Umsätze, die dem normalen geschäftlichen Tätigkeitsbereich der Unternehmen zuzuordnen sind, einbezogen werden unter Abzug von Rabatten, Mehrwertsteuer und sonstiger unmittelbar auf den Umsatz bezogener Abgaben.[229] Für die Umsatzberechnung sind also nicht etwa nur die Umsätze in den betroffenen Märkten heranzuziehen, sondern die Umsätze der beteiligten Unternehmen mit sämtlichen Produkten und Dienstleistungen.[230] Für die Umrechnung einer anderen Währung in ECU ist der durchschnittliche Kurs in den letzten zwölf Monaten massgebend.[231]

Die Umsätze müssen einem geographischen Gebiet zugerechnet werden. Diese Zurechnung richtet sich grundsätzlich danach, wo sich der Käufer im Moment der Transaktion befand (Art. 5 Abs. 1 UA 2).[232]

Die Kommission stützt sich in der Regel auf die endgültigen und geprüften Abschlüsse des letzten Geschäftsjahres.[233] In besonders gelagerten Fällen berücksichtigt sie auch Umsätze anderer Zeiträume.[234]

---

[226] Dazu: Bekanntmachung über die Unterscheidung zwischen konzentrativen und kooperativen Gemeinschaftsunternehmen, Ziff. 13-15.

[227] Als Teile nennt die Bekanntmachung über den Begriff der beteiligten Unternehmen, Ziff. 14, eine oder mehrere getrennte Rechnungseinheiten, Geschäftsbereiche des Veräusserers oder besondere Vermögenswerte, die als solche ein Geschäft darstellen, dem ein Umsatz auf dem Markt eindeutig zugeordnet werden kann. Vgl. Banco Santader/British Telecommunications, M.425.

[228] Grünbuch Ziff. 150.

[229] Dazu im Detail: Bekanntmachung über die Berechnung des Umsatzes, Ziff. 9-21; BERLIN, Contrôle, 106-111.

[230] Bekanntmachung über die Berechnung des Umsatzes, Ziff. 4.

[231] Bekanntmachung über die Berechnung des Umsatzes, Ziff. 49.

[232] Bekanntmachung über die Berechnung des Umsatzes, Ziff. 45-48. Spezialfälle s. DRAUZ/SCHROEDER 16-18.

[233] Bekanntmachung über die Berechnung des Umsatzes, Ziff. 26.

[234] Vgl. VIAG/EB Brühl, M.139; Paribas/MTH/MBH, M.122; Bekanntmachung über die Berechnung des Umsatzes, Ziff. 26-27.

Neben den Umsätzen der unmittelbar beteiligten Unternehmen, deren Zahl in der Regel bei zwei bis vielleicht vier liegt, werden auch die Umsätze bestimmter anderer Unternehmen einbezogen, die, vereinfacht gesagt, zum gleichen Konzern gehören. Art. 5 Abs. 4 bestimmt diese mittels präziser Kriterien. Auch für die FKVO musste sich der Gemeinschaftsgesetzgeber für eine Konzerndefinition entscheiden. Die FKVO orientiert sich am Recht, die Geschäfte des Unternehmens zu führen.[235] Zusätzlich führt sie eine Reihe konkreter, leicht zu bestimmender Kriterien an, die in ähnlicher Form auch in der 7. Richtlinie über die Konzernrechnungslegung[236] verwendet werden.

Art. 5 Abs. 4 lautet:

„Der Umsatz eines beteiligten Unternehmens im Sinne des Artikels 1 Absatz 2 setzt sich unbeschadet des Absatzes 2 zusammen aus den Umsätzen:

a) des beteiligten Unternehmens;

b) der Unternehmen, in denen das beteiligte Unternehmen unmittelbar oder mittelbar entweder

- mehr als die Hälfte des Kapitals oder des Betriebsvermögens besitzt oder
- über mehr als die Hälfte der Stimmrechte verfügt oder
- mehr als die Hälfte der Mitglieder des Aufsichtsrates oder der zur gesetzlichen Vertretung berufenen Organe bestellen kann oder
- das Recht hat, die Geschäfte des Unternehmens zu führen;

c) der Unternehmen, die in dem beteiligten Unternehmen die unter Buchstabe b) bezeichneten Rechte oder Einflussmöglichkeiten haben;

d) der Unternehmen, in denen ein unter Buchstabe c) genanntes Unternehmen die unter Buchstabe b) bezeichneten Rechte oder Einflussmöglichkeiten hat;

e) der Unternehmen, in denen mehrere der unter den Buchstaben a) bis d) genannten Unternehmen jeweils gemeinsam die in Buchstabe b) bezeichneten Rechte oder Einflussmöglichkeiten haben."

Zusammengefasst sind für die Umsatzberechnung eines beteiligten Unternehmens also die Umsätze zu berücksichtigen, die das beteiligte Unternehmen selbst, seine Tochtergesellschaften, seine Muttergesellschaften[237], die anderen Tochtergesellschaften der Muttergesellschaften und Unternehmen, welche von zwei oder mehreren der genannten Unternehmen gemeinsam kontrolliert werden, erzielen.

---

235 Bekanntmachung über die Berechnung des Umsatzes, Ziff. 37.
236 Richtlinie Nr. 83/349 EWG vom 13.6.1983, ABl. 1983 L 193.
237 Die Kommission befolgt scheinbar die unlogische Praxis, auch Umsätze von Unternehmen einzubeziehen, welche nur zusammen mit anderen die in lit. c beschriebenen Rechte und Einflussmöglichkeiten haben, also nicht eigentliche Mutterunternehmen sind, DRAUZ/SCHROEDER 21-22.

Umsätze, die durch Transaktionen innerhalb des Konzerns im Sinne von Art. 5 Abs. 4 generiert wurden, werden nicht in die Berechnung einbezogen (Art. 5 Abs. 1 Satz 2). Auch Umsätze aus Transaktionen zwischen Unternehmen, die ein Gemeinschaftsunternehmen kontrollieren, werden nicht berücksichtigt (Art. 5 Abs. 5).[238]

In der FKVO gibt es somit zwei verschiedene „Konzerndefinitionen". Die eine bestimmt, wann ein Kontrollerwerb vorliegt (das Unternehmen in den Konzern aufgenommen wird), die andere, welche Umsätze für die Berechnung der Schwellenwerte berücksichtigt werden müssen (dem gleichen Konzern zugerechnet werden müssen). Die zweite Definition basiert vor allem auf formellen, die erste auf materiellen Kriterien. Die formelle Definition hat den Vorteil der Rechtssicherheit. Diese zwei unterschiedlichen „Konzerndefinitionen" haben schon in zahlreichen Entscheidungen dazu geführt, dass ein bestimmender Einfluss durch Unternehmen angenommen wurde, die nicht in die Umsatzberechnung einbezogen worden waren.[239]

Das Formblatt CO unterscheidet weder in der Fassung von 1990 noch in der von 1994 klar zwischen diesen beiden Konzerndefinitionen. Im Formblatt von 1990 musste in Abschnitt 3 für jedes beteiligte Unternehmen die Liste aller „zur selben Gruppe gehörenden", d.h. von ihm mittelbar oder unmittelbar im Sinne von Art. 3 Abs. 3 kontrollierten Unternehmen angegeben werden. Das neue Formblatt verlangt eine Liste der zu demselben Konzern gehörenden Unternehmen, also der kontrollierten und kontrollierenden Unternehmen. In einer Fussnote wird darauf hingewiesen, dass die Kontrolle gemäss Art. 3 und 5 gemeint ist. Für die Anmelder ist die Unterscheidung der beiden Konzernbegriffe nicht von grosser Bedeutung, da sie ohnehin bei allen Konzernunternehmen die Art des Einflusses angeben müssen und zudem auch Beteiligungen in anderen Unternehmen nennen müssen.

Wird die Kontrolle nur über einen Teil eines Unternehmens erworben, ist nach Art. 5 Abs. 2 nur der auf den betreffenden Teil entfallende Umsatz zu berücksichtigen.[240]

Umsätze von Unternehmen, die gemäss Art. 5 Abs. 4 zu berücksichtigen sind, die aber gemeinsam mit einem dritten Unternehmen kontrolliert werden, rechnet die Kommission zu 50% an.[241]

---

[238] Vgl. auch Leitfaden III zum Formblatt CO. Der Rat und die Kommission haben in einer auslegenden Erklärung zu Art. 1 festgehalten, dass bei der Revision der Umsatzschwellen auch Art. 5 Abs. 5 überprüft werden sollte, Bulletin EG, Beilage 2/90, 23. Diese Revision habe sich wegen der Bekanntmachung über die Berechnung des Umsatzes erübrigt, Grünbuch Ziff. 147.

[239] Z.B. Arjomari Prioux/Wiggins Teape Appleton, M.025.

[240] Ein Anwendungsfall war British Airways/Dan Air, M.278, bestätigt durch das EuG in Rs. T-3/93, Air France/Kommission Slg. 1994 II 121. BA wollte die Fluggesellschaft Dan Air übernehmen. Die Vereinbarung zwischen BA und Dan Air sah vor, dass Dan Air vor der Übernahme ihre Charteraktivitäten an einen Dritten veräussert. Die Kommission hatte deshalb den auf diese Aktivitäten entfallenden Umsatz richtigerweise nicht in die Umsatzberechnung einbezogen, was die Nichtanwendbarkeit der FKVO zur Folge hatte.

[241] 21. Wettbewerbsbericht, Anhang III, 395; z.B. Accor/Wagons-Lits, M.126.

Bei Staatsunternehmen sind die Umsätze der mit einer autonomen Entscheidungsbefugnis ausgestatteten wirtschaftlichen Einheiten zu berücksichtigen.[242]

c) Banken und Versicherungen

Bei der Berechnung der Schwellenwerte für Banken und andere Finanzinstitute[243] tritt an die Stelle des weltweiten Gesamtumsatzes 1/10 der Bilanzsumme. Auch für die anderen Schwellenwerte werden von der Bilanzsumme abgeleitete Zahlen verwendet.[244],[245] In einer Protokollerklärung zu Art. 5 Abs. 3 haben der Rat und die Kommission ihre Absicht kundgetan, das Kriterium der Bilanzsumme bei der Revision der FKVO durch das „Bankeinkommen" der Richtlinie Nr. 86/635[246] zu ersetzen.[247] Die Kommission hat im Grünbuch angekündigt, dass sie näher untersuchen werde, ob der Bruttoertrag oder die Bilanzsumme das geeignetere Kriterium ist.[248]

Bei Versicherungsunternehmen tritt an die Stelle des Umsatzes die Summe der Bruttoprämien (Art. 5 Abs. 3 lit. b).[249]

3. Kritik

Die Abgrenzung der Anwendungsbedingungen der FKVO zu denen der Art. 85 und 86 EGV ist nicht klar und eindeutig. Die Frage der Anwendung von Art. 86 EGV auf Zusammenschlüsse, die die formalen Bedingungen der FKVO nicht erfüllen, aber trotzdem den Handel zwischen den Mitgliedstaaten beeinträchtigen können, ist nicht gelöst.

Die 2/3-Regel widerspiegelt nicht die tatsächliche Bedeutung eines Zusammenschlusses in den einzelnen Mitgliedstaaten und dessen Einfluss auf den zwischenstaatlichen Handel, sondern nur die Verteilung des Umsatzes auf die Mitgliedstaaten. Die 2/3-Regel könnte mit einem absoluten Umsatzwert ergänzt werden, ab dem

---

242 Begründungserwägung 12 der FKVO; Bekanntmachung über die Berechnung des Umsatzes, Ziff. 43-44; z.B. Aérospatiale-Alenia/de Havilland M.053; Alcan/Inespal/Palco, M.322; Kali+Salz/MdK/Treuhand, M.308; CEA-Industrie/France Telecom/Finmeccanica/SGS-Thomson, M.216.

243 Zum Begriff vgl. die Richtlinien Nr. 77/780 vom 12. Dezember 1977, ABl. 1977 L 322/30 und Nr. 83/350 vom 13. Juni 1983, ABl. 1983 L 193/18.

244 Vgl. Formblatt CO, Abschnitt 2 und Leitfaden I dazu; Bekanntmachung über die Berechnung des Umsatzes, Ziff. 51-58 und 62-68; BOS/STUYCK/WYTINCK 130-131; MERKIN 4-605H.

245 Es gibt erhebliche Probleme bei der Anwendung dieser Bestimmung, s. Hong Kong & Shanghai Bank/Midland, M.213; MERKIN 1-509; BELLAMY/CHILD 334-335; weitere Beispiele bei LÖFFLER zu Art. 5 N 15.

246 Richtlinie Nr. 86/635 des Rates vom 8.12.1986 über den konsolidierten Abschluss von Banken und anderen Finanzinstituten, ABl. 1986 L 372/1.

247 Bulletin EG, Beilage 2/90, 24.

248 Grünbuch Ziff. 140.

249 Vgl. Formblatt CO, Abschnitt 2, Leitfaden II; Bekanntmachung über die Berechnung des Umsatzes, Ziff. 59-61 und 65-68.

die FKVO dann trotzdem anwendbar ist, weil die beteiligten Unternehmen so bedeutend sind, dass ihr Zusammenschluss in die Zuständigkeit der Gemeinschaft fallen sollte.

Trotz dieser im System der FKVO gründenden Kritikpunkte bieten die Umsatzschwellen geeignete und in der Praxis leicht zu handhabende Anwendungsvoraussetzungen. Insbesondere die Kombination von weltweitem Gesamtumsatz und der Bedingung, dass mindestens zwei der am Zusammenschluss beteiligten Unternehmen einen gewissen Mindestumsatz in der Gemeinschaft erreichen müssen, ist gut geeignet, die Bedeutung eines Zusammenschlusses für die EU zu umschreiben.

Über die angemessene Höhe der Umsatzschwellen lässt sich streiten. Dabei ist auch die Anzahl der von der Kommission zu behandelnden Fälle zu beachten. Zu tiefe Umsatzschwellen lassen die Anzahl Fälle ansteigen und schaden möglicherweise der Qualität der Entscheidungen.

Die Bekanntmachungen der Kommission erleichtern den Unternehmen die Beurteilung, ob ihr Vorhaben unter die FKVO fällt, und sie geben wertvolle Hinweise auf den Umfang der in der Anmeldung geforderten Informationen. Ein Nachteil dieser Bekanntmachungen ist, dass sie eine verbindliche Interpretation zu geben scheinen und es den Unternehmen dadurch schwermachen, eine andere mögliche Interpretation zu vertreten.

E. Ausnahmen

Nach Art. 3 Abs. 5 gelten gewisse Erwerbsvorgänge nicht als Zusammenschlüsse im Sinne der FKVO und sind damit von deren Anwendungsbereich ausgenommen.[250] Es handelt sich erstens um den Anteilserwerb für eine Dauer von weniger als einem Jahr durch Finanzinstitute oder Versicherungen, wenn die Anteile für die Wiederveräusserung erworben werden und das Wettbewerbsverhalten des erworbenen Unternehmens nicht beeinflusst wird (lit. a). Diese Ausnahme umfasst auch in Drittstaaten ansässige Finanzinstitute und Versicherungen.[251] Zweitens sind der Kontrollerwerb durch Verwaltungsstellen zum Zweck der Auflösung einer Gesellschaft oder der Abwicklung des Konkurses, etc. von der FKVO ausgenommen (lit. b). Drittens fallen Zusammenschlüsse, die durch „Beteiligungsgesellschaften" im Sinne der vierten gesellschaftsrechtlichen Richtlinie[252] bewirkt werden, nicht unter die FKVO, wenn

---

[250] Näheres dazu bei KRIMPHOVE 265-269; MERKIN 4-603L-N; BOS/STUYCK/WYTINCK 200-202; BERLIN, Contrôle, 77-80. Die Kommission behandelt diese Ausnahmen auch in der Bekanntmachung über den Begriff des Zusammenschlusses, Ziff. 41-45.

[251] Gl.M. MERKIN 4-603L.

[252] Richtlinie Nr. 78/660/EWG, 4. gesellschaftsrechtliche Richtlinie vom 25. Juli 1978 über den Jahresabschluss von Gesellschaften bestimmter Rechtsformen, ABl. 1978 L 222/11, Art. 5 Abs. 3. Die Bestimmung lautet: „Als Beteiligungsgesellschaften im Sinne dieser Richtlinie gelten ausschliesslich Gesellschaften, deren einziger Zweck darin besteht, Beteiligungen an anderen Unternehmen zu erwerben sowie die Verwaltung und Verwertung dieser Beteiligungen wahrzunehmen, ohne dass diese

die erworbenen Stimmrechte nur „zur Erhaltung des vollen Wertes der Beteiligung" und nicht zur direkten oder indirekten Beeinflussung des strategischen Marktverhaltens benutzt werden.[253] Diese Ausnahmen waren in der Praxis bisher unbedeutend.[254]

Die allgemeinen Vorbehalte zugunsten des nationalen Rechts gelten auch für die FKVO. Art. 223 EGV beispielsweise erlaubt den Mitgliedstaaten, gegen die übrigen Vorschriften des Vertrages verstossende Massnahmen zu treffen, wenn sie dies aus wesentlichen Sicherheitsinteressen für notwendig erachten. Im Fusionskontrollverfahren wurde die Bestimmung erstmals 1993 von Frankreich angerufen, um die Nicht-Anmeldung eines Zusammenschlusses zu rechtfertigen.[255] Nachdem sich die Kommission zusätzliche Informationen hatte geben lassen, akzeptierte sie das Vorgehen Frankreichs. Weitere Fälle waren die öffentlichen Übernahmeangebote von VSEL durch British Aerospace, M.528, und General Electric Company, M.529. Die britische Regierung hatte British Aerospace und GEC angewiesen, den Zusammenschluss nur bezüglich der nicht-militärischen Aktivitäten von VSEL anzumelden (deren Umsatz nur circa 15 Mio. ECU betrug). Die Kommission vergewisserte sich, dass die Voraussetzungen für die Anwendung von Art. 223 Abs. 1 EGV vorlagen.

Gestützt auf ihre Sicherheitsinteressen können die Mitgliedstaaten gemäss Art. 21 Abs. 3 Zusammenschlüsse auch zusätzlichen Bedingungen unterwerfen.

II. Verfahrensbeteiligte

Am Fusionskontrollverfahren sind zunächst die am Zusammenschluss beteiligten Unternehmen (bzw. Personen) und die Kommission mit ihrer Task Force Fusionskontrolle beteiligt. Auch Dritte können sich am Verfahren beteiligen, indem sie von ihrem Anspruch auf rechtliches Gehör Gebrauch machen oder sich anderweitig zum Zusammenschluss äussern. Am Verfahren sind zusätzlich der Anhörungsbeauftragte und der Beratende Ausschuss für Unternehmenszusammenschlüsse beteiligt. Auch die Mitgliedstaaten und ihre Behörden können am Verfahren beteiligt sein.

Gesellschaften unmittelbar oder mittelbar in die Verwaltung dieser Unternehmen eingreifen, unbeschadet der Rechte, die den Beteiligungsgesellschaften in ihrer Eigenschaft als Aktionärin der Gesellschafterin zustehen."

253   In der Bekanntmachung über den Begriff des Zusammenschlusses, Ziff. 45, erklärt die Kommission, dass der Kontrollerwerb durch ein Bankenkonsortium im Rahmen einer Rettungsaktion in der Regel nicht unter diese Ausnahme fällt, da die Erwerber der Kontrolle in der Regel auch auf das strategische Marktverhalten des Unternehmens Einfluss nehmen wollten und die Sanierung wohl meist mehr als ein Jahr dauern dürfte.

254   Vgl. LÖFFLER zu Art. 3 N 24.

255   23. Wettbewerbsbericht Ziff. 324-326. Der Zusammenschluss betraf Unternehmen, die Raketenantriebsaggregate herstellten.

A. Behörden

1. Kommission

Die Wettbewerbsregeln der Verträge gehören zu den wenigen Bereichen des EU-Rechts, die durch die Kommission direkt vollzogen werden. Es ist im Prinzip die Kommission, die das Verfahren eröffnet, durchführt und durch eine Entscheidung abschliesst. Die Behörden der Mitgliedstaaten haben im Wettbewerbsrecht Mitwirkungspflichten sowie Informations- und Mitspracherechte.

Eines der 20 Mitglieder der Kommission[256] ist für die Wettbewerbspolitik verantwortlich, gegenwärtig der Niederländer Karel van Miert. Unmittelbar mit der Durchsetzung des Wettbewerbsrechts betraut ist die Generaldirektion IV (DG IV) mit einem Personalbestand von etwas mehr als 400 Mitarbeiterinnen und Mitarbeitern. Die DG IV wird gegenwärtig von Alexander Schaub geleitet. Sie besteht aus den Direktionen A bis G. Die Direktionen haben seit dem 1. Oktober 1995 folgende Zuständigkeiten[257]: Direktion A: Allgemeine Wettbewerbspolitik und Koordinierung, Direktion B: Fusionskontrolle, Direktion C: Information, Kommunikation, Multimedia, Direktion D: Dienstleistungen, Direktion E: Grundstoffindustrien, Direktion F: Investitionsgüter- und Konsumgüterindustrien, Direktion G: Staatliche Beihilfen.

2. Task Force Fusionskontrolle

Die Task Force Fusionskontrolle wurde speziell zur Durchführung der Fusionskontrolle ins Leben gerufen. Sie wird von einem Direktor geleitet, zur Zeit interimistisch von Götz Drauz, und umfasst circa 50 Mitarbeiterinnen und Mitarbeiter[258]. Von den rund 30 Berichterstattern sind etwa die Hälfte Juristinnen und Juristen, die andere Ökonominnen und Ökonomen[259]. Die Task Force besteht aus vier Abteilungen, sogenannten operationellen Einheiten. Die Beamten der Task Force rekrutieren sich zu einem grossen Teil aus den Kartellbehörden der Mitgliedstaaten[260], wobei viele der aus den Kartellbehörden der Mitgliedstaaten kommenden Beamten nur auf Zeit zur Kommission entsandt sind[261]. Die Task Force Fusionskontrolle unterhält enge

---

[256] Frankreich, Deutschland, Grossbritannien, Italien und Spanien stellen je zwei, die anderen Mitgliedstaaten je einen Vertreter.
[257] CPN Vol. 1, Nr. 5, summer 1995, 62-63.
[258] 23. Wettbewerbsbericht Ziff. 208; DRAUZ/SCHROEDER 186.
[259] MERKIN 1-520; Auskunft eines Beamten der Task Force Fusionskontrolle.
[260] COOK/KERSE 90.
[261] DRAUZ/SCHROEDER 186.

Verbindungen zu anderen Direktionen und Generaldirektionen. Der Rechtsdienst wird während der Behandlung eines Falles gewöhnlich mehrmals konsultiert.[262]

Ein eingehender Fall wird unverzüglich einem ad hoc gebildeten Team, bestehend aus einem der vier Abteilungsleiter und zwei Berichterstattern vorzugsweise mit unterschiedlicher Ausbildung, zugewiesen.[263] Für die Bildung der Teams ist die Verfahrenssprache ein wichtiges Kriterium.[264]

Zum Schutz vertraulicher Informationen wurden verschiedene bauliche und organisatorische Massnahmen getroffen. Zum Beispiel wird der Zutritt zu den Räumen der Task Force Fusionskontrolle streng kontrolliert und die Anzahl Personen, die von den Details eines Falles Kenntnis haben, klein gehalten.[265]

Die materielle und personelle Organisation der Task Force wird durchwegs positiv vermerkt.[266] Es wurde deshalb schon die Befürchtung geäussert, innerhalb der Generaldirektion IV entwickle sich eine Zweiklassen-Verwaltung mit der effizient arbeitenden Task Force Fusionskontrolle und den übrigen Direktionen der DG IV, die in einem Berg von unerledigten Fällen versinken.[267] Durch verschiedene Massnahmen hat die Kommission versucht, diesem Eindruck entgegenzuwirken (z.B. durch Einführung von Fristen für die Beurteilung sog. struktureller kooperativer Gemeinschaftsunternehmen[268]).

3. Entscheidungsbefugnis und ihre Delegation

Entscheidungen im Wettbewerbsrecht werden nach den massgeblichen Rechtstexten von „der Kommission" getroffen. Die Kommission ist ein Kollegialorgan. Sie entscheidet mit einfachem Mehr ihrer Mitglieder, also minimal mit 11 Stimmen (Art. 163 EGV i.V.m. Art. 6 Abs. 3 der GO der Kommission von 1993 und Art. 157 Abs. 1 EGV[269]). Nun ist es nicht die Kommission, welche in corpore sämtliche Entscheidungen im Wettbewerbsrecht trifft. Dies wäre höchst ineffizient und von der Arbeitslast her nicht zu bewältigen.

Deshalb kann sie gemäss ihrer Geschäftsordnung ein Kommissionsmitglied dazu ermächtigen, „in ihrem Namen und unter ihrer Kontrolle eindeutig umschriebene

---

[262] COOK/KERSE 90.
[263] DRAUZ/SCHROEDER 186.
[264] ROHARDT 383.
[265] Mündliche Auskunft von J. GILCHRIST.
[266] Z.B. REYNOLDS 651; GOYDER 505; MACIVER 752 und 765.
[267] GOYDER 505.
[268] Rede von Sir LEON BRITTAN gehalten am 7.12.1992 vor dem Centre of European Policy Studies, Brüssel, abgedruckt in der Pressemitteilung IP/92/1009 vom 8.12.1992.
[269] In der Fassung von Art. 16 des Vertrages über den Beitritt von Österreich, Finnland und Schweden, ABl. 1993 C 241/9ff.

Massnahmen der Geschäftsordnung und der Verwaltung zu treffen, insbesondere zur Vorbereitung von Beschlüssen, die später vom Kollegium zu fassen sind" (Art. 11).[270] Die so übertragenen Befugnisse können an andere Beamte weiterübertragen werden, wenn die Ermächtigungsentscheidung dies ausdrücklich vorsieht.

Für bestimmte, in der VO 17 vorgesehene Entscheidungen hatte die Kommission das für Wettbewerb zuständige Mitglied durch Entscheidung vom 5.11.1980[271] ermächtigt, in ihrem Namen zu entscheiden.[272] Mit Bezug auf die Nachprüfungsentscheidung nach Art. 14 Abs. 3 VO 17 hat der EuGH dieses System ausdrücklich für zulässig und vereinbar mit dem Kollegialitätsprinzip erklärt, da die Entscheidungen auf Massnahmen der Verwaltung und Geschäftsführung beschränkt seien, im Namen der Kommission getroffen werden und diese die volle Verantwortung für die Entscheidung übernehme.[273]

Für die Durchführung der Fusionskontrolle übertrug die Kommission durch Entscheidung vom 7.10.1990[274] dem für Wettbewerb zuständigen Kommissionsmitglied die Befugnis für zahlreiche Entscheidungen. Dazu gehören insbesondere die Nichtanwendbarkeitsentscheidung nach Art. 6 Abs. 1 lit. a und die Genehmigungsentscheidung nach Art. 6 Abs. 1 lit. b. Die Entscheidung, ein Hauptprüfverfahren[275] zu eröffnen, wird vom für Wettbewerb zuständigen Kommissionsmitglied im Einvernehmen mit dem Kommissionspräsidenten getroffen. In die Zuständigkeit des zuständigen Kommissionsmitglieds fallen auch Entscheidungen über die Befreiung von der Anmeldepflicht nach Art. 3 Abs. 2 DVO, über die Vollständigkeit der Anmeldung (Art. 10 Abs. 1 FKVO; Art. 4 Abs. 2 DVO), über das Vollzugsverbot und andere Massnahmen nach Art. 7, über Auskunftsverlangen und Nachprüfungen

---

270 Art. 27 der Geschäftsordnung vom 31.1.1963 (in der durch die Entscheidung 75/461/Euratom, EGKS, EWG vom 23.7.75 geänderten Fassung, ABl. 1975 L 199/43) und Art. 11 der Geschäftsordnung vom 17.2.1993 (ABl. 1993 L 230/15) sprachen von Massnahmen der Geschäftsführung. Wohl in der Folge des Urteils C-137/92P, BASF u.a./Kommission Slg. 1994 I 2555 (hinten 51) änderte die Kommission Art. 11 der GO von 1993 am 8.3.1995.

271 Unveröffentlicht, vom Gerichtshof erwähnt in Rs. 5/85, Akzo Chemie/Kommission Slg. 1986, 2582, 2615. Die Delegationsentscheidungen unter der VO 17 sind bisher nicht publiziert worden, obwohl der Gerichtshof dies unter Berufung auf Rechtssicherheit und Transparenz in Akzo gefordert hatte.

272 Es handelt sich um Entscheidungen über die Einleitung eines Verfahrens, über an Unternehmen gerichtete Auskunftsverlangen und über die Anordnung von Nachprüfungen gemäss Art. 14 Abs. 3 VO 17. Daneben gibt es eine Ermächtigung des zuständigen Kommissionsmitglieds für die Veröffentlichung einer Bekanntmachung nach Art. 19 Abs. 3 VO 17 und eine für die Zurückweisung einer Beschwerde, PERNICE, in: GRABITZ nach Art. 87 Vorbemerkungen N 6.

273 Rs. 5/85, Akzo Chemie/Kommission Slg. 1986, 2582, 2614-2616; s. auch Rs. 97 bis 99/87, Dow Chemical Iberica u.a./Kommission Slg. 1989, 3165.

274 Unveröffentlicht. Sie ist mehrfach erneuert worden. Die erste Fassung ist abgedruckt bei BOS/STUYCK/WYTINCK 310. Die folgenden Angaben basieren auf BOS/STUYCK/WYTINCK 310; JONES/GONZÁLES-DÍAZ 222; DRAUZ/SCHROEDER 203 und Auskünften eines Mitarbeiters der Task Force Fusionskontrolle.

275 In dieser Arbeit werden die beiden Verfahrensabschnitte des Fusionskontrollverfahrens als „Vorprüfverfahren" und „Hauptprüfverfahren" bezeichnet, hinten 90f.

(Art. 11 und 13), über die Anhörung der Beteiligten und Dritter (Art. 18) sowie über die Verweisung eines Falles an die Behörden eines Mitgliedstaats (Art. 9 Abs. 3 UA 1 lit. b).

Die Kommissionsentscheidung sieht weiter vor, dass einige der genannten Entscheidungen (insbesondere die Nichtanwendbarkeitsentscheidung sowie Entscheidungen über die Anmeldepflicht und das rechtliche Gehör) weiterdelegiert werden können. Dafür kommen in der Fusionskontrolle der Generaldirektor von DG IV, der Anhörungsbeauftragte, der Direktor der Task Force Fusionskontrolle, die Abteilungsleiter und die Untersuchungsbeamten in Frage. Folgende Entscheidungen wurden an den Anhörungsbeauftragten delegiert: Entscheidungen über die Anhörung Dritter, über die mündliche Anhörung der Beteiligten und Dritter, über die Einsicht in zusätzliche Dokumente, über die Weitergabe von Informationen, die Geschäftsgeheimnisse enthalten könnten, und über die Länge der Frist zur schriftlichen Stellungnahme (Art. 3 - 5 des Mandats).

Entscheidungen, die keine eindeutig umschriebenen Massnahmen der Geschäftsordnung oder der Verwaltung sind, und somit nicht delegiert werden können, müssen von der Kommission als Kollegium getroffen werden. Dies sind insbesondere die Entscheidungen über die Zulässigkeit des Zusammenschlusses nach Art. 8, die Verhängung von Bussen und Zwangsgeldern (Art. 14 und 15) und die Rückweisung eines Verweisungsantrages nach Art. 9 Abs. 3 UA 2.

Nach der Rechtsprechung des EuG und des EuGH in den PVC[276] - und Polyäthylen-Fällen[277] scheint es zweifelhaft, ob im Fusionskontrollverfahren die Übertragung der Entscheidkompetenz an das für Wettbewerb zuständige Kommissionsmitglied im oben beschriebenen Ausmass zulässig ist.[278]

Im PVC- und im Polyäthylen-Urteil haben die europäischen Gerichte entschieden, dass Entscheidungen über einen Verstoss gegen Art. 85 EGV in den verbindlichen Sprachen durch das Kommissionskollegium getroffen werden müssen und nicht als Massnahme der Geschäftsführung an das für Wettbewerb zuständige Kommissionsmitglied delegiert werden können. Dies ging eigentlich schon aus dem Wortlaut der damals geltenden GO der Kommission hervor.[279] Das für Wettbewerb zuständige Kommissionsmitglied ist gemäss dem Gerichtshof dagegen befugt, die den

---

[276] Rs. T-79/89 u.a., BASF u.a./Kommission (PVC) Slg. 1992 II 318, Rechtsmittelentscheid Rs. C-137/92P, Slg. 1994 I 2555.

[277] Rs. T-80/89 u.a., BASF u.a./Kommission (LDPE) Slg. 1995 II 729.

[278] Gl.M. TOTH 293 Fn 56.

[279] Nach dem PVC-Urteil des EuG vom 27.2.1992 hat die Kommission in ihrer GO vom 17.2.1993 einen 2. Absatz in Art. 11 aufgenommen, wonach die Kommission eines ihrer Mitglieder beauftragen könne, den Wortlaut eines Beschlusses, dessen wesentlichen Inhalt sie bereits in ihren Beratungen festgelegt hat, endgültig anzunehmen. Bei der Revision der GO vom 8. März 1995 wurde in Art. 11 und 16 dagegen wieder klargestellt, dass die Formulierung einer Entscheidung in einer verbindlichen Sprachversion nicht an ein Kommissionsmitglied delegiert werden kann.

Adressaten zugestellten Kopien der von der Kommission verabschiedeten Entscheidungen zu unterzeichnen. Bezüglich des Umfangs der Delegation von Entscheidungsbefugnissen vertritt das EuG in den beiden Entscheidungen eine restriktive Interpretation von „Massnahmen der Geschäftsführung und der Verwaltung", indem es jegliche Massnahmen, die die Rechte und Pflichten von Unternehmen und ihr Vermögen erheblich berühren, nicht als solche zu bezeichnen scheint.[280]

Mit Blick auf die Fusionskontrolle scheint es, dass insbesondere die endgültigen Entscheidungen nach Art. 6 und die Entscheidung über die Verweisung an einen Mitgliedstaat die Rechte und Pflichten der Unternehmen erheblich berühren und somit nicht als Massnahmen der Geschäftsordnung oder Verwaltung bezeichnet werden können. Die Zulässigkeit der Delegation an das für Wettbewerb zuständige Kommissionsmitglied ist deshalb fraglich.

Bei den strikten Erfordernissen, die der Gerichtshof aus dem Kollegialitätsprinzip ableitet, sollte die Praktikabilität nicht vergessen werden. Die Mitwirkung aller Kommissionsmitglieder z.B. an der Festlegung des Wortlauts sämtlicher authentischer Sprachversionen einer Entscheidung scheitert schon an den sprachlichen Kenntnissen der einzelnen Kommissionsmitglieder.[281] Auch wenn die Kommission allein für eine Entscheidung zuständig ist, wäre es illusorisch, zu glauben, dass die einzelnen Kommissionsmitglieder in jedem Fall die Details des Falles kennen würden.[282] Der Grundsatz der kollegialen Entscheidfindung ist eine Fiktion.

Eine über die gegenwärtige Rechtsprechung des Gerichtshofes und geltende Geschäftsordnung hinausgehende Delegation von Entscheidungsbefugnissen an die einzelnen Kommissionsmitglieder oder an die Generaldirektoren wäre folglich zu prüfen.

Die Kommissionsentscheidungen unter der VO 17 sind bis anhin mehrheitlich im schriftlichen Verfahren getroffen worden.[283] Es ist anzunehmen, dass dies bei Entscheidungen unter der FKVO auch so ist.

Die vom Kommissionskollegium getroffenen Entscheidungen müssen nicht von allen Kommissaren unterzeichnet werden. Die verabschiedete Entscheidung muss lediglich durch die Unterschrift des Präsidenten und des Generalsekretärs auf der ersten Seite festgestellt werden (Art. 16 der GO der Kommission). Nach der Verabschiedung darf der Text der Entscheidung im Prinzip nicht mehr geändert werden

---

280 Der EuGH ist in seinem Rechtsmittelentscheid C-137/92, Slg. 1994 I 2555, darauf nicht näher eingegangen.
281 TOTH schlägt deshalb vor, die Übersetzung in sämtliche authentische Sprachversionen als Massnahme der Verwaltung an ein Mitglied der Kommission zu delegieren und eine Beglaubigung der richtigen Übersetzung für die Rechtsgültigkeit der Entscheidung genügen zu lassen, TOTH 294.
282 Vgl. JOSHUA, Right, 73; VAN BAEL, Insufficient Control, 741.
283 PERNICE, in: GRABITZ, nach 87 Vorbemerkungen N 6.

(Grundsatz der Unantastbarkeit der Entscheidung, hinten 294ff.). Die Feststellung hat notwendigerweise vor der Zustellung des Entscheids zu erfolgen.

Nach der Rechtsmittelentscheidung BASF/Kommission vom 15.6.94 ist die Feststellung der Entscheidung eine wesentliche Formvorschrift, deren Unterlassung ein Nichtigkeitsgrund darstellt.[284] Dies gilt unabhängig davon, ob tatsächlich Unterschiede zwischen der beschlossenen und der den Adressaten zugestellten Entscheidung bestehen. Da die angefochtene Kommissionsentscheidung nicht gemäss dem in der GO der Kommission vorgesehenen Verfahren festgestellt worden war, hat der EuGH die betreffende Entscheidung annulliert. Ebenso hat das EuG in den jüngeren Urteilen in Sachen BASF (Polyäthylen)[285] vom 6.4.1995, Solvay[286] und ICI[287] vom 29.6.1995 die jeweiligen Kommissionsentscheidungen mangels Feststellung annulliert.

Auch bezüglich der Feststellung der Entscheidung hat die Kommission ihre GO am 8.3.1995 revidiert. Nach dem neuen Art. 16 muss die festgestellte Entscheidung untrennbar mit dem Protokoll der Sitzung, in der sie gefasst wurde, verbunden werden. Diese Massnahme dürfte sicherstellen, dass die authentische Version der Entscheidung immer identifiziert werden kann.

Von der Frage nach der richtigen Zuständigkeit für die Entscheidung und nach der Feststellung der Entscheidung ist die Frage zu unterscheiden, welche Unterschrift das dem Adressaten zugestellte Exemplar der Entscheidung tragen muss. Der Gerichtshof hat das sog. Verfahren der „Übertragung der Zeichnungsberechtigung" oder „Ermächtigungsverfahren" schon in den Farbstoff-Fällen von 1972[288] gebilligt.[289] Dabei wird eine Entscheidung durch einen nachgeordneten Beamten, dem zuvor eine diesbezügliche Vollmacht erteilt worden ist, unterzeichnet. In den Farbstoff-Fällen ging es um die Unterzeichnung der Mitteilung der Beschwerdepunkte in Verfahren nach Art. 85 EGV durch den Generaldirektor von DG IV statt durch das zuständige Kommissionsmitglied. Der Gerichtshof befand, dass dieses Vorgehen zu keiner Kritik Anlass gebe, da sich der Generaldirektor darauf beschränkt habe, die

---

[284] Auch wenn die Feststellung scheinbar während Jahrzehnten nicht praktiziert worden war, Rs. C-137/92P, BASF u.a./Kommission Slg. 1994 II 2555, 2642.

[285] Rs. T-80/89 u.a., BASF u.a./Kommission (LDPE) Slg. 1995 II 729.

[286] Rs. T-31/91, Solvay/Kommission Slg. 1995 II 1821, die Kommission hat das Rechtsmittel eingelegt, Rs. C-287/95P; Rs. T-32/91, Solvay/Kommission Slg. 1995 II 1825, die Kommission hat das Rechtsmittel eingelegt, Rs. C-288/95P.

[287] Rs. T-37/91, ICI/Kommission Slg. 1995 II 1901, die Kommission hat das Rechtsmittel eingelegt, Rs. C-286/95P.

[288] Rs. 48/69, ICI/Kommission Slg. 1972, 619; Rs. 52/69, Geigy/Kommission Slg. 1972, 787; Rs. 8/72, Cementhandelaren/Kommission Slg. 1972, 977.

[289] Vgl. SCHWEITZER/HUMMER 49; SCHMITT VON SYDOW, in: VON DER GROEBEN, Handbuch I A 62, zu Art. 162 N 19-20.

zuvor vom zuständigen Kommissionsmitglied gebilligten Beschwerdepunkte zu unterzeichnen. Dies sei als interne Geschäftsverteilungsmassnahme zulässig.

Das dem Adressaten zugestellte Exemplar einer von den zuständigen Personen getroffenen Entscheidung muss folglich nicht deren Unterschriften tragen und auch nicht das Original der Entscheidung sein.[290] Es genügt, wenn die Kopie der Entscheidung der Kommission oder des für Wettbewerb zuständigen Kommissionsmitglieds vom Generalsekretär der Kommission für authentisch erklärt und unterzeichnet worden ist.

Etwa zwei Drittel der Entscheide, für die die Kommission zuständig ist, werden im Ermächtigungsverfahren gefasst.[291]

Es ist verschiedentlich angezweifelt worden, ob die Kommission das richtige Organ zur Anwendung der FKVO sei. Es wird gesagt, es sei gar nicht möglich, dass sie industriepolitische Aspekte ausser acht lasse. Einige Autoren fordern daher die Schaffung eines „unabhängigen" Kartellamtes.[292] Kenner des Wettbewerbsverfahrens äussern auch Bedenken gegenüber einem Wuchern des Lobbying in den Verfahren zur Anwendung des Wettbewerbsrechts.[293]

4. Beratender Ausschuss

Wie im Kartellverfahren ist auch im Fusionskontrollverfahren die Konsultation eines Beratenden Ausschusses zu bestimmten Entscheidungen nötig (Art. 19 Abs. 3 FKVO; vgl. Art. 10 Abs. 3 VO 17). Der Beratende Ausschuss besteht aus Vertretern der Behörden der Mitgliedstaaten. Nach Art. 19 Abs. 4 kann jeder Mitgliedstaat einen oder zwei Vertreter delegieren. Von diesen muss mindestens einer aus einer Wettbewerbsbehörde stammen. Der Beratende Ausschuss entscheidet mit einfacher Mehrheit über die Zustimmung zu den vom für Wettbewerb zuständigen Kommissionsmitglied genehmigten Entscheidungsentwürfen.[294]

5. Anhörungsbeauftragter

Verfahrensbeteiligte und Dritte können unter bestimmten Voraussetzungen verlangen, sich in einem Wettbewerbsverfahren gegenüber den Vertretern der Kommission mündlich zu äussern (hinten 284ff.). Im Kartellverfahren wird diese Anhörung seit

---

[290] Rs. T-43/92, Dunlop/Kommission Slg. 1994 II 1; Rs. 97 bis 99/87, Dow Chemical Iberica/Kommission Slg. 1989, 3165.
[291] SCHWEITZER/HUMMER 49; SCHMITT VON SYDOW, in: VON DER GROEBEN, Handbuch I A 62, zu Art. 162 N 18.
[292] LÖFFLER zu Art. 6 N 15; weitere Nachweise bei WHISH 705.
[293] Z.B. KERSE 244.
[294] OVERBURY/JONES 362.

1982 von einem eigens hiezu eingesetzten Anhörungsbeauftragten geleitet.[295] 1990 nahm die Kommission geringfügige Änderungen am Anwendungsbereich des Mandats vor und veröffentlichte es in Form eines Kommissionsbeschlusses im Anhang zum 20. Wettbewerbsbericht.[296]

Für die Durchführung der Anhörungen unter der FKVO wurde die Stelle eines Beraters, zuständig für Informationsschutz und Anhörungen im Rahmen der Fusionskontrolle, geschaffen. Betreffend die Anhörungen entsprach sein erstes Mandat wohl demjenigen des Anhörungsbeauftragten in Kartellsachen von 1990.[297] Der Stelleninhaber ist auch für den Schutz aller vertraulichen Informationen im Fusionskontrollverfahren verantwortlich. Mit Beschluss vom 12.12.1994 hat die Kommission beiden Anhörungsbeauftragten ein neues, identisches Mandat erteilt und für alle Anhörungen in Wettbewerbsverfahren einheitliche Regeln und die gleiche Bezeichnung für den jeweiligen Verantwortlichen eingeführt.[298]

Es ist Aufgabe der Anhörungsbeauftragten, die Anhörungen durchzuführen, den Parteien dabei auch gewisse Ratschläge zu geben und dadurch für einen geregelten Ablauf der Anhörung und die Berücksichtigung sämtlicher relevanter Umstände durch die Kommission zu sorgen (Art. 2 des Mandats).[299] Er kann die Einholung weiterer Auskünfte, den Verzicht auf bestimmte Einwände oder die Mitteilung zusätzlicher Einwände anregen (Art. 8 des Mandats).

Das Mandat von 1994 enthält auch Bestimmungen über das rechtliche Gehör Dritter (Art. 3), den Antrag auf mündliche Anhörung (Art. 4), die Akteneinsicht, die Weitergabe von Akten durch die Kommission und die Länge der Frist für die Beschwerdeantwort (Art. 5). Die diesbezüglichen Entscheidungen sind vom Anhörungsbeauftragten zu treffen.[300] Die Übertragung solcher Kompetenzen an den Anhörungsbeauftragten war schon seit langem vom bisherigen Anhörungsbeauftragten, HARTMUT JOHANNES, und anderen Autoren gefordert worden.[301]

Obwohl die Anhörungsbeauftragten verwaltungstechnisch Bedienstete der DG IV sind, haben sie - bedingt durch ihre Aufgabe - eine besondere Stellung. Sie stehen

---

[295] Entscheidung vom 8.9.1982, 12. Wettbewerbsbericht Ziff. 36. Das Mandat wurde veröffentlicht im 13. Wettbewerbsbericht, Anhang, 284-285.

[296] Beschluss der Kommission vom 23.11.1990 über die Durchführung von Anhörungen in Verfahren zur Anwendung der Artikel 85 und 86 EWG-Vertrag sowie der Artikel 65 und 66 EGKS-Vertrag. S. dazu JOHANNES, Erfahrungen, 307-309.

[297] Es wurde meines Wissens nicht publiziert.

[298] Beschluss 94/810/EGKS, EG der Kommission vom 12.12.1994 über das Mandat des Anhörungsbeauftragten in Wettbewerbsverfahren vor der Kommission, ABl. 1994 L 330/67.

[299] S. dazu JOHANNES, Erfahrungen, 295.

[300] Die Art. 3 - 5 des Mandats von 1994 nennen die zuständige Stelle zwar nicht; aus Art. 1 und dem Zusammenhang ergibt sich jedoch, dass der Anhörungsbeauftragte zuständig ist, vgl. auch 23. Wettbewerbsbericht Ziff. 204.

[301] JOHANNES, Erfahrungen, 296-297; HIX 95-96.

ausserhalb der Verwaltungshierarchie und haben direkten Zugang zu dem für Wettbewerb zuständigen Kommissionsmitglied (Art. 1 Abs. 3 und Art. 9 des Mandats). Sie können nicht abgesetzt werden.[302] Der Anhörungsbeauftragte für die Fusionskontrolle ist gegenwärtig Joseph Gilchrist, für Kartellsachen Hartmut Johannes. Die Anhörungsbeauftragten vertreten sich in der Regel gegenseitig.[303] Ist dies nicht möglich, können sie sich durch einen nicht an der Untersuchung des Falles beteiligten Beamten der Besoldungsgruppe A3 oder darüber vertreten lassen (Art. 1 Abs. 4 des Mandats).[304]

6. Nationale Wettbewerbsbehörden und Gerichte

Zuständig für die Anwendung der FKVO ist die Kommission. Die Verwaltungsbehörden und Gerichte der Mitgliedstaaten sind, anders als unter den Artikeln 85 und 86 EGV[305], nicht berufen, gestützt auf die FKVO Entscheidungen über die Vereinbarkeit eines Zusammenschlusses mit dem Gemeinsamen Markt zu erlassen. Die Behörden der Mitgliedstaaten müssen die FKVO dagegen beachten, soweit dies nötig ist für die volle Wirksamkeit des Gemeinschaftsrechts (z.B. bezüglich der Vollstreckbarkeit des Zusammenschlusses während des Vollzugsverbots).[306]

Wie die anderen Durchführungsverordnungen zu Art. 85 und 86 EGV gibt die FKVO den „zuständigen Behörden der Mitgliedstaaten" gewisse Rechte und auferlegt ihnen gewisse Pflichten. Die Bezeichnung der zuständigen Behörde ist Sache der Mitgliedstaaten. Sie kann eine Gerichts- oder Verwaltungsbehörde sein.[307]

Die zuständigen Behörden eines Mitgliedstaates haben vor allem Informationsrechte. Diese Rechte werden in den Kapiteln über die Zusammenarbeit mit den Behörden der Mitgliedstaaten (hinten 78ff.) und über Nachprüfungen (hinten 146ff.) behandelt. Die wichtigsten Pflichten sind die Wahrung des Amtsgeheimnisses (hinten 235ff.) und die Pflicht zur Amtshilfe (hinten 82).

---

[302] JOHANNES, Erfahrungen, 299.

[303] JOHANNES, Erfahrungen, 299 Fn 13.

[304] Die Erfahrungen mit der Vertretung durch andere Beamte sind schlecht, KERSE, Oral Hearing, 42-43.

[305] Zur Frage der Anwendbarkeit von Art. 85 und 86 EGV auf Zusammenschlüsse im Sinne der FKVO s. vorne 16ff.

[306] Rs. 14/68, Walt Wilhelm Slg. 1969, 1; Rs. 253/78 und 1 bis 3/79, Giry und Guérlain/Kommission Slg. 1980, 2327.

[307] Vgl. die zum Verfahren nach Art. 85 und 86 ergangenen Entscheidungen Rs. 127/73, BRT/SABAM Slg. 1974, 51 und Rs. 209 bis 213/84, Ministère Public/Asjes Slg. 1986, 1425; KERSE 171-183.

B. Zusammenschlussbeteiligte

1. Begriff

Die FKVO enthält keine präzisen Begriffsbestimmungen für die am Verfahren beteiligten Personen und Unternehmen. Die FKVO verwendet Begriffe wie „beteiligte Unternehmen", „Beteiligte", „Betroffene" oder „unmittelbar Betroffene".
Am häufigsten verwendet wird der Begriff „beteiligte Unternehmen". Darunter sind die am Zusammenschluss beteiligten Unternehmen zu verstehen. Zu diesen gehören zunächst die zur Anmeldung Verpflichteten, also die fusionierenden Unternehmen, die an der Begründung gemeinschaftlicher Kontrolle beteiligten Unternehmen oder die Personen oder Unternehmen, die die Kontrolle erwerben.[308] In einigen Fällen hat die Kommission eine wirtschaftliche Betrachtungsweise angewendet und statt die anmeldende Gesellschaft deren Muttergesellschaft als unmittelbar beteiligtes Unternehmen angesehen.[309] Als beteiligte Unternehmen gelten auch die erworbenen Unternehmen.[310] Der Veräusserer der Kontrolle gilt nicht als Beteiligter für die Bestimmung der Anwendbarkeit der FKVO.[311]

Für die Ausübung des rechtlichen Gehörs enthält Art. 11 der DVO weitere Begriffsbestimmungen. Danach sind „Anmelder" die Personen oder Unternehmen, die eine Anmeldung unterbreiten. „Andere Beteiligte" sind die am Zusammenschlussvorhaben Beteiligten, die keine Anmelder sind, wie der Veräusserer und das Unternehmen, das übernommen werden soll. Der Veräusserer gilt für die Anhörung zwar als anderer Beteiligter, aber nicht als Beteiligter für die Umsatzberechnung.

Die am Zusammenschluss beteiligten Unternehmen sind also nicht unbedingt mit den Unternehmen identisch, die Rechte im Verfahren haben. Der Kreis der Personen, denen die FKVO bestimmte Rechte und Pflichten auferlegt, muss für jedes Recht einzeln bestimmt werden. Es ist also nicht so, dass mit der Beteiligtenstellung gleichsam ein Paket von Rechten und Pflichten übertragen wird. Die beteiligten Unternehmen oder Personen sind die Adressaten der Entscheidung der Kommission über den Zusammenschluss und somit ohne weiteres zur Nichtigkeitsklage nach Art. 173 EGV legitimiert. Andere Unternehmen und Personen können nur unter der Voraussetzung klagen, dass sie durch die Entscheidung unmittelbar und individuell betroffen sind.

---

308 Vgl. Art. 4 und hinten 91f.; vgl. auch die Bekanntmachung der Kommission über den Begriff der beteiligten Unternehmen, Ziff. 6 und 7.
309 Z.B. CCIE/GTE, M.258; Thyssen/Krupp/Riva/Falck/Tadfin/AST, M.484.
310 Bekanntmachung der Kommission über den Begriff der beteiligten Unternehmen, Ziff. 7; Formblatt CO, G.
311 Mitteilung der Kommission über den Begriff der beteiligten Unternehmen, Ziff. 8.

Auskunftsverlangen und Nachprüfungen können unterschiedslos gegenüber Beteiligten und Dritten angeordnet werden. Die Frage, ob eine bestimmte Person oder ein bestimmtes Unternehmen Beteiligter ist, ist für die Kommission von grösserer Bedeutung als für die jeweiligen Personen und Unternehmen, da die Kommission sich in jedem Fall darüber im klaren sein muss, damit sie die Umsatzschwellen berechnen, das rechtliche Gehör gewähren und Informationen (z.B. nach Art. 9 Abs. 1 und 2) weiterleiten kann.

2. Vertretung im Verfahren

Die Vertretung im Verfahren ist in der FKVO nicht generell geregelt. Art. 1 der DVO erlaubt die Vertretung durch einen Dritten bei der Anmeldung. Nach Art. 1 Abs. 3 der DVO sollte für eine gemeinsame Anmeldung sogar ein gemeinsamer Vertreter bezeichnet werden, der ermächtigt ist, im Namen aller Anmelder Schriftstücke zu senden und zu empfangen.

Bei mündlichen Anhörungen können die geladenen Personen persönlich erscheinen oder sich durch ihre gesetzlichen Vertreter vertreten lassen; Unternehmen werden durch ihre Organe oder einen hierzu ermächtigten Bevollmächtigten vertreten (Art. 15 Abs. 2 DVO). Die Geladenen können sich also nicht durch einen unabhängigen Rechtsanwalt vertreten lassen. Anwälte, zum Auftreten vor dem Gerichtshof zugelassene Hochschullehrer oder andere geeignete Personen können den Vertretern der Unternehmen jedoch Beistand leisten (Art. 15 Abs. 3 DVO).[312] Bei Auskunftsverlangen und Nachprüfungen sind grundsätzlich die gesetzlichen oder satzungsgemässen Vertreter der Unternehmen zur Auskunft verpflichtet (Art. 11 Abs. 4).

C. Dritte

Die FKVO verleiht auch Dritten, d.h. Personen und Unternehmen, die nicht am Zusammenschluss beteiligt sind, das Recht zur Stellungnahme zur Anmeldung des Zusammenschlusses, und, wenn sie ein hinreichendes Interesse haben, einen Anspruch auf rechtliches Gehör (Art. 18 Abs. 1). Gestützt auf die FKVO kann die Kommission Dritte auch zur Auskunftserteilung oder Duldung einer Nachprüfung verpflichten (Art. 11 und 13, hinten 144 und 146).

---

[312] Das Recht, sich im Verwaltungsverfahren durch einen Anwalt verbeiständen zu lassen, besteht nach Gemeinschaftsrecht generell, KERSE 163.

III. Verfahrensmaximen

A. Offizialmaxime

„In einem von der Offizialmaxime beherrschten Verfahren hat die Behörde das Recht und die Pflicht, das Verfahren einzuleiten, dessen Gegenstand zu bestimmen und dieses durch Verfügung oder Urteil zu beenden."[313]

Gewisse Aspekte des Fusionskontrollverfahrens werden von der Offizialmaxime beherrscht. Dies gilt beispielsweise für die Eröffnung eines Verfahrens von Amtes wegen, wenn ein Zusammenschluss ohne Meldung vollzogen worden ist.

B. Dispositionsmaxime

Die Dispositionsmaxime steht der Offizialmaxime gegenüber. Sie bedeutet, dass die beteiligten Privaten über Einleitung und Beendigung eines Verfahrens sowie über dessen Gegenstand bestimmen.[314] Im Fusionskontrollverfahren kommt weitgehend die Dispositionsmaxime zur Anwendung. Der Anstoss zu einem Verfahren geht üblicherweise von den Anmeldern aus. Die Anmelder können das Verfahren jederzeit beenden, indem sie ihr Zusammenschlussvorhaben aufgeben und die Anmeldung zurückziehen. Auch der Inhalt des Verfahrens wird durch das Zusammenschlussvorhaben der Beteiligten bestimmt.

C. Untersuchungsmaxime

Die Untersuchungsmaxime bedeutet, dass die Verwaltungsbehörde den Sachverhalt von Amtes wegen abklären muss.[315] Beabsichtigt die Kommission, einen Zusammenschluss nicht zu genehmigen, so muss sie das Vorliegen der Voraussetzungen dafür beweisen.[316] Die am Zusammenschluss beteiligten Unternehmen und allenfalls auch Dritte haben dabei ausgedehnte Mitwirkungspflichten, die zur Hauptsache in der FKVO selbst vorgesehen sind (Anmeldung, Auskunftserteilung, etc.). Es liegt nicht an den Anmeldern zu beweisen, dass der Zusammenschluss mit dem Gemeinsamen Markt vereinbar ist. Im EG-Recht gibt es (noch) keine einheitliche Lehre von den zulässigen Beweismitteln.[317] Die entsprechenden Regeln ergeben sich aus der

---

313 KÖLZ/HÄNER N 46.
314 HÄFELIN/MÜLLER N 1280-1282.
315 HÄFELIN/MÜLLER N 1183.
316 Für Art. 85 EGV s. Rs. 56 und 58/64, Grundig/Kommission Slg. 1966, 321, 395; vgl. auch PERNICE, in: GRABITZ, nach Art. 87 Vorbermerkungen N 16-17.
317 Vgl. den Artikel von GREEN und JOSHUA, Proof.

Rechtsprechung und aus den allgemeinen Rechtsgrundsätzen (z.B. Vertraulichkeit der Anwaltskorrespondenz).

D. Opportunitätsmaxime

Als Opportunitätsmaxime soll hier die Freiheit der Behörde verstanden werden, ein Verfahren zu eröffnen. Die Opportunitätsmaxime gilt in einigen Strafrechtsordnungen.[318]

Die Opportunitätsmaxime gilt im Fusionskontrollverfahren grundsätzlich nicht. Die Kommission ist nicht frei, zu entscheiden, gegen welche Zusammenschlüsse sie vorgehen will. Jeder angemeldete Zusammenschluss muss beurteilt werden (Art. 6 und 8). Unterlässt es die Kommission, eine formelle Entscheidung zu treffen, kommt die Vereinbarkeitsfiktion zum Zug (Art. 10 Abs. 6).

Nur im Fall eines nicht angemeldeten Zusammenschlusses, der dem Anschein nach unter die FKVO fällt, hat die Kommission ein gewisses Ermessen, ob sie eine Untersuchung eröffnen soll. In dieser Situation dürfte das Opportunitätsprinzip, wie es das EuG im Urteil Rs. T-24/90, Automec/Kommission[319], für das Kartellverfahren formuliert hat, gelten. Danach kann und muss die Kommission bei ihrer weiten und allgemeinen Überwachungs- und Kontrollaufgabe im Wettbewerbsrecht Prioritäten für die Verfolgung von Zuwiderhandlungen festlegen. Dabei muss sie „insbesondere die Bedeutung der behaupteten Zuwiderhandlung für das Funktionieren des Gemeinsamen Marktes, die Wahrscheinlichkeit des Nachweises ihres Vorliegens sowie den Umfang der notwendigen Ermittlungen gegeneinander abwägen"[320].

IV. Verfahrenssprache

Verfahrenssprache ist diejenige Amtssprache, in der die Anmeldung erfolgt (Art. 2 Abs. 4 DVO). Dies ist in mehr als 60% der Fälle Englisch.[321] Das oder die zur Anmeldung verpflichtete(n) Unternehmen können für die Anmeldung eine der elf Amtssprachen der Gemeinschaft wählen (Dänisch, Deutsch, Englisch, Finnisch, Französisch, Griechisch, Italienisch, Niederländisch, Portugiesisch, Schwedisch und Spanisch).[322] Beilagen zur Anmeldung sind in der Originalsprache einzureichen. Sind sie nicht in einer Amtssprache abgefasst, muss zusätzlich eine Übersetzung eingereicht werden (Art. Abs. 4 DVO).

---

[318] Für die Schweiz s. NIKLAUS SCHMID, Strafprozessrecht, Zürich 1993, 27-32.
[319] Slg. 1991 II 2223; vgl. auch Rs. T-114/92, BEMIM/Kommission Slg. 1995 II 147.
[320] Slg. 1991 II 2277-2278.
[321] LÖFFLER zu Art. 11 N 3 (bis 31.12.93).
[322] VO 1.

Das Erfordernis, dass die Task Force Fusionskontrolle in der Lage sein muss, ein Verfahren in jeder Amtssprache durchzuführen, bedeutet eine Einschränkung bei der Personalauswahl und einen beträchtlichen Aufwand für Übersetzungsdienste.[323] Bei mündlichen Anhörungen müssen unter Umständen Dolmetscher eingesetzt werden.

Wird ein Fusionskontrollverfahren von Amtes wegen eröffnet, oder wird an einen Dritten ein Auskunftsverlangen gerichtet, so müssen die Mitteilungen und Entscheidungen der Kommission in der Sprache des Mitgliedstaates abgefasst werden, dessen Hoheitsgewalt der Adressat untersteht.[324] Bei Auskunftsverlangen im Fusionskontrollverfahren wird dies in der Praxis nicht beachtet (hinten Fn 679).

Die Missachtung der Regeln über die Verfahrenssprache macht das Verfahren allerdings nur dann fehlerhaft, wenn sie effektiv nachteilige Auswirkungen auf die Betroffenen gehabt hat. Dies ist nicht der Fall, wenn sie die Mitteilung auch in der „falschen" Sprache verstanden haben.[325]

V. Fristen

Eine der wichtigsten Neuerungen im Fusionskontrollverfahren gegenüber dem Kartellverfahren ist die Bindung an relativ kurze Fristen. Jeder Verfahrensabschnitt ist an eine Frist gebunden. Die Frist für das Vorprüfverfahren beträgt einen Monat, die für das Hauptprüfverfahren weitere vier Monate. Die Gesamtlänge eines ordentlichen Verfahrens kann circa 5 1/2 Monate erreichen. Das Verfahren kann weiter verlängert werden, wenn die Fristen aus Gründen, die die Zusammenschlussbeteiligten zu vertreten haben, gehemmt werden.

Die Bindung der Behörde an Fristen ist m.E. eine notwendige Eigenschaft einer präventiven Zusammenschlusskontrolle. Eine präventive Zusammenschlusskontrolle, bei der nicht feststeht, bis wann eine endgültige Entscheidung über die Zulässigkeit des Zusammenschlusses getroffen wird, wäre für die beteiligten Unternehmen unzumutbar.

Die Fristen haben grossen Einfluss auf die Organisation und Arbeitsweise der Task Force Fusionskontrolle. Die Kommission hat beim Erlass der FKVO den Willen bekundet, die gesetzten Fristen auch einzuhalten.[326] Dies ist ihr bisher weitgehend,

---

323   Dieses Problem betrifft alle Gemeinschaftsorgane und ist politisch und historisch bedingt.
324   Art. 1 VO 1; vgl. PERNICE, in: GRABITZ nach Art. 87 N 18 (betreffend VO 17). Untersteht der Adressat nicht dem Recht eines Mitgliedstaates, so entscheidet die Kommission unter Berücksichtigung der Beziehungen des Adressaten zu den Mitgliedstaaten über die zu wählende Amtssprache, KERSE 320-321.
325   Rs. 41, 44 und 45/69, ACF Chemiefarma u.a./Kommission Slg. 1970, 661, 690.
326   Auslegende Erklärung von Rat und Kommission zu Artikel 9 Abs. 5 und 10 Abs. 6, Bulletin EG, Beilage 2/90, 24. Der Verweis auf Art. 10 Abs. 5 muss ein Druckfehler sein.

wenn auch nicht immer, gelungen.[327]

Wegen der guten Erfahrungen mit dem Fristensystem hat die Kommission auch in Verfahren nach Art. 85 und 86 EGV verwaltungsinterne Fristen eingeführt, zunächst jedoch nur für die Beurteilung sog. struktureller kooperativer Gemeinschaftsunternehmen.[328] Allgemeingültige Fristen dürften für Kartell- und Missbrauchsfälle nicht eingeführt werden können.[329]

Im Gemeinschaftsrecht sind die meisten der allgemeinen Bestimmungen über Fristen in der VO 1182/71 enthalten. Art. 23 der FKVO ermächtigt zum Erlass spezieller Vorschriften über Fristen. In der Begründungserwägung 6 der DVO weist die Kommission darauf hin, dass beim Erlass von Durchführungsbestimmungen die „aussergewöhnliche Kürze der...Fristen" beachtet werden müsse. Mit anderen Worten verlängert die DVO die von der FKVO gesetzten Fristen wieder. Die wichtigsten Abweichungen der Fristenregeln des Fusionskontrollverfahrens von den normalen Regeln der VO 1182/71 sind die Hinzurechnung von Feiertagen zur eigentlichen Dauer der Frist (Art. 8 DVO) und der Fristbeginn am ersten auf den Tag der Anmeldung folgenden *Arbeits*tag und nicht Kalendertag (Art. 6 Abs. 2 DVO).

Die DVO wurde 1994 bezüglich der Bestimmungen über die Fristen revidiert. Bei dieser Revision scheint der Hauptzweck die weitere Verlängerung der Fristen gewesen zu sein, z.B. durch Kompensation von in der Frist liegenden Feiertagen durch die entsprechende Anzahl *Arbeits*tage (Art. 8 DVO) und die Hinzurechnung der Feiertage erst *nach* Bestimmung des Fristendes unter Berücksichtigung der Samstage und Sonntage (Art. 7 und 8 DVO).

A. Arten und Dauer

Die in der FKVO vorgesehenen Fristen sind gesetzliche Fristen, d.h. sie können weder von der Kommission noch von den am Verfahren Beteiligten abgeändert werden. Neben diesen Fristen kann und muss die Kommission den am Verfahren Beteiligten auch Fristen für bestimmte Handlungen auferlegen. Diese („gewillkürten") Fristen können von ihr verlängert werden.

Die FKVO sieht zahlreiche Fristen für Verfahrenshandlungen vor:
- Anmeldung des Zusammenschlusses: eine Woche (Art. 4);
- „vorläufige Prüfung der Anmeldung" im Hinblick auf die Verlängerung des Vollzugsverbots: drei Wochen (Art. 7 Abs. 2);

---

[327] MACIVER 763; vgl. EHLERMANN, Zukünftige Entwicklungen, 3. In einigen Fällen scheint sie die Frist verpasst zu haben: z.B. Sinn Synthomer/Yule Catto M.376; UAP/Transatlantic/Sunlife, M.141.

[328] Entscheidung der Kommission vom 23.12.92; 23. Wettbewerbsbericht Ziff. 193; Formblatt A/B vom 31.12.94, D.

[329] EHLERMANN, Developments, 205. EHLERMANN sieht das Hauptproblem in den Personalressourcen von DG IV.

- Verlängerung des Vollzugsverbots oder Anordnung „anderer Massnahmen": drei Wochen (Art. 7 Abs. 2);[330]
- Mitteilung eines Mitgliedstaats nach Art. 9 Abs. 2: drei Wochen;
- Entscheidung nach Art. 6: ein Monat bzw. sechs Wochen bei einem Antrag nach Art. 9 (Art. 10 Abs. 1);
- Entscheidung über die Verweisung oder Nichtverweisung eines Falles an einen Mitgliedstaat nach Art. 9: sechs Wochen bzw. drei Monate, wenn die Kommission ein Verfahren eingeleitet hat (Art. 9 Abs. 4);
- Genehmigungsentscheidung nach Art. 8 Abs. 2 und Untersagungsentscheidung nach Art. 8 Abs. 3: vier Monate (Art. 10 Abs. 2 und 3);
- Veröffentlichung der Berichte oder Bekanntmachung der Schlussfolgerungen durch den Mitgliedstaat, an den ein Fall verwiesen wurde: vier Monate (Art. 9 Abs. 6);
- Eröffnung eines Verfahrens auf Gesuch eines Mitgliedstaates nach Art. 22 Abs. 3: ein Monat (Art. 22 Abs. 4).

Für folgende Verfahrenshandlungen muss die Kommission den Beteiligten Fristen auferlegen: Stellungnahme zur Verlängerung des Vollzugsverbots oder zur Anordnung anderer Massnahmen (Art. 7 Abs. 2, 18 Abs. 2), Stellungnahme zur Befreiung vom Vollzugsverbot (nur wenn diese eine beschwerende Massnahme ist, also mit Bedingungen und Auflagen versehen ist oder andere Beteiligte trifft, Art. 7 Abs. 4), Stellungnahme zur Mitteilung der Einwände (Art. 13 Abs. 2 DVO), Ergänzung der Anmeldung (Art. 4 Abs. 2 DVO), Ergänzung einer umgedeuteten Anmeldung (Art. 5 Abs. 2 DVO) sowie Vorschläge der beteiligten Unternehmen für die Anpassung des Zusammenschlussvorhabens (Art. 18 DVO).

Die Kommission setzt auch Dritten eine Frist für die Stellungnahme zum Zusammenschluss (Art. 16 Abs. 1 DVO).

Die Kommission hat sich in Art. 20 der DVO selbst Richtlinien für die Ansetzung von Fristen auferlegt. Danach hat sie den für die Äusserung erforderlichen Zeitaufwand, die Dringlichkeit des Falles und die gesetzlichen Feiertage im Empfängerland zu beachten.[331] Sie hat die Fristen in Kalendertagen anzugeben (Art. 20 Abs. 2 DVO). Die von der Kommission festgesetzten Fristen berechnen sich nach den allgemeinen Regeln der VO 1182/71. Für bestimmte Fristen für Mitteilungen an die Kommission legt Art. 21 Abs. 3 DVO fest, dass sie erst am folgenden Arbeitstag

---

[330] Die Kommission kann auch nach Ablauf der drei Wochen noch andere Massnahmen anordnen.
[331] Art. 21 Abs. 2 DVO ist unnötig, da schon in Art. 20 DVO enthalten.

enden, wenn ihr letzter Tag auf einen öffentlichen Feiertag im Absendeland der Mitteilung fällt.

Die Entscheidungsfristen sind im allgemeinen ausreichend für die Kommission. In Krupp/Thyssen/Riva/Falck/Tadfin/AST, M.484, einem Zusammenschluss, der in mehrfacher Hinsicht Anlass zu ernsthaften Bedenken gab, war es der Kommission möglich, mehr als zweieinhalb Monate vor Ablauf der viermonatigen Frist eine Vereinbarkeitsentscheidung zu treffen.[332] Auch in anderen Fällen hat die Kommission eine Entscheidung vor Ablauf der viermonatigen Frist getroffen.[333]

Die starren Fristen können dann zu Zeitproblemen führen, wenn die Beteiligten in einer späten Phase des jeweiligen Verfahrensabschnittes Zusagen machen. Die Zeit ist dann möglicherweise zu knapp, um den Mitgliedstaaten und Dritten die Möglichkeit zur Stellungnahme zu geben. In ihrem Bericht über die Anwendung der FKVO hat die Kommission deshalb die Möglichkeit einer Verlängerung der viermonatigen Frist für eine Entscheidung nach Art. 8 auf fünf Monate erwogen.[334] In der DVO von 1994 hat sie sich zu dem m.E. besseren Weg entschieden, nämlich für eine Frist, in der Vorschläge zur Änderung des Zusammenschlussvorhabens im Hauptprüfverfahren der Kommission bekanntgegeben werden müssen. Diese beträgt drei Monate ab Einleitung des Hauptprüfverfahrens (Art. 18 DVO). Die Kommission kann diese Frist unter aussergewöhnlichen Umständen verlängern.

Im Grünbuch über die Revision der FKVO erörtert die Kommission drei Verfahren, damit auch bei Zusagen im Vorprüfverfahren immer mindestens zwei Wochen für die Stellungnahme der Mitgliedstaaten und Dritter zur Verfügung stehen: Verlängerung der Frist für das Vorprüfverfahren um maximal zwei Wochen, Übermittlung der Zusagen in den ersten zwei Wochen des Vorprüfverfahrens, Übermittlung der Zusagen in den ersten drei Wochen des Vorprüfverfahrens und Verlängerung der Entscheidungsfrist auf sechs Wochen (analog zu Art. 9).[335]

Die Frist von vier Monaten könnte besonders bei öffentlichen Übernahmeangeboten mit anderen Fristen des Gemeinschaftsrechts[336] und der Rechtsordnungen der Mitgliedstaaten[337] kollidieren. Eine Angleichung dieser Fristen wäre sinnvoll.

---

[332] Vgl. CPN Vol. 1, Nr. 3, winter 1994, 37-38.

[333] Varta/Bosch, M.012: Eröffnung des Hauptprüfverfahrens am 12.4.91, Entscheidung am 31.7.91; Alcatel/Telettra, M.042: Eröffnung des Hauptprüfverfahrens am 21.1.91, Entscheidung am 12.4.91; Du Pont/ICI, M.214: Eröffnung des Hauptprüfverfahrens am 3.7.92, Entscheidung am 30.9.92.

[334] Bericht der Kommission über die Anwendung der Fusionskontrollverordnung vom 28.7.93, KOM(93) 385endg., III Ziff. 18.

[335] Grünbuch Ziff. 126.

[336] Vgl. etwa die Maximalfrist von 10 Wochen für die Annahme eines öffentlichen Übernahmeangebotes nach Art. 12 des geänderten Vorschlags für eine 13. gesellschaftsrechtliche Richtlinie, KOM(90) 416endg. - SYN 186, ABl. 1990 C 240/7. Dieser Vorschlag wurde allerdings am 7.2.96 durch einen weiteren ersetzt, NZZ Nr. 111 vom 14.5.96, S. 33.

[337] Vgl. dazu die Studie von VAN OMMESLAGHE.

B. Berechnung

Nach allgemeiner Regel beginnen Fristen mit dem auf eine bestimmte Handlung oder ein bestimmtes Ereignis folgenden Tag.[338] Das Ereignis, das den Fristenlauf auslöst, ist je nach Frist verschieden. Die Frist von einem Monat für das Vorprüfverfahren beginnt am Tag, der auf das Wirksamwerden der Anmeldung folgt, d.h. das Eintreffen aller für die Anmeldung erforderlichen Angaben (Art. 10 Abs. 1 FKVO; Art. 6 Abs. 1 DVO). Die Frist von vier Monaten für das Hauptprüfverfahren beginnt am Tag nach dessen Einleitung durch die Entscheidung nach Art. 6 Abs. 1 lit. c (Art. 6 Abs. 2 DVO). Nach Art. 6 Abs. 3 DVO beginnt die Frist aber nur zu laufen, wenn der bezeichnete Tag ein Arbeitstag im Sinne von Art. 22 DVO ist. Ist er das nicht, beginnt der Fristenlauf erst am folgenden Arbeitstag. Nach Art. 22 DVO sind Arbeitstage alle Tage mit Ausnahme der Samstage, der Sonntage und der im Amtsblatt veröffentlichten Feiertage[339].

Im Gegensatz zu den allgemeinen Regeln über Fristen werden die Fristen der FKVO für die Entscheidungen nach Art. 6 und 8 um die Feiertage, die in der Frist liegen, verlängert (Art. 8 DVO i.V.m. Art. 10 Abs. 1 - 3 FKVO). Die Verlängerung der Frist geschieht um eine der Anzahl Feiertage entsprechende Anzahl Arbeitstage (Art. 8 DVO). Die Hinzurechnung der Feiertage geschieht, nachdem das Ende der Frist nach den üblichen Regeln bestimmt worden ist, also auch nach Anwendung der Regel, dass eine Frist, deren Ende auf einen arbeitsfreien Tag fällt, erst am folgenden Arbeitstag endet[340]. Logisch wäre es, zuerst die Dauer der Frist zu berechnen, also die Feiertage hinzuzuzählen und erst dann zu schauen, ob das Ende auf einen Samstag, Sonntag oder Feiertag fällt. Diese Reihenfolge kann bewirken, dass die Frist zusätzlich um einen oder zwei Tage verlängert wird.[341]

Beispiel:
Ist der Tag mit der selben Ordnungszahl wie der Tag des Fristbeginns ein Samstag, endet die Frist nach Anwendung der Wochenend- und Feiertagsregel am Montag. Fielen z.B. drei Feiertage in die Frist, fällt das Fristende nach Ausgleich der Feiertage auf Donnerstag. Werden zuerst die Feiertage ausgeglichen, endet die Frist schon am Mittwoch. Ist bei der ersten Berechnungsart der Donnerstag ebenfalls ein Feiertag, endet die Frist erst am Freitag.

Offen ist, ob die Frist um einen Feiertag, der auf ein ohnehin arbeitsfreies Wochenende fällt, verlängert werden muss. Dies ist m.E. nicht der Fall, da die der Kommission zur Verfügung stehende Bearbeitungszeit durch einen solchen Feiertag nicht verkürzt wurde.[342]

---

[338] Art. 3 Abs. 1 VO 1182/71.
[339] Für 1991: Beilage 2 zur FKVO; für 1995 z.B.: ABl. 1995 C 27/2.
[340] Art. 7 Abs. 4 DVO; dies entspricht Art. 3 Abs. 4 der VO 1182/71.
[341] Es ist deshalb fraglich, ob der Gerichtshof diese Regelung als zulässig ansehen würde, vgl. HAPPE 306.
[342] Gl.M. HAPPE 305. Die Kommission hat in einigen Fällen anders entschieden und die für sie günstigste Auslegung gewählt: Sunrise, M.176; Saab Ericsson Space, M.178.

Die Kompensation der Feiertage kann die Dauer der Frist entscheidend verändern. Die Anmeldung des Zusammenschlusses Dresdner Bank/BNP, M.021, beispielsweise erfolgte am 22.12.90, die Entscheidung der Kommission hatte erst am 4.2.91 zu ergehen, also in einer Frist, die zwölf Tage länger war als eine einfache Monats-Frist. Es ist bemerkenswert, dass bei den übrigen Fristen, insbesondere denen, die für die beteiligten Unternehmen oder die Mitgliedstaaten gelten, die Feiertage nicht hinzugerechnet werden. Bei der Frist für die Anmeldung erscheint dies verständlich, da das verpflichtete Unternehmen die Anmeldung ohnehin im voraus planen muss. Bei der Mitteilung eines Mitgliedstaates nach Art. 9 Abs. 2 ist die genannte Regelung weniger verständlich und erscheint als eine einseitige Bevorteilung der Kommission.

Die im Amtsblatt veröffentlichte Liste der Feiertage umfasst auch alle Feiertage der Mitgliedstaaten. Es könnte die Meinung vertreten werden, auch die Feiertage der Mitgliedstaaten müssten berücksichtigt werden. Die Hinzurechnung von Feiertagen kann sich m.E. aber nur auf die Feiertage der Kommission beziehen.[343] Es wäre nicht einzusehen, wieso in einem Verfahren betreffend den Zusammenschluss von z.B. einem spanischen und einem portugiesischen Unternehmen die Frist für die Entscheidung der Kommission um einen oder mehrere Tage verlängert werden soll, bloss weil der Schobermessemontag in Luxemburg oder der St. Patrick's Day in Irland in die Frist fiel.

Fristen in der FKVO, die in Wochen oder Monaten angegeben sind, enden mit Ablauf des Tages, der innerhalb der bezeichneten Woche bzw. des bezeichneten Monats dieselbe Bezeichnung bzw. Zahl wie der Tag des Fristbeginns trägt. Gibt es keinen solchen Tag innerhalb dieses Monats, so endet die Frist mit dem Ablauf seines letzten Tages.[344]

Die Fristen für die Entscheidungen nach Art. 6 und 8 sind gemäss Art. 10 DVO bereits eingehalten, wenn die Kommission die Entscheidung vor Ablauf der Frist gefällt hat, auch wenn die Beteiligten davon noch keine Kenntnis haben. Die Kommission muss den vollen Wortlaut der Entscheidung den betroffenen Unternehmen lediglich unverzüglich bekanntgeben (Art. 6 Abs. 2 FKVO; Art. 10 DVO). Das heisst wohl, dass das Dispositiv der Entscheidung den Anmeldern und anderen Beteiligten sofort telefonisch oder per Fax mitgeteilt werden muss und dass die ganze Entscheidung in den folgenden zwei bis drei Arbeitstagen zugeschickt werden muss.[345]

---

343 Gl.M. HAPPE 304.
344 Art. 7 Abs. 1 - 3; diese Regeln entsprechen Art. 3 Abs. 2 lit. c der VO 1182/71.
345 Vgl. auch BOS/STUYCK/WYTINCK 300 Fn 290. Sie weisen darauf hin, dass es einen unveröffentlichten Entwurf der FKVO gab, gemäss dem die Frist nur eingehalten worden wäre, wenn die Entscheidung vor Ablauf der Frist den Adressaten zugestellt worden wäre.

Für die Anmeldung gelten die unter dem Titel „Eingang von Schriftstücken bei der Kommission" stehenden Vorschriften von Art. 21 DVO. Endet die Frist für die Anmeldung an einem Samstag, Sonntag oder Feiertag der Kommission oder im Absenderland, so wird sie bis zum Ende des folgenden Arbeitstages verlängert. Die Kommission hält nicht streng an der Anmeldefrist fest (hinten 95f.).

Die Frist für die Anmeldung oder Vervollständigung der Anmeldung ist gewahrt, wenn die Dokumente vor Ablauf der betreffenden Frist bei der Kommission eingehen oder als eingeschriebener Brief zur Post gegeben worden sind (Artikel 21 Abs. 1 DVO).

Für die Berechnung der übrigen Fristen gelten die allgemeinen Regeln von Art. 3 Abs. 4 der VO 1182/71, welchen die speziellen Bestimmungen der DVO grundsätzlich entsprechen (Art. 7 Abs. 4 DVO). Auch die Fristen, die die FKVO den Mitgliedstaaten setzt (z.B. Frist für die Veröffentlichung der Berichte über von den Behörden eines Mitgliedstaates geführte Untersuchungen, Art. 9 Abs. 6), berechnen sich nach den allgemeinen Regeln der VO 1182/71.

Von der Kommission festgesetzte Fristen zur Äusserung sind eingehalten, wenn die betreffenden Informationen vor Ablauf der gesetzten Frist bei ihr eingetroffen sind (Art. 21 Abs. 1 UA 3 DVO). Fristen, innerhalb derer ein Mitgliedstaat der Kommission bestimmte Mitteilungen machen kann (z.B. nach Art. 9 Abs. 2), sind gemäss der allgemeinen Regel von Art. 5 Abs. 2 VO 1182/71 eingehalten, wenn die Mitteilung vor Ablauf der Frist bei der Kommission eingetroffen ist.

Die Gleichbehandlung von Kommission und Beteiligten hätte verlangt, dass die Kommission ihre Entscheidungen vor Fristablauf den Beteiligten zur Kenntnis bringen oder der Post übergeben muss. Der Zweck der Fristen für die Entscheidungen der Kommission ist neben der Beschleunigung des Verfahrens auch die Gewährung der Rechtssicherheit für die Unternehmen.[346] Diese wäre besser gewährleistet, wenn die Unternehmen genau wüssten, wann sie mit einer vollständigen und endgültigen Entscheidung rechnen können.

Die Bestimmungen über die Fristenberechnung können erstaunliche Resultate haben. Besser als die Verlängerung der Fristen durch Kumulation komplizierter und fragwürdiger Regeln der Fristenberechnung oder die Angabe eines unkorrekten Entscheiddatums im Amtsblatt[347] wäre eine Verlängerung der Entscheidfristen ohne Rücksicht auf die Publikumswirkung.[348]

Der Beginn des Fristenlaufs an dem auf die Anmeldung folgenden Arbeitstag und die Hinzurechnung der Feiertage überschreitet m.E. die der Kommission in Art. 23 erteilte Befugnis, „Durchführungsbestimmungen...über die nach Artikel 10 fest-

---

346 Vgl. BOS/STUYCK/WYTINCK 313.
347 HAPPE 306.
348 Vgl. auch die Kritik von HAPPE 306.

gesetzten Fristen" zu erlassen. Denn in vielen Fällen wird dadurch der in Art. 10 Abs. 1 festgelegte Fristbeginn, der auch der allgemeinen Regel von Art. 3 VO 1182/71 entspricht[349], zugunsten der Kommission hinausgeschoben und damit abgeändert. Zwar hat der Gerichtshof Ermächtigungen zum Erlass von Durchführungsverordnungen mit Blick auf den Gesamtzusammenhang des EGV weit ausgelegt[350], die Befugnis, den Wortlaut der Grundbestimmung abzuändern, übertragen sie aber zweifellos nicht.

Aus dem Gesagten lässt sich der Schluss ziehen, dass anmeldende Unternehmen gut daran tun, die Fristenregeln der FKVO genau zu studieren und den Zeitpunkt der Anmeldung entsprechend festzulegen. Hat die Kommission am Ende des Verfahrens eine negative Entscheidung gefasst und hat sie die Fristen nur wegen der „Fristerstreckungen" durch die DVO eingehalten, könnte die Verletzung der von der FKVO festgesetzten Fristen in einer Nichtigkeitsklage gegen die Entscheidung gerügt werden.

Die Pflicht, Rechtsakte dem Adressaten jeweils vor Ablauf der Frist zur Kenntnis zu bringen oder allenfalls eingeschrieben der Post zu übergeben, würde auch die Wahrscheinlichkeit verringern, dass der Text einer Anmeldung oder einer Stellungnahme nach dem Entscheid der Kommission noch verändert wird, wie dies schon vorgekommen ist (s. PVC- und LdPE-Fälle, Fn 276 und 277, und hinten 294f.).

C. Hemmung

Die Hemmung des Fristenlaufs ist in Art. 10 Abs. 4 FKVO und Art. 9 DVO geregelt. Die beiden Bestimmungen beziehen sich nur auf die viermonatige Frist von Art. 10 Abs. 3 für Entscheidungen nach Art. 8.[351] Die Frist wird gehemmt, wenn die Kommission aus „Gründen, die von einem am Zusammenschluss beteiligten Unternehmen zu vertreten sind", mittels Entscheidung nach Art. 11 Abs. 5 ein Auskunftsverlangen oder mittels Entscheidung nach Art. 13 Abs. 3 eine Nachprüfungsentscheidung erlassen muss. Gemäss Art. 9 Abs. 1 DVO liegen solche Gründe vor, wenn Auskünfte in der festgesetzten Frist im Rahmen eines Auskunftsverlangens nach Art. 11 nicht erteilt werden, wenn die Mitwirkung oder Duldung einer von der Kommission angeordneten Nachprüfung verweigert wird, oder wenn wesentliche Änderungen an den in der Anmeldung enthaltenen Tatsachen der Kommission nicht mitgeteilt werden. Die Präzisierung der Gründe in der DVO ist zu begrüssen.

---

[349] Vgl. auch Rs. 152/85, Misset/Rat Slg. 1987, 223.

[350] Rs. 23/75, Rey Soda/Cassa Conguaglio Zucchero 1975, 1279; Rs. 121/83, Zuckerfabrik Franken/ Hauptzollamt Würzburg 1984, 2039.

[351] Bei der anstehenden Revision der FKVO will die Kommission ihre Ausdehnung auf das Vorprüfverfahren vorschlagen, Grünbuch Ziff. 146.

Die Dauer der Hemmung wird in Art. 9 Abs. 2 DVO präzisiert. Die Hemmung endet „mit dem Ablauf des Tages der Beseitigung des Hemmnisses. Ist dieser Tag kein Arbeitstag im Sinne des Artikels 19, so endet die Hemmung der Frist mit dem Ablauf des folgenden Arbeitstages." (Art. 9 Abs. 3 DVO). Die letztere Regel scheint mir nicht gerechtfertigt. An dem auf die Beseitigung des Hemmnisses folgenden Arbeitstag sollte die Frist wieder laufen, unabhängig davon, ob der vorhergehende Tag ein Feiertag oder ein Arbeitstag war. Es besteht m.E. kein Grund, der Kommission diesen zusätzlichen Tag „zum Warmlaufen" zur Verfügung zu stellen.

D. Unterbrechung

Die Frist von einem Monat für das Vorprüfverfahren kann durch Entscheidung der Kommission unterbrochen werden und dadurch von neuem beginnen. Voraussetzung dafür ist, dass wesentliche Änderungen der in der Anmeldung enthaltenen Tatsachen eingetreten sind, welche erhebliche Auswirkungen auf die Beurteilung des Zusammenschlusses haben könnten und von denen die beteiligten Unternehmen Kenntnis hatten oder hätten haben müssen (Art. 4 Abs. 3 DVO, hinten 100f.).

Ein weiterer Unterbrechungsgrund ist die vollständige oder teilweise Nichtigerklärung einer Kommissionsentscheidung durch den Gerichtshof (Art. 10 Abs. 5).

Letztere Bestimmung hat den Zweck, dass eine Entscheidung der Kommission über die materielle Zulässigkeit eines Zusammenschlusses auch dann noch erfolgen kann, wenn der Kommission bei der ersten Beurteilung materielle oder formelle Fehler unterlaufen sind. Denn die Fristen für die Entscheidungen der Kommission nach der FKVO wären im Zeitpunkt des Urteils des EuG bzw. des EuGH längst abgelaufen.

Obschon die Bestimmung bestechend einfach tönt, lässt sie doch die Frage offen, welche Fristen unterbrochen werden. Es ist kaum möglich, dass auch die Frist für die Anmeldung neu beginnt. Aus Zweck und Zusammenhang der Bestimmung ergibt sich, dass es sich nur um die Fristen für die Entscheidungen nach Art. 6 und 8 handelt.

E. Folgen der Fristversäumnis

Die Rechtsfolgen der Nichteinhaltung der verschiedenen Fristen sind unterschiedlich. Sie sind auch in den Kapiteln über die jeweiligen Verfahrensabschnitte näher besprochen. Die Nichtbeachtung der einwöchigen Frist für die Anmeldung hat zur Folge, dass die Kommission eine Geldbusse festsetzen kann.[352] Zudem wird die Frist für die Entscheidungen erst durch die vollständige Anmeldung ausgelöst.

---

[352] Art. 14 Abs. 1 lit. a, hinten 105.

Die Versäumnis der den Unternehmen von der Kommission gemäss Art. 20 DVO auferlegten Fristen kann Geldbussen, Zwangsgelder oder die Nichtbeachtlichkeit der Äusserungen der betreffenden Unternehmen oder Personen nach sich ziehen.[353]

Hält die Kommission die Fristen von einem bzw. vier Monaten für eine Entscheidung nach Art. 6 Abs. 1 lit. b oder c bzw. 8 Abs. 2 oder 3 nicht ein, bestimmt die FKVO, dass der Zusammenschluss per Fiktion mit dem Gemeinsamen Markt vereinbar ist (Art. 10 Abs. 6). Die Genehmigungsfiktion ist ein wichtiges Merkmal der FKVO und ein wirksames Mittel, die Kommission zur Einhaltung der Fristen anzuhalten. Die Regelung trägt dem Interesse der beteiligten Unternehmen an Rechtssicherheit Rechnung und macht sie insoweit unabhängig von der Arbeitsgeschwindigkeit der Kommission.

Die Versäumnis von Fristen durch die Behörden der Mitgliedstaaten kann die Nichtbeachtlichkeit ihrer Vorbringen bewirken (z.B. Antrag um Verweisung eines Falles nach Art. 9). Bei Fristen, innerhalb derer die Behörden der Mitgliedstaaten eine Handlung vornehmen müssen (z.B. Veröffentlichung der Schlussfolgerungen aus einer Untersuchung nach Art. 9), kommt als Folge der Versäumnis eigentlich nur eine Aufsichtsklage gegen den Mitgliedstaat in Betracht (Art. 169 EGV).

F. Zusammenfassung

Die Regeln über die Fristen sind ein wichtiger Bestandteil der FKVO. Insbesondere die Genehmigungsfiktion bei Überschreiten der ein- oder viermonatigen Frist für die Entscheidungen der Kommission nach Art. 6 oder 8 prägt den Charakter des Fusionskontrollverfahrens entscheidend. Die relativ kurzen Fristen beeinflussen auch die interne Organisation der Task Force Fusionskontrolle.

Die Bestimmungen über die Fristen sind detailliert und zum grössten Teil klar. Die Kommission hat in den von ihr erlassenen Durchführungsbestimmungen zumeist den gesamten Spielraum, den die FKVO ihr gewährt, voll zu ihren Gunsten ausgenützt und teilweise wohl überschritten. Dadurch ergeben sich Unterschiede in der Berechnung der Fristen, je nach dem, ob die Frist für die Kommission oder die beteiligten Unternehmen gilt.

---

[353] Vgl. Art. 14 Abs. 1 lit. c; Art. 15 Abs. 1 lit. a.

VI. Informelles Verfahren

A. Begriff

Informelles Verfahren bezeichnet Handlungen von Behörden, die nicht in normativen Akten vorgezeichnet sind.[354] Oder präziser, nach der bekannten Definition von BOHNE,

> „alle rechtlich nicht geregelten Tathandlungen, die der Staat anstelle von rechtlich geregelten Verfahrenshandlungen oder Rechtsfolgentscheidungen wählt, die jedoch zur Herbeiführung des beabsichtigten Erfolges auch in den von der Rechtsordnung bereitgestellten öffentlichrechtlichen oder privatrechtlichen Handlungsformen hätten erfolgen können."[355]

Informelles Verwaltungshandeln ist am Ziel einer raschen und einvernehmlichen Verfahrenserledigung orientiert.[356] Es bringt Ergebnisse auf diskursivem Weg hervor. Die Behörde behält ihre hoheitlichen Befugnisse, setzt diese aber nur dann ein, wenn die Rechtsunterworfenen nicht in eine einvernehmliche Regelung einwilligen oder eine getroffene Vereinbarung nicht einhalten.[357] Der Begriff informales oder informelles Verwaltungshandeln bezieht sich also nicht etwa auf privatrechtliches Handeln der Verwaltung (Handeln „iure gestionis"), sondern auf die Tätigkeit im Rahmen ihrer öffentlichen Aufgaben mit anderen Mitteln als hoheitlichen Anordnungen.[358]

Beim informellen Verwaltungshandeln spielen vielfältige Elemente, wie Verhandlung, Tausch, Hierarchie und Drohung, eine Rolle.[359]

B. Bedeutung und Anwendungsbereich im europäischen Wettbewerbsrecht

Informelles Verwaltungshandeln ist besonders in Gebieten wie Umweltschutz, Energiewirtschaft und Kartellrecht verbreitet.[360] In diesen Rechtsgebieten stossen ausgeprägte, schwer gegeneinander abwägbare öffentliche und private Interessen aufeinander. Es sind dies hauptsächlich das Streben nach ökonomischem Erfolg der Unternehmen und die Interessen des Gemeinwesens an einer schadstofffreien

---

354 RICHLI, Regelungsdefizit, 197.
355 EBERHARD BOHNE, Informales Verwaltungs- und Regierungshandeln als Instrument des Umweltschutzes, Verwaltungs-Archiv 1984, 344. Diese Definition wird auch in der Schweizer Lehre gebraucht, s. die Dissertation von SCHMID.
356 Vgl. BAUDENBACHER, Soft Law, 943; SCHMID 26.
357 Vgl. BAUDENBACHER, Soft Law, 945.
358 RICHLI, Regelungsdefizit, 197.
359 BAUDENBACHER, Soft Law, 945.
360 BAUDENBACHER, Alternative, 302.

Umwelt, an einer ausreichenden Energieversorgung oder an zugänglichen und freien Märkten.

Im europäischen Wettbewerbsrecht haben Verhandlungselemente schon immer erhebliche Bedeutung gehabt. Dies zeigt sich daran, dass die Zahl der formellen Entscheidungen in Kartellsachen im Durchschnitt bei circa 5% der von der Kommission behandelten Fälle liegt.[361] Informelles Verwaltungshandeln hat auch in der Fusionskontrolle grosse Bedeutung. Die DVO sagt ausdrücklich, dass die Kommission den Anmeldern und anderen Beteiligten bereits vor der Anmeldung „Gelegenheit zu informellen und vertraulichen Gesprächen über den beabsichtigten Zusammenschluss" gibt und dass sie auch nach der Anmeldung enge Verbindungen zu diesen halten wird und allfällige Probleme in gegenseitigem Einverständnis auszuräumen bereit ist (Begründungserwägung 8 der DVO).

Im Fusionskontrollverfahren besteht der Zweck dieser informellen Gespräche vor allem darin zu bestimmen, ob ein Zusammenschluss überhaupt anzumelden ist[362], welche Informationen die Anmeldung enthalten muss, wie bestimmte Zahlen zu berechnen sind und mit welchen Anpassungen ein Zusammenschlussvorhaben positiv beurteilt würde. Der Nutzen dieser informellen Gespräche ist sehr gross.[363]

Der erste Hauptanwendungsbereich informeller Gespräche ist die Bestimmung des Umfangs der Anmeldung. Vorgängige Gespräche mit der Kommission ermöglichen es den Anmeldern in der Regel, eine gekürzte Anmeldung einzureichen. Die Kommission erlässt allerdings erst nach Eingang der Anmeldung eine bindende Entscheidung über Befreiungen von Anmeldungserfordernissen nach Art. 3 Abs. 2 DVO.[364] Es kann für die Anmelder auch wichtig sein, sich mit der Kommission vor der Anmeldung informell über den sachlich relevanten Markt zu verständigen, da dieser die Grundlage für viele der anzugebenden Informationen bildet. Formlose Kontakte bieten den Anmeldern auch die Möglichkeit, die Kommission auf den Geheimnischarakter gewisser Informationen hinzuweisen, die besonderen Gründe für die Vertraulichkeit darzulegen und die Massnahmen zu ihrem Schutz abzusprechen.

Der zweite Hauptanwendungsbereich informeller Kontakte im Fusionskontrollverfahren ist die Einigung über Zusagen der beteiligten Unternehmen, die - aus der Sicht der Beamten der Task Force Fusionskontrolle - eine Genehmigung des Vorhabens ermöglichen (vgl. Art. 10 Abs. 2). Solche Zusagen sollen ernsthafte Bedenken der Kommission ausräumen und eine Genehmigungsentscheidung ermöglichen. Nach

---

[361] Vgl. die Tabelle bei VAN BAEL, Settlement Practice, 62. Im Jahr 1994 wurden bei 29 formellen Entscheidungen 525 Verfahren formlos beendet, 24. Wettbewerbsbericht, Anhang IV; vgl. auch KERSE 237-243.

[362] Vgl. die Gespräche mit der Kommission vor dem Kauf von Dan Air durch British Airways, beschrieben in Rs. T-3/93, Air France/Kommission Slg. 1994 II 121.

[363] Vgl. 21. Wettbewerbsbericht Ziff. 4.

[364] DRAUZ/SCHROEDER 187.

Art. 8 Abs. 2 UA 2 kann die Kommission die Zusagen auch zu Bedingungen oder Auflagen einer Genehmigungsentscheidung machen. Schlagen die beteiligten Unternehmen keine Anpassungen des Vorhabens vor und sind sie nicht an Gesprächen mit der Kommission interessiert, kann sich das nur zu ihrem Nachteil auswirken.[365]

Die FKVO nennt Zusagen nur im Zusammenhang mit dem Hauptprüfverfahren. Die Kommission hat aber die Praxis entwickelt, auch Anpassungen des Zusammenschlussvorhabens im Vorprüfverfahren zu berücksichtigen und gestützt auf solche Anpassungen eine Genehmigungsentscheidung nach Art. 6 Abs. 1 lit. b zu erlassen.[366] Diese Praxis ist einer der Gründe für die geringe Zahl von Hauptprüfverfahren. Die Zulässigkeit der von der Kommission entwickelten Praxis ist umstritten (hinten 137ff.).

Unternehmen können jederzeit an die Task Force Fusionskontrolle herantreten für Auskünfte oder Gespräche über einen beabsichtigten Zusammenschluss. Diese gibt meist bereitwillig Auskünfte über die verschiedenen Handlungsmöglichkeiten, die den Unternehmen offenstehen, und über die zu beachtenden Verfahrensvorschriften. Die Kommission veröffentlicht die direkten Telefonnummern ihrer Mitarbeiter. Die allgemeinen Nummern der Task Force Fusionskontrolle sind Tel. ++32/2/295 86 81, Fax ++32/2/296 43 01, Telex 21877COMEUB. Für telefonische Auskünfte gibt es eine besondere Linie mit der Nummer ++32/2/296 50 40. Umfangreichere Fragen sollten schriftlich per Post oder per Fax gestellt werden. G. DRAUZ (zur Zeit interimistischer Direktor der Task Force Fusionskontrolle) empfiehlt, sich für die erste Kontaktnahme an den Direktor oder an einen der Abteilungsleiter zu wenden.[367]

Informelle Gespräche über einen bestimmten Zusammenschluss werden nur geführt, wenn die Fragesteller den konkreten Fall bezeichnen, also die Namen der beteiligten Unternehmen nennen.[368] Antworten betreffend hypothetische Situationen gibt die Task Force Fusionskontrolle grundsätzlich nicht. Wenn die Anfrage oder Mitteilung einen ausreichend konkreten Zusammenschluss betrifft, wird bei der Task Force Fusionskontrolle ein Team für seine Bearbeitung gebildet. In der Praxis kommt es auch vor, dass der oder die Anmelder der Kommission zunächst einen Entwurf der Anmeldung vorlegen, damit sich diese zu deren Vollständigkeit äussere.[369]

---

365 Vgl. die Untersagung des Zusammenschlusses von Gencor und Lonrho, M.619, NZZ Nr. 96 vom 25.4.96, S. 25.
366 S. die in Fn 631 genannten Fälle. 1991 waren es drei Fälle, 1992 vier Fälle, 1993 null Fälle; 1994 ein Fall und 1995 zwei Fälle, WuW 1996, 209-210; Kommission, Die Wettbewerbspolitik der Europäischen Gemeinschaft, 42. Diese Zahlen berücksichtigen einige Fälle nicht, in denen die Anmeldung zurückgezogen und dann in geänderter Form erneuert wurde.
367 DRAUZ/SCHROEDER 186.
368 DRAUZ/SCHROEDER 187.
369 JONES/GONZÁLES-DÍAZ 192 Fn 5.

Informelle Gespräche sind vertraulich.[370] Der Kreis der Mitarbeiterinnen und Mitarbeiter der Task Force Fusionskontrolle, die von einem Fall Kenntnis haben, wird deshalb klein gehalten. Sofern die Unternehmen dies wollen, werden auch die nationalen Behörden in die informellen Gespräche eingeschaltet.[371]

Informelle Gespräche verpflichten die Kommission nicht. Die Kommission hat wenig Entscheidkompetenzen an ihre Beamten delegiert. Vereinbarungen mit Kommissionsbeamten unterliegen daher grundsätzlich der Genehmigung durch die Kommission oder das für Wettbewerb zuständige Kommissionsmitglied.[372]

C. Rechtliche Probleme

Die Zulässigkeit informellen Verwaltungshandelns ist nicht ohne weiteres klar. M.E. folgt sie aber schon aus dem Grundsatz der Verhältnismässigkeit. Das EuG geht in seinem Urteil Rs. T-3/93, Air France/Kommission[373], ebenfalls davon aus, dass informelle Gespräche zwischen der Kommission und den beteiligten Unternehmen zulässig sind. Die Frage ist, wo die Schranken der Zulässigkeit liegen.

Bei informellen Verfahren besteht die Gefahr, dass die Interessen Dritter und der Allgemeinheit vernachlässigt werden. Informelle Verfahren sind im allgemeinen weniger transparent, da informelle Gespräche vertraulich behandelt werden müssen. Sind sich die Task Force Fusionskontrolle und die beteiligten Unternehmen beispielsweise darüber einig, dass gar kein Zusammenschluss vorliegt oder dass ein Zusammenschluss die Schwellenwerte nicht erfüllt, haben Dritte keine Möglichkeit, dazu Stellung zu nehmen. Wäre eine Anmeldung erfolgt, hätten sie sich äussern können.

Nach LÖFFLER sollten Fragen der Anwendbarkeit der FKVO nicht in Vorgesprächen erörtert werden.[374] Das EuG hatte bereits Gelegenheit, zu dieser Frage Stellung zu nehmen.

Das Urteil Rs. T-3/93, Air France/Kommission, betraf den Kauf von Dan Air durch British Airways. BA unterrichtete am 16. Oktober 1992 die Task Force Fusionskontrolle davon, dass sie beabsichtige, Dan Air zu übernehmen. Sie informierte die Task Force Fusionskontrolle auch darüber, dass je nach dem, ob die Charteraktivitäten von Dan Air eingerechnet werden, die Umsatzschwelle von 250 Mio. ECU über-

---

[370] Dass informelle Gespräche zwischen den beteiligten Unternehmen und der Kommission vertraulich bleiben müssen, hat der Gerichtshof in Rs. 142 und 156/84, BAT und Reynolds/Kommission Slg. 1987, 4566, anerkannt.
[371] OVERBURY/JONES 355.
[372] Nach FAULL sei jede Zusage eines Unternehmens dem für Wettbewerb zuständigen Kommissionsmitglied oder dessen Stab vorgelegt worden, FAULL, Procedure, 125.
[373] Slg. 1994 II 121.
[374] LÖFFLER zu Art. 6 N 4.

schritten werde und der Zusammenschluss damit unter die Anmeldepflicht falle. Die Charteraktivitäten von Dan Air sollten im Rahmen der selben Restrukturierung aufgegeben werden. Am 21. Oktober 1992 teilte die Task Force Fusionskontrolle BA mit, dass sie der Auffassung sei, dass der Zusammenschluss nicht angemeldet werden müsse. Dies wurde in einer Pressemitteilung des Pressesprechers des für Wettbewerbsfragen zuständigen Kommissionsmitglieds veröffentlicht. Hierauf erhob Air France, eine Konkurrentin, Klage beim EuG. Air France rügte unter anderem, dass die Kommission die formlose Zusage der beteiligten Unternehmen, dass die Charter-Aktivitäten aufgegeben würden, zur Grundlage der Entscheidung gemacht habe und dass die Mitgliedstaaten nicht angehört worden seien.

Das EuG hat zunächst entschieden, dass die Nichtigkeitsklage gegen die durch die Pressemitteilung bekanntgemachte Kommissionsentscheidung zulässig war.

Der erste Klagegrund hätte die interessante Frage aufgeworfen, ob die Kommission Zusagen der beteiligten Unternehmen im Stadium informeller Vorgespräche zur Grundlage einer Entscheidung über die Anmeldepflicht machen kann. Das EuG hat den Klagegrund jedoch mit dem Argument beiseite geschoben, dass die Aufgabe bestimmter Tätigkeiten eine reine Sachverhaltsfrage darstelle.[375] Es ist fraglich, ob auch dann so argumentiert werden könnte, wenn keine Vereinbarung zwischen den beteiligten Unternehmen vorliegt, sondern nur eine einseitige Absichtsbekundung eines der beteiligten Unternehmen.

Auch die zweite Rüge, dass weder die Mitgliedstaaten noch Dritte angehört wurden, hat das EuG abgewiesen, da eine solche Anhörung nirgends gefordert werde.

Das EuG hat das Vorgehen der Kommission somit voll unterstützt. Es hat festgestellt, dass informelle Gespräche über die Anwendbarkeit der FKVO zulässig sind, auch wenn die Mitgliedstaaten oder Dritte sich nicht zum Vorhaben äussern können und dass die Kommission dabei auch noch nicht vollzogene Verpflichtungen der Beteiligten berücksichtigen kann.

Gegen informelle Handlungen der Kommission steht allerdings in der Regel keine Klage offen, da solche Handlungen üblicherweise keine Entscheidungen im Sinne von Art. 173 EGV sind. Da ein informelles Vorgehen nur mit Einwilligung der Verfahrensbeteiligten möglich ist, fällt dieses Argument jedoch nicht schwer ins Gewicht.

---

[375] Slg. 1994 II 121, 173.

D. Beurteilung

Informelles Verwaltungshandeln hat zahlreiche Vorteile.[376] Es ist effizient und minimiert den Aufwand von Verwaltung und Wirtschaftsteilnehmern.[377] Mittels informellem Handeln können beide Seiten rasch auf eine veränderte Situation reagieren. Der Vorteil eines kooperativen Verhältnisses ist nicht zu unterschätzen. Informelle Kontakte verbessern die Mitwirkungs- und Befolgungsbereitschaft der Rechtsunterworfenen.[378] Weitere Vorteile sind die grössere Wahrscheinlichkeit einer Lösung, die beide Seiten zufriedenstellt, und die Vermeidung von Rechtsstreitigkeiten. Solange durch informelles Verwaltungshandeln nicht Regeln des Verwaltungsverfahrensrechts verletzt werden, ist es zulässig und unter gewissen Umständen wohl sogar wegen des Grundsatzes der Verhältnismässigkeit geboten. Da die Beamten der Kommission auch bei informellen Verfahrenshandlungen nach pflichtgemässem Ermessen handeln müssen, würde eine allfällige Verringerung der Publizität und von Mitwirkungsmöglichkeiten Dritter nicht sonderlich schwer wiegen. Die Kommission bekräftigt, dass sie auch bei der Entgegennahme von Zusagen im Vorprüfverfahren den Mitgliedstaaten und Dritten vor Erlass einer Genehmigungsentscheidung die Möglichkeit zur Stellungnahme gewährt.[379] Damit dafür genug Zeit zur Verfügung steht, will sie im Rahmen der Revision der FKVO entsprechende Vorschläge machen.[380]

VII. Zusammenarbeit mit anderen Wettbewerbsbehörden

A. Notwendigkeit der Zusammenarbeit von Wettbewerbsbehörden

Die Entwicklung der Kommunikations- und Transportmittel in den letzten Jahrzehnten, aber auch die Entwicklung der Staats- und Rechtssysteme hat dazu geführt, dass viele menschliche Tätigkeiten nicht mehr an den Landesgrenzen haltmachen. Aus rechtlicher Sicht stellt sich vermehrt das Problem, wie grenzüberschreitende Sachverhalte (Waren- und Zahlungsgeschäfte, Verbrechen, Kommunikationen, etc.) in den Griff zu bekommen sind.[381] Dieses Problem stellt sich besonders auch im Wett-

---

[376] Vgl. SCHMID 118-125; REUTER 99; RICHLI, Verhandlungselemente, 388-392.
[377] Vgl. auch VAN BAEL, Insufficient Control, 735.
[378] BAUDENBACHER, Soft Law, 944; SCHWEIZER, Abmachungen, 321; RICHLI, Regelungsdefizit, 198.
[379] Grünbuch Ziff. 123.
[380] Grünbuch Ziff. 124-126; vorne 64.
[381] Vgl. etwa die Entschliessung des Rates über die Entwicklung der Zusammenarbeit der Verwaltungen bei der Anwendung und Durchsetzung des Gemeinschaftsrechts im Rahmen des Binnenmarktes, ABl. 1994 C 179/1; CHARLES-ANDRÉ JUNOD/ALAIN HIRSCH (Hrsg.), Kolloquium: Die internationale Rechtshilfe in Straf-, Zivil-, Verwaltungs- und Steuersachen, Genf 1986.

bewerbsrecht. Die meisten Unternehmen, die solche Marktanteile haben, dass ihr Verhalten den Wettbewerb in einem Land behindern kann, sind international tätig. Die Folge davon ist, dass die Wettbewerbsbehörden zur Beurteilung des Wettbewerbsverhaltens eines Unternehmens auf Informationen aus dem Ausland angewiesen sind. Gibt das Unternehmen die Information nicht freiwillig heraus oder verstösst die Herausgabe gegen nationales Recht, dem das Unternehmen unterliegt,[382] führt nur die Zusammenarbeit mit den ausländischen Behörden weiter. Es ist auch möglich, dass ein Zusammenschluss in zwei Ländern unterschiedlich beurteilt wird.

Auch bei der Durchsetzung von wettbewerbsrechtlichen Entscheidungen ist es angebracht, dass Staaten mit den gleichen „wettbewerblichen Grundwerten", also der freien Marktwirtschaft und dem Schutz wirksamen Wettbewerbs, zusammenarbeiten. In zahlreichen Fällen, wo einzelne Staaten ihr Wettbewerbsrecht ausserhalb ihrer Landesgrenzen durchzusetzen versuchten, ist es zu Souveränitätskonflikten zwischen den beteiligten Staaten gekommen.[383] Auch wenn es unterschiedliche Wettbewerbsgesetzgebungen gibt und wenn unterschiedliche Auffassungen über die Reichweite von Wettbewerbsgesetzen vertretbar sind, beruhen wohl viele dieser Konflikte nicht auf sachlich unterschiedlichen Ansichten und hätten durch eine geeignete Art der Zusammenarbeit der Behörden vermieden werden können.

Ein Mittel der Zusammenarbeit sind internationale Abkommen.[384] Diese können Informationsaustausch, die Koordinierung der Beurteilung, Zuweisungsregeln, gewisse wettbewerbsrechtliche Mindestregeln, allenfalls mit Einsetzung einer Behörde zu deren Durchsetzung[385] und schliesslich die Vereinheitlichung der nationalen Wettbewerbsvorschriften beinhalten.[386]

Die EU ist sich der weiteren internationalen Dimension der Tätigkeit der Wettbewerbsbehörden bewusst.[387]

---

382   Vgl. hinten 92 und 457.
383   Insbesondere zwischen den USA und anderen Staaten wie Grossbritannien oder der Schweiz, vgl. WHISH 385-387.
384   Vgl. etwa das Abkommen zwischen der EG und den USA vom 23.9.91, hinten 87f.
385   Vgl. etwa den Vorschlag des „International Antitrust Code", der 1994 im Rahmen des GATT ausgearbeitet worden ist, kommentiert von FIKENTSCHER/HEINEMANN in WuW 1994, 97. Vgl. auch den Bericht der Sachverständigengruppe der Kommission „Stärkung der internationalen Zusammenarbeit und der internationalen Wettbewerbsregeln" vom 12.7.95, KOM(95) 359endg.
386   Die Entwicklung der internationalen Zusammenarbeit von Wettbewerbsbehörden und die verschiedenen Initiativen zu ihrer Förderung sind dargestellt bei: HAM 572-577, MOZET 12-78 und 101-123 und RHINER, Von der Vision eines Weltkartellrechts. Zur Harmonisierung der Fusionskontrollvorschriften in der EU s. ZSCHOCKE, Harmonisierung der Fusionskontrolle aus der Sicht des Praktikers.
387   S. Rede von Wettbewerbskommissar VAN MIERT vom 11.5.95, veröffentlicht in CPN Vol. 1, Nr. 5, summer 1995, 5. Vgl. auch den Bericht der Sachverständigengruppe der Kommission „Stärkung der internationalen Zusammenarbeit und der internationalen Wettbewerbsregeln" vom 12.7.95, KOM(95) 359endg.

Im Fusionskontrollverfahren ist die Zusammenarbeit mit anderen Wettbewerbsbehörden insofern erschwert, als die zur Verfügung stehende Zeit ausserordentlich kurz ist.[388]

Die FKVO sieht in Art. 24 unter dem Titel „Beziehungen zu Drittländern" die Möglichkeit vor, Abkommen mit Drittstaaten abzuschliessen. Das Ziel dieser Abkommen ist allerdings nicht die Errichtung einer Zusammenarbeit oder gar eines einheitlichen Fusionskontrollrechts, sondern lediglich sicherzustellen, dass EU-Unternehmen in den betreffenden Drittstaaten mindestens gleich behandelt werden wie Unternehmen aus den betreffenden Drittstaaten in der EU.[389] Diese Bestimmung ist wohl als Minimalbestimmung zu verstehen. Bereits das Abkommen mit den USA geht weit über diesen Stand der Koordination hinaus. Weitere Kooperationsabkommen, das nächste mit Kanada, sind geplant.[390]

B. Zusammenarbeit mit den Behörden der Mitgliedstaaten

Die FKVO enthält, wie schon die VO 17, besondere Bestimmungen für die Zusammenarbeit der Kommission mit den zuständigen Behörden der Mitgliedstaaten. Im Kartellverfahren kann diese Zusammenarbeit unausgewogen erscheinen. Die Kommission versorgt die zuständigen Behörden der Mitgliedstaaten mit Informationen, die diese zur Kenntnis nehmen können. In seltenen Fällen haben die Behörden der Mitgliedstaaten auf Geheiss der Kommission auch bestimmte Handlungen vorzunehmen. Unter der FKVO besteht dieses Muster zwar auch, die Mitgliedstaaten haben aber Möglichkeiten, das Verfahren zu beeinflussen. So können sie um die Verweisung eines Falles nach Art. 9 nachsuchen, berechtigte Interessen im Sinne von Art. 21 geltend machen oder die Kommission gestützt auf Art. 22 Abs. 3 - 5 darum ersuchen, einen Zusammenschluss, der wirksamen Wettbewerb auf ihrem Staatsgebiet erheblich behindert, zu beurteilen (hinten IV. Besondere Verfahren).

Das Verhältnis zwischen den nationalen Behörden und der Kommission ist deswegen recht komplex, weil es gilt, auf die Verteilung der Kompetenzen in der Gemeinschaft und auf die Effizienz der jeweiligen Verfahren Rücksicht zu nehmen.

Die Mitwirkungsmöglichkeiten der nationalen Behörden werden nicht nur positiv beurteilt. Es wurden Bedenken geäussert, dass die Mitgliedstaaten versuchen könnten, ihre wirtschaftspolitischen Ansichten auch in Verfahren vor der Kommission durchzusetzen.[391]

---

[388] Vgl. HAM 591.

[389] LÖFFLER sagt zu Art. 24, er sei „nicht kommentierungsfähig".

[390] Rede von Wettbewerbskommissar VAN MIERT vom 11.5.95, veröffentlicht in CPN Vol. 1, Nr. 5, summer 1995, 5.

[391] Vgl. EVERLING, Mitwirkung, 709 und 712. WOOD stellt fest, dass mit der Verstärkung der Stellung der nationalen Behörden Lobbying jetzt auch bei den zuständigen Behörden der Mitgliedstaaten betrieben werden kann, WOOD 187.

Abgesehen von den Mitwirkungsrechten sind die verfahrenstechnischen Neuerungen der FKVO gegenüber der VO 17 im Bereich der Zusammenarbeit die kurzen Fristen, an die die Zusammenarbeit gebunden ist, die Möglichkeit zur Veröffentlichung des Berichts des Beratenden Ausschusses, die Pflicht der Kommission, den Bericht soweit wie möglich zu berücksichtigen und die Möglichkeit der Mitgliedstaaten, in den Beratenden Ausschuss zwei Vertreter zu delegieren.

Die den Mitgliedstaaten obliegenden Pflichten konkretisieren den Grundsatz der Gemeinschaftstreue (Art. 5 EGV).[392] Dieser besagt, dass die Behörden der Mitgliedstaaten die Pflicht haben, der Gemeinschaft die Erfüllung ihrer Aufgaben zu erleichtern und die Verwirklichung der Vertragsziele nicht zu behindern.[393] Im Hinblick auf die Effizienz der jeweiligen Verfahren wäre auch die Verpflichtung zu Amtshilfe und Informationsaustausch zwischen Mitgliedstaaten angezeigt, da verschiedene Wettbewerbsbehörden der Mitgliedstaaten und die Kommission gleichzeitig oder nacheinander mit den gleichen Parteien oder Sachverhalten zu tun haben können.[394]

Unter dem Titel der Zusammenarbeit werden nachfolgend besprochen: 1. der gegenseitige Informationsaustausch, 2. der Vollzug der FKVO durch Behörden der Mitgliedstaaten, 3. die Amtshilfe bei der Sachverhaltsermittlung, und 4. der Beratende Ausschuss.

1. Informationsaustausch

Die FKVO auferlegt der Kommission die Pflicht, die Behörden der Mitgliedstaaten umfassend zu informieren. Unter dem Titel „Verbindung mit den Behörden der Mitgliedstaaten" verpflichtet Art. 19 Abs. 2 die Kommission, alle in der FKVO vorgesehenen Verfahren „in enger und stetiger Verbindung mit den zuständigen Behörden der Mitgliedstaaten" durchzuführen und den Mitgliedstaaten die Möglichkeit zu geben, zu diesen Verfahren Stellung zu nehmen. Insoweit entspricht die Formulierung des Grundsatzes in Art. 19 Abs. 2 derjenigen von Art. 10 Abs. 2 der VO 17. Die Informationspflicht dient einerseits dazu, die Mitgliedstaaten über Vorgänge, die sich auf ihrem Territorium abspielen, zu informieren, anderseits, den Behörden der Mitgliedstaaten die nötigen Grundlagen zu geben, damit sie ihren Mitwirkungspflichten optimal nachkommen können.[395] Die Informationspflicht dient auch der gegenseitigen Kontrolle.[396] Diese ist besonders in der Fusionskontrolle wichtig, weil hier die Kommission und einige Mitgliedstaaten in grundlegenden Fragen der materiellen Beurteilung von Zusammenschlüssen verschiedene Auffassungen vertreten.

---

392   PERNICE, in: GRABITZ zu Art. 10 VO 17 N 1.
393   SCHWEITZER/HUMMER 243-244.
394   MEIER 245-248.
395   Rs. C-67/91, DGDC/Asociación Española de Banca Privada (AEB) Slg. 1992 I 4785; PERNICE, in: GRABITZ zu Art. 10 VO 17 N 2.
396   Vgl. EVERLING, Mitwirkung, 720-721.

Die enge und stetige Zusammenarbeit wird in zahlreichen Bestimmungen konkretisiert. So muss die Kommission den Behörden der Mitgliedstaaten innert drei Arbeitstagen eine Kopie der Anmeldung und „so bald wie möglich die wichtigsten Schriftstücke, die in Anwendung dieser Verordnung bei ihr eingereicht oder von ihr erstellt werden," übermitteln (Art. 19 Abs. 1). Mit Bezug auf das Kartellverfahren hat das EuG festgehalten, dass zu den wichtigsten Schriftstücken nur solche gehören, die Hinweise auf einen möglichen Verstoss gegen die Wettbewerbsregeln geben.[397] Unter der FKVO bezeichnet diese Bestimmung wohl diejenigen Schriftstücke, die zur Beurteilung der Anwendungsvoraussetzungen der FKVO und der Zulässigkeit des Zusammenschlusses dienlich sind. Bisher wurden keine Meinungsverschiedenheiten über den Begriff der wichtigsten Schriftstücke bekannt.[398]

Auch bestimmte Entscheidungen der Kommission müssen an die zuständigen Behörden der Mitgliedstaaten übermittelt werden: Entscheidungen am Ende des Vorprüfverfahrens (Art. 6 Abs. 2), Entscheidungen über die Verweisung an einen anderen Mitgliedstaat (Art. 9 Abs. 1), Orientierung der zuständigen Behörde des betreffenden Mitgliedstaates bei Auskunftsverlangen und Nachprüfungen (Art. 11 Abs. 2 und 6, Art. 13 Abs. 2 und 4). Beamte eines Mitgliedstaats können auf dessen Antrag oder auf Antrag der Kommission die mit einer Nachprüfung beauftragten Bediensteten der Kommission unterstützen (Art. 13 Abs. 5).[399]

Die Behörden der Mitgliedstaaten haben zudem in vielen Situationen das Recht, angehört zu werden oder die Akte einzusehen (Art. 9 Abs. 2, Art. 13 Abs. 4, Art. 19 Abs. 2). Weil die Behörden der Mitgliedstaaten Zugang zu vertraulichen Informationen haben, unterliegen auch sie dem Amtsgeheimnis wie es für die Kommission und ihre Bediensteten gilt (Art. 17, hinten 236ff.). Darüber hinaus sind die zuständigen Behörden der Mitgliedstaaten in der Verwendung der im Zuge eines Verfahrens nach der FKVO zu ihnen gelangenden Dokumente und Kenntnisse eingeschränkt. Sie dürfen diese nicht direkt als Beweismittel in Verfahren betreffend Verstösse gegen ihr eigenes Wettbewerbsrecht verwenden (hinten 240ff.).[400] Nach der neuesten Rechtsprechung des EuGH in der Sache C-36/92P, SEP/Kommission[401] kann es in besonderen Fällen angebracht sein, die den Behörden der Mitgliedstaaten übermittelte Information zu beschränken. Dann nämlich, wenn ein blosses Verwertungsverbot nicht dafür Gewähr bietet, dass die Behörden ihre Handlungen ausserhalb des jeweiligen Verfahrens nicht durch die betreffenden Kenntnisse leiten lassen. Diese neue Rechtsprechung des EuGH dürfte auf wenige Sonderfälle beschränkt bleiben.

---

397 Rs. T-39/90R, SEP/Kommission 1990 II 649, 656.
398 LÖFFLER zu Art. 19 N 2.
399 Unter der VO 17 sind solche Besuche nicht ungewöhnlich.
400 Rs. C-67/91, DGDC/Associación Española de Banca Privada (AEB) Slg. 1992 I 4785.
401 Rs. C-36/92P, SEP/Kommission Slg. 1994 I 1911, Urteil des EuG: Rs. T-39/90, SEP/Kommission Slg. 1991 II 1497.

Bei informellen Kontakten zwischen der Kommission und den Beteiligten stellt sich die Frage, ob die Kommission den Behörden der Mitgliedstaaten die Möglichkeit geben muss, zu sämtlichen von ihr oder den beteiligten Unternehmen gemachten Vorschlägen, die die Vereinbarkeit des Zusammenschlusses mit dem Gemeinsamen Markt bezwecken sollen, Stellung zu nehmen. Die Stellungnahme des Beratenden Ausschusses ist zwar vor Entscheidungen nach Art. 8 vorgesehen, nicht aber vor Entscheidungen nach Art. 6 Abs. 1 lit. b, die durch Zusagen der beteiligten Unternehmen ermöglicht werden. Auch in solchen Fällen sollten die Mitgliedstaaten ihren Standpunkt wirksam vertreten können. Dazu sollten sie vor Erlass der Entscheidung über die Absicht der Kommission und den Inhalt der Verpflichtungen orientiert werden.[402] Wenn möglich sollte ihnen gestützt auf Art. 19 Abs. 1 ein Entwurf der Entscheidung vorgelegt werden. Der Umfang der Informationspflichten der Kommission gegenüber den Mitgliedstaaten im Fusionskontrollverfahren ist gegenwärtig vom EuGH in der Rechtssache C-68/94, Frankreich/Kommission zu beurteilen.

Darüber, wie sich die stetige und enge Zusammenarbeit, die über die erwähnten besonderen Vorschriften hinausgeht, in der Praxis präsentiert, gibt es nur wenige öffentlich zugängliche Informationen. In den Wettbewerbsberichten stellt die Kommission gewöhnlich fest, dass enge und regelmässige Kontakte zu den zuständigen Behörden der Mitgliedstaaten bestanden haben und dass die Zusammenarbeit gut oder zufriedenstellend funktioniert habe.[403] Die Zusammenarbeit besteht wohl in informellen Gesprächen, Konsultationen und Absichtserklärungen. Die Zusammenarbeit dürfte auch je nach Behörde unterschiedlich ausfallen, da deren Kompetenzen, personelle Ressourcen und Erfahrung besonders im Bereich der Zusammenschlusskontrolle sehr unterschiedlich sind.

2. Vollzug durch die Behörden der Mitgliedstaaten

Die zuständigen Behörden der Mitgliedstaaten haben gemäss Art. 12 auf Ersuchen der Kommission Nachprüfungen bei Unternehmen vorzunehmen. Die entsprechende Vorschrift der VO 17 (Art. 13) hat in der Praxis keine Bedeutung erlangt.[404] Die Behörden der Mitgliedstaaten sind auch zur Zwangsvollstreckung von Entscheidungen der Kommission (insbesondere Buss- und Zwangsgeldentscheidungen, Entflechtungsentscheidungen, Anordnung anderer Massnahmen nach Art. 8 Abs. 4 oder Nachprüfungsentscheidungen) verpflichtet, da der Kommission bekanntlich die Mittel dazu fehlen.

---

[402] Vgl. auch die Vorschläge der Kommission, solche vorgeschlagene Verpflichtungen im Amtsblatt zu veröffentlichen, Bericht der Kommission über die Anwendung der Fusionskontrollverordnung vom 28.7.93, KOM(93) 385endg., III Ziff. 17.
[403] Z.B. 21. Wettbewerbsbericht Ziff. 8; 22. Wettbewerbsbericht Ziff. 13.
[404] PERNICE, in: GRABITZ zu Art. 13 VO 17 N 3.

3. Amtshilfe[405]

Die Pflicht der Behörden der Mitgliedstaaten, der Kommission die von ihr geforderten Auskünfte zu erteilen, ist in Art. 11 Abs. 1 festgehalten (vgl. Art. 11 Abs. 1 VO 17).

4. Beratender Ausschuss

Der Beratende Ausschuss für die Kontrolle von Unternehmenszusammenschlüssen ermöglicht den Mitgliedstaaten, am Entscheidungsprozess der Kommission teilzunehmen. Der Beratende Ausschuss nimmt gemäss Art. 19 in folgenden Fällen Stellung: vor jeder Entscheidung nach Art. 8 (Genehmigung, Genehmigung unter Bedingungen und Auflagen, Untersagung, Rückabwicklungsentscheidung und Widerrufsentscheidung), vor der Festsetzung von Buss- und Zwangsgeldern[406] sowie vor Erlass von Durchführungsbestimmungen gestützt auf Art. 23 durch die Kommission.

Die Konsultation des Beratenden Ausschusses findet statt, nachdem die beteiligten Unternehmen angehört worden sind und ein erster Entscheidungsentwurf erstellt wurde. Die Sitzungen des Beratenden Ausschusses werden von der Kommission mindestens zwei Wochen im voraus einberufen. Die Frist kann verkürzt werden, wenn einem am Zusammenschluss beteiligten Unternehmen andernfalls schwerer Schaden entstünde. Die Kommission führt bei den Sitzungen den Vorsitz. Vor der Anhörung des Beratenden Ausschusses werden dessen Mitglieder über den Sachverhalt und den Entwurf der Entscheidung orientiert. Der Entwurf wird in alle Amtssprachen übersetzt.[407] In der Praxis hat es sich ergeben, dass die Vertreter der Mitgliedstaaten in alphabetischer Reihenfolge der Mitgliedstaaten die Rolle des Berichterstatters übernehmen, in den Fall einführen, die Diskussion leiten und jeweils basierend auf den Äusserungen der übrigen Mitglieder eine schriftliche Stellungnahme des Ausschusses vorbereiten.[408] Bei Meinungsverschiedenheiten wird abgestimmt und eine Mehrheits- und eine Minderheitsmeinung festgehalten, ohne die Anzahl der dahinter stehenden Mitgliedstaaten zu nennen.[409]

Nach der Anhörung des Beratenden Ausschusses wird ein zweiter Entscheidungsentwurf erstellt und der Kommission vorgelegt.[410]

---

405 Amtshilfe bezeichnet die Unterstützung einer Verwaltungsbehörde durch eine andere Behörde im Rahmen der Aufgaben der ersuchenden Behörde, MEIER 237. Rechtshilfe dagegen bezeichnet die Unterstützung eines Gerichts durch eine andere Behörde.

406 Unter der VO 17 ist die Anhörung des Beratenden Ausschusses erst vor der endgültigen Festsetzung des Betrages eines Zwangsgeldes erforderlich, Rs. 46/87 und 227/87, Hoechst/Kommission Slg. 1989, 2859, 2933. Diese Rechtsprechung gilt wohl auch für die Fusionskontrolle.

407 GOYDER 406; vgl. VO 1.

408 LÖFFLER zu Art. 19 N 11.

409 LÖFFLER zu Art. 19 N 12.

410 GOYDER 406.

Die Stellungnahme des Beratenden Ausschusses ist dem Entscheidungsentwurf beizulegen und von der Kommission „soweit wie möglich" zu berücksichtigen (Art. 19 Abs. 6). Die Kommission hat den Beratenden Ausschuss darüber zu unterrichten, wieweit seine Stellungnahme berücksichtigt worden ist.[411] Der Beratende Ausschuss kann der Kommission empfehlen, seine Stellungnahme zu veröffentlichen. Während dem Verfahren wird den beteiligten Unternehmen jedoch keine Einsicht in die Stellungnahme gewährt.

Es ist nicht ganz eindeutig, bis zu welchem Grad die Kommission an die Stellungnahme des Beratenden Ausschusses gebunden ist. Für OVERBURY und JONES kann die Kommission nur bei Vorliegen eines „sehr guten Grundes" von der Empfehlung des Beratenden Ausschusses abweichen.[412] Dennoch ist die Kommission auch nach dem von der VO 17 abweichenden Wortlaut von Art. 19 letztlich in ihrer Entscheidung frei. Beim Zusammenschluss Magneti Marelli/CEAc, M.043, zum Beispiel, hat die Kommission entgegen der Stellungnahme entschieden.[413] In ihrem Bericht über die Anwendung der Fusionskontrollverordnung hat sie in Aussicht gestellt, dass sie künftig Abweichungen von der Empfehlung des Beratenden Ausschusses begründen werde.[414] In der Praxis hat die Stellungnahme beträchtliches Gewicht.[415]

In der bisherigen Praxis haben sich die Kommission und die beteiligten Unternehmen auch nach der Anhörung des Beratenden Ausschusses auf neue Bedingungen oder Auflagen geeinigt.[416] In solchen Fällen hat die Kommission Sondersitzungen des Beratenden Ausschusses einberufen.[417] Dieses Vorgehen ist angezeigt, um die dem Beratenden Ausschuss eingeräumten Rechte zu wahren.

DOWNES und ELLISON weisen zutreffend darauf hin, dass es etwas erstaunlich ist, dass keine Anhörung des Beratenden Ausschusses vor einer Entscheidung über die Verweisung eines Falles an einen Mitgliedstaat vorgesehen ist.[418] Ein Grund dafür

---

[411] Dies entspricht dem vom Rat erlassenen Beschluss vom 13.7.1987 zur Festlegung der Modalitäten für die Ausübung der der Kommission übertragenen Durchführungsbefugnisse, ABl. 1987 L 197/33ff. Dieser Beschluss sieht für die gesamte Gemeinschaftsorganisation drei verschiedene Typen von Ausschüssen von Vertretern der Mitgliedstaaten vor, welche in Bereichen, in denen der Rat der Kommission Durchführungsbefugnisse übertragen hat, in den Entscheidungsprozess einbezogen werden.

[412] OVERBURY/JONES 363.

[413] MERKIN 4-619A.

[414] Bericht der Kommission über die Anwendung der Fusionskontrollverordnung vom 28.7.93, KOM(93) 385endg., IV D.

[415] Im Fall Mercedes/Kässbohrer, M.477, wurde vom Beratenden Ausschuss gerügt, dass die Kommission im Hauptprüfverfahren keine Mitteilung der Einwände an die Anmelder gerichtet und keine formelle Anhörung vorgenommen habe (wozu sie nach der FKVO nicht verpflichtet ist, wenn sie den Zusammenschluss mit dem Gemeinsamen Markt für vereinbar erklären will). Die Kommission hat diese beiden Verfahrensschritte dann nachgeholt.

[416] LÖFFLER zu Art. 19 N 14.

[417] Z.B. Nestlé/Perrier, M.190, Stellungnahme des Beratenden Ausschusses ABl. 1992 C 319/3; Du Pont/ICI, M.214, Stellungnahme des Beratenden Ausschusses ABl. 1993 C 8/2.

[418] DOWNES/ELLISON 125.

kann sein, dass Konflikte zwischen den Mitgliedstaaten soweit wie möglich vermieden werden sollten. Eine Anhörung ist auch nicht ausdrücklich verlangt vor Entscheidungen nach Art. 6. Insbesondere wenn die Kommission den Zusammenschluss aufgrund von Zusagen der beteiligten Unternehmen genehmigt, entspricht dies wohl nicht dem von der FKVO ursprünglich vorgesehenen System.

Die Unterlassung der Konsultation des Beratenden Ausschusses in den von der FKVO vorgesehenen Fällen stellt wohl die Verletzung einer wesentlichen Verfahrensvorschrift dar und kann damit ein Grund für die Nichtigkeit der getroffenen Entscheidung sein (Art. 173 EGV).[419]

C. Zusammenarbeit mit Behörden von EWR-Staaten

1. Formen der Zusammenarbeit

Das EWR-Abkommen sieht eine allgemeine Zusammenarbeit zwischen der Kommission und der ESA vor, die in Informationsaustausch und, auf Ersuchen einer dieser Behörden, Konsultationen über allgemeine politische Fragen besteht. Unter gewissen Bedingungen findet eine enge und intensive, „erweiterte" Zusammenarbeit statt. Bedingungen und Ausgestaltung dieser erweiterten Zusammenarbeit im Bereich der Fusionskontrolle sind in Protokoll 24 zum EWR-Abkommen festgelegt.

Die Bedingungen für die erweiterte Zusammenarbeit sind (Art. 1 und 2 Protokoll 24):

1   Die Kommission ist zuständig für die Anwendung der EWR-Fusionskontrollvorschriften
    und
2A der gemeinsame Umsatz der beteiligten Unternehmen im Gebiet der EFTA-Staaten macht 25% oder mehr ihres Gesamtumsatzes in dem unter dieses Abkommen fallenden Gebiet aus, oder
2B mindestens zwei beteiligte Unternehmen erzielen einen Umsatz von mehr als 250 Mio. ECU im Gebiet der EFTA-Staaten, oder
2C Zusammenschlüsse könnten eine beherrschende Stellung begründen oder verstärken und dadurch würde der wirksame Wettbewerb in den Gebieten der EFTA-Staaten oder in einem wesentlichen Teil derselbigen erheblich behindert, oder
2D der Zusammenschluss droht eine beherrschende Stellung zu begründen oder zu verstärken, durch die wirksamer Wettbewerb auf einem Markt in einem EFTA-Staat, der alle Merkmale eines gesonderten Marktes aufweist, erheblich behindert würde, unabhängig davon, ob dieser einen wesentlichen Teil des unter dieses Abkommen fallenden Gebiets ausmacht oder nicht[420], oder
2E ein EFTA-Staat wünscht, gemäss Artikel 7 Protokoll 24 Massnahmen zum Schutz berechtigter Interessen zu treffen.

---

[419] Vgl. GA GAND in den Rs. 41, 44 und 45/69, ACF Chemiefarma u.a./Kommission Slg. 1970, 661.
[420] Solche Zusammenschlüsse können gemäss Art. 6 Protokoll 24 in einem zu Art. 9 FKVO analogen Verfahren an die Behörden des betreffenden Mitgliedstaats verwiesen werden.

Kapitel 2: Allgemeine Bestimmungen

Die erweiterte Zusammenarbeit findet also nur statt, wenn die Kommission für die Beurteilung des Zusammenschlusses zuständig ist und eine weitere Bedingung erfüllt ist. Beim Grossteil der Zusammenschlüsse findet keine erweiterte Zusammenarbeit statt. Die erweiterte Zusammenarbeit ist sozusagen eine Entschädigung an die EFTA-Staaten dafür, dass sie auch gemischte Zusammenschlüsse, also solche mit gemeinschafts- und EFTA-weiter Bedeutung, der Kommission zur Beurteilung überlassen.

Die erweiterte Zusammenarbeit umfasst:

- Eine „enge und stetige" Verbindung zwischen Kommission und ESA. Diese gibt der ESA insbesondere das Recht, zu jedem Zeitpunkt zum Verfahren Stellung zu nehmen und zu diesem Zweck Einsicht in die Akten zu nehmen (Art. 3 Abs. 2 Protokoll 24).

- Die Übermittlung einer Kopie der Anmeldung und der wichtigsten eingereichten Dokumente (Art. 3 Abs. 1 Protokoll 24);

- die Vertretung der ESA (ohne Stimmrecht) bei der Anhörung der beteiligten Unternehmen und im Beratenden Ausschuss (Art. 4 und 5 Protokoll 24);

- die gegenseitige Amtshilfe bei der Sachverhaltsermittlung (Art. 8 Protokoll 24).

Die Zusammenarbeit ist ähnlich ausgestaltet wie diejenige zwischen der Kommission und den EU-Mitgliedstaaten (Art. 19 FKVO).

Der erste Zusammenschluss, der die erweiterte Zusammenarbeit erforderte, war Neste/Statoil, M.361[421]. Andere Fälle waren Voith/Sulzer, M.478[422], Electrolux/AEG, M.458[423], Ericsson/Raychem, M.519[424], Scandinavian Project, M.522[425]. In einigen Entscheidungen wies die Kommission ausdrücklich darauf hin, dass die Voraussetzungen für die erweiterte Zusammenarbeit nicht erfüllt waren.[426]

---

[421] Neste ist ein finnisches und Statoil ein schwedischen Staatsunternehmen. Einwände gegen den Zusammenschluss von Seiten dieser zwei (damaligen) EFTA-Staaten waren deshalb nicht zu erwarten. Die Kommission hatte darüber zu entscheiden, ob das Vorhaben der beiden Staatsunternehmen mit von diesen beiden Staaten abgeschlossenen internationalen Verträgen vereinbar war. Dies ist eine „souveränitätsrechtlich" interessante Konstellation.

[422] Mehr als 250 Mio. ECU Umsatz beider Unternehmen in der EFTA.

[423] Gefahr der Schaffung oder Verstärkung einer beherrschenden Stellung in den skandinavischen Ländern.

[424] Gemeinsamer Umsatz der Unternehmen im EFTA-Gebiet grösser als 25% des Gesamtumsatzes im EWR.

[425] Gemeinsamer Umsatz der Unternehmen im EFTA-Gebiet grösser als 25% des Gesamtumsatzes im EWR.

[426] Z.B. GKN/Brambles/Leto Recycling, M.448; Bertelsmann/News International/Vox, M.489.

Teil 1: Das europäische Fusionskontrollverfahren

2. Amtshilfe im Untersuchungsverfahren

Die erweiterte Zusammenarbeit statuiert eine ausgedehnte Amtshilfepflicht der ESA und der EFTA-Staaten. Die Kommission kann von diesen „alle erforderlichen Auskünfte einholen" (Art. 8 Abs. 1 Protokoll 24) und von der ESA verlangen, dass sie Nachprüfungen im EFTA-Gebiet vornehme (Art. 8 Abs. 4 Protokoll 24). Im Gegenzug hat die ESA bestimmte Informationsrechte, wie das Recht, in Zusammenarbeitsfällen über Nachforschungen der Kommission in der Gemeinschaft orientiert zu werden (Art. 8 Abs. 7 Protokoll 24) oder eine Kopie eines an ein EFTA-Unternehmen gerichteten Auskunftsverlangens zu erhalten (Art. 8 Abs. 3 Protokoll 24). Da dieser Informationsaustausch auch Informationen umfasst, die unter das Amtsgeheimnis fallen, war es nötig, auch die ESA und die Behörden der Mitgliedstaaten an eine Geheimhaltungspflicht zu binden (Art. 9 Protokoll 24). Der Umfang der Geheimhaltungspflicht der ESA und der Behörden der EFTA-Staaten muss dem Umfang des Amtsgeheimnisses in der EU entsprechen. Es kann somit auf die hinten 237ff. gemachten Ausführungen verwiesen werden.

3. Kommentar

Das EWR-Abkommen dehnt die Vorschriften über die Zusammenarbeit der Wettbewerbsbehörden in der EU auf die EFTA-Staaten aus.

Insgesamt ist die Zusammenarbeit zwischen der Kommission und den EFTA-Behörden jedoch einseitig. In den Regeln über die Zusammenarbeit besteht institutionell kein Gleichgewicht. Eine Zusammenarbeit zwischen der ESA und den zuständigen Behörden der EU-Mitgliedstaaten ist für die Fusionskontrolle nicht vorgesehen.[427] Besonders ins Gewicht fällt wohl die fehlende Möglichkeit der ESA, Auskünfte von den Behörden der EU-Mitgliedstaaten einzuholen. In den Fällen, wo die Zusammenarbeit stattfindet, wird sie nach den EU-Grundsätzen durchgeführt, wobei die Kommission aber keine Nachprüfungen auf dem Gebiet der EFTA-Staaten vornehmen kann.[428] Bei von den EFTA-Behörden durchgeführten Nachprüfungen ist sie berechtigt, „aktiv daran teilzunehmen".[429]

Dieses Ungleichgewicht ist auch die Folge der unausgewogenen Zuständigkeitsordnung (vorne 13ff.). Da die ESA kaum Zusammenschlüsse zu beurteilen haben wird, sind die genannten Lücken bei der Zusammenarbeit in der Praxis unbedeutend.

---

[427] Anders für die Durchführung der *Kartell*vorschriften des EWRA: Art. 53, 54, 58 EWRA und Protokoll 23.
[428] Art. 8 Abs. 4 Protokoll 24.
[429] Art. 8 Abs. 5 Protokoll 24.

D. Zusammenarbeit mit Behörden von Drittstaaten

Eine Zusammenarbeit zwischen der Kommission und Wettbewerbsbehörden von Drittstaaten kann entweder auf freiwilliger Basis zustande kommen oder auf internationalen Vereinbarungen basieren. Bei freiwilliger Zusammenarbeit muss die Kommission das Amtsgeheimnis beachten.

Schon in den Jahren 1972 und 1973 hat die EWG mit den damaligen EFTA-Staaten Österreich, Portugal, Schweden, Schweiz, Island, Norwegen und Finnland bilaterale Freihandelsabkommen mit Bestimmungen über eine Art der Zusammenarbeit im Bereich des Wettbewerbsrechts geschlossen.[430] Die Freihandelsabkommen setzten einen gemischten Ausschuss ein, dem die Wettbewerbsbehörden der Parteien alle erforderlichen Auskünfte und die nötige Amtshilfe geben müssen und der Problemfälle untersuchen kann. Die praktische Bedeutung dieser Zusammenarbeitsbestimmungen war und ist - soweit sie weiterbestehen - sehr gering.

Die mit den osteuropäischen Staaten Polen, der Tschechischen und Slowakischen Republik, Ungarn, Rumänien und Bulgarien abgeschlossenen „Europa-Abkommen" enthalten sehr ähnliche Bestimmungen über die Zusammenarbeit im Bereich des Wettbewerbsrechts wie die Freihandelsabkommen. Sie sehen ebenfalls die Einsetzung eines gemischten Ausschusses vor.

Die Kommission und die amerikanische Regierung haben am 23.9.91 ein Abkommen über die Anwendung der Wettbewerbsgesetze der Europäischen Gemeinschaften und der Vereinigten Staaten unterzeichnet.[431] Ziel des Abkommens ist die Förderung der Zusammenarbeit zwischen den Wettbewerbsbehörden durch einen verbesserten Informationsaustausch und durch Umsetzung der OECD-Empfehlungen des Jahres 1986 über die Zusammenarbeit im Bereich des Wettbewerbs[432].

Die Unterzeichnung des Abkommens durch die Kommission wurde zwar vom Gerichtshof auf Klage Frankreichs wegen mangelnder Zuständigkeit der Kommission für nichtig erklärt[433], doch war die EG gemäss der Wiener Konvention über das Recht der Verträge (Art. 46) auch bis zum formell richtigen Abschluss des Abkommens daran gebunden.[434] Das Abkommen, das bei den Mitgliedstaaten grundsätzlich unbestritten war, wurde im vorgeschriebenen Verfahren noch einmal abgeschlossen.[435]

---

430   ABl. 1972 L 300, ABl. 1972 L 301, ABl. 1973 L 171, ABl. 1973 L 328/2.
431   Zum Abkommen s. den hervorragenden Artikel von HAM.
432   WuW 1987, 214.
433   Rs. C-327/91, Frankreich/Kommission Slg. 1994 I 3641.
434   Vgl. Mitteilung der Kommission an den Rat betreffend die internationale Zusammenarbeit mit den Vereinigten Staaten von Amerika hinsichtlich der Anwendung ihrer Wettbewerbsregeln, KOM(94) 430, S. 5. Eine Übersicht über die bisherige Anwendung findet sich auf S. 12 der Mitteilung.
435   Beschluss 95/145/EG, EGKS des Rates und der Kommission vom 10. April 1995, ABl. 1995 L 95/45 und ABl. 1995 L 131/38.

Das Abkommen sieht einerseits vor, dass die Parteien selbständig oder auf Ersuchen der anderen Partei Informationen übermitteln. Im Bereich der Fusionskontrolle soll die Kommission der Regierung der Vereinigten Staaten mitteilen, wenn eine Anmeldung erfolgt ist und sie nach Art. 6 Abs. 1 lit. c eine Untersuchung eröffnet hat (Art. II Ziff. 3 lit. b des Abkommens). Anderseits sind die Parteien verpflichtet, auch bei der Vollstreckung zusammenzuarbeiten, soweit es das Recht, die wichtigen Interessen und die Ressourcen der ersuchten Partei zulassen (Art. IV des Abkommens). Alle Bestimmungen stehen unter dem Vorbehalt, dass sie keine Änderung der Gesetze der beiden Vertragsparteien, noch der Gesetze der Mitgliedstaaten der EU erfordern (Art. IX des Abkommens). Der Austausch von Informationen wird zudem durch den Vorbehalt nationaler Bestimmungen über den Schutz der Vertraulichkeit und wichtiger Interessen der Vertragsparteien stark eingeschränkt (Art. VIII des Abkommens).

Die Kommission hält sich für verpflichtet, keine Informationen, die unter das Amtsgeheimnis fallen, an die amerikanischen Behörden weiterzugeben.[436] Der Austausch von Informationen ist also auf Informationen beschränkt, die die Kommission nicht in Anwendung der Wettbewerbsvorschriften erlangt hat, die öffentlich zugänglich oder zur Veröffentlichung bestimmt sind.

Das Abkommen ist insgesamt sehr positiv zu beurteilen, da es wohl in beträchtlichem Ausmass mithilft, Konflikte zwischen den Vereinigten Staaten und der EU, die beide ein „starkes" Wettbewerbsrecht haben, zu beseitigen oder gar nicht entstehen zu lassen. Auch wenn der Informationsaustausch durch den Vorbehalt des Amtsgeheimnisses eingeschränkt wird, ist auch der Austausch von öffentlich zugänglicher Information von grossem Nutzen. Der Rat hat der Kommission am 23.1.95 den Auftrag erteilt, ein analoges Abkommen mit Kanada auszuarbeiten.[437]

Ein weiterer Aspekt der Zusammenarbeit der Wettbewerbsbehörden ist die Unterstützung anderer Wettbewerbsbehörden bei der Ausarbeitung von Wettbewerbsgesetzen, insbesondere Verfahrensvorschriften.[438]

---

[436] Mitteilung der Kommission an den Rat betreffend die internationale Zusammenarbeit mit den Vereinigten Staaten von Amerika hinsichtlich der Anwendung ihrer Wettbewerbsregeln, S. 11.
[437] JUSletter 06/19-95.
[438] 21. Wettbewerbsbericht Ziff. 364. Kontakte bestanden besonders mit den ost- und mitteleuropäischen Staaten, 22. Wettbewerbsbericht Ziff. 555.

KAPITEL 3
VERFAHRENSABLAUF

I. Übersicht

Das Fusionskontrollverfahren wird in der Regel durch die Anmeldung des Zusammenschlusses eröffnet. Meist haben schon zuvor informelle Kontakte zwischen den beteiligten Unternehmen und der Kommission stattgefunden. Nach der Anmeldung hat die Kommission einen Monat für den ersten Prüfungsabschnitt, das Vorprüfverfahren[439]. Darin soll festgestellt werden, ob der angemeldete Zusammenschluss überhaupt unter die FKVO fällt und ob der zweite Prüfungsabschnitt, das Hauptprüfverfahren, eingeleitet werden muss, weil der Zusammenschluss ernsthafte Bedenken hinsichtlich seiner Vereinbarkeit mit dem Gemeinsamen Markt hervorruft. Bei der Mehrzahl der bisher untersuchten Zusammenschlüsse hat die Kommission keine solchen Bedenken festgestellt und den Zusammenschluss nach dem Vorprüfverfahren genehmigt.

Im Hauptprüfverfahren obliegt es der Kommission, mittels eingehender Abklärungen festzustellen, ob ein Zusammenschluss - allenfalls unter Bedingungen und Auflagen - zulässig ist. Das Hauptprüfverfahren dauert höchstens vier Monate.

Neben diesem „ordentlichen Verfahren" sieht die FKVO noch besondere Verfahren vor, nämlich die Verweisung des Falles an einen Mitgliedstaat, die Geltendmachung von besonderen Interessen durch einen Mitgliedstaat und die Beurteilung eines eigentlich nicht unter die FKVO fallenden Zusammenschlusses durch die Kommission auf Antrag eines Mitgliedstaates.

II. Hauptunterschiede zum Kartellverfahren

Der grundlegende Unterschied zwischen dem Fusionskontrollverfahren und dem Kartellverfahren ist, dass ersteres präventiven, letzteres repressiven Charakter hat. Daraus erklären sich zahlreiche Unterschiede. Im Fusionskontrollverfahren geht der Anstoss zu einem Verfahren im Prinzip von den beteiligten Unternehmen aus.[440] Die Beteiligten und die Kommission sind nach der FKVO an relativ kurze Fristen gebunden. Im Kartellverfahren hat die Kommission erst 1994 für die Beurteilung koopera-

---

439   Zur Terminologie s. hinten 90f..
440   Wenn ein nicht angemeldeter Zusammenschluss vollzogen worden ist, kann die Kommission aber auch von Amtes wegen einschreiten, hinten 121.

tiver Gemeinschaftsunternehmen struktureller Natur interne Fristen festgesetzt.[441] Im Fusionskontrollverfahren übergeben die betroffenen Unternehmen der Kommission den Hauptteil der für das Verfahren relevanten Information freiwillig (Anmeldung, ständige Kontakte zwischen den beteiligten Unternehmen und der Kommission). Im Kartellverfahren stammt der Hauptteil der Information aus Auskunftsverlangen und Nachprüfungen bei den beteiligten Unternehmen sowie aus Beschwerden und Befragungen von Dritten.

Weitere Unterschiede zwischen den beiden Verfahren sind, dass unter der VO 17 die Kommission über Einleitung und Gegenstand des Verfahrens bestimmt, während das im Fusionskontrollverfahren die Beteiligten tun. In der FKVO ist im Gegensatz zur VO 17 (Art. 3 Abs. 2 lit. b) keine formelle Beschwerdemöglichkeit vorgesehen.[442] Dies hat auch Auswirkungen auf die Legitimation für die Nichtigkeitsklage, da Dritte nicht schon durch das Vorbringen einer Beschwerde die Klagelegitimation erhalten können.[443] Im Fusionskontrollverfahren muss somit in jedem einzelnen Fall die unmittelbare und individuelle Betroffenheit untersucht werden.

III. Ordentliches Verfahren

A. Vorprüfverfahren

1. Übersicht

Nach der Anmeldung des Zusammenschlusses stehen der Kommission für das Vorprüfverfahren ein Monat bzw. sechs Wochen (wenn ein Mitgliedstaat einen Verweisungsantrag gestellt hat) zur Verfügung. In den ersten drei Wochen des Vorprüfverfahrens ist der Vollzug des Zusammenschlusses grundsätzlich verboten. Am Ende des Vorprüfverfahrens trifft die Kommission eine der folgenden Entscheidungen: Nichtanwendbarkeit der FKVO, Genehmigung des Zusammenschlusses oder Eröffnung eines Hauptprüfverfahrens, weil der Zusammenschluss ernsthafte Bedenken hinsichtlich seiner Zulässigkeit erweckt.

---

[441] 23. Wettbewerbsbericht Ziff. 192-194. Die blosse Einführung von Fristen hat sich als ungenügend erwiesen, weshalb die Kommission weitere Änderungen der Verfahrensbestimmungen, darunter die Revision der VO 27/62 und des Formblattes A/B, vorgenommen hat, 23. Wettbewerbsbericht Ziff. 195-197, s. Fn 38.

[442] Zur Stellung des Beschwerdeführers in der VO 17 s. TEMPLE LANG, Compliance and Enforcement, 344-350. Informelle Beschwerden von Dritten an die Kommission in Zusammenschlussfällen kommen jedoch vor, REYNOLDS 651 Fn 2 betreffend den Zusammenschluss Aérospatiale-Alénia/de Havilland, M.053.

[443] Rs. 26/76, Metro/Kommission Slg. 1977, 1875.

Nach dem Wortlaut von Art. 6 könnte man meinen, in der Phase zwischen der Anmeldung und dem Entscheid der Kommission nach Art. 6 finde lediglich eine Prüfung der Anmeldung und kein richtiges Verfahren statt. Dem ist nicht so, enthält doch die FKVO zahlreiche Verfahrensvorschriften für eben diese Phase (Anmeldung, Aufschub des Zusammenschlusses, Fristen, Verweis an die Behörden eines Mitgliedstaates, Auskunftsverlangen, Nachprüfungsbefugnis, Geldbussen, Zwangsgelder, Zusammenarbeit mit den Behörden der Mitgliedstaaten). Eine endgültige Entscheidung fällt in der Mehrzahl der Fälle schon am Ende dieser Phase. Es rechtfertigt sich deshalb, in Anlehnung an LÖFFLER von „Vorprüfverfahren" und „Hauptprüfverfahren" zu sprechen.

2. Anmeldung des Zusammenschlusses

a) Eröffnung des Verfahrens

Durch die Anmeldung des Zusammenschlusses wird das Vorprüfverfahren eröffnet (Art. 6 Abs. 1).[444] Meist sind der Anmeldung informelle Gespräche vorausgegangen.[445] Die Kommission ist auch bereit, zuerst einen Entwurf der Anmeldung durchzusehen und den Anmeldern mitzuteilen, ob die gemachten Angaben ausreichen.[446] Auch wenn sich die Kommission in informellen Gesprächen vor der Anmeldung bereits ein Urteil über den Zusammenschluss gebildet hätte, kann sie, ohne dass eine Anmeldung des Zusammenschlusses erfolgt ist, keine Entscheidung gestützt auf Art. 6 fällen.[447] Die einwöchige Frist für die Anmeldung (Art. 4 Abs. 1) lässt wenig Zeit für die Einreichung eines Entwurfes, wenn vor dem Zusammenschlussentscheid keine Planungsphase bestand.

b) Anmeldepflicht (Art. 4 Abs. 2)

Ein Zusammenschluss, der durch Kontrollerwerb bewirkt wird, muss vom Erwerber angemeldet werden. Erwerben mehrere Unternehmen gemeinsame Kontrolle, sind sie gemeinsam anmeldepflichtig. Sie haben ein einziges Formblatt CO für die An-

---

444 ROHARDT weist auf Fälle hin, in denen die Kommission bereits aufgrund von inoffiziellen Meldungen über Zusammenschlussvorhaben den betreffenden Unternehmen diesbezügliche Informationen abverlangt habe, ROHARDT 375. Eine solche Praxis ist insofern bedenklich, als die Unternehmen im Hinblick auf eine vielleicht später erfolgende Anmeldung praktisch gezwungen sind, die Kommission zu informieren, um dadurch eine kooperative Zusammenarbeit nicht von vornherein zu verbauen. Eine Auskunftspflicht besteht in diesem Zeitpunkt keine.
445 WEITBRECHT, Zwischenbilanz, 689.
446 DRAUZ/SCHROEDER 187.
447 Bei der Übernahme von Dan Air durch British Airways hat die Kommission ihre Meinung, dass die FKVO nicht anwendbar sei, veröffentlicht. Das EuG hat diese Äusserung als anfechtbaren Akt im Sinne von Art. 173 EGV betrachtet, Rs. T-3/93, Air France/Kommission Slg. 1994 II 121.

meldung zu verwenden (Art. 2 Abs. 1 DVO). Eine Fusion ist von den fusionierenden Unternehmen anzumelden.

Bei gemeinsamen Anmeldungen sollten die Beteiligten einen gemeinsamen Vertreter bezeichnen, der die Anmeldung einreicht und befugt ist, im Namen aller Beteiligten Schriftstücke einzureichen und zu empfangen (Art. 1 Abs. 3).

Auch Zusammenschlüsse von Unternehmen mit Sitz ausserhalb der EU fallen unter die FKVO, wenn sie die Umsatzschwellen überschreiten. Die FKVO sieht keine Ausnahme für Nicht-EU-Unternehmen vor. Es ist also durchaus möglich, dass solche Zusammenschlüsse auch in eine ähnlich definierte Zuständigkeit aussereuropäischer Wettbewerbsbehörden fallen. Dadurch würde ein Grundprinzip der FKVO, das one-stop shopping, für diese Zusammenschlüsse zunichte gemacht.[448] Der damals für Wettbewerbsfragen zuständige Kommissar, Sir LEON BRITTAN, hat im Jahre 1990 darauf hingewiesen, dass aus diesem Grund Abkommen über die Zuständigkeit in Wettbewerbssachen mit anderen Staaten abgeschlossen werden sollten.[449]

Beispiele von Fällen, an denen Unternehmen aus Nicht-EU-Staaten beteiligt waren, sind Schweizer Rück/Elvia, M.183; Zürich/MMI, M.286; SKA/Volksbank, M.335; AT&T/NCR, M.050; Kyowa/Saitama Banks, M.069; Matsushita/MCA, M.037; Tetra Pak/Alfa Laval, M.068; Pepsico/General Mills, M.232; Volvo/Procordia, M.196; Sappi/DLJMB/UBS/Warren, M.526; Swissair/Sabena, M.616; SBV/Warburg, M.597; Ciba/Sandoz.

Für Unternehmen aus Drittstaaten könnten Probleme hinsichtlich nationaler Geheimnisschutzbestimmungen erwachsen. Art. 273 des Schweizerischen Strafgesetzbuches z.B. verbietet die Weitergabe von Geschäftsgeheimnissen an ausländische Amtsstellen, Organisationen und Unternehmen (vgl. hinten 457).[450]

c) Adressat und Übermittlung der Anmeldung

Anmeldungen von Zusammenschlüssen, die unter die FKVO fallen, sind an die Kommission zu richten (Art. 4 Abs. 1). Anmeldungen von Zusammenschlüssen, für deren Beurteilung die ESA zuständig ist, sind an diese zu richten (Art. 10 Abs. 1

---

448 Vgl. BOURGEOIS, International Mergers, 128.

449 BRITTAN, Development, 54.

450 HAYMANN 18 mit Hinweis auf die Richtlinien der Bundesanwaltschaft, veröffentlicht im Journal of International Law 1984, 115; vgl. auch SCHNYDER 9. Gemäss der Praxis der Schweizerischen Bundesanwaltschaft werde Art. 273 StGB auf die Weitergabe von Geschäftsgeheimnissen durch den Geheimnisherrn jedoch nur angewendet, wenn auch Geschäftsgeheimnisse Dritter oder das Gesamtinteresse der Schweiz betroffen seien. Dies dürfte auch der Praxis anderer Staaten mit ähnlichen Bestimmungen entsprechen. Es ist somit (sinnvollerweise) wenig wahrscheinlich, dass Art. 273 StGB oder eine ähnliche Bestimmung im Zusammenhang mit einem Fusionskontrollverfahren angewendet würde. Für die Orientierung der Kommission über wettbewerbsbehindernde Praktiken eines Unternehmens durch einen seiner Angestellten vgl. den unglücklichen Adams-Fall, Entscheidung des Schweizerischen Bundesgerichts, BGE 104 IV 175.

Protokoll 24 zum EWRA). Die Kommission und die ESA sind verpflichtet, nicht in ihre Zuständigkeit fallende Anmeldungen an die zuständige Behörde weiterzuleiten (Art. 10 Abs. 2 Protokoll 24). Die Anmeldung hat nach dem Formblatt CO zu erfolgen, von dem die Kommission und die ESA je eine Version herausgeben. Beide Versionen sind gleichermassen gültig (Formblatt CO, A, lit. d). Die Ausführungen in dieser Arbeit beziehen sich auf das Formblatt CO der Kommission.

Eine Anmeldung umfasst die eigentliche, nach Formblatt CO gegliederte Anmeldung und die verlangten oder freiwillig beigelegten Unterlagen im Original oder als Kopie, wobei die Richtigkeit und Vollständigkeit vom Anmelder bestätigt werden muss (Art. 2 DVO). Die Anmeldung ist in vierundzwanzigfacher, die Beilagen sind in neunzehnfacher Ausfertigung einzureichen (Formblatt CO, E; Art. 2 Abs. 2 DVO).

Die Anmeldung muss bei der Kommission an Arbeitstagen zu den üblichen Arbeitszeiten als Einschreiben eingehen oder überbracht werden.[451] Die Adresse lautet:

Kommission der Europäischen Gemeinschaften
Generaldirektion für Wettbewerb (DG IV)
Task Force Fusionskontrolle
Avenue de Cortenberg 150
B-1049 Brüssel

Die Adresse der ESA ist:

EFTA-Überwachungsbehörde
Direktion für Wettbewerb
rue des Trèves 74
B-1040 Brüssel

Wegen des Umfangs der zu sendenden Dokumente erfolgen viele Anmeldungen mit Hilfe von privaten Kurierorganisationen.[452] Die Kommission hat den Eingang der Anmeldung unverzüglich unter Angabe des Zeitpunkts zu bestätigen (Art. 3 Abs. 3 DVO). Die Anmeldung wird am Tag ihres Eingangs bei der Kommission wirksam (Art. 4 Abs. 1 DVO).[453]

Mit dem Wirksamwerden der Anmeldung erlöscht einerseits die Anmeldepflicht der beteiligten Unternehmen (vorbehaltlich ungenügender Angaben), andererseits entsteht die Pflicht der Kommission, den Zusammenschluss zu prüfen (Art. 6 Abs. 1).

Die Kommission veröffentlicht im Amtsblatt, Serie C, einen Hinweis auf die Tatsache der Anmeldung unter Angabe der beteiligten Unternehmen, der Art des Zusammenschlusses und der betreffenden Wirtschaftszweige (Art. 4 Abs. 3). Dabei lädt sie

---

451 Formblatt CO, E. Dies ist zwischen 0830 und 1700. Die Überbringung der Anmeldung wird in der Regel angekündigt.

452 LÖFFLER zu Art. 19 N 2.

453 Dies entspricht nicht Art. 4 der VO 3385/94 über die Form, den Inhalt und die anderen Einzelheiten der Anträge und Anmeldungen nach der VO 17, wonach bei Postversand mittels eingeschriebener Sendung der Zeitpunkt der Aufgabe als relevant angesehen wird.

interessierte Dritte ein, zum Zusammenschlussvorhaben Stellung zu nehmen (üblicherweise innerhalb von zehn Tagen).[454] Entgegen dem Wortlaut von Art. 4 Abs. 3 veröffentlicht die Kommission den Hinweis auf die Anmeldung, bevor sie sich vergewissert hat, ob der Zusammenschluss unter die FKVO fällt.[455]

Die Kommission übermittelt den zuständigen Behörden der Mitgliedstaaten die Kopie der Anmeldung innert drei Tagen nach deren Eingang und so bald wie möglich eine Kopie der wichtigsten Schriftstücke, die bei ihr eingereicht oder von ihr erstellt wurden (Art. 19 Abs. 1).

d) Zeitpunkt der Anmeldung

Die Anmeldefrist beträgt eine Woche seit „dem Vertragsabschluss, der Veröffentlichung des Kauf- oder Tauschangebots oder des Erwerbs [sc. dem Erwerb] einer die Kontrolle begründenden Beteiligung" (Art. 4 Abs. 1). Die Frist beginnt mit dem ersten der genannten Ereignisse[456].

Der Zeitpunkt des Vertragsabschlusses ist im allgemeinen einfach zu bestimmen. Nicht jede Vereinbarung löst die Anmeldefrist aus, sondern nur eine, die Bindungswirkung hat, so dass sich die Parteien nicht mehr einseitig davon zurückziehen können.[457] Eine hypothetische Anmeldung wird von der Kommission nicht akzeptiert.[458] Der Vertrag muss bezüglich der wettbewerbsrechtlich relevanten Punkte hinreichend konkretisiert sein.[459] Ein Zusammenschluss kann auch angemeldet werden, wenn er noch der Zustimmung der Generalversammlung oder einer Behörde bedarf.[460]

Die Unterscheidung von Vertragsabschluss, der die Meldepflicht auslöst, und Vollzug des Vertrages, der aufgeschoben wird, stellt in Rechtssystemen, die keinen Unterschied zwischen obligatorischem Verpflichtungsgeschäft und dinglichem Vollzugsakt machen, zahlreiche Rechtsfragen (dazu hinten 108ff.). In Rechtssystemen wie dem deutschen, die diese Unterscheidung machen, löst das obligatorische Verpflichtungsgeschäft die Anmeldepflicht aus, während das dingliche Vollzugsgeschäft vom Vollzugsverbot erfasst wird.[461] Für die Parteien ist es in jedem Fall empfeh-

---

[454] Z.B. Bekanntmachung des Zusammenschlusses Recticel/CWW-Gerko, M.531, ABl. 1995 C 7/3.
[455] JONES/GONZÁLES-DÍAZ 199.
[456] Der in der FKVO gebrauchte Begriff „Handlungen" wäre wohl besser durch „Ereignisse" zu ersetzen, da der Kontrollerwerb nicht zwingend durch eine Handlung bewirkt wird (z.B. bei Erbschaft).
[457] ICI/Tioxide, M.023, Ziff. 6; OVERBURY/JONES 356-357; DRAUZ/SCHROEDER 189-190 mit weiteren Beispielen.
[458] DRAUZ/SCHROEDER 189.
[459] DRAUZ/SCHROEDER 189.
[460] Z.B. ICI/Tioxide, M.023 (Zustimmung der Generalversammlung); Dresdner Bank/BNP, M.021 (Zustimmung der ungarischen Behörden).
[461] BECHTOLD, Grundzüge, 259; NIEMEYER 19.

lenswert, den Vertrag unter die Bedingung einer positiven Kommissionsentscheidung zu stellen und die Folgen einer negativen Entscheidung zu regeln.[462]

Der Zeitpunkt der Veröffentlichung eines öffentlichen Übernahmeangebotes ist leicht festzustellen. Die Veröffentlichung hat meist nach bestimmten Vorschriften der Mitgliedstaaten zu erfolgen.[463] Nach DRAUZ habe die Kommission in Rücksichtnahme auf nationale Vorschriften über öffentliche Übernahmeangebote auch Anmeldungen vor der Veröffentlichung akzeptiert.[464] In Tetra Pak/Alfa-Laval, M.068, habe sie die Anmeldung bereits zum Zeitpunkt der Absichtserklärung von Tetra Pak akzeptiert. In Accor/Wagon-Lits, M.126, habe die Kommission angenommen, die Frist für die Anmeldung laufe ab der Genehmigung des Übernahmeangebots durch die zuständige belgische Behörde.

Der dritte Tatbestand, der die Anmeldefrist auslöst, ist ein Auffangtatbestand. Liegt kein Vertragsschluss und kein öffentliches Übernahmeangebot vor, wird die Anmeldefrist im Zeitpunkt des Kontrollerwerbs ausgelöst. Welcher Moment dies ist, ist nicht ohne weiteres klar.

Kauft zum Beispiel ein Unternehmen an der Börse Aktien eines anderen Unternehmens in der Absicht, die Kontrolle darüber zu erwerben, so kann man sich fragen, ob die einwöchige Frist am Anfang der Aktion, im Zeitpunkt, wenn ein bestimmter Aktienanteil erworben ist, oder am Ende der Aktion zu laufen beginnt. Nach wörtlicher Auslegung entsteht die Anmeldepflicht erst, wenn die Kontrolle effektiv erworben ist, also wenn ein bestimmter Aktienanteil gehalten wird. Dies ist auch die Ansicht von DRAUZ[465] und LÖFFLER[466]. Vielfach dürfte es schwierig sein, festzustellen, bei welchem Aktienanteil die Kontrolle über ein Unternehmen erworben wird. Wie auf Seite 31 ausgeführt, kann Kontrolle im Sinne der FKVO auch bei einer Minderheitsbeteiligung bestehen.

Viel dürfte vom guten Glauben des Erwerbers abhängen. Hat er die Absicht, die Kontrolle zu erwerben, weiss er in der Regel, bei welchem Anteil er die tatsächliche Kontrolle innehat. Aktienkäufe, die für die FKVO relevant sind, dürften in der Regel auch paketweise erfolgen, was die Bestimmung des Zeitpunktes des Kontrollerwerbs erleichtert.

In der Praxis hält die Kommission nicht streng an der Frist für die Anmeldung fest.[467] Obwohl schon Anmeldungen verspätet eingereicht worden sind, hat sie bis-

---

[462] Vgl. COOK/KERSE 122.
[463] Vgl. den englischen City Code on Takeovers und das schweizerische BEHG; vgl. auch den neusten Vorschlag für eine 13. gesellschaftsrechtliche Richtlinie des Rates über Übernahmeangebote, NZZ Nr. 111 vom 14.5.96, S. 33.
[464] DRAUZ/SCHROEDER 191.
[465] DRAUZ/SCHROEDER 191.
[466] LÖFFLER zu Art. 4 N 4.
[467] WHISH 720; MERKIN 4-604A; FINE, Mergers, 260-261.

her noch keine Bussen für die Nichtbeachtung der Wochenfrist verhängt (hinten 105). Die Kommission ist auch bei verspäteter Anmeldung an die Fristen für die Entscheidungen gebunden (Art. 10 Abs. 1).[468]

Wegen des Vollzugsverbots ist die besondere Frist für die Anmeldung eigentlich nicht nötig.[469] Sie garantiert aber eine schnelle Abwicklung von Zusammenschlussfällen und verringert die Zahl schwebend ungültiger Rechtsgeschäfte (und damit Probleme bezüglich Durchsetzbarkeit oder Verjährung). Aus diesem Grund und weil sich der Gemeinschaftsgesetzgeber ursprünglich für diese Frist entschieden hat, dürfte sie auch bei der Revision der FKVO beibehalten werden.[470] Allerdings ist eine Woche für die Anmeldung sehr kurz bemessen.[471] Auch wenn die für die Anmeldung benötigten Informationen und Unterlagen in der Regel auch vor der Anmeldung beschafft werden können, wäre eine Verlängerung der Anmeldefrist auf zehn Tage oder zwei Wochen zu prüfen.

e) Inhalt der Anmeldung

aa) Formblatt CO

Ein Zusammenschluss muss gemäss dem im Anhang zur DVO publizierten Formblatt CO[472] angemeldet werden. Das Formblatt CO ist kein Formular, das auszufüllen ist, sondern eine Anleitung, welche Informationen der Kommission in welcher Gliederung unterbreitet werden müssen. Die Art der Präsentation der Informationen bleibt weitgehend den Anmeldern überlassen. Bestimmte Daten können auch in Form von Tabellen und Schemen präsentiert werden.

Bei der Festlegung der Anmelde-Erfordernisse orientierte sich die Kommission an der amerikanischen Pre-merger Notification nach dem Hart-Scott Rodino Improvement Act von 1976 und der Anmeldung nach dem deutschen GWB.[473] Das Formblatt CO ist seit Inkrafttreten der FKVO zweimal revidiert worden. Für das EWR-Abkommen wurde das Formblatt CO erweitert, damit die Kommission über die Anwendbarkeit der EWR-Bestimmungen und, bei Zusammenschlüssen mit EFTA-weiter Bedeutung, über die Vereinbarkeit des Zusammenschlusses mit den EWR-Vorschriften entscheiden kann.[474]

---

[468] Gl.M. BOS/STUYCK/WYTINCK 256.
[469] BLANK 240; MIERSCH 195; BECHTOLD, Grundzüge, 259.
[470] Das Grünbuch über die Revision der FKVO enthält diesbezüglich keine Änderungsvorschläge.
[471] Vgl. BLANK 240.
[472] CO steht für Concentration.
[473] ROHARDT 373.
[474] ABl. 1993 L 336/64.

Die zweite Revision erfolgte zusammen mit der Revision der DVO Ende 1994.[475] Das Formblatt CO wurde gesamthaft überarbeitet. Die neue Version trat zusammen mit der revidierten DVO auf den 1. März 1995 in Kraft.[476] Bei der im Amtsblatt vom 31.12.94 publizierten Version des Formblattes CO haben die bei der Revision angewandte Eile und die Arbeitsbelastung der Kommission am Jahresende ihre Spuren hinterlassen.[477] Das gleiche gilt auch für die DVO.[478]

Bei der zweiten Revision des Formblattes CO wurde der Umfang der zu unterbreitenden Informationen insgesamt verringert. Die Kommission hat Angaben, die sich als wenig hilfreich oder nicht notwendig erwiesen haben (wie die Nennung der Beschäftigtenzahl oder des weltweiten Gewinns), weggelassen. Eine wesentliche Erleichterung besteht darin, dass die Marktanteilsschwellen dafür, dass ein Markt als betroffener Markt gilt, von 10 auf 15% und bei vor- oder nachgelagerten Märkten von 10 auf 25% heraufgesetzt wurden. Damit verringert sich die Zahl der Märkte, für die die umfangreichen Angaben nach dem Formblatt CO geliefert werden müssen, beträchtlich. Auch die Umsatzangaben für die beteiligten Unternehmen müssen nur noch für das letzte, statt für die letzten drei Geschäftsjahre gemacht werden. Ausserdem wurde die Möglichkeit einer verkürzten Anmeldung für Gemeinschaftsunternehmen mit geringen gegenwärtigen oder zukünftigen Tätigkeiten im Gebiet des EWR geschaffen.

In bestimmten Bereichen verlangt das neue Formblatt CO genauere Angaben (z.B. über die Einfuhren von ausserhalb des EWR und über Markteintrittsmöglichkeiten).

Weitere Änderungen sind: terminologische Präzisierungen, Begriffsbestimmungen für Anmelder, Beteiligte und betroffene Märkte[479], der Hinweis auf die Möglichkeit informeller Kontakte vor der Anmeldung, die Präzisierung, dass nicht verfügbare Informationen durch Schätzungen ersetzt werden sollen, sowie die Neugliederung der Abschnitte.

Die im Formblatt CO verlangten Angaben und Unterlagen sind in zehn Abschnitte gegliedert. Angaben müssen über die am Zusammenschluss beteiligten Unternehmen, über das Vorhaben, über Konkurrenten und über die vom Zusammenschluss

---

[475] Gleichzeitig hat die Kommission auch die VO 27 und das Formblatt A/B mittels der VO 3385/94 revidiert, Fn 38.

[476] Art. 24 DVO.

[477] So wird unter A. auf die VO 0000/94, statt auf die VO 3384/94 verwiesen. Unter G. wird auf die Artikel der Fusionskontrolle, statt auf die der FKVO verwiesen. Unter G. wird gesagt, wie die Umsatzumrechnung für Abschnitt 2.4 zu erfolgen hat. Die Umrechnung der Werte von Abschnitt 2.3 wäre somit nicht geregelt. Ein Vergleich mit der alten Version des Formblattes CO zeigt, dass eine Verweisung auf die Abschnitte 2.3 *und* 2.4 erfolgen sollte. Da in Abschnitt 2.3 und 2.4 nur noch die Werte für das letzte Geschäftsjahr verlangt werden, sollte dies auch unter G. so gesagt werden.

[478] In Art. 13 Abs. 5 UA 2 verweist sie auf Art. 13 Abs. 3 lit. c. Dieser war jedoch aus dem Entwurf gestrichen worden.

[479] Sinnvoll wäre es gewesen, die Begriffsbestimmungen im Formblatt CO und diejenigen in Art. 11 der FKVO besser zu koordinieren.

betroffenen Märkte gemacht werden. Werden Angaben über die am Zusammenschluss beteiligten Unternehmen verlangt, schliesst dies in der Regel alle zum gleichen Konzern gehörenden Unternehmen ein (Formblatt CO, G). Der Umfang der Anmeldung kann mittels vorausgehender informeller Gespräche erheblich reduziert werden, wenn es gelingt, die Kommission davon zu überzeugen, dass bestimmte Angaben oder Dokumente für die Beurteilung des Zusammenschlusses nicht benötigt werden (Art. 3 Abs. 2 DVO; Formblatt CO, A und B, vgl. hinten 102f.).

Die Vorbereitung von Standardanmeldungen, die bei Bedarf aus der Schublade gezogen werden könnten, dürfte unrationell sein, da sich die Daten ständig ändern und zum grossen Teil vom Zusammenschlusspartner abhängen.

Im folgenden wird in tabellarischer Darstellung eine Übersicht über die in den einzelnen Abschnitten verlangten Angaben und Unterlagen gegeben:

Abschnitt 1 (Hintergrundinformationen)	Identität und Geschäftstätigkeit der Anmelder, Angabe ihrer Vertreter
Abschnitt 2 (Einzelheiten des Zusammenschlusses)	Art und Ablauf des Vorhabens, diverse Umsatzangaben der beteiligten Unternehmen im vorangehenden Geschäftsjahr[480]
Abschnitt 3 (Eigentum und Kontrolle)	Beschreibung der Konzernstruktur, Liste der beteiligten Unternehmen und derjenigen Tochterunternehmen, die auf einem betroffenen Markt tätig sind
Abschnitt 4 (Personelle und kapitalmässige Verflechtungen und vorangehende Beteiligungen)	Liste der Beteiligungen von mehr als 10% und der Einsitznahmen in Organen anderer in den betroffenen Märkten tätiger Unternehmen, Liste der in den letzten drei Jahren von Konzernunternehmen erworbenen Beteiligungen in den betroffenen Märkten
Abschnitt 5 (Unterlagen)	Kopien der Vereinbarungen über den Zusammenschluss, der Jahresabschlüsse der beteiligten Unternehmen und aller im Zusammenhang mit dem Zusammenschluss erstellten Dokumente. Wenn mindestens ein betroffener Markt vorhanden ist, müssen auch alle Berichte, Analysen, etc., die im Hinblick auf den Zusammenschluss für den Vorstand, den Aufsichtsrat oder die Aktionärsversammlung erstellt worden sind, vorgelegt werden.
Abschnitt 6 (Marktdefinitionen)	Beschreibung der betroffenen relevanten Produktmärkte und geographischen Märkte
Abschnitt 7 (Angaben zu den betroffenen Märkten)	Umfassende Angaben über die betroffenen Märkte betreffend Marktgrösse, Marktanteile der Beteiligten und ihrer Wettbewerber, Einfuhren von ausserhalb des EWR, Hindernisse für den Handel zwischen den Mitgliedstaaten, Produktionsweisen, Preise, vertikale Integration

---

[480] Die Umrechnung in ECU hat zum durchschnittlichen Umrechnungskurs des Vorjahres zu erfolgen, Formblatt CO, G; vgl. auch Bekanntmachung über die Berechnung des Umsatzes, Ziff. 49-50. Trotz des alleinigen Verweises auf Abschnitt 2.4 muss die Umrechnungsregel auch für Abschnitt 2.3 gelten.

Abschnitt 8 (Allgemeine Bedingungen in den betroffenen Märkten)	Angebotsstruktur (Lieferanten der Beteiligten, Vertriebswege, Kundendienst), Nachfragestruktur, Markteintritt (Möglichkeit und Wahrscheinlichkeit), Bedeutung von Forschung und Entwicklung, Umfang und Natur von Kooperationsvereinbarungen, Aufzählung der Verbände, denen die Beteiligten, ihre Kunden und Lieferanten angehören[481]
Abschnitt 9 (Allgemeine Fragen)	Konglomerate Beziehungen (wenn keine der in anderen Teilen der Anmeldung beschriebenen horizontalen oder vertikalen Beziehungen bestehen), weltweiter Zusammenhang des Vorhabens, Auswirkungen auf die Verbraucher und den technischen und wirtschaftlichen Fortschritt, Nennung der Nebenabreden, Erklärung, ob die Anmeldung als Antrag im Sinne der VO 17 gelten soll, wenn das Vorhaben kein Zusammenschluss sein sollte. Die Darstellung des Zusammenschlusses im weltweiten Zusammenhang gehört wohl zu den wichtigsten Teilen der Anmeldung. Nur in diesem Abschnitt können die Anmelder ihre Beweggründe für den Zusammenschluss darlegen. Die Beweggründe dürften die Optik, mit der sich die Kommission an die wettbewerbliche Beurteilung macht, massgeblich beeinflussen.
Abschnitt 10 (Erklärung)	Unterzeichnete Erklärung, dass sich die Anmelder in guten Treuen bemüht haben, die im Formblatt CO geforderten Angaben und Unterlagen vollständig und richtig zu unterbreiten.[482]

Die Anmeldung ist nur wirksam, wenn sie vollständig und richtig ist (Art. 3 Abs. 1 DVO). Sind dem Anmelder bestimmte Angaben oder Unterlagen nicht zugänglich, so gilt die Anmeldung auch dann als vollständig, wenn er deren Fehlen begründet, für die fehlenden Angaben „nach bestem Wissen" Schätzungen macht, die Quellen für die Schätzungen nennt und angibt, wo die Kommission die fehlenden Angaben einholen könnte (Formblatt CO, B, lit. a). Diese Situation dürfte sich besonders bei umstrittenen Übernahmen einstellen. Angaben, die die Anmelder nur mit unverhältnismässigem Aufwand beschaffen könnten, sind ebenfalls als unzugänglich anzusehen. OVERBURY und JONES vertreten die Ansicht, dass die Kommission eine „reasonable efforts" Praxis entwickeln sollte, dass also Informationen, die bei vernünftigen Anstrengungen nicht beigebracht werden können, auch nicht unterbreitet werden müssen.[483] Dieser Ansicht ist zuzustimmen.

---

481 Von anderen Unternehmen, auch unbeteiligten, sind jewels auch Telefonnummern und Kontaktpersonen zu nennen. Vertragliche Verpflichtungen gegenüber anderen Unternehmen, keine Namen oder Telefonnummern weiterzugeben, dürfte die Kommission nicht als Grund für Nichtnennung gelten lassen.

482 Der Text des Formblattes CO geht unnötigerweise darüber hinaus („nach bestem Wissen und Gewissen"; „wahr", „richtig", „vollständig und zutreffend"; „nach bestem Ermessen"; „aufrichtige Überzeugung"). Es wäre eine interessante semantische Aufgabe, die Bedeutung dieser Begriffe und deren Abgrenzung in den verschiedenen Amtssprachen zu untersuchen.

483 OVERBURY/JONES 366.

Sind die in der Anmeldung enthaltenen Angaben in einem wesentlichen Punkt unvollständig, unrichtig oder entstellt, ist die Anmeldung nicht wirksam erfolgt. Sie wird erst wirksam, wenn die vollständigen und richtigen Angaben bei der Kommission eingegangen sind (Art. 4 Abs. 2 und 4 DVO).[484] Die Kommission muss den Anmeldern oder ihren Vertretern umgehend mitteilen, wenn sie Angaben in der Anmeldung für unvollständig, unrichtig oder entstellt ansieht (Art. 4 Abs. 2 DVO). Sie setzt ihnen eine Frist zu deren Ergänzung.[485] Die Kommission veröffentlicht nach der revidierten DVO neben einer Mitteilung über die erfolgte Anmeldung auch eine Mitteilung über das Wirksamwerden der Anmeldung, wenn dieses erst später erfolgt (Art. 4 Abs. 5 DVO).

Die vorsätzliche oder fahrlässige Unterbreitung unrichtiger oder entstellter Angaben ist nach Art. 14 mit Busse bedroht.

Eine Strafbestimmung für die Unterbreitung einer unvollständigen Anmeldung gibt es nicht. Die Entscheidungsfrist beginnt aber nicht zu laufen. ROHARDT weist darauf hin, dass es aus Geheimhaltungsgründen zweckmässig sein kann, vor der Anmeldung nicht alle Angaben zu erarbeiten und zunächst eine unvollständige Anmeldung einzureichen und die Angaben dann nachzuliefern.[486] Befürchtungen, die Kommission erkläre Anmeldungen in missbräuchlicher Weise für unvollständig, um Zeit für die Beurteilung zu gewinnen, haben sich nicht bewahrheitet.[487]

Ergeben sich wesentliche Änderungen von in der Anmeldung genannten Tatsachen, müssen die Anmelder diese umgehend und unaufgefordert der Kommission mitteilen (Art. 4 Abs. 3 DVO). Haben Änderungen, die im Vorprüfverfahren erfolgt sind, erhebliche Auswirkungen auf die Beurteilung des Zusammenschlusses, kann die Kommission entscheiden, dass die Frist von einem Monat erst mit der Mitteilung der Änderungen beginnt. Angesichts dessen, dass Art. 8 Abs. 5 (Widerruf einer Vereinbarkeitsentscheidung) wohl auch anwendbar ist, wenn die Angaben durch die Änderung noch während dem Verfahren unrichtig geworden sind, ist es für die Anmelder angezeigt, den Begriff der wesentlichen Änderungen nicht zu eng zu interpretieren und der Kommission eher zu viel als zu wenig Informationen mitzuteilen.

Art. 4 Abs. 3 DVO spricht von Änderungen, „welche die Anmelder kennen oder kennen müssen". Die Anmelder können aber nur mitteilen, was sie kennen. Das Kennen oder Kennenmüssen ist vielmehr Voraussetzung dafür, dass die Kommission beschliessen kann, die Frist von einem Monat beginne erst mit der Mitteilung der

---

[484] Z.B. Digital/Kienzle, M.057: Die Anmeldung vom 3.1.91 wurde erst am 23.1.91 wirksam. In Elf Atochem/Rütgers, M.442, hat die Kommission die Anmeldung vom 27.5.94 am 22.6.94 für unvollständig erklärt. Erst am 4.7.94 wurde sie wirksam. In Krupp/Thyssen/Riva/Falck/Tadfin/AST, M.484, wurde die Anmeldung vom 22.6.94 erst am 21.9.94 wirksam.
[485] Der Hinweis in Art. 21 Abs. 2 DVO, dass die Frist nach Art. 20 festgesetzt wird, ist überflüssig.
[486] ROHARDT 372.
[487] REYNOLDS 652.

Änderung. Die Unterbrechung der Frist kann verhindern, dass die Kommission ein Hauptprüfverfahren einleitet, weil ihr nicht mehr genügend Zeit für die Beurteilung der Tatsachenänderungen im Vorprüfverfahren zur Verfügung steht. M.E. ist diese analoge Anwendung der Bestimmung der FKVO über unvollständige Anmeldungen (Art. 10 Abs. 1) gerechtfertigt.

Erfolgen wesentliche Änderungen der in der Anmeldung enthaltenen Tatsachen im Hauptprüfverfahren, kann die Kommission selbstverständlich nicht mehr beschliessen, die Anmeldung sei erst mit Eingang der Mitteilung der wesentlichen Änderungen wirksam geworden. Die DVO sieht deshalb vor, dass die viermonatige Frist für die Entscheidung nach Art. 8 gehemmt wird, wenn die Kommission eine Entscheidung über ein Auskunftsverlangen oder eine Nachprüfung erlassen musste, weil die Anmelder es unterlassen haben, ihr wesentliche Änderungen von in der Anmeldung genannten Tatsachen mitzuteilen (Art. 9 Abs. 1 lit. c DVO).

Wurde das Verfahren mittels einer Genehmigungsentscheidung abgeschlossen, können wesentliche Änderungen der der Entscheidung zugrunde liegenden Tatsachen zum Widerruf der Entscheidung führen (hinten 134f. und 168ff.).

Die genannten Vorschriften zeigen, dass die Auslegung des Formblatts CO in erster Linie durch die Kommission erfolgt. Ist sie der Meinung, dass die Anmeldung unvollständig ist, können sich die Anmelder dagegen kaum wehren. Es ist kein spezielles kommissionsinternes oder richterliches Verfahren für die Überprüfung der Auskunftsforderungen der Kommission vorgesehen. Die Entscheidung, dass die Anmeldung unvollständig ist, könnte wohl zusammen mit der Endentscheidung oder selbständig, wenn ein schwerer Schaden droht, vor dem Gerichtshof angefochten werden. Für die zusammenschlusswilligen Unternehmen ist eine solche Klage aber wegen ihrer Dauer nicht interessant. Eine mögliche Lösung wäre, umstrittene Punkte dem Generaldirektor des Rechtsdienstes vorzulegen.[488]

Die Anmeldung ist in einer der Amtssprachen einzureichen (Art. 2 Abs. 4 DVO, vgl. vorne 60f.). Die etwas undurchsichtigen Sprachregelungen für die EWR-Fusionskontrolle finden sich in Art. 12 Protokoll 24 zum EWR-Abkommen und Art. 2 Abs. 5 DVO. In jedem Fall dürften auch norwegische und isländische Unternehmen gut daran tun, eine Anmeldung gleich in einer Amtssprache der Kommission vorzubereiten, da bei Behandlung durch die Kommission ohnehin eine Übersetzung in eine Amtssprache angefertigt werden muss und diese dann zur Verfahrenssprache wird.[489]

bb) Erleichterte Anmeldung für Gemeinschaftsunternehmen

Eine der wichtigsten Neuerungen des revidierten Formblattes CO ist die erleichterte Anmeldung für Gemeinschaftsunternehmen mit keinen oder geringen gegenwärtigen

---

488 MACIVER in einer Podiumsdiskussion in: Fordham Corporate Law Institute (1991), 771.
489 Die Möglichkeit, dass der Zusammenschluss in die Zuständigkeit der ESA fällt, ist minim.

oder zukünftigen Tätigkeiten im Gebiet des EWR. Ein solches Gemeinschaftsunternehmen liegt vor, wenn sein Umsatz im EWR, der Umsatz der beigesteuerten Tätigkeiten oder der Gesamtwert der in das Gemeinschaftsunternehmen eingebrachten Vermögenswerte im EWR-Gebiet weniger als 100 Mio. ECU beträgt.

Sind die Anmelder der Auffassung, dass die Voraussetzungen für eine erleichterte Anmeldung gegeben sind, müssen sie dies in der Anmeldung darlegen und beantragen, dass die Kommission sie gemäss Art. 3 Abs. 2 DVO von der Pflicht zur Vorlage einer vollständigen Anmeldung befreie. Die Anmeldung in Kurzform muss also jedesmal von der Kommission durch Entscheidung gutgeheissen werden. Die Kommission ist bei Vorliegen der Bedingungen jedoch verpflichtet, eine Kurzanmeldung zuzulassen. Eine Kurzanmeldung beschränkt sich auf die im Formblatt CO unter C, lit. c aufgezählten Punkte. Angaben über die verschiedenen relevanten Märkte und über personelle und kapitalmässige Verflechtungen können weggelassen werden.

Es ist in der Tat sinnlos, dass für die Anmeldung umfassende Angaben zusammengetragen werden müssen, wenn von vornherein unwahrscheinlich ist, dass der Zusammenschluss zu einer marktbeherrschenden Stellung führt.

Die Kommission hält sich die Möglichkeit offen, eine vollständige Anmeldung zu fordern, wenn „dies erforderlich ist, um eine eingehende Untersuchung möglicher Wettbewerbsprobleme auf den betroffenen Märkten durchführen zu können" (Formblatt CO, C, lit. e). Nach dieser Formulierung ist es nicht nötig, dass die Wettbewerbsprobleme durch den vorliegenden Zusammenschluss verursacht werden. Würde die Bestimmung von der Kommission so angewendet, verstiesse sie m.E. gegen das Gleichbehandlungsgebot. Denn einige Unternehmen würden benachteiligt wegen Umständen, die nicht in ihrem Einflussbereich liegen, und die von der Verordnung nicht in Betracht gezogen werden. In der FKVO findet sich keine Grundlage für allgemeine Untersuchungen bestimmter Märkte.

cc) Befreiung

Eine sehr wichtige Bestimmung, die massgebend zur Akzeptanz der FKVO bei den betroffenen Unternehmen beigetragen hat, ist die Möglichkeit der Befreiung von der Vorlagepflicht[490], wenn die Unterlagen für die Beurteilung des Zusammenschlusses nicht benötigt werden (Art. 3 Abs. 2 DVO). Informelle Gespräche mit der Kommission vor der Anmeldung ermöglichen den Umfang der Anmeldung „auszuhandeln". In der Praxis sind solche Gespräche üblich.[491] Dieses Vorgehen wird dadurch gefördert, dass die Kommission nach Aussagen des ehemaligen Generaldirektors der DG IV, CLAUS-DIETER EHLERMANN, in erheblichem Umfang von der Möglichkeit der

---

490 In der aDVO stand „Beibringung". Dies wurde durch „Vorlage" ersetzt. Das Wort Beibringung hätte implizieren können, dass die vorlagepflichtigen Unternehmen auch Unterlagen, die nicht in ihrem Besitz sind, hätten vorlegen müssen. Dem ist aber nicht so, vgl. Formblatt CO, B.
491 GOYDER 405.

Befreiung von der Vorlagepflicht Gebrauch macht.[492]

Eine von der Kommission erstellte provisorische Liste von Informationen, auf die sie verzichten kann, ist bei ROHARDT abgedruckt.[493] Weil sie eine gute Orientierungshilfe für anmeldende Unternehmen darstellt, soll sie hier wiedergegeben werden:

1. Die Information ist für den betreffenden Wirtschaftszweig von vornherein irrelevant im Hinblick auf einen Zusammenschluss in der Branche.
2. Die Informationen sind im Einzelfall irrelevant.
3. Die Information erscheint deshalb verzichtbar, weil nach dem ersten Anschein eine Freigabe des Zusammenschlusses sehr wahrscheinlich ist, sei es, dass
   - ein konglomerater Zusammenschluss vorliegt,
   - sich die Auswirkungen des Zusammenschlusses im wesentlichen auf das EG-Ausland[494] beschränken,
   - die gemeinsamen Marktanteile unter 10% liegen und, mit gewissen Einschränkungen,
   - der gemeinsame Marktanteil unterhalb von 25% liegt.
4. Die Angaben erscheinen unverhältnismässig.

Ist der Anmelder der Auffassung, bestimmte Informationen seien für die Untersuchung des Vorhabens nicht erforderlich, kann er diese in der Anmeldung unter Angabe der Gründe dafür weglassen und eine Befreiung nach Art. 3 Abs. 2 DVO beantragen (Formblatt CO, B, lit. b). Ist die Kommission nicht einverstanden, verlangt sie die Ergänzung der Anmeldung. Die Anmeldung wird dann erst wirksam, wenn die Information beigebracht worden ist.

dd) Behandlung von Geschäftsgeheimnissen

Es gibt kein Recht, der Kommission Geschäftsgeheimnisse vorzuenthalten.[495] Viele der für eine Anmeldung verlangten Informationen dürften von den beteiligten Unternehmen als Geschäftsgeheimnisse betrachtet werden (dazu im Detail hinten 245ff.). Der Kommission übergebene Geschäftsgeheimnisse sind durch das Amtsgeheimnis geschützt (hinten 247f.).

Damit die Kommission Unterlagen mit Geschäftsgeheimnissen als solche erkennt und die nötigen Vorkehren zu deren Schutz trifft, sind diese von den anderen Unterlagen getrennt einzureichen und auf jeder Seite mit dem deutlichen Vermerk

---

492 EHLERMANN, Fusionskontrolle, 545; s. auch OVERBURY/JONES 376.
493 ROHARDT 376. Der Artikel wurde 1991 geschrieben.
494 Nach Inkrafttreten des EWR-Abkommens muss hier EWR-Ausland stehen.
495 Rs. 31/59, Brescia/Hohe Behörde Slg. 1960, 158 und Entscheidung der Kommission Fides, ABl. 1979 L 57/33. Neuerdings z.B. Rs. T-39/90, SEP/Kommission Slg. 1991 II 1497 und der Rechtsmittelentscheid Rs. C-36/92P, SEP/Kommission Slg. 1994 I 1911.

„Geschäftsgeheimnis" zu versehen (Formblatt CO, F). Der Anmelder muss die Gründe für die Geheimhaltung nennen. Bei gemeinsamen Anmeldungen durch mehrere Unternehmen können Geschäftsgeheimnisse von den jeweiligen Unternehmen getrennt eingereicht werden.[496] Die Nichtbefolgung der genannten Verfahrensvorschriften durch die beteiligten Unternehmen entbindet die Kommission nicht von der Pflicht, Geschäftsgeheimnisse zu wahren.

f) Umdeutung der Anmeldung (Art. 5 DVO)

Fällt ein nach den Regeln für Zusammenschlüsse angemeldetes Vorhaben nicht unter die FKVO, so ist die Kommission verpflichtet, die Anmeldung als eine Anmeldung oder einen Antrag nach den Durchführungsverordnungen von Art. 85 EGV[497] zu akzeptieren, sofern der Anmelder dies schriftlich beantragt hat (Art. 5 DVO; Formblatt CO, Abschnitt 9.6).[498] Der Vorteil dieser Bestimmung für die Unternehmen liegt darin, dass auch für die Anmeldung oder den Antrag nach diesen Verordnungen der Zeitpunkt der ursprünglichen Anmeldung gilt.

g) Rückzug der Anmeldung

Die Anmeldung kann jederzeit zurückgezogen werden.[499] Das Vorhaben darf selbstverständlich auch nach dem Rückzug der Anmeldung nicht vollzogen werden.

In zahlreichen Fällen ist es vorgekommen, dass Anmeldungen zurückgezogen und mit Änderungen erneuert worden sind. In diesen Fällen hatten wohl die Gespräche mit der Kommission ergeben, dass das vorliegende Zusammenschlussvorhaben nicht genehmigt werden könnte und dass die Kommission gewisse Änderungen für angebracht hielt. Die erneuerten Anmeldungen enthalten dann in der Regel selbstauferlegte Beschränkungen, die etwa den Bedingungen und Auflagen entsprechen, wie sie die Kommission üblicherweise festlegt, vom Kontrollerwerber jedoch kaum freiwillig eingegangen würden.[500]

---

[496] Unter Umständen wäre der Austausch von vertraulichen Daten zwischen den anmeldenden Unternehmen ein Verstoss gegen Art. 85 EGV, vgl. WHISH 429-431.

[497] Art. 2 und 4 VO 17; Art. 12 und 14 VO 1017/68 (Eisenbahn-, Strassen- und Binnenschiffsverkehr); Art. 12 VO 4056/86 (Seeverkehr); Art. 3 Abs. 2 und Art. 5 VO 3975/87 (Luftverkehr).

[498] Z.B. Apollinaris/Schweppes, M.093; Elf/Entreprise, M.088.

[499] Nach Angaben der Kommission sind 1992 drei Anmeldungen, 1993 auch drei Anmeldungen und 1994 sechs Anmeldungen zurückgezogen worden, Kommission, Wettbewerbspolitik der Europäischen Gemeinschaft, 41. 1995 wurden die Anmeldungen von Swissair/Sabena, M.616 und RWE-DEA/Enichem Augusta, M.612, zurückgezogen und erneuert.

[500] Vgl. Tractebel/Distrigaz II, M.493; Voith/Sulzer II, M.478; Unilever France/Ortiz Miko II, M.422; GE/ENI/Nuovo Pignone II, M.440; Procter & Gamble/VP Schickedanz, M.430; RWE-DEA/Enichem Augusta, M.612; Swissair/Sabena, M.616.

h) Missachtung der Anmeldepflicht

Wenn die Anmeldepflichtigen vorsätzlich oder fahrlässig die Anmeldung unterlassen oder in der Anmeldung unrichtige oder entstellte Angaben machen, können sie mit Busse von 1'000 bis 50'000 ECU belegt werden (Art. 14).

Die Missachtung des Vollzugsverbots kann separat und schwerer gebüsst werden. Dies ist nicht widersprüchlich, da nicht jede Missachtung der Anmeldepflicht auch eine Missachtung des Vollzugsverbots bedeutet. Nur die Anmeldepflicht ist verletzt, wenn die Anmeldung nicht oder verspätet erfolgt und der Zusammenschluss nicht vollzogen wurde.

Die Kommission hat noch keine Bussen für die Missachtung der Anmeldefrist verhängt[501], obschon einige Anmeldungen verspätet eingereicht wurden. Der Zusammenschluss Torras/Sarrio, M.166, beispielsweise wurde erst fast ein Jahr nach dem Vollzug angemeldet. Dennoch verzichtete die Kommission auf eine Busse angesichts der schwierigen Fragen im Zusammenhang mit der Anwendung der FKVO auf dieses Vorhaben. Auch im Fall Air France/Sabena, M.157[502], hat sie den Verzicht auf die Verhängung einer Busse damit begründet, dass komplexe Qualifikationsfragen gelöst werden mussten und das Vorhaben gutgläubig unter der VO 17 angemeldet worden war.

Die Strafbestimmung für die Verletzung der Anmeldepflicht sollte von der Kommission zurückhaltend angewendet werden.[503] Der Wettbewerb auf den betroffenen Märkten ist durch das Vollzugsverbot und seine verwaltungs- und zivilrechtlichen Sanktionen ausreichend geschützt (Bussen, Zwangsgelder, Unwirksamkeit). Auch wenn ein Zusammenschluss nicht angemeldet worden ist, kann die Kommission ihre Zuständigkeit zu seiner Beurteilung abklären und ein Hauptprüfverfahren eröffnen (hinten 141f.).

Obwohl die wörtliche Auslegung von Art. 8 im Falle der Unterlassung der Anmeldung nur eine Unvereinbarkeitsentscheidung zuzulassen scheint, kann die Kommission wegen dem Prinzip „Qui peut le plus, peut le moins" auch eine Genehmigungsentscheidung unter Bedingungen und Auflagen treffen oder feststellen, dass der Zusammenschluss zulässig war.

i) Stellungnahme

aa) Zweckmässigkeit der Bestimmungen

Die Vorschriften über die Anmeldung erfüllen ihren Zweck, ein rasches Verfahren zu garantieren und der Kommission die notwendigen Grundlagen für die Beurteilung

---

501 DRAUZ/SCHROEDER 192 (August 1995).
502 Vertrag vom 10.4.92, Anmeldung am 7.9.92.
503 Gl.M. MIERSCH 198.

eines Zusammenschlusses zu verschaffen. Die Pflicht zur vorgängigen Anmeldung ist eine Voraussetzung für eine effektive Zusammenschlusskontrolle.

Die gemäss Formblatt CO zu unterbreitenden Angaben und Unterlagen sollten in praktisch allen Fällen für eine fundierte Beurteilung des Zusammenschlusses genügen. Die informellen Gespräche über den Umfang der Anmeldung und die Möglichkeit der Befreiung von der Anmeldepflicht sind wichtig für ein effizientes, unnötigen Aufwand vermeidendes Anmeldeverfahren. Die Erfahrung der letzten fünf Jahre hat gezeigt, dass die Anmeldungserfordernisse zumutbar sind.

Ein Mangel der Bestimmungen über die Anmeldung ist, dass die Kommission bei Streitigkeiten über den Umfang der zu unterbreitenden Angaben faktisch allein entscheiden kann. Die Unternehmen sind gezwungen, sich zu fügen, wollen sie nicht den Nachteil einer erheblichen Verzögerung des Verfahrens und eines unkooperativen Verhältnisses mit der Kommission in Kauf nehmen.

bb) Verhältnismässigkeit der Anforderungen

Der Umfang der im Formblatt CO geforderten Angaben ist vor allem in der ersten Zeit der Geltung der FKVO verschiedentlich kritisiert worden.[504] Der Aufwand für das Bereitstellen der verlangten Angaben stehe in keinem Verhältnis zum erwarteten Nutzen für die Untersuchung.

Die Kommission hat das Formblatt CO eindeutig so formuliert, dass es ihr in fast allen Fällen sämtliche Informationen verschafft, die für die Beurteilung nötig sein können. Gesamthaft liegt der Umfang wohl auch nach der Revision von 1994 an der oberen Grenze dessen, was für die wettbewerbliche Prüfung eines Zusammenschlusses notwendig ist.

Unverhältnismässig scheinen mir besonders die Pflicht zur Unterbreitung von Angaben über Märkte, auf denen der Wettbewerb mit Sicherheit nicht beschränkt wird, und der Ausschluss der Anmeldung in Kurzform, wenn die Kommission eine eingehende Untersuchung möglicher Wettbewerbsprobleme auf dem betreffenden Markt durchführen will, sofern die Probleme nicht durch den vorliegenden Zusammenschluss verursacht werden.

Bei anderen Informationen ist fraglich, ob die Anmelder sie für die Kommission beschaffen sollen. Dazu gehören Angaben über Wettbewerber und allgemeine Daten über Märkte (Volumen, Markteintritte, Preisvergleiche, Innovationen). Die Beschaffung dieser Informationen kann einen beträchtlichen zeitlichen und personellen Aufwand bedeuten und für die Anmelder schwieriger sein als für die Kommission.

Die im Formblatt CO verlangten Angaben müssen zusammen mit anderen Bestimmungen und Praktiken gesehen werden, die die Anmeldungserfordernisse wieder erleichtern (Befreiung von der Vorlage bestimmter Angaben, informelle Vorgesprä-

---

[504] Z.B. ROHARDT 373-379; MACIVER 755-756.

che und Anmeldung in Kurzfassung für bestimmte Gemeinschaftsunternehmen) oder die Vertraulichkeit der gemachten Angaben schützen (Amtsgeheimnis).[505] Es ist auch zu beachten, dass eine speditive Überprüfung des Zusammenschlusses in den kurzen Fristen der FKVO, die vor allem im Interesse der beteiligen Unternehmen liegt, nur dann gewährleistet werden kann, wenn keine umfangreichen Rückfragen oder Informationserhebungen bei den Beteiligten oder Dritten stattfinden müssen.[506] Angesichts der Befreiungsmöglichkeit und der bisherigen Praxis der Kommission erscheinen die in Formblatt CO geforderten Angaben mit den wenigen genannten Ausnahmen nicht unverhältnismässig.

3. Vollzugsverbot

a) Grundsatz

Präventive Fusionskontrolle bedeutet, dass die wettbewerbsrechtliche Beurteilung eines Zusammenschlussvorhabens vor dessen Vollzug erfolgt. Es gehört daher zur Konzeption einer präventiven Fusionskontrolle, dass der Vollzug des Zusammenschlusses bis zur Entscheidung über seine Zulässigkeit grundsätzlich aufgeschoben bleibt.

Art. 7 Abs. 1 verbietet, einen Zusammenschluss, der unter die FKVO fällt, vor der Anmeldung oder in den darauf folgenden drei Wochen zu vollziehen. Innerhalb dieser Frist kann die Kommission das Vollzugsverbot verlängern (g. Verlängerung des Vollzugsverbots). Dazu muss sie bis zu diesem Zeitpunkt eine vorläufige Prüfung des Zusammenschlussvorhabens vorgenommen haben. Aus verschiedenen Gründen sollte die Kommission das Vollzugsverbot verlängern, wenn sie ernsthafte Bedenken hinsichtlich der Zulässigkeit des Zusammenschlusses hat. Besondere Regeln gelten für öffentliche Kauf- oder Tauschangebote (e. Ausnahme) und den Börsenkauf von Wertpapieren (5. b. Wirksamkeit der Rechtsgeschäfte). Auf Antrag kann die Kommission vom Vollzugsverbot befreien (f. Befreiung).

Das Vollzugsverbot gilt für alle Zusammenschlüsse, die unter die FKVO fallen, also auch für Zusammenschlüsse, an denen ausschliesslich Unternehmen aus Drittländern beteiligt sind. Gemäss dem Auswirkungsprinzip, das nach der Kommission in Zukunft auch der Gerichtshof für die Abgrenzung des Anwendungsbereichs des EG-Wettbewerbsrechts anerkennen dürfte[507], gilt die FKVO nur auf Sachverhalte, die sich in der EU (bzw. im EWR) auswirken.[508] Theoretisch kann das Vollzugsverbot

---

505 Vgl. OVERBURY/JONES 365-366.
506 Vgl. HITZLER 370.
507 Vgl. ZÄCH, Praxis, 433 und die Anträge von GA DARMON in Rs. C-89, 104, 114, 116, 117 und 125 bis 129/85, Ahlström u.a./Kommission Slg. 1988, 5193.
508 Zum Problem der extraterritorialen Rechtsanwendung s. WHISH 368-389; ZÄCH, Praxis, 427-447; FINE, Mergers, 25-35 und WERNER MENG, Völkerrechtliche Zulässigkeit und Grenzen wirtschafts-

Zusammenschlusshandlungen, die keine Auswirkungen auf den Gemeinsamen Markt haben, folglich nicht betreffen.[509] Liessen sich solche Teile gesondert vollziehen, würde das Vollzugsverbot nicht verletzt. Um einem möglichen Konflikt mit der Kommission aus dem Weg zu gehen, kann für den „aussereuropäischen" Teil des Zusammenschlusses auch eine Befreiung vom Vollzugsverbot beantragt werden.[510] Nach der FKVO ist dafür aber Voraussetzung, dass den beteiligten Unternehmen andernfalls ein schwerer Schaden erwachsen würde.

Praktisch dürfte es allerdings kaum möglich und wünschbar sein, einen Teil eines Zusammenschlusses, dessen Vollzug gesondert erfolgen kann und keine Auswirkungen auf den Gemeinsamen Markt hat, abzutrennen und früher zu vollziehen.

Zur Durchsetzung des Vollzugsverbots kann die Kommission Bussen und Zwangsgelder verhängen. Diese dürften auch gegen Unternehmen aus Drittstaaten durch Zugriff auf in der EU gelegene Vermögenswerte vollstreckbar sein.

b) Bedeutung von „Vollzug"

Da die Anmeldepflicht erst besteht, wenn gewisse Rechtsakte schon erfolgt sind (Vertragsabschluss, Veröffentlichung des Kauf- oder Tauschangebots oder Erwerb einer die Kontrolle begründenden Beteiligung), anderseits der Zusammenschluss noch nicht vollzogen werden darf, muss die Bedeutung des Vollzugsbegriffs und der Unterschied zwischen den Handlungen, die die Anmeldepflicht auslösen, und dem Vollzug des Zusammenschlusses geklärt werden. Dies muss für die verschiedenen Zusammenschlussformen gesondert erfolgen.

aa) Zusammenschluss durch Fusion

Bei einer Fusion ist der Vollzug die Durchführung des Fusionsvertrages, also bei der „rechtlichen" Fusion, die Vereinigung der fusionierenden Unternehmen in ein einziges Unternehmen. Dabei dürften in den meisten Mitgliedstaaten ähnliche Regeln wie für eine Gesellschaftsgründung zur Anwendung gelangen. Bei der „wirtschaftlichen" Fusion liegt keine Änderung in der Zahl der beteiligten Unternehmen vor, sondern nur ein Vertrag, so dass das nachstehend Gesagte über den Kontrollerwerb durch Vertrag gilt.

---

verwaltungsrechtlicher Hoheitsakte mit Auslandwirkung, in: Zeitschrift für ausländisches öffentliches Recht und Völkerrecht, 1984, 675-783.

509 Es ist fraglich, ob auch die *Anmeldepflicht* mit dem Argument fehlender Auswirkungen auf den Gemeinsamen Markt wirksam bestritten werden kann. Das Fusionskontrollverfahren dient ja gerade dazu, die Auswirkungen des Zusammenschlusses auf den Gemeinsamen Markt festzustellen. Als Rechtfertigung der Anmeldepflicht für Unternehmen aus Drittstaaten kann die blosse Höhe der Umsätze angeführt werden. Ob die Umsätze Auswirkungen des Zusammenschlusses sind, ist wiederum fraglich.

510 Vgl. REYNOLDS 670.

Fusionen unterliegen zahlreichen anderen Vorschriften, vornehmlich des Gesellschaftsrechts. Einige dieser Vorschriften haben ihren Ursprung in EG-Richtlinien. Die gesellschaftsrechtlichen Vorschriften (insbesondere das Erfordernis der Zustimmung der Generalversammlung zum Fusionsvorhaben) dürften bewirken, dass zwischen dem Entscheid oder der Vereinbarung über die Fusion und ihrem Vollzug mehr als drei Wochen liegen.[511]

bb) Kontrollerwerb durch Vertrag

Beim Kontrollerwerb durch Vertrag kann zwischen Abschluss und Vollzug des Vertrags unterschieden werden. Zumindest in Rechtssystemen wie dem deutschen oder dem schweizerischen, die zwischen dem Verpflichtungsgeschäft und dem Verfügungsgeschäft unterscheiden, also die schuldrechtliche Verpflichtung vom Erfüllungsgeschäft trennen[512], kann der Vertragsabschluss mit der die Anmeldepflicht begründenden Handlung und die Übertragung der Titel oder Rechte mit dem Vollzug des Zusammenschlusses gleichgesetzt werden.[513] Die Modalitäten dieser Übertragung sind von Mitgliedstaat zu Mitgliedstaat verschieden. Einige Autoren teilen diese Ansicht nicht; sie argumentieren, dass die Trennung zwischen obligatorischem Verpflichtungsgeschäft und dinglichem Vollzugsgeschäft nicht in allen Mitgliedstaaten vorkomme.[514] In den Mitgliedstaaten, die die Unterscheidung kennen, kann aber m.E. auf diese Auslegung abgestellt werden, zumal die entsprechenden Formulierungen der FKVO wohl stark von deutschen Begriffen beeinflusst worden sind und ein Entwurf der Durchführungsverordnung auch ausdrücklich diese Konzeption vertrat.[515]

Diese Auslegung wird durch das Urteil des EuG Rs. T-3/93, Air France/Kommission[516], bestätigt. Beim Verkauf von Anteilen und Vermögensteilen durch Davies Newman an British Airways betrachtete das EuG die Übergabe der Titel als den tatsächlichen Vollzug des Zusammenschlusses.

In Ländern, deren Recht auf dem französischen Code Civil basiert[517], wird keine Unterscheidung zwischen dem obligatorischen Verpflichtungs- und dem dinglichen Vollzugsakt (mehr) gemacht (Art. 1583 Abs. 1 Code Civil). Der Abschluss des Ver-

---

511 Vgl. 3. gesellschaftsrechtliche Richtlinie (Fusionsrichtlinie), Nr. 78/855/EWG, ABl. 1978 L 295/36, und Vorschlag einer 10. gesellschaftsrechtlichen Richtlinie (internationale Fusionsrichtlinie), ABl. 1985 C 23/11. Beide sehen die Genehmigung der Fusion durch die Hauptversammlungen der beteiligten Gesellschaften und die Veröffentlichung des „Verschmelzungsplans" einen Monat vor der Hauptversammlung vor.
512 Vgl. KIRCHHOFF 4.
513 Vgl. KIRCHHOFF 4.
514 KIRCHHOFF 4; RÖHLING 1183.
515 Nach AXSTER 584.
516 Slg. 1994 II 121.
517 Frankreich, Belgien und Luxemburg. Die gleiche Regel gilt in Italien.

trages bewirkt die dingliche Rechtsänderung. Die die Anmeldepflicht auslösende Handlung wäre nach obiger Interpretation somit auch gleich der Vollzug des Zusammenschlusses.[518] Die gleiche Situation präsentiert sich auch beim Kontrollerwerb durch den Erwerb von Titeln oder Rechten, ohne dass dem Erwerb ein Veräusserungsvertrag vorausgegangen wäre (s. folgender Abschnitt). Das Vollzugsverbot scheint für diese Fälle ins Leere zu gehen und das Prinzip der vorgängigen Anmeldung durchbrochen zu werden.[519]

Der Begriff des Vollzugs muss in diesen Mitgliedstaaten anders interpretiert werden.[520] Da die Auslegung des Vollzugsbegriffs der FKVO eine Frage des Gemeinschaftsrechts ist, wäre die Frage in letzter Instanz auf dem Weg des Vorabentscheidungsverfahrens von Art. 177 EGV vom EuGH zu entscheiden.

Die Auslegung von Bestimmungen des EU-Rechts erfolgt durch den EuGH nach den gebräuchlichen Methoden der wörtlichen, systematischen, teleologischen und historischen Auslegung.[521] Das Hauptgewicht liegt auf der teleologischen und der systematischen Methode (die in zahlreichen Fällen den Wortlaut einer Bestimmung in den Hintergrund stellen können).[522] Da die wörtliche Auslegung beim Begriff des Vollzugs nicht zum Ziel führt, soll hier die Stellung der Bestimmung in der Systematik der FKVO und ihr Zweck betrachtet werden. Art. 7 hat zum Zweck, gewisse Handlungen zu verbieten, die auf das Ereignis folgen, das die Anmeldepflicht auslöst. Handlungen, die die Anmeldepflicht auslösen (insbesondere der Vertragsabschluss und der Erwerb einer die Kontrolle begründenden Beteiligung), können also nicht durch Art. 7 verboten werden.[523]

Art. 7 soll u.a. die „volle Wirksamkeit" einer späteren Entscheidung der Kommission gewährleisten. Es dürfen also keine Handlungen vorgenommen werden, die nicht mehr rückgängig gemacht werden können oder die Wettbewerbsverhältnisse verändern. Nach dem Verhältnismässigkeitsprinzip können anderseits nur solche Handlungen verboten werden. Der blosse Übergang der Rechte oder des Eigentums an den Titeln kann folglich nicht unterbunden werden.[524] Nicht erlaubt sind Handlungen, die den Zusammenschluss realisieren, was der englische Ausdruck „put into effect" deutlich macht. Sicher nicht erlaubt sind strukturelle Veränderungen oder die Ausübung eines bestimmenden Einflusses, also z.B. die Neubesetzung des Verwal-

---

518 Vgl. WINCKLER/GÉRONDEAU 544.
519 Vgl. AXSTER 584.
520 Ausser man nehme an, dass durch die FKVO eine Unterscheidung zwischen obligatorischem Verpflichtungsgeschäft und Vollzugsgeschäft wiedereingeführt werde, wie WINCKLER/GÉRONDEAU 544 dies befürchten.
521 GÜNDISCH 139.
522 GÜNDISCH 139-141; SCHWEITZER/HUMMER 105-106.
523 Gl.M. RÖHLING 1183.
524 Gl.M. BERLIN, Contrôle, 256; vgl. auch die Bestimmung über die Wirksamkeit von Börsengeschäften, Art. 7 Abs. 5.

tungsrates oder die Übertragung von Immaterialgüterrechten. Nach einer treffenden Formulierung von LÖFFLER[525] ist die Vornahme faktischer Handlungen zur Durchsetzung erworbener Kontrollrechte verboten.[526] Das Vollzugsverbot hindert die Parteien nicht, Bewilligungen einzuholen, Finanzierungsvereinbarungen zu treffen, Dokumente auszuarbeiten, Kontrollen durchzuführen, etc.[527]

Für die Praxis ist es wohl nicht von entscheidender Bedeutung, den genauen Umfang des Vollzugverbotes zu kennen, da Handlungen, die darunter fallen könnten, mit Vorteil vorgängig mit der Task Force Fusionskontrolle besprochen und allenfalls von ihr eine Befreiung nach Art. 7 Abs. 4 beantragt wird.

cc) Kontrollerwerb durch Erwerb von Anteilen

Wird der Erwerb von Anteilen durch Vertrag vereinbart, löst der Vertrag die Anmeldepflicht aus. Es gelten dann die Grundsätze des vorangehenden Abschnittes. Geht dem Anteilserwerb kein Vertrag voran, gelten die zu den Rechtsordnungen, die keine Unterscheidung zwischen dem obligatorischen Verpflichtungs- und dem dinglichen Vollzugsakt machen, angestellten Überlegungen (vorstehend 109f.).

Beim Kontrollerwerb durch Erwerb von Gesellschaftsanteilen sollte Art. 7 Abs. 3 betreffend öffentliche Kauf- oder Tauschangebote analog angewendet werden, so dass lediglich die Ausübung der erworbenen Stimmrechte grundsätzlich verboten ist.[528] Bei der Revision der FKVO sollte das berücksichtigt werden.[529] Die Entgegennahme von Dividenden beispielsweise wäre zulässig. Die Möglichkeit der Ausübung der Stimmrechte sollte in diesem Zeitpunkt allerdings gar nicht bestehen, da die Beschlüsse einer Generalversammlung, sofern sie nach den Abstimmungsregeln der betreffenden Gesellschaft überhaupt zustande kommen könnten, nicht Ausdruck der wirklichen Verhältnisse wären, weil weder der Veräusserer, noch der Kontrollerwerber ihre Stimmrechte an der Generalversammlung ausüben könnten.

c) Wirkung des Vollzugsverbots

Das Vollzugsverbot bewirkt, dass vor und in den drei auf die Anmeldung folgenden Wochen die oben bezeichneten Vollzugshandlungen nicht vorgenommen werden dürfen.

---

525 LÖFFLER zu Art. 7 N 3.
526 Nach Ansicht von LÖFFLER und RITTER/RAWLINSON/BRAUN ist auch das Inkrafttreten entsprechender Verträge zwischen den Parteien verboten, LÖFFLER zu Art. 7 N 3; RITTER/RAWLINSON/BRAUN 379. Diese Formulierung scheint m.E. zu weit, da Verträge auch in Kraft stehen können, wenn ihr Vollzug aufgeschoben ist.
527 Vgl. COOK/KERSE 121 Fn 10; BERLIN, Contrôle, 256.
528 Gl.M. JONES/GONZÁLES-DÍAZ 201-202; DRAUZ/SCHROEDER, 191.
529 Das Grünbuch enthält jedoch keine diesbezüglichen Vorschläge.

Nach herrschender Meinung steht die Zulässigkeit der vom Vollzugsverbot erfassten Rechtsgeschäfte unter der aufschiebenden Bedingung einer positiven Entscheidung der Kommission.[530] Werden die Rechtsgeschäfte dennoch getätigt, sind sie schwebend unwirksam und die Kommission kann Bussen aussprechen (hinten 121ff.). Die beteiligten Unternehmen sollten, um Missverständnissen vorzubeugen, den Status der den Zusammenschluss bewirkenden Rechtsgeschäfte vertraglich genau bestimmen.[531]

Nach Ablauf des Vollzugsverbots kann der Zusammenschluss rechtmässig vollzogen werden. Sollte die Kommission dennoch zu einer Untersagungsentscheidung gelangen, müsste sie Massnahmen zur Wiederherstellung wirksamen Wettbewerbs gestützt auf Art. 8 Abs. 4 treffen (hinten 166ff.).

d) Dauer des Vollzugsverbots

Das Vollzugsverbot gilt vor und in den drei Wochen nach der Anmeldung. Die Frist unterliegt nicht den besonderen Regeln der FKVO über die Fristenberechnung (Art. 10), sondern den allgemeinen Regeln der VO 1182/71 (Art. 2 und 3). Somit beginnen die drei Wochen an dem auf die Anmeldung folgenden Tag, auch wenn dieser kein Arbeitstag ist. Sie enden drei Wochen später mit Ablauf der letzten Stunde des gleichen Wochentags. Anders als die Fristen für die Entscheidungen nach Art. 6 und 8 wird die Dauer des Vollzugsverbots nicht um die dazwischenliegenden Feiertage verlängert.

Die Dauer des automatischen Vollzugsverbots stimmt nicht mit der Frist für das Vorprüfverfahren von einem Monat überein. Es ist nicht ersichtlich, wieso die Kommission innerhalb einer „richtigen" Drei-Wochen-Frist eine vorläufige Prüfung des Vorhabens durchgeführt haben soll, wenn sie erst sieben bis (im Extremfall) circa achtzehn Tage später eine Entscheidung nach Art. 6 treffen muss.[532] Die Länge dieser beiden Fristen sollte vereinheitlicht werden.

Die dreiwöchige Frist kollidiert auch mit der Frist für die Mitteilung eines Mitgliedstaats nach Art. 9. Es ist nämlich möglich, dass die Kommission über die Verlängerung des Vollzugsverbots entscheiden muss, bevor sie die Mitteilung eines Mitgliedstaats über Gefahren für den Wettbewerb auf einem nationalen Markt erhalten hat. Denn die Frist dafür ist um die Zeit der Übermittlung des Exemplars der Anmeldung durch die Kommission an die Behörden der Mitgliedstaaten, d.h. drei Tage, länger (vgl. Art. 7 Abs. 1 und 2, Art. 9 Abs. 2, Art. 19 Abs. 1). Im ungünstigsten Fall könnte somit ein Verweisungsantrag eingehen, unmittelbar nachdem das Vollzugs-

---

530 SCHRÖTER, in: VON DER GROEBEN zu Art. 87 II N 277; KIRCHHOFF 4. AXSTER weist darauf hin, dass dies im Vorentwurf zur Durchführungsverordnung von 1990 ausdrücklich gestanden habe, AXSTER 584.
531 Vgl. COOK/KERSE 122.
532 LÖFFLER zu Art. 7 N 1; MACIVER 761; DOWNES/ELLISON 77.

verbot abgelaufen ist. Der Verweisungsantrag könnte einen Markt betreffen, den die Kommission bei ihrer vorläufigen Prüfung nicht beachtet hat, da dieser keinen wesentlichen Teil des Gemeinsamen Marktes ausmacht. Dieses Risiko sollte behoben werden.[533]

Der Ablauf des Vollzugsverbots nach drei Wochen kommt zwar den Unternehmen entgegen, aber nur wenn die Kommission den Zusammenschluss auch genehmigt. Sinnvoller wäre es, das Vollzugsverbot grundsätzlich bis zur endgültigen Entscheidung bestehen zu lassen, die Kommission aber in analoger Anwendung von Art. 10 Abs. 2 zu verpflichten, eine Genehmigungsentscheidung nach Art. 6 Abs. 1 lit. b zu erlassen, sobald sie, nach Ablauf der Frist für die Mitteilung eines Mitgliedstaates nach Art. 9, d.h. nach drei Kalenderwochen und drei Arbeitstagen, erkannt hat, dass keine ernsthaften Bedenken bestehen. Nach dem geltenden Wortlaut von Art. 7 Abs. 1 würde das Vollzugsverbot auch gelten, wenn die Kommission bereits eine Genehmigungsentscheidung nach Art. 6 Abs. 1 lit. b getroffen hätte.

Das Vollzugsverbot ist vor den Gerichten der Mitgliedstaaten durchsetzbar. Beteiligte (z.B. Zielunternehmen eines öffentlichen Kaufangebots) oder Dritte könnten daher versuchen, den „Vollzug" des Zusammenschlusses durch die Anrufung von nationalen Gerichten zu verhindern.[534] Es ist denkbar, dass ein nationales Gericht auf einstweilige Massnahmen[535], Feststellung der Unzulässigkeit oder Ersatz des durch die Missachtung des Vollzugsverbots entstandenen Schadens entscheidet.[536]

e) Ausnahme

Für öffentliche Kauf- oder Tauschangebote enthält Art. 7 Abs. 3 eine Ausnahme vom Vollzugsverbot.[537] Diese unterliegen dem Vollzugsverbot nicht, wenn das Angebot angemeldet worden ist und „der Erwerber die mit den Anteilen verbundenen Stimmrechte nicht ausübt oder nur zur Erhaltung des vollen Wertes seiner Investition und aufgrund einer von der Kommission nach Absatz 4 erteilten Befreiung".

Ohne diese Ausnahme würde der Vollzug der einzelnen Käufe des öffentlichen Kauf- oder Tauschangebots oberhalb der Kontrollschwelle wohl unter das Vollzugsverbot fallen. Die Ausnahme erlaubt den Vollzug des ganzen öffentlichen Kauf- oder Tauschangebots, unter der Bedingung, dass die erworbenen Stimmrechte nicht oder nur für bestimmte Entscheidungen ausgeübt werden.

---

533 Gl.M. LÖFFLER zu Art. 7 N 2.
534 RITTER/RAWLINSON/BRAUN 381-382.
535 Einstweilige Massnahmen in Verfahren unter Art. 86 EWG sind durch nationale Gerichte in einigen Fällen gewährt worden, RITTER/RAWLINSON/BRAUN 382 Fn 200.
536 RITTER/RAWLINSON/BRAUN 382.
537 Beispiele von Fällen, die bisher unter Art. 7 Abs. 3 fielen, sind Accor/Wagons-Lits, M.126; Tetra Pak/Alfa Laval, M.068; Nestlé/Perrier, M.190; BP/Petromed, M.111; AT&T/NCR, M.050; Steetley/Tarmac, M.180; Bibby/Finanzauto, M.220.

Theoretisch gilt die Einschränkung der Stimmrechtsausübung nicht für die Anteile, die unterhalb der Kontrollschwelle erworben werden. Für den Käufer wäre die Missachtung der Einschränkung jedoch gewagt, da es nicht einfach ist, festzustellen, wo diese Schwelle liegt.

Fraglich ist auch, ob die vor Lancierung des öffentlichen Übernahmeangebotes erworbenen Anteile unter die Einschränkung der Stimmrechtsausübung fallen.[538] M.E. wäre dies unverhältnismässig, da schon durch das Verbot, die vom öffentlichen Übernahmeangebot betroffenen Stimmrechte auszuüben, die Ausübung der Kontrolle vor der endgültigen Entscheidung verunmöglicht wird. Die Unterscheidung der Anteile, die vor dem öffentlichen Angebot erworben wurden, von denen, die Gegenstand des Angebots sind, ist leicht vorzunehmen.

Der Grund für die Ausnahme vom Vollzugsverbot ist wohl, dass es bei den in Frage stehenden Rechtsgeschäften schwierig bis unmöglich festzustellen sein dürfte, welcher konkrete Erwerbsakt die Schwelle zur Kontrolle bildet und damit die Anmeldepflicht und das Vollzugsverbot für alle weiteren Anteilskäufe auslöst.[539]

Das Verbot, ein öffentliches Kauf- oder Tauschangebot zu vollziehen, würde auch gegen den Grundsatz der Gleichbehandlung der Bieter verstossen. Denn es würde einen Unterschied machen zwischen einem Bieter, dessen Angebot unter die FKVO fällt, und Bietern, deren Angebot nicht unter die FKVO fällt.

Für den Bieter ist es angezeigt, das ganze Angebot unter die Bedingung der Genehmigung durch die Kommission zu stellen. Andernfalls hätte er nach einer Untersagung Schwierigkeiten, die Titel wieder zu einem interessanten Preis zu verkaufen.

Vom Verbot der Stimmrechtsausübung gibt es wiederum eine Ausnahme. Die Stimmrechte dürfen ausgeübt werden, wenn dies zur Erhaltung des vollen Werts der Investition und gestützt auf eine Bewilligung der Kommission erfolgt.[540]

Die Bestimmung wirft einige Auslegungsfragen auf. So ist der Verweis auf die Bedingungen für eine Befreiung vom Vollzugsverbot nach Art. 7 Abs. 4 unklar. Eine Befreiung nach Art. 7 Abs. 4 kann nur erteilt werden, um schweren Schaden von einem oder mehreren am Zusammenschluss beteiligten Unternehmen oder von Dritten abzuwenden. Muss diese Bedingung zusätzlich zur Erhaltung des vollen Werts erfüllt sein?

Der Wortlaut von Art. 7 Abs. 3 scheint dies zu fordern. Allerdings ist dies im Fall, dass *einem am Zusammenschluss beteiligten Unternehmen* ein schwerer Schaden entstehen könnte, wenig sinnvoll, da die Abwendung eines schweren Schadens für ein am Zusammenschluss beteiligtes Unternehmen wohl immer zur Erhaltung des

---

538 Bejahend: VAN OMMESLAGHE 301.
539 Gl.M. MIERSCH 199. Das Problem der Bestimmung dieses Erwerbsaktes stellt sich in der deutschen Fusionskontrolle. Gemäss JANICKI, Umsetzung, 202, ist es allerdings noch nie aktuell geworden.
540 Z.B. Omnitel, M.538.

vollen Wertes der Investition geschieht. Im Fall, dass *einem Dritten* ein schwerer Schaden entstehen könnte, würde Art. 7 Abs. 3 die Bedingungen von Art. 7 Abs. 4 für die noch weitergehende Befreiung vom Vollzugsverbot verschärfen, indem er zusätzlich fordern würde, dass die Ausübung des Stimmrechts zur Erhaltung des vollen Werts der Investition des Erwerbers erfolgt.[541] Diese Verschärfung der Bedingungen dürfte nicht gewollt sein. Sachgerecht ist, den Verweis auf Abs. 4 nicht auf die dort genannten materiellen, sondern nur die formellen Bedingungen zu beziehen (Antrag nötig und jederzeit möglich).[542]

Anderseits dürfte es nicht immer einfach sein, zu entscheiden, was der volle Wert der Investition ist und welche Massnahmen ihn erhalten.

f) Befreiung

Die Kommission kann auf Antrag vom dreiwöchigen Vollzugsverbot, von einem speziell angeordneten Vollzugsverbot oder von speziell angeordneten Massnahmen nach Art. 7 Abs. 2 befreien. Bei öffentlichen Kauf- oder Tauschangeboten kann sie von der Pflicht der Nichtausübung der Stimmrechte oder der Ausübung der Stimmrechte nur zur Erhaltung des vollen Wertes der Investition befreien. Die Befreiung erfolgt, wenn sie notwendig und geeignet ist, „schweren Schaden von einem oder mehreren an dem Zusammenschluss beteiligten Unternehmen oder von Dritten abzuwenden" (Art. 7 Abs. 4).

Die Befreiung kann auch vor der Anmeldung oder nach Durchführung des betreffenden Rechtsgeschäfts beantragt und erteilt werden. Sie kann somit auch noch erteilt werden, wenn die oben genannten Pflichten schon missachtet wurden.[543]

Die Befreiung kann mit Bedingungen und Auflagen verbunden werden, die die Voraussetzungen für wirksamen Wettbewerb sichern sollen. Wird eine Bedingung missachtet, fällt die Befreiung dahin und die beteiligten Unternehmen haben eine Busse nach Art. 14 Abs. 2 lit. b zu gewärtigen.[544] Für die Missachtung einer Auflage müssen die beteiligten Unternehmen mit einer Busse nach Art. 14 Abs. 2 lit. a und der Festsetzung von Zwangsgeldern nach Art. 15 Abs. 2 lit. a rechnen.

Die erste Befreiung ist 1991 im Fall Renault/Volvo, M.004, erteilt worden.[545] Der schwere Schaden hätte darin bestanden, dass der Zusammenschluss nach schwedischem Recht steuerlich uninteressant geworden wäre, wenn er nicht schnell vollzogen worden wäre.[546] Die Befreiungsentscheidung erlaubte den Parteien, die gegen-

---

541 Die Erhaltung des vollen Werts der Investition wäre jedoch wohl eine der Pflichten der Abs. 1 bis 3, von denen die Kommission nach Abs. 4 befreien kann. Ein Zirkelschluss!
542 Gl.M. JONES/GONZÁLES-DÍAZ 206 Fn 19; scheinbar auch OVERBURY/JONES 358.
543 Vgl. OVERBURY/JONES 358; WINCKLER/GÉRONDEAU 544.
544 COOK/KERSE 120.
545 Vgl. RITTER/RAWLINSON/BRAUN 438.
546 JONES/GONZÁLES-DÍAZ 206.

seitigen Beteiligungen und die damit verbundenen Zahlungen zu verwirklichen, wenn die jeweiligen Stimmrechte nicht ausgeübt wurden. Im Fall Kelt/American Express, M.118, hätte der weitere Aufschub des Vollzugs die finanziellen Schwierigkeiten von Kelt vergrössert.[547] Im Jahr 1992 hat die Kommission im Fall Nestlé/Perrier, M.190, Nestlé die Ausübung von Stimmrechten für ganz bestimmte Beschlüsse an der Generalversammlung von Perrier erlaubt.[548] Weitere Befreiungen wurden zur Sicherung von Kundenbeziehungen[549] oder finanzieller Ressourcen[550] gewährt.

g) Verlängerung des Vollzugsverbots

Die Kommission kann das Vollzugsverbot von Amtes wegen ganz oder teilweise bis zum Erlass einer endgültigen Entscheidung verlängern, „um die volle Wirksamkeit jeder späteren Entscheidung nach Artikel 8 Absätze 3 und 4 zu gewährleisten" (Art. 7 Abs. 2).

Da die Verlängerung des Vollzugsverbots die Wirksamkeit einer allfälligen Untersagungs- oder Entflechtungsentscheidung sicherstellen soll, scheint sie zumindest an das Vorliegen von ernsthaften Bedenken hinsichtlich der Zulässigkeit des Zusammenschlusses gebunden zu sein. Liegen keine Bedenken vor, kann das Vollzugsverbot nicht verlängert werden.

In einigen Fällen hat die Kommission das Verbot auch verlängert, wenn nachher kein Hauptprüfverfahren eingeleitet worden ist.[551] Im Jahr 1994 ist die Zahl der Entscheidungen, das Vollzugsverbot zu verlängern, stark angestiegen, da scheinbar die Zahl der Fälle, in denen es bis drei Wochen nach der Anmeldung noch offen war, ob ein Hauptprüfverfahren eröffnet werden musste, gestiegen war.[552]

Bestehen Bedenken hinsichtlich der Zulässigkeit des Zusammenschlusses, sollte die Kommission das Vollzugsverbot auch dann verlängern, wenn die Wirksamkeit einer Entscheidung nach Art. 8 Abs. 3 oder Abs. 4 zwar nicht in Frage gestellt ist, den beteiligten Unternehmen aber durch die Rückabwicklung des Zusammenschlusses ein Schaden entstehen könnte.

Die Kommission muss bis zum Ablauf des automatischen Vollzugsverbots von drei Wochen über dessen Verlängerung entscheiden. Wenn die Kommission das Vollzugsverbot verlängert, tut sie dies üblicherweise bis zum Erlass der endgültigen Ent-

---

[547] 21. Wettbewerbsbericht, Anhang III, 417.
[548] 22. Wettbewerbsbericht Ziff. 264.
[549] Zürich/MMI, M.286, unveröffentlichte Entscheidung vom 8.3.93 (eine Woche nach der Anmeldung).
[550] Codan/Hafnia, M.344, unveröffentlichte Entscheidung vom 12.5.93 (zwei Wochen nach der Anmeldung); Deutsche Bank/Banco de Madrid, M.341, unveröffentlichte Entscheidung vom 22.4.93 (drei Tage vor der Anmeldung), zit. nach LÖFFLER zu Art. 7 N 11.
[551] Z.B. Ifint/Exor, M.187; Alcatel/AEG Kabel, M.165.
[552] KOMMISSION, Die Wettbewerbspolitik der Europäischen Gemeinschaft, 43.

scheidung.[553] Beim Zusammenschluss Tetra Pak/Alfa Laval, M.068, hat sie es jedoch fast zwei Monate vor dem endgültigen Entscheid aufgehoben, weil sie während des Verfahrens zur Einsicht gekommen war, dass eine Genehmigungsentscheidung nach Art. 8 Abs. 2 auszusprechen war.[554]

Die Kommission verlängert das Vollzugsverbot nur, wenn die beteiligten Unternehmen nicht von sich aus eine verbindliche Zusage machen, dass sie den Zusammenschluss vorerst nicht vollziehen.[555]

Eine solche Zusage gibt ihnen den Vorteil, bei einer negativen Entscheidung der Kommission Probleme hinsichtlich der Gültigkeit oder der Rückabwicklung des Zusammenschlusses zu verringern und vor allem die negative Publizität zu vermeiden, welche der Veröffentlichung einer Verlängerungsentscheidung zukommen kann. Sie kann den beteiligten Unternehmen in der Praxis aber auch Nachteile verschaffen. Wird in der zweiten Phase des Verfahrens klar, dass die Kommission eine positive Entscheidung treffen wird, kommt sie normalerweise auf die Verlängerung zurück. Dies geschieht durch eine formelle Entscheidung. Den Unternehmen kann diese Entscheidung insofern von Nutzen sein, als es unwahrscheinlich ist, dass die Kommission nach einer solchen Entscheidung den Zusammenschluss wieder gänzlich rückgängig machen lässt.[556] Bestand nur eine einseitige Verpflichtung der beteiligten Unternehmen, den Zusammenschluss nicht zu vollziehen, besteht keine solche mehr oder weniger verlässliche Garantie. MACIVER empfiehlt daher den Unternehmen, mit der Kommission zu vereinbaren, dass sie das Vollzugsverbot durch Entscheidung verlängert, diese Entscheidung aber nicht in einer Pressemitteilung veröffentlicht.[557] Weil auch im Fusionskontrollverfahren Transparenz und Publizität einen hohen Stellenwert haben, ist es eher unwahrscheinlich, dass die Kommission diesem Ersuchen stattgeben würde.

Die Entscheidungen nach Art. 7 Abs. 2 werden höchstens durch Pressemitteilung publiziert. Auch kommissionsintern werden keine veröffentlichungsfähigen Entscheidungen ausgefertigt.[558]

Würde die Kommission das Vollzugsverbot nicht verlängern, den Zusammenschluss aber am Ende des Verfahrens untersagen, dürfte sie den beteiligten Unternehmen wohl für den Schaden, der ihnen durch den vorzeitigen Vollzug entstand, Ersatz schulden.[559] Ein solch widersprüchliches Verhalten der Kommission würde den Grundsatz des Vertrauensschutzes verletzen (dazu hinten 292ff.).

---

553 21. Wettbewerbsbericht, Anhang III, 417; 22. Wettbewerbsbericht Ziff. 264.
554 Pressemitteilung der Kommission IP/91/455 vom 23.5.91.
555 DRAUZ/SCHROEDER 199; vgl. LÖFFLER zu Art. 7 N 5.
556 MACIVER 761.
557 MACIVER 761.
558 LÖFFLER zu Art. 7 N 7.
559 Vgl. KIRCHHOFF 4; BOS/STUYCK/WYTINCK 276.

Fraglich ist, ob die Kommission das Vollzugsverbot auch dann verlängern muss, wenn ein Mitgliedstaat einen Verweisungsantrag nach Art. 9 gestellt hat.[560]

4. Andere Massnahmen

a) Grundsatz

Zur Sicherung der vollen Wirksamkeit einer Entscheidung nach Art. 8 Abs. 3 oder 4 kann die Kommission nach Ablauf des dreiwöchigen Vollzugsverbots abgesehen von dessen Verlängerung auch „andere Massnahmen" anordnen. Diese einstweiligen Massnahmen[561] sollen verhindern, dass eine allfällige Wiederherstellung des Status quo vor dem Zusammenschluss erschwert oder verunmöglicht wird.

Es ist wahrscheinlich, dass die meisten Fragen im Zusammenhang mit der Verlängerung des Vollzugsverbotes und der Anordnung anderer Massnahmen die Situation von Konkurrenzunternehmen und anderen Dritten, welche den Zusammenschluss verhindern möchten, betreffen werden. Im EGKS-Vertrag ist die Befugnis der Hohen Behörde, einstweilige Massnahmen zum Schutz der Interessen von Konkurrenzunternehmen und Dritten zu erlassen, ausdrücklich vorgesehen (Art. 66 § 5 Abs. 3).[562]

Im Fusionskontrollverfahren können auch die Interessen von beteiligten Unternehmen oder von Dritten, die sich dem Zusammenschluss widersetzen, durch Art. 7 Abs. 2 ausreichend geschützt werden.[563] Dazu muss er so interpretiert werden, dass eine allfällige negative Entscheidung dann nicht voll wirksam ist, wenn bis zum Zeitpunkt, an dem sie getroffen wird, beteiligte Unternehmen oder Dritte nicht wieder gutzumachende Schäden erlitten haben.

Ein Gesuch um Erlass von anderen Massnahmen kann von am Zusammenschluss Beteiligten, Dritten und Mitgliedstaaten[564] gestellt werden.

Fraglich ist, ob neben „anderen Massnahmen" auch noch vorsorgliche Massnahmen gemäss der unter der VO 17 von der Kommission entwickelten und vom Gerichtshof gebilligten Praxis angeordnet werden können.[565]

---

560 Nach JONES/GONZÁLES-DÍAZ 203 sollte sie dies tun. Allerdings ist die Wirksamkeit der Entscheidungen der Mitgliedstaaten in Art. 7 Abs. 2 nicht als Kriterium genannt.

561 Im englischen und französischen Text der FKVO werden sie so genannt (interim measures bzw. mesures intérimaires).

562 Obwohl diese Befugnis bei grammatikalischer Interpretation nur für Zusammenschlüsse gilt, die unter Verletzung der Pflicht zur vorherigen Anmeldung vollzogen wurden, hat sie der Gerichtshof auch auf angemeldete, noch nicht vollzogene Zusammenschlüsse ausgedehnt, Rs. 160 bis 162/73R, Miles Druce Slg. 1973, 1049.

563 Nach KRIMPHOVE 331 würden die Interessen Dritter durch die FKVO nicht berücksichtigt; er fordert deshalb, dass die Rechtsprechung zu Art. 66 § 5 Abs. 3 EGKS-Vertrag übernommen wird.

564 Vgl. COOK/KERSE 119.

565 Dazu: ANNE PIROCHE, Les mesures provisoires de la Commission des Communautés européennes

Der Gerichtshof hat in den Urteilen Camera Care[566] und La Cinq[567] folgende Bedingungen für die Anordnung von einstweiligen Massnahmen festgelegt: die Kommission kann einstweilige Massnahmen dann anordnen, wenn einem Dritten schwerer Schaden, der durch die endgültige Entscheidung der Kommission nicht mehr beseitigt werden kann, oder eine für die Allgemeinheit unerträgliche Situation zu entstehen droht. Zweitens muss eine prima facie Zuwiderhandlung gegen die Wettbewerbsvorschriften des EGV vorliegen. Die einstweiligen Massnahmen müssen verhältnismässig sein und einen sichernden und vorübergehenden Charakter haben.[568]

Die Voraussetzung der prima facie Zuwiderhandlung lässt sich nicht auf das Fusionskontrollverfahren übertragen. Man könnte sich fragen, ob eine gewisse Wahrscheinlichkeit einer Untersagungsentscheidung bestehen muss. Gleich wie bei „anderen Massnahmen" müsste dies gefordert werden. Interpretiert man die Voraussetzungen zum Erlass von anderen Massnahmen so, dass auch die Interessen Dritter berücksichtigt werden können, besteht für die Anordnung von vorsorglichen Massnahmen nach der Rechtsprechung des Gerichtshofs nur wenig Raum.

b) Inhalt

„Andere Massnahmen" dürften wohl immer weniger weit gehen wie das Vollzugsverbot. Sie können positive wie negative Massnahmen umfassen.[569] Andere Massnahmen dürfen den Endentscheid nicht präjudizieren. Deshalb können neben dem allenfalls teilweisen Vollzugsverbot keine positiven strukturellen Massnahmen (wie z.B. Erlaubnis des Zusammenschlusses unter der Bedingung, eine gewisse Organisationsstruktur zu etablieren) angeordnet werden. Hingegen ist an Verhaltensvorschriften zu denken wie z.B. die Nicht-Ausübung von Stimmrechten, das Verbot, während des Verfahrens weitere Stimmrechte oder Vermögenswerte zu erwerben, das Verbot, Traktanden auf die Traktandenliste einer Generalversammlung setzen zu lassen, das Verbot, wettbewerbsrechtlich relevante Informationen auszutauschen, das Verbot, an der Geschäftsführung des übernommenen Unternehmens teilzuhaben,

---

dans le domaine de la concurrence, RTDE 1989, 439-469; KERSE 191-200; PERNICE, in: GRABITZ, nach Art. 87 N 41-46; eine gute Übersicht gibt WHISH 297-301. Vgl. Ford Werke AG, ABl. 1982 L 256/20; ECS/AKZO, ABl. 1983 L 252/13; BBI/Boosey and Hawkes, ABl. 1987 L 286/36; EcoSystem/Peugeot, ABl. 1992 L 66/1; Mars vom 25.3.92; Sealink/B&I vom 11.6.92; Sea Containers/Stena Sealink, ABl. 1994 L 1518.

566   Rs. 792/79R, Camera Care Ltd./Kommission Slg. 1980, 119.
567   Rs. T-44/90, La Cinq/Kommission Slg. 1992 II 1.
568   Vgl. PERNICE, in: GRABITZ, nach Art. 87 N 42; WHISH 297-301.
569   Unter VO 17 vgl. Ford Werke AG, ABl. 1982 L 256/20; Rs. 228 und 229/82, Ford/Kommission Slg. 1982, 3091.

der Aufschub von vorgesehenen internen Strukturmassnahmen (z.B. Entlassungen, organisatorische Änderungen) oder Berichtspflichten an die Kommission.[570]

Bei der Anordnung solcher Massnahmen ist besonders der Grundsatz der Verhältnismässigkeit zu beachten. Deswegen kommt die Sequestrierung der die Kontrolle begründenden Stimmrechtsanteile wohl nicht in Betracht.[571]

Der Anwendungsbereich von anderen Massnahmen dürfte eng begrenzt sein, denn es gibt wohl nur wenige Situationen, in denen zwar die Anordnung von anderen Massnahmen verhältnismässig, aber eine Verlängerung des Vollzugsverbots über drei Wochen hinaus unverhältnismässig ist.[572] Liegt eine negative Entscheidung der Kommission im Bereich des Möglichen, ist die Verhältnismässigkeit einer Verlängerung des Vollzugsverbots wohl immer gegeben.

c) *Verfahren*

Die beteiligten Unternehmen müssen zu Entscheidungen nach Art. 7 Abs. 2 und 4 angehört werden (Art. 18 Abs. 1). Die Kommission kann von einer vorherigen Anhörung absehen und sofort eine vorläufige Entscheidung treffen, sofern sie die Anhörung unverzüglich nach dem Erlass der Entscheidung nachholt (Art. 18 Abs. 2). Das Verfahren der Anhörung ist in Art. 11 DVO genauer geregelt. Bei der vorgängigen Anhörung teilt die Kommission den Beteiligten ihre Gründe für die Massnahme schriftlich mit und setzt ihnen eine Frist zur Äusserung. Fasst die Kommission eine vorläufige Entscheidung ohne vorherige Anhörung, muss sie den vollen Wortlaut der Entscheidung unverzüglich, in jedem Fall aber vor dem Ende des Vollzugsverbots, den Beteiligten übermitteln. In der Praxis dürfte eher die Variante mit nachträglicher Anhörung angewendet werden. Bei vorheriger Anhörung bleiben für die vorläufige Prüfung der Anmeldung, die Äusserung der Beteiligten, die Übermittlung und die Prüfung der Äusserung durch die Kommission nur gerade drei Wochen. Nach der nachträglichen Anhörung der Beteiligten erlässt die Kommission die endgültige Entscheidung, mit der sie die vorläufige Entscheidung aufhebt, ändert oder bestätigt. Wenn sich die Beteiligten innerhalb der ihnen gesetzten Frist nicht äussern, wird die vorläufige Entscheidung der Kommission mit Ablauf der Frist endgültig (Art. 11 Abs. 3 DVO).

Im Gegensatz zur allgemeinen Regel, dass die Beteiligten sich schriftlich äussern, erlaubt Art. 11 Abs. 4 DVO, dass die Äusserung auch mündlich erfolgen und eventuell schriftlich bestätigt werden kann.

---

570 Vgl. BOS/STUYCK/WYTINCK 307; KRIMPHOVE 329; RITTER/RAWLINSON/BRAUN 380.
571 A.M. KRIMPHOVE 329.
572 Gl.M. BOS/STUYCK/WYTINCK 308. In den Jahren 1991 und 1992 hat die Kommission offenbar keine „anderen Massnahmen" ergriffen, 21. Wettbewerbsbericht, Anhang III, 417; 22. Wettbewerbsbericht Ziff. 264. 24. Die Wettbewerbsberichte für die Jahre 1990, 1993 und 1994 sagen darüber nichts aus.

Die vorsätzliche oder fahrlässige Nichtbeachtung anderer Massnahmen ist mit Busse bedroht (Art. 14 Abs. 2 lit. b).

5. Missachtung des Vollzugsverbots

Bei Missachtung des automatischen Vollzugsverbots kann die Kommission den Zusammenschluss auch nachträglich untersuchen und Bussen verhängen. Die Missachtung des Vollzugsverbots hat Einfluss auf die Wirksamkeit der vorgenommenen Rechtsgeschäfte.

a) Nachträgliche Prüfung des Zusammenschlusses

Wurde ein angemeldeter oder nicht angemeldeter Zusammenschluss in Missachtung des Vollzugsverbots vollzogen, kann die Kommission ihn auch nachträglich untersuchen und gegebenenfalls verbieten (s. hinten 141f.).

b) Wirksamkeit der Rechtsgeschäfte

Der Status der Rechtsgeschäfte, die in Missachtung des Vollzugsverbots getätigt wurden, ist unklar. Die (mangelnde) Regelung der Folgen der Missachtung des Vollzugsverbots wird praktisch einhellig kritisiert.[573]

Die FKVO befasst sich an zwei Stellen mit diesen Folgen:

Nach Art. 7 Abs. 5 ist die Wirksamkeit der gegen das Vollzugsverbot verstossenden Rechtsgeschäfte[574] abhängig von der endgültigen Entscheidung der Kommission über die Vereinbarkeit des Zusammenschlusses mit dem Gemeinsamen Markt bzw. von der Vereinbarkeitsfiktion von Art. 10 Abs. 6. Und nach der Begründungserwägung 17 ist im Interesse der Rechtssicherheit die Wirksamkeit von Rechtsgeschäften zu schützen, soweit dies erforderlich ist.

Erlässt die Kommission also eine Genehmigungsentscheidung oder tritt die Genehmigungsfiktion ein[575], werden auch die in Missachtung des Vollzugsverbots getätigten Rechtsgeschäfte wirksam. Erlässt die Kommission eine Untersagungsentscheidung, werden diese Rechtsgeschäfte definitiv unwirksam. Bei einer Genehmigungsentscheidung unter Bedingungen hängt die Wirksamkeit der Rechtsgeschäfte von der Erfüllung der Bedingungen ab.

---

573 BOS/STUYCK/WYTINCK 294; VAN DE WALLE DE GHELCKE 255; WINCKLER/GÉRONDEAU 544; RITTER/RAWLINSON/BRAUN 381.
574 In die deutsche Fassung hat sich ein Grammatikfehler eingeschlichen. Der unbestimmte Artikel „einer" passt nicht zu „Rechtsgeschäfte", auf die er sich logischerweise beziehen muss. Es muss heissen „von unter Missachtung...abgeschlossenen Rechtsgeschäften" oder „eines unter Missachtung... abgeschlossenen Rechtsgeschäftes".
575 Eine Nichtanwendbarkeitsentscheidung nach Art. 6 Abs. 1 lit. a stellt lediglich fest, dass die FKVO nicht anwendbar ist und dass sie somit auch kein Vollzugsverbot hat vorschreiben können.

Die in Missachtung des Vollzugsverbots getätigten Rechtsgeschäfte sind also nicht nichtig, sondern werden nur unter der aufschiebenden Bedingung der Genehmigung des Zusammenschlusses wirksam und können somit vorher nicht durchgesetzt werden. Sie sind nach herrschender Ansicht zunächst „schwebend unwirksam".[576] Obwohl die Wirksamkeit von Rechtsgeschäften nach Art. 7 Abs. 5 ein Rechtsbegriff des Gemeinschaftsrechts ist (wie die Nichtigkeit von Vereinbarungen nach Art. 85 Abs. 2 EGV), kommt die Mehrzahl der Autoren überein, dass der Status der Rechtsgeschäfte, die in Missachtung des Vollzugsverbots getätigt wurden, der schwebenden Unwirksamkeit des deutschen Rechts entspricht. Das bedeutet, dass die Vollzugshandlungen bis zur endgültigen Entscheidung als unzulässig gelten und eine Untersagungsentscheidung die Unwirksamkeit der Rechtsgeschäfte seit dem Zeitpunkt ihres Vollzugs, eine Genehmigungsentscheidung ihre Wirksamkeit ab diesem Zeitpunkt feststellt.

Die genaue Bedeutung der Unwirksamkeit ist unklar. Die FKVO geht darauf nicht näher ein. In der Praxis hat sich die Frage bei keinem der bisher untersagten vier Zusammenschlüsse gestellt, da alle entweder noch nicht oder rechtmässig (RTL/Veronica/Endemol, M.553) vollzogen worden waren. In der Lehre gehen die Meinungen auseinander. Der grössere Teil der Autoren vertritt die Meinung, dass die Unwirksamkeit Nichtigkeit bedeute.[577] Andere Autoren sind der Auffassung, dass die FKVO diese Handlungen nicht für nichtig erkläre und dass sich alle zivilrechtlichen Folgen der Unwirksamkeit nach dem Recht der Mitgliedstaaten bestimmen.[578]

Der ersten Meinung kann nicht zugestimmt werden. Hätte der Gemeinschaftsgesetzgeber als Sanktion der Missachtung des Vollzugsverbots die Nichtigkeit gewollt, hätte er dies wie in Art. 85 Abs. 2 EGV so gesagt. Unwirksamkeit muss somit etwas anderes bedeuten als Nichtigkeit nach Art. 85 Abs. 2 EGV.[579] Der zweiten Auffassung ist entgegenzuhalten, dass die Unwirksamkeit im Sinne von Art. 7 Abs. 5 FKVO wie die Nichtigkeit im Sinne von Art. 85 Abs. 2 EGV gemeinschaftsrechtliche Begriffe sind. Nur die über die gemeinschaftsrechtliche hinausgehende Bedeutung bestimmt sich nach dem Zivilrecht der Mitgliedstaaten.[580]

Die Bedeutung des Begriffs der Unwirksamkeit muss also in letzter Instanz vom Europäischen Gerichtshof bestimmt werden. Wie für die Nichtigkeit nach Art. 85 Abs. 2 EGV kommen verschiedene Modelle der Unwirksamkeit in Frage.[581] Zu

---

[576] LÖFFLER zu Art. 7 N 10; SCHRÖTER, in: VON DER GROEBEN zu Art. 87 II N 277; KOCH, in: GRABITZ nach Art. 86 N 27; RÖHLING 1183; BECHTOLD, Grundzüge, 260; KIRCHHOFF 4; COOK/KERSE 121; VAN DE WALLE DE GHELCKE 255.

[577] SCHRÖTER, in: VON DER GROEBEN nach Art. 87 II 277; FINE, Mergers, 269; wohl auch KOCH, in: GRABITZ nach Art. 86 N 33; JONES/GONZÁLES-DÍAZ 207.

[578] LÖFFLER zu Art. 7 N 10; BOS/STUYCK/WYTINCK 295.

[579] BOS/STUYCK/WYTINCK 294.

[580] BOS/STUYCK/WYTINCK 295; COOK/KERSE 121; KIRCHHOFF 4.

[581] Vgl. ZÄCH, Rückabwicklung, 31-63.

beantworten ist insbesondere auch die Frage der Rückabwicklung der verbotenen Vollzugshandlungen.[582]

Die Unwirksamkeit muss mindestens folgendes beinhalten: Die vorgenommenen Vollzugsgeschäfte waren unzulässig, entfalten keine weiteren Wirkungen und können nicht durchgesetzt werden.

Um die Auswirkungen der Vollzugshandlungen zu beheben, kann die Kommission Entscheidungen nach Art. 8 Abs. 4 (Trennung der zusammengefassten Unternehmen oder Vermögenswerte, Beendigung der gemeinsamen Kontrolle oder andere Massnahmen zur Wiederherstellung wirksamen Wettbewerbs) erlassen.[583] Sie dürfte zunächst die am untersagten Zusammenschluss beteiligten Unternehmen auffordern, Vorschläge für die Beseitigung der Auswirkungen der unzulässigen Handlungen zu machen.[584] Auch die nationalen Behörden und Gerichte können Massnahmen zur Beseitigung der Auswirkungen verbotener Vollzugshandlungen ergreifen.

Art. 7 Abs. 5 UA 2 enthält eine Spezialregelung für präzis umschriebene Börsentransaktionen[585]. Diese sind auch bei einer späteren Untersagungsentscheidung wirksam, es sei denn, Käufer *und* Verkäufer wären bösgläubig im Hinblick auf das Vollzugsverbot gewesen.[586] Die Ausnahmebestimmung dürfte nur in wenigen Situationen anwendbar sein.[587]

Für Unternehmen, die an einem Zusammenschluss mit gemeinschaftsweiter Bedeutung beteiligt sind, ist es in Anbetracht der Unsicherheiten bezüglich der Wirksamkeit der Vollzugshandlungen und der Sanktionsmöglichkeiten der Kommission unklug, schwierig rückgängig zu machende Rechtsgeschäfte vorzunehmen, bevor die Haltung der Kommission zum Zusammenschluss erkennbar ist.[588] Dies gilt nicht nur während dem Vollzugsverbot, sondern auch wenn der Zusammenschluss nach des-

---

582 Für die Rückabwicklung von Vereinbarungen, die gegen das Kartellverbot von Art. 85 Abs. 1 EGV verstossen, wurde eine einheitliche Regelung durch den EuGH gefordert, ZÄCH, Rückabwicklung, 103-104. Für freiwillig erbrachte, verbotene Kartellleistungen kommt ZÄCH zum Schluss, dass Art. 85 Abs. 2 EGV Rückabwicklungsansprüche ausschliesst, ZÄCH, Rückabwicklung, 151.

583 Diese Bestimmung ist nicht nur anwendbar, wenn der Zusammenschluss rechtmässig vollzogen worden ist, sondern auch, wenn der Zusammenschluss in Missachtung des Vollzugsverbots vollzogen worden ist, gl.M. LÖFFLER zu Art. 7 N 9; BOS/STUYCK/WYTINCK 273; a.m. KOCH, in: GRABITZ nach Art. 86 N 33.

584 Die Kommission ging beim Zusammenschluss RTL/Veronica/Endemol, M.553, so vor.

585 Die Definition entstammt einem Vorschlag für eine 13. gesellschaftsrechtliche Richtlinie über öffentliche Übernahmeangebote, VAN OMMESLAGHE 305 Fn 90.

586 Der Text der FKVO ist insofern unpräzis, als er darauf abstellt, „dass die Käufer und Verkäufer wissen oder wissen müssen, dass das betreffende Rechtsgeschäft unter Missachtung des Absatzes 1 oder des Absatzes 2 abgeschlossen wird". Der Abschluss der Vereinbarung über den Wertpapierkauf kann Abs. 1 oder 2 gar nicht verletzen, da letztere nur den Vollzug des Zusammenschlusses (vorne 107ff.) betreffen. Gemeint ist somit wohl die Wirksamkeit von Vollzugshandlungen, wie der Stimmrechtsausübung an der Generalversammlung.

587 Vgl. DOWNES/ELLISON 78; JONES/GONZÁLES-DÍAZ 207.

588 Vgl. WHISH 724; DOWNES/ELLISON 124 und 125; BERLIN, Contrôle, 260.

sen Ablauf rechtmässig vollzogen werden könnte. Die rechtlichen und praktischen Schwierigkeiten, einen einmal vollzogenen Zusammenschluss wieder rückgängig zu machen bzw. zu entflechten, sind enorm.

Das Vollzugsverbot gehört deshalb zum System einer präventiven Fusionskontrolle. Es ist auch im Interesse der beteiligten Unternehmen. Die Möglichkeit, dass bei einem rechtmässig vollzogenen Zusammenschluss auch nachträglich noch mittels Anwendung von Art. 22 Abs. 3 - 5 die Entflechtung angeordnet werden kann, wie dies in RTL/Veronica/Endemol, M.553, geschehen ist, widerspricht dem System der FKVO.

c) Strafbestimmungen

Eine weitere Folge der vorsätzlichen oder fahrlässigen Missachtung des Vollzugsverbots ist die Möglichkeit der Kommission, Geldbussen festzusetzen (Art. 14 Abs. 2 lit. b).

6. Informationsbeschaffung

Die Kommission benötigt ausreichend Informationen, um einen Zusammenschluss beurteilen zu können. Den Hauptteil der erforderlichen Informationen erhält die Kommission direkt in der Anmeldung. Sie muss diese also nicht mittels Auskunftsverlangen und Nachprüfungen selbst besorgen. Die zweitwichtigste Informationsquelle sind im Fusionskontrollverfahren in der Regel freiwillige Auskünfte, die die Kommission von Dritten oder den Beteiligten auf informelle Anfragen erhält.

Im Fusionskontrollverfahren haben die beteiligten Unternehmen ein grosses Interesse an einem gutem Einvernehmen mit der Kommission. Deshalb werden sie der Kommission auf deren Verlangen „freiwillig" zusätzliche Informationen übermitteln. Die Verhältnisse sind grundsätzlich anders als im Kartellverfahren, das die Aufdeckung und Ahndung von verbotenen Handlungen bezweckt.[589]

Konkurrenten dürften unter Umständen ebenfalls ein Interesse daran haben, der Kommission möglichst viel Information über die wettbewerbsbeschränkenden Auswirkungen des geplanten Zusammenschlusses zukommen zu lassen.

Die Informationsbeschaffung erfolgt in verschiedenen Phasen: Nach der Anmeldung fordert die Kommission interessierte Dritte durch eine Mitteilung im Amtsblatt dazu auf, zum Vorhaben Stellung zu nehmen. Die Task Force Fusionskontrolle trägt im Vorprüfverfahren auf informellem Weg oder durch Auskunftsverlangen weitere Informationen über das Vorhaben von den Beteiligten und Dritten zusammen. Die

---

[589] Vgl. BERLIN, Contrôle, 285 und 294.

DG IV sammelt auch systematisch Daten über bestimmte Märkte, Unternehmen, Produkte, etc.[590]

Oft hat die Task Force Fusionskontrolle schon vor der Anmeldung eine Akte zu einem Zusammenschlussvorhaben eröffnet. Dies ist regelmässig der Fall, wenn die beteiligten Unternehmen schon vor der Anmeldung mit ihr Gespräche über den Zusammenschluss geführt haben.

Im Hinblick auf einen Antrag nach Art. 9 dürfen die nationalen Behörden während der Dauer des Vorprüfverfahrens eigene Untersuchungen bezüglich eines angemeldeten Zusammenschlusses anstellen (Art. 21 Abs. 2 UA 2).

7. Auskunftsverlangen und Nachprüfungen

Die Kommission hat auch im Vorprüfverfahren die Befugnis, Auskunftsverlangen an Unternehmen oder Personen im Sinne von Art. 3 zu richten und Nachprüfungen durchzuführen (Art. 11 - 13, dazu hinten 142ff.).[591] Weil die Anmeldung und allfällige Mitteilungen Dritter in der Regel ausreichende Informationen enthalten und die Entscheidung nach Art. 6 schon nach einem Monat getroffen werden muss, dürften Auskunftsverlangen durch Entscheidung und Nachprüfungen in der ersten Phase des Verfahrens kaum vorkommen.[592]

8. Entscheidungen nach Art. 6

Das Vorprüfverfahren wird durch eine Entscheidung nach Art. 6 abgeschlossen. Im Unterschied zum Kartellverfahren ist die Kommission nach dem Wortlaut von Art. 6 grundsätzlich verpflichtet, jedes Verfahren mit einer formellen Entscheidung abzuschliessen.[593] Die Frist für die Entscheidung beträgt einen Monat von der Anmeldung an gerechnet bzw. sechs Wochen, wenn ein Mitgliedstaat einen Antrag nach Art. 9 gestellt hat (Art. 10 Abs. 1, zur Berechnung der Fristen s. vorne 65ff.). Den Mitgliedstaaten steht eine Frist von drei Wochen und drei Tagen zur Verfügung, um einen Verweisungsantrag zu stellen. Die Genehmigungsentscheidung nach Art. 6 Abs. 1 lit. b sollte nicht vorher ergehen.

Drei Typen von Entscheidungen können am Ende des Vorprüfverfahrens stehen:

- Nichtanwendbarkeitsentscheidung (Art. 6 Abs. 1 lit. a)

- Genehmigungsentscheidung (Art. 6 Abs. 1 lit. b)

---

590 Vgl. die Tabellen in Anhang IV des 21. Wettbewerbsberichts und die Benutzung der Datenbank AMDATA in Anhang IV des 23. Wettbewerbsberichts.
591 Vgl. LÖFFLER zu Art. 11 N 3.
592 Gl.M. BERLIN, Contrôle, 266.
593 NIEMEYER 21 vertritt die Ansicht, Entscheidungen nach Art. 6 seien keine formellen Entscheidungen. Dieser Ansicht ist nicht zu folgen.

- Entscheidung, ein Hauptprüfverfahren einzuleiten (Art. 6 Abs. 1 lit. c).

Betreffend einen Zusammenschluss kann die Kommission auch verschiedene Entscheidungen treffen, wenn das Zusammenschlussvorhaben aus trennbaren Teilen besteht, die unterschiedlich zu beurteilen sind.[594]

a) Beurteilung des Zusammenschlusses im Vorprüfverfahren

Das Vorprüfverfahren soll abklären, ob ein Zusammenschluss vorliegt, ob der Zusammenschluss die Umsatzschwellen erreicht und ob er Anlass zu ernsthaften Bedenken hinsichtlich seiner Vereinbarkeit mit dem Gemeinsamen Markt gibt. Das Vorprüfverfahren bezweckt eine Triage von Zusammenschlüssen, die genauer zu prüfen sind und solchen, die unbedenklich sind. Dabei ist der Marktanteil ein wichtiges Kriterium. Nach der Begründungserwägung 15 der FKVO ist ein Marktanteil von weniger als 25% unbedenklich.

Die Kommission versucht, bei möglichst wenigen Zusammenschlüssen ein Hauptprüfverfahren durchzuführen, indem sie auch im Vorprüfverfahren Zusagen der beteiligten Unternehmen berücksichtigt oder den beteiligten Unternehmen eine erneute, angepasste Anmeldung nahelegt.[595] Nach einer streng wörtlichen Auslegung von Art. 6 könnte die Meinung vertreten werden, dass die Kommission im Vorprüfverfahren nur zu prüfen hat, ob ernsthafte Bedenken vorliegen, und dass sie allfällige Bedenken in einem Hauptprüfverfahren untersuchen müsste.[596]

b) Nichtanwendbarkeitsentscheidung (Art. 6 Abs. 1 lit. a)

Ist das Vorhaben kein Zusammenschluss[597] oder ist es zwar ein Zusammenschluss, hat aber keine gemeinschaftsweite Bedeutung[598], hat die Kommission eine Nichtanwendbarkeitsentscheidung nach Art. 6 Abs. 1 lit. a zu treffen. Die Nichtanwendbarkeitsentscheidung stellt fest, dass das angemeldete Vorhaben nicht unter die FKVO fällt.

Die Entscheidkompetenz wurde an das für Wettbewerb zuständige Kommissionsmitglied delegiert und kann weiterdelegiert werden (vorne 50f.).

---

[594] Vgl. Renault/Volvo, M.004: Art. 6 Abs. 1 lit. a und lit. b; Steetley/Tarmac, M.180: Art. 6 Abs. 1 lit. b und Art. 9; Ingersoll-Rand/MAN, M.479: Art. 6 Abs. 1 lit. a und lit. b.

[595] Hinten 135ff. Nach MERKIN 4-606A hat die Kommission in rund 15% der 363 bis 5.9.95 angemeldeten Zusammenschlüsse ernsthafte Bedenken erblickt. Sie hat aber nur in 25 Fällen, also rund 7%, ein Hauptprüfverfahren eröffnet.

[596] Vgl. BECHTOLD, Zwischenbilanz, 658.

[597] Weil keine Kontrolle erworben wird (z.B. Mediobanca/Generali, M.159) oder weil ein angemeldetes GU nicht konzentrativ, sondern kooperativ ist (z.B. Baxter-Nestlé/Salvia, M.058; Apollinaris/Schweppes, M.093; Rheinelektra/Cofira/DEKRA, M.485).

[598] Z.B. Arjomari-Prioux, M.025; Cereol/Continentale Italiana, M.156; Solvay-Laporte/Interoxm, M.197; Eurocard/Eurocheque-Europay, M.241; Alcatel/STC, M.366; British Telecom/MCI, M.353 (teilweise).

Bis zum 31.12.95 sind 34 Entscheidungen nach Art. 6 Abs. 1 lit. a ergangen. Die Entscheidung nach Art. 6 Abs. 1 lit. a hat deklaratorischen Charakter.[599] Sie ist eine endgültige Entscheidung und beendet das Fusionskontrollverfahren vor der Kommission. Wenn der Zusammenschluss keine gemeinschaftsweite Bedeutung hat, können die Behörden der Mitgliedstaaten den Zusammenschluss untersuchen.[600] Wie auf Seite 20 dargelegt, könnte auch die Kommission Art. 86 EGV anwenden. Liegt kein Zusammenschluss vor, beeinflusst die FKVO die Beurteilung des Vorhabens nach anderen gemeinschaftlichen oder nationalen Vorschriften nicht.

c) Mitteilung der Kommission, kein Verfahren zu eröffnen

Fällt ein angemeldeter Zusammenschluss nicht unter die FKVO, trifft die Kommission eine Entscheidung nach Art. 6 Abs. 1 lit. a. Sie kann aber auch bezüglich eines nicht angemeldeten Zusammenschlusses feststellen, dass er nicht unter die FKVO fällt. Dies verringert das Subsumptionsrisiko der anmeldepflichtigen Unternehmen beträchtlich. Die meisten Unternehmen dürften sich in Zweifelsfällen bei der Kommission über die Anmeldepflicht informieren und entsprechend deren Anweisungen handeln.

Beim Zusammenschluss von British Airways und Dan Air hat der Pressesprecher des für Wettbewerb zuständigen Kommissionsmitglieds eine Mitteilung veröffentlicht, dass der Zusammenschluss mangels gemeinschaftsweiter Bedeutung nicht unter die FKVO falle. Auf Klage von Air France, einem Konkurrenzunternehmen, hatte das EuG die Natur dieser Mitteilung zu beurteilen.[601]

Als erste Frage hatte das Gericht zu klären, ob diese Mitteilung eine anfechtbare Entscheidung im Sinne von Art. 173 EGV war. Gemäss konstanter Rechtsprechung des Europäischen Gerichtshofs kommt es dafür nicht auf die Form der Handlung, sondern auf ihre Rechtswirkungen an.[602] Das EuG kam zum Schluss, dass die angefochtene Pressemitteilung die Kommission insgesamt öffentlich verpflichtet hatte und Rechtswirkungen in mehrerer Hinsicht erzeugte. Erstens werde die Anwendung nationalen Rechts durch die Mitgliedstaaten und damit auch von Art. 22 Abs. 3 ausgeschlossen und zweitens würde die Entscheidung die beteiligten Unternehmen von der Anmeldepflicht befreien und ihnen erlauben, den Zusammenschluss sofort durchzuführen. Nach dem Urteil des EuG hat eine solche Erklärung für die beteiligten Unternehmen, die Mitgliedstaaten und Dritte die gleichen Wirkungen wie eine förmliche Entscheidung der Kommission nach Art. 6 Abs. 1 lit. a. Das Gericht sah es für zulässig an, dass die Kommission auch ausserhalb des von der FKVO vorge-

---

599 KOCH, in: GRABITZ nach 86 N 2.
600 Auch wenn eine nur auf den Wortlaut gestützte Auslegung von Art. 22 Abs. 1 i.V.m. Art. 3 eine andere Interpretation ergeben könnte.
601 Rs. T-3/93, Air France/Kommission Slg. 1994 II 121.
602 Rs. 60/81, IBM/Kommission Slg. 1981, 2639; vgl. hinten 205ff.

schriebenen Verfahrens, also wenn keine Anmeldung vorlag, über die Anwendbarkeit der FKVO entschied.

Das Gericht hielt allerdings auch fest, dass beispielsweise eine Mitteilung der Task Force Fusionskontrolle, dass der Zusammenschluss nach ihrer Ansicht nicht unter die FKVO falle, die Kommission insgesamt nicht zu binden vermöge und damit keine anfechtbare Entscheidung im Sinne von Art. 173 EGV sei.[603] In den meisten Fällen werden die anmeldepflichtigen Unternehmen nur eine solche Mitteilung der Task Force Fusionskontrolle erhalten. Auch diese dürfte garantieren, dass das Vorhaben nicht mehr nach der FKVO untersucht wird. Um weitere Nichtigkeitsklagen dieser Art zu vermeiden, wird die Kommission in Zukunft bestimmt vermeiden, dass in ihrem Namen öffentlich erklärt wird, ein Zusammenschluss falle nicht unter die FKVO.

Wollen die am Zusammenschluss beteiligten Unternehmen Gewissheit darüber haben, ob ihr Vorhaben ein Zusammenschluss im Sinne der FKVO ist oder allenfalls unter Art. 85 EGV fällt, bleibt ihnen aber keine andere Wahl, als den Zusammenschluss anzumelden.

Wurde ein unter die FKVO fallender Zusammenschluss nicht angemeldet und hat die Kommission nicht von Amtes wegen ein Verfahren eröffnet, können Dritte gemäss dem Urteil T-3/93, Air France/Kommission, der Kommission eine Frist dafür setzen, dass sie die Unternehmen zur förmlichen Anmeldung des beabsichtigten Zusammenschlusses zwinge. Damit stünde den betroffenen Dritten im Fall der Untätigkeit der Kommission die Untätigkeitsklage, im Fall der Weigerung der Kommission, dies zu tun, die Nichtigkeitsklage zur Verfügung.[604]

d) Genehmigungsentscheidung nach Art. 6 Abs. 1 lit. b

Die Genehmigungsentscheidung nach Art. 6 Abs. 1 lit. b stellt fest, dass der angemeldete Zusammenschluss unter die FKVO fällt, dass er aber keinen Anlass zu ernsthaften Bedenken hinsichtlich seiner Vereinbarkeit mit dem Gemeinsamen Markt gibt (zu den materiellen Beurteilungskriterien s. vorne 7ff.). Die Entscheidung wird vom für Wettbewerb zuständigen Kommissionsmitglied getroffen (vorne 50).

Entscheidungen nach Art. 6 Abs. 1 lit. b sind die weitaus häufigsten Entscheidungen der Kommission unter der FKVO. 324 von den 385 bis zum 31.12.95 getroffenen endgültigen Entscheidungen ergingen nach Art. 6 Abs. 1 lit. b. Das sind rund 85%.

Eine Entscheidung nach Art. 6 Abs. 1 lit. b ist endgültig und hat deklaratorischen Charakter.[605] Auch wenn sie üblicherweise in Briefform gehalten ist, muss sie den

---

[603] Eine solche Erklärung käme nach Ansicht des EuG einem Einstellungsschreiben im Sinne des Urteils Rs. 273/78 und 1 bis 3/79, Giry und Guérlain Slg. 1980, 2327, gleich.
[604] Rs. T-3/93, Air France/Kommission Slg. 1994 II 121, 123, 124 und 157.
[605] KOCH, in: GRABITZ nach 86 N 2.

Erfordernissen, die das Gemeinschaftsrecht an Entscheidungen stellt, genügen (Begründungspflicht, Erlass durch die zuständige Stelle, etc.).

Trotz der terminologischen Unterscheidung in Art. 6 Abs. 1 lit. b zwischen „Entscheidung, keine Einwände zu erheben" und „erklärt den Zusammenschluss für vereinbar", handelt es sich um eine einzige, einheitliche Entscheidung.[606] Diese erklärt den Zusammenschluss für zulässig nach der FKVO und hält fest, dass die Kommission kein Hauptprüfverfahren eröffnet.

Die Genehmigungsentscheidung nach Art. 6 Abs. 1 lit. b ist mit dem Negativattest nach Art. 2 VO 17 vergleichbar. Mittels letzterem stellt die Kommission fest, dass nach den ihr bekannten Tatsachen für sie kein Anlass besteht, aufgrund von Art. 85 Abs. 1 oder 86 EGV einzuschreiten. Nach beiden Entscheidungen eröffnet die Kommission kein Verfahren. Ein Negativattest stellt fest, dass gewisse Handlungen nach Ansicht der Kommission nicht unter das Verbot von Art. 85 Abs. 1 oder 86 EGV fallen, eine Vereinbarkeitsentscheidung hingegen, dass der Zusammenschluss zwar unter die FKVO fällt, aber mit den dort festgelegten materiellen Kriterien vereinbar ist. Beide Entscheidungen binden die Kommission.

Die Entscheidung nach Art. 6 Abs. 1 lit. b schliesst das Verfahren ab. Auch nach einer Entscheidung nach Art. 6 Abs. 1 lit. b besteht noch die Möglichkeit, den Zusammenschluss an einen Mitgliedstaat zu verweisen (Art. 9). Erfolgt keine solche Verweisung, was den Normalfall darstellt, ist die Zulässigkeit des Zusammenschlusses auch für die Mitgliedstaaten verbindlich festgestellt (Art. 21 Abs. 2).

Die Genehmigung erstreckt sich auch auf Nebenabreden, d.h. Wettbewerbsbeschränkungen, die eigentlich unter Art. 85 EGV fielen, aber mit der Durchführung des Zusammenschlusses unmittelbar verbunden und dafür notwendig sind (vgl. Art. 8 Abs. 2, hinten 155). Die Ausdehnung der Wirkungen des Entscheids auf Nebenabreden ist zwar ausdrücklich nur für die Entscheidung nach Art. 8 Abs. 2 vorgesehen. Sie ist aber notwendige Voraussetzung für das Funktionieren des von der FKVO vorgesehenen zweistufigen Verfahrens und wird in der Entscheidpraxis der Kommission auch ohne weiteres angenommen.[607] Die Geltung der Genehmigung nach Art. 6 für Nebenabreden soll bei der Revision der FKVO von 1996 in einer ausdrücklichen Bestimmung verankert werden.[608]

---

[606] Auslegende Erklärung von Rat und Kommission zu Artikel 2, Bulletin EG, Beilage 2/90, 23; BECHTOLD, Grundzüge, 259; BERLIN, Contrôle, 269.

[607] Vgl. etwa Fiat Geotech/Ford New Holland, M.009; 21. Wettbewerbsbericht, Anhang III, 416-417; weitere Beispiele finden sich bei BOS/STUYCK/WYTINCK 282-283 und im Competition Law Handbook (1993) 550-551; im Jahr 1992 beispielsweise hat die Kommission bei den 51 Entscheidungen, die sie getroffen hat, in 24 auch Nebenabreden beurteilt, 22. Wettbewerbsbericht Ziff. 260-264.

[608] Grünbuch Ziff. 142.

e) Genehmigungsfiktion (Art. 10 Abs. 6)

aa) Grundsatz

Trifft die Kommission innert Monatsfrist keine Entscheidung nach Art. 6 Abs. 1 lit. b oder c, oder innert der viermonatigen Frist keine Entscheidung nach Art. 8 Abs. 2 oder 3, so gilt der Zusammenschluss per Fiktion als genehmigt (Art. 10 Abs. 6). Die Genehmigungsfiktion steht unter dem Vorbehalt von Art. 9. Denn es war nötig, ihr Verhältnis zu einer anderen Fiktion, nämlich der von Art. 9 Abs. 5 zu regeln. Nach letzterer Vorschrift gilt der Zusammenschluss als an die nationale Behörde verwiesen, wenn die Kommission nach Mahnung durch den Mitgliedstaat innerhalb von drei Monaten nach der Anmeldung weder eine Entscheidung über die Verweisung oder Nichtverweisung erlassen, noch vorbereitende Schritte für die Wiederherstellung von wirksamem Wettbewerb auf dem betroffenen Markt getroffen hat. Der Vorbehalt von Art. 9 heisst also, dass die Verweisungsfiktion von Art. 9 Abs. 5 der Genehmigungsfiktion von Art. 10 Abs. 6 vorgeht und der Zusammenschluss bei Untätigkeit der Kommission nach Ablauf der drei Monate als verwiesen und nicht als genehmigt gilt.[609]

Die Verweisungsfiktion ist allerdings nur für das Hauptprüfverfahren vorgesehen.[610] Die Folgen der Untätigkeit der Kommission im Vorprüfverfahren wären somit, dass nach Ablauf von sechs Wochen seit der Anmeldung die Genehmigungsfiktion eintritt, auch wenn ein Mitgliedstaat einen Verweisungsantrag gestellt hat. Es ist inkohärent, dass die Verweisungsfiktion in diesem Fall nicht gilt. Auch für diesen Fall sollte de lege ferenda die Verweisungsfiktion vorgesehen werden (hinten 189f.).[611]

Die Kommission hat das Problem der fehlenden Verweisungsfiktion im Vorprüfverfahren im Fall McCormick/CPC/Ostmann, M.330, dadurch umgangen, dass sie Art. 9 Abs. 4 lit. a so ausgelegt hat, dass die Frist von sechs Wochen nur „in der Regel" gelte, so dass sie den Fall auch nach Ablauf der Frist noch durch Entscheidung an einen Mitgliedstaat verweisen könne, auch wenn es für eine Entscheidung über den Zusammenschluss zu spät sei. Anlass für diese Verweisung war, dass die Kommission wegen eines Berechnungsfehlers die Frist für die Eröffnung des Hauptprüfverfahrens hatte verstreichen lassen.[612] Diese Interpretation widerspricht m.E. dem System der FKVO und dem Sinn der Genehmigungsfiktion, der hauptsächlich darin besteht, für die beteiligten Unternehmen und Dritte Rechtssicherheit herzustellen.

Die Genehmigungsfiktion ist eine der wichtigsten Neuerungen im Verfahren der Fusionskontrolle gegenüber dem Kartellverfahren. Sie ist ein hervorragend geeigne-

---

[609] Vgl. LÖFFLER zu Art. 10 N 5.
[610] Gl.M. MIERSCH 238; für analoge Anwendung der Verweisungsfiktion: KIRCHHOFF 10.
[611] Gl.M. MIERSCH 206.
[612] Vgl. dazu LÖFFLER zu Art. 9 N 7.

tes Mittel für die Verwirklichung des Beschleunigungsgebots, das das Verfahren der FKVO wie ein roter Faden durchzieht.

bb) Wirkung

Die Wirkungen der Genehmigungsfiktion sind die gleichen wie die einer Genehmigungsentscheidung nach Art. 6 Abs. 1 lit. b oder Art. 8 Abs. 2. Die Genehmigungsfiktion hat damit den Charakter einer endgültigen Entscheidung.

Auch im Verhältnis zum nationalen Recht hat sie die gleichen Wirkungen wie eine Genehmigungsentscheidung. Die Anwendung nationalen Rechts ist deshalb ausgeschlossen.[613]

Die Genehmigungsfiktion wirkt nach Art. 10 Abs. 6 nur, wenn der Zusammenschluss überhaupt unter die FKVO fällt, wenn die Kommission also eine Entscheidung nach Art. 6 Abs. 1 lit. b oder c oder Art. 8 Abs. 2 oder 3 hätte erlassen sollen. Fällt der Zusammenschluss gar nicht unter die FKVO, sind die beteiligten Unternehmen weder an das Vollzugsverbot, noch an die anderen verfahrensrechtlichen Bestimmungen gebunden und auch die Anmeldung wäre nicht erforderlich gewesen.[614]

Da die beteiligten Unternehmen bei einer Anmeldung davon ausgehen, dass das Vorhaben unter die FKVO fällt, könnten sie einen Schaden erleiden, wenn sie einen Zusammenschluss im Vertrauen auf die Genehmigungsfiktion vollziehen, der Zusammenschluss aber von den Behörden der Mitgliedstaaten oder der Kommission gestützt auf Art. 85 oder 86 EGV verboten würde. Die Kommission muss deshalb immer eine Nichtanwendbarkeitsentscheidung treffen, wenn sie der Ansicht ist, der Zusammenschluss falle nicht unter die FKVO. Andernfalls könnte sie gestützt auf den Grundsatz des Vertrauensschutzes an die Genehmigungsfiktion gebunden sein oder schadenersatzpflichtig werden (hinten 292ff.).

f) Entscheidung, ein Hauptprüfverfahren einzuleiten (Art. 6 Abs. 1 lit. c)

Mit einer Entscheidung nach Art. 6 Abs. 1 lit. c stellt die Kommission fest, dass der Zusammenschluss unter die FKVO fällt, dass er Anlass zu ernsthaften Bedenken hinsichtlich seiner Vereinbarkeit mit dem Gemeinsamen Markt gibt und dass sie deshalb ein Hauptprüfverfahren einleitet.

Entscheidungen nach Art. 6 Abs. 1 lit. c werden vom für Wettbewerb zuständigen Kommissionsmitglied im Einvernehmen mit dem Kommissionspräsidenten getroffen (vorne 50).

---

613   Dies ist verschiedentlich kritisiert worden: z.B. MONOPOLKOMMISSION 96-97.
614   BOS/STUYCK/WYTINCK nehmen gestützt auf den Wortlaut von Art. 10 Abs. 6 an, dass die Vereinbarkeitsfiktion auch dann gelte, wenn die Kommission eine Entscheidung nach Art. 6 Abs. 1 lit. a hätte treffen müssen. Die Genehmigungsfiktion kann jedoch nicht über den Geltungsbereich der FKVO hinaus Wirkung haben.

Eine Entscheidung nach Art. 6 Abs. 1 lit. c kann gemäss dem Wortlaut der Bestimmung nur getroffen werden, wenn der Zusammenschluss zuvor angemeldet worden ist. Das heisst aber nicht, dass die Kommission nicht auch ein Verfahren eröffnen könnte, wenn keine Anmeldung erfolgt ist. Art. 8 Abs. 4 gibt ihr auch die Befugnis, eine Entscheidung über einen bereits durchgeführten, aber nicht angemeldeten Zusammenschluss zu treffen (vgl. hinten 165). Die Einleitung des Verfahrens muss dann gestützt auf Art. 8 Abs. 4 analog zu Art. 6 Abs. 1 lit. c erfolgen.

Bis zum 31.12.95 hat die Kommission in folgenden Fällen ein Hauptprüfverfahren eröffnet:

1. Alcatel/Telettra, M.042
2. CEAc/Magneti Marelli, M.043
3. Tetra Pak/Alfa Laval, M.068
4. Varta/Bosch, M.012
5. Aérospatiale-Alenia/de Havilland, M.053
6. Accor/Wagons-Lits, M.126
7. Nestlé/Perrrier, M.190
8. Du Pont/ICI, M.214
9. Mannesmann/Hoesch, M.222
10. KNP//BT/VRG, M.291
11. Siemens/Philips, Einleitungsentscheidung unveröffentlicht, Anmeldung später zurückgenommen, M.238
12. Kali+Salz/MdK/Treuhand, M.308
13. Pilkington-Techint/SIV, M.358
14. Mannesmann/Vallourec/ILVA, M.315
15. Shell/Montecatini, M.269
16. Procter & Gamble/Schickedanz (II), M.430 (vormals M.398)
17. MSG Media Service, M.469
18. Siemens/Italtel, M.468
19. Mercedes Benz/Kässbohrer, M.477
20. Krupp/Thyssen/Riva/Falck/Tadfin/AST, M.484
21. Nordic Satellite Distribution, M.490
22. RTL/Veronica/Endemol, M.553 (Verfahren nach Art. 22 Abs. 3 - 5)
23. Orkla/Volvo, M.582

24. ABB/Daimler-Benz-Bahntechnik, M.580
25. Crown Cork & Seal/Carnaud-Metal Box, M.603
26. Kimberly Clark/Scott, M.623
27. Gencor/Lonrho, M.619

Am 3.5.96 hat die Kommission auch betreffend den Zusammenschluss von Ciba und Sandoz ein Hauptprüfverfahren eröffnet.[615]

aa) Kriterien für die Eröffnung des Hauptprüfverfahrens

Nach Art. 6 Abs. 1 lit. c muss die Kommission ein Verfahren eröffnen, wenn der Zusammenschluss „Anlass zu ernsthaften Bedenken hinsichtlich seiner Vereinbarkeit mit dem Gemeinsamen Markt" gibt. Die Vereinbarkeit mit dem Gemeinsamen Markt ist das Kriterium, nach dem sie einen Zusammenschluss auch im Hauptprüfverfahren beurteilen muss (Art. 2 und 8). Bei der Auslegung des Begriffs der ernsthaften Bedenken hat die Kommission einen erheblichen Beurteilungsspielraum.[616]

Materiell stützt sie sich wohl in erster Linie auf den in den relevanten Produktemärkten resultierenden Marktanteil.[617] Die Begründungserwägung 15 der FKVO gibt einen Hinweis in diese Richtung, indem sie einen Marktanteil von weniger als 25% als Indiz dafür ansieht, dass der Zusammenschluss wirksamen Wettbewerb nicht behindert. Wie erwähnt hat die Kommission bisher auch im Vorprüfverfahren Zusagen entgegengenommen und gestützt darauf von einer Eröffnung des Hauptprüfverfahrens abgesehen. BECHTOLD stellt deshalb mit Recht fest, dass es keine verlässlichen materiellen Kriterien darüber gebe, wann mit einer Verfahrenseinleitung zu rechnen sei.[618] Man wird sich wohl an die Ansicht von JONES und GONZÁLES-DÍAZ halten müssen, dass ein Hauptprüfverfahren dann eröffnet wird, wenn die Kommission bei Ablauf der Monatsfrist aufgrund der ihr vorliegenden Informationen eine Untersagung noch für möglich hält.[619] Nach WHISH dürfte die Kommission jedoch in vielen Fällen nach einem Monat noch gar nicht in der Lage sein, über die Vereinbarkeit des Zusammenschlusses mit der FKVO zu entscheiden.[620]

Bei der Berücksichtigung von Zusagen im Vorprüfverfahren muss sich die Kommission vom Grundsatz der Gleichbehandlung leiten lassen. Sie darf sich nicht in einem Fall offen gegenüber Anpassungen des Vorhabens zeigen und in einem anderen Fall

---

[615] NZZ Nr. 103 vom 4./5.5.96, S. 25.
[616] Vgl. etwa MCCLELLAN 144.
[617] MIERSCH, Kommentar, 126.
[618] BECHTOLD, Zwischenbilanz, 659.
[619] JONES/GONZÁLES-DÍAZ 210.
[620] WHISH 721. Beim Zusammenschluss Ciba/Sandoz waren rund 500 Marktabklärungen nötig, welche bei Ablauf der Monatsfrist noch nicht abgeschlossen waren, NZZ Nr. 97 vom 26.4.96, S. 21.

keine solchen akzeptieren und Bedingungen erst in einer Entscheidung nach Art. 8 Abs. 2 am Ende des Verfahrens festlegen. Anderseits sollte sie nicht um alles versuchen, das Verfahren nach einem Monat zu beenden. Die Kommission wurde schon dafür kritisiert, dass sie aus politischen Gründen das Verfahren nach der ersten Phase abgeschlossen habe.[621] Einen gewissen Schutz gegen willkürliche Entscheidungen bietet die allgemeine Begründungspflicht, der auch die Entscheidungen nach Art. 6 Abs. 1 lit. c genügen müssen, auch wenn sie nicht direkt mit Klage angefochten werden können.

Eine Formalisierung der Anpassungen des Zusammenschlussvorhabens im Vorprüfverfahren, wie sie in der gegenwärtigen Revision in Betracht gezogen wird (hinten 136), würde zur besseren Vorhersehbarkeit der Verfahrenseröffnung und zur Gleichbehandlung der Unternehmen beitragen.

bb) Natur und Wirkung

Die Entscheidung nach Art. 6 Abs. 1 lit. c ist keine endgültige Entscheidung. Sie eröffnet lediglich das Hauptprüfverfahren und spricht sich nicht über die materielle Zulässigkeit des Zusammenschlusses aus. Sie kann deshalb nicht mit Nichtigkeitsklage angefochten werden.[622]

Die Entscheidung nach Art. 6 Abs. 1 lit. c eröffnet das Hauptprüfverfahren, startet die viermonatige Frist von Art. 10 Abs. 3 für die endgültige Entscheidung über den Zusammenschluss und verhindert, dass die Genehmigungsfiktion von Art. 10 Abs. 6 eintritt.[623] Die Eröffnungsentscheidung beschränkt die Kommission noch nicht auf die Untersuchung bestimmter Aspekte des Zusammenschlusses, in bezug auf die sie ernsthafte Bedenken gehabt hat. Wenn also ein Verfahren vor allem wegen einem bestimmten Produktmarkt eröffnet worden ist, kann die Kommission im Hauptprüfverfahren auch die Auswirkungen des Zusammenschlusses auf andere Märkte prüfen.[624] Das Hauptprüfverfahren dient der Beurteilung des Zusammenschlusses als ganzem. Die Kommission wird erst durch die Mitteilung der Einwände gegen den Zusammenschluss (Art. 12 Abs. 2 DVO; Art. 18 FKVO) im Umfang der Beanstandungen beschränkt.

g) Widerruf von Entscheidungen im Vorprüfverfahren

In der FKVO ist der Widerruf von Entscheidungen nach Art. 6 Abs. 1 lit. a und b nicht besonders vorgesehen. Nach den allgemeinen Grundsätzen des Gemeinschaftsrechts kann aber ein feststellender rechtswidriger Verwaltungsakt jederzeit ex nunc

---

[621] Z.B. im Fall Alcatel/AEG Kabel, M.165; LÖFFLER zu Art. 6 N 14.
[622] Hinten 207.
[623] OVERBURY/JONES 361.
[624] JONES/GONZÁLES-DÍAZ 210.

widerrufen werden.⁶²⁵ Die Entscheidung *muss* widerrufen werden, wenn sonst die Interessen Dritter beeinträchtigt würden.⁶²⁶

Dies kann der Fall sein, wenn die FKVO fälschlicherweise für nicht anwendbar erklärt wurde; denn Dritte könnten ihrer Verfahrensrechte verlustig gehen. Rechtswidrig kann eine Entscheidung der Kommission sein, wenn sie auf falschen Tatsachen oder einer irrigen Interpretation der FKVO basiert. Die Interessen Dritter dürften stets beeinträchtigt werden, wenn ein Zusammenschluss, der nach der FKVO nicht zulässig ist, von der Kommission genehmigt wurde.

De lege ferenda sollte sich der Widerruf von Entscheidungen nach Art. 6 Abs. 1 lit. a und b ebenfalls nach den Gründen von Art. 8 Abs. 5 richten (dazu hinten 168ff.). Da auch die Genehmigungsfiktion von Art. 10 Abs. 6 die gleichen Wirkungen wie eine endgültige Genehmigungsentscheidung hat, sollte auch sie widerrufen werden können. Gemäss Art. 8 Abs. 5 können Entscheidungen nach Art. 8 Abs. 2, die durch unrichtige Angaben der Beteiligten herbeigeführt worden sind, widerrufen werden. Die falschen oder irreführenden Angaben können in der Anmeldung oder bei sonstigen Auskünften gemacht worden sein. Für die Zulassung des Widerrufs kann argumentiert werden, dass die Unterlassung der Entscheidung eine fehlerhafte Rechtshandlung darstellt und dass einer der Gründe dafür, dass die Kommission in der Frist keine Entscheidung getroffen hat, die falschen oder irreführenden Angaben gewesen sein können.

Die Frage des Widerrufs einer Entscheidung, ein Hauptprüfverfahren zu eröffnen, stellt sich nicht, da diese Entscheidung nicht endgültig ist.

9. Auflagen im Vorprüfverfahren

In vielen Fällen begnügt sich die Kommission im Vorprüfverfahren nicht damit, festzustellen, ob ein gegebenes Zusammenschlussvorhaben ernsthafte Bedenken hinsichtlich seiner Vereinbarkeit mit dem Gemeinsamen Markt hervorruft. Sie nimmt schon im Vorprüfverfahren Zusagen entgegen, welche Bedenken gegen den Zusammenschluss beseitigen sollen. Gemäss MERKIN hat die Kommission bisher in circa 15% der Fälle ernsthafte Bedenken gegen einen Zusammenschluss gehabt, aber nur in circa 7% auch ein Hauptprüfverfahren eröffnet.⁶²⁷ Es verbleibt somit ein Anteil von rund 8% von Fällen, bei denen die Kommission zwar Bedenken hatte, aber kein Hauptprüfverfahren eröffnet hat.⁶²⁸ Die Kommission hat dieses Verfahren seit 1994

---

625 Rs. 15/60, Simon/Gerichtshof Slg. 1961, 239. Näheres dazu bei SCHWARZE II 960-978 und GORNIG/TRÜE 891-892.
626 Rs. 14/61, Hoogovens/Hohe Behörde Slg. 1962, 511.
627 MERKIN 4-606A. Diese Zahl basiert auf den 363 bis zum 5.9.95 angemeldeten Zusammenschlüssen.
628 Gemäss der Kommission hätte es unweigerlich eine grössere Anzahl Fälle gegeben, in denen ein Hauptprüfverfahren eingeleitet worden wäre bzw. eine Untersagungsentscheidung ergangen wäre,

vermehrt angewendet.[629] Bei der Revision der FKVO von 1996 will die Kommission vorschlagen, die Berücksichtigung von Zusagen im Vorprüfverfahren ausdrücklich zu erlauben und ein Verfahren dafür festzulegen.[630]

Gegenwärtig ist die Praxis der Kommission folgende: Sie teilt den beteiligten Unternehmen mit, unter welchen Bedingungen das Zusammenschlussvorhaben keine ernsthaften Bedenken hinsichtlich seiner Zulässigkeit ergäbe. Wenn die Unternehmen verbindliche Zusagen machen, diese Bedingungen zu erfüllen, ist die Kommission bereit, eine Vereinbarkeitsentscheidung zu erlassen.[631]

Nach gegenwärtiger Praxis berücksichtigt die Kommission Zusagen im Vorprüfverfahren, wenn „das Wettbewerbsproblem klar umrissen und im Vergleich zum Gesamtvorhaben begrenzt ist, mühelos geregelt werden kann und die Einhaltung der eingegangenen Verpflichtungen leicht kontrollierbar ist".[632] Diese Praxis hat sich allerdings erst in jüngerer Zeit gebildet.[633]

Im Vorprüfverfahren berücksichtigte Zusagen sind nicht Bedingungen im technischen Sinn, die nach Art. 8 Abs. 2 an eine Vereinbarkeitsentscheidung geknüpft werden. Entscheidungen nach Art. 6 können nicht mit Bedingungen im technischen Sinn versehen werden.

Um die Eröffnung eines Hauptprüfverfahrens abzuwenden, müssen die Zusagen den Kriterien für Bedingungen und Auflagen unter Art. 8 entsprechen, d.h. sie müssen grundsätzlich einen strukturellen Bezug haben.[634] Obschon die Kommission weder im Vorprüfverfahren noch im Hauptprüfverfahren von sich aus Bedingungen und Auflagen festlegen kann, dürfte der Anstoss dazu oft von dieser ausgehen. Wie in

---

wenn die beteiligten Unternehmen nicht bereit gewesen wären, das ursprüngliche Zusammenschlussvorhaben schon im Vorprüfverfahren zu ändern, 23. Wettbewerbsbericht Ziff. 57.

[629] 24. Wettbewerbsbericht Ziff. 11.

[630] Grünbuch Ziff. 124.

[631] Beispiele: Fiat/Ford New Holland, M.009 (Veränderung im Vertriebsnetz in Italien); TNT/Canada Post, DBP Postdienst, La Poste, PTT Post and Sweden Post, M.102 (keine Vorzugsbedingungen für das GU durch die beteiligten Postorganisationen); Courtaulds/SNIA, M.113 (Beschränkung von Nebenabreden auf 5 Jahre); Grand Metropolitan/Cinzano, M.184 (Beendigung einer exklusiven Vertriebsvereinbarung für Griechenland); Elf Aquitaine-Thyssen/Minol, M.235 (Verkauf an andere Marktteilnehmer zu üblichen Konditionen); Air France/Sabena, M.157 (Gewährung von Start- und Landerechten an Drittunternehmen); Elf Atochem/Rütgers, M.442 (Auflösung jeder strukturellen Verbindung zwischen Rütgers und einem anderen Marktteilnehmer); etc. In Swissair/Sabena, M.616, hat die Kommission klar gesagt, dass der Zusammenschluss ohne die Zusage von Swissair, Sabena sowie der schweizerischen und belgischen Regierung nicht genehmigt worden wäre. Dasselbe gilt für Repola/Kymmene, M.646.

[632] Grünbuch Ziff. 123.

[633] Vgl. FUCHS 283.

[634] DRAUZ/SCHROEDER 212-213; FUCHS 274-277.

Entscheidungen nach Art. 8 Abs. 2 betreffen die Zusagen meist folgende Bereiche:[635]

- Beseitigung von Markteintrittsschranken (z.B. Kündigung von ausschliesslichen Vertriebsvereinbarungen): Beim Kontrollerwerb von Grand Metropolitan über Cinzano, M.184, musste sich Grand Metropolitan verpflichten, in Griechenland den Vertrieb von Martini-Produkten aufzugeben, da es in diesem Land neu praktisch den ganzen Markt für Wermuth-Produkte kontrolliert hätte. Die Vereinbarkeitsentscheidung datiert vom 7.2.92; die Aufgabe des Vertriebs von Martini musste - wohl aus Rücksicht auf bestehende Vertragsverhältnisse - erst auf Anfang 1993 erfolgen. Beim Zusammenschluss von Swissair und Sabena, M.616, verpflichteten sich Swissair, Sabena sowie die schweizerische und belgische Regierung, gewisse Fluglinien für Wettbewerber zugänglich zu halten.

- Auflösung von finanziellen, personellen oder vertraglichen Bindungen zwischen Wettbewerbern in oligopolistischen Märkten: Beim Zusammenschluss von Swissair und Sabena verpflichtete sich Swissair, die Zusammenarbeit mit SAS im Rahmen der European Quality Alliance aufzugeben.

- Veräusserung von Unternehmensteilen, um den Marktanteil zu senken: Bei der Fusion von Repola und Kymmene, M.646, haben sich die beiden Unternehmen verpflichtet, einen Teil ihrer Produktionskapazität für Papiertüten einem Dritten abzutreten.

In der Entscheidung weist die Kommission meist auf die Zusagen hin und zitiert sie im Wortlaut oder fügt sie der Entscheidung bei.

Bei einigen Fällen, in denen die Kommission Bedenken hatte, hat sie die Anmelder dazu bewogen, die Anmeldung zurückzuziehen und in geänderter Form zu erneuern.[636] Es wurden auch lediglich Teile der Anmeldung zurückgenommen. Die Kommission hat auch dieses Vorgehen akzeptiert.[637] Es ist erstaunlich zu sehen, welche selbstbeschränkenden Auflagen die Beteiligten scheinbar freiwillig eingehen und mit welchem Ideenreichtum sie um die Erhaltung des Wettbewerbs besorgt sind.

a) Zulässigkeit

Weder die Berücksichtigung von Zusagen im Vorprüfverfahren noch die Erneuerung der Anmeldung sind in der FKVO vorgesehen, was ihre Zulässigkeit aber nicht a priori ausschliesst. Auch unter der VO 17 ist die Entgegennahme von Zusagen der

---

635 Vgl. MERKIN 4-608A; FUCHS 272-273.
636 BECHTOLD, Zwischenbilanz, 659; z.B. Procter & Gamble/Schickedanz (II), M.398; Unilever/Ortiz Miko (II), M.422; GE/ENI/Nuovo Pigone, M.440; Voith/Sulzer, M.478; Tractebel/Distrigaz, M.493.
637 Z.B. Sidmar/Klöckner, M.444.

Unternehmen durch die Kommission praktiziert[638] und vom Gerichtshof gebilligt worden[639].

Im Urteil Rs. T-2/93, Air France/Kommission, scheint das EuG die Berücksichtigung von Zusagen im Vorprüfverfahren zumindest implizit für zulässig gehalten zu haben.[640] In der Lehre ist ihre Zulässigkeit umstritten. Gestützt auf eine wörtliche Auslegung der FKVO e contrario lehnen BOS/STUYCK/WYTINCK[641] Auflagen im Vorprüfverfahren ab. BECHTOLD lehnt sie wegen der Beschränkung der Rechte Dritter und der Mitgliedstaaten ab.[642] LÖFFLER äussert aus denselben Gründen erhebliche Bedenken dagegen.[643] Die Praxis der Kommission befürworten MERKIN[644] und JONES/GONZÁLES-DÍAZ[645] sowie mit Einschränkungen FUCHS[646].

Neben der wörtlichen Auslegung der FKVO e contrario wird gegen die Zulassung von Auflagen im Vorprüfverfahren vorgebracht, dass die Rechte der Mitgliedstaaten und Dritter missachtet würden, insbesondere das Recht, sich zum Zusammenschlussvorhaben zu äussern (Art. 18 und 19), das formell eigentlich nur im Hauptprüfverfahren vorgesehen ist.[647] Wegen der fehlenden Äusserung Dritter und der kurzen im Vorprüfverfahren zur Verfügung stehenden Zeit könnte die Kommission wichtige Aspekte unberücksichtigt lassen.

Es ist jedoch nicht zwingend, dass diese Anhörungsrechte nicht ausgeübt werden könnten. Die Kommission erklärt, dass sie den Mitgliedstaaten und Dritten in ihrer bisherigen Praxis auch im Vorprüfverfahren die Möglichkeit zur Stellungnahme zu Zusagen gegeben hat.[648] Wenn die Zusagen genügend früh gemacht werden, bleibt Zeit, dem Beratenden Ausschuss und interessierten Dritten die Möglichkeit zur Äusserung zu geben.[649] Die Kommission bemüht sich in der Praxis, die Mitgliedstaaten und Dritte zu den Zusagen anzuhören.[650] Auch wenn die Anhörung dann nicht in Anwendung der Art. 18 und 19 erfolgt (diese sind strikte betrachtet nur im Hauptprüfverfahren anwendbar, vgl. hinten 263), kann sie gleichwertig sein.[651] Es

---

638   KERSE 243.
639   Rs. 142 und 156/84, BAT und Reynolds/Kommission Slg. 1987, 4487.
640   Rs. T-2/93, Air France/Kommission Slg. 1994 II 323.
641   BOS/STUYCK/WYTINCK 263.
642   BECHTOLD, Zwischenbilanz, 659.
643   LÖFFLER zu Art. 6 N 11.
644   MERKIN 4-606B.
645   JONES/GONZÁLES-DÍAZ 230.
646   FUCHS 285.
647   BECHTOLD, Zwischenbilanz, 659.
648   Grünbuch Ziff. 123.
649   A.M. HEIDENHAIN, Zusagenpraxis, 137; FUCHS 283.
650   Rede von Wettbewerbskommissar VAN MIERT, in: CPN Vol. 1, Nr. 6, autumn/winter 1995, 3.
651   BECHTOLD, Zwischenbilanz, 659.

ist weiter zu berücksichtigen, dass das rechtliche Gehör Dritter und der Mitgliedstaaten auch nicht umfangreicher wäre, wenn das Vorhaben schon mit den betreffenden Änderungen angemeldet worden wäre.

Die Anhörung der Mitgliedstaaten und Dritter wird allerdings oft dadurch erschwert, dass die Zusagen der Unternehmen erst kurz vor Eröffnung eines Hauptprüfverfahrens gemacht werden.[652] Im Grünbuch über die Revision der FKVO erwägt die Kommission drei Wege, um den Mitgliedstaaten und Dritten die Möglichkeit zur Stellungnahme zu gewähren: allfällige Verlängerung des Vorprüfverfahrens, Festsetzung einer Frist für die Unterbreitung von Zusagen, wie sie dies für Zusagen im Hauptprüfverfahren bereits gemacht hat (vgl. hinten 156) und die Kombination der beiden, also Festsetzung einer Frist für die Zusagen und Verlängerung des Vorprüfverfahrens.

Bei Zusagen im Vorprüfverfahren wird generell die geringe Transparenz bemängelt.[653] Es wird gefordert, dass sämtliche Zusagen (und nicht nur ausgewählte, wie dies der gegenwärtigen Praxis der Kommission entspricht[654]) veröffentlicht werden.[655]

Aus den genannten Gründen befürworten verschiedene Autoren, dass die Anmeldung zurückgezogen und mit entsprechenden Änderungen neu eingereicht wird. Dann sei es möglich, dass die Mitgliedstaaten und interessierte Dritte ihren Standpunkt ausreichend dartun können.[656]

Ein anderes Argument gegen die Zulassung von Zusagen im Vorprüfverfahren ist, dass damit der Kommission ein Druckmittel in die Hand gegeben werde, um den beteiligten Unternehmen übermässige Beschränkungen abzuverlangen und ihre industriepolitischen Ziele zu verwirklichen, indem sie ihnen eine rasche Genehmigung in Aussicht stellt.[657]

Es besteht auch die Gefahr, dass *den beteiligten Unternehmen* nicht alle Verfahrensrechte (Anhörung, Akteneinsicht) gewährt werden.[658] Diesem Argument kann entgegengehalten werden, dass die Kommission nicht im rechtsfreien Raum handelt. Sie ist immer an die Grundsätze der ordnungsgemässen Verwaltung, und vor allem an die Grundsätze der Verhältnismässigkeit und der Nicht-Diskriminierung gebunden.

---

652 LÖFFLER zu Art. 6 N 12.
653 GROGER/JANICKI 1000.
654 Fn 631.
655 GROGER/JANICKI 1001.
656 LÖFFLER zu Art. 6 N 12; DRAUZ/SCHROEDER 214.
657 Ein solches Argument könnte sich dadurch bestätigt sehen, dass die Kommission selbst ihre Fusionskontrolltätigkeit als „Intervention" auffasst, 23. Wettbewerbsbericht Ziff. 54.
658 Vgl. VAN BAEL, Settlement Practice, 82.

Das Hauptargument für die Berücksichtigung von Zusagen im Vorprüfverfahren ist die Verfahrensökonomie (Grundsatz der Verhältnismässigkeit).[659] Wenn die Kommission und die Beteiligten den Anpassungen des Vorhabens zustimmen, besteht kein Grund, den Zusammenschluss weiter zu verzögern und ein aufwendiges Hauptprüfverfahren durchzuführen. Zum Grundsatz der Verhältnismässigkeit gehört auch, dass die beteiligten Unternehmen nicht ohne Notwendigkeit der negativen Publizität, die die Eröffnung eines Hauptprüfverfahrens mit sich bringt, ausgesetzt werden.

Die Auslegung der FKVO „e contrario" und die Gefahr unzulässiger industriepolitischer Forderungen der Kommission scheinen mir nicht überzeugend. Der Grundsatz der Verfahrensökonomie überwiegt m.E. die abstrakte Gefahr einer Verminderung der Verfahrensrechte Dritter, der Mitgliedstaaten und der Beteiligten. Deshalb sollte die Berücksichtigung von Zusagen im Vorprüfverfahren zulässig sein.

b) *Durchsetzbarkeit*

Es ist nicht klar, welche Wirkungen im Vorprüfverfahren berücksichtigte Zusagen haben.[660] Die Missachtung von Auflagen in einer Entscheidung nach Art. 8 Abs. 2 ist ein Grund für den Widerruf der Genehmigung (Art. 8 Abs. 5). Gegenwärtig dürfte Art. 8 Abs. 5 nicht analog auf Genehmigungsentscheidungen nach Art. 6 angewendet werden können (Vorbehalt des Gesetzes, Rechtssicherheit).[661] Der Widerruf der Entscheidung richtet sich demnach nach den allgemeinen Regeln des Gemeinschaftsrechts, wonach der Widerruf fehlerhafter begünstigender Rechtshandlungen zulässig ist, wenn das Gemeinschaftsinteresse an der Rechtmässigkeit das Individualinteresse an der Bestandeskraft überwiegt.[662] Es ist aber zweifelhaft, ob eine Entscheidung nach Art. 6 Abs. 1 lit. b, die aufgrund von später nicht befolgten Zusagen der beteiligten Unternehmen zustande gekommen ist, eine fehlerhafte Rechtshandlung darstellt.

Zusagen im Vorprüfverfahren könnten auch als Bedingungen angesehen werden, deren Missachtung direkt den Entzug der Genehmigung bedeuten würde. Mit dem Gebot der Rechtssicherheit wäre dies allerdings kaum zu vereinbaren. Die Missachtung von berücksichtigten Zusagen im Vorprüfverfahren kann auch nicht mit Bussen oder Zwangsgeldern sanktioniert werden, da die Art. 14 und 15 dies nicht vorsehen (Grundsatz „nulla poena sine lege").[663]

---

[659] JONES/GONZÁLES-DÍAZ 230.
[660] LÖFFLER zu Art. 6 N 13; BELLAMY/CHILD 359.
[661] Gl.M. HEIDENHAIN, Anmerkungen, 541; HEIDENHAIN, Zusagenpraxis, 136; a.M. BOURGEOIS, Undertakings, 97.
[662] Rs. 111/63, Lemmerz/Hohe Behörde Slg. 1965, 893.
[663] Gl.M. FUCHS 284.

Bei der Revision der FKVO will die Kommission die Berücksichtigung von Zusagen im Vorprüfverfahren und die Möglichkeit des Widerrufs einer Genehmigung bei Missachtung einer Zusage ausdrücklich vorsehen.[664]

B. Hauptprüfverfahren

1. Übersicht

Das Hauptprüfverfahren (in der FKVO nur „Verfahren" genannt) wird grundsätzlich durch eine Entscheidung am Ende des Vorprüfverfahrens eröffnet und durch eine Entscheidung nach Art. 8 oder eine Verweisungsentscheidung nach Art. 9 abgeschlossen. Das Hauptprüfverfahren hat zum Ziel, die Zulässigkeit des Zusammenschlusses abzuklären. Die Kommission hat ausgedehnte Befugnisse zur Sachverhaltsermittlung. Im Hauptprüfverfahren muss die Kommission den beteiligten Unternehmen ihre Einwände gegen den Zusammenschluss mitteilen und ihnen, den Mitgliedstaaten, sowie Dritten mit einem hinreichenden Interesse rechtliches Gehör gewähren. Der Entwurf der endgültigen Entscheidung ist dem Beratenden Ausschuss vorzulegen. Am Ende des Hauptprüfverfahrens kann die Kommission eine Genehmigungsentscheidung, eine Untersagungsentscheidung oder eine Genehmigungsentscheidung unter Bedingungen und Auflagen erlassen. Wurde der Zusammenschluss in Missachtung des Vollzugsverbots vollzogen, kann die Kommission die Rückabwicklung des Zusammenschlusses oder andere Massnahmen zur Wiederherstellung wirksamen Wettbewerbs anordnen. Die Dauer des Hauptprüfverfahrens beträgt höchstens vier Monate ab Einleitung des Verfahrens.

2. Eröffnung

Das Hauptprüfverfahren über einen angemeldeten Zusammenschluss wird durch eine Entscheidung nach Art. 6 Abs. 1 lit. c eröffnet.

Ein Hauptprüfverfahren kann auch durchgeführt werden, wenn keine Anmeldung des Zusammenschlusses erfolgt ist.[665] Die Untersagungs- und Rückabwicklungsentscheidungen (Art. 8 Abs. 3 und 4) sind nicht an das Vorliegen einer Anmeldung gebunden, sondern nur an die Feststellung der Unvereinbarkeit mit der FKVO. Dass die Kommission auch gegen einen nicht angemeldeten Zusammenschluss vorgehen kann, folgt schon aus dem „effet utile" der FKVO. Darauf beruft sich auch das EuG, wenn es in bezug auf die Zuständigkeit der Kommission ausführt:[666]

---

664   Grünbuch Ziff. 122-126; s. schon Bericht der Kommission über die Anwendung der Fusionskontrollverordnung vom 28.7.93, KOM(93) 385endg., III Ziff. 17-18.
665   BERLIN, Contrôle, 305; RITTER/RAWLINSON/BRAUN 388; BOS/STUYCK/WYTINCK 255, 264 und 293; BLANK 242.
666   Rs. T-3/93, Air France/Kommission Slg. 1994 II 121, 153.

„Ermächtigt aber die Verordnung, deren Anwendung nicht nur vom Willen der Parteien abhängt, die Kommission, bestimmte Zusammenschlüsse zu überprüfen, so ist diese entgegen ihrem eigenen Vorbringen zwangsläufig dafür zuständig, ihre eigene Zuständigkeit für einen bestimmten Zusammenschluss - unabhängig von dessen Anmeldung - zu überprüfen und, wie im vorliegenden Fall, festzustellen, dass die Verordnung auf einen bestimmten Zusammenschluss nicht anwendbar ist."

Die Eröffnung des Verfahrens muss bei fehlender Anmeldung analog zu Art. 6 Abs. 1 lit. c erfolgen, da dieser nach seinem Wortlaut nur auf angemeldete Zusammenschlüsse anwendbar ist.

Ist keine Anmeldung erfolgt, muss die Kommission die zur Beurteilung nötigen Informationen auf anderem Wege besorgen. Es stehen ihr die Befugnisse für Auskunftsverlangen und Nachprüfungen zur Verfügung.

3. Ermittlungsbefugnisse der Kommission

a) Grundsatz und Grenzen

Die Kommission kann die Informationen, die sie schon im Vorprüfverfahren gesammelt hat, im Hauptprüfverfahren mittels Auskunftsverlangen und Nachprüfungen ergänzen. Obschon sie auch im Vorprüfverfahren von diesen Befugnissen Gebrauch machen kann, dürfte sie dies eher selten tun (vorne 125).

Die Befugnisse der Kommission, Auskunftsverlangen und Nachprüfungen (Art. 11 und 13) anzuordnen, sind von der VO 17 (Art. 11 und 14) übernommen. Es bestehen nur geringfügige Unterschiede. Die Auslegung dieser Bestimmungen durch die Kommission und die Europäischen Gerichte dürfte sich deshalb auch weitgehend an der zur VO 17 ergangenen Rechtsprechung orientieren.[667] Die Bedeutung dieser Ermittlungsbefugnisse ist im Fusionskontrollverfahren erheblich geringer. Während im Kartellverfahren der Einsatz von Nachprüfungen die Regel ist[668], dürfte sich der Gebrauch von Auskunftsverlangen und Nachprüfungen vor allem auf Fälle konzentrieren, bei denen der Zusammenschluss in Missachtung des Vollzugsverbots vollzogen worden ist.

Bisher hat die Kommission noch kein Auskunftsverlangen durch Entscheidung erlassen und auch noch keine Nachprüfung durchgeführt.[669] Auskunftsverlangen nach Art. 11 Abs. 1 - 4 wendet sie dagegen häufig an.[670]

---

667 Gl.M. BERLIN, Contrôle, 275-276; MIERSCH 208; DOWNES/ELLISON 102.
668 JOSHUA, Powers, 16.
669 LÖFFLER zu Art. 11 N 4 und zu Art. 13; mündliche Auskunft eines Beamten der Task Force Fusionskontrolle.
670 COOK/KERSE 114.

Da es schon eine umfangreiche Literatur über die Ermittlungsbefugnisse im Kartellverfahren gibt, werden in dieser Arbeit Auskunftsverlangen und Nachprüfung nur kurz dargestellt.[671]

Die Ermittlungsbefugnisse der Kommission sind nicht unbegrenzt. Die Grenzen liegen zunächst im Zweck der FKVO. Dieser ist die Beurteilung der Zulässigkeit des Zusammenschlusses. Für einen anderen Zweck kann die Kommission nicht ermitteln.

Dass eine von der Kommission verlangte Information ein Geschäftsgeheimnis ist, ist kein Grund, ihr diese Information nicht offenzulegen.[672] Die Herausgabe von Informationen, die von den betroffenen Unternehmen als Geschäftsgeheimnisse bezeichnet werden, aber mit dem Gegenstand der Untersuchung im Zusammenhang stehen, ist auch keine Verletzung von vertraglich begründeten Treuepflichten.[673]

Dagegen können der Kommission Informationen, die unter das „legal professional privilege" (hinten 249ff.) fallen, vorenthalten werden.

Eine Grenze der Ermittlungsbefugnisse bildet auch das beschränkte Privileg, Fragen, die auf ein Eingeständnis wettbewerbsrechtswidriger Handlungen abzielen, nicht beantworten zu müssen (hinten 253ff.).

Den Ermittlungsbefugnissen der Kommission kann auch wirksam die Entscheidung eines Mitgliedstaats, dass die betreffenden Auskünfte seinen wesentlichen Sicherheitsinteressen widersprechen, entgegengehalten werden (Art. 223 EGV, vorne 47). Die Sicherheitsinteressen (wie auch andere Interessen) *von Drittstaaten* werden grundsätzlich nicht berücksichtigt. Ein Beteiligter, der dem Recht eines Drittstaates unterliegt, kann deshalb in die unangenehme Situation kommen, dass er der Kommission bestimmte Informationen aushändigen muss, obwohl dies durch das Recht seines Sitzstaates verboten ist. Beide Vorschriften können mit Sanktionen verbunden sein. Im Fall CSV[674] hat die Kommission das Argument, die Herausgabe der geforderten Informationen verletze Art. 273 des schweizerischen StGB („wirtschaftlicher Nachrichtendienst"), kategorisch zurückgewiesen.[675]

Die Befugnisse zur Sachverhaltsermittlung werden durch die Verteidigungsrechte der Unternehmen, welche grundsätzlich durch den „effet utile" des Verfahrens nicht beseitigt werden können[676], somit nicht stark eingeschränkt.

---

671 Für die eingehende Darstellung von Auskunftsverlangen s. KERSE 97-109; KREIS, Ermittlungsverfahren, 284-286; VOILLEMOT 133-192 und LANGEN/SAUTER zu Art. 11. Nachprüfungen sind bei KERSE 110-138 und KREIS, Ermittlungsverfahren, 286-294 ausführlich abgehandelt. Für einen guten Überblick s. SAUTER in LANGEN/SAUTER zu Art. 13 und 14. Die Zusammenarbeit mit den nationalen Wettbewerbsbehörden in diesem Bereich ist bei KERSE 178-183 beschrieben.
672 Fn 495.
673 Entscheidung der Kommission Fides, ABl. 1979 L 57/33.
674 Entscheidung der Kommission Centraal Stikstof Verkoopkantoor (CSV), ABl. 1976 L 192/27.
675 Vgl. dazu vorne 92 und hinten 457.
676 Rs. 374/87, Orkem/Kommission Slg. 1989, 3283.

b) Auskunftsverlangen

aa) Zweck

Mittels Auskunftsverlangen kann die Kommission von bestimmten Personen und Unternehmen alle für die Beurteilung eines Zusammenschlusses relevanten Informationen verlangen.

bb) Adressaten

Die Kommission kann Auskunftsverlangen an Unternehmen, Vereinigungen von Unternehmen, die in Art. 3 Abs. 1 lit. b genannten Personen sowie die Regierungen und Wettbewerbsbehörden der Mitgliedstaaten richten. Nach der VO 17 können Auskunftsverlangen nicht an natürliche Personen adressiert werden. Die Adressaten von Auskunftsverlangen können am Zusammenschluss Beteiligte oder Dritte sein. Im Fusionskontrollverfahren dürften Auskunftsverlangen vor allem an Dritte gerichtet werden, da Auskünfte von Beteiligten am einfachsten informell eingeholt werden können.

Die Kommission hat unter der VO 17 schon Auskunftsverlangen an Unternehmen mit Sitz in Drittstaaten gerichtet. Solche Unternehmen sind nicht direkt zur Beantwortung verpflichtet, müssen aber bei Nichtbefolgung den Zugriff der Kommission auf ihre Tochtergesellschaften oder Vermögenswerte in der Gemeinschaft befürchten.

Die Auskünfte sind von den zur Vertretung des Unternehmens berechtigten Personen zu erteilen (Art. 11 Abs. 4). Lässt sich das Unternehmen z.B. durch einen Rechtsanwalt vertreten, muss es dessen Äusserungen gegen sich gelten lassen.

cc) Verfahren

Für Auskunftsverlangen gibt es ein zweistufiges Verfahren. Als erste Stufe wird dem Adressaten ein einfaches schriftliches Auskunftsverlangen zugestellt, in welchem er dazu aufgefordert wird, innert einer Frist bestimmte Informationen freiwillig der Kommission mitzuteilen. Besonders bei Auskunftsverlangen im Vorprüfverfahren muss die Frist sehr kurz sein, also wenige Tage betragen. LÖFFLER erwähnt, dass Auskunftsverlangen oft schon vor der Anmeldung vorbereitet werden, damit sie nach erfolgter Anmeldung ohne Verzug verschickt werden können.[677] Auskunftsersuchen werden in der Regel per Fax verschickt.[678] Da vielfach keine Zeit für eine Übersetzung zur Verfügung steht, erfolgen die Auskunftsverlangen in der Sprache der Anmeldung, was gegen die VO 1 zur Regelung der Sprachenfrage verstösst.[679]

---

[677] LÖFFLER zu Art. 6 N 3.
[678] DRAUZ/SCHROEDER 217.
[679] Art. 3 VO 1; vgl. LÖFFLER zu Art. 11 N 3.

Eine Pflicht, ein einfaches Auskunftsverlangen zu beantworten, besteht nicht.[680] Die Kommission weist aber darauf hin, dass falsche Antworten Bussen zur Folge haben können.

Antwortet der Adressat auf ein einfaches Auskunftsersuchen nicht, kann die Kommission in einer zweiten Stufe eine Entscheidung fällen, die das Auskunftsverlangen wiederholt und darauf hinweist, dass Zwangsgelder und Bussen für die Nichterteilung der Auskunft innerhalb einer bestimmten Frist festgesetzt werden können. Wenn die Kommission eine Entscheidung fällen muss, weil eine Auskunft von einem der Anmelder oder einem anderen Beteiligten nicht fristgerecht oder nicht vollständig erteilt worden ist, wird die Frist von vier Monaten für die Entscheidung nach Art. 8 gehemmt (Art. 10 Abs. 4 FKVO; Art. 9 Abs. 1 lit. a DVO).

In einem einfachen Auskunftsverlangen muss die Kommission nicht präzis angeben, welche Informationen sie sucht. Die Angabe des Zweckes des Auskunftsverlangens reicht aus. Bei einem Auskunftsverlangen durch Entscheidung dagegen hat sie genau anzugeben, welche Informationen sie sucht.

Die Kommission kann auch Unterlagen anfordern.[681] Im Urteil SEP/Kommission[682] hat das EuG präzisiert, dass die Kommission nur Informationen anfordern kann, „die ihr die Prüfung der vermuteten Zuwiderhandlungen, die die Durchführung der Untersuchung rechtfertigen und die im Auskunftsverlangen angegeben sind, ermöglichen können". Auf die FKVO übertragen, würde dies bedeuten, dass die angeforderte Information der Kommission voraussichtlich erlauben soll, die in der Anmeldung oder anderswo begründete Vermutung zu bestätigen, dass durch den Zusammenschluss eine beherrschende Stellung geschaffen oder verstärkt würde, durch die wirksamer Wettbewerb auf dem Gemeinsamen Markt erheblich behindert würde.

dd) Verhältnismässigkeit

Die geforderte Information muss für das laufende Verfahren benötigt werden, und der Aufwand für die Beschaffung der Information darf gemessen am Nutzen der Information für die Untersuchung nicht unverhältnismässig sein.[683] Auskunftsverlangen, mit denen die Kommission Informationen einholen wollte, die mit dem betreffenden Verfahren in keinem Zusammenhang stehen und die sie anderweitig zu verwerten gedenkt, wären rechtswidrig.

Es ist jedoch nicht Sache der Unternehmen, sondern primär der Kommission zu beurteilen, ob eine Information für das Verfahren notwendig ist.[684] Dabei steht ihr ein

---

680 Vgl. die Antwort auf die schriftliche Frage Nr. 677/79, ABl. 1979 C 310/30.
681 Rs. 374/87, Orkem/Kommission Slg. 1989, 3283.
682 Rs. T-39/90, SEP/Kommission Slg. 1991 II 1497.
683 Rs. T-39/90, SEP/Kommission Slg. 1991 II 1497, 1518.
684 Rs. 374/87, Orkem/Kommission Slg. 1989, 3283.

weites Ermessen zu.[685] Nach dem EuGH ist eine Information für ein Kartellverfahren dann notwendig, wenn die Kommission im Moment des Informationsverlangens vernünftigerweise davon ausgehen konnte, dass die Information dazu beitrage zu entscheiden, ob ein Verstoss gegen das Wettbewerbsrecht vorliege.[686] Auf das Fusionskontrollverfahren übertragen heisst das, dass die Kommission davon ausgehen muss, dass die Information dazu beitragen kann zu entscheiden, ob der Zusammenschluss mit dem Gemeinsamen Markt vereinbar ist.

Unverhältnismässige Auskunftsverlangen müsste das EuG für nichtig erklären.

c) Nachprüfungen

aa) Zweck

Bei einer Nachprüfung können Bedienstete der Kommission in den Räumen von Unternehmen nach Unterlagen suchen, die für das betreffende Verfahren relevant sind.

Nachprüfungen können unabhängig von Auskunftsverlangen angeordnet werden.[687]

Die Kommission hat erklärt, dass sie im Fusionskontrollverfahren nur in Ausnahmefällen von der Befugnis, Nachprüfungen durchzuführen, Gebrauch machen will.[688] Es ist allerdings möglich, dass im Fusionskontrollverfahren erlangte Informationen eine Untersuchung nach der VO 17 auslösen, in der die Kommission von ihren Befugnissen eher Gebrauch machen würde.

bb) Adressaten

Die Kommission kann Nachprüfungen in den Räumen von Unternehmen und Unternehmensvereinigungen durchführen. Nachprüfungen können bei am Zusammenschluss beteiligten oder dritten Unternehmen durchgeführt werden, jedoch nicht in den Wohnräumen natürlicher Personen. Im Urteil Hoechst/Kommission[689] anerkannte der Gerichtshof, dass die Unverletzlichkeit der Privatwohnung natürlicher Personen ein allgemeiner Grundsatz des Gemeinschaftsrechts ist. Er hielt aber fest, dass die Kommission weitgehende Befugnisse betreffend Nachprüfungen in den Räumen von Unternehmen habe.

Als Hoheitsakte sind Nachprüfungen auf das Gemeinschaftsgebiet beschränkt. Bei Niederlassungen in der EU von Unternehmen mit Sitz in einem Drittstaat können aber Nachprüfungen durchgeführt werden. In Norwegen, Island und dem Fürstentum

---

685 Z.B. Rs. 5 bis 11 und 13 bis 15/62, San Michele u.a./Hohe Behörde Slg. 1962, 917; Rs. 374/87, Orkem/Kommission Slg. 1989, 3283.
686 Rs. C-36/92P, SEP/Kommission Slg. 1994 I 1911, 1938.
687 Rs. 374/87, Orkem/Kommission Slg. 1989, 3283.
688 Auslegende Erklärung von Rat und Kommission zu Artikel 12 und 13, Bulletin EG, Beilage 2/90, 24.
689 Rs. 46/87 und 227/88, Hoechst/Kommission Slg. 1989, 2859.

Liechtenstein würden Nachprüfungen von der ESA mit möglicher Beteiligung der Kommission vorgenommen (Art. 8 Protokoll 24 zum EWR-Abkommen).

cc) Verfahren

Es gibt zwei Typen von Nachprüfungen. Die Nachprüfung kann auf einem Nachprüfungsauftrag (Art. 13 Abs. 1) oder auf einer formellen Nachprüfungsentscheidung (Art. 13 Abs. 6) basieren. Die Kommission kann beide Typen unabhängig voneinander verwenden, sie muss also nicht zuerst mittels Nachprüfungsauftrag vorgehen.[690] Es ist wahrscheinlich, dass die Kommission, sofern sie unter der FKVO überhaupt eine Nachprüfung anordnen sollte, zuerst mittels Nachprüfungsauftrag vorgehen würde, so dass sie bei Widerstand des Unternehmens aus Art. 10 Abs. 4 Nutzen ziehen könnte. Denn gemäss dieser Bestimmung wird die Frist von vier Monaten für die Entscheidung gehemmt, wenn die Kommission gezwungen ist, eine Nachprüfungsentscheidung zu treffen. Nach der DVO ist das insbesondere dann der Fall, wenn einer der Anmelder oder ein anderer Beteiligter sich weigert, eine aufgrund von Art. 13 Abs. 1 angeordnete Nachprüfung zu dulden oder dabei mitzuwirken (Art. 9 Abs. 1 lit. b DVO).

Vor einer Nachprüfungsentscheidung muss der Adressat nicht angehört werden.[691] Hingegen muss die Kommission die zuständige Behörde, in deren Gebiet die Nachprüfung vorgenommen werden soll, rechtzeitig in schriftlicher Form über ihre Absicht, eine Nachprüfungsentscheidung zu treffen, unterrichten und anhören (Art. 13 Abs. 4).[692]

Gemäss Art. 12 kann die Kommission auch die Behörden der Mitgliedstaaten um die Durchführung der Nachprüfung ersuchen.

dd) Befugnisse der Kommission

Art. 13 Abs. 1 zählt die Befugnisse der Kommissionsbediensteten bei Nachprüfungen auf. Die praktisch gleich lautenden Befugnisse der Kommission unter der VO 17 sind sehr weit ausgelegt worden.[693] Die FKVO stellt gegenüber der VO 17 klar, dass Kopien auch *angefordert* und nicht nur *angefertigt* werden dürfen.

Wenn sich ein Unternehmen einer durch Entscheidung angeordneten Nachprüfung widersetzt, sind die Behörden der Mitgliedstaaten verpflichtet, den Kommissionsbediensteten die nötige Unterstützung zu geben (Art. 13 Abs. 6). Die Kommissions-

---

690 Rs. 136/79, National Panasonic/Kommission Slg. 1980, 2033.
691 Rs. 136/79, National Panasonic/Kommission Slg. 1980, 2033.
692 In Art. 14 Abs. 4 der VO 17 ist die „rechtzeitige" Unterrichtung nicht erwähnt.
693 S. die fünf Entscheidungen aus dem Jahr 1989: Rs. 46/87 und 227/88, Hoechst/Kommission Slg. 1989, 2859; Rs. 85/87, Dow Benelux/Kommission Slg. 1989, 3137; Rs. 97 bis 99/87, Dow Iberica u.a./Kommission Slg. 1989, 3165; Rs. 374/87, Orkem/Kommission Slg. 1989, 3283 und Rs. 27/88, Solvay/Kommission Slg. 1989, 3355. Vgl. KREIS, Ermittlungsverfahren, 289-292; den Artikel von KAMBUROGLOU und PIRRWITZ; KERSE 120-129.

bediensteten können dann ohne Mitwirkung der Unternehmen, aber unter Mithilfe der nationalen Behörden, nach allen für die Nachprüfung notwendigen Informationen suchen.[694]

Werden Behörden der Mitgliedstaaten eingeschaltet, müssen diese unter Umständen Verfahrensgarantien ihres nationalen Rechts beachten. Die zuständige nationale Behörde kann die von der Kommission vorgeschlagenen Massnahmen darauf prüfen, ob sie willkürlich oder unverhältnismässig gemessen am Zweck der Nachprüfung sind.[695]

ee) Rechte und Pflichten der Unternehmen

Die Unternehmen sind verpflichtet, die Nachprüfungen der Kommission in dem von der Rechtsprechung umschriebenen Umfang zu dulden. Sie müssen bei der Sachverhaltsermittlung mit der Kommission zusammenarbeiten.[696] Die Unternehmen können sich Nachprüfungen durch Nachprüfungsauftrag aber widersetzen. Wenn sie den Kommissionsbediensteten Unterlagen vorlegen, sind sie verpflichtet, alle und richtige Unterlagen vorzulegen.

d) Sanktionen

Ist die Kommission wegen Umständen, die von den beteiligten Unternehmen zu verantworten sind, gezwungen, ein Auskunftsverlangen durch Entscheidung oder eine Nachprüfung durch Entscheidung anzuordnen, steht die viermonatige Frist für das Hauptprüfverfahren still (Art. 10 Abs. 4). Nach Art. 14 Abs. 1 kann die Kommission gegen Unternehmen, Unternehmensvereinigungen oder die allenfalls zu Auskunft verpflichteten Personen Bussen in der Höhe von 1'000 bis 50'000 ECU aussprechen, wenn sie vorsätzlich oder fahrlässig

> „c) eine nach Artikel 11 verlangte Auskunft unrichtig oder nicht innerhalb der in einer Entscheidung nach Artikel 11 gesetzten Frist erteilen,
>
> d) bei Nachprüfungen nach Artikel 12 oder Artikel 13 die angeforderten Bücher oder sonstigen Geschäftsunterlagen nicht vollständig vorlegen oder die in einer Entscheidung nach Artikel 13 angeordnete Nachprüfung nicht dulden."

Als unrichtige Auskünfte gelten auch Auskünfte, die so irreführend oder unvollständig sind, dass die Antwort insgesamt die Kommission über die tatsächlichen Verhältnisse zu täuschen geeignet ist.[697]

---

[694] Rs. 46/87 und 227/88, Hoechst/Kommission Slg. 1989, 2859, 2927; zu Umfang und Abgrenzung der Befugnisse der Kommissionsbediensteten und der nationalen Beamten, s. DALLMANN 61-66.

[695] Rs. 46/87 und 227/88, Hoechst/Kommission Slg. 1989, 2859, 2928. Zur Frage des „Richtervorbehalts" s. DALLMANN, besonders 135-165 und 182.

[696] Rs. 374/87, Orkem/Kommission Slg. 1989, 3283.

[697] Entscheidung der Kommission Telos, ABl. 1982 L 58/19.

Nach Art. 15 Abs. 1 kann die Kommission gegen die oben erwähnten Personen und Unternehmen Zwangsgelder bis zu 25'000 ECU für jeden Tag des Verzugs festsetzen,

„um sie zu folgendem Verhalten anzuhalten:

a) eine Auskunft vollständig und richtig zu erteilen, die sie [sc. in] einer Entscheidung nach Artikel 11 angefordert hat,

b) eine Nachprüfung zu dulden, die sie in einer Entscheidung nach Artikel 13 angeordnet hat".

e) Anfechtung von Auskunftsverlangen und Nachprüfungen

Entscheidungen der Kommission, ein Auskunftsverlangen oder eine Nachprüfung durchzuführen, können beim EuG angefochten werden (Art. 11 Abs. 5 und Art. 13 Abs. 3). Aufschiebende Wirkung oder andere Massnahmen müssten vom EuG jedoch gestützt auf Art. 185 und 186 EGV besonders angeordnet werden.[698] Die Erfolgschancen einer Klage sind klein, da der Gerichtshof der Kommission ein weites Ermessen zubilligt. Verfahrensfehler, wie die Praxis der Kommission, Auskunftsverlangen in der Verfahrenssprache abzufassen[699], könnten aber ein Nichtigkeitsgrund sein.

Die Unternehmen können sich willkürlichen oder unverhältnismässigen Nachprüfungen, die mit Hilfe der nationalen Behörden vollzogen werden sollen, auch vor den nationalen Gerichten widersetzen.

f) Kritik an der Sachverhaltsermittlung

Die aus dem Kartellverfahren übernommenen, weitreichenden Kompetenzen der Kommission zur Sachverhaltsermittlung sind für die Fusionskontrolle nicht angemessen. Sie mögen für ein Verfahren nötig sein, in dem es um die Aufdeckung und Verfolgung von rechtswidrigen Handlungen geht, aber nicht für ein Verfahren, dem sich die Unternehmen freiwillig unterwerfen, um eine behördliche Genehmigung zu erhalten.

Die Verlängerung des Vollzugsverbotes und der Entscheidungsfrist würde ausreichen. Es ist auch unwahrscheinlich, dass die Kommission eine Information, die für die Genehmigung eines Zusammenschlusses entscheidend wäre, nicht auch ohne Zwangsmittel von Beteiligten oder Dritten erhalten würde. Gegenüber Dritten könnte die Auskunftspflicht, wie jetzt in Art. 14 und 15 vorgesehen, mit Bussen und Zwangsgeldern sanktioniert werden.

---

698 Vgl. LANGEHEINE 134.
699 Fn 679.

In der Praxis dürfte es in Fragen der Sachverhaltsermittlung kaum zu Konflikten zwischen der Kommission und Beteiligten oder Dritten kommen, da die beteiligten Unternehmen ein Interesse an der Durchführung des Zusammenschlusses haben und Drittunternehmen mit Informationen, die für das Verfahren von Interesse sind, meist Konkurrenten sein dürften und damit der Kommission in der Regel bereitwillig Auskunft erteilen.

Der gerichtliche Rechtsschutz gegen rechtswidrige Ermittlungen der Kommission ist nicht ausreichend.[700] Zwar können die Adressaten von Entscheidungen über Auskunftsverlangen und Nachprüfungen Nichtigkeitsklage erheben, doch hat die Klage keine aufschiebende Wirkung. Diese muss speziell beantragt werden. In der Praxis müsste sich ein Unternehmen trotz der Drohung der Kommission, Zwangsgelder festzusetzen, dem Auskunftsverlangen oder der Nachprüfung bis zum Entscheid des EuG über die aufschiebende Wirkung der Klage widersetzen. Die Kommission könnte in der Zwischenzeit mit Hilfe der Behörden der Mitgliedstaaten eine Nachprüfung durchführen. Alles, was das Urteil dann noch ausrichten würde, wäre eine nachträgliche Nichtigerklärung der Entscheidung der Kommission und die Auferlegung eines Verwertungsverbotes betreffend die rechtswidrig erlangten Informationen.

Eine Verbesserung wäre die Einführung einer richterlichen Genehmigung von Nachprüfungen und eine Prüfung des Gesuchs um aufschiebende Wirkung der Klage gegen ein Auskunftsverlangen vor Ablauf der von der Kommission gesetzten Frist für die Übermittlung der Auskünfte.

4. Informationswürdigung

Die Würdigung der Informationen über einen angemeldeten Zusammenschluss ist eine Tätigkeit, die sich über die ganze Dauer des Verfahrens erstreckt. Sie setzt oft schon vor der Anmeldung ein, wenn die Beteiligten informelle Kontakte mit der Kommission suchen oder die Kommission aus eigenem Antrieb Informationen über bestimmte Märkte sammelt. Die Informationswürdigung spielt sich hauptsächlich in zwei Phasen des Verfahrens ab: zunächst nach Eingang der Anmeldung und dann zwischen der Eröffnung des Hauptprüfverfahrens und der Mitteilung der Einwände, d.h. ungefähr während der ersten sechs Wochen des Hauptprüfverfahrens[701], wenn die Kommission alle von ihr zur Beurteilung des Zusammenschlusses noch benötigten Informationen zu besorgen hat und diese Informationen im Hinblick auf die Mitteilung der Einwände verarbeiten muss. Es ist ausserdem Aufgabe der Task Force Fusionskontrolle, die von den Anmeldern gemachten Zusagen oder Änderungsvorschläge zu beurteilen.

---

[700] Vgl. dazu KERSE 119.
[701] GOYDER 406.

Die Beteiligten haben im Hauptprüfverfahren das Recht, zu den von der Kommission vorgebrachten Einwänden Stellung zu nehmen. Sie tun dies zunächst schriftlich und können darüber hinaus eine mündliche Anhörung verlangen (Art. 14 Abs. 1 DVO). Auch Dritte, die ein hinreichendes Interesse haben, müssen angehört werden. Sie können auch zur mündlichen Anhörung zugelassen werden. Die Task Force Fusionskontrolle hat die im Rahmen des Anhörungsrechts vorgebrachten Argumente sorgfältig zu prüfen.

Während des Hauptprüfverfahrens konsultiert die Task Force Fusionskontrolle mehr oder weniger intensiv und häufig die anderen Generaldirektionen, den Rechtsdienst und das Kabinett des für Wettbewerb zuständigen Kommissionsmitglieds.[702] Wie die VO 17 enthält auch die FKVO keine Vorschriften über die Zulässigkeit von Beweismitteln.[703] Damit ihre Entscheidungen vor dem Gerichtshof Bestand haben, wird die Kommission nur solche Beweismittel verwenden, die vor den europäischen Gerichten zugelassen sind.[704] Unzulässige Beweismittel wären Unterlagen, zu denen sich die Beteiligten nicht äussern konnten, oder Dokumente, die unter den Schutz der Vertraulichkeit des Schriftverkehrs mit einem Anwalt fallen.

5. Mitteilung der Einwände

Die Kommission teilt den am Zusammenschluss beteiligten Unternehmen ihre Einwände mit, nachdem sie alle relevanten Informationen besorgt und ein erstes Mal gewürdigt hat, und wenn zu diesem Zeitpunkt eine Genehmigungsentscheidung mit Bedingungen und Auflagen oder eine Untersagungsentscheidung noch wahrscheinlich erscheint.[705] Beabsichtigt die Kommission, den Zusammenschluss zu genehmigen, macht sie keine Mitteilung der Einwände und führt deshalb auch keine Anhörung durch, was zur Verkürzung des Verfahrens beiträgt.[706] Üblicherweise erfolgt die Mitteilung der Einwände sechs bis acht Wochen nach Eröffnung des Hauptprüfverfahrens.[707] Den beteiligten Unternehmen wird normalerweise eine Frist von zwei Wochen eingeräumt, um dazu Stellung zu nehmen.[708] Die Kommission hat die Frist nach Art. 20 DVO festzusetzen.

---

[702] GOYDER 406.
[703] Vgl. dazu die konzise Darstellung von PERNICE, in: GRABITZ nach Art. 87 VO 17 Vorbemerkungen N 18-22; vgl. auch JOSHUA, Proof.
[704] Art. 21-26 der Satzung des Gerichtshofes der EWG vom 17.4.1957, Art. 45-54 der VerfO des Gerichtshofes der EG vom 19.6.1991 und Art. 65-76 der VerfO des Gerichts erster Instanz der EG vom 2.5.1991; vgl. PERNICE, in: GRABITZ nach Art. 87 VO 17 Vorbemerkungen N 18.
[705] GOYDER 406.
[706] Z.B. Thyssen/Krupp/Riva/Falck/Tadfin/AST, M. 484.
[707] MERKIN 1-516; DRAUZ/SCHROEDER 207.
[708] JONES/GONZÁLES-DÍAZ 216; BELLAMY/CHILD 362; DRAUZ/SCHROEDER 207.

Die Mitteilung der Einwände ist eine Voraussetzung dafür, dass den beteiligten Unternehmen in ausreichendem Umfang rechtliches Gehör gewährt wird (Art. 18). Sie hat die gleiche Funktion wie die Mitteilung der Beschwerdepunkte im Kartellverfahren.[709] Die Mitteilung der Einwände hat deshalb eine grosse Bedeutung, weil die Kommission eine die Unternehmen beschwerende Entscheidung nur auf Einwände stützen kann, zu denen diese Stellung nehmen konnten (hinten 259). Die Erweiterung der Einwände und die erneute Anhörung der Beteiligten ist wegen der kurzen Fristen kaum möglich.[710] Hat die Kommission nur in bestimmten vom Zusammenschluss betroffenen Sektoren ernsthafte Bedenken, so ist auch die Mitteilung der Einwände auf diese Sektoren beschränkt.[711]

Die Mitteilung der Einwände erfolgt schriftlich und wird an die Anmelder oder deren gemeinsamen Vertreter gerichtet (Art. 12 Abs. 2 DVO). Gemäss JONES und GONZÁLES-DÍAZ[712] besteht die Mitteilung der Einwände in der Regel aus zwei Teilen: einem Brief, in dem die Kommission den Beteiligten die Natur der Mitteilung und ihre Verfahrensrechte erklärt und ihnen die Frist zur Äusserung setzt, und der Darstellung der relevanten Tatsachen und deren Würdigung, die die Kommission zum Schluss geführt haben, dass das Zusammenschlussvorhaben in der angemeldeten Form nicht mit der FKVO vereinbar ist.[713]

Wie neueste Fälle im Kartellverfahren zeigen, ist die Abfassung klarer Mitteilungen der Beschwerdepunkte durch die Kommission und die ausschliessliche Berücksichtigung in der Entscheidung von Einwänden, die den Beteiligten unterbreitet worden waren, keine Selbstverständlichkeit.[714]

6. Ausarbeitung der Entscheidung

Bei der Task Force Fusionskontrolle sind für jeden Fall ein Abteilungsleiter und mindestens zwei Berichterstatter verantwortlich.[715] Bei der Bearbeitung des Falles werden zahlreiche Dienststellen der Kommission beigezogen.

Die Beschaffung und Würdigung der relevanten Informationen geschieht üblicherweise in den ersten sechs Wochen des Hauptprüfverfahrens.[716]

---

[709] Die Task Force Fusionskontrolle benutzt auch die Bezeichnung Mitteilung der Beschwerdepunkte in Entscheidungen unter der FKVO, z.B. Magneti Marelli/CEAc, M.043.

[710] JONES/GONZÁLES-DÍAZ 216.

[711] Z.B. Accor/Wagons-Lits, M.126, wo die Kommission in den Bereichen Reiseveranstaltung, Gemeinschaftsverpflegung und Hotelgewerbe keine Einwände erhoben hat.

[712] JONES/GONZÁLES-DÍAZ 216.

[713] Eine Zusammenfassung der Mitteilung der Einwände im Fall Accor/Wagons-Lits, M.126, wurde im ABl. 1992 L 204/8 publiziert.

[714] Rs. C-89, 104, 114, 116, 117 und 125 bis 129/85, Ahlström u.a./Kommission Slg. 1993 I 1307; Rs. T-39 und 40/92, CB und Europay/Kommission Slg. 1994 II 49.

[715] DRAUZ/SCHROEDER 186.

[716] GOYDER 406.

Die Task Force Fusionskontrolle erstellt einen Vorentwurf der Entscheidung. Dieser Vorentwurf wird in alle Amtssprachen übersetzt und dem Beratenden Ausschuss vorgelegt. Anschliessend wird ein Entwurf der Entscheidung erstellt, den verschiedenen, an der Ausarbeitung der Entscheidung beteiligten Generaldirektionen und dem juristischen Dienst zur Zustimmung vorgelegt und schliesslich der Kommission unterbreitet. Der Entscheidungsentwurf wird für die Kommission in die drei wichtigsten Sprachen (Französisch, Englisch und Deutsch) übersetzt und, wenn er unumstritten ist, im schriftlichen Verfahren, wenn er umstritten ist, in einer Sitzung der Kommission beschlossen (Art. 3 - 10 der GO der Kommission vom 17.2.93).[717] Die Kommission muss bei ihrer Entscheidung die Stellungnahme des Beratenden Ausschusses soweit wie möglich berücksichtigen (Art. 19 Abs. 6).

Trotz verschiedentlich geäusserten Bedenken scheint die Kommission ihre Entscheidungen nicht nach politischen Gesichtspunkten zu fällen. Sogar MACIVER, der sonst mit Kritik an der Kommission nicht spart, hat hervorgehoben, dass sie sich auch beim Zusammenschluss Aérospatiale-Alénia/de Havilland, M.053, zwei staatlich beherrschten Unternehmen, politisch nicht hat beeinflussen lassen.[718] In jüngerer Zeit ist in dieser Beziehung vermehrt Kritik laut geworden; besonders an der Genehmigung des Zusammenschlusses Alcatel/AEG Kabel, M.165, im Vorprüfverfahren und an der Genehmigung des Zusammenschlusses Mannesmann/Vallourec/Ilva, M.315. Im letzeren Fall hatten der Beratende Ausschuss und das für Wettbewerb zuständige Kommissionsmitglied eine Untersagungsentscheidung beantragt.[719]

7. Entscheidungen nach Art. 8

a) Übersicht

Die Kommission muss das Hauptprüfverfahren mit einer Entscheidung nach Art. 8 abschliessen oder den Fall nach Art. 9 an einen Mitgliedstaat verweisen (Art. 8 Abs. 1, Art. 9 Abs. 3 - 5). Nach Art. 8 kann sie folgende Entscheidungen treffen:

- Genehmigungsentscheidung (Art. 8 Abs. 2 UA 1)

- Genehmigungsentscheidung mit Bedingungen und Auflagen (Art. 8 Abs. 2 UA 2)

- Untersagungsentscheidung (Art. 8 Abs. 3).

Neben einer Untersagungsentscheidung kann die Kommission gestützt auf Art. 8 Abs. 4 auch Massnahmen zur Wiederherstellung wirksamen Wettbewerbs anordnen.

---

[717] Vgl. GOYDER 406.
[718] MACIVER 763 Fn 23.
[719] Vgl. die Stellungnahme des Beratenden Ausschusses, ABl. 1994 C 111/6, und die Entscheidung der Kommission, ABl. 1994 L 102/15; LÖFFLER zu Art. 6 N 14.

Unter den Bedingungen von Art. 8 Abs. 5 können Genehmigungsentscheidungen widerrufen werden.

Das Hauptprüfverfahren muss unter Vorbehalt der Hemmung der Frist nach spätestens vier Monaten mit einer Entscheidung nach Art. 8 abgeschlossen werden (Art. 10 Abs. 3). Eine Genehmigungsentscheidung, auch eine solche unter Bedingungen und Auflagen, muss jedoch getroffen werden, sobald die bei der Eröffnung des Verfahrens bestehenden ernsthaften Bedenken ausgeräumt worden sind (Art. 10 Abs. 2).

Die Frist von vier Monaten sollte auch dann gelten, wenn das Hauptprüfverfahren nicht gestützt auf eine Entscheidung nach Art. 6 Abs. 1 lit. c eröffnet wurde, wenn also keine Anmeldung des Zusammenschlusses erfolgt war.[720] Für die Einleitung des Hauptprüfverfahrens besteht in einem solchen Fall keine Frist.[721]

Wenn die Kommission innerhalb von vier Monaten nach Einleitung des Hauptprüfverfahrens keine Entscheidung nach Art. 8 getroffen hat, gilt der Zusammenschluss als genehmigt (Art. 10 Abs. 6, vgl. vorne 130f.).

Die Frist von vier Monaten für das Hauptprüfverfahren kann wegen der verschiedenen zwingenden Etappen (Mitteilung der Einwände, Akteneinsicht, Stellungnahme der Beteiligten, Anhörung des Beratenden Ausschusses) nicht beliebig verkürzt werden. Es dürfte schwierig sein, ein Hauptprüfverfahren in weniger als drei Monaten abzuschliessen.[722]

b) Genehmigung (Art. 8 Abs. 2 UA 1)

Die Kommission trifft eine Genehmigungsentscheidung nach Art. 8 Abs. 2 UA 1, wenn sie zum Schluss gekommen ist, dass ein angemeldeter Zusammenschluss den Voraussetzungen von Art. 2 Abs. 2 entspricht, also keine beherrschende Stellung begründet oder verstärkt, durch die wirksamer Wettbewerb im Gemeinsamen Markt oder einem wesentlichen Teil erheblich behindert würde.

Art. 8 Abs. 2 und Art. 10 Abs. 2 erwähnen ausdrücklich, dass die Kommission die Genehmigungsentscheidung auch nach entsprechenden Änderungen des Zusammenschlussvorhabens durch die beteiligten Unternehmen oder Personen aussprechen kann. Solche Änderungen des Zusammenschlussvorhabens müssen der Kommission innerhalb von drei Monaten ab Eröffnung des Hauptprüfverfahrens unterbreitet werden (Art. 18 DVO, vgl. hinten 156).[723]

---

[720] Gl.M. BLANK 242.
[721] Vgl. BLANK 242.
[722] MACIVER 759; vgl. auch LÖFFLER zu Art. 10 N 5.
[723] Diese Frist wurde erst in der revidierten DVO von 1994 festgesetzt. Die Berechtigung der Kommission, eine solche, in der FKVO nicht vorgesehene Frist vorzuschreiben, ist fraglich. Die Kommission erachtet die Frist für notwendig, um die Zusammenschlussvorhaben angemessen untersuchen zu können und „um ein Verfahren zu gewährleisten, das den Anforderungen der Fusionskontrollverordnung

Bis zum 31.12.95 hat die Kommission nach sieben Hauptprüfverfahren eine schlichte Genehmigungsentscheidung ausgesprochen: Tetra Pak/Alfa-Laval, M.068; Mannesmann/Hoesch, M.222; Mannesmann/Vallourec/Ilva, M.315; Pilkington/Techint/SIV, M.358; Siemens/Italtel, M.468; Mercedes/Kässbohrer, M.477; Krupp/Thyssen/Riva/Falck/Tadfin/AST (Thyssenstahl), M.484.

Die Genehmigungsentscheidung nach Art. 8 Abs. 2 ist endgültig. Sie hat deklaratorischen Charakter.[724] Sie erklärt den Zusammenschluss für zulässig.

Die Genehmigung umfasst auch sog. Nebenabreden, also Wettbewerbsbeschränkungen, die eigentlich unter Art. 85 EGV fielen, aber mit der Durchführung des Zusammenschlusses unmittelbar verbunden und dafür notwendig sind (Art. 8 Abs. 2).[725] Die Kommission hat eine Bekanntmachung über Nebenabreden erlassen. Gemäss der Kommission ist der Zweck der Zulässigkeit von Nebenabreden, dass dem Kontrollerwerber ein gewisser Schutz gesichert werde, damit dieser den vollständigen Wert der übertragenen Anteile oder des übertragenen Vermögens erhält.[726] Die räumliche und zeitliche Geltung von Nebenabreden muss auf das Notwendige beschränkt sein. Sie dienen vor allem der Erhaltung des Kundenstammes und der Aneignung und Nutzung des übertragenen Know-hows. Die am häufigsten vorkommenden Nebenabreden sind Wettbewerbsverbote, Lizenzen für Immaterialgüterrechte sowie Liefer- und Bezugspflichten.[727]

Weder aus der Bekanntmachung über Nebenabreden noch aus Art. 8 Abs. 2 geht hervor, ob die Kommission in ihrer Entscheidung die davon umfassten Nebenabreden genau aufzählen muss, oder ob diese pauschal in der Genehmigung miteingeschlossen sind. Im Interesse der Rechtssicherheit sollte die Kommission die von der Entscheidung umfassten Nebenabreden nennen.[728]

Die Genehmigungsentscheidung nach der FKVO unterscheidet sich von den Entscheidungen der Kommission im Kartellverfahren. Vom Negativattest (Art. 2 VO 17) unterscheidet sie sich darin, dass sie über die *Vereinbarkeit* des Vorhabens mit

---

entspricht", Arbeitsunterlagen zur Revision der DVO, Ziff. 16. Zu denken ist wohl in erster Linie an das Recht zur Stellungnahme von Dritten und von den Mitgliedstaaten.

[724] KOCH, in: GRABITZ nach 86 N 34. A.M. BOURGEOIS, International Mergers, 111, der im Zusammenhang mit der Abgrenzung der Zuständigkeit der Kommission und der nationalen Wettbewerbsbehörden erwähnt, dass der Genehmigungsentscheidung auch eine gewisse konstitutive Wirkung zukomme.

[725] Dazu GUGERBAUER 171-173; DONALD L. HOLLEY, Ancillary Restrictions in Mergers and Joint Ventures, in: BARRY E. HAWK (Hrsg.), International Mergers and Joint Ventures, Fordham Corporate Law Institute (1990), New York 1991, 423-480; JAMES R. MODRALL, Ancillary Restrictions in the Commission's Decisions under the Merger Regulation: Non-competition Clauses, ECLR 1995, 40-48.

[726] 21. Wettbewerbsbericht, Anhang III, 416.

[727] Vgl. dazu 22. Wettbewerbsbericht Ziff. 260-264; LÖFFLER zu Art. 8 N 15; BOS/STUYCK/WYTINCK 283-292; BERLIN, Contrôle, 143-150.

[728] Vgl. BOS/STUYCK/WYTINCK 282.

der FKVO, das Negativattest aber über die *Anwendbarkeit der Wettbewerbsregeln* entscheidet. Der Hauptunterschied zur Freistellung vom Kartellverbot (Art. 85 Abs. 3 EGV) besteht darin, dass die Genehmigungsentscheidung lediglich die grundsätzlich gegebene Zulässigkeit des Zusammenschlusses deklariert, die Freistellung aber konstitutiv eine grundsätzlich verbotene Verhaltensweise für zulässig erklärt.

c) Genehmigung unter Bedingungen und Auflagen (Art. 8 Abs. 2 UA 2)

Nach Art. 8 Abs. 2 UA 2 kann die Kommission die Genehmigungsentscheidung „mit Bedingungen und Auflagen verbinden, um sicherzustellen, dass die beteiligten Unternehmen den Verpflichtungen nachkommen, die sie gegenüber der Kommission hinsichtlich der Änderung des ursprünglichen Zusammenschlussvorhabens eingegangen sind".

Auch im Kartellverfahren hat die Kommission die Möglichkeit, Freistellungsentscheidungen mit Bedingungen und Auflagen zu versehen (Art. 8 Abs. 1 VO 17).

Bedingungen und Auflagen sind nicht nötig, wenn bestehende Bedenken durch Änderungen des Vorhabens, die sofort realisiert werden können, wie z.B. der Nichterwerb bestimmter Teile eines Unternehmens, beseitigt werden können (Art. 10 Abs. 2). Das geänderte Vorhaben kann schlicht genehmigt werden. Ist das nicht möglich, können die Unternehmen Zusagen bezüglich der bedenklichen Aspekte des Vorhabens machen.[729] Die Kommission kann die Realisierung geeigneter Zusagen dadurch sicherstellen, dass sie diese im Dispositiv der Entscheidung zu einer Bedingung oder Auflage für die Genehmigungsentscheidung macht.

Die Kommission kann nicht von sich aus Bedingungen und Auflagen festsetzen.[730] Machen die beteiligten Unternehmen keine Vorschläge für die Anpassung des Vorhabens, muss die Kommission es untersagen, auch wenn es allenfalls unter Bedingungen und Auflagen zulässig gewesen wäre.[731]

Zusagen müssen der Kommission innerhalb von drei Monaten nach Eröffnung des Hauptprüfverfahrens unterbreitet werden (Art. 18 DVO). Der Zweck dieser Frist ist, dass genügend Zeit für eine eingehende Würdigung der Zusage durch die Kommission und für die Anhörung Dritter und des Beratenden Ausschusses zur Verfügung steht. Die Frist berechnet sich nach den gleichen Regeln wie die viermonatige Frist für die endgültige Entscheidung. Dies ist fair, da diese Frist in Wirklichkeit um einiges länger sein kann. Beim Vorliegen aussergewöhnlicher Umstände kann die Kommission die Frist von drei Monaten verlängern (Art. 18 DVO).

Bis zum 31.1.96 hat die Kommission in 14 der 25 von ihr gefällten Entscheidungen nach Art. 8 auf Vereinbarkeit des Zusammenschlusses unter Bedingungen und Auf-

---

[729] Vgl. SCHRÖTER, in: VON DER GROEBEN zu Art. 87 II N 279.
[730] HEIDENHAIN, Zusagenpraxis, 135-136.
[731] Vgl. die Untersagung von Gencor/Lonrho, M.619, NZZ Nr. 96 vom 25.4.96, S. 25.

lagen entschieden: Varta/Bosch, M.012; Alcatel/Teletra, M.042; CEAc/Magneti Marelli M.043; Accor/Wagons-Lits, M.126; Nestlé/Perrier, M.190; ICI/Du Pont, M.214; Shell/Montecatini, M.269; KNP/Bührmann-Tetterode/VRG, M.291; Kali+ Salz/MdK/Treuhand, M.308; Procter & Gamble/Schickedanz (II), M.430; ABB/ Daimler-Benz, M.580; Orkla/Volvo, M.582; Crown Cork & Seal/Carnaud-Metal Box, M.603; Kimberly Clark/Scott, M.623.

In den ersten drei Entscheidungen hat die Kommission klar gesagt, dass der Zusammenschluss unter Auflagen zulässig sei. Im Dispositiv hat sie die Auflagen aufgezählt. Aus den folgenden Entscheidungen geht nicht mehr klar hervor, ob die Kommission zwischen Bedingungen und Auflagen unterschieden hat.[732] In Accor/ Wagons-Lits, M.126, entschied sie in der alleine verbindlichen französischen Version:

„La concentration ... est compatible avec le marché commun sous réserve de la charge visée à l'art. 2". Die Übersetzung im deutschen Amtsblatt lautet: „Der Zusammenschluss ... ist mit dem Gemeinsamen Markt vereinbar, sofern die Auflage in Artikel 2 und die Durchführungsbestimmungen in Artikel 3 erfüllt werden." In der nächsten Entscheidung, Nestlé/Perrier, M.190, hat die Kommission die Wendung gebraucht: „Sous réserve de la réalisation de toutes les conditions et obligations contenues dans ..." (in der deutschen Fassung: „Vorbehaltlich der Erfüllung aller Bedingungen und Auflagen...").

Aufgrund dieses Wortlautes lässt sich nicht ausmachen, ob die Kommission die Entscheidung unter Bedingungen oder Auflagen getroffen hat.[733] Die anderen Entscheidungen seit 1992 sind nicht klarer. Die Verwässerung des Unterschieds zwischen Auflage und Bedingung ist der Rechtssicherheit nicht förderlich. Weder die beteiligten Unternehmen, noch Dritte wissen, ob der Zusammenschluss wirksam ist und ob Bussen und Zwangsgelder festgesetzt werden können, wenn eine Zusage nicht eingehalten wird. Die Kommission sollte diesbezüglich klare Entscheidungen fällen.[734]

aa) Natur und Wirkung

Die Genehmigungsentscheidung unter Bedingungen und Auflagen hat deklarativen Charakter, was die Vereinbarkeit mit der FKVO unter bestimmten Bedingungen betrifft. Sie ist aber konstitutiv bezüglich der Auflagen.[735]

---

[732] HEIDENHAIN, Zusagenpraxis, 136. Auch einige Autoren scheinen die Unterscheidung nicht zu machen, z.B. BOURGEOIS, Undertakings, 96-98.

[733] HEIDENHAIN ist der Ansicht, dass die Kommission bisher nur Entscheidungen unter Auflagen erlassen hat, HEIDENHAIN, Zusagenpraxis, 136. Nach KERSE 217 haben Kommission und Gerichtshof Bedingungen und Auflagen schon unter der VO 17 vermischt.

[734] Gl.M. FUCHS 279.

[735] Für Auflagen nach Art. 8 VO 17 vgl. DE BRONETT 814.

Die Genehmigungsentscheidung mit Bedingungen ist, wie der Name sagt, eine bedingte Entscheidung. Ihre Wirksamkeit steht unter der Bedingung, dass die beteiligten Unternehmen die Bedingung erfüllen. Bedingungen können suspensiv oder resolutiv sein. Eine suspensive Bedingung schiebt die Genehmigungsentscheidung auf, bis die Bedingung erfüllt worden ist. Eine suspensive Bedingung dürfte beispielsweise die Verpflichtung von Kali+Salz sein, unverzüglich aus der Kali-Export auszuscheiden.[736] Tritt eine resolutive Bedingung ein, wird die Wirksamkeit der Entscheidung dadurch aufgehoben. Eine resolutive Bedingung könnte sein, dass ein Unternehmen sich nicht an weiteren Unternehmen beteiligt. Resolutive Bedingungen dürften, wenn überhaupt, nur in Ausnahmefällen festgesetzt werden.[737] Ob eine Bedingung resolutiv oder suspensiv ist, muss aufgrund ihres Inhalts bestimmt werden.

Eine Auflage ist eine öffentlich-rechtliche Verpflichtung. Die Genehmigungsentscheidung ist auch gültig, wenn die Auflage nicht eingehalten wird. Die Kommission kann die Erfüllung der Auflage mittels Busse und Zwangsgeldern durchsetzen (Art. 14 und 15) oder die Genehmigungsentscheidung widerrufen (Art. 8 Abs. 5).

Eine interessante Frage ist, ob Auflagen und Bedingungen auf Klage hin gesondert von der Genehmigungsentscheidung für nichtig erklärt werden können und welches die Auswirkungen auf die ganze Entscheidung wären. Diese Frage stellte sich dem EuG in der Rs. T-88/94, SCPA und EMC/Kommission. Angefochten wurden die beim Zusammenschluss von Kali+Salz und MdK, M.308, auferlegten Bedingungen bzw. Auflagen. Mit Entscheidung vom 1.2.95[738] hat das EuG den Fall jedoch an den EuGH abgegeben, da die vor dem EuGH anhängige Klage Rs. C-68/94, Frankreich/Kommission, die gleiche Entscheidung betrifft. Die Klage von Frankreich verlangt allerdings die Nichtigerklärung der ganzen Kommissionsentscheidung. Der Präsident des EuG hatte als einstweilige Anordnung während des Verfahrens vor dem EuG bereits die Aussetzung des Vollzuges der Bedingung (oder Auflage) des Rückzuges von Kali+Salz aus der Kali-Export verfügt.[739] Die Aussetzung wurde ausdrücklich nur für die Bedingung (oder Auflage) gewährt. Eine solche Trennung von Nebenbestimmung und Entscheidung erfordert eine besonders sorgfältige Abwägung der auf dem Spiel stehenden Interessen und der Auswirkungen von Entscheidung und Nebenbestimmung. Denn eine solche Trennung widerspricht eigentlich der Natur der Bedingung, da ohne ihre Realisierung auch die Entscheidung nicht wirksam werden sollte. Man kann sich fragen, ob die Teilnichtigkeit, die sich nur auf eine Bedingung bezieht, nicht einer Reformation der Kommissionsentscheidung

---

[736] Kali+Salz/MdK/Treuhand, M.308. Sofern dies wirklich als Bedingung und nicht als Auflage gedacht war, was aus dem Wortlaut der Entscheidung nicht klar hervorgeht.
[737] HEIDENHAIN, Zusagenpraxis, 136, hält nur suspensive Bedingungen für zulässig. Dies geht jedoch nicht zwingend aus der FKVO hervor.
[738] Slg. 1995 II 221.
[739] Anordnung des Präsidenten des EuG vom 15.6.94, Rs. T-88/94R, SCPA und EMC/Kommission Slg. 1994 II 401.

gleichkommen würde und damit über die Kassationsbefugnis des Gerichtshofes hinausginge.

bb) Inhalt von Bedingungen und Auflagen

In den bisherigen Entscheidungen hat die Kommission vor allem folgende Arten von Auflagen bzw. Bedingungen ausgesprochen:[740]

- Verkleinerung der Beteiligung oder des Einflusses eines beteiligten Unternehmens in anderen Unternehmen (z.B. Magneti Marelli/CEAc, M.043: Fiat musste seine Beteiligung an einem Drittunternehmen auf 10% reduzieren; Kali+Salz/MdK/Treuhand, M.308: Kali+Salz musste aus der Kali Export GmbH ausscheiden; Nestlé/Perrier, M.190: Nestlé musste Vittel an einen Dritten verkaufen).

- Rückzug aus einem Geschäftsbereich (z.B. Accor/Wagons-Lits, M.126: Accor musste sich aus dem Autobahn-Raststättengeschäft in Frankreich zurückziehen; Procter & Gamble/Schickedanz (II), M.430: Procter & Gamble verpflichtete sich, den von Schickedanz betriebenen Camelia-Geschäftsbereich nach der Übernahme weiterzuveräussern). Da die meisten Unternehmen, deren Zusammenschlussvorhaben unter die FKVO fallen, „Mehrprodukte-Unternehmen" sind, ist in der Regel eine gewisse „Manövriermasse" vorhanden.

- Beendigung von Lizenz- oder Vertriebsverträgen (z.B. Varta/Bosch, M.012: Varta musste den Lizenzvertrag mit Delta/Mareg kündigen; Kali+Salz/MdK/Treuhand, M.308: Kali+Salz und ein von ihr gegründetes Gemeinschaftsunternehmen durften bestehende Vertriebswege nicht benutzen, sondern mussten eine eigene Vertriebsorganisation aufbauen).

- Beendigung von Geschäftsbeziehungen (z.B. KNP/BT/VRG, M.291: die beteiligten Unternehmen mussten die Geschäftsbeziehungen zu einem Dritten einstellen).

- Abtretung von Immaterialgüterrechten (z.B. Du Pont/ICI, M.214: Du Pont musste einem Drittunternehmen eine Marke in Lizenz vergeben oder verkaufen).

- Getrennthalten von Vermögenswerten für eine bestimmte Zeit.

- Verbot, gewisse Informationen weiterzugeben (z.B. Nestlé/Perrier, M.190: Nestlé darf keine Angaben, die jünger als ein Jahr sind, über seine Umsätze aus dem Mineralwassergeschäft weitergeben).

- Mitteilungspflichten an die Kommission (Alcatel/Telettra, M.042: Alcatel musste die Kommission über den Gang der Verhandlungen für den Kauf einer Beteiligung auf dem laufenden halten; Nestlé/Perrier, M.190: Mitteilung bei Erwerb eines Unternehmens mit mehr als 5% Marktanteil im Mineralwassermarkt).

---

[740] Vgl. dazu auch LÖFFLER zu Art. 8 N 10; 23. Wettbewerbsbericht Ziff. 56.

Auch ungeachtet der Umstände des Einzelfalles hat die Kommission rein in bezug auf Umfang oder Dauer einschneidende Auflagen beschlossen. Nestlé wurde beispielsweise verboten, innerhalb der zehn auf die Übernahme von Perrier folgenden Jahren eine der von ihr verkauften Quellen oder Marken wieder zu erwerben. Zudem wurde, um eine Genehmigungsentscheidung zu ermöglichen, wie im Fall Du Pont/ICI, quasi aus dem Nichts ein starker Wettbewerber geschaffen.[741] Zur Schaffung eines Wettbewerbers sollten die beteiligten Unternehmen m.E. nicht verpflichtet werden. Die Kommission darf ihre Kompetenz, bei Genehmigungen von Zusammenschlüssen Bedingungen und Auflagen festzusetzen, nicht dazu missbrauchen, ihre wirtschaftspolitischen Vorstellungen durchzusetzen und Marktstrukturen über das im betreffenden Fall Notwendige zu beeinflussen.[742]

Auflagen und Bedingungen, die eine drohende Untersagung abwenden sollen, müssen einen klaren strukturellen Bezug haben, wie der Verkauf von Beteiligungen.[743] Verhaltenszusagen sind problematisch unter dem Gesichtspunkt der Kontrolle ihrer Einhaltung und der Wahrscheinlichkeit einer Zuwiderhandlung.[744] Im Fall MSG Media Service, M.469, hat die Kommission die angebotenen Zusagen mit dem Argument zurückgewiesen, sie seien (mit einer Ausnahme) Verhaltenszusagen ohne jeden strukturellen Bezug, deren Einhaltung sich nicht kontrollieren liesse, und daher im Ansatz ungeeignet. Die Kommission hat aber in einigen früheren Fällen Verhaltenszusagen akzeptiert. So hat beim Zusammenschluss British Airways/TAT, M.259, die Zusage der beteiligten Unternehmen, dass sie anderen Fluggesellschaften, die die betreffenden Flugrouten auch bedienen möchten, eine gewisse Anzahl Slots (Start- und Landerechte) einräumen würden, die Kommission zu einer Genehmigungsentscheidung bewogen. Im Fall Mercedes/Kässbohrer, M.477, hat sie die Zusage von Mercedes beachtet, alle europäischen Omnibushersteller, die bestimmte Kriterien erfüllen, mit Motoren zu beliefern. Auch in Tetra Pak/Alfa Laval, M.068, hat sie Verhaltenszusagen zur Kenntnis genommen. Es bleibt zu sehen, ob die Entscheidung MSG Media Service, M.469, eine Abkehr von dieser Praxis bedeutet.

Die Erfüllung der Auflagen und Bedingungen ist meist an eine Frist gebunden. Die Länge der Frist wird nicht veröffentlicht, da diese Information preisrelevant ist und ihre Bekanntgabe den Verhandlungsspielraum des verpflichteten Unternehmens erheblich einschränken würde. Auch wenn die Frist und andere Angaben über Auflagen und Bedingungen vertraulich behandelt werden, ist es möglich und in vielen Fällen wahrscheinlich, dass die beteiligten Unternehmen die Auflagen und Bedingungen nicht unter Wettbewerbsbedingungen erfüllen können. Man kann sich fragen, wieweit dies gerechtfertigt ist. Eine formalistische Begründung für diese Einschrän-

---

[741] Kritisch zu diesen Bedingungen: HEIDENHAIN, Zusagenpraxis, 137-139.
[742] Diesbezügliche Kritik am Entscheid Nestlé/Perrier übt KERBER 34.
[743] DRAUZ/SCHROEDER 212; JONES/GONZÁLES-DÍAZ 223-224; GROGER/JANICKI 1000.
[744] DRAUZ/SCHROEDER 213; DOWNES/ELLISON 88. Es ist auch zu bedenken, dass die Anzahl der zu überwachenden Bedingungen und Auflagen mit der Gesamtzahl der Entscheidungen ansteigen wird.

kungen ist, dass die Kommission nach dem Wortlaut der FKVO nur die Verwirklichung von Zusagen, die die Beteiligten von sich aus gemacht haben, absichert. Die Beteiligten wären frei, keine Zusagen zu machen. Diese Begründung ist jedoch nicht überzeugend, da die Beteiligten faktisch unter grossem Druck stehen. Bedingungen und Auflagen müssen deshalb den (wirtschaftlichen) Interessen der Beteiligten gebührend Rechnung tragen. Dies folgt aus dem Grundsatz der Verhältnismässigkeit.

Bedingungen und Auflagen können grundsätzlich nur Tatsachen und Rechte betreffen, die im Einflussbereich der Beteiligten liegen, über die sie also verbindliche Zusagen abgeben können. Art. 8 Abs. 2 spricht nur von Zusagen der Beteiligten. Weil der Bestand von Zusagen Dritter in der Regel in keiner Weise gesichert ist, kann die Kommission solche m.E. nicht zur Grundlage einer Genehmigung machen.[745] Eine Ausnahme sind Zusagen von Mitgliedstaaten. Die Kommission könnte solche Zusagen gestützt auf Art. 5 EGV klageweise durchsetzen. Nichts hindert aber die Kommission, Zusagen Dritter als Tatsachen in ihre Sachverhaltswürdigung einzubeziehen.

Die Kommission zeigt in der Praxis erhebliche Flexibilität bei der Verpflichtung der Beteiligten und dehnt den Bereich der Verpflichtungen auch auf Sachverhalte aus, die nur noch am Rande in deren Einflussbereich liegen. So verlangte sie im Fall Alcatel/Telettra, M.042, dass Alcatel von einem dritten Unternehmen, Telefónica, eine bestimmte Beteiligung an einem anderen am Zusammenschluss beteiligten Unternehmen kaufen musste, und, betreffend eine andere Beteiligung an einem andern beteiligten Unternehmen, mit Telefónica Verhandlungen im Hinblick auf den Kauf dieser Beteiligung führen sollte. Dies alles sollte mit den grösstmöglichen Anstrengungen geschehen, was die Kommission kontrollieren wollte.

Die Auflage bestand genau genommen nicht im erfolgreichen Abschluss der Kaufverhandlungen, sondern lediglich in der Anwendung grösstmöglicher Anstrengungen, um zu einem erfolgreichen Abschluss zu kommen. Auch wenn solche Bedingungen und Zusagen an sich durchsetzbar wären[746], sind sie problematisch im Hinblick auf die Kontrolle ihrer Einhaltung. Die Kommission müsste beurteilen, ob die angewandte Anstrengung gross genug war. Es ist schlecht vorstellbar, dass die Kommission zum Schluss käme, die Bedingung habe sich mangels Anstrengungen eines beteiligten Unternehmens nicht realisiert und der Zusammenschluss sei deshalb nicht zulässig. Es ist auch schlecht vorstellbar, dass die Kommission eine Genehmigungsentscheidung wegen mangelnder Anstrengungen bei der Erfüllung einer Auflage widerrufen würde. Wahrscheinlicher wäre, dass das beteiligte Unternehmen und die Kommission sich über einen anderen Weg zur Behebung des Problems einigen würden.

Eine weitere Frage ist, ob Bedingungen und Auflagen, deren Durchführung Dritten einen schweren Schaden zufügt, zulässig sind. In Kali+Salz/MdK/Treuhand, M.308,

---

[745] Gl.M. FUCHS 274-275; a.M. BOURGEOIS, Undertakings, 98.
[746] Nach JONES/GONZÁLES-DÍAZ 226 kann eine solche Auflage nur als Wunsch der Kommission gelten.

hat die Kommission beispielsweise gefordert, dass sich Kali+Salz aus der am Verfahren nicht beteiligten Kali-Export zurückziehen muss. Kali-Export hat diese Bedingung (oder Auflage) mit Nichtigkeitsklage angefochten, weil sie faktisch ihre Auflösung zur Folge habe. Der Präsident des EuG hat die Bedingung (oder Auflage) ausgesetzt. Er führte aus:

> „Im Rahmen der Prüfung eines Antrags, den Vollzug einer Entscheidung der Kommission über einen Unternehmenszusammenschluss auszusetzen,...ist davon auszugehen, dass die Rechtmässigkeit der Entscheidung, die die Rechte Dritter, die weder am Zusammenschluss noch am Verfahren vor der Kommission beteiligt sind, spürbar beeinträchtigt, derart schwierige Probleme aufwirft, dass dem Richter der einstweiligen Anordnung die Feststellung verwehrt ist, dass die Notwendigkeit der beantragten Anordnung nicht glaubhaft gemacht wurde."[747]

Dies ist ausserordentlich, denn der Präsident des EuG erachtete damit die Notwendigkeit der aufschiebenden Wirkung bereits durch die Beeinträchtigung der Rechte Dritter und die Frage nach deren rechtlicher Zulässigkeit für gegeben.

cc) Nichtrealisierung einer Bedingung oder Auflage

Die Konsequenzen der Nichtrealisierung einer Bedingung und einer Auflage sind grundlegend verschieden.[748] Eine Bedingung ist Voraussetzung für die Wirksamkeit einer Entscheidung, während eine Auflage lediglich eine zusätzliche Pflicht begründet.

Tritt eine suspensive Bedingung nicht ein, so wurde die Genehmigungsentscheidung gar nie wirksam.[749] Da die Kommission das Vollzugsverbot in der Regel bis zur endgültigen Entscheidung verlängert und den Vollzug in der Entscheidung von der Realisierung der Bedingung abhängig machen dürfte, sind vor Realisierung der Bedingung vorgenommene Vollzugshandlungen gleich zu behandeln wie solche, die in Missachtung des Vollzugsverbotes erfolgen (dazu vorne 121 ff.). Wurde das Vollzugsverbot nicht verlängert, sind die Vollzugshandlungen wirksam, aber unzulässig.

Die Kommission sollte den beteiligten Unternehmen immer eine Frist für die Erfüllung einer Suspensivbedingung setzen und sich nach Ablauf der Frist öffentlich darüber äussern, ob die Bedingung erfüllt worden ist. Dies würde die Rechtssicherheit der Beteiligten und Dritter beträchtlich verbessern. Ich stimme KRIMPHOVE bei, wenn er sich für eine Revision der FKVO in diesem Sinne ausspricht.[750]

---

[747] Rs. T-88/94R, SCPA und EMG/Kommission Slg. 1994 II 401. Der Fall wurde an den EuGH übertragen (Rs. C-68/94, Frankreich/Kommission), Slg. 1995 II 221.
[748] Für Bedingungen und Auflagen unter der VO 17 s. KERSE 217-218. BOURGEOIS, Undertakings, 96-98, scheint keinen Unterschied zwischen der Missachtung einer Bedingung und der Missachtung einer Auflage zu machen.
[749] Gl.M. HEIDENHAIN, Zusagenpraxis, 136.
[750] KRIMPHOVE 319; gl.M. auch FUCHS 279.

Tritt eine resolutive Bedingung ein, so entfällt die Voraussetzung für die Genehmigung, und die Genehmigungsentscheidung fällt dahin.[751] Die Folgen davon sind allerdings unklar. Die FKVO enthält keine Bestimmung für diesen Fall. Mehrere Folgen sind denkbar. Die *Vereinbarkeit* kann automatisch wegfallen, der Zusammenschluss also unzulässig werden. Die Nichtrealisierung der Bedingung kann aber auch nur das Dahinfallen der zu einem bestimmten Zeitpunkt getroffenen *Vereinbarkeitserklärung* bedeuten und zur Folge haben, dass die Kommission im Zeitpunkt der Nichtrealisierung der Bedingung neu entscheiden und gegebenenfalls eine Untersagungsentscheidung treffen müsste, da Zusammenschlüsse ohne anderslautende Entscheidung der Kommission grundsätzlich erlaubt sind. Diese Ansicht vertreten DOWNES/ELLISON[752] und FUCHS[753]. Nach HEIDENHAIN muss die Kommission schon bei Erlass der bedingten Genehmigungsentscheidung eine Untersagungsentscheidung erlassen.[754]

Aus System und Zweck der FKVO ergibt sich, dass nur die erste Interpretation richtig sein kann, dass also das Nichteintreten einer Bedingung die Unvereinbarkeit mit der FKVO zur Folge hat. Dies wird auch dadurch bestätigt, dass Art. 8 Abs. 5 und 6 eine erneute, nicht an die viermonatige Frist gebundene Entscheidung nur im Fall der Missachtung einer Auflage, aber nicht im Fall der Missachtung einer Bedingung vorsehen.

Die Realisierung einer Resolutivbedingung kann die Unzulässigkeit der bedingten Handlung ex tunc oder ex nunc zur Folge haben. Das bedeutet, dass der Zusammenschluss entweder schon bei Erlass der Entscheidung oder erst bei Realisierung der Bedingung unzulässig war. Im Fusionskontrollverfahren ist die Frage allerdings nicht entscheidend, da nach Erlass der Genehmigungsentscheidung vorgenommene Vollzugshandlungen in jedem Fall wirksam sind, da das Vollzugsverbot nicht mehr bestand.[755] Die Situation ist die gleiche wie beim Vollzug des Zusammenschlusses nach Ablauf des Vollzugsverbots, wenn am Ende des Verfahrens eine Untersagungsentscheidung ergeht. Auf diese Situation ist Art. 8 Abs. 4 anwendbar.[756] Danach kann die Kommission die Entflechtung des Zusammenschlusses oder andere Massnahmen zur Wiederherstellung wirksamen Wettbewerbs anordnen.

Die zivilrechtlichen Folgen der nachträglich eingetretenen Unzulässigkeit eines rechtmässig vollzogenen Zusammenschlusses sind in der FKVO nicht geregelt. Sie richten sich daher nach dem Recht der Mitgliedstaaten und können je nach Mit-

---

751 Gl.M. RITTER/RAWLINSON/BRAUN 386; KRIMPHOVE 319.
752 DOWNES/ELLISON 88-89.
753 FUCHS 280.
754 HEIDENHAIN, Zusagenpraxis, 136.
755 Gl.M. FUCHS 280.
756 Im Ergebnis gl.M. KRIMPHOVE 321.

gliedstaat unterschiedlich sein. Es wäre interessant, diese Folgen vertieft zu untersuchen.

Die Realisierung einer Bedingung könnte unklar oder zumindest umstritten sein. Die Kommission würde in einem solchen Fall behaupten, dass die Bedingung nicht eingehalten wurde und der Zusammenschluss deshalb unzulässig ist. Die beteiligten Unternehmen würden indessen vorgeben, dass die Bedingung erfüllt worden sei. Die FKVO sieht nichts Besonderes für diese Situation vor. Die Voraussetzungen für den Widerruf der Entscheidung nach Art. 8 Abs. 5 oder für die Verhängung von Bussen oder Zwangsgeldern nach Art. 14 oder 15 sind nicht erfüllt. Die Kommission könnte aber gestützt auf Art. 8 Abs. 4 Massnahmen zur Entflechtung des Zusammenschlusses oder zur Wiederherstellung von wirksamem Wettbewerb anordnen. Die Missachtung solcher Massnahmen wäre mit Busse und Zwangsgeld sanktioniert.

Dieses Problem stellt sich in weit geringerem Masse bei einer suspensiven Bedingung, deren Erfüllung nicht ohne weiteres rückgängig gemacht werden kann, sowie wenn sich die Kommission vorbehält, selbst über die Erfüllung der Bedingung zu entscheiden.

Die Folgen der Missachtung einer Auflage sind in der FKVO geregelt. Nach Art. 14 Abs. 2 lit. a kann die Kommission bei vorsätzlicher oder fahrlässiger Missachtung Bussen in der Höhe von bis zu 10% des Gesamtumsatzes der beteiligten Unternehmen festsetzen. Nach Art. 15 Abs. 2 lit. a kann die Kommission Zwangsgelder bis zu einer Höhe von 100'000 ECU pro Tag festsetzen, um ein beteiligtes Unternehmen zur Erfüllung einer Auflage anzuhalten. Als stärkste Massnahme sieht die FKVO bei Missachtung einer Auflage den Widerruf der Genehmigungsentscheidung vor (Art. 8 Abs. 5 lit. b). Nach dem Grundsatz der Verhältnismässigkeit muss die Kommission die mildeste zur Beachtung der Auflage geeignete Massnahme anordnen. Der Widerruf der Genehmigungsentscheidung kommt auch aus Rücksicht auf Dritte nur in Frage, wenn Zwangsgelder und Bussen nichts fruchten.

Auch bei Auflagen sollte die Kommission, soweit dies nach der Natur der Auflage möglich ist, eine Frist für deren Erfüllung in die Entscheidung aufnehmen.[757]

d) *Untersagung (Art. 8 Abs. 3)*

Die Kommission muss einen Zusammenschluss nach Art. 8 Abs. 3 untersagen, wenn er eine beherrschende Stellung begründet oder verstärkt, durch die wirksamer Wettbewerb im Gemeinsamen Markt oder in einem wesentlichen Teil davon erheblich behindert würde, und es im Laufe des Verfahrens nicht möglich war, diese Gefahr durch entsprechende Zusagen der beteiligten Unternehmen zur Zufriedenheit der Kommission zu beseitigen.

---

[757] Gl.M. KRIMPHOVE 319.

Eine Untersagung kann auch dann ergehen, wenn das Verfahren nicht durch eine Anmeldung eingeleitet worden ist.[758]

Untersagungsentscheidungen ergehen nur in aussergewöhnlichen Fällen. Bis zum 30. 4.96 hat die Kommission erst fünf Zusammenschlüsse gänzlich verboten. Es waren dies die Zusammenschlüsse Aérospatiale-Alénia/de Havilland, M.053 (20.10.1991), MSG Media Service (Pay TV), M.469 (9.11.1994), Nordic Satellite Distribution (NSD), M.490 (19.7.1995), RTL/Veronica/Endemol, M.553 (20.9.1995) und Gencor/Lonrho, M.619 (24.4.96).[759]

Diese geringe Zahl von Untersagungen darf nicht über die Wirksamkeit der FKVO täuschen. Die Hauptwirkungen der europäischen Zusammenschlusskontrolle liegen in ihrer Existenz und der Beeinflussung von Zusammenschlussvorhaben durch die Kommission mittels informeller Auskünfte sowie Bedingungen und Auflagen.[760]

Eine Untersagungsentscheidung ist durch das Kommissionskollegium zu treffen und kann nicht delegiert werden (vorne 51). Das Urteil des EuGH Rs. C-137/92P, BASF/Kommission[761], wonach die Delegation einer Entscheidung, mit der ein Verstoss gegen Art. 85 und 86 EGV festgestellt wird, nicht in Betracht kommt, dürfte wegen der ähnlichen Tragweite auch für die Untersagungsentscheidung gelten.

Eine Untersagungsentscheidung stellt fest, dass der Zusammenschluss, so wie er angemeldet worden ist, unvereinbar mit der FKVO, also kraft Gemeinschaftsrecht verboten ist.[762] Die Entscheidung ist endgültig und hat deklarativen Charakter.[763]

Wenn die Kommission nur in bezug auf bestimmte Produktsegmente Einwände gegen den Zusammenschluss erhoben hat[764], können die beteiligten Unternehmen den Zusammenschluss „retten", indem sie ihn auf die unbedenklichen Produktsegmente beschränken oder Zusagen hinsichtlich der anderen Bereiche machen. Andernfalls muss die Kommission das Vorhaben insgesamt verbieten.[765]

---

758 S. Fn 665.

759 Beinahe wäre auch der Zusammenschluss Mannesmann/Vallourec/Ilva, M.315, untersagt worden. Die Task Force Fusionskontrolle und der Beratende Ausschuss hatten dies empfohlen. Bei der Abstimmung der Kommission lautete das Ergebnis 8:8 Stimmen (Präsident Delors hatte sich der Stimme enthalten), weshalb die Verbotsentscheidung als nicht angenommen galt, s. ANAND PATHAK, Competition Law Checklist 1993, 179-180.

760 Vgl. auch 23. Wettbewerbsbericht Ziff. 55.

761 Slg. 1994 II 2555.

762 Vgl. BERLIN, Contrôle, 316-317.

763 Gl.M. BERLIN, Contrôle, 316-317. A.M. KOCH, in: GRABITZ nach Art. 86 N 36. Der deklarative Charakter der Entscheidung geht aus System und Zweck der FKVO (präventive Fusionskontrolle mit Anmeldepflicht) hervor.

764 Z.B. Accor/Wagons-Lits, M.126.

765 Gl.M. BERLIN, Contrôle, 318.

Bei einer Untersagung wird der Zusammenschluss in der Regel noch nicht vollzogen sein, da die Kommission die Verlängerung des Vollzugsverbots angeordnet hat. Wurde der Zusammenschluss in Missachtung des Vollzugsverbots schon vollzogen, so werden die Vollzugsgeschäfte gemäss Art. 7 Abs. 5 unwirksam (vorne 121ff.). Die Missachtung des Vollzugsverbots vor oder nach der Untersagung ist mit Busse von bis zu 10% des Gesamtumsatzes der beteiligten Unternehmen bedroht.

Ist der Zusammenschluss bereits rechtmässig vollzogen worden, weil das dreiwöchige Vollzugsverbot von der Kommission aufgehoben oder nicht verlängert wurde, bewirkt die Untersagung, dass die Vollzugshandlungen unzulässig werden. Nach dem System der FKVO und dem Wortlaut von Art. 7 Abs. 5 sind solche Vollzugshandlungen zwar gemeinschaftsrechtlich unzulässig, entfalten aber ihre Wirkungen. Die Kommission muss in dieser Situation durch Entscheidung nach Art. 8 Abs. 4 die Entflechtung oder andere Massnahmen zur Wiederherstellung wirksamen Wettbewerbs anordnen. Der nachträglich untersagte Zusammenschluss ist nicht automatisch nichtig. Das zeigt sich schon daran, dass der Gemeinschaftsgesetzgeber der Kommission die Kompetenz erteilt hat, Entflechtungsentscheidungen zu treffen.[766] Eine automatische Nichtigkeit des Zusammenschlusses würde enorme Probleme bezüglich der Auswirkungen der Nichtigkeit auf die meist komplexen Zusammenschlusshandlungen und Rechtsgeschäfte in den Rechtsordnungen der Mitgliedstaaten bereiten. Auch der Schutz der Rechte Dritter würde durch das Gemeinschaftsrecht nicht gelöst. Diese Argumente sprechen auch gegen die Annahme, dass die Unwirksamkeit von in Missachtung des Vollzugsverbots vorgenommenen Rechtsgeschäften deren Nichtigkeit bedeute (vorne 122f.).

Die über die gemeinschaftsrechtliche Unwirksamkeit von rechtswidrig vollzogenen Zusammenschlüssen bzw. die Unzulässigkeit von rechtmässig vollzogenen Zusammenschlüssen hinausgehenden zivilrechtlichen Folgen bestimmen sich nach dem Recht der Mitgliedstaaten.[767]

Die Konsequenzen der Untersagung eines Zusammenschlusses von Unternehmen aus Drittstaaten sind noch ungeklärt.

e) Wiederherstellung wirksamen Wettbewerbs (Art. 8 Abs. 4)

Wird ein Zusammenschluss, der bereits vollzogen ist, untersagt, kann die Kommission in der Untersagungsentscheidung oder in einer separaten Entscheidung anordnen, dass die zusammengeschlossenen Unternehmen wieder getrennt werden oder wie wirksamer Wettbewerb auf andere Weise wiederherzustellen ist. Eine solche Entscheidung ist insbesondere für den Fall vorgesehen, dass ein Zusammenschluss

---

[766] Gl.M. BERLIN, Contrôle, 318; KRIMPHOVE 323; BOS/STUYCK/WYTINCK 297.
[767] Gl.M. BERLIN, Contrôle, 318; BOS/STUYCK/WYTINCK 297; vgl. auch BOURGEOIS, International Mergers, 130.

schon rechtmässig vollzogen worden ist (wenn also das Vollzugsverbot nicht bestand).

Art. 8 Abs. 4 sollte auch anwendbar sein, wenn der Zusammenschluss in Missachtung des Vollzugsverbots vollzogen worden ist. Die unklare Folge der Unwirksamkeit der Vollzugshandlungen dürfte zur Beseitigung des Problems nicht ausreichen. Besonders hinsichtlich der Modalitäten der Wiederherstellung des Status quo ante wäre eine Entscheidung nach Art. 8 Abs. 4 sinnvoll.

Entscheidungen zur Wiederherstellung wirksamen Wettbewerbs sind nicht an eine Frist gebunden.[768] Immerhin gilt das allgemeine Beschleunigungsgebot auch für diese Entscheidungen, so dass die Kommission innert zumutbarer Frist entscheiden muss. Dabei ist besonders die Rechtsunsicherheit, in der ein vollzogener aber unzulässiger Zusammenschluss schwebt, und die wirtschaftliche Bedeutung von Zusammenschlüssen mit gemeinschaftsweiter Bedeutung zu beachten. Bei Untätigkeit der Kommission ist eine Klage nach Art. 175 EGV gegeben.

Bisher (Ende 1995) hat die Kommission erst eine Entflechtungsentscheidung getroffen.[769]

aa) Inhalt

Nach Art. 8 Abs. 4 kann die Kommission insbesondere „die Trennung der zusammengefassten Unternehmen oder Vermögenswerte, die Beendigung der gemeinsamen Kontrolle oder andere Massnahmen anordnen, die geeignet sind, wirksamen Wettbewerb wiederherzustellen". Die möglichen Massnahmen sind einzig durch die weitgefasste Zweckbestimmung eingegrenzt, d.h. sie müssen geeignet sein, wirksamen Wettbewerb dauerhaft wiederherzustellen. Andere Massnahmen dürften inhaltlich Bedingungen und Auflagen entsprechen. Die Rückabwicklung des Zusammenschlusses kann nach dem Verhältnismässigkeitsprinzip nur angeordnet werden, wenn andere Massnahmen nicht ausreichen, um wirksamen Wettbewerb wiederherzustellen.

Die seit der Untersagungsentscheidung eingetretenen Änderungen sind zu berücksichtigen. Insbesondere bezüglich der Modalitäten der Entflechtung sind verschiedenste Massnahmen denkbar. Es ist wahrscheinlich, dass Entscheidungen nach Art. 8 Abs. 4 in Zusammenarbeit mit den betroffenen Unternehmen zustandekommen.[770]

---

[768] A.M. BERLIN, Contrôle, 273. Dieser Autor würde die Bindung der Kommission an die Frist von vier Monaten begrüssen, sofern der Zusammenschluss angemeldet worden ist.

[769] RTL/Veronica/Endemol, M.553. In Deutschland wurde gestützt auf § 24 Abs. 6 und 7 GWB schon mehrfach die Entflechtung von vollzogenen Zusammenschlüssen angeordnet: z.B. Kampffmeyer/Plange, AG 1991, 180-181 oder Krupp/Hoesch, AG 1994, 521-523.

[770] Bei der ersten bisher ergangenen Entflechtungsanordnung hat die Kommission die beteiligten Unternehmen dazu aufgefordert, Vorschläge für die Entflechtung des Zusammenschlusses zu machen, RTL/Veronica/Endemol, M.553. Das hatte sie schon in der auf Art. 86 EGV gestützten Entscheidung Continental Can getan, ABl. 1972 L 7/25.

Eine obrigkeitlich verordnete Entflechtung ist keine einfache Sache.[771]

bb) Natur und Wirkung

Die Entscheidung nach Art. 8 Abs. 4 hat endgültigen Charakter. Sie ist konstitutiv für die darin auferlegten Pflichten. Wenn der Zusammenschluss in Missachtung des Vollzugsverbotes schon vollzogen worden ist, dann hat die Entscheidung nach Art. 8 Abs. 4 bezüglich der Unwirksamkeit der erfolgten Handlungen nur deklarativen Charakter.[772]

Zur Durchsetzung einer auf Art. 8 Abs. 4 gestützten Anordnung kann die Kommission Zwangsgelder von bis zu 100'000 ECU pro Tag verhängen (Art. 15 Abs. 2 lit. b). Die Nichtbefolgung der Anordnung ist mit Busse von bis zu 10% des Umsatzes der beteiligten Unternehmen bedroht (Art. 14 Abs. 2 lit. c).

f) Widerruf einer Genehmigung (Art. 8 Abs. 5)

Die Kommission kann eine einfache Genehmigungsentscheidung oder eine unter Bedingungen und Auflagen widerrufen,

„a) wenn die Vereinbarkeitserklärung auf unrichtigen Angaben beruht, die von einem der beteiligten Unternehmen zu vertreten sind, oder wenn sie arglistig herbeigeführt worden ist, oder

b) wenn die beteiligten Unternehmen einer in der Entscheidung vorgesehenen Auflage zuwiderhandeln."

Diese Gründe entsprechen denen von Art. 8 Abs. 3 lit. b und c der VO 17 betreffend den Widerruf einer Freistellung vom Kartellverbot.

Der Tatbestand von lit. a ist einerseits erfüllt, wenn ein beteiligtes Unternehmen der Kommission falsche Informationen gegeben hat oder, auf eine entsprechende Frage hin, bestimmte Informationen nicht als falsch bezeichnet hat. Aus der Formulierung geht hervor, dass das Unternehmen, bzw. dessen Vertreter schuldhaft, also vorsätzlich oder fahrlässig gehandelt haben muss. Es wäre nicht angemessen, wenn eine Genehmigungsentscheidung wegen einer unverschuldet falschen Schätzung durch ein beteiligtes Unternehmen widerrufen würde. Nicht jede falsche Angabe rechtfertigt den Widerruf der Entscheidung. Nur eine Angabe, bei deren Kenntnis die Kommission keine Genehmigungsentscheidung erlassen hätte, kommt in Frage.

Die Bedingungen für den Widerruf sind anderseits erfüllt, wenn die Genehmigungsentscheidung von einem beteiligten Unternehmen arglistig herbeigeführt worden ist.

---

[771] Es kann hier auch auf das Bild des „unscrambling scrambled eggs" hingewiesen werden. BERLIN, Contrôle, 241, nennt einige damit verbundene Schwierigkeiten.

[772] Gl.M. KIRCHHOFF 4.

Das dürfte der Fall sein, wenn ein beteiligtes Unternehmen die Kommission bewusst über einen Sachverhalt getäuscht hat oder sonstige Machenschaften verwendet hat, damit die Kommission getäuscht wird.

Der Widerrufsgrund von lit. b, die Zuwiderhandlung gegen eine Auflage, ist ein geeignetes Mittel, die Einhaltung von Auflagen zu sichern. Der Widerruf der Genehmigung ist das stärkste Mittel, zu dem die Kommission bei der Nichterfüllung von Auflagen durch die beteiligten Unternehmen greifen kann. Es ist nur gerechtfertigt, wenn eindeutig festgestellt werden kann, ob die Auflage missachtet wurde und wenn andere, weniger einschneidende Massnahmen (Busse, Zwangsgeld) erfolglos sind oder wären.[773]

Der Widerruf ist nicht an eine Frist gebunden (Art. 8 Abs. 6). Die Kommission ist jedoch verpflichtet, nicht unnötig lange zu warten, wenn sie festgestellt hat, dass die Voraussetzungen dafür erfüllt sind.

Beabsichtigt die Kommission eine Entscheidung nach Art. 8 zu widerrufen, kann sie die zu diesem Zweck notwendigen vorsorglichen Massnahmen anordnen (Art. 7 Abs. 2).[774] Aus Gründen der Rechtssicherheit und der Unabänderbarkeit der Genehmigungsentscheidung kann die Kommission das ebenfalls in Art. 7 Abs. 2 vorgesehene Vollzugsverbot jedoch nicht wieder aufleben lassen.

Die FKVO sieht nur den Widerruf von Genehmigungsentscheidungen nach Art. 8 und nicht auch den von Entscheidungen nach Art. 6 Abs. 1 lit. a und b vor. Der Widerruf von solchen Entscheidungen richtet sich somit nach den allgemeinen Regeln über den Widerruf von Entscheidungen (vorne 134f.). Die Widerrufsgründe sollten jedoch die von Art. 8 Abs. 5 sein, da die Natur und die Wirkung der Genehmigungsentscheidungen nach Art. 6 und 8 gleich sind. Es ist unlogisch, den Widerruf einer Entscheidung wegen der Unterbreitung falscher Informationen bei einer Entscheidung, für die der Kommission eine Frist von vier Monaten zur Verfügung stand, zu leichteren Bedingungen zu erlauben, als bei einer Entscheidung, für die ihr nur ein Monat zur Verfügung stand. Die Kommission will bei der anstehenden Revision der FKVO sowohl die Berücksichtigung von Zusagen im Vorprüfverfahren als auch die Widerrufsmöglichkeit bei deren Missachtung vorsehen.[775] Nach geltendem Recht ist der Widerruf nach Art. 8 Abs. 5 wegen der Missachtung von Zusagen im Vorprüfverfahren nicht möglich, weil diese nicht als Auflagen im Sinne von Art. 8 Abs. 4 bezeichnet werden können.[776]

---

773 Gl.M. BOURGEOIS, Undertakings, 97; vgl. KERSE 224 betreffend den Widerruf nach Art. 8 VO 17.
774 JONES/GONZÁLES-DÍAZ 231. Auch wenn der erste Teil von Art. 7 Abs. 2 darauf hindeuten könnte, dass vorsorgliche Massnahmen nur bis zu einer endgültigen Entscheidung getroffen werden können, folgt aus der Erwähnung von Art. 8 Abs. 4, dass vorsorgliche Massnahmen auch im Hinblick auf eine Widerrufsentscheidung angeordnet werden können.
775 Grünbuch Ziff. 125.
776 A.M. BOURGEOIS, Undertakings, 91.

Die FKVO regelt die Frage nicht, ob die Kommission auch eine Genehmigungsfiktion widerrufen kann. Wie auf Seite 134f. ausgeführt, sollte dies möglich sein.

Die Widerrufsentscheidung ist eine endgültige Entscheidung. Ihre Folgen entsprechen denen des Eintritts einer Resolutivbedingung, nachdem der Zusammenschluss schon rechtmässig vollzogen worden ist (vorne 163f.).[777] Demnach wird der Zusammenschluss unzulässig.[778] Die Frage, ob die Genehmigungsentscheidung ex tunc oder ex nunc widerrufen wird, hat in der Fusionskontrolle nur geringes Interesse, da die den Zusammenschluss bewirkenden Handlungen nicht unwirksam werden, wenn sie rechtmässig vollzogen worden sind.[779],[780] In dieser Situation ist es Sache der Kommission, eine Entscheidung nach Art. 8 Abs. 4 zu treffen. Die weiteren Folgen des Widerrufs richten sich nach dem Recht der Mitgliedstaaten.

Bei der Revision der FKVO sollten die Folgen des Widerrufs genannt werden.[781]

C. Gemeinsame Bestimmungen

1. Veröffentlichungen

a) Grundsatz

Es liegt im Interesse der Öffentlichkeit und betroffener Dritter, dass sich Wettbewerbsverfahren nicht hinter verschlossenen Türen abspielen.[782] Auch unbeteiligte Unternehmen haben ein Interesse daran, die Praxis der Kommission zu kennen.

Die Kommission selbst sieht diese Informationsaufgabe als einen wichtigen Bestandteil ihrer Tätigkeit an.[783] Die Organe der Gemeinschaft bemühen sich in vielen Be-

---

777 Gl.M. KRIMPHOVE 320.
778 A.M. KOCH, in: GRABITZ nach Art. 86 N 36, für den die Unvereinbarkeit des Zusammenschlusses erst durch eine Entscheidung nach Art. 8 Abs. 3 bewirkt wird.
779 Anders ist die Situation beim Widerruf einer Freistellungsentscheidung nach Art. 8 lit. b bis d VO 17. Hier kann die Kommission dem Widerruf Wirkung ex nunc oder ex tunc verleihen. Werden Vereinbarungen ex tunc widerrufen, greift die Folge der Nichtigkeit von Art. 85 Abs. 2 EGV ebenfalls ex tunc. Deshalb ist nach Ansicht von KERSE 225 der Widerruf ex tunc nur gerechtfertigt, wenn Arglist oder bewusste Täuschung vorliegt. Die Missachtung einer Auflage im Fusionskontrollverfahren würde die Unzulässigkeit ex tunc keinesfalls rechtfertigen, da Zusammenschlüsse grundsätzlich nicht verboten sind. Das Vorliegen einer absichtlichen Täuschung oder von Arglist könnte wie unter der VO 17 die Unwirksamkeit wohl im Hinblick auf die Täuschenden, nicht aber im Hinblick auf Dritte rechtfertigen.
780 Weitere Gründe für die Wahrung der Wirkungen des Zusammenschlusses gibt BERLIN, Contrôle, 309-310.
781 Gl.M. KRIMPHOVE 320. Das Grünbuch macht diesbezüglich keine Vorschläge.
782 Vgl. den Beschluss 94/90/EGKS, EG, Euratom der Kommission vom 8.2.94 über den Zugang der Öffentlichkeit zu den der Kommission vorliegenden Dokumenten, ABl. 1994 L 46/58.
783 Vgl. 22. Wettbewerbsbericht Ziff. 115.

reichen, ihre Tätigkeit den Gemeinschaftsbürgern durch eine offene Informationspolitik näher zu bringen und transparent zu machen.[784] Dies zeigt sich in der Bereitschaft der Kommission, Aussenstehenden bereitwillig Fragen zu beantworten und in ihren zahlreichen Veröffentlichungen.

Im Fusionskontrollverfahren haben die Veröffentlichungen der Kommission den weiteren Zweck, Dritte, die Informationen zum geplanten Zusammenschluss geben können, über den Zusammenschluss zu orientieren.

b) Einzelne Veröffentlichungen

Nach Art. 20 sind folgende Entscheidungen im Amtsblatt (Serie L) zu publizieren:

- Genehmigungsentscheidung nach Art. 8 Abs. 2
- Genehmigungsentscheidung nach Art. 8 Abs. 2 unter Bedingungen und Auflagen
- Untersagungsentscheidung nach Art. 8 Abs. 3
- Entscheidung zur Wiederherstellung wirksamen Wettbewerbs nach Art. 8 Abs. 4
- Widerrufsentscheidung nach Art. 8 Abs. 5

Nach Art. 4 Abs. 3 ist auch eine **Mitteilung über die Anmeldung** unter Angabe der Namen der beteiligten Unternehmen, der Art des Zusammenschlusses und der betroffenen Wirtschaftszweige zu veröffentlichen. Die Mitteilung erfolgt im Amtsblatt, Serie C. In der Mitteilung fordert die Kommission Dritte auf, ihr innerhalb von zehn Tagen allfällige Bemerkungen zum Zusammenschluss mitzuteilen.[785] Die Mitteilung ermöglicht Dritten, sich zum Zusammenschluss zu äussern und ihr allfälliges Recht auf Anhörung auszuüben (Art. 18 Abs. 4). Nach der DVO von 1994 muss die Kommission auch eine Mitteilung machen, wenn eine zuvor unvollständige Anmeldung vervollständigt wurde und damit wirksam geworden ist (Art. 4 Abs. 5 DVO).

Überraschenderweise ist die Veröffentlichung von **Entscheidungen nach Art. 6** nicht vorgeschrieben. Die Kommission publiziert aber im Amtsblatt Serie C eine Mitteilung über Entscheidungen nach Art. 6 Abs. 1 lit. a und b. Seit einiger Zeit veröffentlicht sie auch eine Mitteilung über Entscheidungen nach Art. 6 Abs. 1 lit. c. Es gibt gute Gründe für die Veröffentlichung eines Hinweises auf Entscheidungen nach Art. 6. Bei Genehmigungs- und Nichtanwendbarkeitsentscheidungen ist ein Grund für die Veröffentlichung das Recht der Beteiligten auf öffentliche Feststellung der Nichtanwendbarkeit der FKVO bzw. der Genehmigung des Zusammenschlusses. Bei der Entscheidung, ein Hauptprüfverfahren zu eröffnen, ist ein Grund für die

---

784 Vgl. etwa 22. Wettbewerbsbericht Ziff. 115-119.
785 Z.B. Mitteilung des Zusammenschlusses Mannesmann/Vallourec/Ilva, M.315, ABl. 1993 C 228/17.

Veröffentlichung die Möglichkeit Dritter, sich auch im Hauptprüfverfahren äussern zu können.

Die Veröffentlichung der ganzen Entscheidungen wäre wohl ebenfalls zulässig. Betreffend Entscheidungen nach Art. 85 und 86 EGV entschied der EuGH, dass ihrer freiwilligen Veröffentlichung durch die Kommission nichts entgegensteht, sofern keine Geschäftsgeheimnisse der beteiligten Unternehmen offengelegt werden.[786]

Die Mitteilungen im Amtsblatt über Entscheidungen nach Art. 6 sind sehr knapp und enthalten kaum mehr als die Feststellung, dass die besagte Entscheidung getroffen worden ist.[787] Die Gründe für die Entscheidung sind nicht ersichtlich. Die Kommission hat aber Dritten, die ein bestimmtes Interesse darlegten, die Möglichkeit gegeben, bei der Kommission schriftlich eine „öffentliche" Fassung der Entscheidungen nach Art. 6 Abs. 1 lit. a und b zu beziehen.[788] Die Kommission scheint keine hohen Anforderungen an das Interesse gestellt zu haben. Seit dem 1. März 1996 stellt sie die öffentliche Version der auf Art. 6 Abs. 1 lit. a und b gestützten Entscheidungen über das Amt für amtliche Veröffentlichungen der Europäischen Gemeinschaften und über die CELEX-Datenbank der Öffentlichkeit zur Verfügung.[789]

Die Kommission kann die **Stellungnahme des Beratenden Ausschusses** auf dessen Empfehlung hin veröffentlichen (Art. 19 Abs. 7). Dies ist bisher in allen Fällen geschehen.[790] Die Kommission veröffentlicht die Stellungnahme im Amtsblatt, Serie C.[791] Sie hat beim Entscheid über die Veröffentlichung die Interessen der beteiligten Unternehmen gebührend zu berücksichtigen.[792] Die Veröffentlichung der Stellungnahme des Beratenden Ausschusses ist eine wesentliche Neuerung im Vergleich zum Kartellverfahren. Unter der VO 17 war die Veröffentlichung der Stellungnahme verschiedentlich gefordert, aber nicht erlaubt worden.[793] Die Veröffentlichung macht den Entscheidungsprozess transparenter und gibt der Stellungnahme mehr Gewicht.

---

[786] Nachweise bei KERSE 235.

[787] Z.B. Baxter/Nestlé/Salvia, M.058, ABl. 1991 C 37/11; KNP/BT/VRG, M.291, ABl. 1993 L 217/35; Du Pont/ICI, M.214, ABl. 1993 L 7/13.

[788] Vgl. MCCLELLAN 148.

[789] Schreiben des Informationsbeauftragten der DG IV vom 18.12.95.

[790] DRAUZ/SCHROEDER 218; Rede von Wettbewerbskommissar VAN MIERT, in: CPN Vol. 1, Nr. 6, autumn/winter 1995, 3.

[791] Z.B. ABl. 1994 C 111/6 (Stellungnahme zum Vorentwurf der Entscheidung über den Zusammenschluss Mannesmann/Vallourec/Ilva, M.315); ABl. 1995 C 274/3 (Stellungnahme zum Vorentwurf der Entscheidung über den Zusammenschluss Krupp/Thyssen/Riva/Falck/Tadfin/AST, M.484).

[792] Das Interesse der beteiligten Unternehmen an einer Veröffentlichung kann fraglich sein, wenn, wie beim Zusammenschluss Mannesmann/Vallourec/Ilva, M.315, der Beratende Ausschuss eine Untersagung empfiehlt, die Kommission den Zusammenschluss dann aber für zulässig erklärt.

[793] Hinweise bei KERSE 286 Fn 87.

Die Veröffentlichung der Stellungnahme des Beratenden Ausschusses ist einer jener Punkte, die bei der Revision der FKVO überprüft werden müssen.[794] Es ist nicht anzunehmen, dass am Grundsatz der Veröffentlichung etwas geändert wird.[795] In ihrem Bericht über die Durchführung der FKVO vom 28.7.1993 hatte die Kommission in Aussicht gestellt, die Stellungnahme des Beratenden Ausschusses gleichzeitig mit der Ankündigung der endgültigen Entscheidung nach Art. 8 veröffentlichen und anzugeben, wo und weshalb die Kommission von ihr abgewichen ist.[796] Zur Erhöhung der Transparenz des Verfahrens ist diese Praxis zu begrüssen.

Die Kommission veröffentlicht die Entscheidungen über die Verweisung eines Falles an die Behörden eines Mitgliedstaates nach **Art. 9** nicht. Die betreffenden Mitgliedstaaten können sie publizieren.[797]

Im Hinblick auf die Revision der FKVO hat die Kommission die Veröffentlichung der von den Beteiligten im Vorprüfverfahren oder im Hauptprüfverfahren gemachten **Zusagen** als mögliche Änderung in Betracht gezogen.[798] Zusagen der Beteiligten sollten jedoch nicht unabhängig von der Kommissionsentscheidung veröffentlicht werden. Erst wenn die Kommission die Zusage für akzeptabel hält, darf sie m.E. Dritten zur Stellungnahme vorgelegt werden. Bis dahin ist die Veröffentlichung unnötig und würde das Recht auf Schutz der Vertraulichkeit der beteiligten Unternehmen verletzen (s. auch hinten 262).

Neben den genannten Veröffentlichungen im Amtsblatt veröffentlicht die Kommission Zusammenfassungen der Entscheidungen nach Art. 6 und 8 im monatlich erscheinenden Bulletin der EU. Ausserdem gibt sie Pressemitteilungen von variierendem Umfang betreffend Verfahren und Entscheidungen unter der FKVO heraus. Sie darf den betroffenen Unternehmen durch Pressemitteilungen keinen ungerechtfertigten Schaden zufügen. Äusserungen zu laufenden Verfahren können beträchtliche wirtschaftliche Auswirkungen haben.[799] Bei der Eröffnung eines Hauptprüfverfahrens beispielsweise darf die Kommission keine „Vorverurteilung" des Vorhabens vornehmen. Pressemitteilungen über getroffene Entscheidungen, die andere Erwägungen als die in der Entscheidung enthaltenen in den Vordergrund stellen, lassen leicht den Verdacht aufkommen, die wahren Gründe für die Entscheidung seien die in der Pressemitteilung erwähnten.[800]

---

794 Auslegende Erklärung von Rat und Kommission zu Artikel 19, Bulletin EG, Beilage 2/90, 24.
795 Das Grünbuch schlägt keine diesbezüglichen Änderungen vor.
796 Bericht der Kommission über die Anwendung der Fusionskontrollverordnung vom 28.7.93, KOM(93) 385endg., IV D.
797 Z.B. Alcatel/AEG Kabel, WuW 1992, 374-382.
798 Bericht der Kommission über die Anwendung der Fusionskontrollverordnung vom 28.7.93, KOM(93) 385endg., III Ziff. 17-18. Im Grünbuch ist davon nicht mehr die Rede.
799 Vgl. MACIVER 772 zu den Auswirkungen der Eröffnung des Hauptprüfverfahrens im Fall Alcatel/Telettra, M.042.
800 Vgl. Rs. T-30/89, Hilti/Kommission Slg. 1991 II 1439.

Schliesslich gibt der jährlich erscheinende Wettbewerbsbericht einen allgemeinen Bericht zur Fusionskontrolltätigkeit der Kommission mit umfangreichen statistischen Angaben, Analysen zur Entwicklung der Zusammenschlüsse in der Gemeinschaft und der Darstellung von ausgewählten Einzelfällen.

Der Öffentlichkeit nicht zugänglich sind die Entscheidungen nach Art. 6 Abs. 1 lit. c, die ein Verfahren einleiten[801], und die Entscheidungen nach Art. 7, die das Vollzugsverbot verlängern oder andere vorsorgliche Massnahmen anordnen. Auch die Einwände der Kommission gegen das Zusammenschlussvorhaben werden nicht veröffentlicht.

Unter der VO 17 hat die Kommission die Praxis entwickelt, Entscheidungen betreffend Nachprüfungen oder Auskunftsverlangen nur dann zu veröffentlichen, wenn ein allgemeines Interesse besteht.[802] Unter der FKVO ist noch keine solche Entscheidung ergangen.

c) Verhältnis zu den Geheimhaltungspflichten

Die Kommission und ihre Bediensteten sind an das Amtsgeheimnis gebunden. Verlangt die FKVO die Veröffentlichung von bestimmten Informationen, so gehen die speziellen Veröffentlichungsvorschriften dem Amtsgeheimnis vor (Art. 17 Abs. 2 und 3). Geschäftsgeheimnisse dürfen in keinem Fall veröffentlicht werden (Art. 20 Abs. 2, Art. 4 Abs. 3, Art. 19 Abs. 7). Wie bei der Akteneinsicht (Art. 17 DVO) sind wohl auch „sonstige vertrauliche Angaben" und „interne Unterlagen von Behörden" von der Offenlegung ausgenommen.

Die Mitteilung über die Anmeldung des Zusammenschlusses nach Art. 4 Abs. 3 dürfte angesichts des bisherigen Umfangs keine Geschäftsgeheimnisse berühren. Die Praxis der Kommission, die Tatsache des Zusammenschlusses schon zu veröffentlichen, wenn dies noch nicht durch Art. 4 Abs. 3 gefordert wird, also wenn noch gar nicht feststeht, ob der Zusammenschluss unter die FKVO fällt[803], verstösst aber gegen das Amtsgeheimnis, wenn diese Information von den beteiligten Unternehmen als Geschäftsgeheimnis angesehen wird und noch nicht auf anderem Wege veröffentlicht wurde (hinten 247). Aber auch wenn die Tatsache des Zusammenschlusses nicht als Geschäftsgeheimnis angesehen werden müsste, dürfte sie eine Tatsache sein, die ihrem Wesen nach unter das Amtsgeheimnis fällt und nur aufgrund einer ausdrücklichen Ausnahme vom Amtsgeheimnis veröffentlicht werden darf.

Die Mitteilungen im Amtsblatt über Entscheidungen nach Art. 6 Abs. 1 lit. a oder b enthalten wenig substantielle Information. Durch diese Veröffentlichungen werden kaum je Geschäftsgeheimnisse berührt. Bezüglich der über die CELEX-Datenbank

---

801 LÖFFLER zu Art. 6 N 17 und zu Art. 20 N 3.
802 KERSE 235 mit Hinweis auf die schriftliche Anfrage Nr. 133/80, ABl. 1980 C 183/35.
803 Z.B. Mitteilung des Zusammenschlusses Mannesmann/Vallourec/Ilva, ABl. 1993 C 228/17.

oder das Amt für amtliche Veröffentlichungen erhältlichen öffentlichen Version der Entscheidungen nach Art. 6 und der im Amtsblatt veröffentlichten Entscheidungen nach Art. 8 hat die Kommission die Praxis entwickelt, von den Beteiligten als Geschäftsgeheimnisse bezeichnete Informationen wegzulassen. Dazu wird die zur Veröffentlichung bestimmte Entscheidung den beteiligten Unternehmen zugeschickt, damit sie Geschäftsgeheimnisse bezeichnen können.[804]

Umsatz- und Prozentzahlen, die Geschäftsgeheimnisse sind, werden oft unpräzis gemacht und als Bereich, also z.B. 5 - 10%, angegeben. Oft werden die Angaben auf 5% genau gegeben. Andere Geschäftsgeheimnisse werden auch umschrieben, z.B. die Einschätzung der Bedeutung einer Fabrik[805]. Dieses Vorgehen erlaubt es, unter Wahrung der Geschäftsgeheimnisse die Entscheidung für Dritte nachvollziehbar zu machen. In einigen Fällen ist es wegen der Anzahl der ausgelassenen Informationen allerdings unmöglich, die Entscheidung zu verstehen.[806] Maximale Geheimhaltung wird dann erreicht, wenn leere Tabellen veröffentlicht werden.[807]

Die Entscheidung darüber, ob eine Information ein Geschäftsgeheimnis ist und deshalb nicht veröffentlicht werden darf, liegt vorerst bei der Kommission. Die Entscheidung muss aber vor ihrem Vollzug vom Gerichtshof überprüft werden können (hinten 279f.). In der Praxis scheint dieses Verfahren gut zu funktionieren.

Veröffentlicht die Kommission Geschäftsgeheimnisse oder macht sie in rechtswidriger Weise sonstige Äusserungen, die den beteiligten Unternehmen oder Dritten einen Schaden zufügen, können die Voraussetzungen für Schadenersatz gegeben sein (hinten 243). Der Nachweis der Voraussetzungen (Rechtswidrigkeit, Schaden, Kausalzusammenhang, ev. Schuld) dürfte jedoch schwierig sein.[808] Eine Schadenersatzforderung scheitert wohl in den meisten Fällen schon daran, dass kein Schaden oder kein Kausalzusammenhang nachgewiesen werden kann. Äusserungen der Kommission und besonders Pressemitteilungen zum Schaden von Unternehmen sind vom Gerichtshof allerdings schon mehrfach gerügt worden, ohne dass dies jedoch für die anhängige Klage entscheidend gewesen wäre.[809]

---

[804] Mündliche Auskunft vom Anhörungsbeauftragten J. GILCHRIST.

[805] Union Carbide/Enichem, M.550, Fn 9. Vgl. auch die Passage aus der Entscheidung Gilette vom 10.11.92 (zu Art. 86), ABl. 1993 L 116/21, 29: „In der veröffentlichten Fassung dieser Entscheidung wurden gemäss Artikel 17 Abs. 2 der Verordnung (EWG) Nr. 4064/89 über die Nichtweitergabe von Geschäftsgeheimnissen einige Informationen ausgelassen. Zum besseren Verständnis des Textes werden jedoch in einer Fussnote einige allgemeine Informationen gegeben, sofern dies ohne eine Verletzung der Pflicht zur Geheimhaltung von Geschäftsgeheimnissen möglich ist."

[806] In der öffentlichen Version der Entscheidung Reppola/Kymmene, M 646, beispielsweise wurde die Zusage, die die Zulassung bewirkte, nicht genannt.

[807] Z.B. Elf Atochem/Rütgers, M.442: drei von vier Tabellen sind leer!

[808] Dies ist auch die Meinung von KERSE betreffend Äusserungen der Kommission im Kartellverfahren, KERSE 236.

[809] Rs. 27/76, United Brands/Kommission Slg. 1978, 207; Rs. T-30/89, Hilti/Kommission Slg. 1991 II 1439.

2. Zustellung

Eine Entscheidung der Kommission ist wirksam zugestellt, wenn sie dem Adressaten bekannt gemacht wurde, und dieser die Möglichkeit gehabt hat, von ihrem Inhalt Kenntnis zu nehmen.[810] Die Zustellung ist auch wirksam erfolgt, wenn der Adressat sich weigert, von der Entscheidung Kenntnis zu nehmen. Der EuGH hält eine Zustellung, die den obigen Anforderungen genügt, sogar für rechtswirksam, wenn sie im EU-Ausland erfolgt.[811]

Die Entscheidung ist ab erfolgter Zustellung wirksam. Die Zustellung von Entscheidungen nach Art. 6 und 8 muss nicht innerhalb der ein- bzw. viermonatigen Frist erfolgen (Art. 10 DVO); lediglich die Entscheidung muss fristgerecht ergangen sein. Die Zustellung hat aber unverzüglich zu folgen.[812] Kleinere Unregelmässigkeiten der Zustellung berühren nach der Rechtsprechung des EuGH die erfolgreiche Zustellung und die Rechtsgültigkeit der Entscheidung nicht.[813]

Adressaten einer Entscheidung der Kommission über die Vereinbarkeit eines Zusammenschlusses mit der FKVO sind der oder die Anmelder. Die Zustellung kann auch an einen gemeinsamen Vertreter der Anmelder (den Zustellungsbeauftragten) erfolgen. Einen solchen sollten die Anmelder bei gemeinsamen Anmeldungen bezeichnen (Art. 1 Abs. 3 DVO). Er ist ermächtigt, im Namen aller Anmelder Schriftstücke zu übermitteln und zu empfangen. Bei der Anmeldung ist eine Vollmacht über seine Vertretungsbefugnis einzureichen (Formblatt CO, Abschnitt 10).

Das dem Adressaten einer Entscheidung zugestellte Exemplar braucht nicht das Original der Entscheidung zu sein.[814] Es muss nicht einmal die Unterschrift der für die Entscheidung zuständigen Personen tragen. Es genügt, wenn eine Entscheidung der Kommission oder des für Wettbewerb zuständigen Kommissionsmitglieds vom Generalsekretär der Kommission für authentisch erklärt und unterzeichnet worden ist.

Die Zustellung von Dokumenten durch die Task Force Fusionskontrolle und - mit Ausnahme der Anmeldung - an die Task Force kann gemäss Art. 19 der DVO auf folgende Arten geschehen: Übergabe gegen Quittung, Einschreiben mit Rückschein, Telefax mit Aufforderung zur schriftlichen Bestätigung des Eingangs, Telex oder elektronische Post mit Aufforderung zur schriftlichen Bestätigung des Eingangs. Die

---

810 Art. 191 EGV; Rs. 6/72, Continental Can/Kommission Slg. 1973, 215; vgl. neuerdings etwa Rs. T-43/92, Dunlop/Kommission Slg. 1994 II 1.
811 Rs. 6/72, Continental Can/Kommission Slg. 1973, 215.
812 COOK/KERSE 116 weisen darauf hin, dass sich der Anmelder auf die Genehmigungsfiktion berufen könnte, wenn er innerhalb der gesetzten Frist keine Entscheidung erhalten hat.
813 Rs. 52/69, Geigy/Kommission Slg. 1972, 787. Im Urteil Rs. T-32/91, Solvay/Kommission Slg. 1995 II 1825, hat das EuG die nachträgliche Zustellung eines Absatzes der Entscheidung, der sich versehentlich nicht in der ursprünglich zugestellten Entscheidung befand, als rechtmässig angesehen.
814 Rs. T-43/92, Dunlop/Kommission Slg. 1994 II 1; Rs. 97 bis 99/87, Dow Chemical Iberica/Kommission Slg. 1989, 3165.

letzte Möglichkeit, die Übermittlung durch elektronische Post, wurde bei der Revision der DVO von 1994 neu aufgenommen. Es sollte beachtet werden, dass bei der elektronischen Übermittlung die Abhörsicherheit nicht unbedingt gewährleistet ist.[815]

Die Dokumente gelten zu dem Zeitpunkt als eingegangen, welcher auf der Quittung, dem Rückschein oder der Bestätigung vermerkt ist.[816] Der Beweis, dass das Dokument zu einem anderen Zeitpunkt eingegangen ist, steht den Adressaten jedoch offen.[817] Bei Übermittlung durch Telefax, Telex oder E-Mail gilt die Vermutung, dass das Schriftstück am Tag seiner Absendung beim Empfänger eingegangen ist (Art. 19 Abs. 3 DVO).

Für die Anmeldung kommt nur die Übermittlung per Kurier oder per Post in Frage (Art. 21 Abs. 1 DVO; Formblatt CO, E).

Unklar ist, ob Angaben zur Vervollständigung und Ergänzung der Anmeldung sowie Äusserungen im Rahmen des rechtlichen Gehörs ebenfalls nur per Kurier oder per Post, oder auch per Telefax, Telex oder E-Mail übermittelt werden können. Denn diese Mitteilungen werden nach wörtlicher Auslegung ebenfalls von der Ausnahme von Art. 19 Abs. 2 DVO erfasst. Nach Art. 21 Abs. 1 UA 2 und 3 DVO müssen diese Mitteilungen schriftlich „vor Ablauf der jeweils festgesetzten Frist bei der Kommission unter der erwähnten Adresse eingegangen sein". Diese Formulierung entspricht zwar dem vorangehenden Unterabsatz, wo Übermittlung durch Kurier oder die Post an die Adresse der Kommission gemeint ist (s. Formblatt CO, E), schliesst die Übermittlungsarten von Art. 21 Abs. 1 DVO aber nicht eindeutig aus. Die Ablehnung einer Äusserung per Telefax erschiene in jedem Fall als übertrieben formalistisch. In der Praxis sollten jedoch keine Probleme auftauchen.

Beachtenswert an den Übermittlungsmodalitäten ist weiterhin, dass Äusserungen im Rahmen des rechtlichen Gehörs innerhalb der von der Kommission gesetzten Frist bei ihr eingehen müssen, während die Anmeldung oder ihre Vervollständigung innerhalb der Frist lediglich der Post übergeben werden muss.

3. Vollstreckung

Die Entscheidungen der Kommission sind Teil des Gemeinschaftsrechts. Sie sind unter Vorbehalt der Überprüfung durch den Gerichtshof und der Zuständigkeitsordnung der Gründungsverträge für die Organe der Gemeinschaft, die Mitgliedstaaten

---

[815] Die Adresse der Task Force Fusionskontrolle steht auf Seite 93. Die Fax-Nummer der Task Force Fusionskontrolle ist ++32/2/296 43 01 und die Telex-Kennung 21877COMEUB.

[816] Dies ist auch der Fall, wenn der als Einschreiben mit Rückschein zugestellten Entscheidung noch eine separate Empfangsbestätigung beigefügt wird, die aus Nachlässigkeit des Unternehmens erst ca. eine Woche nach Eingang der Entscheidung ausgefüllt und der Kommission zurückgesandt wurde, Rs. T-12/90, Bayer/Kommission Slg. 1994 II 219.

[817] Rs. T-103/89, Shell/Kommission Slg. 1995 II 729.

und deren Organe verbindlich und haben Vorrang vor widersprechendem Recht der Mitgliedstaaten (Art. 5 EGV).

Der Kommission fehlt die Kompetenz, in den Mitgliedstaaten hoheitliche Gewalt auszuüben und das Gemeinschaftsrecht bzw. ihre an Unternehmen gerichteten Entscheidungen mit hoheitlicher Gewalt durchzusetzen. Sie ist deshalb beispielsweise für die Durchsetzung von Nachprüfungen auf die Unterstützung der nationalen Behörden angewiesen. Dies ist auch der Grund dafür, dass Bussen und Zwangsgelder in den Durchführungsbestimmungen der Wettbewerbsregeln einen wichtigen Platz einnehmen.

Einzig Entscheidungen, die eine Zahlung auferlegen, sind nach Art. 192 Abs. 1 EGV direkt vollstreckbare Titel. Zur Vollstreckung kann direkt die zuständige innerstaatliche Behörde angerufen werden. Die Prüfungsbefugnis der für die Zwangsvollstreckung zuständigen innerstaatlichen Stelle beschränkt sich in diesem Fall auf die Echtheit des Titels. Die nationalen Gerichte dürfen immerhin die Ordnungsmässigkeit der Vollstreckungs*massnahmen* prüfen. In der Fusionskontrolle betrifft dieses Verfahren vor allem Entscheidungen über Bussen und Zwangsgelder, allenfalls Auflageentscheidungen, Rückabwicklungsentscheidungen und Entscheidungen über andere Massnahmen nach Art. 7 Abs. 2, sofern diese unbedingte Zahlungen auferlegen.

Entscheidungen der Kommission, welche Pflichten, aber keine Zahlung auferlegen, können nicht direkt vollstreckt werden. Im Rahmen der Fusionskontrolle sind dies: die Untersagungsentscheidung nach Art. 8 Abs. 3, die Festsetzung von Auflagen in einer Genehmigungsentscheidung (Art. 8 Abs. 2 UA 2), die Genehmigungsentscheidung unter Bedingungen (Art. 8 Abs. 2 UA 2), die Entscheidung zur Wiederherstellung wirksamen Wettbewerbs nach Art. 8 Abs. 4, die Verlängerung des Vollzugsverbots nach Art. 7 Abs. 2, die Anordnung anderer Massnahmen nach Art. 7 Abs. 2, Auskunftsverlangen nach Art. 11 Abs. 5 und Nachprüfungsentscheidungen nach Art. 13 Abs. 3.

Die Missachtung dieser Entscheidungen (mit Ausnahme der Genehmigungsentscheidung unter Bedingungen, die durch die Missachtung der Bedingung zu einer Untersagungsentscheidung wird) ist mit Busse bedroht. Um einigen der genannten Entscheidungen Nachachtung zu verschaffen, kann die Kommission auch Zwangsgelder festsetzen.

Das Gemeinschaftsrecht regelt neben der Anordnung von Bussen und Zwangsgeldern auch die rechtliche Zulässigkeit und Wirksamkeit der Zusammenschlusshandlungen. Die Untersagungsentscheidung und die Missachtung einer Bedingung haben die gemeinschaftsrechtliche Unzulässigkeit und allenfalls Unwirksamkeit der den Zusammenschluss bewirkenden Handlungen zur Folge. Die nationalen Behörden und Gerichte müssen diese zivilrechtlichen Folgen beachten.

Die FKVO verpflichtet die Behörden der Mitgliedstaaten zudem direkt, der Kommission die nötige Unterstützung für die Durchführung von Nachprüfungen zu gewähren (Art. 13 Abs. 6) oder Nachprüfungen selbst durchzuführen (Art. 12).

Trotz der mangelnden direkten Vollstreckbarkeit der meisten Entscheidungen der Kommission dürften die vorhandenen Mittel (Bussen, Zwangsgelder, Unzulässigkeit des Zusammenschlusses, Unwirksamkeit der Zusammenschlusshandlungen und Amtshilfe durch nationale Behörden) die volle Durchsetzung der FKVO ermöglichen.

4. Strafbestimmungen

Die Missachtung bestimmter von der FKVO auferlegter Pflichten ist mit Zwangsgeldern und Bussen sanktioniert (Art. 14 und 15). Im Unterschied zur VO 17 hängen alle sanktionierten Verfehlungen mit Ausnahme der Nichtanmeldung des Zusammenschlusses mit dem jeweiligen Verfahren zusammen.

a) Praktische Bedeutung

Die Strafbestimmungen der FKVO haben eine viel geringere praktische Bedeutung als die der VO 17. Bisher wurden keine Fälle bekannt, in denen die Kommission Bussen oder Zwangsgelder ausgesprochen hat.[818] Zwar gab es Fälle, in denen gegen die FKVO verstossen wurde, die Kommission sah aber von Bussen oder Zwangsgeldern ab, weil die Anwendbarkeit der FKVO nicht eindeutig gegeben war oder das Vorhaben der Kommission in guten Treuen unter der VO 17 angemeldet worden war (vorne 105).

Der wichtigste Grund für die geringere Bedeutung der Strafbestimmungen der FKVO liegt darin, dass das Kartellverfahren zum Ziel hat, Verstösse gegen die Wettbewerbsvorschriften des Vertrages festzustellen, zu verbieten und allenfalls zu büssen, während das Fusionskontrollverfahren der vorgängigen Beurteilung eines Zusammenschlussvorhabens dient.

Da die Art. 14 und 15 bisher keine praktische Bedeutung erlangt haben und grundsätzlich mit Art. 15 und 16 der VO 17 identisch sind, werden sie nicht im Detail behandelt.[819]

Unterschiede im Vergleich zur VO 17 sind die Erhöhung des Bussenrahmens für Verfehlungen nach Art. 14 Abs. 1 von 100 bis 5 000 auf 1 000 bis 50 000 ECU und bei Zwangsgeldern von 50 bis 1 000 auf bis zu 25 000 bzw. 100 000 ECU. Zudem

---

818 Bis 31.12.93 vgl. LÖFFLER zu Art. 14.
819 Ausführliche Kommentierungen zu den entsprechenden Bestimmungen der VO 17 geben: KOCH, in: GRABITZ zu Art. 15 und 16 VO 17; LANGEN/SAUTER zu Art. 15 und 16 VO 17; KERSE 245-284; BELLAMY/CHILD 748-782.

können unter der FKVO Bussen und Zwangsgelder auch Personen (im Sinne von Art. 3 Abs. 1 lit. b) auferlegt werden.

Die von der Kommission verhängten Bussen und Zwangsgelder sind Teil der Einkünfte der Gemeinschaft und finden Eingang ins allgemeine Budget der Gemeinschaft.[820]

b) Höhe der Busse

Der erste Absatz der Art. 14 und 15 betrifft Verstösse gegen Verfahrenspflichten, der zweite Verstösse gegen Pflichten, die ein bestimmtes, mit der Durchführung des Zusammenschlusses zusammenhängendes Verhalten vorschreiben. Interessant ist der Unterschied im Strafmass von Abs. 1 und 2. Die Unterlassung der Anmeldung beispielsweise ist mit höchstens 50'000 ECU bestraft, während die Missachtung des Vollzugsverbotes mit bis zu 10% des Gesamtumsatzes der beteiligten Unternehmen bestraft werden kann.[821]

Für die Bemessung der Bussen beachtet die Kommission unter der VO 17 folgende Kriterien: Art, Schwere und Dauer des Verstosses, Gesamtumsatz der beteiligten Unternehmen, Umsatz in den betreffenden Sparten, wegen der Zuwiderhandlung erzielter Gewinn, generalpräventive Wirkung, wirtschaftliche Lage, Abstellung der Zuwiderhandlung aus eigenem Antrieb.[822] Die Kommission beabsichtigt, eine Bekanntmachung über ihre Praxis bei der Verhängung von Geldbussen zu erlassen.[823] In Kartellfällen scheut sich die Kommission nicht, hohe Bussen auszusprechen. Die höchste bisher in einem Fall verhängte Busse erreichte einen Gesamtbetrag von 248 Mio. ECU. Diese Busse wurde am 30. November 1994 gegen insgesamt 41 Zementhersteller ausgesprochen.[824]

Die genannten Kriterien wären wohl auch die Basis für die Bemessung von Geldbussen und Zwangsgeldern unter der FKVO. Die Gewichtung der einzelnen Kriterien dürfte jedoch anders sein. Weniger Gewicht kommt sicher der Dauer des Verstosses zu. Die Dauer der Nichtanmeldung eines vollzogenen Zusammenschlusses, die Dauer der Missachtung einer Auflage oder einer Massnahme zur Wiederherstellung wirksamen Wettbewerbs würde aber sicher berücksichtigt. Bei der Schwere des

---

820 Antwort auf die schriftliche Anfrage Nr. 715/80, ABl. 1980 C 245/15.
821 Dies ist nicht notwendigerweise widersprüchlich, da die Handlung, die die Anmeldepflicht auslöst, und die Durchführung des Zusammenschlusses nicht identisch sein müssen. Es gibt auch Zusammenschlüsse, die nicht dem Vollzugsverbot unterliegen (z.B. öffentliche Übernahmeangebote).
822 Rs. 100 bis 103/80, Musique Diffusion Française/Kommission Slg. 1983, 1823; Rs. T-2/89, Petrofina/Kommission Slg. 1991 II 1087. Zur Bussenpraxis der Kommission und des Gerichtshofes s. LUC GYSELEN, Die Bemessung von Geldbussen im EG-Kartellrecht, WuW 1993, 561-573. Eine Zusammenstellung der unter der VO 17 verhängten Geldbussen findet sich im Competition Law Handbook (1993), 63-73 und bei BELLAMY/CHILD 750-756.
823 ABl. 1995 C 341/13.
824 Entscheidung 94/815/EG, ABl. 1994 L 343/1.

Verstosses gegen die FKVO gibt es eigentlich nicht verschiedene Stufen, da die Pflichten unter der FKVO im Prinzip nur be- oder missachtet werden können. Eine Abstufung der Busse nach dem durch den Zusammenschluss erzielten Marktanteil scheint mir unangebracht, da der Unrechtsgehalt der Zuwiderhandlung gegen die Verfahrenspflichten der FKVO dazu in keinem Verhältnis steht.

c) Natur von Busse und Zwangsgeld

Art. 14 Abs. 4 hält fest, dass die gestützt auf die FKVO festgesetzten Bussen nicht strafrechtlicher Natur sind. Dies gilt auch für Zwangsgelder. Die Natur von Bussen und Zwangsgeldern im Wettbewerbsrecht der EG war und ist umstritten.[825] KUYPER und VAN RIJN halten die genaue Analyse der Natur der Bussen und Zwangsgelder richtigerweise für müssig, da es ein politischer Entscheid gewesen sei, diesen Bussen verwaltungsrechtlichen und nicht strafrechtlichen Charakter zu geben.[826]

Der fehlende strafrechtliche Charakter der Bussen sollte jedoch nicht in einem geringeren Schutz der betroffenen Personen und Unternehmen resultieren. Das heisst insbesondere, dass das rechtliche Gehör vor der Verhängung von Busse oder Zwangsgeld gewährt werden muss und dass die Möglichkeit einer gerichtlichen Überprüfung bestehen muss. Diese Rechte werden im Fusionskontrollverfahren ausdrücklich garantiert (Art. 18 Abs. 1, Art. 19 Abs. 3, Art. 16).

IV. Besondere Verfahren

A. Art. 9 („Deutsche Klausel")

1. Zweck

Der Grundsatz der alleinigen Zuständigkeit der Kommission und der alleinigen Anwendbarkeit der FKVO für Zusammenschlüsse von gemeinschaftsweiter Bedeutung („one-stop shopping") wird in einigen Fällen durchbrochen. Ein Fall ist in Art. 9 geregelt. Nach dieser Bestimmung kann die Kommission auf Antrag eines Mitgliedstaats einen Zusammenschluss von gemeinschaftsweiter Bedeutung an die Behörden dieses Mitgliedstaats verweisen.

Art. 9 regelt das Problem von Zusammenschlüssen, die nach Art. 2 der FKVO bewilligt werden müssten, die aber den Wettbewerb innerhalb eines Mitgliedstaates

---

825 Hinten 233f. Der Gerichtshof stellt den verwaltungsrechtlichen Charakter der Bussen nicht in Frage: Rs. 374/87, Orkem/Kommission Slg. 1989, 3283.
826 KUYPER/VAN RIJN 10; vgl. auch KERSE 246.

bedrohen. Art. 9 ermöglicht, dass solche Zusammenschlüsse von der zuständigen Behörde des betroffenen Mitgliedstaats beurteilt werden oder dass zumindest die Wettbewerbsverhältnisse im betroffenen Mitgliedstaat von der Kommission mitberücksichtigt werden. Die Bestimmung widerspiegelt den Konflikt um die Abgrenzung des Geltungsbereichs der FKVO und des nationalen Rechts.[827] Sie kann als Ausdruck des seit dem Vertrag von Maastricht ausdrücklich im EGV verankerten Subsidiaritätsprinzips angesehen werden.[828]

Artikel 9 wurde vor allem auf das Bemühen Deutschlands in die FKVO aufgenommen und wird deshalb auch „Deutsche Klausel" genannt.[829] Die Bestimmung war die letzte, über die eine Einigung zwischen den Mitgliedstaaten und der Kommission erzielt werden konnte. Von ihr hing das Schicksal der Verordnung ab.[830] Das Gewicht, das Art. 9 bei der Ausarbeitung der Verordnung zugemessen wurde, hat sich wohl als übertrieben erwiesen.[831] Art. 9 wurde bis Ende 1995 nur zehn Mal angerufen, wobei die Kommission nur drei Zusammenschlüsse an einen Mitgliedstaat verwiesen hat.[832] Die kleine Zahl von Anträgen der Mitgliedstaaten hängt wohl auch damit zusammen, dass sie mit den Resultaten der Anwendung der FKVO durch die Kommission zufrieden sind.

Vorhaben, die keine Zusammenschlüsse sind, oder Zusammenschlüsse ohne gemeinschaftsweite Bedeutung fallen von vornherein nicht unter die FKVO und werden damit auch nicht der Anwendung des nationalen Rechts entzogen.

Art. 9 gehört zu den Bestimmungen, die bei der Revision der FKVO zu überprüfen sind (Art. 9 Abs. 10). Obwohl Art. 9 beträchtlich an Bedeutung gewinnen dürfte, wenn die Schwellenwerte gesenkt werden, schlägt die Kommission keine grundsätzliche Änderung vor, um das „mit den gegenwärtigen Verweisungsvorschriften gefundene empfindliche Gleichgewicht" nicht zu gefährden.[833] Sie will aber einerseits Klärungen und Verbesserungen des Verweisungsverfahrens und anderseits eine erleichterte Verweisung von Zusammenschlüssen, die sich nicht in einem wesentlichen Teil des Gemeinsamen Marktes auswirken, vorschlagen.[834]

---

[827] Situationen, in denen die nationalen Behörden ein starkes Interesse haben, den Zusammenschluss selbst zu beurteilen, sind bei REYNOLDS 699-704 beschrieben.
[828] Vgl. Grünbuch Ziff. 92
[829] BRITTAN, Law and Policy, 355.
[830] BRITTAN, Law and Policy, 355; JANICKI, Inhalt und Praxis, 63-64.
[831] JANICKI 63.
[832] WuW 1996, 211; hinten 185.
[833] Grünbuch Ziff. 94.
[834] Grünbuch Ziff. 93 und 95.

2. Voraussetzungen

Für eine Verweisung oder Beurteilung der Verhältnisse auf dem gesonderten Markt durch die Kommission müssen folgende Voraussetzungen kumulativ gegeben sein:

a) zeitgerechter Antrag eines Mitgliedstaats

b) Vorliegen eines gesonderten Marktes in diesem Mitgliedstaat

c) Bestehen der Gefahr der Begründung oder Verstärkung einer beherrschenden Stellung auf diesem Markt, durch die wirksamer Wettbewerb erheblich behindert würde.

a) Zeitgerechter Antrag des Mitgliedstaats

Ein Mitgliedstaat, der einen angemeldeten Zusammenschluss selbst beurteilen will oder von der Kommission die Berücksichtigung des gesonderten Marktes verlangt[835], muss innerhalb von drei Wochen nach Erhalt der Kopie der Anmeldung einen entsprechenden Antrag an sie stellen.[836] Obwohl die FKVO von „Mitteilung" spricht, handelt es sich um einen Antrag. Für den Antrag sind die Regierungen der Mitgliedstaaten und nicht die Wettbewerbsbehörden zuständig.[837] Die Kopie der Anmeldung muss innerhalb von drei Arbeitstagen seit Eingang bei der Kommission an die zuständigen Behörden der Mitgliedstaaten übermittelt werden (Art. 19 Abs. 1). Beginnen z.B. die Weihnachtsferien unmittelbar nach der Anmeldung, können diese drei Arbeitstage bis zu rund siebzehn Tagen werden.[838] Es ist bereits erwähnt worden, dass die Frist für den Verweisungsantrag um die Dauer dieser Übermittlung länger ist als das automatische Vollzugsverbot von Art. 7.

b) Vorliegen eines gesonderten Marktes in diesem Mitgliedstaat

Im betreffenden Mitgliedstaat muss ein gesonderter Markt für die vom Zusammenschluss betroffenen Waren oder Dienstleistungen bestehen. Ein gesonderter Markt liegt vor, wenn in der Gemeinschaft mindestens zwei Referenzmärkte bestehen. Der räumliche Referenzmarkt ist nach Art. 9 Abs. 7, der die diesbezügliche Praxis von Kommission und Gerichtshof wiedergibt, ein Gebiet, auf dem die betroffenen Unternehmen als Anbieter oder Nachfrager auftreten, in dem die Wettbewerbsbedingungen hinreichend homogen sind und das sich von den benachbarten Gebieten unter-

---

[835] JONES/GONZÁLES-DÍAZ 45.

[836] Nach dem Wortlaut von Art. 9 ist ein Verweisungsantrag nur für einen angemeldeten Zusammenschluss möglich. Hat die Kommission von sich aus ein Verfahren eröffnet, kann sie den Fall nicht verweisen.

[837] Für Deutschland s. LÖFFLER zu Art. 9 N 9. Im Fall Kali+Salz/MdK/Treuhand, M.308, hat das Bundeswirtschaftsministerium einem vom Bundeskartellamt beabsichtigten Verweisungsantrag nicht zugestimmt, JANICKI, Inhalt und Praxis, 72.

[838] So geschehen in Steetley/Tarmac, M.180: Die Anmeldung ging bei der Kommission am 20.12.92, bei der zuständigen englischen Behörde erst am 6.1.93 ein.

scheidet. Dies trifft insbesondere dann zu, wenn sich die in ihm herrschenden Wettbewerbsbedingungen von denen in den benachbarten Gebieten deutlich unterscheiden. Die Kommission hat besonders die Art und Eigenschaften der betreffenden Waren oder Dienstleistungen, die Verbrauchergewohnheiten, Marktzutrittsschranken, unterschiedliche Marktanteile der Unternehmen und nennenswerte Preisunterschiede zu beachten.

Der gesonderte Markt kann ein wesentlicher Teil des Gemeinsamen Marktes sein. Eine Verweisung ist dann jedoch unwahrscheinlich (hinten 185). Er kann aber nicht über die Grenzen des betreffenden Mitgliedstaates hinausreichen.[839] Der gesonderte Markt kann anderseits beliebig klein sein (z.B. eine bestimmte Region, eine Insel, etc.).

Wären die Voraussetzungen für eine Verweisung des Falles für mehrere Mitgliedstaaten erfüllt, muss die Kommission den Zusammenschluss selbst beurteilen, da jeder Mitgliedstaat nur die Wettbewerbsverhältnisse in „seinem" gesonderten Markt beurteilen kann.[840]

Bei der Beurteilung, ob ein gesonderter Markt vorliegt, muss die Kommission von der tatsächlichen Situation ausgehen; sie hat also auch allfällige Unterlassungen des betreffenden Mitgliedstaats in der Verwirklichung des Binnenmarktes zu berücksichtigen.

> *c) Bestehen der Gefahr der Begründung oder Verstärkung einer beherrschenden Stellung, durch die wirksamer Wettbewerb auf diesem Markt erheblich behindert würde*

Dieses Kriterium gleicht dem für die Eröffnung eines Hauptprüfverfahrens. Ein Unterschied besteht hinsichtlich des Referenzmarktes (wesentlicher Teil des Gemeinsamen Marktes - gesonderter Markt). Der zweite Unterschied ist, dass für die Verweisung die Gefahr der Begründung oder Verstärkung einer beherrschenden Stellung, die wirksamen Wettbewerb erheblich behindert, ausreicht, während die Eröffnung eines Hauptprüfverfahrens nur bei ernsthaften Bedenken erfolgt.

Im Rahmen der Revision der FKVO will die Kommission die Bedingungen für eine Verweisung von Zusammenschlüssen, die sich nicht auf einem wesentlichen Teil des Gemeinsamen Marktes auswirken, erleichtern.[841] Danach müsste der antragstellende

---

[839] Beim Zusammenschluss Steetley/Tarmac, M.180, entsprach der gesonderte Markt für Dachziegel gerade Grossbritannien.

[840] Gl.M. DRAUZ/SCHROEDER 220. Eine Verweisung einzelner Aspekte eines Zusammenschlusses an verschiedene Mitgliedstaaten hält JANICKI für zulässig und angebracht, JANICKI, Inhalt und Praxis, 74. Dies liefe aber dem von der FKVO angestrebten Grundsatz des one-stop shopping zuwider.

[841] Grünbuch Ziff. 95. Vgl. schon Bericht der Kommission über die Anwendung der Fusionskontrollverordnung vom 28.7.93, KOM(93) 385endg., III B, Ziff. 14.

Mitgliedstaat nicht nachweisen, dass der Zusammenschluss eine beherrschende Stellung zu begründen oder zu verstärken droht.

3. Entscheidungen

Die Kommission hat drei (ordentliche) Handlungsmöglichkeiten, wenn ein Mitgliedstaat einen Verweisungsantrag gestellt hat: Sie kann den Fall verweisen, sie kann ihn selbst behandeln oder entscheiden, dass die Voraussetzungen für die Verweisung nicht vorliegen. Die Kommission hat eine weites Ermessen, ob sie den Fall verweisen will oder nicht. Handelt sie nicht, greift im Hauptprüfverfahren eine Verweisungsfiktion.

a) Verweisung

Hat die Kommission kein Hauptprüfverfahren eröffnet oder stellt sich innerhalb der Frist von drei Monaten nach der Anmeldung heraus, dass keine ernsthaften Bedenken hinsichtlich einer Wettbewerbsbehinderung im Gemeinsamen Markt oder einem wesentlichen Teil davon vorliegen, so kann sie, wenn die Gefahr der Begründung oder Verstärkung einer beherrschenden Stellung auf einem *gesonderten Markt* vorliegt, durch die wirksamer Wettbewerb erheblich behindert würde, die Beurteilung des Falles einem Mitgliedstaat übertragen (Art. 9 Abs. 3 UA 1 lit. b).

Bis Ende 1995 hat die Kommission in folgenden drei Fällen eine Verweisung an die Behörden eines Mitgliedstaats gemacht: Steetley/Tarmac, M.180, an England[842], McCormick/CPC/Ostmann, M.330, an Deutschland[843] und Holdercim/Cedest, M.460, an Frankreich. In den beiden ersten Fällen haben die beteiligten Unternehmen das Zusammenschlussvorhaben nach der Verweisung aufgegeben. Die Verweisung des Falles McCormick/CPC/Ostmann kam nur zustande, weil sich die Kommission in der Berechnung einer Frist geirrt hatte (vorne 130). In gewissem Sinne wurde auch durch die Nichtanwendbarkeitsentscheidung im Fall Strabag/Bank Austria/Stuag der Zusammenschluss für die Beurteilung durch die deutschen Behörden freigegeben.

Rat und Kommission haben betreffend Art. 9 zu Protokoll gegeben, „dass das in Artikel 9 vorgesehene Verfahren der Rückverweisung nur in Ausnahmefällen angewandt werden sollte, wenn ein gesonderter Markt einen erheblichen Teil des Gemeinsamen Marktes darstellt".[844] Da die Kommission durch Art. 2 Abs. 3 verpflichtet ist, einen Zusammenschluss, der wirksamen Wettbewerb in einem wesentlichen Teil des Gemeinsamen Marktes behindert, für unvereinbar mit dem Gemeinsa-

---

842   Verweisungsentscheid: WuW 1992, 319; Endentscheid: ABl. 1992 C 50/25.
843   WuW 1994, 227.
844   Auslegende Erklärung von Rat und Kommission zu Artikel 9, Bulletin EG, Beilage 2/90, 24; vgl. auch 23. Wettbewerbsbericht Ziff. 320.

men Markt zu erklären[845], kann sie nach Art. 9 grundsätzlich nur Zusammenschlüsse verweisen, die bis zur Entscheidung über die Verweisung für den Gemeinsamen Markt und seine wesentlichen Teile unbedenklich scheinen, also allenfalls noch den Wettbewerb auf einem unwesentlichen Teil des Gemeinsamen Marktes erheblich behindern.[846] Die Zahl der Zusammenschlüsse mit gemeinschaftsweiter Bedeutung, die den Wettbewerb auf einem gesonderten Markt, der lediglich einen unwesentlichen Teil des Gemeinsamen Marktes ausmacht, zu behindern drohen, dürfte relativ gering sein.

Die Kommission hat allerdings mit Steetley/Tarmac einen Fall verwiesen, bei dem der gesonderte Markt einen wesentlichen Teil des Gemeinsamen Marktes (Grossbritannien) ausgemacht hat. Der Zusammenschluss gefährdete aber auch den Wettbewerb auf lokalen Märkten für Backsteine in Nord-Ost- und Süd-West-England.

Einige Autoren vertreten die Ansicht, dass die Kommission einen Zusammenschluss, der keinen wesentlichen Teil des Gemeinsamen Marktes betrifft, immer an die Behörden der Mitgliedstaaten verweisen muss.[847] Der Grund dafür sei, dass die Kommission keine Befugnis habe, solche Zusammenschlüsse zu untersuchen. Diese Ansicht ist inkohärent, denn die Abgrenzung der Kompetenzen der Kommission und der Mitgliedstaaten erfolgt schon über die Umsatzschwellen. Die Ansicht führt auch in bezug auf Mitgliedstaaten, die keine wirksame Zusammenschlusskontrolle haben, zu Unstimmigkeiten. Die Kommission könnte nämlich einen Zusammenschluss mit gemeinschaftsweiter Bedeutung, aber ohne Auswirkungen auf einen wesentlichen Teil des Gemeinsamen Marktes, auch auf Ersuchen des betreffenden Mitgliedstaates nicht untersuchen, während sie einen Zusammenschluss ohne gemeinschaftsweite Bedeutung gestützt auf Art. 22 Abs. 3 - 5 beurteilen könnte. Ein Verweisungszwang könnte damit auch die Interessen der Mitgliedstaaten beeinträchtigen.

Beantragt ein Mitgliedstaat, der für die Beurteilung von Zusammenschlüssen über geeignete Vorschriften verfügt, die Verweisung eines Zusammenschlusses, der den Wettbewerb in keinem wesentlichen Teil des Gemeinsamen Marktes erheblich behindern kann, sollte die Kommission wegen dem Grundsatz der Subsidiarität diesem Antrag folgen.

Die Verweisung eines Zusammenschlusses an die Behörden eines Mitgliedstaates betrifft den ganzen Fall und nicht nur das Wettbewerbsproblem auf dem gesonderten

---

[845] Auslegende Erklärung von Rat und Kommission zu Artikel 9, Bulletin EG, Beilage 2/90, 24; vgl. auch BECHTOLD, Fusionskontrolle, 52.

[846] Gl.M. KIRCHHOFF 8; DRAUZ/SCHROEDER 220. Auch Canenbley hält die Verweisung eines Zusammenschlusses, der den Wettbewerb auf einem wesentlichen Teil des Gemeinsamen Marktes behindert, für rein theoretisch, CANENBLEY, in: Fordham Corporate Law Institute (1990), Jurisdictional Issues, 628. Nach DRAUZ/SCHROEDER 220 ist eine Verweisung sogar unwahrscheinlich, wenn der Zusammenschluss spürbare Auswirkungen auf den Handel zwischen den Mitgliedstaaten erwarten lässt.

[847] BECHTOLD, Grundzüge, 262; CANENBLEY, in: Fordham Corporate Law Institute (1990), Jurisdictional Issues, 629; JANICKI, Inhalt und Praxis, 73-74.

Markt. Zulässig ist hingegen der separate Verweis gewisser eigenständiger Teile des Zusammenschlusses. Beim Zusammenschluss von Steetley und Tarmac, der sämtliche Aktivitäten der beiden Unternehmen im Bereich der Bauprodukte umfasste, hat die Kommission nur den Teil des Zusammenschlusses, der Backsteine und Dachziegel betraf, an die englischen Behörden verwiesen. Beim Zusammenschluss von Holdercim und Cedest, der sich ebenfalls auf Bauprodukte bezog, wurde nur der Teil des Vorhabens, der Fertigbeton betraf, verwiesen. Die Kommission kann einen Zusammenschluss auch noch verweisen, nachdem sie eine Genehmigungsentscheidung nach Art. 6 Abs. 1 lit. b bezüglich des Gemeinsamen Marktes getroffen hat. Dies geht aus dem Wortlaut von Art. 9 Abs. 4 lit. a hervor. Bisher ist das noch nicht vorgekommen.[848]

Nach einer Verweisung kann die Kommission keine Entscheidung betreffend den verwiesenen Teil des Zusammenschlusses mehr treffen. Der Wortlaut der Bestimmung ist diesbezüglich nicht ganz eindeutig. Doch deutet die Benützung des Wortes „Fall" darauf hin.[849]

Die nationalen Behörden, an die ein Zusammenschluss verwiesen worden ist, können zwar ihr nationales Wettbewerbsrecht auf den Zusammenschluss anwenden (Art. 9 Abs. 3 lit. b), sie sind aber nicht gänzlich frei in ihrer Entscheidung. Nach Art. 9 Abs. 8 können sie nur die Massnahmen anordnen, die zur Aufrechterhaltung oder Wiederherstellung wirksamen Wettbewerbs auf dem betreffenden Markt unbedingt erforderlich sind. Aufrechterhaltung und Wiederherstellung wirksamen Wettbewerbs sind gemeinschaftsrechtliche Begriffe, die in Art. 9 gleich zu interpretieren sind wie in Art. 2 und 8. Die nationalen Behörden müssen sich also an der Praxis der Kommission (und, sofern sich eine entwickelt) des Gerichtshofs orientieren.

Wurde ein Fall an die zuständige Behörde eines Mitgliedstaates verwiesen, muss diese innerhalb von vier Monaten nach der Verweisung ihre Berichte veröffentlichen oder ihre Schlussfolgerungen aus der Untersuchung des Zusammenschlusses bekanntmachen (Art. 9 Abs. 6). Diese Formulierung wurde wegen der Unterschiede bei den Wettbewerbsvorschriften der Mitgliedstaaten gewählt.[850] Mit Berichten oder Schlussfolgerungen sind die endgültigen gemeint. Die Entscheidung kann später erfolgen. Die Bekanntmachung muss wohl zumindest an die beteiligten Unternehmen und die Kommission erfolgen. Die den Behörden der Mitgliedstaaten gewährte Frist von vier Monaten richtet sich nach den normalen Regeln der VO 1182/71 und nicht nach den speziell verlängernden der DVO. Sie stimmt also nicht mit der der Kommission für das Hauptprüfverfahren gesetzten Frist überein. Die Gesamtlänge eines

---

848   Im Fall Steetley/Tarmac hat die Kommission für den Teil, den sie an Grossbritannien verwiesen hat, keine Entscheidung unter Art. 6 oder 8 getroffen. Auch im Fall Holdercim/Cedest, M.460, hat sie keine solche Entscheidung getroffen. Beim Fall McCormick/CPC/Ostmann, M.330, war die Vereinbarkeitsfiktion eingetreten.

849   Vgl. COOK/KERSE 128-129.

850   Begründungserwägung 27 der FKVO.

187

Fusionskontrollverfahrens kann bei Verweisung an einen Mitgliedstaat bis zur Veröffentlichung der Schlussfolgerungen also maximal sieben Monate dauern (drei von der Anmeldung bis zur Verweisungsentscheidung und vier für die Untersuchung durch die Behörden des Mitgliedstaats). Die endgültige Entscheidung kann noch später erfolgen.

b) Gesonderter Markt, keine Verweisung

Auch wenn die Kommission der Auffassung ist, dass ein gesonderter Markt und eine Gefahr im obigen Sinne besteht, ist sie nicht verpflichtet, den Fall zu verweisen, sondern kann ihn auch selbst behandeln (Art. 9 Abs. 3 UA 1 lit. a). Ein Mitgliedstaat kann die Kommission auch nur auffordern, das Wettbewerbsproblem in seinem Staatsgebiet zu berücksichtigen, ohne den Fall selbst beurteilen zu wollen. Bearbeitet die Kommission den Fall selbst, ist sie verpflichtet, Massnahmen zu treffen, die auf dem betreffenden Markt wirksamen Wettbewerb aufrechterhalten oder wiederherstellen. Dabei urteilt sie über die Verhältnisse auf dem gesonderten Markt nach den Kriterien der FKVO.[851]

In folgenden Fällen hat die Kommission bis Ende 1995 zwar festgestellt, dass ein gesonderter Markt vorliege, aber den Zusammenschluss nicht verwiesen: Varta/Bosch, M.012; Mannesmann/Hoesch, M.222; Siemens/Philips-Kabel, M.238; MSG Media Service, M.469 und ABB/Damler-Benz, M.580. Alle genannten Anträge stammten von Deutschland.

Die Kommission und die Mehrheit der Autoren interpretieren Art. 9 dahingehend, dass die Kommission keine ausdrückliche Entscheidung über die Rückweisung des Verweisungsantrags treffen muss, sofern sie innerhalb von drei Monaten seit der Anmeldung vorbereitende Schritte für eine Entscheidung nach Art. 8, die den gesonderten Markt berücksichtigt, getroffen hat, und dadurch die Anwendung der Verweisungsfiktion unmöglich gemacht hat.[852] In Varta/Bosch hat die Kommission befunden, dass für Ersatzbatterien in Deutschland und Spanien gesonderte Märkte bestehen und dass der geplante Zusammenschluss in beiden Ländern zu einer marktbeherrschenden Stellung führen würde. Sie hat den Zusammenschluss selbst beurteilt und schliesslich unter Auflagen für zulässig erklärt. In Mannesmann/Hoesch hat sie einen gesonderten Markt für Gasleitungsrohre aus Stahl auf dem Gebiet der Bundesrepublik Deutschland erkannt und untersucht. Wegen der Markteintrittsmöglichkeit ausländischer Konkurrenten und dem baldigen Inkrafttreten der Ausschreibungsrichtlinie hat sie den Zusammenschluss dann aber für zulässig erklärt, obschon sie einen gegenwärtigen Marktanteil von 72% ermittelt hatte.

---

[851] Vgl. KIRCHHOFF 10.
[852] Die Kommission ist in den fünf genannten Fällen so vorgegangen. 21. Wettbewerbsbericht, Anhang III, 417; SCHRÖTER, in: VON DER GROEBEN zu Art. 87 II N 290; BERLIN, Contrôle, 125; a.M. LÖFFLER zu Art. 9 N 17.

Die Kommission kann m.E. eine Gefahr für den Wettbewerb auf dem gesonderten Markt auch im Vorprüfverfahren beseitigen. Wenn die beteiligten Unternehmen entsprechende Zusagen in dieser Phase des Verfahrens machen, besteht die Gefahr am Ende der sechs Wochen, wenn die Kommission eine Entscheidung über den Zusammenschluss und die Verweisung treffen muss, nicht mehr. Die Kommission kann dann eine Genehmigungsentscheidung nach Art. 6 Abs. 1 lit. b fällen und den Verweisungsantrag zurückweisen. Um das Vertrauen der Mitgliedstaaten in das Verfahren von Art. 9 zu erhöhen, hat die Kommission aber im 23. Wettbewerbsbericht ihre Absicht bekundet, einen Zusammenschluss, um dessen Verweisung eine nationale Behörde nachgesucht hat, entweder zu verweisen oder in einem Hauptprüfverfahren zu prüfen.[853]

c) Kein gesonderter Markt

Ist die Kommission der Ansicht, dass die Voraussetzungen für eine Verweisung nicht erfüllt sind, trifft sie eine entsprechende, an den antragstellenden Mitgliedstaat gerichtete Entscheidung (Art. 9 Abs. 3 UA 2). Eine solche Entscheidung ergeht normalerweise innerhalb der ersten sechs Wochen nach der Anmeldung.[854]

Im Fall Alcatel/AEG Kabel, M.165, hat die Kommission entschieden, dass in Deutschland für Fernmeldekabel kein gesonderter Markt vorlag, und dass für Stromkabel zwar ein solcher bestand, dass auf ihm aber keine Gefahr für den Wettbewerb erwachsen konnte. Sie hat den Zusammenschluss schliesslich nach Art. 6 genehmigt.

d) Verweisungsfiktion

Wenn die Kommission trotz Mahnung des betreffenden Mitgliedstaats innerhalb der dreimonatigen Frist keine Entscheidung über die Verweisung und keine Vorbereitungen für die Beseitigung der wettbewerblichen Probleme auf dem gesonderten Markt getroffen hat, gilt der Fall als an den antragstellenden Mitgliedstaat verwiesen (Art. 9 Abs. 5). Voraussetzung ist eine Mahnung des Mitgliedstaats vor Ablauf der dreimonatigen Frist.

Wenn die Kommission zwar vorbereitende Schritte für die Berücksichtigung einer Gefahr für den Wettbewerb auf dem gesonderten Markt unternommen hat, diesen Markt in der endgültigen Entscheidung aber nicht berücksichtigt hat, tritt die Verweisungsfiktion nicht ein.[855] Denn die Kommission ist durch Art. 9 nur verpflichtet, der Gefahr der Beschränkung wirksamen Wettbewerbs auf dem gesonderten Markt *nachzugehen*. Die Kommission sollte im Entscheid aber erwähnen, warum sie keine

---

853 23. Wettbewerbsbericht Ziff. 67.
854 LÖFFLER zu Art. 9 N 5.
855 LÖFFLER ist der Auffassung, dass die Kommission in jedem Fall eine förmliche Entscheidung zur Rückweisung des Verweisungsantrags erlassen müsste, LÖFFLER zu Art. 9 N 17.

Massnahmen zum Schutz des Wettbewerbs auf dem gesonderten Markt ergriffen hat.

Die Verweisungsfiktion von Art. 9 Abs. 5 ist bei der sechswöchigen Frist im Vorprüfverfahren nicht anwendbar. Hat die Kommission innerhalb dieser Frist weder eine Entscheidung nach Art. 6 noch nach Art. 9 getroffen, gilt der Zusammenschluss kraft der Genehmigungsfiktion von Art. 10 Abs. 6 als genehmigt. Die Kommission ist der Ansicht, dass sie ungeachtet der Genehmigungsfiktion auch nach Ablauf der sechs Wochen noch eine Verweisungsentscheidung treffen kann (s. nachfolgend). De lege ferenda sollte beim Vorliegen eines Verweisungsantrages eine Verweisungsfiktion auch vorgesehen werden, wenn die Kommission in den sechs Wochen des Vorprüfverfahrens keine Entscheidung getroffen hat.[856]

Bisher ist die Verweisungsfiktion noch in keinem Fall zur Anwendung gekommen. Es ist auch unwahrscheinlich, dass die Kommission während dreier Monate und trotz Mahnung des betreffenden Mitgliedstaates untätig bleiben würde.

4. Verfahren

Die Kommission unterrichtet die anderen Mitgliedstaaten, wenn ein Verweisungsantrag gestellt wurde (Art. 9 Abs. 2).

Eröffnet die Kommission kein Hauptprüfverfahren, muss sie innerhalb von sechs Wochen seit der Anmeldung über den Verweisungsantrag entscheiden (Art. 9 Abs. 4). Die Frist für die Entscheidung nach Art. 6 verlängert sich dann ebenfalls auf sechs Wochen (Art. 10 Abs. 1 UA 2). Die Entscheidung über die Verweisung muss „in der Regel" innerhalb von sechs Wochen seit der Anmeldung erfolgen. Im Fall McCormick/CPC/Ostmann, M.330, hatte die Kommission die auf sechs Wochen verlängerte Frist für die Entscheidung, das Hauptprüfverfahren zu eröffnen, irrtümlich um zwei Tage verpasst. Sie hat die Worte „in der Regel" in Art. 9 Abs. 4 lit. a so ausgelegt, dass die Entscheidung in der Regel innert sechs Wochen getroffen werden müsse, aber auch später getroffen werden könne, und den Fall an die deutschen Behörden verwiesen.[857]

Diese Interpretation scheint mir unzutreffend. Der Wortlaut von Art. 9 muss so verstanden werden, dass die Verweisung in der Regel im Vorprüfverfahren innerhalb von sechs Wochen und nur ausnahmsweise nach Eröffnung des Hauptprüfverfahrens innerhalb von drei Monaten seit der Anmeldung erfolgen soll, und nicht, dass die Frist eigentlich sechs Wochen, aber manchmal länger betrage. Die Auslegung der Kommission widerspricht dem Grundsatz der Rechtssicherheit (vorne 130). Denn es bliebe völlig offen, wie lange sich die betroffenen Unternehmen nicht auf die Ver-

---

[856] Gl.M. MIERSCH 206.
[857] Diese Auslegung kommt den Behörden der Mitgliedstaaten natürlich entgegen. LÖFFLER zu Art. 9 N 7 und 17 sowie JANICKI, Inhalt und Praxis, 71, stimmen ihr zu.

einbarkeitsfiktion berufen könnten und mit einer nachträglichen Verweisung des Falles an den antragstellenden Mitgliedstaat rechnen müssten.

Wenn die Kommission wegen ernsthafter Bedenken bezüglich der Zulässigkeit des Zusammenschlusses ein Hauptprüfverfahren eröffnet hat, verlängert sich die Frist für die Entscheidung über die Verweisung auf drei Monate ab der Anmeldung, wenn die Kommission „keine vorbereitenden Schritte zum Erlass der nach Artikel 8 Absatz 2 Unterabsatz 2 oder Artikel 8 Absatz 3 oder 4 erforderlichen Massnahmen unternommen hat, um wirksamen Wettbewerb auf dem betroffenen Markt aufrechtzuerhalten oder wiederherzustellen" (Art. 9 Abs. 4 lit. b). Bei wörtlicher Auslegung heisst das, dass die Kommission nicht an die Frist für die Entscheidung gebunden ist, wenn sie vorbereitende Schritte unternommen hat, um in der endgültigen Entscheidung über das Vorhaben Massnahmen vorzusehen, die wirksamen Wettbewerb auf dem betreffenden Markt aufrechterhalten oder wiederherstellen.[858] Die Kommission ist sogar der Ansicht, dass sie in diesem Fall gar keine ausdrückliche Entscheidung über die Verweisung treffen muss, sondern den Verweisungsantrag implizit zurückweisen kann, indem sie den gesonderten Markt in den Vorarbeiten für eine Entscheidung nach Art. 8 berücksichtigt.[859]

Art. 21 Abs. 2 UA 2 erlaubt den Mitgliedstaaten, alle notwendigen Ermittlungen im Hinblick auf einen Antrag nach Art. 9 vorzunehmen. Ein Zusammenschluss kann also während höchstens drei Wochen und der für die Übermittlung der Kopie der Anmeldung benötigten Zeit sowohl von der Kommission als auch von den Behörden der Mitgliedstaaten untersucht werden.[860] Die zuständigen Behörden eines Mitgliedstaates, der einen Verweisungsantrag gestellt hat, haben das Recht, bis zur Entscheidung über die Verweisung Einsicht in die Akten zu nehmen und sich zum Verfahren zu äussern (Art. 19 Abs. 2).

Die Kommission unterrichtet die beteiligten Unternehmen und die zuständigen Behörden der übrigen Mitgliedstaaten unverzüglich von einer Verweisungsentscheidung (Art. 9 Abs. 1).

5. Rechtsschutz

Art. 9 Abs. 9 nennt ausdrücklich das Recht jedes Mitgliedstaates, „zwecks Anwendung seiner innerstaatlichen Wettbewerbsvorschriften" beim Gerichtshof[861] Klage

---

[858] Die Kommission hat in einer auslegenden Erklärung zu Artikel 9 festgehalten, dass „vorbereitende Massnahmen" in der Regel die Mitteilung der Beschwerdepunkte meint, Bulletin EG, Beilage 2/90, 24.
[859] Fn 852.
[860] In der Praxis seien sehr wenige parallele Untersuchungen durchgeführt worden, JONES/GONZÁLES-DÍAZ 39. Dies erklärt sich aus dem umfassenden Charakter der den Mitgliedstaaten von der Kommission übermittelten Unterlagen.
[861] Zuständig ist der EuGH, Art. 3 des Beschlusses des Rates vom 24.10.88 zur Errichtung eines Gerichts Erster Instanz der EG, in der Fassung des Beschlusses 93/350, ABl. 1993 L 144/21.

zu erheben. Die Klagebefugnis gegen Handlungen der Kommission verleiht den Mitgliedstaaten allerdings schon Art. 173 EGV.

Die Nichtigkeitsklage eines Mitgliedstaats ist wohl vor allem in zwei Fällen denkbar: die Klage des antragstellenden Mitgliedstaats gegen die Entscheidung der Kommission, die Voraussetzungen für eine Verweisung lägen nicht vor, und die Klage eines Mitgliedstaats gegen die Verweisung des Falles an einen anderen Mitgliedstaat[862]. Bei Gutheissung der Klage müsste das Verfahren in beiden Fällen wohl im Stadium vor der Verweisungsentscheidung wieder aufgenommen werden. Eine Klage dagegen, dass die Kommission den Fall selbst behandelt, dürfte von vornherein aussichtslos sein, da dieser Entscheid im Ermessen der Kommission liegt.

Die Klagelegitimation der beteiligten Unternehmen und Dritter gegen Entscheidungen der Kommission nach Art. 9 ist hinten 217 behandelt.

6. Kommentar

Art. 9 verhindert, dass Zusammenschlüsse, die auf einem Markt in einem Mitgliedstaat den Wettbewerb behindern könnten, durch die Kommission ohne Einflussmöglichkeit der Mitgliedstaaten genehmigt werden. Art. 9 löst ein Problem, das das Prinzip des one-stop shopping mit sich bringt.

Art. 9 weist allerdings einige Ungereimtheiten auf. In der gegenwärtigen Fassung der FKVO ist unklar, ob die Kommission die Beurteilung eines Zusammenschlusses auch dann an die Behörden eines Mitgliedstaates verweisen darf, wenn der Zusammenschluss Wettbewerbsprobleme in einem wesentlichen Teil des Gemeinsamen Marktes verursachen könnte. Nicht eindeutig ist, ob die Kommission bei einer Verweisung die Vereinbarkeit des Zusammenschlusses mit dem Gemeinsamen Markt noch beurteilen muss bzw. darf oder ob die Verweisungsentscheidung und eine materielle Entscheidung nach Art. 8 Abs. 2 sich gegenseitig ausschliessen. Probleme bereiten kann insbesondere auch die Dauer der Antragsfrist von drei Wochen, die nicht mit der Dauer des Vollzugsverbots übereinstimmt.

Die Bedeutung der „Regelfrist" von sechs Wochen und die Natur der „vorbereitenden Schritte", die die Kommission ergreifen muss, um den Fall selbst zu bewirken, sind ebenfalls unklar.

Bei der Revision von Art. 9 sollten folgende Präzisierungen bzw. Änderungen vorgenommen werden:

- Es sollte vorgesehen werden, dass der Antrag eines Mitgliedstaates vor Ende des Vollzugsverbots erfolgen muss. Die Frist für den Antrag und die Dauer des Vollzugsverbots würden so in Einklang gebracht.

---

[862] Die Klage dürfte auch gegen eine Verweisung durch die Fiktion von Art. 9 Abs. 5 zulässig sein, BERLIN, Contrôle, 124.

- Es sollte klargestellt werden, welche Entscheidungen (nach Art. 9, aber auch 6 und 8) die Kommission bei Vorliegen eines Verweisungsantrags treffen kann bzw. muss und welches die Folgen der einzelnen Entscheidungen sind.

- Die Verweisungsfiktion sollte auch eintreten, wenn die Kommission im Vorprüfverfahren keine Entscheidung getroffen hat.

- Die Entscheidungen der Kommission nach Art. 9 sollten veröffentlicht werden.

B.   Art. 21 Abs. 3

Art. 21 Abs. 3 ist wie Art. 9 eine Ausnahme vom Grundsatz der alleinigen Anwendung der FKVO auf Zusammenschlüsse von gemeinschaftsweiter Bedeutung. Art. 21 Abs. 3 belässt den Mitgliedstaaten die Befugnis, Massnahmen zum Schutz gewisser anderer Interessen als der durch die FKVO geschützten zu ergreifen. Diese Interessen müssen berechtigt (und mit „den allgemeinen Grundsätzen und den sonstigen Bestimmungen des Gemeinschaftsrechts" vereinbar) sein. Als berechtigte Interessen werden die öffentliche Sicherheit, die Medienvielfalt und die Aufsichtsregeln genannt. Weitere Interessen müssen von der Kommission vor Anwendung der Massnahmen durch den betreffenden Mitgliedstaat in einem speziellen Verfahren, das höchstens einen Monat dauert, als berechtigt anerkannt werden. Wenn ein Mitgliedstaat sich auf seine „wesentlichen Sicherheitsinteressen" im Sinne von Art. 223 EGV beruft (vgl. vorne 47), ist das Anerkennungsverfahren nach Art. 21 FKVO nicht anwendbar.

Die ausdrücklich genannten Interessen erinnern an andere Ausnahmen von Grundsätzen des Gemeinschaftsrechts, wie sie sich vor allem in Art. 36 EGV und der Rechtsprechung zu Art. 30 EGV finden. Die öffentliche Sicherheit ist in Art. 36 EGV genannt.[863] Aufsichtsregeln und auch die Kulturpolitik können Ausnahmen von Art. 30 EGV begründen.[864] Unter Aufsichtsregeln hat die Kommission für die FKVO vor allem die Banken-, Börsen- und Versicherungsaufsicht im Auge.[865] Diese Interessen könnten wohl auch gegen einen Zusammenschluss vorgebracht werden. Der Schutz von Immaterialgüterrechten scheint dagegen nicht geeignet, die Beschränkung oder Verhinderung eines Zusammenschlusses durch einen Mitgliedstaat zu rechtfertigen. Andere berechtigte Interessen können nicht solche sein, die die

---

863   Vgl. dazu MATTHIES, in: GRABITZ zu Art. 36 N 12-15; LENZ zu Art. 36 N 4-5. Der Rat und die Kommission haben erklärt, dass sie „öffentliche Sicherheit" hier im Sinne der Art. 223, 224 und 36 EGV verstehen und dass auch die Sicherheit der Versorgung mit einer Ware oder einer Dienstleistung darunter fällt, sofern diese für den Gesundheitsschutz der Bevölkerung als wesentlich oder lebenswichtig betrachtet wird, auslegende Erklärung von Rat und Kommission zu Art. 21 Abs. 3, Bulletin EG, Beilage 2/90, 24-25.

864   Vgl. dazu MÜLLER-GRAFF, in: VON DER GROEBEN zu Art. 30 N 93-98.

865   Auslegende Erklärung von Rat und Kommission zu Artikel 21 Abs. 3, Bulletin EG, Beilage 2/90, 24-25.

Kommission bereits bei ihrer Prüfung des Zusammenschlusses berücksichtigt hat, d.h. wettbewerbliche Interessen.[866]

Die Beschränkungen dürfen weder ein Mittel zur willkürlichen Diskriminierung noch eine verschleierte Beschränkung des Handels zwischen den Mitgliedstaaten sein.[867] Mit Bezug auf die FKVO wäre die Formulierung „Beschränkung der wirtschaftlichen Tätigkeit" (oder „des freien Waren-, Dienstleistungs- und Kapitalverkehrs") wohl zutreffender.

Die vom betreffenden Mitgliedstaat getroffene Massnahme muss den Grundsatz der Verhältnismässigkeit beachten.[868] Die Prüfung des angerufenen Interesses durch die Kommission dürfte sich entgegen dem Wortlaut von Art. 21 Abs. 3 nicht nur auf die Anerkennung eines bestimmten Interesses, sondern auch auf die Verhältnismässigkeit der geplanten Massnahme beziehen.[869] Denn die Kommission kann wohl nicht abstrakt bestimmen, was ein öffentliches Interesse eines Mitgliedstaates sein kann. Sie muss das angerufene öffentliche Interesse zusammen mit den Auswirkungen der beschränkenden Massnahme beurteilen.

Massnahmen, die ein Mitgliedstaat ergreifen könnte, sind die Untersagung des Zusammenschlusses, zusätzliche Bedingungen und Auflagen, Meldepflichten, etc.[870] Auch berechtigte nationale Interessen haben einer negativen wettbewerbsrechtlichen Beurteilung eines Zusammenschlusses durch die Kommission zu weichen. Die Mitgliedstaaten können einen Zusammenschluss also nur erschweren, aber nicht erleichtern.

Bisher wurde Art. 21 Abs. 3 erst in wenigen Fällen angewendet. Im Jahr 1994 haben die englischen Behörden Art. 21 Abs. 3 im Zusammenhang mit einem öffentlichen Übernahmeangebot der Zeitung „The Independent" angerufen.[871] Die englischen Behörden haben das Angebot im Hinblick auf die korrekte Tatsachendarstellung und die Meinungsäusserungsfreiheit (Medienvielfalt) untersucht. Die Kommission hat den Zusammenschluss genehmigt und die englischen Behörden verpflichtet, sie über die Bedingungen zu informieren, die diese dem Zusammenschluss auferlegen. Durch Entscheidung vom 29.3.1995 hat die Kommission ebenfalls auf Antrag Englands

---

[866] Auslegende Erklärung von Rat und Kommission zu Artikel 21 Abs. 3, Bulletin EG, Beilage 2/90, 24-25.

[867] Vgl. auslegende Erklärung von Rat und Kommission zu Artikel 21 Abs. 3, Bulletin EG, Beilage 2/90, 24-25 und Art. 36 EGV; zur Auslegung dieser Bestimmung s. MATTHIES, in: GRABITZ zu Art. 36 N 8.

[868] Vgl. auslegende Erklärung von Rat und Kommission zu Artikel 21 Abs. 3, Bulletin EG, Beilage 2/90, 24-25.

[869] Gl.M. BERLIN, Contrôle, 135; JONES, Scope, 408; a.M. BOS/STUYCK/WYTINCK 368.

[870] Vgl. auslegende Erklärung von Rat und Kommission zu Artikel 21 Abs. 3, Bulletin EG, Beilage 2/90, 24-25.

[871] Newspaper Publishing, M.423; KOMMISSION, Die Wettbewerbspolitik der Europäischen Gemeinschaft, 43-44.

bestimmte, durch den englischen Water Industry Act verfolgte Interessen als gerechtfertigt anerkannt. Der Water Industry Act sieht eine besondere, von der FKVO abweichende Zusammenschlusskontrolle für Unternehmen der Wasserversorgung vor. Der Zweck des Gesetzes ist der Schutz der öffentlichen Wasserversorgung und der Verbraucher. Die Kommission hat anerkannt, dass diese Interessen eine von der FKVO abweichende Gesetzgebung rechtfertigen können. Sie hat allerdings die Bedingung gestellt, dass die englischen Behörden der Kommission in jedem einzelnen Anwendungsfall mitteilen, welche Massnahmen sie zu treffen beabsichtigen, und dass sie für jede Änderung des Gesetzes ein neues Gesuch nach Art. 21 Abs. 3 stellen.

Über Form und Inhalt des Gesuchs sagt die FKVO nichts aus. Sie sagt auch nicht, ob ein Gesuch nur für einen speziellen Zusammenschluss oder allgemein für ein bestimmtes Interesse gestellt werden kann. Nach der ersten Entscheidung scheint es, dass die Anerkennung eines bestimmten Interesses für den betreffenden Mitgliedstaat und eine unbestimmte Anzahl Fälle gilt. Die Anerkennung der Interessen dürfte jedoch mit der Verpflichtung verbunden werden, die Kommission bei jedem Anwendungsfall zu unterrichten.[872]

C. Art. 22 Abs. 3 - 5 („Niederländische Klausel")

Ein Mitgliedstaat kann die Kommission darum ersuchen, einen Zusammenschluss zu beurteilen, der keine gemeinschaftsweite Bedeutung hat, aber den Handel zwischen den Mitgliedstaaten beeinträchtigt. Diese Möglichkeit liegt im Interesse derjenigen Mitgliedstaaten, die (noch) über keine eigenen Vorschriften zur Kontrolle von Unternehmenszusammenschlüssen verfügen. Es handelt sich sozusagen um ein Dienstleistungsangebot der Kommission an die Mitgliedstaaten. Die Bestimmung wurde auf Ersuchen der Niederlande, mit der Unterstützung von Belgien, Dänemark, Griechenland, Italien und Luxemburg, in die FKVO aufgenommen und wird deshalb auch als „Niederländische Klausel" bezeichnet.[873] Ursprünglich sollte sie nur bis zur Revision der Schwellenwerte gelten (Art. 22 Abs. 6). Die Kommission will die Bestimmung aber auch nach der Revision der FKVO beibehalten.[874]

Da immer mehr Mitgliedstaaten eigene Vorschriften zur Kontrolle von Unternehmenszusammenschlüssen haben, dürfte die Bedeutung der Bestimmung abnehmen.[875]

---

[872] BOS/STUYCK/WYTINCK 368-369 sind der Meinung, dass für jeden Anwendungsfall ein Gesuch gestellt werden muss.
[873] VAN BAEL/BELLIS 376.
[874] Grünbuch Ziff. 97.
[875] WHISH 727.

1. Voraussetzungen

Art. 22 Abs. 3 ist schlecht strukturiert. Er nennt die Voraussetzungen für die Anwendung der FKVO zusammen mit den Voraussetzungen für eine materielle Entscheidung über den Zusammenschluss. Abs. 4 erklärt per Verweis auf einzelne Artikel praktisch das ganze Untersuchungsverfahren der FKVO, also auch die Zweiteilung in Vorprüfverfahren und Hauptprüfverfahren, für anwendbar.

Die Voraussetzungen für die Anwendung von Art. 22 Abs. 3 - 5 sind

- ein Zusammenschluss ohne gemeinschaftsweite Bedeutung und
- ein Antrag eines Mitgliedstaats nach Art. 22 Abs. 3.

Das in Frage stehende Vorhaben muss ein Zusammenschluss im Sinne von Art. 3 sein[876], der jedoch die Umsatzschwellen nicht erreicht. Es ist möglich, aber nicht Voraussetzung, dass der Zusammenschluss bei der Kommission angemeldet worden ist.

Zweitens muss ein Antrag eines Mitgliedstaates nach Art. 22 Abs. 3 vorliegen. Über Form und Inhalt des Antrags nach Art. 22 Abs. 3 sagt die FKVO nichts aus. Aus dem Zusammenhang geht hervor, dass der Antrag dahin lautet, die Kommission solle gestützt auf Art. 22 Abs. 3 - 5 eine Untersagungs-, Rückabwicklungs- oder Genehmigungsentscheidung unter Bedingungen oder Auflagen treffen.

Der Antrag hat innerhalb eines Monats seit der Unterrichtung des Mitgliedstaats über den Zusammenschluss oder seit dessen Durchführung[877] zu erfolgen (Art. 22 Abs. 4).[878] Die Frist beginnt mit dem ersten dieser Ereignisse. Es ist also möglich, dass das Antragsrecht verwirkt ist, wenn es den beteiligten Unternehmen gelingt, den Zusammenschluss während eines Monats seit der Durchführung verborgen zu halten. Die peremptorische Frist ist gerechtfertigt, wenn im betreffenden Mitgliedstaat keine präventive Fusionskontrolle und keine Mitteilungspflicht für Zusammenschlüsse besteht.[879] Die Rechtssicherheit gebietet, dass die an einem Zusammenschluss beteiligten Unternehmen nicht auf unbegrenzte Zeit mit einer nachträglichen Infragestellung des Zusammenschlusses rechnen müssen. Wurde der Zusammen-

---

[876] Ob ein Zusammenschluss vorliegt, entscheidet sich nach der FKVO und nicht nach dem nationalen Recht. Dies geht aus dem Wortlaut von Art. 22 Abs. 3 hervor, vgl. MIERSCH 220-221.

[877] Der Begriff der Durchführung ist nicht definiert. Entgegen der Ansicht von JONES/GONZÁLES-DÍAZ 46 ist wohl weniger an Handlungen zu denken, die die Anmeldepflicht auslösen, als an Handlungen, die den Vollzug des Zusammenschlusses im Sinne von Art. 7 bewirken.

[878] Der dritte Satz von Art. 22 Abs. 4 enthält in der deutschen Fassung einen Übersetzungsfehler: nicht das Verfahren muss binnen eines Monats eröffnet werden, sondern der Antrag muss binnen eines Monats erfolgen. Die französische und die englische Version sind klar in dieser Beziehung.

[879] Diesen Aspekt scheint MIERSCH 163 zu vernachlässigen. Kritisch gegenüber dieser Frist: LÖFFLER zu Art. 22 N 7.

schluss in Missachtung einer Bestimmung des Rechts des betreffenden Mitgliedstaats verborgen gehalten, sollte das Antragsrecht dagegen nicht verwirkt sein.

Auch mehrere Mitgliedstaaten können gemeinsam einen Antrag an die Kommission stellen, dass sie einen Zusammenschluss behandle.[880] Ein Antrag kann sogar von einem Mitgliedstaat kommen, der nach seinem eigenen Recht gar nicht für die Beurteilung des Zusammenschlusses zuständig ist.[881] Damit bewirkt die Niederländische Klausel eine Ausdehnung der Fusionskontrollmöglichkeiten in der EU.

Bis Ende 1995 wurden erst zwei Anträge nach Art. 22 Abs. 3 gestellt: British Airways/Dan Air, M.278, von Belgien[882] und RTL/Veronica/Endemol, M.553, von den Niederlanden[883]. Bei der Übernahme von Dan Air durch BA hatte die Kommission zunächst entschieden, dass der Zusammenschluss nicht unter die FKVO falle (vgl. vorne 74f.). Nachdem der Zusammenschluss vollzogen worden war, stellte Belgien einen Antrag gestützt auf Art. 22 Abs. 3. Die Kommission hielt ihre Zuständigkeit für eine Überprüfung des Zusammenschlusses nach Art. 22 Abs. 3 - 5 für gegeben. Der Zusammenschluss hatte nach Ansicht der Kommission aber nicht zur Folge, dass eine beherrschende Stellung geschaffen oder verstärkt wurde; sie genehmigte ihn deshalb gestützt auf Art. 6 Abs. 1 lit. b. Beim Zusammenschluss RTL/Veronica/Endemol, M.553, äusserte die Regierung der Niederlande Bedenken gegen die Gründung eines Gemeinschaftsunternehmens im Niederländischen Fernsehwerbemarkt. Die Kommission teilte die Bedenken der Niederlande, eröffnete gestützt auf Art. 6 Abs. 1 lit. c ein Hauptprüfverfahren und untersagte den Zusammenschluss schliesslich.

2. Verfahren

Das Verfahren ist abgesehen von der fehlenden Anmeldepflicht und dem fehlenden Vollzugsverbot gleich wie das normale Fusionskontrollverfahren.[884] Wegen dem fehlenden Vollzugsverbot müssen Zusammenschlüsse, die untersagt wurden, rückgängig gemacht werden. Dies ist schon beim zweiten nach Art. 22 Abs. 3 untersuchten Zusammenschluss, RTL/Veronica/Endemol, M.553, geschehen.

Leistet die Kommission dem Antrag Folge, ist sie an die gleichen Fristen wie im ordentlichen Verfahren gebunden. Die Entscheidung nach Art. 6 muss innerhalb eines Monats nach Eingang des Antrags erfolgen. Im ersten Fall, BA/Dan Air hat die Kommission analog zum ordentlichen Verfahren angenommen, dass die Frist erst

---

880   Für die Revision der FKVO will die Kommission eine ausdrückliche Bestimmung zu diesem Zweck vorschlagen, Grünbuch Ziff. 97.
881   JONES/GONZÁLES-DÍAZ 47.
882   WuW 1993, 286.
883   WuW 1995, 1004.
884   Art. 22 Abs. 4 erklärt die Art. 5, 6, 8, 10 bis 20 für anwendbar.

nach Eingang aller aus ihrer Sicht nötigen Informationen zu laufen beginne.[885] Diese Interpretation ist sicher sinnvoll. Sie lässt sich aber nur schwer mit dem geltenden Text von Art. 22 Abs. 4 vereinbaren.

Wegen der Antragsfrist von einem Monat kann sich die Gesamtdauer des Verfahrens nach Art. 22 Abs. 3 - 5 auf insgesamt sechs Monate verlängern.

3. Entscheidungen

Nach Art. 22 Abs. 3 kann die Kommission Entscheidungen nach Art. 8 Abs. 2 UA 2, Abs. 3 und Abs. 4 treffen. Ist sie in einer Sache tätig geworden, sollte sie auch zuständig sein, den Zusammenschluss gestützt auf Art. 8 Abs. 2 UA 1 für vereinbar zu erklären oder das Verfahren nach dem Vorprüfverfahren abzuschliessen, also mittels einer Entscheidung, dass der Zusammenschluss keine ernsthaften Bedenken hinsichtlich seiner Zulässigkeit nach den nachstehend genannten Kriterien ergibt.[886]

Die Voraussetzungen für eine auf Art. 22 Abs. 3 - 5 gestützte Entscheidung der Kommission sind:

- der Zusammenschluss beeinträchtigt den Handel zwischen Mitgliedstaaten, und

- er begründet oder verstärkt eine beherrschende Stellung, durch die wirksamer Wettbewerb im Gebiet des antragstellenden Mitgliedstaats erheblich behindert würde.

Die Bedingung der Beeinträchtigung des Handels zwischen Mitgliedstaaten ist von den Art. 85 und 86 EGV übernommen. Dort wird auf die *Eignung* zur Beeinträchtigung des Handels zwischen Mitgliedstaaten abgestellt. Auch bei Zusammenschlüssen sollte auf die Eignung abgestellt werden. Bei noch nicht vollzogenen Zusammenschlüssen kann sogar nur auf die Eignung abgestellt werden. Die Eignung zur Beeinträchtigung des Handels zwischen den Mitgliedstaaten wird für Art. 85 und 86 EGV sehr weit ausgelegt.[887] Für die Wettbewerbsvorschriften des Vertrages rechtfertigt die Möglichkeit der Beeinträchtigung des Handels zwischen Mitgliedstaaten die Anwendung des supranationalen Rechts und das Handeln der Kommission. Diese Möglichkeit scheint auch für Art. 22 Abs. 3 - 5 FKVO die Rechtfertigung für das Eingreifen der Kommission zu sein. Nichts hätte die Mitgliedstaaten aber hindern können, diese Bedingung wegzulassen und die Anwendung der Niederländischen Klausel einzig von einem Antrag und der zweiten Bedingung abhängig zu machen.

---

885 23. Wettbewerbsbericht Ziff. 322. Der Antrag der belgischen Behörden datierte vom 30.11.92. Die Kommission hielt die Informationen am 19.1.93 für ausreichend und entschied am 17.2.93.
886 LÖFFLER zu Art. 22 N 6; BELLAMY/CHILD 378; a.M. BOS/STUYCK/WYTINCK 372.
887 Vgl. ZÄCH, Praxis, 54-69 und 337-344; GLEISS/HIRSCH zu Art. 85 (1) N 230-256; BELLAMY/CHILD 107-118; neuerdings Rs. C-241 und 242/91P, Magill vom 6.4.95.

Das materielle Kriterium für die Beurteilung eines Zusammenschlusses nach Art. 22 Abs. 3 ist, ob der Zusammenschluss eine beherrschende Stellung begründet oder verstärkt, durch die wirksamer Wettbewerb im Gebiet des betreffenden Mitgliedstaats erheblich behindert würde. Dies entspricht dem Kriterium zur Beurteilung von Zusammenschlüssen von gemeinschaftsweiter Bedeutung mit dem Unterschied, dass als Referenzmarkt nicht der Gemeinsame Markt oder ein wesentlicher Teil davon, sondern das Gebiet des betreffenden Mitgliedstats genommen wird. Art. 22 Abs. 4 erklärt auch Art. 2 Abs. 1 für anwendbar. Danach muss die Kommission „die Notwendigkeit, im Gemeinsamen Markt wirksamen Wettbewerb aufrechtzuerhalten und zu entwickeln...", berücksichtigen. Man könnte sich fragen, ob statt des Gemeinsamen Marktes das Gebiet des antragstellenden Mitgliedstaates betrachtet werden müsste. Mir scheint jedoch, dass die Kommission die Verhältnisse im Gemeinsamen Markt *und* im betreffenden Mitgliedstaat berücksichtigen muss. Die Kommission vertritt die Ansicht, dass ihre Prüfung nicht auf den im Antrag genannten sachlichen Markt beschränkt ist. In RTL/Veronica/Endemol, M.553, hat sie zusätzlich auch die Verhältnisse auf dem Markt für unabhängige Fernsehproduktionen untersucht.

Die Kommission kann nach Art. 22 Abs. 5 nur diejenigen Massnahmen anordnen, „die unbedingt erforderlich sind, um wirksamen Wettbewerb im Gebiet des Mitgliedstaates zu wahren oder wiederherzustellen". Die Kommission hält auch Entflechtungsentscheidungen für zulässig.[888]

Hat der Zusammenschluss Auswirkungen in mehreren Mitgliedstaaten, können sich heikle Fragen betreffend die Zulässigkeit der Kommissionsmassnahmen ergeben.[889] Die Zuständigkeit der anderen Mitgliedstaaten, ihr Wettbewerbsrecht auf den in Frage stehenden Zusammenschluss anzuwenden, ist durch das Einschreiten der Kommission nicht berührt.[890] Es stellt sich aber die Frage, ob die anderen Mitgliedstaaten den Vorrang der Kommissionsentscheidungen gemäss der Walt Wilhelm-Rechtsprechung[891] beachten müssen. Auch wenn die Kommission nur die Massnahmen ergreifen darf, die zur Erhaltung oder Wiederherstellung wirksamen Wettbewerbs im Gebiet des betreffenden Mitgliedstaates nötig sind, ist es durchaus denkbar, dass solche Massnahmen auch in anderen Mitgliedstaaten Auswirkungen haben. Mir scheint, dass die Behörden der anderen Mitgliedstaaten Entscheidungen treffen dürfen, die die Auswirkungen der Kommissionsentscheidung in ihrem Staatsgebiet wirkungslos machen. Die Niederländische Klausel vermindert das Risiko von gegensätzlichen Beurteilungen eines Zusammenschlusses in den verschiedenen Mitgliedstaaten grundsätzlich nicht.[892] Unterschiedliche Entscheidungen der Behör-

---

888   RTL/Veronica/Endemol, M.553.
889   Vgl. HEIDENHAIN, Bedeutung, 86.
890   Vgl. auslegende Erklärung von Rat und Kommission zu Artikel 22, Bulletin EG, Beilage 2/90, 25-26; BOS/STUYCK/WYTINCK 372.
891   Vorne 21.
892   JONES, Scope, 406-407 und 411.

den eines Mitgliedstaats und der Kommission betreffend einen anderen Mitgliedstaat gestützt auf Art. 22 Abs. 3 können theoretisch nebeneinander bestehen, da die Entscheidungen einen anderen geographischen Markt betreffen.[893] In der Praxis müssten bei unterschiedlichen Entscheidungen wohl zahlreiche Probleme gelöst werden, die aber grundsätzlich die gleichen sind, wie wenn zwei nationale Wettbewerbsbehörden unterschiedlich entschieden haben.[894]

Die Entscheidung über Annahme oder Rückweisung des Antrags eines Mitgliedstaates wird nicht veröffentlicht. Trifft die Kommission eine Entscheidung nach Art. 6 oder 8 wird diese gemäss Art. 22 Abs. 3 veröffentlicht. Auf Art. 22 Abs. 3 gestützte Entscheidungen können nach den üblichen Regeln angefochten werden.

4. Kommentar

Die Niederländische Klausel wurde von zahlreichen Autoren kritisiert, weil sie eine unvorhersehbare Ausweitung der Zuständigkeit der Kommission mit sich bringe und viele Anwendungsprobleme stellen könne.[895] Man kann den Fall RTL/Veronica/Endemol, M.553, als Bestätigung dieser Befürchtungen ansehen.

Die Niederländische Klausel hat den Charakter einer Übergangsvorschrift und sollte nur bis zur Revision (Herabsetzung) der Umsatzschwellen gelten. Sie soll diejenigen Mitgliedstaaten unterstützen, die noch keine Vorschriften zur Kontrolle von Unternehmenszusammenschlüssen haben. Sie hat ihre Berechtigung darin, dass es Zusammenschlüsse gibt, die zwar keine gemeinschaftsweite Bedeutung im Sinne der aktuellen Umsatzschwellen von Art. 1 haben, deren Beurteilung durch die Kommission aber doch gerechtfertigt ist. Voraussetzung für die Niederländische Klausel ist also, dass die aktuellen Anwendungsvoraussetzungen der FKVO nicht die „richtigen" sind. Bei der Revision der Umsatzschwellen sollte die Niederländische Klausel deshalb aufgegeben werden. Die Kommission ist jedoch anderer Ansicht. Sie will die Klausel auch bei Herabsetzung der Schwellenwerte beibehalten, da sie für die Mitgliedstaaten, die noch keine Fusionskontrolle hätten, ein nützliches Instrument sei.[896]

In ihrer aktuellen Fassung enthält die Niederländische Klausel einige Unstimmigkeiten und Unklarheiten. Wenn sie beibehalten wird, sollte sie revidiert werden. Die Anordnung einer Entflechtung, wie sie in RTL/Veronica/Endemol, M.553, erfolgt ist, darf nicht die normale Folge der Anwendung von Art. 22 Abs. 3 sein. Im

---

[893] JONES, Scope, 407.
[894] Vgl. HEIDENHAIN, Bedeutung, 86.
[895] Vgl. etwa HEIDENHAIN, Bedeutung, 84; KRIMPHOVE 384; MIERSCH 162-164; BERLIN, Contrôle, 142.
[896] Grünbuch Ziff. 97.

Rahmen der Revision der FKVO will die Kommission ein Vollzugsverbot für den Fall eines Antrags gemäss Art. 22 Abs. 3 vorschlagen.[897] Wurde der Zusammenschluss bis zum betreffenden Antrag schon vollzogen, wäre aber auch dies ohne Wirkung.

---

[897] Grünbuch Ziff. 97.

KAPITEL 4
GERICHTLICHER RECHTSSCHUTZ

I. Grundsatz

Die EU ist eine Rechtsgemeinschaft. Art. 164 EGV lautet:

„Der Gerichtshof sichert die Wahrung des Rechts bei der Auslegung und Anwendung dieses Vertrags."

Zu diesem Zweck sieht der EGV zahlreiche Klagearten vor (Art. 93, 169 - 177, 181, 215).[898] Im Wettbewerbrecht spielt die Nichtigkeitsklage nach Art. 173 EGV die wichtigste Rolle. Sie erlaubt den Adressaten einer Entscheidung der Kommission oder Dritten, die durch die Entscheidung „unmittelbar und individuell" betroffen sind, diese Entscheidung vom Gerichtshof auf ihre Rechtmässigkeit (und in manchen Fällen auf ihre Angemessenheit) prüfen zu lassen. Die Nichtigkeitsklage ermöglicht auch die Kontrolle der Einhaltung der Verfahrensrechte.

II. Zuständigkeit

A. EuG und EuGH

Die Einheitliche Europäische Akte hat einen Art. 168a in den EGV (damals EWGV) eingefügt, der die Schaffung eines Gerichts erster Instanz der Europäischen Gemeinschaften (EuG) vorsah. Das EuG wurde durch Beschluss des Rates vom 24.10.1988 errichtet.[899] Wettbewerbssachen werden seit dem 31.10.1989 (Datum der Konstituierung des EuG) in erster Instanz von diesem beurteilt.[900] Das EuG ist kein selbständiges Organ der Gemeinschaft, sondern dem Gerichtshof angegliedert.

---

[898] Weiterführende Literatur dazu: RENGELING/MIDDEKE/GELLERMANN, Rechtsschutz in der Europäischen Union, besonders N 119-197; HENRY C. SCHERMERS/DENIS WAELBROECK, Judicial Protection in the European Communities, 5. Auflage, Deventer/Boston 1992. Für eingehende Untersuchungen zum Rechtsschutz im Wettbewerbsrecht s. EVERLING, Zur richterlichen Kontrolle der Tatsachenfeststellungen und der Beweiswürdigung durch die Kommission in Wettbewerbssachen; LANGEHEINE, Judicial Review in the Field of Merger Control; JOHN USHER, Exercise by the European Court of its Jurisdiction to Annul Competition Decisions, ELRev 1980, 296-302; WAELBROECK, Judicial Review of Commission Actions in Competition Matters, 179-217.

[899] Beschluss 88/591 vom 24.10.88, ABl. 1988 L 319/1, geändert durch den Beschluss 93/350 vom 8.6.93, ABl. 1993 L 144/21 und 1994 L 66/26.

[900] ABl. 1989 L 317/48.

In dieser Arbeit wird der Ausdruck Gerichtshof als Oberbegriff für die beiden europäischen Gerichte, den EuGH und das EuG, verwendet.

B. Zuständigkeit des EuG

Das EuG ist u.a. zuständig für Nichtigkeitsklagen (Art. 173 EGV), Untätigkeitsklagen (Art. 175 EGV) und Schadenersatzklagen (Art. 178 EGV), welche natürliche oder juristische Personen gegen die Gemeinschaft oder eines ihrer Organe anstrengen.[901] Das EuG ist grundsätzlich für diejenigen Klagen zuständig, welche umfangreiche Sachverhaltsabklärungen nötig machen. Klagen von oder gegen Mitgliedstaaten oder Vorabentscheidungen nach Art. 177 EGV liegen nach wie vor in der Zuständigkeit des EuGH. Müssen der EuGH und das EuG die gleiche Rechtsfrage beurteilen, so wird die Frage gemäss Art. 47 der Satzung des EuGH einem der Gerichte zugewiesen.

C. Rechtsmittel gegen ein Urteil des EuG

Urteile des EuG unterliegen einem Rechtsmittel an den EuGH (Art. 168a EGV; Art. 7 des Beschlusses vom 24.10.1988 und Art. 49 - 54 der Satzung des EuGH). Die Rechtsmittelfrist beträgt zwei Monate ab Zustellung des Urteils. Das Rechtsmittel ist auf Rechtsfragen beschränkt (Art. 168a EGV).[902] Die Höhe einer Geldbusse kann vom EuGH nicht aus Billigkeitsgründen geändert werden.[903] Das Rechtsmittel hat keine aufschiebende Wirkung.

Das Rechtsmittel kann von einer Partei eingelegt werden, die mit ihren Anträgen ganz oder teilweise unterlegen ist. Andere Streithelfer als Mitgliedstaaten oder Gemeinschaftsorgane können das Rechtsmittel nur einlegen, wenn sie durch das Urteil unmittelbar berührt sind. In Wettbewerbssachen können Mitgliedstaaten und Gemeinschaftsorgane das Rechtsmittel auch dann einlegen, wenn sie dem Prozess nicht als Streithelfer beigetreten waren (Art. 49 Abs. 2 und 3 der Satzung des EuGH).

Die Rechtsmittelgründe sind Unzuständigkeit des Gerichts, Verfahrensfehler, durch die die Interessen des Rechtsmittelführers beeinträchtigt wurden, und Verletzung des Gemeinschaftsrechts durch das EuG (Art. 51 der Satzung des EuGH).[904] Das

---

[901] Art. 3 Abs. 1 lit. c des in Fn 899 zitierten Beschlusses.

[902] Die Abgrenzung Rechtsfrage - Sachfrage ist nicht immer einfach und auch theoretisch nicht immer evident. Nach dem Urteil Rs. C-53/92P, Hilti/Kommission Slg. 1994 I 667, kann die Beweiswürdigung durch das EuG nur dann angefochten werden, wenn die Beweismittel verfälscht worden sind. Vgl. den Artikel von ROBBIE DOWNING, Hilti: The Final Nail, ECLR 1995, 53-56.

[903] Rs. C-310/93P, BP Industries und British Gypsum Ltd/Kommission Slg 1995 I 865.

[904] Vgl. BERTRAND WÄGENBAUR, Die Prüfungskompetenz des EuGH in Rechtsmittelverfahren, EuZW 1995, 199-203.

Rechtsmittel wird nur gutgeheissen, wenn das Dispositiv des angefochtenen Urteils fehlerhaft ist, und nicht schon wenn irgendwo im Urteil des EuG ein Fehler steckt.[905]

Heisst der EuGH das Rechtsmittel gut, hebt er das Urteil des EuG auf und fällt selbst ein Urteil[906] oder verweist die Sache an das EuG zurück (Art. 54 der Satzung des EuGH). Der EuGH hat die Rechtsprechung des EuG schon harsch kritisiert.[907]

III. Nichtigkeitsklage (Art. 173 EGV)

A. Objekt

Nichtigkeitsklage kann gegen Entscheidungen erhoben werden. Im Verfahren der Fusionskontrolle müssen die meisten Handlungen der Kommission in Form von formellen Entscheidungen ergehen.[908] Manchmal kann fraglich sein, ob der angefochtene Kommissionsakt eine Entscheidung ist. Im Urteil IBM/Kommission hat der EuGH folgenden vielzitierten Absatz geschrieben:

„Für die Feststellung, ob die angefochtenen Massnahmen Handlungen im Sinne des Artikels 173 darstellen, ist daher auf ihr Wesen abzustellen. Nach ständiger Rechtsprechung des Gerichtshofes sind alle Massnahmen, die verbindliche Rechtswirkungen erzeugen, welche die Interessen des Klägers durch einen Eingriff in seine Rechtsstellung beeinträchtigen, Handlungen oder Entscheidungen, gegen die die Anfechtungsklage nach Artikel 173 gegeben ist. Die Form, in der diese Handlungen oder Entscheidungen ergehen, ist dagegen grundsätzlich ohne Einfluss auf ihre Anfechtbarkeit."[909]

Nach dem EuGH liegt eine

„anfechtbare Handlung grundsätzlich nur bei Massnahmen vor, die den Standpunkt der Kommission oder des Rates zum Abschluss dieses Verfahrens endgültig festlegen, nicht aber bei Zwischenmassnahmen, die die abschliessende Entscheidung vorbereiten sollen".[910]

Die Frage, ob eine Entscheidung im Sinne der IBM-Rechtsprechung vorliegt, ist

---

[905] Rs. C-36/92P, SEP/Kommission Slg. 1994 I 1911; Rs. C-30/91P, Lestelle/Kommission Slg. 1992 I 3755.
[906] Z.B. Rs. C-137/92P, BASF/Kommission Slg. 1994 I 2555.
[907] Vgl. TOTH 292.
[908] Art. 6, 8, 9 Abs. 1, 9 Abs. 3 UA 2, 11 Abs. 5, 12, 13 Abs. 3, 14, 15 und 21 Abs. 3.
[909] Rs. 60/81, IBM/Kommission Slg. 1981, 2639, 2651; auch wiederholt in Rs. T-3/93, Air France/Kommission Slg. 1994 II 121, 154.
[910] Rs. 60/81, IBM/Kommission Slg. 1981, 2639, 2652.

Teil 1: Das europäische Fusionskontrollverfahren

beim Zusammenschluss British Airways/Dan Air bereits aktuell geworden. Das Urteil T-3/93, Air France/Kommission[911], betraf eine Erklärung des Pressesprechers des für Wettbewerb zuständigen Kommissionsmitglieds, dass die (nicht angemeldete) Übernahme von Dan Air durch British Airways die Schwellenwerte nicht überschreite und daher nicht in die Zuständigkeit der Kommission falle. Das EuG hat festgestellt, dass die Äusserung verschiedene Auswirkungen auf zahlreiche Personen und Staaten hatte und daraus geschlossen, dass ein anfechtbarer Akt vorliegt (vgl. vorne 127). Es hat aber festgehalten, dass dies nicht der Fall wäre bei einer entsprechenden Mitteilung der Task Force Fusionskontrolle. Eine solche entspreche einem Einstellungsschreiben gemäss VO 17 im Sinne des Urteils Giry und Guérlain/Kommission[912] und könne nicht Gegenstand einer Nichtigkeitsklage sein.[913]

Anfechtbar sind grundsätzlich nur endgültige Entscheidungen. Vorbereitende Entscheidungen sind nur zusammen mit der späteren endgültigen Entscheidung anfechtbar.[914] Davon gibt es wenige Ausnahmen. So hat der EuGH bei Gefahr der unerlaubten Offenlegung von Geschäftsgeheimnissen ein Verfahren vorgesehen, bei dem gegen die Weitergabeentscheidung der Kommission direkt Klage erhoben werden kann.[915] Ausserdem können Personen, die zwar über Verfahrensrechte verfügen, aber zur Anfechtung der Endentscheidung nicht legitimiert sind, die Verweigerung ihrer Verfahrensrechte direkt einklagen.[916]

Im folgenden sollen verschiedene Rechtsakte im Fusionskontrollverfahren auf ihre Anfechtbarkeit untersucht werden:

Entscheidungen nach Art. 6: Die Entscheidungen nach Art. 6 Abs. 1 lit. a und b sind endgültige, formelle Entscheidungen. Sie können daher mit Nichtigkeitsklage angefochten werden. In den Urteilen Rs. T-3/93, Air France/Kommission und Rs. T-83/92, Zunis/Kommission[917] (für Art. 6 Abs. 1 lit. a) sowie Rs. T-2/93, Air France/Kommission[918] (für Art. 6 Abs. 1 lit. b) hat das EuG die Anfechtbarkeit der in

---

[911] Slg. 1994 II 121.

[912] Rs. 253/78 u.a., Slg. 1980, 2327.

[913] In Abweichung vom Urteil des EuG lässt sich auch die Meinung vertreten, die Äusserung des Pressesprechers könne wegen zahlreicher formeller Mängel nicht als Entscheidung im Sinne von Art. 173 EGV, also als Akt mit Rechtswirkungen, qualifiziert werden, vgl. TOTH 299-302. Das EuG selbst hat beispielsweise in der Rs. T-113/89, Nefarma/Kommission Slg. 1990 II 797, entschieden, dass ein Brief des für Wettbewerb zuständigen Kommissionsmitglieds an einen Mitgliedstaat keine Rechtsfolgen habe und deshalb nicht mit Nichtigkeitsklage angefochten werden könne. Das Urteil T-3/93 fügt sich m.E. nicht in die übrige Rechtsprechung des Gerichtshofs ein.

[914] Rs. 60/81, IBM/Kommission Slg. 1981, 2639.

[915] Rs. 53/85, Akzo/Kommission Slg. 1986, 1965, hinten 279f.

[916] WAELBROECK, Judicial Review, 216.

[917] Slg. 1993 II 1169.

[918] Slg. 1994 II 323.

Frage stehenden Entscheidungen bejaht. In der Literatur war die Frage bis dahin umstritten.[919]

Nach der Rechtsprechung des Gerichtshofes kann gegen die Einleitung eines Kartellverfahrens keine Nichtigkeitsklage geführt werden, weil es sich um eine vorbereitende Entscheidung handelt.[920] Dies gilt wohl analog für die Entscheidung nach Art. 6 Abs. 1 lit. c.[921]

Entscheidungen nach Art. 8: Die Entscheidungen nach Art. 8 sind endgültige und formelle Entscheidungen und können daher mit Nichtigkeitsklage angefochten werden.

Genehmigungsfiktion (Art. 10 Abs. 6): Die Genehmigungsfiktion hat die gleichen Wirkungen wie eine Genehmigungsentscheidung nach Art. 6 Abs. 1 lit. b oder Art. 8 Abs. 2. Sie sollte daher auch auf gleichem Wege angefochten werden können.[922]

Bussentscheidungen (Art. 14 und 15): Auch die Entscheidungen nach Art. 14 und 15 sind endgültige und formelle Entscheidungen und können daher mit Nichtigkeitsklage angefochten werden.

Entscheidung, dass die Anmeldung unvollständig ist (Art. 10 Abs. 1): Eine solche Entscheidung berührt zwar die Rechtsstellung der Beteiligten, weil dadurch die endgültige Entscheidung über den Zusammenschluss hinausgeschoben wird. Sie dürfte vom Gerichtshof aber als vorbereitende Entscheidung eingestuft werden, weshalb ihre Anfechtung nur zusammen mit der Endentscheidung möglich sein dürfte.[923]

Veröffentlichung der Anmeldung: Die Veröffentlichung der Anmeldung ist kein selbständig anfechtbarer, sondern ein vorbereitender Akt.[924]

Verlängerung des Vollzugsverbots (Art. 7 Abs. 2): Die Verlängerung des automatischen Vollzugsverbots und die Anordnung anderer Massnahmen kann die Stellung der beteiligten Unternehmen und möglicherweise Dritter berühren. Im Kartellverfahren kann die Anordnung vorsorglicher Massnahmen selbständig angefochten wer-

---

[919] KOCH, in: GRABITZ nach Art. 86 N 54, verneinte die Anfechtbarkeit von Entscheidungen nach Art. 6 Abs. 1 lit. a und b, da diese Entscheidungen einen deklaratorischen Charakter hätten und die Rechtsstellung der Unternehmen unberührt liessen.

[920] Rs. 60/81, IBM/Kommission Slg. 1981, 2639, 2654. Kritisch zu dieser Rechtsprechung: WAELBROECK, Judicial Review, 214.

[921] Gl.M. BOS/STUYCK/WYTINCK 269; BERLIN, Contrôle, 338; a.M. MIERSCH, 232 und MIERSCH, Kommentar, 163. Nach LÖFFLER zu Art. 6 N 19 könnten *die Mitgliedstaaten* eine solche Entscheidung anfechten, soweit sie ihre Kompetenzen berühre.

[922] Gl.M. NIEMEYER 26; SCHRÖTER, in: VON DER GROEBEN zu Art. 87 II N 282; BOS/STUYCK/ WYTINCK 323; MIERSCH, Kommentar, 163; MIERSCH, 232; a.M. KOCH, in: GRABITZ nach Art. 86 N 54.

[923] A.M. scheinbar BOS/STUYCK/WYTINCK 328.

[924] Gl.M. BOS/STUYCK/WYTINCK 329.

den.[925] Das gleiche dürfte auch für vorsorgliche Massnahmen im Fusionskontrollverfahren gelten.[926]

Mitteilung der Einwände: Nach der Rechtsprechung des Gerichtshofes zur VO 17 ist die Mitteilung der Beschwerdepunkte nur ein vorbereitender Akt, gegen den keine Nichtigkeitsklage zulässig ist.[927] Analog dazu kann wohl auch gegen die Mitteilung der Einwände keine Nichtigkeitsklage geführt werden.[928]

Verweisung an einen Mitgliedstaat (Art. 9): Ausdrückliche oder implizite Entscheidungen der Kommission, einen Zusammenschluss an die Behörden eines Mitgliedstaates zu verweisen oder die Verweisung zu verweigern, sind endgültige Entscheidungen, die das Verfahren vor der Kommission abschliessen. Sie können zumindest von den Mitgliedstaaten angefochten werden.

Anerkennung eines berechtigten Interesses eines Mitgliedstaats (Art. 21 Abs. 3): Die Anerkennung oder Nichtanerkennung eines berechtigten Interesses dürfte eine anfechtbare Entscheidung im Sinne der Rechtsprechung des Gerichtshofes sein. Die Klagelegitimation der Mitgliedstaaten ist dann gegeben.

Gegen Entscheidungen der Kommission im Bereich der Fusionskontrolle wurden noch nicht sehr viele Nichtigkeitsklagen erhoben. Die bisherigen Fälle sind:

- Rs. T-83/92, Zunis u.a./Kommission Slg. 1993 II 1169 (Klage gegen die Entscheidung Mediobanca/Generali, M.159)
- Rs. T-96/92, CCE Grandes Sources u.a./Kommission Slg. 1995 II 1213 (Klage gegen die Entscheidung Nestlé/Perrier, M.190)
- Rs. T-2/93, Air France/Kommission Slg. 1994 II 323 (Klage gegen die Entscheidung British Airways/Dan Air, M.278)
- Rs. T-3/93, Air France/Kommission Slg. 1994 II 121 (Klage betreffend den Zusammenschluss British Airways/Dan Air, M.278)
- Rs. T-12/93, CCE Vittel u.a./Kommission Slg. 1995 II 1247 (Klage gegen die Entscheidung Nestlé/Perrier, M.190)
- Rs. T-88/94, Société commerciale des Potasses et de l'Azote (SCPA) und Entreprises Minière et Chimique (EMC)/Kommission (Klage gegen die Entscheidung Kali+Salz/MdK/Treuhand, M.308), abgegeben an den EuGH (Rs. C-68/94), Slg. 1995 II 201

---

[925] Rs. 792/79R, Camera Care/Kommission Slg. 1980, 119; BELLAMY/CHILD 743.
[926] Gl.M. BOS/STUYCK/WYTINCK 330; FINE, Mergers, 279.
[927] Rs. 60/81, IBM/Kommission Slg. 1981, 2639, 2654; Rs. T-10/92 u.a., Cimenteries CBR u.a./Kommission Slg. 1992 II 2667.
[928] Gl.M. BOS/STUYCK/WYTINCK 317.

- Rs. T-322/94, Union Carbide/Kommission (Klage gegen die Entscheidung Shell/Montecatini, M.269), hängig
- Rs. T-290/94, Kayserberg/Kommission (Klage gegen die Entscheidung Procter & Gamble/Schickedanz (II), M.430), hängig
- Rs. T-221/95, Endemol/Kommission (Klage gegen die Entscheidung RTL/Veronica/Endemol, M.553), hängig
- Rs. C-480/93P, Zunis u.a./Kommission vom 11.1.1996 (Rechtsmittel gegen das Urteil T-83/92)
- Rs. C-68/94, Frankreich/Kommission, (Klage Frankreichs gegen die Entscheidung Kali+Salz/MdK/Treuhand, M.308), hängig

In einigen der genannten Rechtssachen wurden Begehren um einstweilige Anordnungen gestellt:

Rs. T-96/92R, Slg. 1992 II 2579;

Rs. T-12/93R, Slg. 1993 II 449 und 1993 II 785;

Rs. T-88/94R, Slg. 1994 II 401;

Rs. T-322/94R, Slg. 1994 II 1159;

Rs. T-290/94R, vom 16.8.95, noch unveröffentlicht.

Die Zahl der Gerichtsurteile dürfte keine überwältigenden Ausmasse annehmen, da einerseits nicht sehr viele Untersagungen und Genehmigungen unter Bedingungen und Auflagen ergehen werden und eine Klage wegen der lange dauernden Unsicherheit über den Zusammenschluss für die Unternehmen nicht interessant ist, und da anderseits die Klagelegitimation Dritter gegen Genehmigungen nur vereinzelt gegeben sein wird.

B. Gründe

Die Nichtigkeitsklage kann nach Art. 173 Abs. 2 EGV wegen „Unzuständigkeit, Verletzung wesentlicher Formvorschriften, Verletzung dieses Vertrags oder einer bei seiner Durchführung anzuwendenden Rechtsnorm oder wegen Ermessensmissbrauchs" erhoben werden. Der EuGH und das EuG unterscheiden die einzelnen Klagegründe nicht streng. Eigentlich umfasst die Verletzung des Vertrags oder einer bei seiner Durchführung anzuwendenden Rechtsnorm auch die anderen Klagegründe.

Bei Klagen im Bereich der Fusionskontrolle steht die Verletzung der FKVO und ihrer Verfahrensvorschriften im Vordergrund; in zweiter Linie dürften die Verletzung von allgemeinen Rechtsgrundsätzen wie rechtlichem Gehör oder Verhältnismässigkeit kommen. Der Hinweis in der Begründungserwägung 31 der FKVO, dass die Verordnung in keiner Weise die anerkannten kollektiven Rechte der Arbeitnehmer berühre, kann keinen selbständigen Klagegrund darstellen, da auf die FKVO gestützte Entscheidungen grundsätzlich keine direkten Auswirkungen auf solche Rechte haben.[929]

Nicht jede Missachtung einer Verfahrensvorschrift oder eines Verfahrensrechts führt zur Nichtigkeit des angefochtenen Aktes. Die Missachtung einer Verfahrensvorschrift, die ausdrücklich in einem verbindlichen Rechtsakt vorgesehen ist oder ein allgemeiner Grundsatz des Gemeinschaftsrechts ist, dürfte die Nichtigerklärung der betreffenden Entscheidung nach sich ziehen.[930] Wesentliche Verfahrensvorschriften dürften in der Fusionskontrolle unter anderem die Veröffentlichung eines Hinweises auf die Anmeldung (Art. 4 Abs. 3), die Unterrichtung der betroffenen Unternehmen und Mitgliedstaaten bei einer Verweisung nach Art. 9 (Art. 9 Abs. 1) und die Konsultation des Beratenden Ausschusses (Art. 19 Abs. 3) sein.

Der Gerichtshof entscheidet in ständiger Rechtsprechung, dass die Missachtung einer Verfahrensvorschrift oder eines Verfahrensrechts nur dann die Nichtigkeit der Entscheidung zur Folge hat, wenn nachgewiesen werden kann, dass die Entscheidung ohne die Missachtung anders hätte ausfallen können.[931] Im Kartellverfahren war dies beispielsweise nicht der Fall bei der Übermittlung von Dokumenten in einer anderen Sprache als der des Adressaten[932], der Nichtanwesenheit aller mit dem Fall befassten Kommissionsbediensteten während der ganzen Dauer der mündlichen Anhörung[933] und der unerlaubten Zugänglichmachung von Geschäftsgeheimnissen an Dritte[934]. Die Verweigerung des rechtlichen Gehörs kann dagegen zur Nichtigerklärung der betreffenden Entscheidung führen (hinten 264f.).

Die Frist für die Nichtigkeitsklage beträgt zwei Monate seit der Veröffentlichung der Entscheidung im Amtsblatt, der Mitteilung an den Kläger oder seit Kenntnis der Mitteilung an den Adressaten (Art. 173 Abs. 5 EGV). Bei Kumulation gilt das frühere Ereignis.[935] Die Kenntnis der Entscheidung muss sich auf den genauen Inhalt und auf die Gründe, auf die sie gestützt ist, beziehen.[936]

---

[929] Rs. T-96/92, CCE Grandes Sources u.a./Kommission Slg. 1995 II 1213.
[930] BELLAMY/CHILD 787; KERSE 335.
[931] Z.B. Rs. 209 bis 215/78, van Landewyck/Kommission Slg. 1980, 3125.
[932] Rs. 41, 44 und 45/69, ACF Chemiefarma u.a./Kommission Slg. 1970, 661.
[933] Rs. 43 und 63/82, VBVB und VBBB/Kommission Slg. 1984, 19.
[934] Rs. 209 bis 215/78, van Landewyck/Kommission Slg. 1980, 3125.
[935] Zur Berechnung der Frist s. Art. 102 der VerfO des EuG vom 2.5.1991, ABl. 1991 L 136/1, berichtigt durch ABl. 1991 L 193/44 und L 317/34; Rs. 152/85, Misset/Rat Slg. 1987, 223.
[936] Rs. C-180/88, Wirtschaftsvereinigung, Eisen- und Stahlindustrie/Kommission Slg. 1990 I 4413.

Eine Klage auf Feststellung der Inexistenz eines Aktes ist nicht an eine Frist gebunden. Ein Rechtsakt ist jedoch nur in Ausnahmefällen inexistent, wenn er nämlich offenkundig mit ganz aussergewöhnlichen Fehlern behaftet ist.[937]

C. Legitimation

1. Klage gegen Entscheidungen nach Art. 6 und 8

Die Legitimation für die Nichtigkeitsklage hat im Fusionskontrollverfahren eine grosse praktische Bedeutung. Insbesondere die Legitimation von Dritten (Konkurrenten, Arbeitnehmerorganisationen, Verbänden, etc.) kann den Charakter des Fusionskontrollverfahrens insgesamt beeinflussen. Für Dritte kann ein Zusammenschluss einschneidende Auswirkungen haben. Anderseits könnten Klagen von Dritten Zusammenschlüsse auch unnötig behindern. Die Rechtssicherheit der Beteiligten und Dritter verlangt zudem, dass die Zulässigkeit von Zusammenschlüssen nicht beliebig in Frage gestellt werden kann.

Die Mitgliedstaaten sind nach Art. 173 Abs. 2 EGV zur Klage gegen jede Entscheidung der Kommission legitimiert.[938] Nach Art. 173 Abs. 4 EGV ist zur Nichtigkeitsklage auch jede natürliche oder juristische Person legitimiert, welche entweder Adressat der Entscheidung oder durch den Akt der Kommission unmittelbar und individuell betroffen ist.

Die Adressaten von Entscheidungen im Fusionskontrollverfahren, also die Anmelder, sind immer zur Anfechtung der an sie gerichteten endgültigen Entscheidungen nach Art. 6 und 8 legitimiert, sofern sie in ihrer Rechtsstellung betroffen sind. Entscheidungen, an deren Aufhebung für die Adressaten kein Interesse besteht, also Genehmigungsentscheidungen nach Art. 6 Abs. 1 lit. b oder Art. 8 Abs. 2, können von diesen nicht angefochten werden.[939] Nach den Äusserungen des EuG in Rs. T-3/93, Air France/Kommission, zu schliessen, sind die Adressaten einer Entscheidung nach Art. 6 Abs. 1 lit. a dagegen zur Klage legitimiert.[940]

---

937 Rs. C-137/92P, Kommission/BASF u.a. Slg. 1994 I 2555. Das EuG hat in Rs. T-79/89 u.a., BASF u.a./Kommission (PVC) Slg. 1992 II 315, die betreffende Kommissionsentscheidung für inexistent gehalten. Im Rechtsmittelentscheid hat der EuGH allerdings befunden, dass die vom EuG festgestellten Mängel nicht derart gravierend seien, dass die Kommissionsentscheidung deshalb inexistent war. Vgl. den Artikel von TOTH.

938 Die erste von einem Mitgliedstaat eingereichte Klage im Bereich der Fusionskontrolle ist C-64/94, mit der Frankreich die Annullierung der Entscheidung Kali+Salz/MdK/Treuhand, M.308, fordert, ABl. 1994 C 120/7. Frankreich wirft der Kommission vor, sie habe die Bestimmungen über die Anhörung der Mitgliedstaaten missachtet und bei der Beurteilung des relevanten Marktes sowie der Auswirkungen des Zusammenschlusses Fehler begangen.

939 Rs. T-138/89, NBV und NVB/Kommission Slg. 1992 II 2181; gl.M. LANGEHEINE 126.

940 Vgl. LANGEHEINE 126.

Die Klagelegitimation Dritter stellt schwierigere Fragen. Diesbezüglich gibt es eine umfangreiche Rechtsprechung des Gerichtshofs für das Kartellverfahren, die allerdings alles andere als klar ist.[941] Die wichtigsten Urteile sind Metro[942], Fediol[943] und Cofaz[944]. Im Wettbewerbsrecht wurde insbesondere die Klagelegitimation von Beschwerdeführern nach Art. 3 Abs. 2 lit. b VO 17 in der Rechtsprechung anerkannt.[945] Da im Fusionskontrollverfahren die Stellung des Beschwerdeführers nicht vorgesehen ist, kann die diesbezügliche Rechtsprechung jedoch nicht ohne weiteres übernommen werden.

Der Gerichtshof benutzt die Formel, dass ein Kläger dann *individuell* betroffen ist, wenn „die Entscheidung ihn wegen bestimmter persönlicher Eigenschaften oder besonderer, ihn aus dem Kreis aller übrigen Personen heraushebender Umstände berührt und ihn daher in ähnlicher Weise individualisiert wie den Adressaten"[946]. *Unmittelbar* ist er betroffen, wenn die Entscheidung direkte Auswirkungen auf seine rechtliche Stellung hat, d.h. wenn nicht noch eine Stelle mit autonomer Entscheidungsbefugnis zwischen ihn und die entscheidende Stelle tritt.[947]

Das Zielunternehmen eines öffentlichen Übernahmeangebots ist nach diesen Regeln durch eine Entscheidung über den Zusammenschluss immer individuell und unmittelbar betroffen.[948] Für andere Dritte, insbesondere Konkurrenten, ist die Frage genauer zu prüfen.

Die bereits ergangenen fünf Urteile des EuG zur Klagelegitimation Dritter im Fusionskontrollverfahren zeigen, dass sich dieses auf die bestehende Rechtsprechung stützt. Das EuG hat die Klagelegitimation Dritter m.E. richtigerweise nicht generell verneint. Die Urteile betrafen die Legitimation von Konkurrenten (Rs. T-3/93, Air France; Rs. T-2/93 Air France), von Aktionären einer übernommenen Gesellschaft (Rs. T-83/92, Zunis u.a.), und von Arbeitnehmervertretern von übernommenen Gesellschaften (Rs. T-96/92, CCE Grandes Sources u.a. und Rs. T-12/93, CCE Vittel u.a.).

Im Urteil Rs. T-3/93, Air France vom 24.3.94, hat das EuG Air France, ein Konkurrenzunternehmen, zur Klage gegen eine Entscheidung der Kommission, dass der Zusammenschluss von British Airways und Dan Air nicht unter die FKVO falle, zugelassen. Air France sei unmittelbar durch die Entscheidung betroffen gewesen, weil

---

941 Vgl. z.B. RENGELING/MIDDEKE/GELLERMANN N 153-170 und speziell den Artikel von LANGEHEINE.
942 Rs. 26/76, Metro/Kommission Slg. 1977, 1875 (Metro I).
943 Rs. 191/82, Fediol/Kommission Slg. 1983, 2913.
944 Rs. 169/84, Cofaz/Kommission Slg. 1986, 391.
945 Rs. 26/76, Metro/Kommission Slg. 1977, 1875 (Metro I).
946 Rs. 25/62, Plaumann/Kommission Slg. 1963, 211, 238.
947 Z.B. Rs. 41 bis 44/70, International Fruit Company/Kommission Slg. 1971, 411.
948 Gl.M. LÖFFLER zu Art. 6 N 18.

sie „eine unmittelbare oder schnelle Änderung des Marktzustandes als sicher erachten" konnte und der Verfahrensrechte, die sie in einem Verfahren unter der FKVO gehabt hätte, verlustig ging.[949] Air France sei individuell durch die Entscheidung betroffen worden, weil sich ihre Situation von der anderer internationaler Luftverkehrsunternehmen wegen der in Frage stehenden Fluglinien deutlich unterschieden habe. Das EuG verwies auf die Urteile Plaumann[950], Eridania[951] und Cofaz[952].

Im Urteil Rs. T-2/93, Air France vom 19.5.94, stand die Klagelegitimation von Air France gegen die Genehmigungsentscheidung nach Art. 6 Abs. 1 lit. b des Zusammenschlusses British Airways/TAT in Frage. Das EuG hielt Air France erneut für unmittelbar und individuell betroffen,

- weil Air France auf die Mitteilung der Anmeldung nach Artikel 4 Abs. 3 der FKVO hin Erklärungen abgegeben hat, in deren Beantwortung ihr versichert worden ist, dass diese voll berücksichtigt würden,

- weil die Kommission die besondere Situation von Air France bei der Beurteilung der Wettbewerbssituation, die sich infolge des Zusammenschlusses ergeben würde, berücksichtigt hat

- und weil Air France vor dem Zusammenschluss durch eine Vereinbarung zwischen ihr, Frankreich und der Kommission verpflichtet worden ist, ihre Beteiligungen an einem der am Zusammenschluss beteiligten Unternehmen aufzugeben.[953]

Das EuG wollte in diesem Urteil wohl keine allgemeingültigen Regeln aufstellen. Es kann aber angenommen werden, dass der erste und der zweite der genannten Gründe normalerweise für die Anerkennung der individuellen Betroffenheit ausreichen. Die Stellungnahme zum Zusammenschluss und die Berücksichtigung der besonderen Stellung eines bestimmten Unternehmens durch die Kommission dürfte diesem eine Stellung vermitteln, die der eines Beschwerdeführers unter der VO 17 nahekommt.

Im Urteil Rs. T-83/92, Zunis u.a. vom 28.10.1993, hat das EuG entschieden, dass Aktionäre einer übernommenen Gesellschaft nicht zur Anfechtung einer Weigerung der Kommission, eine Entscheidung nach Art. 6 Abs. 1 lit. a zu widerrufen, legitimiert sind. Gemäss dem EuG wurden die Rechte der Aktionäre durch die Vergrösserung des Kapitalanteils von Mediobanca an ihrer Gesellschaft nicht unmittelbar

---

949 Slg. 1994 II 121, 162.
950 Rs. 25/62, Plaumann/Kommission Slg. 1963, 211.
951 Rs. 10 und 18/68, Eridania/Kommission Slg. 1969, 459.
952 Fn 944.
953 Slg. 1994 II 323, 324.

beeinträchtigt und die Kläger würden gleich wie 140'000 andere Aktionäre der Gesellschaft berührt, folglich seien sie nicht individuell betroffen.[954]

In den beiden Urteilen Rs. T-96/92, CCE Grandes Sources u.a., und Rs. T-12/93, CCE Vittel u.a., beide vom 27.4.95, ging es um die Legitimation von Personalvertretern und Gewerkschaften von am Zusammenschluss Nestlé/Perrier, M.190, beteiligten Unternehmen zur Klage gegen die Genehmigung des Vorhabens unter Bedingungen und Auflagen. Das EuG entschied, dass in einem Mitgliedstaat rechtlich anerkannte Arbeitnehmervertreter wegen ihrer speziellen Erwähnung in Art. 18 Abs. 4 immer individuell, aber im Grundsatz und unter Vorbehalt aussergewöhnlicher Umstände nicht unmittelbar betroffen sind. In diesen beiden Urteilen hat sich das EuG bisher am ausführlichsten zur Klagelegitimation Dritter geäussert.

Für die *individuelle Betroffenheit* verweist es auf die bisherige Rechtsprechung. Vertreter der Arbeitnehmer der betroffenen Unternehmen hat es als ausreichend individualisiert angesehen, da Art. 18 Abs. 4 ihnen explizit einen Anspruch auf rechtliches Gehör verleiht und sie eine geschlossene, klar umschriebene Gruppe darstellen.

Andere Dritte haben gemäss Art. 18 Abs. 4 nur dann einen Anspruch auf rechtliches Gehör, wenn sie ein hinreichendes Interesse geltend machen können. Ob Dritte schon ausreichend individualisiert sind, wenn sie ein solches hinreichendes Interesse haben, hat das EuG bisher nicht entschieden. Dies dürfte wegen der Anforderungen des Plaumann-Urteils[955] eher zu verneinen sein.

Bei der Frage nach der individuellen Betroffenheit hat in der bisherigen Rechtsprechung im Kartellrecht auch der Grad der Beteiligung am Verfahren eine Rolle gespielt. In den beiden genannten Urteilen hat das EuG klargemacht, dass die Beteiligung am Verfahren entgegen dem Vorbringen der Kommission nicht Bedingung für die Legitimation Dritter zur Nichtigkeitsklage ist. Die Beteiligung am Verfahren dürfte mit anderen Umständen zusammen aber anzeigen können, dass Dritte, die in der FKVO nicht ausdrücklich individualisiert werden, aus dem Kreis der übrigen Personen hervorgehoben werden und somit individuell betroffen sind.

Auch für die *unmittelbare Betroffenheit* stellt das EuG auf die bisherige Rechtsprechung ab, wonach unmittelbar betroffen ist, wer durch die angefochtene Entscheidung in seinen Rechten beeinträchtigt wird. In den beiden Urteilen vom 27. April 1995 hielt das EuG fest, dass die eigenen Rechte der Vertreter der Arbeitnehmer durch eine Genehmigungsentscheidung generell nicht beeinträchtigt werden und dass zwischen der Entscheidung und einer möglichen Reduktion von Arbeitsplätzen kein Kausalzusammenhang bestand. Die Rechte der Arbeitnehmer würden durch andere, vor allem nationale Vorschriften geschützt. Die betreffenden Organisationen seien auch nicht deshalb unmittelbar betroffen, weil ihre eigene Existenz bedroht sei.

---

[954] Das Rechtsmittel der Kläger wurde vom EuGH ohne Beurteilung der Frage der Klagelegitimation zurückgewiesen, Rs. C-480/93P, Zunis u.a./Kommission vom 11.1.1996.
[955] Fn 946.

Arbeitnehmerorganisationen hätten keinen Anspruch auf den Fortbestand einer bestimmten Unternehmensstruktur.

Das EuG hat die Rechtsprechung bestätigt, dass Dritte, auch wenn ihre Rechtsstellung durch die angefochtene Entscheidung nicht unmittelbar berührt ist, doch immer insoweit zur Klage legitimiert sind, als sie die Verletzung bestimmter Verfahrensrechte rügen können, die ihnen im betreffenden Verfahren zugestanden haben. Die Klage betrifft dann nur die Einhaltung dieser Verfahrensrechte. Im Fusionskontrollverfahren dürfte das vor allem die Verletzung des rechtlichen Gehörs betreffen (Art. 18 Abs. 4).

Das EuG hat in den beiden Urteilen vom 27.4.95 auch klargemacht, dass neben der individuellen und unmittelbaren Betroffenheit kein zusätzliches Rechtsschutzinteresse für die Klagelegitimation nötig ist.

In der Literatur (die zum Teil älter ist als die Urteile des EuG) gehen die Meinungen über die Klagelegitimation Dritter auseinander. Einige Autoren verneinen die Klagelegitimation Dritter generell mit Blick auf den Schutzzweck der FKVO. So hält KOCH Konkurrenten, sonstige Marktteilnehmer und auch die Zielgesellschaft eines unfreundlichen Übernahmeangebots nicht für klagelegitimiert gegen Entscheidungen nach Art. 6 und 8, weil die FKVO nur die wettbewerbliche Struktur der Märkte, aber nicht die individuellen Freiheitsrechte der Marktteilnehmer schütze.[956] Auch BERLIN nimmt an, dass Dritten die Legitimation zur Anfechtung von Entscheidungen nach Art. 6 und 8 generell fehle.[957] Nach Ansicht von BOS/STUYCK/WYTINCK sollten Aktionäre und Angestellte der beteiligten Unternehmen keine Klagelegitimation haben, weil der Schutz ihrer Interessen nicht Ziel der FKVO sei.[958]

Angesichts der inzwischen ergangenen Entscheidungen ist die generelle Verneinung der Klagebefugnis Dritter zu revidieren. Das EuG hat die Klagelegitimation im Urteil Rs. T-96/92, CCE Grandes Sources, entgegen den Vorbringen der Kommission nicht generell wegen einem mangelnden Rechtsschutzinteresse abgelehnt, sondern ausschliesslich im Hinblick auf die unmittelbare und individuelle Betroffenheit beurteilt.[959]

Einige Autoren stellen auf die Anhörungsrechte ab. So will KRIMPHOVE allen Anhörungsberechtigten nach Art. 18 Abs. 4 die Klagelegitimation zuerkennen.[960] Dadurch würde der Kreis der Klageberechtigten sehr weit gezogen. Die Frage nach der unmittelbaren und individuellen Betroffenheit würde auf die Frage nach dem hinreichen-

---

[956] KOCH, in: GRABITZ nach Art. 86 N 54; gl.M. MIERSCH, Kommentar, 165 und MIERSCH, 235-236.
[957] BERLIN, Contrôle, 339.
[958] BOS/STUYCK/WYTINCK 329.
[959] Wieweit das Rechtsschutzinteresse bereits bei der Beurteilung der unmittelbaren Betroffenheit beachtet wird, ist allerdings in der Rechtsprechung des Gerichtshofes nicht völlig klar, vgl. RENGELING/ MIDDEKE/GELLERMANN N 176-179.
[960] KRIMPHOVE 337.

den Interesse für die Anhörung verschoben. Wenn auch das hinreichende Interesse für eine Anhörung meist mit der unmittelbaren Betroffenheit korrespondieren dürfte, sollten die Klageberechtigten in der Entscheidung noch weiter individualisiert werden.

Nach KERSE und BOS/STUYCK/WYTINCK ist die Beeinträchtigung der wirtschaftlichen Situation Dritter entscheidend. Sie vertreten die Ansicht, dass alle Personen klagelegitimiert sein sollten, die durch die Entscheidung unmittelbaren Schaden oder Verlust erleiden.[961] Hier ist wohl auch die Ansicht von KARL einzuordnen, nach der zwar nicht auf die konkrete wirtschaftliche Situation der Dritten abgestellt werden soll, aber - neben dem Vorliegen eines hinreichenden Interesses für die Anhörung - auf die „Bedrohung" der wirtschaftlichen Situation durch das Entstehen eines marktmächtigen Unternehmens.[962] Auch diese Auffassung zieht den Kreis der klageberechtigten Dritten m.E. zu weit. Die wirtschaftlich vom Zusammenschluss betroffenen Dritten sollten in der Entscheidung weiter individualisiert werden.

Andere Autoren sind der Auffassung, dass Dritte, die sich in einer Form am Verfahren beteiligt haben, also zur Anmeldung Stellung genommen oder einen Antrag auf Anhörung im Hauptprüfverfahren gestellt haben, zur Klage legitimiert sein sollten.[963] Diese Ansicht übergeht aber die Tatsache, dass im Fusionskontrollverfahren die Stellung des Beschwerdeführers nicht vorgesehen ist. Eine blosse Stellungnahme zu einer Anmeldung sagt noch nichts aus über die unmittelbare und individuelle Betroffenheit und kann nicht zu einer einem Beschwerdeführer ähnlichen Stellung verhelfen.[964] Das EuG hat in seinem Urteil Rs. T-96/92, CCE Grandes Sources, auch klar gesagt, dass die Beteiligung am Verfahren nicht Voraussetzung für die Klagelegitimation ist. Die Beteiligung am Verfahren dürfte in jedem Fall aber ein wichtiges Indiz für die Frage nach der individuellen Betroffenheit sein.

Einige Autoren fordern sowohl eine Beeinträchtigung der wirtschaftlichen Situation als auch eine Individualisierung durch tatsächliche Beteiligung am Verfahren.[965]

M.E. sollten Dritte dann zur Nichtigkeitsklage legitimiert sein, wenn sie in ihren wirtschaftlichen Interessen besonders stark betroffen sind und in der Entscheidung weiter individualisiert worden sind, indem also z.B. ihre besondere wirtschaftliche Situation oder ihre Äusserungen im Rahmen des Verfahrens von der Kommission berücksichtigt worden sind oder hätten berücksichtigt werden müssen.[966]

---

[961] KERSE 328; BOS/STUYCK/WYTINCK 328.
[962] KARL 79-81.
[963] BOS/STUYCK/WYTINCK 329; OVERBURY/JONES 362; VENIT 47 Fn 135; FINE, Mergers, 280-281.
[964] Ähnlich auch KARL 77-79.
[965] KIRCHHOFF 15; OVERBURY/JONES 362; DAVIES/LAVOIE 30; LANGEHEINE 128.
[966] Vgl. KIRCHHOFF 15; LANGEHEINE 128 und 129; OVERBURY/JONES 362; DAVIES/LAVOIE 30. Keiner dieser Autoren fordert jedoch die Berücksichtigung der besonderen Stellung des Klägers in der Entscheidung. Zur Individualisierung genügt ihnen die Beteiligung am Verfahren.

Klagelegitimation sollte nicht jedem beliebigen Dritten gewährt werden. Der Gerichtshof sollte die unmittelbare und individuelle Betroffenheit restriktiv auslegen. Das EuG hat m.E. in den Fällen T-2/93 und T-3/93, Air France (Bejahung der Legitimation der Hauptkonkurrentin), T-83/92, Zunis (Verneinung der Legitimation einiger Aktionäre aus 140'000 anderen) sowie T-96/92, CCE Grandes Sources und T-12/96, CCE Vittel (Verneinung der generellen Legitimation von Betriebsräten und Gewerkschaften) richtig entschieden.

2. Klagen gegen die Verweisung an einen Mitgliedstaat nach Art. 9

Die Mitgliedstaaten können ausdrückliche oder implizite Entscheidungen über die Verweisung eines Zusammenschlusses anfechten (Art. 9 Abs. 9).

Es ist fraglich, ob auch die beteiligten Unternehmen eine Verweisungsentscheidung anfechten können. Zwar müssen sie von der Entscheidung unterrichtet werden, sie sind aber nicht Adressaten der Entscheidung. Sie sind folglich nur klagelegitimiert, wenn sie unmittelbar und individuell betroffen sind. Die Entscheidung betrifft sie individuell, da ihr konkreter Fall verwiesen wird. Ob die Beteiligten und Dritte auch unmittelbar betroffen sein können, ist noch nicht entschieden. Man kann argumentieren, dass ihnen durch die Verweisung direkt keine Rechte genommen oder gegeben werden, da nicht sicher ist, wie die nationale Behörde entscheiden wird.[967] Anderseits ist das Ausmass der Rechte der Unternehmen in den verschiedenen Rechtsordnungen bekannt, so dass schon der Verweis an einen bestimmten Mitgliedstaat ihre Rechte beeinträchtigen kann.

In der Literatur sind die Meinungen geteilt. BOS/STUYCK/WYTINCK[968] und BERLIN[969] bejahen das Klagerecht der Zusammenschlussbeteiligten und Dritter. LANGEHEINE verneint es, weil die Verweisung die Entscheidung über den Zusammenschluss nicht präjudiziere und nur eine organisatorische Entscheidung zur Bestimmung der zur Entscheidung berufenen Stelle sei.[970]

Entscheidungen, die einen Verweisungsantrag zurückweisen, können von den am Zusammenschluss beteiligten Unternehmen und Dritten nicht angefochten werden. Sie sind durch eine solche Entscheidung nicht unmittelbar betroffen, da der Umfang ihrer Rechte nicht geändert wird.[971]

---

967 Vgl. WENIG, in: GRABITZ zu Art. 173 N 58.
968 BOS/STUYCK/WYTINCK 331.
969 BERLIN, Contrôle, 126.
970 LANGEHEINE 130.
971 Im Ergebnis gleicher Meinung: LANGEHEINE 130.

3. Klagen gegen die Anerkennung eines berechtigten Interesses nach Art. 21 Abs. 3

Die Mitgliedstaaten können eine solche Entscheidung gestützt auf Art. 173 Abs. 2 EGV anfechten. Auch die am Zusammenschluss Beteiligten dürften zur Klage gegen die Anerkennung eines berechtigten Interesses legitimiert sein. Da die Massnahmen, die ein Mitgliedstaat gestützt auf ein berechtigtes Interesse treffen kann, den Zusammenschluss nur erschweren können (vorne 194), verschlechtert die Entscheidung der Kommission die Stellung der Beteiligten und berührt sie unmittelbar. In der Rechtsprechung des Gerichtshofs gibt es einen ähnlich gelagerten Fall zur unmittelbaren Betroffenheit: Rs. 11/82, Paraiki-Patraiki u.a./Kommission[972]. In diesem Fall ging es um eine Bewilligung der Kommission an Frankreich, Baumwollimporte aus Griechenland einer Quotenregelung zu unterwerfen. Der Gerichtshof entschied, dass griechische Baumwollhersteller durch diese Entscheidung unmittelbar berührt waren, obwohl der französische Staat zuerst eine weitere Entscheidung zur Umsetzung der Bewilligung treffen musste. Da er aber eine solche erbeten hatte, war an der Verwirklichung der Massnahmen nicht zu zweifeln. Analog dürfte es sich mit der Bewilligung zur Anwendung von Massnahmen aufgrund besonderer Interessen verhalten.[973]

D. **Kognition**

Die Kognition des Gerichtshofs ist weit. Sie umfasst sowohl rechtliche wie bestimmte tatsächliche Fragen.[974] Der EuGH hat aber schon früh entschieden, dass die Kommission bei der Anwendung der Wettbewerbsregeln schwierige Wertungen wirtschaftlicher Sachverhalte vornehmen muss und dass die gerichtliche Nachprüfung ihrer Entscheidungen dem Rechnung tragen und deshalb beschränkt sein muss.[975] Im Urteil Remia hat der EuGH diesbezüglich festgehalten:

„Der Gerichtshof hat daher seine Prüfung dieser Sachverhaltswürdigung auf die Frage zu beschränken, ob die Verfahrensvorschriften eingehalten worden sind, ob die Begründung ausreichend ist, ob der Sachverhalt zutreffend festgestellt worden ist und ob keine offensichtlich fehlerhafte Würdigung des Sachverhalts und kein Ermessensmissbrauch vorliegen."[976]

---

[972] Slg. 1985, 207.
[973] A.M. BOS/STUYCK/WYTINCK 327.
[974] Zur Überprüfung von Tatsachenfeststellungen s. EVERLING, Beweiswürdigung, 884-885 und 887-889; DUE, droits de la défense, 385.
[975] Rs. 56 und 58/64, Consten Grundig/Kommission Slg. 1966, 322.
[976] Rs. 42/84, Remia/Kommission Slg. 1985, 2545, 2575.

Im Gegenzug dazu verstärkte der EuGH die Kontrolle des Verfahrens, das zu den Entscheidungen führt.⁹⁷⁷ Im Urteil Hauptzollamt München/Technische Universität München heisst es:

„Soweit jedoch die Organe der Gemeinschaft über einen solchen Beurteilungsspielraum verfügen, kommt eine um so grössere Bedeutung der Beachtung der Garantien zu, die die Gemeinschaftsrechtsordnung in Verwaltungsverfahren gewährt. Zu diesen Garantien gehören insbesondere die Verpflichtung des zuständigen Organs, sorgfältig und unparteiisch alle relevanten Gesichtspunkte des Einzelfalles zu untersuchen, das Recht des Betroffenen, seinen Standpunkt zu Gehör zu bringen, und das Recht auf eine ausreichende Begründung der Entscheidung. Nur so kann der Gerichtshof überprüfen, ob die für die Wahrnehmung des Beurteilungsspielraums massgeblichen sachlichen und rechtlichen Umstände vorgelegen haben."⁹⁷⁸

Weniger prosaisch hat auch GA TRABUCCHI die Bedeutung der Prüfung von formalen Anfechtungsgründen hervorgehoben:

„eine Prüfung, in der die Tätigkeit des Richters in einem um so helleren Licht erscheint, als er in die Tiefen unerlaubter Verhaltensweisen hinabsteigt, um zu prüfen, ob nicht die Verteidigungsrechte des Klägers verletzt sind und um sich zu vergewissern, ob die Form die Hüterin der Gerechtigkeit, in ihren wesentlichen Erfordernissen ebenfalls gewahrt ist".⁹⁷⁹

Das *EuG* hingegen hat die Tendenz, das Ermessen der Kommission in der Sachverhaltsbeurteilung verstärkt nachzuprüfen.⁹⁸⁰ Es verwahrt sich aber ebenfalls davor, seine Würdigung an die Stelle derjenigen der Kommission zu setzen.⁹⁸¹

Die Kognition bei der Nachprüfung von Bussen und Zwangsgeldern ist unbeschränkt (Art. 172 EGV; Art. 16 FKVO). Die Gerichte können eine Busse aufheben, verringern oder erhöhen. Dabei können sie sämtliche Aspekte des Falles und alle Rechts- und Tatsachenfragen in die Beurteilung einbeziehen.⁹⁸²

Im Rechtsmittelverfahren ist die Kognition des EuGH auf Rechtsfragen beschränkt (Art. 168a EGV).

E. Nichtigerklärung

Ist eine Klage nach Art. 173 EGV begründet, erklärt der Gerichtshof die angefochtene Entscheidung ganz oder teilweise⁹⁸³ für nichtig. Eine teilweise Nichtigerklärung ist dann angezeigt, wenn der Teil der Entscheidung, der nichtig ist, abgetrennt wer-

---

977 EVERLING, Beweiswürdigung, 882.
978 Rs. C-269/90, Slg. 1991, 5469, 5499.
979 GA TRABUCCHI in Rs. 46/72, de Greef/Kommission Slg. 1973, 543, 558.
980 GREEN 135.
981 Rs. T-3/93, Air France/Kommission Slg. 1994 II 121, 173.
982 KERSE 324-325.
983 Z.B. Rs. T-68/89 u.a., Società Italiano Vetro/Kommission Slg. 1992 II 1403.

den kann. Im Fusionskontrollverfahren könnte dies bei einer unverhältnismässigen Bedingung der Fall sein.[984]

Nicht jede Verletzung von Gemeinschaftsrecht führt zur Nichtigerklärung der angefochtenen Entscheidung. Der Gerichtshof hat in ständiger Rechtsprechung entschieden, dass Verfahrensmängel nur dann zur Nichtigerklärung der angefochtenen Entscheidung führen, wenn die Entscheidung ohne den Mangel anders hätte ausfallen können.[985] Dies bedeutet, dass der Mangel eine gewisse Schwere haben muss.[986] Im Urteil Hoffmann-La Roche[987] hatte der EuGH sogar entschieden, dass die Nichtgewährung des rechtlichen Gehörs noch im Verfahren vor dem Gerichtshof nachgeholt (geheilt) werden könne. Dies blieb jedoch das einzige solche Urteil. In der neueren Entscheidung Rs. T-30/91, Solvay/Kommission[988], hat das EuG klar festgehalten, dass ein Fehler im Verwaltungsverfahren im gerichtlichen Verfahren nicht mehr geheilt werden kann.

Art. 10 Abs. 5 der FKVO sieht vor, dass die Fristen für die Entscheidungen unter der FKVO nach einer totalen oder teilweisen Nichtigerklärung durch den Gerichtshof mit dem Tage der Urteilsverkündung neu beginnen. Auch wenn eine Entscheidung wegen Missachtung eines Verfahrensrechts für nichtig erklärt wird, muss das Verfahren neu durchgeführt werden.[989] Nichts hindert aber die Kommission, bei Einhaltung der Verfahrensvorschriften eine materiell gleichlautende Entscheidung zu fällen.[990]

Dies zeigt ein Problem des Rechtsschutzsystems der EU. Die blosse Kontrolle des Verfahrensablaufs zusammen mit einer kassatorischen Klage garantiert noch nicht für „richtige" und ausgewogene Entscheidungen. Eine nähere Überprüfung der Ermessensausübung der Kommission durch den Gerichtshof wäre generell zu begrüssen. Eine zu genaue Ermessensüberprüfung würde anderseits die „Verlässlichkeit" der Kommissionsentscheidung erheblich mindern und den Charakter des Fusionskontrollverfahrens insgesamt verändern.

---

[984] Eine Bedingung allein wurde in der Rs. 17/74, Transocean Marine Paint Association/Kommission Slg. 1974, 1063, für nichtig erklärt.

[985] Z.B. Rs. 41, 44 und 45/69, ACF Chemiefarma u.a./Kommission Slg. 1970, 661; Rs. 107/82, AEG-Telefunken/Kommission Slg. 1983, 3151.

[986] Vgl. z.B. JOSHUA, Right, 39.

[987] Rs. 85/76, Hoffmann-La Roche/Kommission Slg. 1979, 361.

[988] Slg. 1995 II 1775.

[989] Betreffend die Verweigerung der Akteneinsicht: Rs. T-10/89 u.a., Cimenteries CBR/Kommission Slg. 1992 II 2667.

[990] Z.B. die Entscheidung 94/599 vom 27.7.94 (PVC), ABl. 1994 L 239/14, mit der die Kommission materiell genau gleich entschied wie in der Entscheidung 89/190 vom 21.12.1988, ABl. 1989 L 74/1, welche wegen schweren Verfahrensmängeln vom EuGH aufgehoben worden war, Rs. C-137/92P, BASF u.a./Kommission Slg. 1994 I 2555.

Eine weitere Schwäche des Rechtsschutzsystems mittels kassatorischer Klage ist dessen Dauer. Bei Nichtigerklärung einer Entscheidung und nochmaliger Durchführung des Verfahrens durch die Kommission kann es ab der Anmeldung des Zusammenschlusses durchaus einige Jahre bis zu einer endgültigen Entscheidung dauern.[991] Hat die Kommission zunächst eine Verbotsentscheidung gefällt, dürfte die nach einigen Jahren doch noch gewährte Genehmigung des Zusammenschlusses kein aktuelles Interesse mehr haben.

IV. Andere Rechtsmittel

A. Untätigkeitsklage

Unterlässt es die Kommission unter Verletzung des Vertrags, eine an eine natürliche oder juristische Person gerichtete Entscheidung zu treffen, so kann die betreffende Person gestützt auf Art. 175 EGV eine Untätigkeitsklage erheben. Auch die Mitgliedstaaten und die anderen Organe der Gemeinschaft sind zur Klage legitimiert. Voraussetzung ist, dass die Kommission auf eine Aufforderung, die verlangte Handlung vorzunehmen, während zwei Monaten nicht Stellung genommen hat.

Im Fusionskontrollverfahren hat die Untätigkeitsklage eine geringe Bedeutung, weil immer dann, wenn der Zusammenschluss angemeldet wurde, auch eine anfechtbare Entscheidung (nach Art. 6 Abs. 1 lit. a oder b oder die Genehmigungsfiktion als implizite Entscheidung[992]) vorliegt. Wurde der Zusammenschluss nicht angemeldet und hat die Kommission von sich aus kein Verfahren eröffnet, sind Dritte immer noch nicht zur Untätigkeitsklage legitimiert, weil sie nicht die Adressaten der geforderten Entscheidung sein könnten.[993] Die Beteiligten dagegen hätten in einem solchen Fall kein Interesse an einer Klage. Eine Untätigkeitsklage könnte (wegen der zweimonatigen Frist) allenfalls im Hauptprüfverfahren, z.B. wegen der Unterlassung der Kommission, ein Datum für die Anhörung festzusetzen, erhoben werden. Aber auch in diesem Fall könnte die Nichtigkeitsklage gegen die endgültige Entscheidung von grösserem Nutzen sein, da die Untätigkeitsklage die Kommission nur zur Nachholung der unterlassenen Handlung, die Nichtigerklärung der Entscheidung dagegen zur Durchführung eines neuen Verfahrens zwingen würde.

---

[991] Beim Zusammenschluss Nestlé/Perrier, der am 22.7.92 von der Kommission genehmigt worden war, erfolgte die gerichtliche Bestätigung der Entscheidung erst am 27.4.95.
[992] Vorne 206f.
[993] Rs. 246/81, Lord Bethell/Kommission Slg. 1982, 2277; vgl. BOS/STUYCK/WYTINCK 323; FINE, Mergers, 281 Fn 173. Anders ist die Situation im Kartellverfahren, wo Beschwerdeführer Adressaten der Entscheidungen sind s. Rs. T-24/90, Automec/Kommission Slg. 1992 II 2223; Rs. T-114/92, BEMIM/Kommission Slg. 1995 II 147; Rs. T-5/93, Tremblay u.a./Kommission Slg. 1995 II 185.

B. Vorabentscheidungsverfahren

Für die Entwicklung des Gemeinschaftsrechts von entscheidender Bedeutung war das Vorabentscheidungsverfahren nach Art. 177 EGV. In diesem Verfahren legen die Gerichte der Mitgliedstaaten dem Gerichtshof Fragen zur Auslegung des Gemeinschaftsrechts, die sich in einer bei ihnen anhängigen Rechtssache stellen, zur Entscheidung vor. Die Entscheidung des Gerichtshofs ist für die nationalen Gerichte verbindlich. Die höchsten nationalen Gerichte sind nach Art. 177 EGV zur Vorlage verpflichtet, für die übrigen Gerichte ist sie fakultativ.

Im Bereich der europäischen Fusionskontrolle dürften sich vor den Gerichten der Mitgliedstaaten eher wenige Fragen stellen, da die FKVO direkt von der Kommission durchgeführt wird. Solche Fragen sind aber keineswegs ausgeschlossen. Sie können z.B. folgende Bereiche betreffen: zivilrechtliche Wirksamkeit von Zusammenschlüssen, die in Missachtung des Vollzugsverbots getätigt wurden, Wirkungen einer Verbots- oder Entflechtungsentscheidung, Mitwirkungspflichten der nationalen Behörden bei Nachprüfungen, Rechtsschutz bei Nachprüfungen, etc.

C. Klage auf Schadenersatz

Auch eine Klage auf Schadenersatz gegen die Gemeinschaft gestützt auf Art. 215 EGV ist denkbar. Die Voraussetzungen für eine erfolgreiche Schadenersatzklage sind eine rechtswidrige Handlung der Kommission oder eines Bediensteten, ein Schaden und der Kausalzusammenhang zwischen dem Schaden und dem Handeln der Kommission.[994] Im Verfahren der Fusionskontrolle wäre etwa an die Klage eines Konkurrenten zu denken, der durch einen rechtswidrig bewilligten Zusammenschluss einen Schaden erlitten hat. Auch die Schadenersatzklage eines Zusammenschlussbeteiligten wegen einem rechtswidrig nicht bewilligten Zusammenschluss ist denkbar. Wegen der Schwierigkeiten beim Nachweis der Rechtswidrigkeit und des Schadens ist es allerdings unwahrscheinlich, dass eine Schadenersatzklage Erfolg hätte.

V. Aufschiebende Wirkung und einstweilige Anordnungen im Verfahren vor dem Gerichtshof

Klagen an den Gerichtshof haben grundsätzlich keine aufschiebende Wirkung (Art. 185 EGV). Sie kann vom Gerichtshof aber gewährt werden. Er kann auch sonstige einstweilige Anordnungen (186 EGV) treffen. Streng genommen ist die aufschiebende Wirkung nur eine besondere einstweilige Anordnung.[995]

---

[994] Vgl. SCHWARZE I 493-509.
[995] RENGELING/MIDDEKE/GELLERMANN N 563.

Der Antragsteller muss die drei Voraussetzungen für den Aufschub des Vollzugs der Entscheidung oder für eine andere einstweilige Anordnung glaubhaft machen. Diese sind:[996]

1. Der angefochtene Rechtsakt ist nicht offensichtlich rechtmässig.[997]
2. Die Nichterteilung der Anordnung würde dem Antragsteller einen schweren und nicht wieder gutzumachenden Schaden zufügen.
3. Die Interessen des Antragstellers überwiegen allfällige Interessen der Gemeinschaftsorgane, Dritter und der Öffentlichkeit.

Ein Aufschub kommt hauptsächlich für konstitutive Entscheidungen in Frage, die ein Handeln oder Unterlassen fordern.[998] In der Fusionskontrolle sind dies Genehmigungsentscheidungen unter Bedingungen und Auflagen nach Art. 8 Abs. 2, einstweilige Massnahmen, die die Kommission gestützt auf Art. 7 Abs. 2 getroffen hat, Entscheidungen nach Art. 8 Abs. 4 zur Wiederherstellung wirksamen Wettbewerbs, Entscheidungen über Buss- oder Zwangsgelder[999]. Auskunftsverlangen und Nachprüfungen verleiht der Gerichtshof generell keine aufschiebende Wirkung.[1000]

Aufschiebende Wirkung kann auch deklaratorischen Entscheidungen verliehen werden.[1001] Der EuGH hat mehrfach den Vollzug von Entscheidungen aufgeschoben, die eine Zuwiderhandlung gegen die Art. 85 oder 86 EGV festgestellt hatten.[1002] Somit könnten auch angefochtene Genehmigungsentscheidungen nach Art. 6 und 8 ausgesetzt werden.[1003] Es dürfte jedoch praktisch nie möglich sein, einen schweren und irreparablen Schaden glaubhaft zu machen.

Der Antrag eines Dritten auf Aussetzung einer Genehmigungsentscheidung dürfte auch wegen der vorzunehmenden Interessenabwägung kaum je Erfolg haben. In Rs. T-322/94R, Union Carbide/Kommission[1004], einem Begehren um vorläufige Aussetzung der Genehmigung des Zusammenschlusses Shell/Montecatini, M.269, hat der

---

996 Vgl. RENGELING/MIDDEKE/GELLERMANN N 542-551.

997 Dies ist er auch nicht, wenn die Klage eine Grundsatzfrage aufwirft, über die der Gerichtshof noch nicht zu entscheiden hatte.

998 DE BRONETT 820.

999 Vgl. Art. 192 Abs. 4 EGV; Art. 104 Abs. 1 und 110 der VerfO des EuG; vgl. auch DE BRONETT 822. Die Kommission ist in der Regel einverstanden, eine Busse nicht einzufordern, während eine Klage hängig ist, sofern eine Bankgarantie gestellt wird, BELLAMY/CHILD 782.

1000 Rs. 19/59R, Geitling/Hohe Behörde Slg. 1960, 87; Rs. 46/87R, Hoechst/Kommission Slg. 1987, 1549; vgl. DE BRONETT 819; BERLIN, Contrôle, 343.

1001 Entgegen der Ansicht von DE BRONETT 814 lässt sich ein gegenteiliger Grundsatz kaum auf das Urteil Rs. 21/59R, Italien/Kommission Slg. 1960, 737, stützen.

1002 Z.B. Rs. 45/71R, GEMA/Kommission Slg. 1971, 791. Weitere Fälle sind erwähnt bei DE BRONETT 815.

1003 Vgl. auch LANGEHEINE 134-135.

1004 Slg. 1994 II 1159.

Präsident des EuG den Antrag von Union Carbide, einem Drittunternehmen, mangels Schaden und ausreichendem Interesse zurückgewiesen. Im Beschluss heisst es:

> „Angesichts des Ziels der genannten Verordnung [FKVO], nämlich die Wirksamkeit der Kontrolle und Rechtssicherheit für die betroffenen Unternehmen zu gewährleisten, sowie angesichts der schwerwiegenden Folgen der Aussetzung für die an dem Zusammenschluss nicht beteiligten Unternehmen kann diese Abwägung nicht zugunsten des Antragstellers ausfallen."[1005]

In der Sache T-12/93R, CCE Vittel u.a./Kommission[1006], hatten die klagenden Arbeitnehmervertreter die vorläufige Aussetzung des Vollzugs der Genehmigungsentscheidung des Zusammenschlusses Nestlé/Perrier, M.190, gefordert. Mit Beschluss vom 2.4.93 hat der Präsident des EuG die Entscheidung bis zu seinem zweiten Entscheid vom 6.7.93 ausgesetzt, soweit sie die Bedingung der Veräusserung von Pierval betraf. Am 6.7.93 lehnte er den Antrag auf aufschiebende Wirkung für den Kommissionsentscheid ab.[1007] Ebenfalls abgelehnt wurde ein Antrag der Arbeitnehmervertretung von Perrier für die Aussetzung des Vollzuges der gleichen Entscheidung.[1008] Im Fall Rs. T-88/94R, SCPA und EMC/Kommission[1009] (Zusammenschluss Kali+Salz/MdK/Treuhand, M.308), hat das EuG eine Bedingung (oder Auflage) bis zum Urteil über die Klage ausgesetzt. Die Bedingung (oder Auflage) verlangte, dass Kali+Salz aus einer Vermarktungsgesellschaft, Kali-Export, austrete, was zu deren faktischer Auflösung geführt hätte.[1010]

Die Aussetzung einer Untersagung dürfte nur im Fall, dass der Zusammenschluss in Missachtung des Vollzugsverbots durchgeführt worden war, geeignet sein, einen Schaden zu verhindern (nämlich den, dass die Zusammenschlusshandlungen unwirksam werden). In einem solchen Fall ist das Interesse des Antragstellers aber nicht schutzwürdig. Ist der Zusammenschluss rechtmässig vor der Untersagung vollzogen worden, so dürfte die Untersagungsentscheidung mangels Folgen für die Wirksamkeit des Zusammenschlusses nicht geeignet sein, schweren und nicht wieder gutzumachenden Schaden zu verursachen.

Aufschiebende Wirkung kann, sofern eine Klage gegeben ist, auch für bestimmte vorbereitende Entscheidungen gewährt werden. Betreffend eine Entscheidung der Kommission, einem Dritten Einsicht in Dokumente zu gewähren, die Geschäftsgeheimnisse enthalten könnten, hat der EuGH in der Rs. 53/85, AKZO Chemie/

[1005] Slg. 1994 II 1159, 1161.

[1006] Slg. 1993 II 449.

[1007] Rs. T-12/93R, CCE Vittel u.a./Kommission Slg. 1993 II 785.

[1008] Rs. T-96/92R, CCE Grandes Sources u.a./Kommission Slg. 1992 II 2579.

[1009] Slg. 1994 II 401. Mittlerweile hat das EuG den Fall an den EuGH abgegeben, Rs. T-88/94, SCPA und EMC/Kommission Slg. 1995 II 221. Der vor dem EuGH hängige Fall ist C-68/94, Frankreich/Kommission.

[1010] Zu den Fragen, die diese Entscheidung aufwirft, s. DE BRONETT 821 und vorne 158f.

Kommission[1011], entschieden, dass die Kommission nach Anhörung der Betroffenen eine Entscheidung über die Weitergabe der Dokumente zu treffen habe und den Betroffenen auch Gelegenheit zu einer Klage und einem Antrag auf aufschiebende Wirkung geben muss. Kein nicht wieder gutzumachender Schaden kann entstehen, wenn die behauptete Rechtswidrigkeit in einem erneuten Verfahren korrigiert werden könnte, wie z.B. die Verweigerung der Einsicht in bestimmte Akten.[1012]

Andere einstweilige Anordnungen als die Aussetzung der Entscheidung (oder eines Teils davon) dürften nur in Ausnahmefällen angeordnet werden.[1013]

VI. Zusammenfassung zum Rechtsschutz

Die Nichtigkeitsklage ermöglicht den Beteiligten und Dritten, ihre Rechte wirksam zu wahren. Die Klagelegitimation Dritter wurde bisher vom EuG m.E. richtig gewährt. Im Interesse der Rechtssicherheit sollte sie restriktiv gewährt werden. Die Beschränkung der Kontrolle der Sachverhaltswürdigung bedeutet zwar eine Einschränkung des Rechtsschutzes, ist aber angesichts der Natur wettbewerbsrechtlicher Verfahren sowie des Aufbaus und der Stellung des EuG vertretbar. Die Gewährung eines weiten Ermessens an die Kommission ist angebracht. Ein Nachteil der kassatorischen Klage besteht in der langen Verfahrensdauer und der Notwendigkeit, bei Nichtigerklärung das Verfahren erneut durchzuführen.

[1011] Slg. 1986, 1965.
[1012] Rs. T-10/92 u.a., Cimenteries CBR u.a./Kommission Slg. 1992 II 2667.
[1013] DE BRONETT 823.

KAPITEL 5
VERFAHRENSRECHTE UND ALLGEMEINE GRUNDSÄTZE DES GEMEINSCHAFTSRECHTS

„For any system of administrative adjudication to be acceptable, it is perhaps more important for it always to be fair than always to be right."[1014]

I. Grundlagen

A. Begriff und Wesen der Verfahrensrechte und der allgemeinen Grundsätze des Gemeinschaftsrechts

Die Tätigkeit der Kommission beim Vollzug der FKVO (und allgemein beim direkten Vollzug von Gemeinschaftsrecht) ist an gewisse Grundsätze gebunden. Einige davon sind im EGV enthalten (z.B. Art. 190, Begründungspflicht), andere sind vom Gerichtshof als allgemeine Grundsätze des Gemeinschaftsrechts identifiziert worden. Die vom Gerichtshof verwendete Terminologie ist uneinheitlich.[1015] Gegenwärtig gibt es noch keine eigentliche Lehre von einem europäischen allgemeinen Verwaltungsverfahrensrecht.[1016] Eine solche dürfte sich aus den gegenwärtigen Bemühungen zahlreicher Autoren in nächster Zeit jedoch entwickeln.[1017]

Für die Identifikation allgemeiner Grundsätze des Gemeinschaftsrechts hat der Gerichtshof eine eigene Methode entwickelt: Er geht von den Rechtsordnungen der Mitgliedstaaten aus, sieht sich darin um und schaut, ob diesen gewisse Grundsätze gemeinsam sind. Ist ein Grundsatz in allen oder der Mehrzahl vorhanden, misst er ihn an den Zielen der Gründungsverträge und proklamiert ihn mit einem von ihm

---

1014 JOSHUA, Right, 16.
1015 Vgl. RENGELING, Entwicklung, 341-342.
1016 Vgl. EVERLING, Weg, 10. Als allgemeines Verwaltungsrecht können die Grundsätze bezeichnet werden, die für alle Bereiche des Verwaltungshandelns gleichermassen gelten, GORNIG/TRÜE 885.
1017 JÜRGEN SCHWARZE (Hrsg.), Europäisches Verwaltungsrecht im Werden, Baden-Baden 1982; SCHWARZE, Europäisches Verwaltungsrecht; JÜRGEN SCHWARZE/CHRISTIAN STARCK, Vereinheitlichung des Verwaltungsverfahrensrechts in der EG, EuR Beiheft I/1995; RENGELING, Die Entwicklung verwaltungsrechtlicher Grundsätze durch den Gerichtshof der Europäischen Gemeinschaften; KASTEN, Entwicklung eines Europäischen Allgemeinen Verwaltungsrechts; EVERLING, Elemente eines europäischen Verwaltungsrechts; EVERLING, Auf dem Wege zu einem europäischen Verwaltungsrecht; GRABITZ, Europäisches Verwaltungsrecht - Gemeinschaftsrechtliche Grundsätze des Verwaltungsverfahrens. Vgl. auch den Hinweis auf „internationally agreed standards" im „Draft International Antitrust Code", der das GATT ergänzen soll, abgedruckt in WuW 1994, 128, 136.

bestimmten Umfang als allgemeinen Grundsatz des Gemeinschaftsrechts.[1018] Die Methode des Gerichtshofs wird als Methode „wertender Rechtsvergleichung" bezeichnet.[1019] Der Gerichtshof ist nicht verpflichtet, den kleinsten gemeinsamen Nenner der Grundsätze der Mitgliedstaaten zu suchen.

Die genauen Voraussetzungen für die Anwendung eines Grundsatzes, der genaue Umfang eines Rechts und das Ergebnis von Interessenabwägungen bleiben in den Urteilen des Gerichtshofes oft unklar.[1020] Der Gerichtshof teilt meist nur mit, dass ein bestimmter allgemeiner Grundsatz des Gemeinschaftsrechts besteht und dass er im vorliegenden Einzelfall anwendbar ist. Das Vorgehen des Gerichtshofs bei der Identifikation von allgemeinen Grundsätzen des Gemeinschaftsrechts ist dogmatisch nicht unanfechtbar.[1021]

Einige der Verfahrensgrundsätze sind nicht nur von der Kommission anzuwendende *Grundsätze*, sondern eigentliche *Rechte*, auf die sich die Verfahrensbeteiligten berufen können, also *Verfahrensrechte*.[1022] Solche finden sich im EGV (z.B. Art. 6 EGV, Diskriminierungsverbot) und zum überwiegenden Teil in der Rechtsprechung des Gerichtshofs. Der Unterschied zwischen den Verfahrensgrundsätzen und den Verfahrensrechten besteht darin, dass erstere objektiv auf den ordnungsgemässen Ablauf des Verfahrens, letztere subjektiv auf die Rechte der Verfahrensbeteiligten gerichtet sind.[1023] Im Urteil Technische Universität München hat der Gerichtshof festgehalten, dass

> „der Beachtung der Garantien, die die Gemeinschaftsrechtsordnung in Verwaltungsverfahren gewährt, grundlegende Bedeutung zukommt. Zu diesen Garantien gehören insbesondere die Verpflichtung des zuständigen Organs, sorgfältig und unparteiisch alle relevanten Gesichtspunkte des Einzelfalles zu untersuchen, das Recht des Betroffenen, seinen Standpunkt zu Gehör zu bringen, und das Recht auf eine ausreichende Begründung der Entscheidung."[1024]

Die Zahl der Verfahrensrechte wird mit der Entwicklung des Gemeinschaftsrechts zunehmen. Bisher wurden als Verfahrensrechte unter anderem anerkannt: das rechtliche Gehör, das Akteneinsichtsrecht, die Vertraulichkeit der Anwaltskorrespondenz, der Schutz von Geschäftsgeheimnissen, in bestimmtem Umfang ein Selbstbezichtigungsvorbehalt und das Recht auf eine begründete Entscheidung.[1025]

[1018] Vgl. EVERLING, Elemente, 652 m.w.H.; RENGELING, Grundrechtsschutz, 228-229.

[1019] GORNIG/TRÜE 888.

[1020] Vgl. etwa RENGELING, Grundrechtsschutz, 214-215.

[1021] Vgl. aber EVERLING, Elemente, 653.

[1022] Vgl. SCHWEITZER/HUMMER 198-201.

[1023] Vgl. RENGELING, Grundrechtsschutz, 172-173.

[1024] Rs. C-269/90, Hauptzollamt München-Mitte/Technische Universität München Slg. 1991 I 5469, 5470.

[1025] Vgl. dazu auch die Zusammenstellung der fünf fundamentalen Grundsätze des Verwaltungsverfahrens durch den Ministerrat des Europarats in der Entschliessung 77/31 vom 28. September 1977 über

Für den Gerichtshof sind einige dieser Rechte „Verteidigungsrechte" oder „Garantien".[1026] Im gemeinschaftlichen Verwaltungsverfahren sind viele Grundsätze zu beachten, die in anderen Rechtsordnungen die Stellung von Grundrechten haben. Es gibt die treffende Bezeichnung, dass Verwaltungsverfahrensrecht konkretisiertes Verfassungsrecht ist.[1027] Als Verteidigungsrechte hat der Gerichtshof bisher insbesondere das rechtliche Gehör[1028] und den Selbstbezichtigungsvorbehalt[1029] bezeichnet.

Die meisten der Verfahrensgrundsätze und -rechte sind ihrer Natur nach allgemeine Grundsätze des Gemeinschaftsrechts. Dies hat zur Folge, dass jede Gemeinschaftsmassnahme, die einen solchen Grundsatz verletzt, mittels Nichtigkeitsklage angefochten werden kann oder gestützt auf den Einwand der Unanwendbarkeit von Art. 184 EGV unbeachtlich ist.

Im Wettbewerbsrecht und in anderen Bereichen, in denen die Kommission komplexe wirtschaftliche Beurteilungen vornehmen muss und über einen weiten Beurteilungsspielraum verfügt, kommt der Beachtung der Verfahrensrechte und -grundsätze eine verstärkte Bedeutung zu.[1030] In solchen Verfahren stellen die Verfahrensgrundsätze und -rechte sicher, dass zumindest der Rahmen für eine richtige Entscheidung vorhanden ist. Die verstärkte Bedeutung der Verfahrensgrundsätze in solchen Verfahren zeigt sich auch daran, dass der Gerichtshof seine Kognition praktisch auf die Kontrolle der Rechtmässigkeit des Verfahrens beschränkt (vorne 218f.). Auch in der Rechtslehre gewinnt der Gedanke „Grundrechtsschutz durch Verfahren" zunehmend an Bedeutung.[1031]

Dritte geniessen genau genommen keine Verteidigungsrechte, da sie sich als Dritte nicht verteidigen müssen. Dennoch haben auch sie gewisse Verfahrensrechte, die ihnen erlauben, ihre legitimen Interessen zu verteidigen. Im Kartellverfahren hat der Gerichtshof Beschwerdeführern gewisse Verfahrensrechte zugestanden.[1032] Im Fusionskontrollverfahren haben Dritte, sofern sie ein hinreichendes Interesse haben, gemäss Art. 18 Abs. 4 einen Anspruch, gehört zu werden. Auch ohne hinreichendes Interesse können Dritte der Kommission im Anschluss an die Veröffentlichung des Hinweises auf die Anmeldung ihre Meinung zum Zusammenschluss mitteilen.

---

den Schutz des einzelnen gegen Verwaltungsakte, abgedruckt bei KUYPER/VAN RIJN 3-4. Die fünf Grundsätze sind: Anspruch auf Gehör, Anspruch auf Akteneinsicht, Anspruch auf Beratung und Vertretung, Anspruch auf begründete Verwaltungsakte und Anspruch auf Rechtsmittelbelehrung.

1026 Z.B. Rs. 322/81, Michelin/Kommission Slg. 1983, 3461, 3498.
1027 FRITZ WERNER, Verwaltungsrecht als konkretisiertes Verfassungsrecht, DVBl. 1959, 527; vgl. SCHWARZE, Schutz, 1073; GRABITZ 1782.
1028 Z.B. Rs. 322/81, Michelin/Kommission Slg. 1983, 3461.
1029 Rs. 374/87, Orkem/Kommission Slg. 1989, 3283.
1030 Z.B. Rs. T-79/89 u.a., BASF u.a./Kommission Slg. 1992 II 315.
1031 Vgl. SCHWARZE, Probleme, 166.
1032 Z.B. Rs. 142 und 156/84, BAT und Reynolds/Kommission Slg. 1987, 4487.

Verfügen Dritte über Verfahrensrechte, können sie deren Missachtung mittels Nichtigkeitsbeschwerde geltend machen.[1033]

Im europäischen Wettbewerbsrecht zeigt sich die Bedeutung der Grundsätze eines ordnungsgemässen Verfahrens seit einigen Jahren wieder vermehrt. Wichtige Entscheidungen der Kommission wurden wegen der Missachtung von Verfahrensgrundsätzen von den europäischen Gerichten annulliert. Dazu gehören die Zellstoff-Urteile[1034], die PVC-Urteile[1035], die Polypropylen-Urteile[1036], die Polyäthylen-Urteile[1037], die Urteile CB und Europay/Kommission[1038], das Urteil All Weather Sports Benelux/Kommission[1039] und die Solvay- und ICI-Urteile[1040].

Diese Urteile muten wie ein Register der verfahrensrechtlichen Sünden der Kommission an. Sie zeigen aber anderseits, dass die europäischen Gerichte die Tätigkeit der Kommission genau überprüfen und dass bei der Verletzung von Verfahrensrechten ein effektiver Rechtsschutz besteht.

Nicht jede Rüge einer Verletzung von Verfahrensrechten wird von den europäischen Gerichten akzeptiert. Es ist nötig, dass eine schwerwiegende Verletzung vorliegt und dass sie im konkreten Fall Einfluss auf die Entscheidung gehabt hat.[1041]

Im Bereich der Fusionskontrolle hat der EuG noch keine Kommissionsentscheidung annulliert.

B. Geltung der Verfahrensrechte im Fusionskontrollverfahren

Die Verteidigungsrechte gelten auch im Fusionskontrollverfahren. Art. 18 Abs. 3 hält dies ausdrücklich fest. Dies ist sinnvoll, denn es könnte argumentiert werden, die „Verteidigungsrechte" seien nur in Verfahren anwendbar, die zur Festsetzung

---

[1033] Rs. T-96/92, CCE Grandes Sources u.a./Kommission Slg. 1995 II 1213; Rs. T-12/93, CCE Vittel u.a./Kommission Slg. 1995 II 1247.

[1034] Rs. C-89, 104, 114, 116, 117 und 125 bis 129/85, A. Ahlström Osakeyhtiö u.a./Kommission Slg. 1993 I 1307.

[1035] Rs. T-79/89 u.a., BASF u.a./Kommission Slg. 1992 II 315, Rechtsmittelentscheid C-137/92P, Slg. 1994 I 2555.

[1036] Rs. T-7/89 u.a., Hercules u.a./Kommission Slg. 1991 II 1711.

[1037] Rs. T-80/89, BASF u.a./Kommission Slg. 1995 II 729.

[1038] Rs. T-39 und 40/92, CB und Europay/Kommission Slg. 1994 II 49.

[1039] Rs. T-38/92, All Weather Sports Benelux/Kommission Slg. 1994 II 211.

[1040] Rs. T-30/91, Solvay/Kommission Slg. 1995 II 1775; Rs. T-31/91, Solvay/Kommission Slg. 1995 II 1821, die Kommission hat das Rechtsmittel eingelegt, Rs. C-287/95P; Rs. T-32/91, Solvay/Kommission Slg. 1995 II 1825, die Kommission hat das Rechtsmittel eingelegt, Rs. C-288/95P; Rs. T-36/91, ICI/Kommission Slg. 1995 II 1847; Rs. T-37/91, ICI/Kommission Slg. 1995 II 1901, die Kommission hat das Rechtsmittel eingelegt, Rs. C-286/95P.

[1041] Rs. T-34/93, Société générale/Kommission Slg. 1995 II 545; Rs. T-10/92 u.a., Cimenteries CBR/Kommission 1992 II 2667; Rs. T-30/91, Solvay/Kommission Slg. 1995 II 1775; Rs. T-37/91, ICI/Kommission Slg. 1995 II 1901, Rechtsmittel eingelegt, Rs. C-286/95P.

von Sanktionen führen können, wie in dem einem Strafverfahren sehr nahe kommenden Kartellverfahren; das Fusionskontrollverfahren, das keine vorhergehenden Verstösse gegen das Wettbewerbsrecht aufdecken soll, könne aber nicht als ein solches Verfahren bezeichnet werden. Art. 18 Abs. 3 macht klar, dass die Verteidigungsrechte so oder so im Fusionskontrollverfahren anwendbar sind.

Der Begriff „Verteidigungsrechte" ist allerdings für das nichtstreitige Fusionskontrollverfahren prima facie unzutreffend. In diesem Verfahren bezeichnet der Begriff der Verteidigungsrechte wohl eher die allgemeinen Grundsätze des Verwaltungsverfahrens. Diese Grundsätze gelten im Fusionskontrollverfahren also wegen Art. 18 Abs. 3 und wegen ihrer Natur als allgemeine Grundsätze des Gemeinschaftsrechts.

Wegen der Ähnlichkeit des Kartell- und des Fusionskontrollverfahrens liegt es nahe, die Verfahrensrechte in dem im Kartellverfahren bestimmten Umfang auch in der Fusionskontrolle anzuwenden.[1042] Trotz des unterschiedlichen Zwecks des Fusionskontrollverfahrens und des Kartellverfahrens rechtfertigt es sich, dass die Verfahrensrechte in beiden Verfahren im gleichen Umfang anwendbar sind. Die Auswirkungen der Untersagung eines Zusammenschlusses sind wohl ebenso einschneidend wie die Feststellung eines Verstosses gegen Art. 85 oder 86 EGV. Die Situation der Unternehmen, die an einem Fusionskontrollverfahren beteiligt sind, ist auch nicht grundsätzlich verschieden von der Stellung in einem Verfahren nach Art. 86 EGV. In beiden Verfahren müssen die beteiligten Unternehmen die Kommission mit ähnlichen Argumenten davon überzeugen, dass ihre Marktstellung nicht so stark ist, wie die Kommission denken könnte. Wie im Kartellverfahren hat die Kommission auch im Fusionskontrollverfahren die Befugnis, gegenüber den Unternehmen Bussen festzusetzen.

Das Kartellverfahren wird in zwei Abschnitte geteilt. Der erste Abschnitt ist das Voruntersuchungsverfahren einschliesslich der Abklärungen, die nötig sind, um über die Eröffnung einer Untersuchung zu entscheiden. Der zweite Abschnitt ist das Verfahren, das zur Feststellung eines Verstosses gegen die Wettbewerbsregeln oder zur Auferlegung einer Busse führen kann.[1043] Die Anwendung der Verfahrensrechte in den beiden Abschnitten des Verfahrens ist unterschiedlich.[1044]

Die Verfahrensrechte sind im zweiten, „streitigen" Abschnitt, der mit der Mitteilung der Beschwerdepunkte beginnt, voll anwendbar, während sie im ersten Abschnitt nur insoweit gelten, als verhindert werden muss, dass sie in nicht wieder gutzumachender Weise beeinträchtigt werden.[1045] Der Selbstbezichtigungsvorbehalt[1046] und die

---

1042   Gl.M. OVERBURY/JONES 362; BOLZE 216.
1043   Rs. 136/79, National Panasonic/Kommission Slg. 1980, 2033; Rs. 322/81, Michelin/Kommission Slg. 1983, 3461.
1044   KUYPER/VAN RIJN 11; JOSHUA, Right, 83.
1045   Rs. 46/87 und 227/88, Hoechst/Kommission Slg. 1989, 2859.
1046   Rs. 374/87, Orkem/Kommission Slg. 1989, 3283; Rs. T-34/93, Société Générale/Kommission Slg. 1995 II 545.

Vertraulichkeit der Anwaltskorrespondenz[1047] müssen daher auch in diesem Stadium beachtet werden.

Im Fusionskontrollverfahren wird ebenfalls zwischen dem Vor- und dem Hauptprüfverfahren unterschieden. Die Verteidigungsrechte sind nur im Hauptprüfverfahren voll anwendbar. Art. 18 Abs. 3 betrifft nach dem Zusammenhang das Hauptprüfverfahren. Dennoch sollten die Grundsätze des Verwaltungsverfahrens und die Verfahrensrechte auch im Vorprüfverfahren soweit beachtet werden, wie dies der Aufbau des Verfahrens zulässt.

Auch bei informellen Kontakten zwischen der Kommission und den Beteiligten sollten die Verteidigungsrechte und die Verfahrensgrundsätze soweit wie möglich gelten.[1048] Der Grundsatz der Gleichbehandlung der Beteiligten z.B. muss grundsätzlich auch in informellen Verfahren beachtet werden.

C. Anwendbarkeit der EMRK[1049]

Art. F, Abs. 2 des Vertrags von Maastricht lautet:

> „Die Union achtet die Grundrechte, wie sie in der am 4. November 1950 in Rom unterzeichneten Europäischen Konvention zum Schutze der Menschenrechte und Grundfreiheiten gewährleistet sind und wie sie sich aus den gemeinsamen Verfassungsüberlieferungen der Mitgliedstaaten als allgemeine Grundsätze des Gemeinschaftsrechts ergeben."

Die EG als solche hat die EMRK (noch) nicht unterzeichnet, und ihre Organe sind deshalb auch nicht direkt an die Konvention gebunden. Der Rat hat aber anfangs 1994 vom EuGH ein Gutachten angefordert, das abklären soll, ob der Beitritt der EG zur EMRK mit dem Vertrag vereinbar ist.[1050] Die bedeutendste Auswirkung eines Beitritts der Gemeinschaft zur EMRK wäre, dass die Entscheidungen der Gemeinschaftsorgane direkt bei der Europäischen Menschenrechtskommission und allenfalls dem Gerichtshof für Menschenrechte anfechtbar wären.

Seit 1970 hat der EuGH in einer Reihe von Urteilen anerkannt, dass gewisse Grundrechte allgemeine Rechtsgrundsätze des Gemeinschaftsrechts sind.[1051] Dabei hat sich der EuGH auf die Verfassungstraditionen der Mitgliedstaaten und insbesondere

---

[1047] Rs. 155/79, AM&S/Kommission Slg. 1982, 1575; Rs. 46/87 und 227/88, Hoechst/Kommission Slg. 1989, 2859, 2924.

[1048] Für die Geltung gewisser Grundsätze auch VAN BAEL, Insufficient Control, 735.

[1049] Ausführlich zur Geltung der EMRK im europäischen Verwaltungsverfahren: RENGELING, Grundrechtsschutz.

[1050] ABl. 1994 C 174/8. Das Gutachten 2/94 erging am 28.3.96 und kam zum Ergebnis, dass die Gemeinschaft gegenwärtig keine Kompetenz für einen Beitritt hat.

[1051] Rs. 11/70, Internationale Handelsgesellschaft Slg. 1970, 1125; Rs. 4/73, Nold/Kommission Slg. 1974, 491; Rs. C-49/88, Al-Jubail Fertilizer Company u.a./Rat Slg. 1991 I 3187.

auf die EMRK gestützt.[1052] Der Gerichtshof benützt die EMRK als Grundlage für die Konkretisierung der in den allgemeinen Grundsätzen des Gemeinschaftsrechts enthaltenen Grundrechte.[1053] Er wendet sie nicht direkt an[1054], materiell in gewissem Umfang aber schon.[1055] Ob im europäischen Verwaltungsrecht allenfalls über die EMRK hinausgehende Rechte gelten, kann beim heutigen Stand der Rechtsprechung nicht gesagt werden.[1056]

Insbesondere die Garantie eines unabhängigen und unparteiischen Richters von Art. 6 EMRK wurde im Wettbewerbsverfahren verschiedentlich gefordert.[1057] Der Gerichtshof hat die Anwendung der Garantie des unabhängigen Richters von Art. 6 Abs. 1 EMRK in diesen Urteilen aber verneint, da die Kommission kein Gericht im Sinne von Art. 6 EMRK sei. Würde die Kommission als Gericht gelten, müsste für die Anwendung von Art. 6 EMRK weiter geklärt werden, ob das Verfahren zivilrechtliche Ansprüche oder Verpflichtungen oder strafrechtliche Anklagen betrifft. Auf Verwaltungsverfahren ist Art. 6 EMRK nicht anwendbar.

Art. 15 Abs. 4 VO 17 und Art. 14 Abs. 4 FKVO halten ausdrücklich fest, dass die gestützt auf die jeweilige Verordnung erlassenen Bussen nicht strafrechtlicher Natur sind (vorne 181). Diese Selbstdeklaration ist jedoch nicht verbindlich, da die Natur eines Verfahrens autonom erfolgt.[1058] Nach der neuesten Rechtsprechung des Europäischen Gerichtshofs für Menschenrechte fallen auch als „Verwaltungsverfahren" bezeichnete Verfahren, die vermögenswerte Aspekte aufweisen oder das Recht auf private Erwerbstätigkeit betreffen, unter Art. 6 EMRK.[1059]

In den Entscheidungen Société Stenuit/France[1060] und Niemitz/Germany[1061] hat die Europäische Kommission für Menschenrechte entschieden, dass Verfahren unter nationalem Wettbewerbsrecht trotz anderslautender Benennung strafrechtlicher Natur und damit im Geltungsbereich von Art. 6 EMRK sein können. In einer weite-

---

1052 Im Urteil Rs. 44/79, Hauer Slg. 1979, 3727, 3745, hat er erstmals ausdrücklich auf die EMRK verwiesen.
1053 Z.B. Rs. 136/79, National Panasonic/Kommission Slg. 1980, 2033.
1054 Die unentschlossene Haltung des EuGH gegenüber der EMRK ist in der Lehre verschiedentlich kritisiert worden, RENGELING, Grundrechtsschutz, 184-185 m.w.H.
1055 Betreffend Art. 6 EMRK hat der EuGH obiter sogar gesagt, dass „sich ein Unternehmen, gegen das eine Untersuchung auf dem Gebiet des Wettbewerbsrechts durchgeführt wird, auf diese Vorschrift berufen kann", Rs. 374/87, Orkem/Kommission Slg. 1989, 3283, 3350.
1056 Zum Stand der Grundrechtsdiskussion in der EU s. RENGELING, Grundrechtsschutz und SCHWARZE, Probleme.
1057 Vgl. Rs. 209 bis 215 und 218/78, van Landewyck/Kommission Slg. 1980, 3125; Rs. 100 bis 103/80, Musique Diffusion Française/Kommission Slg. 1983, 1823; Rs. T-11/89, Shell/Kommission Slg. 1992 II 757.
1058 Vgl. VILLIGER 163-166; SCHWEIZER, Verwaltungsverfahrensrecht, 208-212.
1059 Editions Périscope/Frankreich, Nr. 234 - B, Ziff. 35ff.; Kraska/Schweiz, Nr. 254 - B, Ziff. 24ff.
1060 1992 EHRR 509.
1061 1993 EHHR 97.

ren unveröffentlichten Entscheidung, dem Abweisungsentscheid M.&Co. vom 9. Februar 1990, habe sie entschieden, dass das Wettbewerbsverfahren der EG unter Art. 6 EMRK fallen würde, wenn die Gemeinschaft die EMRK unterzeichnet hätte.[1062] Auch Richter VESTERDORF hat in seiner Funktion als Generalanwalt die Meinung vertreten, dass unter der VO 17 verhängte Bussen einen strafrechtlichen Charakter hätten.[1063] Die Ansicht, dass das Kartellverfahren strafrechtlichen Charakter habe, ist auch in der Literatur anzutreffen.[1064] Ob dies die Rechtsprechung des Europäischen Gerichtshofs beeinflusst, bleibt abzuwarten.

Auch wenn das Wettbewerbsverfahren nicht als zivil- oder strafrechtliches Verfahren zu qualifizieren ist, sollten die Verfahrensrechte der Beteiligten deswegen jedenfalls nicht geringer sein.[1065] Die Gewährung eines „fairen" Verfahrens sollte nicht von der Benennung des Verfahrens abhängen, sondern für jedes Verfahren unter Berücksichtigung der verschiedenen Interessen und der Verletzbarkeit gewisser Rechte und Interessen festgelegt werden.[1066] Die ausserordentlich bedeutenden Auswirkungen der Untersagung eines Zusammenschlusses und die möglichen schweren Sanktionen im Verfahren der Fusionskontrolle rufen nach ausgedehnten Verteidigungsrechten.[1067]

Auch Art. 8 EMRK (Schutz der Privatsphäre und der Wohnung) ist als Schutz vor Nachprüfungen der Wettbewerbsbehörden angerufen worden. Der Gerichtshof hat jedoch festgehalten, dass Art. 8 EMRK nicht auf Geschäftsräume anwendbar ist[1068] und dass Untersuchungsmassnahmen unter der VO 17 auch nach Art. 8 EMRK zulässige Beschränkungen des Grundrechts wären.[1069]

[1062] Req. 13258/87, unveröffentlicht, zit. nach de Mello 625.

[1063] Anträge in Rs. T-1/89, Rhône Poulenc/Kommission Slg. 1991 II 867, 885.

[1064] Nach GREEN muss das Wettbewerbsrecht wenn nicht als „criminal" so doch als „quasi-criminal" und immer als „penal" charakterisiert werden, GREEN 128-130. Es wird auch die Meinung vertreten, dass das Wettbewerbsrecht zwar nicht strafrechtlichen, aber doch repressiven Charakter habe und dass aus diesem Grund die EMRK anwendbar sei, DE MELLO 603-604 und 615-633.

[1065] Gl.M. KERSE 246 und 297 Fn 67.

[1066] In ähnlichem Sinn JOSHUA, Right, 59-62 (der das Argument wohl für eine Verminderung der Verfahrensrechte benützt).

[1067] Gl.M. HIX 52.

[1068] Rs. 46/87 und 227/88, Hoechst/Kommission Slg. 1989, 2859; Rs. 97 bis 99/87, Dow Chemical Iberica/Kommission Slg. 1989, 3181.

[1069] Rs. 136/79, National Panasonic/Kommission Slg. 1980, 2033. Eine Darstellung der Rechtsprechung des EuGH in diesem Bereich findet sich bei RENGELING, Grundrechtsschutz, 117-125.

II. Einzelne Verfahrensrechte

Die Verfahrensrechte und Verfahrensgrundsätze lassen sich (mit wenigen Ausnahmen) grob in zwei Gruppen einteilen: Rechte, die das rechtliche Gehör garantieren (Recht auf Äusserung, mündliche Anhörung und Akteneinsicht), und Rechte auf Schutz vertraulicher Informationen (Recht auf Wahrung des Amtsgeheimnisses, Schutz von Geschäftsgeheimnissen und Vertraulichkeit der Anwaltskorrespondenz).[1070]

A. Wahrung des Amtsgeheimnisses

1. Grundsatz und Begriff

Art. 214 EGV lautet:

> „Die Mitglieder der Organe der Gemeinschaft, die Mitglieder der Ausschüsse sowie die Beamten und sonstigen Bediensteten der Gemeinschaft sind verpflichtet, auch nach Beendigung ihrer Amtstätigkeit Auskünfte, die ihrem Wesen nach unter das Berufsgeheimnis fallen, nicht preiszugeben; dies gilt insbesondere für Auskünfte über Unternehmen sowie deren Geschäftsbeziehungen oder Kostenelemente."

In Art. 17 Abs. 2 der FKVO[1071] wird dieser Grundsatz präzisiert:

> „Unbeschadet des Artikels 4 Absatz 3 sowie der Artikel 18 und 20 sind die Kommission und die zuständigen Behörden der Mitgliedstaaten sowie ihre Beamten und sonstigen Bediensteten verpflichtet, Kenntnisse nicht preiszugeben, die sie bei Anwendung dieser Verordnung erlangt haben und die ihrem Wesen nach unter das Berufsgeheimnis fallen."

Der Begriff Berufsgeheimnis ist irreführend, weil die Pflicht nicht die Angehörigen eines bestimmten Berufes, sondern die Inhaber eines bestimmten Amtes betrifft. Der richtige Ausdruck für die Geheimhaltungspflicht der Kommissionsbediensteten wäre daher „Amtsgeheimnis".[1072]

Das Amtsgeheimnis ist in den Mitgliedstaaten und der Gemeinschaft ein sehr wichtiger rechtsstaatlicher Grundsatz.[1073] Es ist nötig, dass die Verfahrensbeteiligten und

---

[1070] Die Rechte und Grundsätze können nach ganz verschiedenen Kriterien eingeteilt werden, s. RENGELING, Entwicklung, 344-345.

[1071] Vgl. Art. 20 VO 17.

[1072] GA LENZ in seinen Anträgen in Rs. 53/85, Akzo Chemie/Kommission Slg. 1986, 1965, 1977. Die Situation ist die gleiche im Englischen. Im Französischen umfasst der Begriff „secret professionel" auch das Amtsgeheimnis, GA WARNER in seinen Anträgen in Rs. 155/79, AM&S/Kommission Slg. 1982, 1575, 1620. Dazu auch GRUNWALD, in: VON DER GROEBEN zu Art. 214 N 14 und HIX 76.

[1073] Eine kurze Übersicht über seine Ausgestaltung in den Mitgliedstaaten gibt KERSE 306-307 unter Berufung auf den EDWARD Report von 1975 „The Professional Secret, Confidentiality, and Legal Professional Privilege in the Nine Member States of the European Community".

Dritte darauf vertrauen können, wegen ihrer Zusammenarbeit mit den Behörden keine Nachteile gewärtigen zu müssen. Das Amtsgeheimnis ist in gewissem Sinn die Gegenleistung dafür, dass der Kommission mit zwei Ausnahmen (Selbstbezichtigungsvorbehalt und Vertraulichkeit der Anwaltskorrespondenz) sämtliche Unterlagen und Informationen offengelegt werden müssen.[1074] Für Dritte kommt hinzu, dass sie davon abgehalten würden, Ermittlungen der Kommission zu unterstützen, wenn sie mit Sanktionen anderer Wirtschaftsteilnehmer rechnen müssten.

2. Verpflichtete

Das Amtsgeheimnis verpflichtet die Organe der Gemeinschaft, die Mitglieder des Rates, die Abgeordneten des Europäischen Parlaments, die Richter, die Generalanwälte und den Kanzler des Gerichtshofs, die Mitglieder der Kommission, die Beamten und sonstigen Bediensteten der Kommission[1075], die zuständigen Behörden der Mitgliedstaaten und deren Beamte und sonstige Bedienstete. Auch der Beratende Ausschuss für Unternehmenszusammenschlüsse ist an das Amtsgeheimnis gebunden.[1076]

Durch das EWR-Abkommen werden auch die ESA sowie die EFTA-Staaten mit ihren Beamten und sonstigen Bediensteten an das Amtsgeheimnis gebunden.[1077]

Die Bindung der Behörden der Mitgliedstaaten an das Amtsgeheimnis sollte Befürchtungen widerlegen, dass die ausgedehnten Zusammenarbeitspflichten der FKVO zur Verletzung von Geschäftsgeheimnissen führen könnten.[1078] Während die nationalen Geheimnisschutzbestimmungen unterschiedlich ausgestaltet sind[1079], sind die Mitgliedstaaten verpflichtet, das Amtsgeheimnis mindestens in dem durch das Gemeinschaftsrecht geforderten Ausmass zu gewähren.[1080] Der Gerichtshof hat verschiedentlich festgehalten, dass a priori keine Vermutung bestehe, dass die Behörden der Mitgliedstaaten das Amtsgeheimnis nicht einhalten würden.[1081]

[1074] Rs. 85/76, Hoffmann-La Roche/Kommission Slg. 1979, 461; JOSHUA, Balancing, 68.

[1075] Dazu: GRUNWALD, in: VON DER GROEBEN zu Art. 214 N 9.

[1076] Vgl. GRUNWALD, in: VON DER GROEBEN zu Art. 214 N 6 und 7.

[1077] Artikel 122 des EWR-Abkommens, Artikel 9 Protokoll 24, Artikel 20 und 21 Kapitel II Protokoll 4 zum Abkommen zwischen den EFTA-Staaten über die Einsetzung einer Überwachungsbehörde und eines Gerichtshofes.

[1078] Vgl. etwa MACIVER 756.

[1079] Eine Übersicht findet sich bei KREIS, Ermittlungsverfahren, 295.

[1080] Z.B. Rs. 110/84, Municipality of Hillegom/Hillenius Slg. 1985, 3947, im Zusammenhang mit der Überwachung von Kreditinstituten. Im Fall Rs. T-39/90, SEP/Kommission Slg. 1991 II 1497, stellte sich das EuG gegen die Vermutung, dass das Amtsgeheimnis verletzt würde, wenn keine Verwaltungsvorschriften das Amtsgeheimnis zwischen den verschiedenen Abteilungen der nationalen Behörden ausdrücklich vorsehen.

[1081] Rs. C-36/92P, SEP/Kommission Slg. 1994 I 1911, Urteil des EuG: Rs. T-39/90, Slg. 1991 II 1497; Rs. C-67/91, DGCD/Asociación Española de Banca Privada (AEB) Slg. 1992 I 4785.Die Wirksam-

3. Umfang

Nach Art. 17 Abs. 2 fallen unter das Amtsgeheimnis Kenntnisse, die die Verpflichteten bei der Anwendung der FKVO erlangt haben und die ihrem Wesen nach unter das Amtsgeheimnis fallen. Der letzte Satzteil bezieht sich auf Art. 214 EGV. Dort werden als Beispiele Auskünfte über Unternehmen, sowie deren Geschäftsbeziehungen oder Kostenelemente genannt. Diese Kenntnisse sind wohl meist auch gleich Geschäftsgeheimnisse. Das Amtsgeheimnis umfasst aber nicht nur Geschäftsgeheimnisse, auch wenn letztere im Vordergrund stehen.[1082]

Das Amtsgeheimnis betrifft alle Informationen, die dem Amtsinhaber oder Ausschussmitglied in seiner offiziellen Eigenschaft bekannt geworden sind. Die Formulierung von Art. 17 Abs. 2 muss wohl dahingehend ausgedehnt werden, dass alle Informationen unter das Amtsgeheimnis fallen, die dem Amtsinhaber oder Ausschussmitglied *mit Bezug auf sein Amt* oder seine Mitgliedschaft in einem Ausschuss mitgeteilt worden sind.[1083] Dies umfasst auch Informationen, die einem Verpflichteten privat und informell, aber in Kenntnis seiner Position mitgeteilt wurden.[1084]

Mit JOSHUA ist davon auszugehen, dass jede private geschäftliche Information, die einem Verpflichteten unter den oben genannten Umständen mitgeteilt wird, unter das Amtsgeheimnis fällt.[1085] Privat ist eine Information, wenn sie nicht Allgemeingut ist und wenn ein subjektiver Geheimhaltungswille besteht.[1086]

Unter das Amtsgeheimnis fallen damit neben Geschäftsgeheimnissen der beteiligten Unternehmen auch Kenntnisse, an deren Geheimhaltung die Kommission ein Interesse hat, wie die Absichten der Kommission oder die Identität von Informanten[1087]. Nicht privat sind Informationen, die sich nur auf das Verfahren beziehen, also beispielsweise die Tatsache, dass rechtmässig ein Verfahren durchgeführt wird, oder die Art der getroffenen Entscheidung. Dagegen ist die Zusammenschlussabsicht zweier Unternehmen so lange privat, als noch keine formelle Anmeldung erfolgt ist. Ob die Beschwerdepunkte und Anhörungsprotokolle an Dritte weitergegeben wer-

---

keit des Amtsgeheimnisses in den verschiedenen Mitgliedstaaten ist schon angezweifelt worden, MACIVER in einer Podiumsdiskussion, Fordham (1991) 771; ähnlich WINCKLER/GÉRONDEAU 544 und THIEFFRY/VAN DOORN/NAHMIAS 644. Nach Ansicht von Faull, einem Kommissionsbeamten, seien in 30 Jahren jedoch keine Probleme aufgetreten, FAULL in einer Podiumsdiskussion, Fordham (1991) 780.

1082 Vgl. dazu HIX 76-77.
1083 Vgl. GRUNWALD, in: VON DER GROEBEN zu Art. 214 N 15.
1084 A.M. FINE, Mergers, 282.
1085 JOSHUA, Balancing, 69.
1086 Die von GRUNWALD, in: VON DER GROEBEN zu Art. 214 N 16, genannten und auch von HIX 76 übernommenen Bedingungen (enger Personenkreis, objektives Geheimhaltungsinteresse) schränken m.E. den Umfang des Amtsgeheimnisses zu stark ein.
1087 Vgl. Rs. 145/83, Adams/Kommission Slg. 1985, 3539.

den dürfen und wie sie von diesen zu verwenden sind, hat das EuG gegenwärtig in der Rs. T-353/94, Postbank/Kommission, zu prüfen.[1088]

Das Amtsgeheimnis verbietet jede Art widerrechtlicher Mitteilung, also auch durch schlüssige Handlungen oder passives Zugänglichmachen.[1089]

Das Amtsgeheimnis gilt zeitlich nicht unbeschränkt. In der EU sind die Archive grundsätzlich nach dreissig Jahren der Öffentlichkeit zugänglich zu machen.[1090] Vor Ablauf dieser Zeit veröffentlicht die Kommission eine Mitteilung im Amtsblatt, damit betroffene Personen oder Unternehmen gegen die Veröffentlichung Einwände erheben können.[1091] Ob eine einfache Mitteilung im Amtsblatt dreissig Jahre nach Anfertigung des Archivgutes für den Schutz der Interessen der Betroffenen ausreicht, ist zumindest fraglich.

Die Kommission verlangt, dass die Anmelder Unterlagen, die sie für Geschäftsgeheimnisse halten, von den übrigen Unterlagen getrennt einreichen und auf jeder Seite mit dem Vermerk „Geschäftsgeheimnis" kennzeichnen (Formblatt CO, F). Sie müssen zudem den Grund für die Geheimhaltung angeben. Die Kommission könnte sich bei einer Verletzung des Amtsgeheimnisses nicht darauf berufen, die Anmelder hätten es unterlassen, Geschäftsgeheimnisse als solche zu kennzeichnen. Um „Betriebsunfälle" zu vermeiden, empfiehlt es sich jedoch, das verlangte Verfahren zu befolgen.

4. Verwendung der Information

a) Durch die Kommission

Art. 17 verbietet mit den oben genannten Ausnahmen nicht nur die Offenlegung an Unbefugte von Kenntnissen, die unter das Amtsgeheimnis fallen, sondern er beschränkt in Abs. 1 auch die Verwendung der Informationen durch die Kommission. Die Kommission darf die von ihr im Rahmen eines Auskunftsverlangens, einer Nachprüfung oder einer Anhörung erlangten Kenntnisse nur zu dem mit der jeweiligen Ermittlungsmassnahme verfolgten Zweck verwerten.

Das bedeutet zunächst, dass die Information nur für ein bestimmtes Fusionskontrollverfahren verwendet werden darf. Denn der mit der Massnahme verfolgte Zweck ist bei der FKVO wohl in den meisten Fällen die Abklärung der Zulässigkeit eines be-

---

[1088] In Rs. T-353/94R, Postbank/Kommission Slg. 1994 II 1141, hat das EuG dem Begehren um vorläufige Aussetzung der Entscheidung der Kommission, die Dokumente weiterzuleiten, stattgegeben und entschieden, dass die betreffende Frage äusserst heikel sei und einer gründlichen Prüfung im Hauptverfahren bedürfe.

[1089] GRUNWALD, in: VON DER GROEBEN zu Art. 214 N 18.

[1090] VO 354/83 des Rates vom 1.2.1983 über die Freigabe der historischen Archive der Europäischen Wirtschaftsgemeinschaft und der Europäischen Atomgemeinschaft, ABl. 1983 L 43/1.

[1091] Beschluss der Kommission 90/631/EWG vom 30.11.1990, ABl. 1990 L 340/24.

stimmten Zusammenschlusses. Der Zweck eines Auskunftsverlangens, einer Nachprüfung oder einer Anhörung muss dem Adressaten im voraus bekannt gemacht werden. Im Kartellverfahren unterliegen auch die in einer Anmeldung nach der VO 17 enthaltenen Informationen dem Verwertungsverbot.[1092] Dieses dürfte auch bezüglich der Anmeldung eines Zusammenschlusses gelten. Folglich dürfen die in der Anmeldung gemachten Angaben wohl nicht als Beweismittel in einem Kartellverfahren verwendet werden.[1093]

Umgekehrt darf die Kommission im Fusionskontrollverfahren keine Angaben als Beweise verwenden, die sie im Verlauf eines auf die VO 17 gestützten Verfahrens angefordert hat.[1094] Sie kann auch keine Informationen, die von einem im Zeitpunkt der Informationserhebung am aktuellen Verfahren nicht beteiligten Dritten vorgelegt wurden, im selben Verfahren oder in einem späteren gegen diesen selbst verwenden.

Die Verwendungsbeschränkung gilt nicht für Information, die die Kommission auf anderem Weg als einem der erwähnten erlangt hat. Deshalb ist die unter das Verbot der Offenlegung fallende Information (Art. 17 Abs. 2) umfassender als die vom Verbot anderweitiger Verwertung erfasste (Art. 17 Abs. 1). Das Verbot der Offenlegung umfasst z.B. auch Geschäftsgeheimnisse, die der Kommission freiwillig, ausserhalb eines bestimmten Verfahrens mitgeteilt wurden.

Die Bedeutung von „verwerten" wurde vom Gerichtshof in einer Reihe von Entscheidungen präzisiert. Im Urteil Dow Benelux/Kommission[1095] entschied der EuGH, dass „verwerten" im Sinne von Art. 20 VO 17 „verwenden als Beweis" bedeutet. Vorhandene Information muss nicht völlig ignoriert werden. Die Kommission darf nach dem Dow Benelux-Urteil ein neues Verfahren eröffnen, um nachzuprüfen, ob die Vermutung eines wettbewerbswidrigen Verhaltens, die sich durch die betreffenden Kenntnisse ergeben hat, begründet ist. Auf das Verfahren der Fusionskontrolle übertragen, hiesse das, dass die Kommission ein Fusionskontrollverfahren eröffnen kann, wenn sie in einem Kartellverfahren von einem rechtswidrig vollzogenen Zusammenschluss erfahren hat. Und umgekehrt, dass sie ein Kartellverfahren eröffnen darf, wenn sie in einem Fusionskontrollverfahren von Verstössen gegen Art. 85 oder 86 EGV erfahren hat.

Das Verwertungsverbot bedeutet auch, dass eine Amtsstelle der Kommission nicht berechtigt ist, Informationen an eine andere Amtsstelle weiterzugeben, wenn dies für das in Frage stehende Verfahren nicht nötig ist.[1096] Auch innerhalb der gleichen Amtsstelle, im Fusionskontrollverfahren also der Task Force Fusionskontrolle, dür-

---

1092 Rs. C-67/91, DGDC/Associación Española de Banca Privada (AEB) u.a. Slg. 1992 I 4785.
1093 A.M. FINE, Mergers, 282.
1094 Vgl. BERLIN, Contrôle, 326.
1095 Rs. 85/87, Dow Benelux/Kommission Slg. 1989, 3137.
1096 Vgl. GRUNWALD, in: VON DER GROEBEN zu Art. 214 N 21.

fen Informationen nur soweit ausgetauscht werden, wie dies für die Untersuchung nötig ist.[1097]

Das EuG hat gegenwärtig die Frage zu beantworten, ob die Kommission einem Unternehmen erlauben darf, die Mitteilung der Beschwerdepunkte und das Anhörungsprotokoll aus einem Kartellverfahren in einem Zivilprozess vor einem nationalen Gericht zu verwenden.[1098] Der Präsident des EuG hat dem Antrag auf vorläufige Aussetzung der Entscheidung der Kommission, diese Unterlagen herauszugeben, stattgegeben. Er entschied, dass die Frage, ob die Kommission eine Mitteilung der Beschwerdepunkte an Dritte weiterleiten darf und ob sie sich allenfalls über deren alleinige Verwendung im betreffenden Verfahren vergewissern muss, äusserst heikel sei und einer gründlichen Prüfung im Verfahren zur Hauptsache bedürfe.[1099]

Die Verwendung von Informationen, einschliesslich die Veröffentlichung für statistische oder ähnliche Zwecke, ist nicht verboten, wenn sie so allgemein gemacht werden, dass keine Angaben über einzelne Unternehmen mehr daraus abgeleitet werden können und diese somit kein Interesse an der Geheimhaltung mehr haben (Art. 17 Abs. 3).

b) Durch Behörden der Mitgliedstaaten

Die Kommission muss den Behörden der Mitgliedstaaten zahlreiche Informationen und Dokumente übermitteln (Art. 19). Sie kann die nationalen Behörden auch auffordern, Nachprüfungen vorzunehmen.

Bezüglich dieser Informationen unterliegen auch die Behörden der Mitgliedstaaten dem Verwertungsverbot. Im Urteil betreffend die spanischen Privatbanken[1100], hat der Gerichtshof klargemacht, dass auch nationale Behörden, die gewisse Kenntnisse im Rahmen der Zusammenarbeit mit der Kommission in Verfahren nach VO 17 erhalten haben, diese nicht als Beweise in ihren eigenen, nationalen Verfahren benützen können, selbst wenn weder die Rechtsordnung des betreffenden Mitgliedstaates noch das Gemeinschaftsrecht dies ausdrücklich vorsieht. Die Behörden der Mitgliedstaaten können Informationen, die in einer Anmeldung eines Zusammenschlusses enthalten sind, also nicht als Beweismittel in Wettbewerbsverfahren verwenden.

Solche Informationen könnten allerdings die Eröffnung eines Verfahrens nach nationalem Recht rechtfertigen, in welchem die nationalen Behörden nach ihrem Recht Beweise erheben könnten. Diese das Kartellverfahren betreffende Rechtsprechung

---

[1097] Vgl. GRUNWALD, in: VON DER GROEBEN zu Art. 214 N 20.
[1098] Rs. T-353/94, Postbank/Kommission, hängig.
[1099] Rs. T-353/94R, Postbank/Kommission Slg. 1994 II 1141.
[1100] Rs. C-67/91, DGDC/Associación Española de Banca Privada (AEB) Slg. 1992 I 4785; vgl. auch Rs. T-39/90, SEP/Kommission Slg. 1991 II 1497 und den Rechtsmittelentscheid C-36/92P, Slg. 1994 I 1911.

dürfte auf das Fusionskontrollverfahren übertragen werden können. Dem betreffenden Mitgliedstaat ist es wegen dem Prinzip des one-stop shopping im Normalfall aber verwehrt, ein Fusionskontrollverfahren zu eröffnen.

Die nationalen Wettbewerbsbehörden dürfen von der Kommission erhaltene Informationen nicht an andere Behörden weitergeben.

Im Fusionskontrollverfahren stellt sich weiter die Frage, ob die nationale Behörde, an die ein Zusammenschluss nach Art. 9 verwiesen worden ist, die von der Kommission an sie übermittelten Informationen verwenden darf, und ob sie einen Anspruch auf Überlassung der gesamten Akte hat. Nach Meinung von JONES und GONZÁLES-DÍAZ[1101] ist weder das eine noch das andere der Fall. Diese Ansicht entspricht m.E. dem System der Verweisung nach Art. 9. Danach führt die nationale Behörde eine eigenständige Fusionskontrolle durch. Die bei der Kommission vorhandenen Unterlagen enthalten auch Angaben zu anderen Märkten als dem des betreffenden Mitgliedstaats. Diese sollten den Behörden des behandelnden Mitgliedstaats nicht übergeben werden. Diese Ansicht wird auch dadurch gestärkt, dass die FKVO vorsieht, dass die nationalen Behörden bis zum Verweisungsentscheid selbständig ermitteln können (Art. 21 Abs. 2 UA 2).

Nach der Rechtsmittelentscheidung des EuGH in Sachen SEP[1102] kann es - entgegen der Meinung des EuG - in besonderen Fällen angebracht sein, die den Behörden der Mitgliedstaaten übermittelten Informationen zu beschränken. Dann nämlich, wenn ein blosses Verwertungsverbot nicht garantiert, dass die Behörden ihre Handlungen nicht durch die betreffenden Kenntnisse leiten lassen. Im Fall SEP bestand die Gefahr, dass die für Energie zuständige Generaldirektion des Niederländischen Wirtschaftsministeriums, die auch zu den in Wettbewerbssachen zuständigen Behörden gehört, die Handelspolitik von Gasunie, dem von ihr beherrschten faktischen Monopolisten für den Verkauf von Erdgas, gegenüber SEP anders gestalten würde, wenn sie Kenntnis der Vereinbarung zwischen SEP und ihrem anderen Gaslieferanten, Statoil, erhielte. Der EuGH hielt fest, dass die Kommission in Fällen, in denen sich ein Unternehmen ausdrücklich auf die Vertraulichkeit von Informationen gegenüber den Behörden der Mitgliedstaaten beruft, das gleiche Verfahren anzuwenden hat, wie es bei der Weiterleitung von angeblichen Geschäftsgeheimnissen erforderlich ist.[1103] Dabei entscheidet die Kommission über die Natur der Information, gibt dem betroffenen Unternehmen Gelegenheit zur Stellungnahme, fasst eine begründete Entscheidung und ermöglicht dem betroffenen Unternehmen, diese Entscheidung vor

---

[1101] JONES/GONZÁLES-DÍAZ 235-236.
[1102] Rs. C-36/92P, SEP/Kommission Slg. 1994 I 1911, Urteil des EuG Rs. T-39/90, SEP/Kommission Slg. 1991 II 1497.
[1103] S. Rs. 53/85, Akzo/Kommission Slg. 1986, 1965; hinten 279f.

Gericht anzufechten.[1104] Die SEP-Rechtsprechung des EuGH wird wohl auf Sonderfälle beschränkt bleiben.

Der EuGH annullierte das Urteil des EuG übrigens nicht, da die Klage aus einem anderen Grund abgewiesen werden musste. Es war nämlich noch keineswegs sicher, dass die Herausgabe des Statoil-Vertrages an die Kommission auch dessen Weitergabe an die zuständigen Behörden der Mitgliedstaaten zur Folge gehabt hätte. Denn die Kommission verfügt bei der Auswahl der „wichtigsten Schriftstücke", also der weiterzuleitenden Schriftstücke, über ein gewisses Ermessen.

5. Grenzen des Amtsgeheimnisses

Die Weitergabe einer unter das Amtsgeheimnis fallenden Information ist gerechtfertigt, wenn die betroffene Person oder das betroffene Unternehmen der Weitergabe zugestimmt hat oder wenn eine andere Bestimmung des Gemeinschaftsrechts dem Amtsgeheimnis vorgeht. In der FKVO ausdrücklich erwähnt sind das rechtliche Gehör (Art. 18), die Veröffentlichung der Mitteilung des Zusammenschlusses (Art. 4 Abs. 3) und die Veröffentlichung der Entscheidung nach Art. 8 (Art. 20). Die genannten Veröffentlichungen können Informationen enthalten, die unter das Amtsgeheimnis fallen, jedoch keine Geschäftsgeheimnisse (vorne 174f.). Zur Gewährung des rechtlichen Gehörs, oder wenn dies für die Untersuchung notwendig ist, kann die Kommission Beteiligten oder Dritten Informationen geben, die unter das Amtsgeheimnis fallen. Auch dabei darf sie keine Geschäftsgeheimnisse weitergeben (hinten 275ff.).

6. Geheimhaltungsmassnahmen

Im Fusionskontrollverfahren ist Geheimhaltung besonders wichtig. Insbesondere ist die Tatsache, dass ein Zusammenschluss erwogen wird, schutzwürdig. Durch vorzeitige Veröffentlichung können Zusammenschlusspläne zunichte gemacht werden. Die Kenntnis von einem geplanten Zusammenschluss dürfte für Lieferanten, Kunden und Konkurrenten von grossem Interesse sein.[1105] Werden die Aktien der beteiligten Unternehmen an der Börse gehandelt, kann die blosse Ankündigung eines Zusammenschlusses den Aktienkurs stark beeinflussen. Es besteht das Risiko von Insidergeschäften.

Aus diesen Gründen hat die Kommission im Bereich der Fusionskontrolle besondere Geheimhaltungsmassnahmen ergriffen. Es wurde die Stelle eines Beraters, zuständig

---

[1104] Nach KERSE, SEP, 866, dürfte die Unterlassung einer ausdrücklichen Äusserung des betroffenen Unternehmens die Kommission nicht von einer allfälligen Haftung nach Art. 215 EGV für den durch eine rechtswidrige Weitergabe verursachten Schaden befreien.

[1105] Für MACIVER ist der Nutzen der an die Kommission gegebenen Information für Konkurrenten viel grösser als für die Kommission selbst, MACIVER 756.

für Informationsschutz und Anhörungen im Rahmen der Fusionskontrollen geschaffen.[1106] Die Beamten der Task Force Fusionskontrolle müssen einen „Security Code"[1107] unterzeichnen. Die Task Force Fusionskontrolle arbeitet in einem eigenen Gebäude, dessen Zugänge elektronisch überwacht werden.[1108] Auch Massnahmen zum Schutz von computergespeicherten Daten wurden getroffen. Verfahrenstechnische Vorkehren umfassen die Begrenzung der Zahl der mit einem bestimmten Fall beschäftigen Beamten auf zunächst zwei bis drei.[1109]

7. Rechtsfolgen der Missachtung

Die Missachtung des Amtsgeheimnisses bedeutet eine Verletzung des Vertrages (Art. 214 EGV) und einer bei der Durchführung des Vertrages anwendbaren Rechtsvorschrift (Art. 17 FKVO) im Sinne von Art. 173 Abs. 2 EGV und kann mittels Klage zur Nichtigerklärung der betreffenden Entscheidung führen.

Die Verletzung des Amtsgeheimnisses und insbesondere die Verwertung unzulässiger Beweismittel dürfte nur die Nichtigkeit der angefochtenen Entscheidung zur Folge haben, wenn die Entscheidung ohne die Rechtsverletzung anders hätte sein können.[1110] Die Missachtung des Amtsgeheimnisses dürfte nur in Ausnahmefällen dazu führen, dass eine Entscheidung anders ausfällt.

Verursacht die Verletzung des Amtsgeheimnisses jemandem einen Schaden, so kann der Geschädigte gestützt auf Art. 215 EGV auf Schadenersatz klagen.[1111] Die Veröffentlichung beispielsweise, dass informelle Gespräche über ein geplantes, aber weder angemeldetes, noch sonst veröffentlichtes Zusammenschlussvorhaben stattfinden, dürfte die Kommission schadenersatzpflichtig machen.[1112]

Die Verletzung des Amtsgeheimnisses hat für den fehlbaren Beamten keine strafrechtlichen, aber möglicherweise disziplinarische Folgen.[1113]

1106 Heute lautet die Bezeichnung „Anhörungsbeauftragter (auch zuständig für Informationsschutz)".
1107 JONES in einer Podiumsdiskussion, Fordham (1990) 472.
1108 Mündliche Auskunft von J. GILCHRIST, Anhörungsbeauftragter (auch zuständig für Informationsschutz).
1109 COOK/KERSE 93.
1110 Rs. 209 bis 215 und 218/78, van Landewyck/Kommission Slg. 1980, 3125, 3239.
1111 Z.B. Rs. 145/83, Adams/Kommission Slg. 1985, 3539, wo die Kommission zur Bezahlung von Schadenersatz an einen Privaten verurteilt wurde.
1112 A.M. scheinbar KERSE 236.
1113 Art. 86 der Beamtenordnung der Europäischen Gemeinschaften und Art. 49 der Anstellungsbedingungen der Angestellten oder sonstigen Bediensteten der Europäischen Gemeinschaften.

B. Schutz von Geschäftsgeheimnissen

1. Begriff des Geschäftsgeheimnisses

Der Schutz von Geschäftsgeheimnissen wird in Art. 214 EGV unter dem Titel „Geheimhaltungspflicht" und an verschiedenen Stellen in der VO 17[1114], der FKVO[1115] und der DVO erwähnt.

Weder der EGV, noch das Sekundärrecht, noch die Rechtsprechung geben eine präzise Definition des Begriffs „Geschäftsgeheimnis".[1116] Art. 214 EGV bezieht sich auf Informationen, die unter das „Berufsgeheimnis" fallen und nennt Auskünfte über Unternehmen sowie deren Geschäftsbeziehungen oder Kostenelemente. Er bezeichnet aber nur die Art der Information, die wahrscheinlich als Geschäftsgeheimnisse gelten, definiert den Begriff aber nicht.

In der Literatur werden vorwiegend drei Merkmale eines Geschäftsgeheimnisses genannt:[1117]

- Die Information muss sich auf das Geschäft beziehen.

- Die Information darf nicht Allgemeingut sein. Der Kreis der Personen, die davon Kenntnis haben, muss begrenzt sein. Selbst wenn die Anzahl der Geheimnisträger relativ gross ist, kann die Information ihren Charakter als Geschäftsgeheimnis behalten.[1118]

- Die Personen, die die Information kennen, haben ein legitimes Interesse, sie geheimzuhalten (Geheimhaltungsinteresse).[1119]

Betreffend die dritte Bedingung ist umstritten, ob der Geheimnisherr zusätzlich zum objektiven Interesse an der Geheimhaltung auch sein subjektives Interesse klar zeigen muss.[1120] In der Praxis müssen die Anmelder bei der Anmeldung die Informationen, die für sie Geschäftsgeheimnisse sind, besonders bezeichnen. Vor Veröffentlichungen werden die Betroffenen normalerweise konsultiert.[1121] Der Geheimnisherr

---

[1114] Art. 19 Abs. 3; 21 Abs. 2.
[1115] Art. 18 Abs. 3; Art. 19 Abs. 7; Art. 20 Abs. 2.
[1116] HIX 83-84.
[1117] Vgl. HIX 84.
[1118] Rs. 209 bis 215 und 218/78, van Landewyck/Kommission Slg. 1980, 3125 (Mitglieder eines Verbands).
[1119] HIX 84; WERNER 150; vgl. auch PERNICE, in: GRABITZ nach Art. 87 VO 17 zu Art. 20 N 11.
[1120] SCHNEIDER 50-63. Das Geheimhaltungsinteresse muss immer objektiv sein, ein subjektives Interesse reicht nicht aus, LENZ/GRILL 319; HIX 84; GRUNWALD, in: VON DER GROEBEN zu Art. 214 N 17.
[1121] Mündliche Auskunft von J. GILCHRIST, Anhörungsbeauftragter (auch zuständig für Informationsschutz).

kann selbstverständlich in die Verwendung oder Offenlegung einer Information einwilligen.[1122]

Im Urteil Hilti/Kommission[1123] hat das EuG die Übermittlung eines Dokuments, das angeblich Geschäftsgeheimnisse enthielt, an einen Streithelfer im gerichtlichen Verfahren beurteilt. Als Hauptkriterium gewichtete es die Möglichkeit, dass die Herausgabe des Dokuments das Unternehmen schädige. Man könnte daraus schliessen, dass Informationen, deren Offenlegung einem Unternehmen beträchtlichen Schaden zufügen kann und nicht durch ein höheres öffentliches Interesse gerechtfertigt ist, in der Regel Geschäftsgeheimnisse sind.[1124]

Die Tatsache oder Beweisstücke dafür, dass das Wettbewerbsrecht der Gemeinschaft verletzt wird, sind keine Geschäftsgeheimnisse, weil sie kein legitimes Geheimhaltungsinteresse geniessen.[1125] Im Fusionskontrollverfahren betrifft dies z.B. ein Beweisstück für den illegalen Vollzug eines Zusammenschlusses. Andere vor dem aktuellen Verfahren erfolgte Verstösse gegen die Fusionskontrollvorschriften sind schwer vorstellbar.

Gemäss dem Formblatt CO müssen der Kommission zahlreiche Informationen unterbreitet werden, die mit grosser Wahrscheinlichkeit Geschäftsgeheimnisse sind. Nachfolgend wird untersucht, welche der in den einzelnen Abschnitten des Formblatts CO geforderten Informationen - subjektiven Geheimhaltungswillen vorausgesetzt - Geschäftsgeheimnisse darstellen können.

Abschnitt 1 (Hintergrundinformationen):	Name und Angaben der Parteien sind keine Geschäftsgeheimnisse.
Abschnitt 2 (Einzelheiten des Zusammenschlusses):	Geschäftsgeheimnisse können sein: die wirtschaftliche und finanzielle Struktur des Zusammenschlusses, der vorgesehene oder erwartete Zeitpunkt wesentlicher Schritte, die zum Vollzug des Zusammenschlusses führen sollen, die vorgesehene Eigentumsstruktur und Ausgestaltung der Kontrolle, finanzielle Hilfe durch andere Unternehmen, die diversen anzugebenden Umsatzzahlen[1126].
Abschnitt 3 (Eigentum und Kontrolle):	Die Kontrollverhältnisse und die Mittel ihrer Ausübung können für einzelne Unternehmen wohl Geschäftsgeheimnisse darstellen. In vielen Staaten müssen diese Angaben aufgrund von gesellschaftsrechtlichen Vorschriften offengelegt werden.[1127]

1122 Zu den Anforderungen an die Einwilligung s. GIRNAU 154-157.
1123 Rs. T-30/89, Hilti/Kommission Slg. 1990 II 163, Rechtsmittel eingelegt, Rs. C-53/92.
1124 Vgl. auch HIX 84-85; GRUNWALD, in: VON DER GROEBEN zu Art. 214 N 17.
1125 23. Wettbewerbsbericht Ziff. 199; JOSHUA, Information, 420 und 423; LENZ/GRILL 320.
1126 Vgl. KERSE 308.
1127 Vgl. die 7. gesellschaftsrechtliche Richtlinie über die Konzernrechnungslegung, Fn 236.

Abschnitt 4 (Personelle und kapitalmässige Verflechtungen und vorangehende Beteiligungen):	Diese Informationen können für die beteiligten Unternehmen Geschäftsgeheimnisse darstellen. Es gilt das zu Abschnitt 3 Gesagte.
Abschnitt 5 (Unterlagen):	Es müssen alle mit dem Zusammenschluss in Verbindung stehenden Unterlagen eingereicht werden. Ebenso müssen die für den Vorstand (den Verwaltungsrat), den Aufsichtsrat oder die Aktionärsversammlung (die Generalversammlung) erstellten Studien, Analysen und Untersuchungen eingereicht werden. Eine Vielzahl der darin enthaltenen Informationen dürften Geschäftsgeheimnisse sein.
Abschnitt 6 (Marktdefinitionen):	keine Geschäftsgeheimnisse
Abschnitt 7 (Angaben zu den betroffenen Märkten):	Die Umsatzzahlen, Marktanteile der beteiligten und anderer Unternehmen sind meist Geschäftsgeheimnisse.
Abschnitt 8 (Allgemeine Bedingungen in den betroffenen Märkten):	Geschäftsgeheimnisse können sein: die Namen der Lieferanten und deren Lieferungen, bestimmte Angaben über Vertriebswege und Kundendienstnetze, die Namen der grössten Kunden und deren Käufe, Angaben zu Kooperationsvereinbarungen, die Einschätzung der Markentreue, der Wachstumsrate der Nachfrage, der Marktzutrittsschranken, der Bedeutung von Forschung und Entwicklung.
Abschnitt 9 (Allgemeine Fragen):	Nebenabreden können Geschäftsgeheimnisse sein.

Auch Schätzungen können Geschäftsgeheimnisse sein, denn sie sagen oft noch mehr aus als exakte Zahlen. Sie sagen den Konkurrenten, was der Schätzende über sie und ihre Marktstellung denkt und v.a. auf welche falschen Annahmen er sich stützt.

Damit die Kommission weiss, welche Informationen die Anmelder als Geschäftsgeheimnisse betrachten, verlangt sie, dass diese als solche bezeichnet und separat eingereicht werden (Formblatt CO, F). Sie verlangt auch, dass die Gründe für die Vertraulichkeit des Dokuments angegeben werden. Es ist empfehlenswert, dieses Verfahren zu befolgen. Die Kommission hat dennoch bei jedem Dokument selbst zu prüfen, ob es Geschäftsgeheimnisse enthält. Der Grund für die Geheimhaltung muss nicht angegeben werden, wenn er offensichtlich ist.[1128]

Die von der Kommission veröffentlichten Entscheidungen nach Art. 6 und 8 zeigen durch Auslassung, welche Informationen in den einzelnen Fällen als Geschäftsgeheimnisse angesehen worden sind. Es sind dies zusätzlich zu den oben genannten Angaben: Kostenzusammensetzung, Rentabilität, Produktivität, freie Produktions-

---

[1128] KERSE 106.

kapazitäten, Marktpotential, Anteil der durch eigene und der durch fremde Vertriebskanäle verkauften Produkte, an Kunden gewährte Rabatte, Entscheidungsmechanismen bei den beteiligten Unternehmen, Struktur ihrer Leitungsorgane[1129], etc. Detaillierte Umsatzzahlen werden von der Kommission nicht veröffentlicht.[1130]

Die blosse Tatsache des Zusammenschlusses kann nach der Veröffentlichung der Mitteilung des Zusammenschlusses kraft Gesetzes kein Geschäftsgeheimnis mehr sein (Art. 4 Abs. 3).[1131] Vor dieser Mitteilung dürfte sie ein Geschäftsgeheimnis sein, wenn sie nicht schon anderweitig veröffentlicht werden musste. Die Tatsache, dass eine Information kurze Zeit später veröffentlicht wird, schliesst nicht aus, dass sie bis dahin ein Geschäftsgeheimnis ist.[1132]

Im Fusionskontrollverfahren können auch neue Geschäftsgeheimnisse entstehen. Die von der Kommission festgesetzten Termine für die Erfüllung von Auflagen und Bedingungen können Geschäftsgeheimnisse sein. Der Termin für den Verkauf von Anteilen oder die Aufgabe der Kontrolle über ein Unternehmen dürfte fast immer ein Geschäftsgeheimnis sein. Ist der Termin Konkurrenten bekannt, hat das direkte Auswirkungen auf die Verhandlungsposition des Verpflichteten.

2. Schutz von Geschäftsgeheimnissen im Fusionskontrollverfahren

Geschäftsgeheimnisse fallen unter das Amtsgeheimnis. Dadurch sind sie im allgemeinen ausreichend geschützt. Wie schon erwähnt, gibt es Ausnahmen vom Amtsgeheimnis. Die wichtigsten sind die von der Verordnung verlangten Veröffentlichungen und das rechtliche Gehör. Gemäss dem hinten auf Seite 275ff. besprochenen Urteil Rs. 53/85, Akzo/Kommission[1133], geniessen Geschäftsgeheimnisse im europäischen Recht einen absoluten Schutz, weshalb das Amtsgeheimnis nicht immer zu ihrem Schutz ausreicht.

Der Schutz von Geschäftsgeheimnissen ist aus der Sicht der Unternehmen eine der wichtigsten Garantien, die das Verwaltungsverfahren gewähren muss. Gäbe es diesen Schutz nicht, würden die wenigsten Unternehmen der Kommission freiwillig Informationen aushändigen. Der Schutz von Geschäftsgeheimnissen bezweckt auch den Schutz des Wettbewerbs als Institution. Würden wettbewerblich relevante Informationen, die im allgemeinen als Geschäftsgeheimnisse gelten, an Konkurrenten ausgehändigt, könnte dadurch der Wettbewerb behindert werden (durch abgestimmtes Verhalten oder Ausboten eines Konkurrenten).

1129 Vgl. Fortis/CGER, M.342.
1130 MERKIN 4-605B.
1131 A.M. WINCKLER/GÉRONDEAU 544.
1132 KERSE 308.
1133 Slg. 1986, 1965.

Bei der Diskussion über den Schutz von Geschäftsgeheimnissen geht es weniger um das Genügen der Schutzmassnahmen als um die Frage, welche Informationen Geschäftsgeheimnisse sind.

Die Kommission betont in ihren Veröffentlichungen immer wieder, welches Gewicht sie der Geheimhaltung schenkt. Dies kann zweierlei bedeuten: entweder stellt die Geheimhaltung für die Kommission ein Problem dar oder sie hat in den Organisationsabläufen der Kommission tatsächlich eine grosse Bedeutung. Mir scheint letzteres der Fall zu sein.

a) Schutz von Geschäftsgeheimnissen bei der Akteneinsicht

Geschäftsgeheimnisse der Beteiligten und Dritter sind von der Akteneinsicht ausgenommen.[1134]

b) Schutz von Geschäftsgeheimnissen bei der Mitteilung der Einwände

Geschäftsgeheimnisse anderer Beteiligter oder Dritter dürfen den Beteiligten in der Mitteilung der Einwände[1135] oder bei der Einsichtnahme in den Entscheidungsentwurf vor der Veröffentlichung nicht zugänglich gemacht werden. Beim EuG ist gegenwärtig ein Fall hängig, in dem es um den Schutz von Geschäftsgeheimnissen geht, wenn die Kommission einem Unternehmen erlaubt hat, die Mitteilung der Beschwerdepunkte und die Protokolle der Anhörung in einem Zivilprozess vor einem nationalen Gericht zu verwenden.[1136]

c) Schutz von Geschäftsgeheimnissen bei mündlichen Anhörungen

Bei mündlichen Anhörungen werden Nichtbefugte aufgefordert, den Saal zu verlassen, wenn Geschäftsgeheimnisse zur Sprache kommen.

d) Schutz von Geschäftsgeheimnissen bei Veröffentlichungen

Die Kommission darf keine Geschäftsgeheimnisse veröffentlichen.[1137]

3. Rechtsfolgen der Missachtung

Die Folgen der unerlaubten Weitergabe oder Veröffentlichung von Geschäftsgeheimnissen sind die gleichen wie bei Missachtung des Amtsgeheimnisses (vorne 243).

[1134] Art. 18 Abs. 3 FKVO; Art. 17 DVO; hinten 275ff.
[1135] In Art. 12 Abs. 2 lit. b des Entwurfs der Durchführungsverordnung von 1994 war dies ausdrücklich vorgesehen.
[1136] Rs. T-353/94, Postbank/Kommission, hängig.
[1137] Art. 4 Abs. 3, Art. 19 Abs. 7, Art. 20 Abs. 2; vorne 174f.

C. Schutz der Vertraulichkeit des Schriftverkehrs zwischen Anwalt und Mandant - „Legal professional privilege"

1. Grundsatz

Der Grundsatz der Vertraulichkeit des Schriftverkehrs zwischen Anwalt und Mandant[1138] wurde vom Gerichtshof im Jahre 1979 im Urteil AM&S[1139] formuliert. Der Grundsatz wird weder in den Gründungsverträgen, noch in den Durchführungsverordnungen zu Art. 85 und 86 EGV erwähnt. In den Rechtsordnungen der Mitgliedstaaten gibt es den Grundsatz in unterschiedlicher Ausprägung. Im Common Law ist er besonders wichtig.[1140]

Der Gerichtshof anerkannte einen allgemeinen Grundsatz des Gemeinschaftsrechts, dass die Korrespondenz mit einem Anwalt absolute Immunität in Untersuchungen der Kommission in Wettbewerbssachen geniesst.[1141] Der Grundsatz gilt auch im gerichtlichen Verfahren.[1142]

Das Privileg soll das Vertrauensverhältnis zwischen Anwalt und Mandant und eine unbehinderte Vorbereitung der Verteidigung des Mandanten gegen einen allfälligen Vorwurf des Verstosses gegen das Wettbewerbsrecht gewährleisten. Der Gerichtshof hat das Privileg bisher nur für den Schriftverkehr mit einem Anwalt, aber nicht mit anderen Beratern, wie Treuhänder oder Bankiers, anerkannt.[1143]

Der EuGH zählt das Privileg zu den Verteidigungsrechten. Art. 18 Abs. 3 erklärt diese (und allgemein die Verfahrensrechte, s. vorne 230ff.) ausdrücklich auch im Fusionskontrollverfahren für anwendbar. Somit ist der Grundsatz der Vertraulichkeit des Schriftverkehrs zwischen Anwalt und Mandant auch im Fusionskontrollverfahren anwendbar.[1144]

Die Bedingungen für die Anwendung des Privilegs sind, „dass der Schriftenwechsel zum einen im Rahmen und im Interesse des Rechts des Mandanten auf Verteidigung geführt wird und zum anderen von unabhängigen Rechtsanwälten, das heisst von Anwälten ausgeht, die nicht durch einen Dienstvertrag an den Mandanten gebunden sind".[1145] Zudem müssen die Dokumente für internen Gebrauch der beteiligten

---

1138 So die Übersetzung von „legal professional privilege" in Rs. 155/79, AM&S/Kommission Slg. 1982, 1575. Zur Terminologie vgl. die Anträge von GA WARNER in AM&S, 1622-1624.
1139 Rs. 155/79, AM&S/Kommission Slg. 1982, 1575.
1140 Vgl. die Anträge von GA WARNER im AM&S-Urteil.
1141 JOSHUA, Information, 424-425, möchte auch Ausnahmen vom Grundsatz zulassen.
1142 Rs. T-30/89, Hilti/Kommission Slg. 1990 II 163.
1143 Gl.M. ROHLFING 121; a.M. PERNICE, in: GRABITZ nach Art. 87 zu Art. 11 VO 17 N 15 und GRÜTZNER/REIMANN/WISSEL N 271.
1144 Vgl. DOWNES/ELLISON 109.
1145 AM&S-Urteil, 1611; vgl. CHRISTOFOROU 14-15.

Unternehmen bestimmt sein (also nicht z.B. Entwürfe von Briefen an die Wettbewerbsbehörden).[1146] Es ist nicht nötig, dass die Dokumente erst nach Eröffnung eines Verfahrens erstellt wurden; der Gerichtshof verlangt aber, dass sie im Hinblick auf eine allfällige Verteidigung in einem Wettbewerbsverfahren ausgearbeitet worden sind.[1147]

Das Privileg gilt nicht für Schriftstücke unternehmensinterner Rechtsanwälte.[1148] Es ist fraglich, ob diese Einschränkung gerechtfertigt ist, da auch unternehmensinterne Rechtsanwälte den gleichen beruflichen Standards unterstehen können wie auswärtige.[1149]

Weiter beschränkte der EuGH das Privileg auf Rechtsanwälte, die in einem Mitgliedstaat zugelassen sind. Während das Privileg also für die Korrespondenz eines EU-Unternehmens mit einem nicht in der EU zugelassenen Rechtsanwalt nicht gilt, ist umgekehrt die Korrespondenz eines Nicht-EU-Unternehmens mit einem in der EU zugelassenen Rechtsanwalt geschützt. Es ist nicht klar, ob das Privileg auch für Anwälte gilt, die zwar in einem Mitgliedstaat zugelassen, aber EU-Ausländer sind.[1150] Da die Bindung an die Standesregeln eines Mitgliedstaats bereits durch die Zulassung gesichert ist und um das Privileg nicht unnötig zu beschränken, sollte es auch für Anwälte gelten, die als EU-Ausländer in einem Mitgliedstaat zugelassen sind.[1151]

Die Beschränkung auf in der EU zugelassene Rechtsanwälte könnte im Hinblick auf standesrechtliche Vorschriften verständlich sein. Auch wenn die Standesregeln der verschiedenen Länder gleichwertige Standards garantieren, kann das materielle Recht, dessen Einhaltung die Standesregeln verlangen, verschieden sein. Da die Wettbewerbsordnungen vieler Nicht-EU-Staaten grundsätzlich verschieden vom EG-Wettbewerbsrecht sind, könnte daher der Ratschlag eines nicht in der EU zugelassenen Rechtsanwalts darüber, wie die EG-Wettbewerbsregeln am besten umgangen werden können, durch das Standesrecht dieses Staates nicht missbilligt werden. Dieses Argument verliert jedoch seine Berechtigung, je mehr die betreffenden Staaten

---

[1146] CHRISTOFOROU 6.

[1147] AM&S-Urteil, 1611.

[1148] In der Kommissionsentscheidung John Deere, ABl. 1985 L 35/58, wurden Ratschläge eines unternehmensinternen Rechtsanwalts als Beweismittel gegen das Unternehmen verwendet.

[1149] Vgl. CHRISTOFOROU 13. PLIAKOS 284 ist dafür, dass das Privileg auch für unternehmensinterne Anwälte gilt. KERSE 302-303 hält eine Ausdehnung gegenwärtig nicht für möglich.

[1150] Im AM&S-Urteil verwies der EuGH auf die Richtlinie Nr. 77/249/EWG zur Erleichterung der tatsächlichen Ausübung des freien Dienstleistungsverkehrs der Rechtsanwälte, ABl. 1977 L 78/17. Diese Richtlinie regelt die gegenseitige Anerkennung der Vorschriften über den Rechtsanwaltsberuf der Mitgliedstaaten. Deshalb könnte die Ansicht vertreten werden, das Privileg sei nur auf Anwälte mit der Staatsbürgerschaft eines Mitgliedstaats anwendbar. Die Bedeutung des Verweises auf die Richtlinie ist nicht restlos klar: s. CHRISTOFOROU 23 und KREIS 20-22.

[1151] Gl.M. CHRISTOFOROU 23-24; BRULARD/DEMOLIN 106; WEISSBUCH DER A.E.A. 19.

von den gleichen wettbewerblichen Positionen wie die EU ausgehen. Nach Inkrafttreten des revidierten schweizerischen Kartellgesetzes hat dieses Argument im Verhältnis zur Schweiz kaum mehr Gewicht.

Viele Nicht-EU-Staaten schätzen die Diskriminierung ihrer Anwälte nicht. Denn sie hat praktisch die Auswirkung, dass ein Unternehmen kaum einen nicht in der EU zugelassenen Anwalt beauftragt, wenn es weiss, dass dadurch seine Verteidigungsmittel in einem allfälligen Verfahren beeinträchtigt werden können. Es ist wünschenswert, dass die EU diese Diskriminierung abschafft.[1152] Die Umschreibung der Standespflichten und des gegenseitig zugestandenen Umfangs des Privilegs könnte durch internationale Abkommen erfolgen.[1153]

Als Verteidigungsrecht muss das Privileg allen Beteiligten und allen Adressaten von Auskunftsverlangen oder Nachprüfungsentscheidungen, also auch Unternehmen aus Drittstaaten, gewährt werden.

In Analogie zum Kartellverfahren kann der Umfang des Privilegs im Fusionskontrollverfahren so umschrieben werden, dass es den Schriftverkehr zwischen Anwalt und Mandant umfasst, der im Rahmen und im Interesse der verfahrensmässigen Rechte des Mandanten im Fusionskontrollverfahren und insbesondere im Rahmen und Interesse eines positiven Ausgangs eines bestimmten Genehmigungsverfahrens geführt wird.[1154]

Im Fusionskontrollverfahren kann die Vertraulichkeit der Anwaltskorrespondenz Nachprüfungen, Auskunftsverlangen[1155] und der Pflicht zur Herausgabe von Unterlagen bei der Anmeldung entgegengesetzt werden. Gerade hier zeigt sich eine Benachteiligung von Anwälten, die nicht in der EU zugelassen sind. Haben die beteiligten Unternehmen vor dem Zusammenschluss solche konsultiert, müssen deren Berichte der Kommission ausgehändigt werden (Formblatt CO, Abschnitt 5.4). Bei Berichten von in der EU zugelassenen Anwälten ist das nicht der Fall.

Das Privileg umfasst auch vom Mandanten geschriebene Dokumente.[1156] Ob sich die Dokumente in der Hand des Mandanten oder des Anwalts befinden, ist nicht entscheidend. Dokumente, die sich bei Dritten befinden, fallen nur unter das Privileg,

---

[1152] Gl.M. CHRISTOFOROU 23-24.

[1153] KREIS 20-21. Die Kommission hatte zu einem bestimmten Zeitpunkt tatsächlich angekündigt, Verhandlungen über ein Abkommen zur Ausdehnung des Privilegs auf bestimmte Nicht-EU-Anwälte aufzunehmen, Entwurf des Beschlusses: KOM(84) 548endg. Vgl. den Artikel von FAULL, AM&S; KREIS, AM&S, 11-12; WHISH 295 und 359.

[1154] Im AM&S-Fall waren die Dokumente sieben Jahre vor der Eröffnung des Verfahrens erstellt worden, dennoch hielt der Gerichtshof den Zusammenhang für gegeben. Vgl. dazu auch KERSE 300-302 und PLIAKOS 276-277.

[1155] Für die VO 17 wird dies in der Literatur angenommen: z.B. CHRISTOFOROU 36, KERSE 305. In Rs. T-30/89, Hilti/Kommission Slg. 1990 II 163, machte das EuG auch in dieser Beziehung keinen Unterschied zwischen Art. 11 und 14.

[1156] AM&S-Urteil; CHRISTOFOROU 26.

wenn sie innerhalb des Vertrauensverhältnisses zwischen Anwalt und Mandant geblieben sind.[1157] Das Privileg wirkt sich vor allem zugunsten des Mandanten aus, da dieser es aufheben kann.[1158]

Im AM&S-Urteil schloss der Gerichtshof ein unternehmensinternes Dokument, das die Beratung durch einen unabhängigen Anwalt zusammenfasste, vom Privileg aus.[1159]

Im Hilti-Urteil[1160] vertrat das EuG nun die entgegengesetzte Meinung. Obwohl das Hilti-Urteil die Vertraulichkeit der Anwaltskorrespondenz gegenüber einem Streithelfer im Verfahren vor dem Gericht betraf, machte das Gericht keinen Unterschied zwischen den Verfahren, sondern verwies auf den allgemeinen, im Urteil AM&S formulierten Grundsatz. Es dehnte die Vertraulichkeit aus auf „firmeninterne Aufzeichnungen..., die den Inhalt einer von unabhängigen, also externen juristischen Beratern erhaltenen Beratung wiedergeben".[1161]

Nach dem AM&S-Urteil scheinen Schriftstücke, die die *mündliche* Beratung eines unabhängigen Rechtsanwalts aufzeichnen, nicht unter das Privileg zu fallen. Im Hilti-Urteil hat das EuG nicht über diese Frage entschieden. M.E. sollte das Privileg auch auf solche Schriftstücke ausgedehnt werden, da es keinen funktionalen oder qualitativen Unterschied zwischen mündlich und schriftlich erteilter Beratung gibt.[1162]

2. Verfahren bei Uneinigkeit über die Natur der Dokumente

Für Fälle von Uneinigkeit über die Natur der Dokumente hat der EuGH im AM&S-Urteil[1163] folgendes Verfahren festgelegt:

Das Unternehmen muss der Kommission, ohne den Inhalt der Dokumente bekannt zu geben, alle Angaben machen, die den Inhalt umschreiben. Hält die Kommission daran fest, dass das Dokument nicht durch das Privileg geschützt ist, hat sie mittels einer Entscheidung die Aushändigung des fraglichen Dokuments zu verlangen und dem Unternehmen die Möglichkeit zu geben, die Entscheidung, die die Offenlegung des Dokuments anordnet, anzufechten.[1164] Der Präsident des EuG, das jetzt zuständig ist, kann auf Antrag des betroffenen Unternehmens den Aufschub dieser Entscheidung oder vorsorgliche Massnahmen nach Art. 185 und 186 EGV anordnen.

[1157] KREIS, AM&S, 12; FISCHER 1033; BEUTLER 822; KERSE 301.
[1158] AM&S-Urteil; BEUTLER 822; KERSE 304; CHRISTOFOROU 32.
[1159] AM&S-Urteil, 1615 und 1644.
[1160] Rs. T-30/89, Hilti/Kommission Slg. 1990 II 163.
[1161] Hilti-Urteil, 169.
[1162] Vgl. die Anträge von GA SLYNN im AM&S-Urteil, 1655 und CHRISTOFOROU 32.
[1163] AM&S-Urteil, 1613 und 1614.
[1164] Art. 11 Abs. 5 und Art. 13 Abs. 3 FKVO; Art. 11 Abs. 5 und 14 Abs. 3 VO 17.

3. Kritik

Der EuGH hat den Grundsatz des Schutzes der Vertraulichkeit der Anwaltskorrespondenz im AM&S-Urteil zwar recht detailliert umschrieben, aber dennoch einige Fragen offengelassen.

Bei der weiteren Auslegung des Grundsatzes sollten folgende Punkte berücksichtigt werden. Das Privileg sollte zumindest auch für Anwälte aus Nichtmitgliedstaaten, die in einem Mitgliedstaat zugelassen sind, gelten.[1165] Es sollte auch für in der EU nicht zugelassene Anwälte aus Nichtmitgliedstaaten gelten, sofern sie vergleichbare Funktionen wahrnehmen sowie vergleichbaren Standesregeln und einem vergleichbaren materiellen Wettbewerbsrecht unterliegen. Das Privileg sollte sich auf die gesamte beratende Tätigkeit des Anwaltes beziehen.[1166]

D. Selbstbezichtigungsvorbehalt

Das Recht auf Aussageverweigerung besagt normalerweise, dass niemand gegen sich selbst oder nahe Angehörige als Zeuge in einem Strafprozess aussagen muss.[1167] Im europäischen Wettbewerbsrecht würde es bedeuten, dass ein Unternehmen das Recht hat, bei Auskunftsverlangen oder Nachprüfungen belastende Auskünfte zu verweigern. Ein solches Recht besteht in einigen Mitgliedstaaten. Einige Autoren befürworten die Anerkennung eines solch generellen Grundsatzes als allgemeinen Grundsatz des Gemeinschaftsrechts.[1168] Andere, die der Kommission näher stehen, stellen ein solches Recht in wettbewerbsrechtlichen Verfahren gänzlich in Abrede.[1169]

In den Urteilen Orkem[1170] und Solvay[1171] hat der EuGH festgestellt, dass im Recht der Mitgliedstaaten der Angeklagte in einem Strafprozess zwar meist das Recht hat, nicht gegen sich selbst auszusagen, dass in der Gemeinschaft aber kein Grundsatz bestehe, der den Unternehmen ein Recht zur Verweigerung der Zeugenaussage „in bezug auf Zuwiderhandlungen wirtschaftlicher Art, insbesondere auf dem Gebiet des Wettbewerbsrechts" gebe. Weder Art. 6 der EMRK noch Art. 14 des internationalen

---

1165 Vgl. WEISSBUCH DER A.E.A. 319.
1166 Vgl. WEISSBUCH DER A.E.A. 319.
1167 JOSHUA, Proof, 336-338; vgl. auch KUYPER/VAN RIJN 13 und PLIAKOS 37-39.
1168 Z.B. ROHLFING 80-83.
1169 JOSHUA, Proof, 319 und 336-340. Die minimale Auslegung des Grundsatzes findet sich bei JOSHUA, Powers, 32-36.
1170 Rs. 374/87, Orkem/Kommission Slg. 1989, 3283.
1171 Rs. 27/88, Solvay/Kommission Slg. 1989, 3355.

Paktes für bürgerliche und politische Rechte gewährten den Unternehmen ein solches Recht.[1172]

Der EuGH hielt hingegen fest, dass die Kommission die Verteidigungsrechte eines Unternehmens auch im Voruntersuchungsverfahren nicht beeinträchtigen darf.[1173] Sie darf daher „dem Unternehmen nicht die Verpflichtung auferlegen, Antworten zu erteilen, durch die es das Vorliegen einer Zuwiderhandlung eingestehen müsste, für die die Kommission den Beweis zu erbringen hat".[1174] Antworten zu rein faktischen Fragen darf ein Unternehmen aber nicht verweigern. Ein Unternehmen kann auch nicht die Beantwortung von Fragen verweigern, die eine Auslegung einer von ihm abgeschlossenen Vereinbarung nötig machen.[1175]

Der Selbstbezichtigungsvorbehalt besteht nicht als eigenständiger allgemeiner Rechtsgrundsatz, sondern als Ausfluss der Verteidigungsrechte insgesamt. Im Urteil Orkem/Kommission wurde das Privileg in bezug auf Auskunftsverlangen nach Art. 11 VO 17 anerkannt. Es sollte jedoch auch für Fragen gelten, die während einer Nachprüfung an das Unternehmen gerichtet werden.[1176] Das Orkem-Urteil scheint den Selbstbezichtigungsvorbehalt auf *Antworten* zu bestimmten Fragen zu beschränken. *Schriftstücke*, die Verstösse gegen das Wettbewerbsrecht beweisen, können der Kommission also offenbar nicht vorenthalten werden.[1177]

Der Umfang des vom Gerichtshof zugestandenen Selbstbezichtigungsvorbehalts ist nicht ganz befriedigend, weil er nur einen sehr beschränkten Schutz vermittelt. Ein Unternehmen kann sich lediglich weigern, eine Zuwiderhandlung direkt zuzugeben. Die Unterscheidung des EuGH zwischen faktischen und anderen Fragen bringt zahlreiche Interpretationsschwierigkeiten mit sich.[1178] Es ist nicht schwierig für die Kommission, die Fragen so zu stellen, dass sie kein direktes Eingeständnis einer Zuwiderhandlung verlangen, aber alle Informationen über Tatsachen vermitteln, die für einen Beweis nötig sind. Der Vorbehalt wäre viel wirksamer, wenn das betreffende Unternehmen auch über Tatsachen, die mit einem allfälligen Verstoss gegen das Wettbewerbsrecht zusammenhängen, nicht aussagen müsste.

[1172] Gemäss dem Urteil des Europäischen Gerichtshofes für Menschenrechte im Fall Funke gewährt Art. 6 EMRK einer Einzelperson aber in Zollsachen das Recht, sie beschwerende Unterlagen nicht herauszugeben, Funke/France vom 25.2.1993, Serie A, Nr. 256.

[1173] Er bezog sich insbesondere auf die Rs. 46/87 und 227/88, Hoechst/Kommission Slg. 1989, 2859.

[1174] Rs. 374/87, Orkem/Kommission Slg. 1989, 3283, 3351. Die konkreten, dem Unternehmen Orkem gestellten Fragen sind zitiert bei EDWARD, Constitutional Rules, 404-405.

[1175] Rs. T-34/93, Société Générale/Kommission Slg. 1995 II 545.

[1176] KERSE 135; RIVALLAND 108; vgl. auch WHISH 296.

[1177] Rs. 374/87, Orkem/Kommission Slg. 1989, 3283, 3351.

[1178] Vgl. RIVALLAND 45.

Im Fusionskontrollverfahren dürften die Situationen rar sein, in denen das Privileg zur Anwendung gelangen könnte.[1179] Der Zweck von Auskunftsverlangen und Nachprüfungen im Fusionskontrollverfahren ist die Beurteilung der Vereinbarkeit eines Zusammenschlussvorhabens mit dem Gemeinsamen Markt, und - mit Ausnahme der Missachtung des Vollzugsverbots - nicht die Entdeckung von Zuwiderhandlungen *vor* der Verfahrenseröffnung.

E. Schutz vertraulicher Information - Zusammenfassung

Geschäftsgeheimnisse müssen der Kommission im Rahmen ihrer Befugnisse zur Sachverhaltsermittlung uneingeschränkt ausgehändigt werden. Die Anmeldung verlangt die Offenlegung einer Reihe von Daten, die in den meisten Fällen Geschäftsgeheimnisse sind. Der Geheimnischarakter einer Information kann auch Auskunftsverlangen und Nachprüfungen nicht entgegengehalten werden. Gegenüber Informationsbegehren der Kommission gibt es nur zwei Privilegien: die Vertraulichkeit der Anwaltskorrespondenz und den Selbstbezichtigungsvorbehalt.

Die Kommission und die Behörden der Mitgliedstaaten sind im Gegenzug zu den weiten Ermittlungsbefugnissen an das Amtsgeheimnis gebunden. Von diesem gibt es nur wenige Ausnahmen (rechtliches Gehör, Akteneinsicht, Veröffentlichungen und in sehr begrenztem Mass die Effizienz des Verfahrens). Geschäftsgeheimnisse sind absolut geschützt.

F. Schutz der Privatwohnung

Die Unverletzlichkeit der Privatwohnung ist ein allgemeiner Grundsatz des Gemeinschaftsrechts. Er wurde vom EuGH in einer Reihe von Entscheidungen bekräftigt.[1180] In diesen Urteilen hat sich der EuGH wiederholt auf Art. 8 EMRK bezogen. Der EuGH hat den Schutz der Wohnung von Privatpersonen anerkannt, nicht aber den Schutz der Geschäftsräume von Unternehmen. Diese können sich nicht gestützt auf den Wohnungsschutz einer Nachprüfung entgegenstellen. Der Schutz der Privatwohnung wird im Fusionskontrollrecht nur bei Nachprüfungen aktuell, und diese dürften äusserst selten sein.

[1179] Gl.M. BERLIN, Contrôle, 325.

[1180] Rs. 31/59, Brescia/Hohe Behörde Slg. 1960, 159; Rs. 136/79, National Panasonic/Kommission Slg. 1980, 2033; Rs. 46/87 und 227/88, Hoechst/Kommission Slg. 1989, 2859; Rs. 97 bis 99/87, Dow Chemical Iberica/Kommission Slg. 1989, 3181.

G. Rechtliches Gehör

1. Grundsatz und Verhältnis zur Akteneinsicht

Das rechtliche Gehör ist das Recht der an einem Verfahren vor der Kommission beteiligten Personen, „zum Vorliegen und zur Erheblichkeit der behaupteten Tatsachen und Umstände sowie zu den von der Kommission für ihre Behauptung...herangezogenen Unterlagen Stellung zu nehmen".[1181] Der Grundsatz des rechtlichen Gehörs gilt im europäischen Recht in jedem Verfahren, das zu einer die Betroffenen beschwerenden Massnahme führen kann.[1182] Das Fusionskontrollverfahren ist ein solches Verfahren, denn alle Entscheidungen, ausser einer schlichten Genehmigung, beschweren die beteiligten Unternehmen. Zudem sind die Pflichten unter der FKVO mit Bussen sanktioniert.

Der Anspruch auf rechtliches Gehör wird vom Gerichtshof in konstanter Rechtsprechung als allgemeiner Grundsatz des Gemeinschaftsrechts betrachtet.[1183] Das rechtliche Gehör wird verschiedentlich als Grundrecht bezeichnet.[1184] Der Grundsatz des rechtlichen Gehörs ist auch ein wichtiger Grundsatz in den Rechtssystemen der Mitgliedstaaten, besonders im angelsächsischen Rechtskreis.[1185]

Im europäischen Recht wurde das rechtliche Gehör in zahlreichen Regeln des Sekundärrechts konkretisiert; im Wettbewerbsrecht schon durch die VO 17 von 1962 und die VO 99/63 von 1963. Im Fusionskontrollverfahren sind die hauptsächlichen Regeln in Art. 18 FKVO und Art. 11 - 16 DVO enthalten.

Voraussetzung für eine sinnvolle Äusserung ist die Kenntnis der Einwände der Kommission und der Grundlagen rechtlicher und tatsächlicher Natur, auf die sie sich beruft.[1186] Die Akteneinsicht ist deshalb Voraussetzung für die Ausübung des rechtlichen Gehörs. Die Möglichkeit der Stellungnahme und damit die Akteneinsicht muss sich mindestens auf diejenigen Dokumente erstrecken, „die die Kommission bei den Überlegungen berücksichtigt hat, die ihre Entscheidung tragen".[1187] Der

---

[1181] Rs. 85/76, Hoffmann-La Roche/Kommission Slg. 1979, 461, 512. Vgl. auch Rs. 17/74, Transocean Marine Paint Association/Kommission Slg. 1977, 1063.

[1182] Z.B. Rs. C-48 und 66/90, Niederlande u.a./Kommission Slg. 1992 I 565. In der Rs. 85/76, Hoffmann-La Roche/Kommission Slg. 1979, 461, 511, war noch von Verfahren die Rede, die zu Sanktionen, insbesondere Bussen, führen können.

[1183] Rs. 17/74, Transocean Marine Paint Association/Kommission Slg. 1974, 1063; Rs. 85/76, Hoffmann-La Roche/Kommission Slg. 1979, 461; Rs. 46/87 und 227/88, Hoechst/Kommission Slg. 1989, 2859.

[1184] Z.B. Pressemitteilung der Kommission IP/94/957 vom 19.10.94.

[1185] JOSHUA, Right, 16. Über die Geltung des Grundsatzes in den Mitgliedstaaten äusserte sich GA WARNER in seinen Anträgen in Rs. 17/74, Transocean Marine Paint Association/Kommission Slg. 1974, 1063.

[1186] EHLERMANN, CPN, 3; LENZ/MÖLLS 784.

[1187] Rs. C-62/86, Akzo /Kommission Slg. 1991 I 3359.

Zweck der Akteneinsicht wird auch umschrieben als Prüfung der Beweisstücke in den Akten der Kommission, um sinnvoll zu deren Schlussfolgerungen Stellung nehmen zu können.[1188]

2. Berechtigte

Nach Art. 18 Abs. 1 sind die „betroffenen Personen, Unternehmen und Unternehmensvereinigungen" anzuhören. Die DVO unterscheidet zwischen verschiedenartig Betroffenen, nämlich „Anmeldern", „anderen Beteiligten", „Dritten" und „Beteiligten, in bezug auf die die Kommission eine Bussgeldentscheidung fällen will" (Art. 11 DVO). Sie macht folgende Begriffsbestimmungen: Anmelder sind die Personen oder Unternehmen, die eine Anmeldung unterbreiten; andere Beteiligte sind die an einem Zusammenschluss Beteiligten, die keine Anmelder sind, wie der Veräusserer und das Unternehmen, das übernommen werden soll.[1189]

Zu beschwerenden Entscheidungen zur Hauptsache (Art. 8 Abs. 2 UA 2 und Abs. 3 - 5) und zu Entscheidungen über das Vollzugsverbot (Art. 7) muss die Kommission die Anmelder und die anderen Beteiligten anhören (Art. 13 Abs. 1 DVO). Zu Entscheidungen, mit denen sie eine Busse oder ein Zwangsgeld festsetzt, muss sie nur diejenigen Beteiligten anhören, gegen die die Busse verhängt werden soll (Art. 13 Abs. 5 DVO).

Dritte haben einen Anspruch auf Anhörung, wenn sie ein hinreichendes Interesse dafür haben (Art. 18 Abs. 4).[1190] Als berechtigte Dritte werden ausdrücklich die Mitglieder der Leitungsorgane der beteiligten Unternehmen und die rechtlich anerkannten Vertreter der Arbeitnehmer dieser Unternehmen genannt.[1191] In der DVO werden als anhörungsberechtigte Dritte auch Kunden, Lieferanten und Konkurrenten genannt.

Ein hinreichendes Interesse dürften vor allem Konkurrenten haben, deren rechtliche oder wirtschaftliche Situation durch den Zusammenschluss beeinträchtigt wird.[1192]

[1188] Rs. T-10/92 u.a., Cimenteries CBR/Kommission Slg. 1992 II 2667.

[1189] Zu den anderen Beteiligten sind wohl auch die zum gleichen Konzern wie ein anderer Beteiligter gehörenden Unternehmen zu zählen, vgl. KARL 50-52.

[1190] Die Begründungserwägung 19 der FKVO spricht von einem „berechtigten" Interesse. Dieser Unterschied in der Terminologie dürfte bei der Umschreibung der Anspruchsberechtigten unwesentlich sein.

[1191] Vgl. Rs. T-96/92, CCE Grandes Sources u.a./Kommission Slg. 1995 II 1213 und Rs. T-12/93, CCE Vittel u.a./Kommission Slg. 1995 II 1247. Da die Kommission ihre Entscheidungen nicht nach sozialen Gesichtspunkten fällt, passt die besondere Nennung der Arbeitnehmervertreter nicht recht in die FKVO. Ihre Nennung ist nach BOS/STUYCK/WYTINCK 320 durch die Entstehungsgeschichte der FKVO bedingt. Die ausdrückliche Erwähnung der Vertreter der Arbeitnehmer ist insofern bemerkenswert, als verschiedene Vorschläge für Gemeinschaftsrechtsakte wegen der Frage der Stellung der Arbeitnehmer blockiert sind, wie etwa der Vorschlag für eine 5. gesellschaftsrechtliche Richtlinie vom 9.10.1972, geändert im Jahre 1983, ABl. 1983 C 240.

[1192] Vgl. die eingehende Untersuchung von KARL 53-60.

Ein hinreichendes Interesse besitzen wohl auch die Personen und Unternehmen, deren Stellung die Kommission bei der Beurteilung des Zusammenschlusses berücksichtigen muss.[1193] Ob schon die blosse Stellungnahme zur Tatsache der Anmeldung einen Anspruch auf Anhörung verschafft, wie dies BOS/STUYCK/WYTINCK[1194] und DRAUZ[1195] vertreten, ist fraglich. Jedenfalls dürfte der Kreis der äusserungsberechtigten Dritten weit gezogen werden.

Um angehört zu werden, müssen Dritte einen entsprechenden schriftlichen und begründeten Antrag stellen (Art. 16 Abs. 1 DVO; Art. 3 Abs. 2 des Mandats).[1196] Die Kommission ist nicht verpflichtet, anhörungsberechtigte Dritte auf den Zusammenschluss oder ihr Recht, sich zu äussern, besonders aufmerksam zu machen.[1197] Sie fordert Dritte schon in der Mitteilung der Anmeldung und der Mitteilung der Eröffnung eines Hauptprüfverfahrens zur Stellungnahme auf. Die Kommission gibt Dritten normalerweise nicht mehr Informationen, als in der kurzen veröffentlichten Mitteilung enthalten ist.

Die Entscheidung, ob Dritte gehört werden, obliegt dem Anhörungsbeauftragten nach Rücksprache mit dem für die Untersuchung zuständigen Direktor (Art. 3 des Mandats). Der Gerichtshof hat der Kommission bei der Entscheidung, ob Dritte ein hinreichendes Interesse haben, bis anhin ein weites Ermessen zugestanden.[1198] Die Situation, dass die Kommission einem Dritten, der vorgibt, ein hinreichendes Interesse zu haben, eine Anhörung verweigert, dürfte selten eintreten, da sie ein Interesse daran haben dürfte, möglichst viele Meinungen zum Zusammenschlussvorhaben zu erhalten.

Die Kommission kann Dritte ohne ein hinreichendes Interesse nach ihrem Ermessen jederzeit anhören (Art. 18 Abs. 4 FKVO; Art. 16 Abs. 3 DVO). Im Fusionskontrollverfahren hört die Kommission Dritte noch bereitwilliger an als im Kartellverfahren.[1199]

Anhörungen Dritter können auch auf Veranlassung der zuständigen Behörden der Mitgliedstaaten erfolgen (Art. 18 Abs. 4).

[1193] Gl.M. HIX 73.
[1194] BOS/STUYCK/WYTINCK 257.
[1195] DRAUZ/SCHROEDER 216.
[1196] Rs. T-96/92, CCE Grandes Sources u.a./Kommission Slg. 1995 II 1213.
[1197] Rs. T-12/93, CCE Vittel u.a./Kommission Slg. 1995 II 1247; Rs. T-96/92, CCE Grandes Sources u.a./Kommission Slg. 1995 II 1213.
[1198] Rs. 43 und 63/82, VBVB und VBBB/Kommission Slg. 1984, 19, 57.
[1199] Rede von Wettbewerbskommissar VAN MIERT, in: CPN Vol. 1, Nr. 6, autumn/winter 1995, 3; vgl. COOK/KERSE 108.

3. Umfang

Belastende Entscheidungen können nur auf Tatsachen, Umstände oder Unterlagen gestützt werden, zu denen die Betroffenen vorgängig Stellung nehmen konnten (Art. 18 Abs. 3).[1200] Art. 18 Abs. 1 zählt die Entscheidungen auf, vor denen die Betroffenen angehört werden müssen. Es sind dies: Verlängerung des Vollzugsverbots (Art. 7 Abs. 2), Anordnung anderer (vorsorglicher) Massnahmen (Art. 7 Abs. 2), Befreiung vom Vollzugsverbot (Art. 7 Abs. 4), Genehmigung unter Bedingungen und Auflagen (Art. 8 Abs. 2 UA 2), Untersagung (Art. 8 Abs. 3), Wiederherstellung wirksamen Wettbewerbs (Art. 8 Abs. 4), Widerruf einer Genehmigung (Art. 8 Abs. 5) sowie Festsetzung von Geldbussen und Zwangsgeldern (Art. 14 und 15). Die Betroffenen brauchen nicht vor jedem Verfahrensschritt angehört zu werden. Es genügt, wenn sie über den Lauf des Verfahrens auf dem laufenden gehalten werden und ihnen rechtzeitig Gelegenheit gegeben wird, sich zu den Ergebnissen des Verfahrens zu äussern.[1201]

Beabsichtigt die Kommission im Hauptprüfverfahren eine die Beteiligten beschwerende endgültige Entscheidung zu treffen, so muss sie ihre Einwände gegen den Zusammenschluss mittels einer formellen Mitteilung der Einwände den Anmeldern bekannt machen (Art. 13 DVO). Die Mitteilung der Einwände hat auch an die anderen Beteiligten zu erfolgen.[1202] Die Mitteilung der Einwände entspricht der Mitteilung der Beschwerdepunkte im Kartellverfahren. Gemäss dem EuGH ist die Mitteilung der Beschwerdepunkte dann ausreichend, „wenn sie, sei es auch nur in gedrängter Form, die wesentlichen Tatsachen klar angibt, auf die sich die Kommission stützt".[1203] Zusätzlich muss aus der Mitteilung die Bewertung dieser Tatsachen durch die Kommission ersichtlich sein.[1204] Die Einwände brauchen nicht identisch zu sein mit den in der Entscheidung, ein Untersuchungsverfahren zu eröffnen, geäusserten Bedenken.[1205] Diese Rechtsprechung ist auf das Fusionskontrollverfahren übertragbar.

Vor Auskunftsverlangen und Nachprüfungen müssen im Interesse ihrer Wirksamkeit keine Anhörungen stattfinden.[1206] Vor Bussentscheidungen muss den Betroffenen

---

1200 Vgl. Rs. 85/76, Hoffmann-La Roche/Kommission Slg. 1979, 461; Rs. 100 bis 103/80, Musique Diffusion Française/Kommission Slg. 1983, 1823; Rs. C-62/86, Akzo/Kommission Slg. 1991 I 3359; Rs. T-39 und 40/92, CB und Europay/Kommission Slg. 1994 II 49.
1201 GORNIG/TRÜE 886.
1202 JONES und OVERBURY vertraten die in der DVO von 1994 gewählte Lösung schon 1991, OVERBURY/JONES 362.
1203 Rs. 41, 44 und 45/69, ACF Chemiefarma u.a./Kommission Slg. 1970, 661.
1204 Rs. C-62/86, Akzo/Kommission Slg. 1991 I 3359, 3446.
1205 Vgl. PERNICE, in: GRABITZ nach Art. 87 VO 17 Art. 19 N 14.
1206 Vgl. Rs. 136/79, National Panasonic/Kommission Slg. 1980, 2033.

259

die Gelegenheit zur Äusserung gegeben werden.[1207] Bei Zwangsgeldern trifft die Kommission nacheinander zwei Entscheidungen. In der ersten wird angedroht, dass pro Zeiteinheit ein Zwangsgeld erhoben wird, und in der zweiten wird der definitive Betrag der Busse festgesetzt. Eine Anhörung ist nur vor der Entscheidung, die den definitiven Betrag festsetzt, nötig.[1208]

In einigen Urteilen hat sich der Gerichtshof gegen die Ausdehnung des Grundsatzes des rechtlichen Gehörs auf alle Verwaltungstätigkeiten ausgesprochen. Im Urteil Rs. T-3/93, Air France/Kommission, beispielsweise hat das EuG festgehalten:

> „die Kommission [würde] zu übertriebenem Formalismus verpflichtet und die Ermittlung in den betreffenden Verfahren unnütz verzögert, wie der Gerichtshof in seinem Urteil vom 15. Mai 1975 in der Rechtssache 71/74 (Frubo/Kommission, Slg. 1975, 563) ausgeführt hat, wenn sie auch dann Anhörungen vornehmen müsste, wenn die einschlägigen Vorschriften ihr - wie im vorliegenden Fall - eine solche Verpflichtung nicht auferlegen".[1209]

In Frage stand die Anhörung eines Mitgliedstaats, Frankreich, zum Zusammenschluss British Airways/Dan Air, welcher nach Ansicht der Kommission nicht unter die FKVO fiel und deshalb auch nicht angemeldet worden war.

Das rechtliche Gehör Dritter ist notwendigerweise beschränkter als das der Beteiligten.[1210]

Dritte, die ein hinreichendes Interesse haben und einen Antrag auf Anhörung gestellt haben, werden im Hauptprüfverfahren schriftlich über Art und Gegenstand des Verfahrens informiert (Art. 16 Abs. 1 DVO). Die Mitteilung der Einwände erhalten sie nicht.[1211] Um zu entscheiden, ob Dritte ein hinreichendes Interesse haben, zu weiteren Punkten als Art und Gegenstand des Verfahrens Stellung zu nehmen, muss ihr Interesse gegen die Wirksamkeit des Verfahrens[1212] und die Notwendigkeit, vertrauliche Informationen zu schützen, abgewogen werden. Ihr Interesse scheint zu schwach zu sein, um zur Mitteilung der Einwände, zur Art der beabsichtigten Entscheidung[1213], zur Aushandlung von Bedingungen und Auflagen[1214] oder zu informellen Kontakten zwischen der Kommission und den Zusammenschlussbeteiligten

---

[1207] Rs. 374/87, Orkem/Kommission Slg. 1989, 3283; Rs. T-83/91, Tetra Pak/Kommission Slg. 1994 II 755, 855.

[1208] Rs. 46/87 und 227/88, Hoechst/Kommission Slg. 1989, 2859.

[1209] Slg. 1994 II 121, 175.

[1210] Rs. T-96/92, CCE Grandes Sources u.a./Kommission Slg. 1995 II 1213. Für das Kartellverfahren Rs. 142 und 156/84, BAT und Reynolds/Kommission Slg. 1987, 4487.

[1211] DRAUZ/SCHROEDER 216. Möglicherweise hat die Kommission diesbezüglich ihre Praxis geändert, Rede von Wettbewerbskommissar VAN MIERT, in: CPN Vol. 1, Nr. 6, autumn/winter 1995, 3.

[1212] Vgl. Rs. 142 und 156/84, BAT und Reynolds/Kommission Slg. 1987, 4487.

[1213] COOK/KERSE 109.

[1214] Vgl. Rs. 142 und 156/84, BAT und Reynolds/Kommission Slg. 1987, 4487.

vor der Anmeldung[1215] Stellung zu nehmen.

Nach Wortlaut und Stellung verlangt Art. 18 keine Anhörung vor Entscheidungen im Vorprüfverfahren, also der Nichtanwendbarkeitsentscheidung, der Genehmigungsentscheidung nach Art. 6 und der Entscheidung, ein Hauptprüfverfahren zu eröffnen. Auch die Begründungserwägung 19 der FKVO sieht eine Anhörung nur „nach Einleitung des Verfahrens" vor und meint damit das Hauptprüfverfahren.

Der Ausschluss des rechtlichen Gehörs der Beteiligten und Dritter im Vorprüfverfahren ist fragwürdig. Faktisch kann eine Nichtanwendbarkeitsentscheidung die Anmelder durchaus beschweren. Die Untersuchung des Zusammenschlusses durch eine nationale Behörde statt durch die Kommission kann die Situation der Zusammenschlusswilligen erschweren. Eine Genehmigung im Vorprüfverfahren kann Dritte in ihren wirtschaftlichen Verhältnissen einschneidend treffen.

Der Ausschluss des Anhörungsrechts im Vorprüfverfahren dürfte die Verteidigungsrechte der Beteiligten oder Dritter in unzulässiger Weise beeinträchtigen.[1216] Mit KARL ist davon auszugehen, dass die Kommission das Recht, sich zu äussern, den Beteiligten und Dritten, die ein hinreichendes Interesse haben, auch im Vorprüfverfahren gewähren muss.[1217] Die Rechtsprechung des Gerichtshofs betreffend das Kartellverfahren, wonach in Verfahren, die nicht auf die Abstellung einer Zuwiderhandlung oder die Feststellung einer Rechtswidrigkeit gerichtet sind, sondern die Richtigkeit und Tragweite einer Sach- oder Rechtslage betreffen, kein Anspruch auf rechtliches Gehör besteht[1218], lässt sich nicht ohne weiteres auf das Vorprüfverfahren übertragen, da sie das Genehmigungsverfahren vor der Kommission endgültig abschliessen.

In der gegenwärtigen Praxis der Kommission wird das rechtliche Gehör im Vorprüfverfahren im Rahmen der informellen Kontakte mit den Beteiligten und der Möglichkeit Dritter, zur Tatsache der Anmeldung Stellung zu nehmen, gewährt.[1219] Die Kommission muss diese Äusserungen im Rahmen ihrer Amtspflichten gebührend berücksichtigen. Dritte können sich zur Tatsache der Anmeldung, aber nicht zu ihrem ganzen Inhalt äussern. Für eine wirksame Stellungnahme sollten Dritte aber mehr Informationen erhalten, als in der Mitteilung der Anmeldung steht.[1220] In der gegenwärtigen Praxis werden Dritte mündlich und informell über gewisse Aspekte

---

1215   21. Wettbewerbsbericht Ziff. 7.
1216   Vgl. Rs. 46/87 und 227/88, Hoechst/Kommission Slg. 1989, 2859.
1217   Die von KARL in seiner Untersuchung angeführten Überlegungen sind insgesamt überzeugend, KARL 62-67; gl.M. LÖFFLER zu Art. 18 N 9.
1218   Rs. 136/79, National Panasonic/Kommission Slg. 1980, 2033.
1219   So auch KARL 67.
1220   DAVIES/LAVOIE 31 schlagen vor, Dritten eine nichtvertrauliche Zusammenfassung der Anmeldung zur Verfügung zu stellen.

des Zusammenschlusses unterrichtet.[1221] In der Praxis dürfte den Beteiligten und Dritten auch im Vorprüfverfahren ausreichendes Gehör gewährt werden.

Eine schwierige Frage ist, ob Dritte einen Anspruch haben sollen, sich zu Zusagen der Anmelder im Vorprüfverfahren und zu informellen Gesprächen zwischen den Beteiligten und der Kommission zu äussern. Im Urteil BAT und Reynolds hat der EuGH ausgeführt:

> „...ist festzustellen, dass das Verwaltungsverfahren den beteiligten Unternehmen unter anderem Gelegenheit bietet, die beanstandeten Vereinbarungen oder Verhaltensweisen mit den Vertragsbestimmungen in Einklang zu bringen. Diese Möglichkeit setzt das Recht der Unternehmen und der Kommission voraus, vertrauliche Verhandlungen zur Festlegung der Änderungen aufzunehmen, durch die die Bedenken der Kommission ausgeräumt werden könnten.
>
> Dieses Recht wäre in Frage gestellt, wenn die Beschwerdeführer an diesen Verhandlungen teilnehmen oder über ihren Fortgang auf dem laufenden gehalten werden müssten, um zu den verschiedenen Vorschlägen des einen oder des anderen Verhandlungspartners Stellung nehmen zu können. Die berechtigten Interessen der Beschwerdeführer sind voll gewahrt, wenn sie über das Ergebnis dieser Verhandlungen unterrichtet werden, aufgrund dessen die Kommission die Einstellung der Verfahren ins Auge fasst."[1222]

Wenn dies für Beschwerdeführer der Fall ist, gilt es um so mehr für andere Dritte. Dritte können folglich nicht zum Inhalt von informellen Gesprächen und a fortiori von Zusagen vor der Akzeptierung durch die Kommission angehört werden.[1223] Hat die Kommission eine Zusage akzeptiert und beabsichtigt, den Zusammenschluss zu genehmigen, sollten Dritte und andere Beteiligte mit einem hinreichenden Interesse angehört werden.

4. Modalitäten der Äusserung

Die Modalitäten der Ausübung des rechtlichen Gehörs im Fusionskontrollverfahren (Art. 18 FKVO; Art. 11 - 17 DVO) entsprechen grundsätzlich denen im Kartellverfahren (Art. 19 VO 17; Art. 7 - 9 VO 99/63).[1224]

Die schriftliche Äusserung hat innerhalb einer von der Kommission in der Mitteilung der Einwände festgesetzten Frist zu erfolgen. Die Anmelder und anderen Beteiligten

---

[1221] DRAUZ/SCHROEDER 217.

[1222] Rs. 142 und 156/84, BAT und Reynolds/Kommission Slg. 1989, 4487, 4574.

[1223] Die Kommission hat in ihrem Bericht über die Anwendung der FKVO erwogen, Zusagen im Vorprüfverfahren zu veröffentlichen, Bericht der Kommission über die Anwendung der Fusionskontrollverordnung vom 28.7.93, KOM(93) 385endg., III Ziff. 17-18. Im Grünbuch ist davon nicht mehr die Rede.

[1224] Der Wortlaut der Bestimmungen wurde teilweise geändert, um den Text klarer zu machen oder ihn den geänderten verfahrensrechtlichen Rahmenbedingungen anzupassen.

können in ihrer Äusserung „alles Zweckdienliche" vortragen und „alle zweckdienlichen Unterlagen" beifügen. Sie können der Kommission auch die Anhörung von Personen vorschlagen, die die vorgetragenen Tatsachen bestätigen können. Die Anzuhörenden sind in ihren Äusserungen also praktisch nicht eingeschränkt.

Das Anhörungsrecht vor (bzw. nach) einer Entscheidung über die Verlängerung oder die Aufhebung des Vollzugsverbots oder über andere vorsorgliche Massnahmen kann auch mündlich ausgeübt werden (Art. 12 DVO). Mündliche Äusserungen können schriftlich bestätigt werden.

Dritte mit einem hinreichenden Interesse müssen ihre Anhörung schriftlich bei der Kommission beantragen (Art. 18 Abs. 4 FKVO; Art. 16 DVO). Der Antrag muss ausreichend präzis sein.[1225] Stimmt der Anhörungsbeauftragte dem Antrag zu, werden Dritte über Art und Gegenstand des Verfahrens orientiert und erhalten eine Frist zur schriftlichen Stellungnahme. Dritte mit einem hinreichenden Interesse können auch beantragen, an einer formellen mündlichen Anhörung teilzunehmen (Art. 16 Abs. 2 DVO, hinten 285f.).

Eine mündliche Anhörung wird nur durchgeführt, wenn die Anmelder eine solche in ihrer schriftlichen Äusserung verlangt haben und sie dafür ein hinreichendes Interesse geltend machen können (Art. 14 Abs. 1 und 3 DVO, hinten 284ff.).

5. Zeitpunkt der Äusserung

Nach Art. 18 muss das rechtliche Gehör in allen Abschnitten des Verfahrens bis zur Anhörung des Beratenden Ausschusses für Unternehmenszusammenschlüsse gewährt werden. Das bedeutet, dass die Äusserungsberechtigten neben der Stellungnahme zu den Einwänden der Kommission grundsätzlich jederzeit bis zur Anhörung des Beratenden Ausschusses ihre Ansicht zu einzelnen Punkten des Verfahrens mitteilen können und dass die Kommission diese berücksichtigen muss. Nach seiner systematischen Stellung betrifft Art. 18 das Hauptprüfverfahren. Das rechtliche Gehör sollte jedoch auch im Vorprüfverfahren gewährt werden (vorne 261f.). In der Praxis dürften die Beteiligten und Dritte auch im Vorprüfverfahren die Möglichkeit haben, sich zu äussern (vorne 261f.).

Grundsätzlich muss die Möglichkeit zur Stellungnahme vor Erlass der betreffenden Entscheidung und in jedem Fall vor der Konsultation des Beratenden Ausschusses gewährt werden (Art. 18 Abs. 1).

Dem Anspruch auf rechtliches Gehör ist in der Regel mit einer einmaligen Mitteilung der Einwände und Gewährung der Akteneinsicht Genüge getan. Wenn sich bestimm-

---

[1225] Rs. T-96/92, CCE Grandes Sources u.a./Kommission Slg. 1995 II 1213.

te Fragen erst nach der Beantwortung der Mitteilung der Einwände ergeben, ist ausnahmsweise eine erneute Anhörung nötig.[1226]

Entscheidungen über die Befreiung vom Vollzugsverbot oder dessen Verlängerung können ohne vorherige Anhörung getroffen werden (Art. 18 Abs. 2).[1227] Die Entscheidung bleibt dann provisorisch, bis die Anhörung stattgefunden hat. Die Kommission muss den Anmeldern und anderen Beteiligten unverzüglich, in jedem Fall aber vor dem Ende der aufschiebenden Wirkung, den vollen Wortlaut der provisorischen Entscheidung übermitteln (Art. 12 Abs. 2 DVO). Nach Ablauf der Äusserungsfrist fasst die Kommission die endgültige Entscheidung. Vor der Entscheidung muss sie die Einwände gegen den Vollzug des Zusammenschlusses bekanntgeben (Art. 12 Abs. 1 DVO).

Bei der Ansetzung von Fristen für Stellungnahmen muss die Kommission die in Art. 20 DVO genannten Gesichtspunkte berücksichtigen.[1228] Es handelt sich um den für die Äusserung erforderlichen Zeitaufwand, die Dringlichkeit des Falles, die Arbeitstage der Kommission und die gesetzlichen Feiertage des Landes, in dem die Mitteilung empfangen wird. Im Kartellverfahren dürfen Fristen für Stellungnahmen nicht kürzer als zwei Wochen sein. Angesichts der kurzen Verfahrensfristen können die Fristen im Fusionskontrollverfahren auch kürzer sein. Der Gerichtshof hat der Kommission bisher ein weites Ermessen bei der Festsetzung der Fristen eingeräumt; er ist nur eingeschritten, wenn eine Frist offensichtlich unangebracht war.[1229]

Seit Ende 1994 entscheidet der Anhörungsbeauftragte über Reklamationen, die Frist sei zu kurz (Art. 5 des Mandats). Er kann eine Nachfrist gewähren.[1230]

Wird die Frist für eine Stellungnahme nicht eingehalten, wird davon ausgegangen, dass auf die Stellungnahme verzichtet wird. Eine zusätzliche Sanktion ist nicht an die Nichtbeachtung einer solchen Frist gebunden.

6. Missachtung des rechtlichen Gehörs

Das rechtliche Gehör ist ein allgemeiner Grundsatz des Gemeinschaftsrechts. Seine Missachtung ist folglich Grund für die Nichtigkeit der im betreffenden Verfahren getroffenen Entscheidung. Wie andere Verfahrensrechte kann die Verletzung des rechtlichen Gehörs nur mittels Klage gegen die am Ende des Verfahrens ergangene

---

[1226] Rs. C-62/86, Akzo/Kommission Slg. 1991 I 3359, 3447. Im Fall Akzo hat der Gerichtshof keine Beeinträchtigung des rechtlichen Gehörs festgestellt, weil Akzo bei der mündlichen Anhörung in der Lage war, ihren Standpunkt darzulegen.

[1227] Trotz dem Wortlaut von Art. 18 Abs. 2 scheint dies die Regel zu sein, vgl. 21. Wettbewerbsbericht, Anhang III, 417.

[1228] Vgl. Art. 11 VO 99/63.

[1229] Vgl. Rs. 40 bis 48, 50, 54 bis 56, 111 und 113 bis 114/73, Suiker Unie/Kommission Slg. 1975, 1663.

[1230] JOHANNES/GILCHRIST 11.

Entscheidung gerügt werden. Ebenso gilt, dass eine Entscheidung nur dann für nichtig erklärt wird, wenn sie ohne die Verletzung des rechtlichen Gehörs hätte anders ausfallen können.[1231] Wenn die getroffene Entscheidung auch ohne die Beweisstücke, zu denen die Berechtigten nicht angehört wurden, begründet ist, wird die Entscheidung nicht annulliert.[1232]

Soweit die FKVO Dritten einen Anspruch auf rechtliches Gehör einräumt, sind auch sie zur Klage wegen der Missachtung dieses Rechts legitimiert.[1233] Auch das Vorbringen eines Dritten, dem rechtliches Gehör gewährt wurde, seinen Äusserungen sei zuwenig Gewicht beigemessen worden, kann mittels Klage gegen die Endentscheidung vorgebracht werden.[1234]

Der Gerichtshof hat in letzter Zeit mehrere Kommissionsentscheidungen u.a. wegen Missachtung des rechtlichen Gehörs aufgehoben.[1235] In anderen Fällen hat der Gerichtshof die Dokumente, die den Beteiligten vorenthalten worden waren, bei seiner Entscheidung nicht beachtet, ohne aber die Entscheidung aufzuheben.[1236]

H. Akteneinsicht

1. Begriff und Grundsatz

Akteneinsicht meint Einsicht in die Verfahrensakte.[1237] Nach der gegenwärtigen Rechtsprechung des Gerichtshofs besteht kein Recht auf vollständige Akteneinsicht (hinten 267ff.). Die Akteneinsicht dient der Verwirklichung des rechtlichen Gehörs.[1238] Sie gibt den Personen, die Anspruch auf rechtliches Gehör haben, die nötigen Kenntnisse, um dieses Recht auszuüben. Die Gewährung der Akteneinsicht ist Voraussetzung für die rechtmässige Verwendung der Dokumente durch die Kommission. Denn die Kommission darf keine Dokumente verwenden, zu denen die

---

1231 Rs. 30/78, Distillers/Kommission Slg. 1980, 2229; neuerdings z.B. Rs. T-39 und 40/92, CB und Europay/Kommission Slg. 1994 II 49.

1232 Z.B. Rs. 107/82, AEG/Kommission Slg. 1983, 3151.

1233 Z.B. Rs. T-96/92, CCE Grandes Sources u.a./Kommission Slg. 1995 II 1213.

1234 Eine solche Klage hat wegen dem weiten Entscheidungsermessen, das der Gerichtshof der Kommission einräumt, generell geringe Erfolgschancen, vgl. Rs. 42/84, Remia/Kommission Slg. 1985, 2567; s. auch den Artikel von EVERLING, Beweiswürdigung.

1235 Rs. C-89, 104, 114, 116, 117 und 125 bis 129/85, A. Ahlström Osakeyhtiö u.a./Kommission Slg. 1993 I 1307; Rs. T-39 und 40/92, CB und Europay/Kommission Slg. 1994 II 49; Rs. T-30/91, Solvay/Kommission Slg. 1995 II 1775; Rs. T-36/91, ICI/Kommission Slg. 1847.

1236 Rs. 100 bis 103/80, Musique Diffusion Française/Kommission Slg. 1983, 1823; Rs. 107/82, AEG/Kommission Slg. 1983, 3151; Rs. C-62/86, Akzo/Kommission Slg. 1991 I 3359.

1237 Zur Verfahrensakte zählen wohl auch ausschliesslich elektronisch gespeicherte Daten, HIX 188 m.w.H.

1238 Z.B. Rs. T-10/89 u.a., Cimenteries CBR u.a./Kommission Slg. 1992 II 2667; s. auch DRIJBER 111.

Betroffenen nicht Stellung nehmen konnten.[1239] Dies gilt auch, wenn die Dokumente den Betroffenen deshalb nicht zugänglich gemacht wurden, weil sie Geschäftsgeheimnisse enthielten.[1240] Die Kenntnis der Unterlagen, auf die sich die Kommission stützt, ist zudem Voraussetzung für die Ausübung einer Klage an den Gerichtshof.[1241]

Das Recht auf Akteneinsicht ist ein allgemeiner Grundsatz des Gemeinschaftsrechts und gehört zu den Verfahrensgarantien, die die Rechte der Verteidigung schützen sollen. Ob die Akteneinsicht für sich genommen ein Grundrecht darstellt, hat der Gerichtshof noch nicht entschieden.[1242]

Das Akteneinsichtsrecht ist nur in wenigen Bereichen des Gemeinschaftsrechts explizit geregelt (z.B. Art. 26 des Beamtenstatuts von 1968[1243] oder Art. 10 Abs. 4 der VO 459/68 betreffend Antidumping[1244]). Im Wettbewerbsrecht wurde das Recht auf Akteneinsicht erst in Art. 18 Abs. 3 der FKVO ausdrücklich vorgesehen.[1245] Umfang und Modalitäten der Akteneinsicht sind in Art. 13 Abs. 3 DVO näher umschrieben. Im übrigen beruht das Akteneinsichtsrecht auf der Rechtsprechung des Gerichtshofs. Umfang und Ausgestaltung des Akteneinsichtsrechts sind in den verschiedenen Bereichen der Verwaltungstätigkeit der Kommission unterschiedlich.

Gerade in jüngerer Zeit sind wichtige Entscheide des EuG und des EuGH betreffend Akteneinsicht im Wettbewerbsrecht gefallen. Mehrere Entscheidungen der Kommission wurden durch das EuG wegen Verletzung des Rechts auf Akteneinsicht für nichtig erklärt.[1246] Der Grundsatz der Akteneinsicht ist wohl das am meisten angerufene und besprochene Verteidigungsrecht im europäischen Wettbewerbsrecht.[1247]

2. Berechtigte

Nach Art. 18 Abs. 3 haben „zumindest die unmittelbar Betroffenen das Recht der Akteneinsicht". Die DVO erwähnt in Art. 13 Abs. 3 nur noch die beteiligten Unternehmen. Den Anmeldern gewährt die Kommission nach der Mitteilung der Ein-

---

[1239] Fn 1181.

[1240] Rs. 322/81, Michelin/Kommission Slg. 1983, 3461, 3499.

[1241] Vgl. HIX 33-34.

[1242] Vgl. KERSE 147.

[1243] VO 259/68 des Rates vom 29.2.1968, ABl. 1968 L 56/1.

[1244] ABl. 1968 L 93/1.

[1245] Damit wurde die Frage vermieden, ob das Akteneinsichtsrecht in der Fusionskontrolle allenfalls nicht anwendbar sei, da sich die beteiligten Unternehmen nicht gegen Anschuldigungen der Kommission verteidigen müssen und das Akteneinsichtsrecht als Verteidigungsrecht keine Anwendung finde, vorne 230ff.

[1246] Z.B. Rs. T-30/91, Solvay/Kommission Slg. 1995 II 1775; Rs. T-36/91, ICI/Kommission Slg. 1995 II 1847.

[1247] Vgl. dazu die Bücher von HIX, GIRNAU und SCHMIDT, Akteneinsicht.

wände auf Antrag Einsicht in die Verfahrensakte. Die anderen Beteiligten, denen die Einwände mitgeteilt wurden, haben auf Antrag ebenfalls Anspruch auf Einsicht in die Akte, soweit dies zur Vorbereitung ihrer Äusserung erforderlich ist.

Dritte haben grundsätzlich kein Recht auf Akteneinsicht.[1248] Die Kommission kann ihnen aber nach ihrem Ermessen während des ganzen Verfahrens Einsicht in gewisse Teile der Akte gewähren.

In der Literatur ist auch ein Akteneinsichtsrecht für Dritte gefordert worden.[1249] M.E. ist das für ein ordnungsgemässes Verfahren nicht nötig. Der Aufwand für die Aussonderung vertraulicher Dokumente wäre zudem beträchtlich.

Die zuständigen Behörden der Mitgliedstaaten haben ein Recht auf Akteneinsicht im Hinblick auf das Verweisungsverfahren von Art. 9 (Art. 19 Abs. 2). Das Recht besteht bis zur Entscheidung über die Verweisung des Falles. Voraussetzung für die Akteneinsicht scheint ein Antrag eines Mitgliedstaates nach Art. 9 zu sein. Unabhängig vom Akteneinsichtsrecht muss die Kommission im Rahmen der Zusammenarbeit mit den Mitgliedstaaten auch Kopien der wichtigsten Dokumente an die zuständigen Behörden weiterleiten (Art. 19 Abs. 2).

3. Umfang

a) Grundsatz

Der Gerichtshof hat bisher keinen allgemeinen Grundsatz des Gemeinschaftsrechts anerkannt, der Anspruch auf Einsicht in die gesamte Akte gibt. Die Kommission muss den betroffenen Unternehmen aber mindestens Einsicht in diejenigen Dokumente gewähren, auf die sie ihre Entscheidung stützen will, oder anders gesagt, die ihre Einwände gegen den Zusammenschluss begründen.[1250] In der Retrospektive, also bei der Beurteilung durch den Gerichtshof, lautet die Frage: „Hat die Kommission Einsicht in alle Akten gewährt, die sie bei den Überlegungen, die ihre Entscheidung tragen, berücksichtigt hat?"[1251]

Der Umfang der Akteneinsicht im Wettbewerbsrecht hat sich in der Praxis der Kommission und der Rechtsprechung des Gerichtshofs zu Artikel 85 und 86 EGV im Laufe der Zeit ziemlich stark gewandelt.

1248 DRAUZ/SCHROEDER 216; KARL 45. Für das Kartellverfahren z.B. Rs. T-17/93, Matra Hachette/Kommission Slg. 1994 II 595.

1249 DAVIES/LAVOIE 30.

1250 Rs. 85/76, Hoffmann-La Roche/Kommission Slg. 1979, 461; Rs. 43 und 63/82, VBVB und VBBB/Kommission Slg. 1984, 19.

1251 Rs. C-62/86, Akzo/Kommission Slg. 1991 I 3359.

b) Praxis von Kommission und Gerichtshof im Kartellverfahren[1252]

Im Urteil Consten und Grundig/Kommission von 1966[1253] hat der Gerichtshof festgehalten, dass es nicht nötig ist, dass den beteiligten Unternehmen der ganze Inhalt der Akte mitgeteilt wird. Anderseits hat er im Urteil Hoffmann-La Roche/Kommission von 1979[1254] entschieden, dass sich die Akteneinsicht auf diejenigen Dokumente erstrecken muss, auf die die Kommission ihre Behauptung der Verletzung der Wettbewerbsregeln stützt. Damit anerkannte der Gerichtshof erstmals ein beschränktes Recht auf Akteneinsicht.

Die Praxis der Kommission bei der Gewährung von Akteneinsicht war zunächst sehr restriktiv: Sie gab auf Antrag und bei Vorliegen eines berechtigten Interesses Einsicht in die Akten, auf die sie ihre Beschwerdepunkte stützte.[1255]

Im Jahre 1982 änderte sie ihre Praxis und veröffentlichte die neuen Grundsätze im 12. Wettbewerbsbericht:

> „Um die Beteiligten über den Inhalt der Verfahrensakte zu informieren, wird ihnen zusammen mit den Beschwerdepunkten oder dem ihre Beschwerde ablehnenden Bescheid eine Liste aller Unterlagen übersandt, die zu dieser Akte gehören. Dabei gibt die Kommission an, in welche Unterlagen oder Teile von ihnen Einsicht gewährt werden kann.
>
> ...
>
> Die nachstehenden Schriftstücke werden von der Kommission als vertraulich betrachtet und können folglich nicht eingesehen werden:
>
> - Schriftstücke oder Teile davon, die Geschäftsgeheimnisse anderer Unternehmen enthalten;
> - interne Schriftstücke der Kommission wie Vermerke, Entwürfe und sonstige Arbeitspapiere;
> - andere vertrauliche Angaben, wie solche zur Person von Beschwerdeführern, die ihre Identität nicht gegenüber Dritten preisgeben möchten, oder Auskünfte, die der Kommission mit der ausdrücklichen Bitte um vertrauliche Behandlung übermittelt wurden.
>
> Macht ein Unternehmen ein berechtigtes Interesse an der Einsicht in ein ihm nicht zugängliches Schriftstück geltend, so kann die Kommission eine nicht vertrauliche Zusammenfassung des Inhalts dieses Schriftstücks zur Einsicht freigeben."[1256]

Im 13. Wettbewerbsbericht präzisierte die Kommission, dass die Akteneinsicht erst gewährt wird, nachdem das förmliche Verfahren eröffnet worden ist.[1257] Im 18.

[1252] Eine ausführliche Darstellung findet sich in den Anträgen von Richter VESTERDORF in seiner Funktion als GA in der Rs. T-1/89, Rhône-Poulenc/Kommission Slg. 1991 II 867.
[1253] Rs. 56 und 58/64, Slg. 1966, 321.
[1254] Rs. 85/76, Slg. 1979, 461.
[1255] HIX 55.
[1256] 12. Wettbewerbsbericht Ziff. 34 und 35.
[1257] Ziff. 74b.

Wettbewerbsbericht betonte die Kommission, dass die Akteneinsicht nicht dazu dienen soll, dass Unternehmen die Identität von Informanten oder sensitive Informationen über Konkurrenten erhalten können.[1258] Die Grundsätze des 12. Wettbewerbsberichts wollte sie aber aufrechterhalten.

Die Rechtsprechung des Gerichtshofs brachte bis 1992 keine grossen Neuerungen. Im Urteil Rs. 107/82, AEG-Telefunken/Kommission von 1983[1259], präzisierte er, dass die Kommission keine Einsicht in Dokumente gewähren muss, die den beteiligten Unternehmen schon bekannt sind. Die Beteiligten müssen aber solche Dokumente eindeutig identifizieren können. Kurz nach Veröffentlichung der internen Richtlinien der Kommission im 12. und 13. Wettbewerbsbericht hielt der EuGH in der Rechtssache VBVB und VBBB/Kommission[1260] erneut fest, dass kein Recht auf Einsicht in die gesamte Akte der Kommission bestehe. In späteren Urteilen haben dies der EuGH[1261] und das EuG wiederholt. Im Urteil Hercules/Kommission von 1992[1262] hat das EuG diesen Grundsatz zwar auch erwähnt, ist aber fortgefahren, dass die Kommission die Regeln beachten muss, die sie sich selbst auferlegt hat und dass die Unternehmen deshalb in Verfahren zur Durchsetzung der Art. 85 und 86 EGV ein Recht auf Einsicht in die gesamte Akte mit Ausnahme der im 12. und 13. Wettbewerbsbericht genannten Dokumente haben.

Damit unterscheidet sich das Hercules-Urteil des EuG grundlegend von den Urteilen VBVB und Akzo des EuGH.[1263] Die vom EuG angenommene Selbstbindung der Kommission dürfte allerdings nicht unbestritten bleiben.[1264] Bemerkenswerterweise hat der EuGH im Rechtsmittelentscheid BPB Industries und British Gypsum[1265] das Urteil des EuG, in welchem es auf diese Rechtsprechung verwies, in diesem Punkt nicht kritisiert (zwar ohne speziell zur Frage Stellung zu nehmen).

Auch bei Annahme der Selbstbindung dürfte es der Kommission freistehen, neue Grundsätze aufzustellen.[1266] Dies hat sie im 23. Wettbewerbsbericht unternommen. Ihre Absicht war, sich von der im 12. Wettbewerbsbericht umschriebenen Praxis zu distanzieren und neue Regeln für die Akteneinsicht festzulegen.[1267]

Im 23. Wettbewerbsbericht weist die Kommission darauf hin, dass die Akte, wie sie im 12. Wettbewerbsbericht gemeint war, nur „die Unterlagen enthielt, die für die

---

[1258] Ziff. 43.
[1259] Slg. 1983, 3151.
[1260] Rs. 43 und 63/82, Slg. 1984, 19.
[1261] Z.B. Rs. C-62/86, Akzo/Kommission Slg. 1991 I 3359.
[1262] Rs. T-7/89, Slg. 1992 II 1739, Rechtsmittel eingelegt, Rs. C-51/92.
[1263] Vgl. BELLAMY/CHILD 731; LENZ/GRILL 326-327.
[1264] Vgl. LENZ/GRILL 325-327.
[1265] Rs. C-310/93P, Slg. 1995 I 865.
[1266] LENZ/GRILL 326.
[1267] EHLERMANN, Developments, 201-202.

weitere Verfolgung des jeweiligen Falles als erforderlich und erheblich angesehen wurden".[1268] Folglich will sie nur noch die Dokumente zugänglich machen, auf die sie sich bei der Ermittlung einer Zuwiderhandlung stützt und ausserdem diejenigen, die sie für die Unternehmen als entlastend ansieht. Die „neutralen" Dokumente sollen nicht mehr zugänglich sein.[1269] Als Hauptgrund gibt sie an, dass besonders in Fällen mit vielen Beteiligten die Gewährung der Akteneinsicht unhandlich geworden sei.[1270]

Die entlastenden Dokumente will die Kommission bei einer ersten Durchsicht aussondern. Zusätzlich will sie eine Liste aller Dokumente versenden, die sich in der Akte befinden. Ist ein Unternehmen der Auffassung, dass sich weitere entlastende Dokumente in der Akte befinden, muss es gemäss dem Wettbewerbsbericht einen begründeten Antrag an die Kommission stellen.[1271] Die Entscheidung über Einsicht in zusätzliche Akten ist mittlerweile dem Anhörungsbeauftragten übertragen worden (Art. 5 Abs. 1 und 2 des Mandats).

Auch die jüngere Rechtsprechung des EuG betont, dass sich die Akteneinsicht nicht nur auf die belastenden, sondern auch auf die entlastenden Unterlagen erstreckt.[1272] Im Urteil Rs. T-30/91, Solvay/Kommission[1273], hat das EuG eine Kommissionsentscheidung für nichtig erklärt, weil Solvay Dokumente nicht einsehen konnte, die zu ihrer Verteidigung hätten dienen können.

Zur Frage, wer darüber bestimmt, welche Unterlagen für die Unternehmen entlastend sind, gehen die Meinungen auseinander. Die Kommission vertritt im 23. Wettbewerbsbericht die Ansicht, dass sie selbst entscheiden kann. Gemäss dem Urteil des EuG Rs. T-30/91, Solvay/Kommission, ist dies nicht Sache der Kommission. Die Kommission muss mindestens den Bevollmächtigten der Berechtigten die Möglichkeit geben, die Schriftstücke, die möglicherweise erheblich sind, im Hinblick auf ihren Beweiswert für die Verteidigung zu prüfen. Für das EuG besteht ein Mittel, Willkür auf der Seite der Kommission auszuschliessen, darin, dass eine detaillierte Liste aller in der Akte befindlichen Unterlagen an die beteiligten Unternehmen verschickt wird.[1274] Eine solche Liste muss nach Ansicht des EuG der Mitteilung der

---

[1268] Vgl. auch DRIJBER 112 und JOSHUA, Right, 49.
[1269] Vgl. DRIJBER 116.
[1270] Vgl. auch EHLERMANN, Developments, 201.
[1271] Nach JOSHUA, Balancing, 71, muss das Dokument, das die Kommission zusätzlich zugänglich machen soll, näher identifiziert werden.
[1272] Rs. T-7/89, Hercules/Kommission Slg. 1991 II 1711; Rs. T-10/89, Hoechst/Kommission Slg. 1992 II 629.
[1273] Rs. T-30/91, Solvay/Kommission Slg. 1995 II 1775.
[1274] Rs. T-65/89, BPB Industries und British Gypsum/Kommission Slg. 1993 II 389.

Einwände in jedem Fall beiliegen, wenn ihr nicht Kopien der betreffenden Unterlagen beigelegt werden.[1275]

Da Dritte keinen Anspruch auf Akteneinsicht haben, liegt es im Ermessen der Kommission, wie weit sie ihnen Einsicht in nicht unter das Amtsgeheimnis fallende Dokumente gewähren will.[1276] Dies gilt auch, wenn die Dritten Anspruch auf rechtliches Gehör haben. Nach Art. 16 DVO muss die Kommission Dritte mit Anspruch auf rechtliches Gehör mindestens über Art und Gegenstand des Verfahrens unterrichten.

Im Urteil Rs. 53/85, Akzo/Kommission hat der Gerichtshof entschieden:

„Daraus ergibt sich, dass die Verpflichtung zur Wahrung des Berufsgeheimnisses nach Artikel 20 Absatz 2 gegenüber Dritten, die gemäss Artikel 19 Absatz 2 zu hören sind, insbesondere also gegenüber Beschwerdeführern, eingeschränkt ist. An sie kann die Kommission bestimmte unter das Berufsgeheimnis fallende Auskünfte weiterleiten, soweit dies für den ordnungsgemässen Ablauf der Untersuchung erforderlich ist."[1277]

Es ist anzunehmen, dass der Gerichtshof diese Rechtsprechung auch in Fusionskontrollfällen anwenden wird, insbesondere weil die Stellung von Dritten schwächer ist als unter der VO 17, jedoch der Zweck ihrer Anhörung, nämlich der Kommission alle relevanten Informationen für die richtige Anwendung des Wettbewerbsrechts zu verschaffen, der gleiche ist. Die Kommission macht von dieser Möglichkeit offenbar häufig Gebrauch.[1278] Wenn die Kommission beurteilt, ob die Herausgabe einer Information, die unter das Amtsgeheimnis fällt, für ein ordnungsgemässes Verfahren nötig ist, muss sie die Effizienz des Verfahrens, die Interessen der Dritten an einer Stellungnahme zu der betreffenden Information sowie das Interesse der Öffentlichkeit und der Zusammenschlussbeteiligten an der Wahrung der Vertraulichkeit berücksichtigen.[1279] Diese Beurteilung dürfte in der Regel dazu führen, dass Dritten stark beschränkte Einsicht in die Akte gegeben wird.

c) *Regelung der Akteneinsicht im Fusionskontrollverfahren*

Das Recht auf Akteneinsicht ist für das Fusionskontrollverfahren ausdrücklich in Art. 18 Abs. 3 vorgesehen. Es wird in der DVO genauer umschrieben. Die drei im 12. Wettbewerbsbericht genannten Ausnahmen von der Akteneinsicht wurden auch

---

1275 Rs. T-30/91, ICI/Kommission Slg. 1995 II 1775; Rs. T-36/91, ICI/Kommission Slg. 1995 II 1847. Im Rechtsmittelentscheid C-310/93P, BPB Industries und British Gypsum/Kommission Slg. 1995 I 865 hat der EuGH die Ansicht des EuG gebilligt, ohne selbst zur Notwendigkeit einer solchen Liste Stellung zu nehmen.

1276 HIX 73; z.B. Rs. T-17/93, Matra Hachette/Kommission Slg. 1994 II 595.

1277 Slg. 1989, 1965, 1991-1992.

1278 Rede von Wettbewerbskommissar VAN MIERT, in: CPN Vol. 1, Nr. 6, autumn/winter 1995, 3.

1279 Vgl. LAVOIE 31; KERSE 310. Im gerichtlichen Verfahren muss diese Interessenabwägung ebenfalls erfolgen: Rs. T-30/89, Hilti/Kommission Slg. 1990 II 163, 168.

in Art. 17 DVO aufgenommen.[1280] Es sind dies: 1. Unterlagen, die Geschäftsgeheimnisse enthalten, 2. Unterlagen, die „sonstige vertrauliche Angaben von Personen oder Unternehmen einschliesslich der Anmelder, der anderen Beteiligten oder von Dritten enthalten, deren Preisgabe für die Zwecke des Verfahrens von der Kommission nicht für erforderlich gehalten wird", und 3. interne Unterlagen von Behörden.

Der Umfang der Akteneinsicht im Fusionskontrollverfahren entspricht damit für die Beteiligten den Grundsätzen des 12. Wettbewerbsberichts, also volle Akteneinsicht mit den drei Ausnahmen.[1281] Sind diese Grundsätze für das Kartellverfahren gemäss dem Hercules-Urteil (noch) verbindlich, dann ist der Umfang des Rechts auf Akteneinsicht im Kartell- und im Fusionskontrollverfahren gleich. Ist die Kommission im Kartellverfahren nicht (oder seit dem 23. Wettbewerbsbericht nicht mehr) an die Grundsätze des 12. Wettbewerbsberichts gebunden, so ist der Umfang der Akteneinsicht im Fusionskontrollverfahren grösser, da das von Art. 18 Abs. 3 garantierte Recht auf Akteneinsicht dem im 12. Wettbewerbsbericht umschriebenen entspricht.[1282]

Es könnte auch die Ansicht vertreten werden, dass die zweite Ausnahme in Art. 17 im Wortlaut der DVO von 1994 der Kommission das von ihr im 23. Wettbewerbsbericht geforderte Ermessen einräumt, ihrer Ansicht nach nicht relevante Unterlagen nicht zugänglich zu machen.[1283] In Ziff. 202 des 23. Wettbewerbsbericht heisst es, dass die Kommission die neuen Grundsätze der Akteneinsicht in sämtlichen Verfahren anwenden will. Dazu scheint sie auch das Fusionskontrollverfahren zu zählen.[1284]

Dies würde jedoch gegen Art. 18 Abs. 3 verstossen. Der Anspruch auf Akteneinsicht wurde m.E. mindestens in dem Umfang gewährt, der im Zeitpunkt des Erlasses der FKVO (also 1989) galt. Gemäss dem Hercules-Urteil war der Umfang der Akteneinsicht im 12. und 13. Wettbewerbsbericht verbindlich festgelegt. Dem entsprach auch Art. 12 Abs. 3 aDVO. Der von der FKVO gewährte Grundsatz der Akteneinsicht kann nicht durch eine Durchführungsverordnung in einen Grundsatz der Nichteinsehbarkeit der Akte mit Ausnahmen umgekehrt werden.

Das Recht auf Akteneinsicht anderer Beteiligter geht weniger weit. Sie haben nach Art. 13 Abs. 3 lit. b DVO nur in dem Umfang einen Anspruch auf Akteneinsicht, wie dies zur Vorbereitung ihrer Äusserung nötig ist.

[1280] Es könnte die Meinung vertreten werden, dass Art. 17 DVO nicht durch Art. 18 Abs. 3 FKVO gedeckt ist, weil in letzterem nur Geschäftsgeheimnisse als Ausnahmen erwähnt sind, vgl. HIX 104.
[1281] Gl.M. HIX 72-73.
[1282] Dieser Meinung sind HIX 72-73 und LENZ/GRILL 326 (allerdings gestützt auf die alte DVO).
[1283] Bei wörtlicher Auslegung könnte man auch zum erstaunlichen Ergebnis gelangen, dass die Kommission nach ihrem Ermessen auch Geschäftsgeheimnisse offenlegen könnte.
[1284] DRAUZ/SCHROEDER 208.

d) Stellungnahme zum Umfang der Akteneinsicht

Mit SEDEMUND ist davon auszugehen, dass sich der Umfang der Rechte der Betroffenen im Verwaltungsverfahren nach dem Sinn der Anhörungsrechte, der Schwere des Eingriffs in die Rechte der Bürger und Unternehmen und dem Umfang des gerichtlichen Rechtsschutzes bestimmen sollte.[1285] Im Wettbewerbsrecht rufen diese Kriterien nach weitgehenden Beteiligungsrechten. In einem Verfahren, in dem die untersuchende auch die entscheidende Behörde ist, kommt besonders dem Recht auf Akteneinsicht eine grosse Bedeutung zu.

Die Kommission hat im 12. Wettbewerbsbericht m.E. überzeugende Grundsätze für die Akteneinsicht formuliert. Diese entsprechen den Anforderungen an ein faires Verfahren. In der Praxis jedoch scheint sich die Kommission seit 1982 in einigen Fällen von den Grundsätzen des 12. Wettbewerbsberichts entfernt zu haben und die in den Wettbewerbsberichten angepriesenen Grundsätze[1286] nicht immer beachtet zu haben.[1287] Auch in der Literatur wurden Vorschläge gemacht, den Umfang der Akteneinsicht zu verringern.[1288] Daher ist es m.E. zu begrüssen, dass das EuG im Entscheid Hercules eine Selbstbindung der Kommission an die Grundsätze des 12. Wettbewerbsberichts angenommen hat. Auch nach dem Hercules-Urteil dürfte die Kommission wohl nicht unabänderlich an die Grundsätze des 12. Wettbewerbsberichts gebunden sein. Sie kann im Rahmen der Rechtsprechung des EuGH wohl neue Grundsätze der Akteneinsicht festlegen. Das scheint sie im 23. Wettbewerbsbericht getan zu haben. Danach will die Kommission nur noch die ihrer Ansicht nach „relevanten" und die entlastenden Unterlagen zugänglich machen.

Die im 23. Wettbewerbsbericht angekündigte Verfahrensweise kann allenfalls für Verfahren nach Art. 85 und 86 EGV gelten, wobei die Rechte der Beteiligten aber wohl nur gewahrt sind, wenn diese auch Einsicht in Dokumente nehmen können, die nicht offengelegt wurden, die sie aber für entlastend halten[1289], und wenn bei Auftauchen von Anhaltspunkten, dass die Kommission den Beteiligten wichtige Dokumente vorenthält, oder dass die Liste, die sie erstellt hat, nicht vollständig oder ungenau ist, eine aussenstehende Instanz über die Frage der Akteneinsicht entscheiden kann.

Mit der Übertragung der Entscheidung über die Einsicht in weitere Akten an den Anhörungsbeauftragten wurde letzteres verwirklicht (Art. 5 Abs. 1 des Mandats).

1285   SEDEMUND, Allgemeine Prinzipien, 50.

1286   Vgl. den Hinweis auf die „bisherige, bewährte Praxis", die aufrechterhalten werden soll, im 18. Wettbewerbsbericht Ziff. 43.

1287   Vgl. Rs. T-7/89, Hercules/Kommission Slg. 1992 II 1739; a.M. JOHANNES, Erfahrungen, 296.

1288   LENZ/GRILL 322-323 möchten Unterlagen, die sich in der Akte befinden, die aber mit dem betreffenden Verfahren nichts zu tun haben, nicht zugänglich machen. JOSHUA, Right, 49-51, ist sozusagen ein Vorläufer der von der Kommission im 23. Wettbewerbsbericht vertretenen Ansicht.

1289   Dies ist so vorgesehen im 23. Wettbewerbsbericht Ziff. 202. Auch DUE, Verfahrensrechte, 39, hat ein solches Verfahren vorgeschlagen.

Dem Anhörungsbeauftragten sollte auch die Entscheidung darüber übertragen werden, welche Dokumente für die beteiligten Unternehmen entlastend sind. Zumindest sollte er von sich aus die Einteilung der Akte durch die Kommission in vertrauliche, interne und andere Dokumente nachprüfen können.[1290] Das System, dass die Kommission entscheidet, welche Akten entlastend sind, ist ungeeignet, denn wenn sie sich bereits davon überzeugt hat, dass genügend Anhaltspunkte für die Zusendung einer Mitteilung der Beschwerdepunkte vorliegen und es tatsächlich Dokumente gäbe, die das Fehlen eines Verstosses gegen die Wettbewerbsregeln beweisen würden, hätte sie diese Dokumente sowieso falsch gewichtet.

Wie im vorangehenden Abschnitt ausgeführt, kann die Beschränkung der Akteneinsicht durch den 23. Wettbewerbsbericht nicht im Fusionskontrollverfahren gelten.

Auch wenn die Akten, die die Kommission nicht mehr zugänglich machen will, einen mehr quantitativen als qualitativen Unterschied bedeuten, sollte die Kommission auf die im 23. Wettbewerbsbericht angekündigten Änderungen zurückkommen und sich auch im Kartellverfahren weiterhin an die Grundsätze des 12. Wettbewerbsberichts halten. Zahlreiche Autoren stimmen darin überein, dass auch im Kartellverfahren grundsätzlich volle Akteneinsicht gewährt werden sollte.[1291] Nicht zuletzt aus rechtspolitischen Gesichtspunkten sollte die Kommission den Umfang der Akteneinsicht gegenüber dem 12. Wettbewerbsbericht nicht verringern. Damit bestünde auch kein unterschiedlicher Umfang der Akteneinsicht im Kartell- und im Fusionskontrollverfahren.

Die Gewährung von Einsicht in die ganze Akte und die Unkenntlichmachung von vertraulichen Informationen bedeutet einen beträchtlichen Aufwand.[1292] Das EuG hat im Urteil Rs. T-30/91, Solvay/Kommission, jedoch deutlich festgehalten, dass eine leistungsfähige Verwaltung allfällige praktische Schwierigkeiten meistern kann und muss.

Vereinfachungen der Modalitäten (wie die Zusendung der Unterlagen) sollten möglich sein, wenn eine effektive Kontrolle darüber gewährleistet ist, dass alle relevanten Unterlagen, die nicht unter eine Ausnahme fallen, zugänglich sind.

[1290] In diesem Sinne auch das WEISSBUCH DER A.E.A. 317.

[1291] HIX 64-66; GIRNAU 31-123; WEISSBUCH DER A.E.A. 316; KERSE 146; SEDEMUND, Allgemeine Prinzipien, 48-49.

[1292] Im Fall British Gypsum bestand die Akte beispielsweise aus 2095 Aktenstücken, Rs. T-65/89, BPB Industries und British Gypsum/Kommission Slg. 1993 II 389, Rechtsmittelentscheid C-310/93P, Slg. 1995 I 865.

e) Schranken

aa) Abwägung zwischen dem Anspruch auf rechtliches Gehör und anderen Interessen, insbesondere dem Geheimnisschutz

Das Recht auf Akteneinsicht steht mit verschiedenen anderen Interessen und Rechten in einem Spannungsverhältnis. Die meisten Unterlagen im Besitz der Kommission sind durch das Amtsgeheimnis geschützt. Das rechtliche Gehör und damit das Recht auf Akteneinsicht gehen jedoch grundsätzlich dem Amtsgeheimnis vor (Art. 17 Abs. 2). Bei der Abgrenzung von Amtsgeheimnis und rechtlichem Gehör handelt es sich also darum, den Umfang des rechtlichen Gehörs und der Akteneinsicht abzustecken. Um zu entscheiden, ob Einsicht in gewisse Dokumente gewährt werden kann, muss eine Interessenabwägung zwischen dem Interesse der Beteiligten und Dritter an der Darlegung ihrer Sicht zu bestimmten Punkten und den legitimen Interessen an der Wahrung der Vertraulichkeit dieser Informationen vorgenommen werden. Bei bestimmten Kategorien von Informationen überwiegt immer das Interesse an der Vertraulichkeit. Sie sind folglich von der Akteneinsicht ausgenommen.

Art. 18 Abs. 3 deutet darauf hin, dass das Interesse am Schutz von Geschäftsgeheimnissen besonders stark ist. Obwohl der Schutz von Geschäftsgeheimnissen im Zusammenhang mit der Akteneinsicht erwähnt ist, gilt er auch, wenn Informationen zur Gewährung des rechtlichen Gehörs auf anderem Wege als dem der Akteneinsicht, z.B. in der Mitteilung der Einwände oder bei der mündlichen Anhörung mitgeteilt werden.

Die Ausnahmen von der Akteneinsicht wurden im 12. Wettbewerbsbericht relativ präzis formuliert (Geschäftsgeheimnisse, andere vertrauliche Angaben, interne Unterlagen). Dennoch gab es zahlreiche Streitigkeiten über den Umfang der Akteneinsicht.[1293] Nach der Übertragung der Kompetenz für den Entscheid über die Akteneinsicht an den Anhörungsbeauftragten haben die beiden Anhörungsbeauftragten die Möglichkeit, eine einheitliche Auslegungspraxis zu begründen.

Die Kommission kann die weitere Verwendung der von ihr zugänglich gemachten Dokumente, besonders solcher, die unter das Amtsgeheimnis fallen, beschränken.

bb) Geschäftsgeheimnisse

Art. 18 Abs. 3 macht für die Akteneinsicht einen ausdrücklichen Vorbehalt zugunsten der berechtigten Interessen der Unternehmen an der Wahrung ihrer Geschäfts-

---

[1293] Rs. 53/85, Akzo/Kommission Slg. 1986, 1965; Rs. C-62/86, Akzo/Kommission Slg. 1991 I 3359; Rs. C-89, 104, 114, 116, 117 und 125 bis 129/85, A. Ahlström Osakeyhtiö u.a./Kommission Slg. 1993 I 1307; Rs. T-30/89, Hilti/Kommission Slg. 1990 II 163; Rs. T-7/89, Hercules/Kommission Slg. 1992 II 1739, Rechtsmittel eingelegt, Rs. C-51/92; Rs. T-65/89, British Gypsum/Kommission Slg. 1993 II 389, Rechtsmittelentscheid C-310/93P, Slg. 1995 I 865; T-30/91, Solvay/Kommission Slg. 1995 II 1775, etc.

geheimnisse. Art. 17 DVO verbietet der Kommission, Geschäftsgeheimnisse weiterzugeben.

Der Begriff der Geschäftsgeheimnisse und die anderen Vorkehren zu ihrem Schutz wurden vorne 244ff. besprochen.

Der EuGH hat die Frage des Verhältnisses von Akteneinsicht und Schutz von Geschäftsgeheimnissen im Zusammenhang mit einem Verfahren nach Art. 86 EGV im Fall Akzo Chemie[1294] beurteilt. Ein Beschwerdeführer hatte verlangt, Einsicht in bestimmte Dokumente zu erhalten, was die Kommission mittels einer Entscheidung genehmigte. Akzo focht die Weitergabeentscheidung an. Obwohl Akzo sich der Weitergabe widersetzte und sich darauf berief, die Dokumente seien Geschäftsgeheimnisse, sandte die Kommission dem Beschwerdeführer eine Kopie der Mitteilung der Beschwerdepunkte einschliesslich Beilagen, in denen sie Passagen entfernt hatte, die ihrer Meinung nach Geschäftsgeheimnis darstellten, sich darauf berufend, dass der Entscheid, welche Dokumente Geschäftsgeheimnisse seien, in ihre Zuständigkeit falle. Der Gerichtshof hielt fest:

> „Sowohl Artikel 19 Absatz 3...als auch Artikel 21...verpflichten die Kommission, den berechtigten Interessen der Unternehmen an der Wahrung ihrer Geschäftsgeheimnisse Rechnung zu tragen. Auf diese Weise werden Geschäftsgeheimnisse besonders weitgehend geschützt. Diese Bestimmungen beziehen sich zwar auf Sonderfälle, müssen jedoch als Ausdruck eines allgemeinen Grundsatzes gelten, der auf das gesamte Verwaltungsverfahren Anwendung findet. Deshalb dürfen an einen Beschwerdeführer in keinem Fall Unterlagen weitergeleitet werden, die Geschäftsgeheimnisse enthalten. Jede andere Lösung würde zu dem unannehmbaren Ergebnis führen, dass ein Unternehmen versucht sein könnte, bei der Kommission Beschwerde einzulegen, nur um Einsicht in die Geschäftsgeheimnisse der Wettbewerber zu erhalten."[1295]

Der Gerichtshof hat also den Grundsatz aufgestellt, dass Geschäftsgeheimnisse gegenüber Beschwerdeführern absoluten Schutz geniessen. Er unterscheidet nicht zwischen Geschäftsgeheimnissen der Beteiligten und Geschäftsgeheimnissen Dritter.

Der EuGH annullierte die Entscheidung, die Dokumente weiterzuleiten, weil das richtige Verfahren nicht eingehalten worden war. Dieses hätte darin bestanden, dass zwar die Kommission über die Natur der Dokumente entscheiden kann, dass sie aber den Betroffenen Gelegenheit geben muss, diese Entscheidung beim Gerichtshof anzufechten.

Dem Akzo-Urteil wird in der Lehre überwiegend zugestimmt.[1296] Nur wenige Autoren kritisieren es. Insbesondere JOSHUA setzt sich für eine Verringerung des Schutzes von Geschäftsgeheimnissen ein.[1297] Für ihn sind Geschäftsgeheimnisse nicht

---

[1294] Rs. 53/85, Akzo Chemie/Kommission Slg. 1986, 1965.
[1295] Rs. 53/85, Akzo Chemie/Kommission Slg. 1986, 1965, 1992.
[1296] LAVOIE 31-34; KERSE 308-310.
[1297] JOSHUA, Balancing, 77-80.

absolut geschützt.[1298] Es gibt auch Stimmen in der Literatur, die den absoluten Schutz der Geschäftsgeheimnisse nur gegenüber Beschwerdeführern gelten lassen möchten, da das Akzo-Urteil diese Situation betraf.[1299]

Im Fusionskontrollverfahren wurde der Grundsatz ausdrücklich in Art. 18 Abs. 3 FKVO und Art. 17 DVO statuiert. Geschäftsgeheimnisse der Beteiligten geniessen auch gegenüber anderen Beteiligten (z.b. bei einem unfreundlichen Übernahmeangebot) den gleichen Schutz wie gegenüber Dritten (vgl. Art. 17 DVO). Der Austausch von Geschäftsgeheimnissen unter Beteiligten kann nach Art. 85 Abs. 1 EGV verboten sein, wenn sie miteinander im Wettbewerb stehen.[1300]

Im Fusionskontrollverfahren dürften auch Dritte der Kommission Geschäftsgeheimnisse mitteilen (z.B. über ihre Marktanteile oder Neuentwicklungen). Die Kommission darf auch Geschäftsgeheimnisse Dritter den Beteiligten nicht weitergeben (vgl. Art. 17 DVO).[1301] Ein Problem könnte entstehen, wenn die Kommission eine Untersagungsentscheidung ohne die Verwendung von Geschäftsgeheimnissen Dritter nicht ausreichend zu begründen vermag. In dieser Situation hilft nur die Einwilligung des Geheimnisherrs zur Offenlegung.[1302]

Es gibt verschiedene Massnahmen, um einen Konflikt zwischen dem rechtlichen Gehör und dem Schutz von Geschäftsgeheimnissen zu vermeiden. Eine institutionelle Massnahme ist die Übertragung der Entscheidungsbefugnis über die Natur eines Dokumentes und über die Offenlegung an eine von der Verwaltung unabhängige Instanz.[1303] Im europäischen Wettbewerbsrecht wurde (erst 1994) die Zuständigkeit für diese Entscheidungen dem Anhörungsbeauftragten übertragen (hinten 279f.).

Eine andere Möglichkeit zum Schutz von Geschäftsgeheimnissen wäre, Geschäftsgeheimnisse nicht direkt einem Anhörungsberechtigten, sondern nur dessen Anwalt offenzulegen mit der Verpflichtung, diese nicht an den Anhörungsberechtigten weiterzugeben.[1304]

Eine weitere Möglichkeit ist die Aushändigung nichtvertraulicher Zusammenfassungen der betreffenden Dokumente. Wer das Risiko einer Weitergabe seiner

---

1298 Ein solches Verständnis des Schutzes von Geschäftsgeheimnissen geht auch aus der Pressemitteilung der Kommission IP/93/957 vom 19.10.1994 hervor. Das Mandat des Anhörungsbeauftragten, das durch die Pressemitteilung angekündigt wurde, zeigt dieses Verständnis jedoch nicht mehr, s. Art. 5 Abs. 3 des Mandats. Ähnliche Ansätze finden sich auch im 23. Wettbewerbsbericht Ziff. 199. Die Kommission könnte sich jedenfalls nicht über den im Akzo-Urteil formulierten Grundsatz hinwegsetzen.

1299 JOSHUA, Balancing, 78-80; vorsichtig KERSE 309-310.

1300 Fn 496.

1301 GIRNAU 173-174.

1302 Vgl. Rs T-30/91, Solvay/Kommission Slg. 1995 II 1775.

1303 Vgl. WERNER 151; DOHERTY 12.

1304 HIX 94; kritisch GIRNAU 157-160; weitere Vorschläge bei HIX 95-96.

Geschäftsgeheimnisse minimieren will, sollte der Kommission gleich selbst nichtvertrauliche Zusammenfassungen der betreffenden Dokumente einreichen.[1305]
Steht der Geschäftsgeheimnischarakter einer bestimmten Information fest, kann diese praktisch in verschiedener Weise geschützt werden. Üblich ist die Abdeckung sensibler Stellen in der Kopie des betreffenden Dokuments.[1306]

cc) Interne Dokumente der Kommission

„Interne Unterlagen von Behörden" umfassen Dokumente der Kommission und der Behörden der Mitgliedstaaten. Es handelt sich z.B. um interne Berichte, Ergebnisse von Nachprüfungen und Auskunftsverlangen[1307], die Beurteilung der Vorbringen der Parteien, Entwürfe, Vermerke, Arbeitspapiere, Angaben über die Politik der Wettbewerbsbehörden, etc.[1308]

Nach Ansicht von Kommission und Gerichtshof gehört der Bericht des Anhörungsbeauftragten zu den internen Dokumenten und steht den Beteiligten deshalb nicht zur Einsichtnahme offen.[1309] Auch die Stellungnahme des Beratenden Ausschusses muss den Beteiligten nicht offengelegt werden.[1310] Bis zu ihrer allfälligen Veröffentlichung (Art. 19 Abs. 7) ist die Stellungnahme ein internes Dokument.

Die Korrespondenz zwischen der Kommission und den Behörden der Mitgliedstaaten gehört ebenfalls zu den internen Dokumenten.[1311] Die beteiligten Unternehmen sind aber über einen Verweisungsantrag eines Mitgliedstaates zu unterrichten (Art. 9 Abs. 2). DRAUZ vertrat in der 1. Auflage der „Praxis der europäischen Fusionskontrolle" die Ansicht, dass die Beteiligten Einsicht in diesen Antrag erhalten sollten.[1312]

Solange interne Dokumente nicht unter das Amtsgeheimnis fallen, können sie von der Kommission jederzeit offengelegt werden.

dd) Sonstige vertrauliche Dokumente

Die Kategorie der sonstigen vertraulichen Informationen soll primär Informanten schützen. Dies ging aus der aDVO einigermassen klar hervor (Art. 12 Abs. 3:

[1305] 12. Wettbewerbsbericht Ziff. 35; vgl. auch LENZ/GRILL 320. Nach GIRNAU sollten die Zusammenfassungen von der Kommission erstellt werden, GIRNAU 161-166.
[1306] Vgl. Rs. T-30/91, Solvay/Kommission Slg. 1995 II 1775.
[1307] Rs. T-65/89, BPB Industries und British Gypsum/Kommission Slg. 1993 II 389, Rechtsmittelentscheid C-310/93P, Slg. 1995 I 865.
[1308] JOSHUA, Proof, 346; vgl. auch JOSHUA, Proof, 348-351; 13. Wettbewerbsbericht Ziff. 74b.
[1309] Z.B. Rs. T-2/89, Petrofina/Kommission Slg. 1991 II 1087. Für Gewährung von Einsicht: HIX 80.
[1310] Rs. 100 bis 103/80, Musique Diffusion Française/Kommission Slg. 1983, 1823.
[1311] Rs. T-65/89, BPB Industries und British Gypsum/Kommission Slg. 1993 II 389, Rechtsmittelentscheid C- 310/93P, Slg. 1995 I 865; JOHANNES/GILCHRIST 12; a.M. HIX 83.
[1312] DRAUZ/SCHROEDER (1. Aufl., 1992) 122.

"sonstige vertrauliche Angaben einschliesslich schutzbedürftiger Wirtschaftsinformationen..., deren Preisgabe erhebliche Nachteile für den Informanten mit sich bringen würde"). Die DVO von 1994 ist weniger klar (Art. 17: "sonstige vertrauliche Angaben..., deren Preisgabe für die Zwecke des Verfahrens von der Kommission nicht für erforderlich gehalten wird"). Immerhin weist die Kommission im 23. Wettbewerbsbericht darauf hin, dass neben Geschäftsgeheimnissen vor allem Unterlagen schutzwürdig sind, von denen ein Unternehmen nicht will, dass sie den Beteiligten oder Dritten zugänglich gemacht werden.[1313] In jedem Fall ist die Kommission verpflichtet, die Identität eines Informanten, der dies wünscht, zu schützen.[1314] Im Fusionskontrollverfahren kommt dem Informantenschutz eine weniger wichtige Rolle zu als im Kartellverfahren.

Die unklare Formulierung von Art. 17 der DVO von 1994 zusammen mit den Äusserungen der Kommission im 23. Wettbewerbsbericht[1315], könnte so ausgelegt werden, dass die Kommission nach ihrem Ermessen auch Einsicht in sonstige vertrauliche Dokumente gewähren will. Dokumente der soeben genannten zwei Kategorien dürfen aber m.E. nicht weitergegeben werden. Würde die Offenlegung dennoch erfolgen, könnte daraus eine Schadenersatzpflicht der Gemeinschaft resultieren.

ee) Entscheidung über die Weitergabe der Information

Im Akzo-Urteil[1316] hat der Gerichtshof zwar festgehalten, dass grundsätzlich die Kommission für die Anerkennung von Geschäftsgeheimnissen zuständig ist, immerhin hat er aber ein Verfahren vorgesehen, das ihm selbst das letzte Wort vorbehält. Nach diesem Verfahren muss die Kommission das betroffene Unternehmen anhören, wenn sie beabsichtigt, Daten weiterzugeben, von denen das Unternehmen behauptet, sie enthielten Geschäftsgeheimnisse. Wenn die Kommission entscheidet, die Daten weiterzugeben, muss sie eine formelle Entscheidung zu diesem Zweck treffen und dem Unternehmen die Möglichkeit geben, diese Entscheidung vor deren Durchführung beim Gerichtshof anzufechten. Weil dieses Verfahren im Fall Akzo nicht befolgt worden war, annullierte der Gerichtshof die Entscheidung der Kommission, ohne weiter auf die Natur der Dokumente einzugehen.

Ende 1994 hat die Kommission das vom EuGH im Akzo-Urteil vorgezeichnete Verfahren institutionalisiert und die Entscheidungsbefugnis über die Weitergabe von

---

1313 23. Wettbewerbsbericht Ziff. 199. Vgl. auch 12. Wettbewerbsbericht Ziff. 35; Rs. T-65/89, BPB Industries und British Gypsum/Kommission Slg. 1993 II 389, Rechtsmittelentscheid C-310/93P, Slg. 1995 I 865.
1314 Rs. 145/83, Adams/Kommission Slg. 1985, 3539. Zum Informantenschutz s. JOSHUA, Proof, 346-348; HIX 96-103. Vgl. auch Rs. T-65/89, BPB Industries und British Gypsum/Kommission Slg. 1993 II 389.
1315 Ziff. 199.
1316 Rs. 53/85, Akzo/Kommission Slg. 1986, 1965.

Informationen dem Anhörungsbeauftragten übertragen (Art. 5 des Mandats).[1317] Das Verfahren läuft wie folgt: Hat die Kommission die Absicht, Informationen weiterzugeben, die Geschäftsgeheimnisse enthalten könnten, orientiert sie das betroffene Unternehmen schriftlich über diese Absicht und setzt ihm eine Frist zur Mitteilung etwaiger schriftlicher Bemerkungen. Erhebt das betroffene Unternehmen Einwand gegen die Weitergabe der Informationen und ist der Anhörungsbeauftragte der Auffassung, dass die Informationen nicht geschützt sind und deshalb weitergegeben werden dürfen, trifft er eine begründete Entscheidung, die dem betroffenen Unternehmen zugestellt wird. Die Entscheidung nennt den Tag, ab dem die Informationen weitergegeben werden. Die Weitergabe darf frühestens eine Woche nach dem Tage der Mitteilung der Entscheidung erfolgen. Diese Frist erlaubt den betroffenen Unternehmen, beim EuG ein Begehren um Aufschub der Entscheidung oder um Erlass einer anderen vorsorglichen Massnahme zu stellen.

Erhebt ein betroffenes Unternehmen Einwand gegen die Weitergabe von Informationen, die zwar keine Geschäftsgeheimnisse enthalten, aber sonstige vertrauliche Angaben, sollte das gleiche Verfahren anwendbar sein. Denn diese Informationen sind nach Art. 17 DVO gleichermassen geschützt und auch Art. 5 Abs. 4 des Mandats macht diesbezüglich keine Unterscheidung.

Ein Nachteil des im Akzo-Urteil und dem Mandat umschriebenen Verfahrens besteht darin, dass eine Klage gemessen an den kurzen Fristen der FKVO viel Zeit in Anspruch nehmen kann. Dadurch würde der Nutzen der Anhörung der betroffenen Person oder die Effizienz des ganzen Verfahrens leiden. Ersteres kann bei einem Geschäftsgeheimnis eines Beteiligten geschehen, letzteres bei einem Geschäftsgeheimnis eines Dritten, auf welches die Kommission ihre Entscheidung stützen möchte.

Durch die Übertragung der Entscheidungsbefugnis über Fragen im Zusammenhang mit der Weitergabe von Informationen an den Anhörungsbeauftragten sind die Interessen der Verfahrensbeteiligten eindeutig besser gewahrt als bei einer Entscheidung durch die Kommission.

ff) Zusammenfassung

Das Verhältnis zwischen der Akteneinsicht (und dem rechtlichen Gehör allgemein) und dem Schutz vertraulicher Informationen kann wie folgt zusammengefasst werden[1318]:

[1317] Das Mandat sagt zwar nicht klar, dass der Anhörungsbeauftragte für die Entscheidungen über die Offenlegung zuständig ist. Aus dem Zweck und der Systematik des Mandats geht dies jedoch hervor. Auch die Anhörungsbeauftragten gehen davon aus, JOHANNES/GILCHRIST 12.

[1318] In Anlehnung an HIX 90.

- Die Kommission darf ihre Entscheidung nicht auf Informationen stützen, zu welchen die Betroffenen nicht Stellung nehmen konnten.

- Die Kommission darf Geschäftsgeheimnisse eines Beteiligten oder eines Dritten oder andere vertrauliche Unterlagen nicht an einen anderen Beteiligten oder Dritten weiterleiten.

- Die Kommission darf unter das Amtsgeheimnis fallende Informationen, die keine Geschäftsgeheimnisse sind, an Dritte weiterleiten, wenn dies für einen ordnungsgemässen Ablauf des Verfahrens notwendig ist.

- Wenn die Kommission beabsichtigt, Unterlagen eines Beteiligten, die Geschäftsgeheimnisse enthalten könnten, an einen anderen Beteiligten oder einen Dritten weiterzuleiten, muss sie den Betroffenen schriftlich darüber informieren, ihre Gründe bekanntgeben und eine Frist für schriftliche Einwände setzen. Erhebt der Beteiligte Einwand, entscheidet der Anhörungsbeauftragte über die Weitergabe der Information. Diese Entscheidung kann beim EuG angefochten werden.

4. Zeitpunkt der Ausübung

Akteneinsicht wird nach der Mitteilung der Einwände gewährt (Art. 13 Abs. 3 lit. a DVO).[1319] Es ist in der Regel ausreichend, wenn einmal im Verlauf des Verfahrens Akteneinsicht gewährt wird.[1320] Die Gewährung der Akteneinsicht und die Stellungnahme der Berechtigten müssen bis zur Anhörung des Beratenden Ausschusses erfolgt sein (Art. 18). Der Zeitpunkt der Akteneinsicht dürfte damit zwischen einem Monat nach Eröffnung des Hauptprüfverfahrens und spätestens zwei Wochen vor Ablauf der viermonatigen Frist liegen.

Wegen der kurzen Fristen im Fusionskontrollverfahren ist die Zeit für die Gewährung der Akteneinsicht wohl in manchen Fällen knapp. Besonders für die Gewährung der Akteneinsicht an die zuständigen Behörden der Mitgliedstaaten im Rahmen des Verweisungsverfahrens nach Art. 9 steht manchmal sehr wenig Zeit zur Verfügung.[1321]

Die Beschränkung des Rechts auf Akteneinsicht auf das Hauptprüfverfahren entspricht nicht dessen maximaler Ausgestaltung (vgl. vorne 261f.). In manchen Fällen dürften die betroffenen Unternehmen ein Interesse an einer früheren Einsichtnahme haben. Für die Einschränkung der Akteneinsicht auf das Hauptprüfverfahren sprechen die Verfahrenseffizienz, der Grundsatz, dass eine einmalige Gewährung der

---

[1319] Auch im Kartellverfahren gewährt die Kommission Akteneinsicht erst nach der Mitteilung der Beschwerdepunkte, 13. Wettbewerbsbericht Ziff. 74b.
[1320] Rs. T-145/89, Baustahlgewebe/Kommission Slg. 1995 II 987.
[1321] LÖFFLER zu Art. 19 N 6 und 7.

Akteneinsicht ausreicht und der Umstand, dass im Vorprüfverfahren die Akte erst im Entstehen ist.[1322]

Im Rahmen informeller Kontakte kann die Kommission den Anmeldern schon im Vorprüfverfahren Akteneinsicht gewähren. Auch Dritten dürfen im Vorprüfverfahren gewisse Unterlagen zugänglich gemacht werden. Die Gewährung von Einsicht in Unterlagen, die unter das Amtsgeheimnis fallen, dürfte im Vorprüfverfahren nur in Ausnahmefällen durch das Interesse an einer effektiven Beurteilung des Zusammenschlusses gerechtfertigt sein.

5. Durchführung

Akteneinsicht muss beantragt werden (Art. 13 Abs. 3 DVO).[1323] Für die Gewährung von Akteneinsicht ist der zuständige Direktor verantwortlich.[1324]

Gemäss dem 12. Wettbewerbsbericht von 1982 gewährte die Kommission den Unternehmen an Ort und Stelle Einsicht in die zugänglichen Unterlagen oder sandte Unternehmen, die nur wenige Dokumente einsehen wollten, Kopien davon. Die Vertreter der Unternehmen konnten Kopien in den Räumen der Kommission machen. Seit einigen Jahren verfolgt die Kommission eine neue Praxis: sie versendet die Kopien sämtlicher Unterlagen, die nach ihrer Ansicht einem Unternehmen zugänglich sind, zusammen mit der Mitteilung der Beschwerdepunkte bzw. Einwände.[1325] Im 23. Wettbewerbsbericht kündigte sie an, dass sie zusammen mit diesen Kopien eine Liste aller zur Akte gehörenden Dokumente versenden will.[1326] Wird keine Einsicht in die ganze Akte gewährt, *muss* die Kommission den Beteiligten eine solche Liste übergeben.[1327] Darin ist anzugeben, um welche Art von Dokument es sich handelt und ob es den Beteiligten zugänglich ist.

Gewährt die Kommission Einsicht in ein Dokument, so hat sie das gesamte Dokument (allenfalls unter Auslassung von Geschäftsgeheimnissen oder sonstigen vertraulichen Angaben) und nicht nur Auszüge daraus zugänglich zu machen.[1328]

Die genannten Modalitäten der Akteneinsicht dürften dem gemeinschaftsrechtlichen Grundsatz Genüge tun, wenn die Liste alle Dokumente der Akte korrekt erfasst und alle Dokumente, die den Beteiligten zugänglich sind, übersandt werden.

1322 Vgl. HIX 108 und 111.
1323 Vgl. Rs. T-145/89, Baustahlgewerbe/Kommission Slg. 1995 II 987.
1324 JOHANNES/GILCHRIST 12.
1325 23. Wettbewerbsbericht Ziff. 201.
1326 23. Wettbewerbsbericht Ziff. 201.
1327 Rs. T-36/91, ICI/Kommission Slg. 1995 II 1847.
1328 VAUGHAN 170.

6. Missachtung des Rechts auf Akteneinsicht

Das Recht auf Akteneinsicht wird verletzt, wenn einem am Verfahren beteiligten Unternehmen gehörige Einsicht in die Akte der Kommission verweigert wird. Verweigert die Kommission die Offenlegung von bestimmten Unterlagen während des Verfahrens, können die Verfahrensbeteiligten zunächst den Anhörungsbeauftragten anrufen, der über die Offenlegung entscheiden kann (Art. 5 Abs. 1 und 2 des Mandats). Schafft dies keine Abhilfe, können sie die Missachtung des Rechts auf Akteneinsicht wie die Verletzung eines anderen Verfahrensrechts mit Nichtigkeitsklage an das EuG rügen. Die Klage muss jedoch grundsätzlich gegen die endgültige Entscheidung erhoben werden.[1329]

Die Kommissionsentscheidung wird nur dann nichtig erklärt, wenn die Kommission sich tatsächlich auf das umstrittene Dokument gestützt hat und die Entscheidung anders hätte sein können, wäre Akteneinsicht und rechtliches Gehör gewährt worden.[1330] Diese Praxis ist konstante Rechtsprechung des Gerichtshofs, aber nicht unumstritten.[1331]

Kommt der Gerichtshof zum Schluss, dass die mangelhafte Gewährung des rechtlichen Gehörs keinen Einfluss auf die Entscheidung hatte, so annulliert er die Entscheidung nicht, beachtet aber die Informationen, zu denen kein Zugang gewährt wurde, bei der Nachprüfung der Kommissionsentscheidung nicht.[1332] Die Missachtung des Rechts auf Akteneinsicht bleibt dann meist ohne Folgen. Gewährt die Kommission keine ausreichende Akteneinsicht, hält sich jedoch an das Verwertungsverbot von Dokumenten, in die keine Einsicht gewährt wurde[1333], riskiert sie - ausser einer Rüge des Gerichtshofs - nicht, dass ihre Entscheidung nichtig erklärt wird.[1334]

[1329] Eine Klage gegen vorbereitende Massnahmen ist nur zulässig, wenn diese unmittelbar und unwiderruflich die rechtliche Situation der betroffenen Unternehmen beeinträchtigen. Dies ist in der Regel nicht der Fall bei einer Entscheidung, mit der vollständige Akteneinsicht verweigert wird, Rs. T-10/12 u.a., Cimenteries CBR u.a./Kommission Slg. 1992 II 2667; vgl. eingehend HIX 113-118.

[1330] Rs. 30/78, Distillers/Kommission Slg. 1980, 2229; Rs. T-7/89, Hercules/Kommission Slg. 1991 II 1711, Rechtsmittel eingelegt, Rs. C-51/92; Rs. T-37/91, ICI/Kommission Slg. 1995 II 1901, die Kommission hat das Rechtsmittel eingelegt, Rs. C-286/95P.

[1331] Z.B. VAN BAEL, Insufficient Control, 742. VAN BAEL nennt diese Praxis die „so what doctrine". Nach Ansicht von SEDEMUND sollte die Missachtung des Rechts auf Akteneinsicht immer zur Nichtigerklärung der Entscheidung führen, SEDEMUND, Allgemeine Prinzipien, 54.

[1332] Rs. 107/82, AEG/Kommission Slg. 1983, 3151. Nach JOSHUA sollte auch diese Restriktion über Bord geworfen werden, JOSHUA, Right, 29.

[1333] Rs. 85/76, Hoffmann-La Roche/Kommission Slg. 1979, 461.

[1334] Vgl. DRIJBER 120/LENZ/GRILL 326-327. LENZ/GRILL vertreten die Auffassung, dass nur ein Verstoss gegen das vom EuGH anerkannte Minimum an Akteneinsicht, nicht aber ein Verstoss gegen die darüber hinausgehenden Richtlinien des 12. Wettbewerbsberichts gerügt werden kann.

Wird eine Entscheidung wegen Missachtung des Akteneinsichtsrechts für nichtig erklärt, ist das ganze Verfahren rechtswidrig und muss neu begonnen werden.[1335]

Ist der Kläger der Auffassung, dass ein bestimmtes Dokument von der Kommission falsch gewichtet wurde oder dass andere Faktoren als die in der Mitteilung der Einwände (bzw. Beschwerdepunkte) genannten die Entscheidung beeinflusst haben, muss er dies auch so in der Klage geltend machen, da der Gerichtshof in der Regel die Kommissionsakten nicht im Hinblick darauf untersucht.[1336] Das Gericht könnte die Entscheidung dann wegen Ermessensmissbrauchs oder wegen der Verletzung des Vertrages oder von Sekundärrecht aufheben.

I. Mündliche Anhörung

1. Grundsatz

Das Recht, sich mündlich zu äussern, ist eine Ausprägung des rechtlichen Gehörs. In Wettbewerbsverfahren vor der Kommission wird die Möglichkeit, sich mündlich zu äussern, bei einer besonderen Sitzung, einer sog. „mündlichen Anhörung" gegeben. Die Durchführung einer mündlichen Anhörung ist nicht unerlässlich für die Gewährung des rechtlichen Gehörs. Die Unternehmen können aber keine Verletzung des rechtlichen Gehörs geltend machen, wenn sie sich zwar nicht schriftlich, dafür an einer mündlichen Anhörung zu bestimmten Tatsachen oder Ansichten der Kommission äussern konnten.[1337]

Die mündliche Anhörung dient dazu, Fragen zu klären, die im schriftlichen Verfahren nicht beantwortet worden sind, und die wesentlichen Argumente nochmals herauszustellen.[1338]

Der Charakter der mündlichen Anhörung in Fusionsfällen dürfte anders sein als in Kartellsachen. In Kartellsachen könnte die Anhörung einer Gerichtsverhandlung gleichen, auch wenn dies nicht ihrem Sinn entspricht. In Fusionsfällen ist die mündliche Anhörung wohl eher eine Fortsetzung der stetigen informellen Kontakte zwischen der Task Force Fusionskontrolle und den Zusammenschlussbeteiligten. Die mündliche Anhörung dürfte vor allem zum Nutzen anderer Beteiligter und Dritter sein, die die zusammenschlusswilligen Unternehmen mit ihren Einwänden konfrontieren können.

1335 Rs. T-10/89 u.a., Cimenteries CBR u.a./Kommission Slg. 1992 II 2667.
1336 KERSE 210.
1337 Rs. C-62/82, Akzo/Kommission Slg. 1991 I 3359.
1338 11. Wettbewerbsbericht Ziff. 26.

2. Berechtigte

Die Anmelder haben einen Anspruch auf mündliche Anhörung, wenn sie eine solche in ihren schriftlichen Äusserungen beantragt haben und mit einem hinreichenden Interesse begründen können (Art. 14 Abs. 1 und 3 DVO). Die Anmelder haben m.E. immer ein solches Interesse.[1339] Wird eine (förmliche) mündliche Anhörung durchgeführt, können andere Beteiligte unter den gleichen Bedingungen verlangen, daran teilzunehmen (Art. 14 Abs. 2 DVO).[1340]

Auch Dritte, die dies beantragt haben, können nach dem Ermessen der Kommission an der Anhörung teilnehmen (Art. 16 Abs. 2 DVO). Es scheint die Praxis der Kommission zu sein, Dritte, die sich schon im Vorprüfverfahren zum Zusammenschluss geäussert haben, zur Anhörung der Beteiligten einzuladen.[1341] Es sei schon vorgekommen, dass die Anmelder keine Anhörung beantragt haben, damit sich die Arbeitnehmervertreter nicht äussern konnten.[1342]

Nach dem Mandat des Anhörungsbeauftragten kann der Antrag nur in bestimmten schriftlichen Stellungnahmen zu bestimmten Schreiben der Kommission gemacht werden (Art. 4 Abs. 2 und 3 des Mandats). Die DVO von 1994 verlangt auch dann einen schriftlichen Antrag, wenn die Kommission eine Busse festzusetzen beabsichtigt (Art. 14 Abs. 3 DVO). Dies ist eine Änderung gegenüber der alten DVO und Art. 7 der VO 99/63, die ein hinreichendes Interesse für eine mündliche Äusserung bei einer Bussentscheidung immer angenommen haben. Auch unter der DVO von 1994 dürfte es immer gegeben sein.

Die Entscheidung, ob ein hinreichendes Interesse für eine mündliche Anhörung vorliegt, trifft der Anhörungsbeauftragte nach Rücksprache mit dem für die Untersuchung des Falles zuständigen Direktor (Art. 4 des Mandats). Verweigert der Anhörungsbeauftragte eine mündliche Anhörung oder die Teilnahme daran, so kann der Antragsteller dazu schriftlich Stellung nehmen. Die Verweigerung dürfte meist nur mit der Endentscheidung angefochten werden können. In der Praxis unter der VO 99/63 wurden mündliche Anhörungen sehr bereitwillig gewährt. Bis 1990 sei einzig in einem Fall eine mündliche Anhörung faktisch verweigert worden.[1343]

Die Regeln der DVO über die Beantragung einer mündlichen Anhörung sind ausgesprochen formalistisch. M.E. sollte bei den Anmeldern das hinreichende Interesse

---

[1339] Gl.M. COOK/KERSE 107; DOWNES/ELLISON 118. Vgl. dagegen die Pressemitteilung IP/94/957 vom 19.10.94, wonach die Kommission eine mündliche Anhörung verweigern könne, wenn die Parteien bereits Gelegenheit hatten, ihren Standpunkt schriftlich zu erläutern, und in der Zwischenzeit keine erhebliche Änderung der Fakten oder Rechtslage erfolgt ist.

[1340] Im Entwurf zur DVO von 1994 war dies anders geregelt: Die Anmelder mussten kein hinreichendes Interesse nachweisen und die mündliche Anhörung der anderen Beteiligten lag im Ermessen der Kommission.

[1341] DRAUZ/SCHROEDER 216; vgl. auch EHLERMANN, CPN, 3.

[1342] Zusammenschluss Kali+Salz/MdK/Treuhand, M.308, nach LÖFFLER zu Art. 18 N 5.

[1343] JOHANNES in einer Podiumsdiskussion, Fordham (1990) 426-427.

immer angenommen werden und die Bedingung des schriftlichen Antrags in der Stellungnahme zu den Einwänden weggelassen werden. Die anderen Beteiligten sollten einen Anspruch auf Teilnahme an einer mündlichen Anhörung haben, wenn sie dafür ein hinreichendes Interesse nachweisen können.

Die zuständigen Behörden der Mitgliedstaaten müssen über die Durchführung der Anhörung unterrichtet werden; sie können einen Beamten zur Teilnahme daran delegieren (Art. 14 Abs. 5 DVO). In der Praxis werden die Mitglieder des Beratenden Ausschusses zur Teilnahme an der Anhörung eingeladen.[1344] Die Vertreter der Mitgliedstaaten machen von ihrem Fragerecht ausgiebig Gebrauch.[1345]

Im Fusionskontrollverfahren gibt es also zwei Standards für ein hinreichendes Interesse: das hinreichende Interesse der Anmelder und anderer Beteiligter, sich mündlich zu äussern, und das hinreichende Interesse Dritter, überhaupt gehört zu werden. Die Anmelder und anderen Beteiligten haben immer ein hinreichendes Interesse, gehört zu werden, aber, stellt man auf den Wortlaut der DVO ab, nicht immer ein hinreichendes Interesse, sich mündlich zu äussern.

Die Kommission kann von sich aus jederzeit jedermann Gelegenheit zu mündlichen Äusserungen geben (Art. 16 Abs. 3, Art. 14 Abs. 1 und 2 DVO).

3. Durchführung[1346]

Die Durchführung mündlicher Anhörungen ist in Art. 14 und 15 DVO und dem Mandat des Anhörungsbeauftragten vom 12.12.94 geregelt. Sie ist dem Anhörungsbeauftragten übertragen. Im Fusionskontrollverfahren ist der Anhörungsbeauftragte gegenwärtig Joseph Gilchrist, im Kartellverfahren Hartmut Johannes.[1347] Die Anhörungsbeauftragten vertreten sich gegenseitig.[1348]

Der Anhörungsbeauftragte gehört zwar verwaltungstechnisch zur DG IV, ist aber nicht in deren Hierarchie integriert und somit nicht weisungsgebunden. Er hat unmittelbaren Zugang zu dem für Wettbewerbsfragen zuständigen Kommissionsmitglied und kann bei diesem beantragen, dass seine Stellungnahme dem für die Kommission bestimmten Entscheidungsentwurf beigefügt wird (Art. 10 des Mandats).

Die mündliche Anhörung findet nach der schriftlichen Stellungnahme der beteiligten Unternehmen zur Mitteilung der Einwände statt (Art. 14 DVO). Eine förmliche

---

[1344] DRAUZ/SCHROEDER 209.
[1345] DRAUZ/SCHROEDER 209.
[1346] S. KERSE, Oral Hearing.
[1347] Für das Kartellverfahren wurde die Stelle eines Anhörungsbeauftragten 1982 geschaffen, 12. Wettbewerbsbericht Ziff. 36. Zum alten Mandat s. JOHANNES, Erfahrungen. Das neue Mandat von 1994 gilt für beide Anhörungsbeauftragten.
[1348] Fn 303.

mündliche Anhörung ist damit nur im Hauptprüfverfahren vorgesehen. Sie hat vor der Anhörung des Beratenden Ausschusses zu erfolgen (Art. 18 Abs. 1).

Der Zeitpunkt der Anhörung wird vom Anhörungsbeauftragten nach Rücksprache mit dem für die Untersuchung zuständigen Direktor festgelegt (Art. 7 Abs. 1 des Mandats). In der Begründungserwägung 11 der DVO hält die Kommission fest, dass sie sich vorbehält, in Eilfällen eine förmliche mündliche Anhörung auch sofort durchzuführen. Üblicherweise wird die mündliche Anhörung zwei Wochen nach Ablauf der Frist für die Stellungnahme zur Mitteilung der Einwände durchgeführt.[1349]

Die Personen oder Unternehmen, die zu der Anhörung zugelassen sind, werden von der Kommission geladen. Für Unternehmen erscheinen die gesetzlichen oder statutarischen Vertreter (Art. 15 Abs. 2 DVO). Unternehmen können sich durch einen Bevollmächtigten, der ständig im Dienst des Unternehmens steht, vertreten lassen.[1350] Die Geladenen können sich durch Anwälte oder andere zum Auftreten vor dem Gerichtshof zugelassene Personen Beistand leisten lassen (Art. 15 Abs. 3 DVO). Somit sind an einer förmlichen mündlichen Anhörung zugegen: der oder die Vertreter der Anmelder und/oder der oder die Anmelder selbst, allenfalls ihre Beistände, allenfalls andere Beteiligte, allenfalls Dritte, der Anhörungsbeauftragte, Vertreter der Kommission und allenfalls Vertreter von Mitgliedstaaten.

Es ist nicht erforderlich, dass die Mitglieder der Kommission bei einer mündlichen Anhörung anwesend sind. Es genügt, dass sie von den nach Art. 15 DVO beauftragten Beamten über die Ergebnisse der Anhörung und den wesentlichen Akteninhalt informiert werden und dass ihnen die Akten zugänglich sind.[1351] Es ist auch nicht nötig, dass alle am Verfahren beteiligten Beamten dauernd an der Anhörung teilnehmen.[1352]

Mehrere Beteiligte werden grundsätzlich zusammen angehört, es sei denn, einer von ihnen oder die Kommission erachten es für den Schutz von Geschäftsgeheimnissen nötig, dass die Vertreter bestimmter Unternehmen während einiger Zeit den Raum verlassen. Der Zweck der Anhörung ist nicht, den Teilnehmern Gelegenheit zu geben, alle Äusserungen der anderen Teilnehmer zu hören, sondern ihre Ansichten der Kommission vorzutragen.

[1349] BELLAMY/CHILD 362 Fn 77.
[1350] Art. 15 Abs. 2 DVO; vgl. Rs. 48, 49, 51 bis 57/69, ICI u.a./Kommission Slg. 1972, 619.
[1351] Rs. 44/69, Buchler/Kommission Slg. 1970, 733.
[1352] Rs. 43 und 63/82, VBVB und VBBB/Kommission Slg. 1984, 19.

Die Anhörungssitzung wird durch den Anhörungsbeauftragten geleitet. Er erstellt eine Tagesordnung.[1353] Anhörungen sind nicht auf eine bestimmte Zeitdauer begrenzt. In Kartellsachen nehmen sie normalerweise rund einen Tag in Anspruch.[1354] In Fusionsfällen sind sie in der Regel wohl kürzer. Anhörungen sind nicht öffentlich.
Zur Vorbereitung der Anhörung kann der Anhörungsbeauftragte nach Rücksprache mit dem zuständigen Direktor den anzuhörenden Unternehmen eine Liste der Fragen übermitteln, die geklärt werden sollen (Art. 6 Abs. 1 des Mandats). Der Anhörungsbeauftragte kann auch verlangen, „dass ihm der wesentliche Inhalt der Erklärungen der Personen, deren Anhörung sie vorschlagen, zuvor schriftlich übermittelt wird" (Art. 6 Abs. 3 des Mandats). Er kann auch eine Sitzung zur Vorbereitung der eigentlichen Anhörung einberufen, an der die Beteiligten und, soweit erforderlich, die zuständigen Beamten der Kommission teilnehmen (Art. 6 Abs. 2 des Mandats). Von der Anhörung wird ein Protokoll erstellt (Art. 7 Abs. 4 des Mandats).

4. Bericht des Anhörungsbeauftragten

Der Anhörungsbeauftragte erstellt zuhanden des Generaldirektors für Wettbewerb einen Bericht über die Anhörung und zieht seine Schlussfolgerungen (Art. 8 des Mandats). Der Anhörungsbeauftragte kann Empfehlungen über das weitere Verfahren machen.[1355] Er hat auch das Recht, direkt an das für Wettbewerb zuständige Kommissionsmitglied Bemerkungen zum Verfahren zu richten (Art. 9 des Mandats). Dieser unmittelbare Zugang zum zuständigen Kommissionsmitglied verstärkt die Stellung des Anhörungsbeauftragten beträchtlich. Das für Wettbewerb zuständige Kommissionsmitglied kann entscheiden, dass die Stellungnahme des Anhörungsbeauftragten dem für die Kommission bestimmten Entscheidungsentwurf beigefügt wird (Art. 10 des Mandats).
Der gegenwärtige Anhörungsbeauftragte in Kartellsachen, HARTMUT JOHANNES, ist der Auffassung, dass seine Stellungnahme veröffentlicht werden sollte.[1356] Dies wäre sicher eine wirksame Massnahme zur Stärkung der Stellung der Unternehmen im Verfahren. Auch die Ausweitung der Kompetenzen des Anhörungsbeauftragten, würde die Stellung der Unternehmen wohl verbessern. Zu denken ist z.B. an die vorgängige Bewilligung von Einschränkungen der Akteneinsicht durch die Kommission oder an eine kursorische Kontrolle, dass die Mitteilung der Einwände nur auf Dokumente gestützt ist, die den Beteiligten zugänglich waren.

[1353] Der Ablauf einer Anhörung ist bei KERSE 165-170 geschildert.
[1354] KERSE, Oral Hearing, 41.
[1355] Zum Inhalt der Berichte in den bisherigen Kartellverfahren s. JOHANNES, Erfahrungen, 305.
[1356] JOHANNES, Erfahrungen, 302.

5. Missachtung des Rechts auf mündliche Äusserung

Während des Verfahrens ist der Anhörungsbeauftragte für die ordnungsgemässe Gewährung und Durchführung der mündlichen Anhörung zuständig.

Nach Abschluss des Verfahrens kann die Entscheidung angefochten werden. Die Verweigerung des Rechts auf mündliche Anhörung bedeutet die Verletzung des rechtlichen Gehörs und damit die Verletzung einer wesentlichen Formvorschrift oder die Verletzung des Vertrages oder einer bei seiner Anwendung zu beachtenden Rechtsnorm (vorne 264f.).

K. Andere Rechte

Die in diesem Kapitel umschriebenen Rechte sind nicht die einzigen Verfahrensrechte. In der Literatur werden noch zahlreiche weitere genannt: Recht auf richtige Zusammensetzung der Behörde (Ausstand, gleichbleibende Besetzung)[1357], Recht auf Vertretung, Recht auf richtige Verfahrenssprache, Recht auf Rechtsmittelbelehrung[1358], Recht auf gerichtlichen Rechtsschutz[1359], etc.

III. Grundsätze des Verwaltungshandelns

A. Rechtmässigkeit der Verwaltungstätigkeit

Die EU ist eine Rechtsgemeinschaft. In ihr gilt das Primat des Rechts. Die Kommission hat nach Art. 155 EGV die Aufgabe, „für die Anwendung dieses Vertrags sowie der von den Organen auf Grund dieses Vertrags getroffenen Bestimmungen Sorge zu tragen". „Der Gerichtshof sichert die Wahrung des Rechts bei der Auslegung und Anwendung dieses Vertrags." (Art. 164 EGV). Die Verletzung des EGV oder einer bei seiner Durchführung anzuwendenden Rechtsnorm ist nach Art. 173 EGV ein Nichtigkeitsgrund für die betreffende Entscheidung eines Gemeinschaftsorgans.

[1357] Vgl. PLIAKOS 39-40.

[1358] In Entscheidungen über Auskunftsverlangen und Nachprüfungen muss die Möglichkeit der Klage ausdrücklich erwähnt werden, Art. 11 Abs. 5 und Art. 13 Abs. 3. Für die übrigen Entscheidungen ist dieses Recht nicht ausdrücklich vorgesehen. Vgl. KERSE 228; KUYPER/VAN RIJN 4.

[1359] In der EU besteht ein allgemeiner Rechtsgrundsatz, dass jedermann gerichtlichen Rechtsschutz gegen Entscheidungen haben soll, die seine Grundrechte verletzen, Rs. 222/84, Johnston Slg. 1986, 1651; Rs. 222/86, Heylens Slg. 1987, 4097. Die gegenwärtige Verwaltungsrechtsprechung des Gerichtshofs widerspricht wohl keinem übergeordneten Rechtsatz. Für die Mitgliedstaaten gilt wohl ein Grundsatz, dass sie richterlichen Rechtsschutz in bezug auf Rechte gewähren müssen, die aus dem Gemeinschaftsrecht folgen, vgl. TEMPLE LANG 27-28.

Der Grundsatz der Rechtmässigkeit der Verwaltungstätigkeit hat drei Ausprägungen: Vertragsvorbehalt, Vorrang höherrangigen Rechts und angemessene Ermessensausübung.[1360]

Der „Vertragsvorbehalt"[1361] verlangt für Eingriffe der Verwaltung in die Privatsphäre von natürlichen und juristischen Personen eine Rechtsgrundlage im Vertrag oder dem Sekundärrecht.[1362] Der Vorrang höherrangigen Rechts bedeutet, dass Verordnungen, Richtlinien und Entscheidungen nicht gegen die Verträge und allgemeinen Rechtsgrundsätze, darin eingeschlossen auch die Grundrechte, verstossen dürfen.[1363] Eine Entscheidung darf auch nicht gegen die Verordnung verstossen, aufgrund derer sie erlassen wurde. Ein Unternehmen oder eine natürliche Person kann die Rechtswidrigkeit einer Entscheidung mit Hilfe der Nichtigkeitsklage von Art. 173 EGV geltend machen. Im Rahmen einer Nichtigkeitsklage gegen eine Entscheidung ist die Berufung auf die Nichtigkeit der Verordnung, aufgrund derer die Entscheidung ergangen ist, zulässig (Art. 184 EGV).

Angemessene Ermessensausübung bedeutet, dass eine Behörde das ihr zugestandene Ermessen nicht überschreiten darf. Dieses Ermessen ist abhängig von der Art der zu treffenden Entscheidung. In komplexen wirtschaftlichen Fragen geniesst die Kommission ein grosses Ermessen.[1364]

B. Begründungspflicht[1365]

Rechtsakte der Organe der Gemeinschaft müssen hinreichend begründet sein (Art. 190 EGV). Der Zweck der Begründung einer Einzelfallentscheidung ist, „dem Gerichtshof die Überprüfung der Entscheidung auf ihre Rechtmässigkeit hin zu ermöglichen und den Betroffenen so ausreichend zu unterrichten, dass er erkennen kann, ob die Entscheidung begründet oder eventuell mit einem Mangel behaftet ist, der ihre Anfechtung ermöglicht"[1366].

[1360] GORNIG/TRÜE 890.
[1361] GORNIG/TRÜE 890 m.w.H.
[1362] GORNIG/TRÜE 890; Rs. 46/87 und 227/88, Hoechst/Kommission Slg. 1989, 2859.
[1363] RENGELING/MIDDEKE/GELLERMANN N 189.
[1364] Vorne 218f.
[1365] Näheres dazu: Anträge von GA VAN GERVEN in Rs. C-137/92P, BASF u.a./Kommission Slg. 1994 I 2555, 2572-2574; TILL MÜLLER-IBOLD, Die Begründungspflicht im europäischen Gemeinschaftsrecht und im deutschen Recht, Dissertation, Hamburg 1989, Europäische Hochschulschriften, Band II/844; LUÍS MIGUEL PAIS ANTUNES, La motivation des décisions en droit communautaire de la concurrence, in: ASSOCIATION EUROPÉENNE DES AVOCATS, Droits de la défense et droits de la commission en droit communautaire de la concurrence, Bruxelles 1994, 273-279.
[1366] Rs. C-181/90, Consorgan/Kommission Slg. 1992 I 3557, 3568; s. auch Rs. T-2/93, Air France/Kommission Slg. 1994, 323.

Die Begründung ist ausreichend, wenn sie die Erwägungen erkennen lässt, die für das Verständnis des Gedankenganges erforderlich sind, der die Behörde zu ihrer Entscheidung geführt hat.[1367] Die Kommission muss nicht alle Überlegungen darlegen, die sie im Lauf des Verfahrens angestellt hat, sondern nur die, die zu der Entscheidung geführt haben. Auch für Bussentscheidungen ist es gemäss dem Gerichtshof angezeigt, „die Begründung als ausreichend anzusehen, sofern sie klar und folgerichtig die tatsächlichen und rechtlichen Erwägungen erkennen lässt, auf denen die Verurteilung der Beteiligten beruht, so dass für diese und für den Gerichtshof der wesentliche Gedankengang der Kommission ersichtlich ist"[1368].

Die Begründungspflicht gilt selbstverständlich für alle Entscheidungen unter der FKVO. Sie gilt auch für Zwischenentscheidungen, die nur zusammen mit der Endentscheidung angefochten werden können. Eine mangelhafte Begründung ist ein Nichtigkeitsgrund im Sinne von Art. 173 Abs. 2 EGV.

C. Verhältnismässigkeit

Der Grundsatz der Verhältnismässigkeit ist einer der bedeutendsten Grundsätze für die gemeinschaftliche Verwaltungstätigkeit.[1369] Der Gerichtshof hat ihn früh als allgemeinen Grundsatz des Gemeinschaftsrechts identifiziert.[1370]

Der Grundsatz der Verhältnismässigkeit verlangt erstens, dass die eingesetzten Mittel zur Erreichung des angestrebten Ziels geeignet sind, zweitens, dass sie die hierzu erforderlichen Einschränkungen nicht überschreiten, und drittens, dass die eingesetzten Mittel in einem angemessenen Verhältnis zur Einschränkung geschützter Rechtspositionen der Einzelnen stehen (Verhältnismässigkeit im engeren Sinn).[1371]

Im Fusionskontrollverfahren ist der Grundsatz der Verhältnismässigkeit in vielfältiger Hinsicht anwendbar. Er zeigt sich zunächst in der Ausgestaltung des Verfahrens: Erleichterungen bei der Anmeldung (Art. 3 Abs. 2 DVO), Eröffnung eines Hauptprüfverfahrens nur, wenn ernsthafte Bedenken vorliegen (Art. 6 Abs. 1 lit. c), Möglichkeit der Befreiung vom Vollzugsverbot (Art. 7 Abs. 4), Genehmigung unter Bedingungen und Auflagen (Art. 8 Abs. 2), etc.

Aus dem Grundsatz der Verhältnismässigkeit folgen auch verschiedene Verhaltenspflichten der Kommission im Verfahren. Bei der Sachverhaltsermittlung ist die am wenigsten einschneidende Massnahme anzuwenden. Auskunftsverlangen und Nachprüfungen sind nur durchzuführen, wenn dies in einem vernünftigen Verhältnis

---
1367 GORNIG/TRÜE 887-888 m.w.H.
1368 Rs. 41, 44 und 45/69, ACF Chemiefarma u.a./Kommission Slg. 1970, 661, 693.
1369 SCHWARZE, Schutz, 1069; RENGELING, Entwicklung, 337; REISCHL, Ansätze, 107.
1370 Rs. 11/70, Internationale Handelsgesellschaft Slg. 1970, 1125.
1371 Vgl. KOMMISSION, Untersuchungsbefugnisse, 19; SCHWARZE II 831-837; RENGELING, Entwicklung, 337.

zum Nutzen der Massnahme für die Untersuchung steht[1372], unter das Amtsgeheimnis fallende Informationen sind nur dann an Verfahrensbeteiligte oder Dritte weiterzugeben, wenn dies für das Verfahren notwendig ist, Bedingungen und Auflagen sind nur wenn nötig anzuordnen und so wenig einschneidend wie möglich zu gestalten, Massnahmen zur Wiederherstellung wirksamen Wettbewerbs im Sinne von Art. 8 Abs. 4, Art. 9 Abs. 8 und 22 Abs. 5 dürfen nur das absolut Notwendige umfassen, etc. Es ist einfach, diese Grundsätze in der Theorie aufzuzählen, schwieriger dürfte es sein, im Einzelfall aus der Warte der Kommission, der Beteiligten oder des Gemeinschaftsrichters die Verhältnismässigkeit einer konkreten Massnahme zu beurteilen. Zu denken ist etwa an die Frage, ob eine Auflage tatsächlich notwendig und die am wenigsten einschneidende ist.

Bei der Beurteilung der Verhältnismässigkeit im engeren Sinn von Anordnungen und Entscheidungen der Kommission lässt ihr der Gerichtshof grosse Freiheit (vorne 218f.).

D. Vertrauensschutz[1373]

Der EuGH anerkennt den Vertrauensschutz als allgemeinen Grundsatz des Gemeinschaftsrechts.[1374] Der Vertrauensschutz gilt als Ausprägung des Grundsatzes der Rechtssicherheit.[1375] Im Gemeinschaftsrecht hat er bisher vor allem bei der Frage der Zulässigkeit des Widerrufs und der Rücknahme von Verwaltungsakten Bedeutung erlangt.[1376]

In der Rechtsprechung des EuGH finden sich einige Anhaltspunkte, dass ein spezieller Grundsatz des „non venire contra factum proprium" besteht.[1377] Eine Kommissionsentscheidung wurde aufgrund eines solchen Grundsatzes aber noch nicht annulliert.

Im Fusionskontrollverfahren könnte die Anwendung des Grundsatzes des Vertrauensschutzes beim Widerruf von Entscheidungen der Kommission in Betracht kom-

---

[1372] Rs. T-39/90, SEP/Kommission Slg. 1991 II 1497.
[1373] Im Detail: PETER GILSDORF, Vertrauensschutz, Bestandsschutz und Rückwirkungsbegrenzung im Gemeinschaftsrecht; KLAUS-DIETER BORCHARDT, Vertrauensschutz im Europäischen Gemeinschaftsrecht; DERS., Der Grundsatz des Vertrauensschutzes im Europäischen Gemeinschaftsrecht, Dissertation; GERHARD REISCHL, Ansätze zur Herausbildung eines europäischen Verwaltungsrechtes in der Rechtsprechung des EuGH - Bestandesaufnahme, Einflussnahme der unterschiedlichen nationalen Rechtsvorstellungen.
[1374] Aber nur in wenigen Urteilen hielt der EuGH den Grundsatz für verletzt: z.B. Rs. 74/74, CNTA/Kommission Slg. 1975, 533; s. BORCHARDT, Rechtsprechung, 309.
[1375] GILSDORF 22.
[1376] BORCHARDT, Rechtsprechung, 310-311.
[1377] Rs. 17 und 20/61, Klöckner/Hohe Behörde Slg. 1962, 653; vgl. GORNIG/TRÜE 893.

men oder bei der Frage, ob das Vertrauen in Äusserungen und Handlungen von Kommissionsbeamten während des Verfahrens geschützt werden soll.

Die Bedingungen für die Anwendung des Grundsatzes des Vertrauensschutzes sind:[1378] 1. eine Vertrauenslage, 2. die Schutzwürdigkeit des Vertrauens und 3. das Überwiegen der Interessen des einzelnen gegenüber denen der Gemeinschaft.

Eine Vertrauenslage herrscht nur, wenn der Betroffene aufgrund seines Vertrauens auch Dispositionen getroffen hat.[1379]

Die Verletzung des Grundsatzes des Vertrauensschutzes ist mit dem Bestand der Vertrauenslage, also der Annullierung einer den Grundsatz verletzenden Entscheidung, oder mit der Zusprechung von Schadenersatz sanktioniert.[1380]

Der Gerichtshof hat eine umfangreiche, jedoch restriktive Rechtsprechung dazu entwickelt, wann ein erwecktes Vertrauen schutzwürdig ist. Das Vertrauen in Äusserungen von Kommissionsbediensteten über den Ausgang eines Verfahrens oder die Absichten der Kommission ist nicht geschützt, wenn eine Verordnung (wie die FKVO) besteht, die vorsieht, dass ein bestimmtes Verfahren mittels Entscheidung abgeschlossen werden muss.[1381] Das Vertrauen in Äusserungen von Kommissionsbeamten ist nur schutzwürdig, wenn die Äusserungen für rechtsverbindlich angesehen werden können[1382] und „die Rechtsintensität eines Verwaltungsaktes" erreichen.[1383] Dazu müssen sie von der zuständigen Stelle stammen oder von dieser ausdrücklich genehmigt worden sein.[1384] Um bindend zu sein, muss eine Zusage eines Beamten darüberhinaus rechtmässig sein.[1385] Eine Zusage, die bedeuten würde, dass ein Rechtsakt allgemeiner Geltung contra legem angewendet würde, kann nicht bindend sein.[1386] Auch das Vertrauen darauf, dass eine Rechtswidrigkeit nicht verfolgt wird, weil die Kommission eine andere Rechtswidrigkeit nicht verfolgt hat, ist nicht geschützt.[1387] Ob die Gemeinschaft zu Schadenersatz verpflichtet ist, wenn ein

---

1378 BORCHARDT, Rechtsprechung, 311-312.
1379 BORCHARDT 140; vgl. GILSDORF 25.
1380 SCHWARZE II 1057; Rs. 289/81, Mavrides/Europäisches Parlament Slg. 1983, 1731.
1381 Bezüglich eines Briefs, dass eine Freistellung wahrscheinlich sei: Rs. 71/74, Frubo/Kommission Slg. 1975, 563; bezüglich der Meinung, dass eine Verhaltensweise nicht unter Art. 86 EGV fällt: Rs. 253/78 und 1 bis 3/79, Giry et Guérlain/Kommission Slg. 1980, 2327.
1382 Im Beamtenrecht spricht das EuG von „präzisen Zusicherungen", Rs. T-3/92, Latham/Kommission Slg. zum öffentlichen Dienst 1994 II 83; Rs. T-534/93, Grynberg und Hall/Kommission Slg. zum öffentlichen Dienst 1994 II 595.
1383 SCHWARZE II 1050.
1384 SCHWARZE II 1055-1056.
1385 SCHWARZE II 1056.
1386 Rs. T-2/93, Air France/Kommission Slg. 1994 II 323.
1387 Rs. 1252/79, Lucchini/Kommission Slg. 1980, 3753; Rs. 303 und 312/81, Klöckner-Werke AG/Kommission Slg. 1983, 1549.

Betroffener auf eine für ihn nicht erkennbar rechtswidrige Zusage vertraut hat, ist noch ungeklärt.[1388]

Im Recht der Fusionskontrolle dürfte der Grundsatz des Vertrauensschutzes bei Äusserungen von Beamten der DG IV nicht zum Zug kommen, da für praktisch alle Verfahrensabschnitte formelle Entscheidungen vorgesehen sind, die entweder von der Kommission oder dem für Wettbewerb zuständigen Kommissionsmitglied zu treffen sind.

Die Voraussetzungen für die Anwendung des Grundsatzes können aber beim Widerruf ex tunc einer rechtswidrigen Genehmigung eines Zusammenschlusses (Art. 8 Abs. 5) gegeben sein, so dass eine Entflechtung des Zusammenschlusses nicht angeordnet werden kann. Das gleiche dürfte gelten, wenn die Kommission nach Ablauf der ersten drei Wochen seit der Anmeldung keine Entscheidung über den weiteren Aufschub des Zusammenschlusses nach Art. 7 Abs. 2 getroffen hat. Kommt die Kommission später zum Schluss, dass der Zusammenschluss nicht bewilligt werden kann, ist der Grundsatz des Vertrauensschutzes wohl verletzt worden. Die Annullierung der Unvereinbarkeitsentscheidung dürfte zwar ausgeschlossen sein, nicht aber die Zusprechung von Schadenersatz.[1389]

Der Aufhebung ex nunc einer rechtswidrigen Genehmigungsentscheidung steht der Grundsatz des Vertrauensschutzes nicht grundsätzlich entgegen.[1390] Die Anordnung anderer Massnahmen zur Wiederherstellung wirksamen Wettbewerbs als die Entflechtung würde somit nicht gegen den Grundsatz des Vertrauensschutzes verstossen.

E. Unantastbarkeit der gefassten Entscheidung

Ein von der zuständigen Behörde beschlossener Rechtsakt darf ausser rein orthographisch oder grammatikalisch oder im Rahmen der bestehenden Zuständigkeits- und Verfahrensordnung nicht mehr abgeändert werden.[1391] Andernfalls würde der Grundsatz der Unantastbarkeit der Entscheidung verletzt. Die Missachtung dieses Grundsatzes ist ein Grund für die Nichtigerklärung des zugestellten Rechtsakts, ohne dass die Tragweite der nach der Entscheidung vorgenommenen Änderungen geprüft werden müsste.[1392]

[1388] SCHWARZE II 1057.
[1389] BCS/STUYCK/WYTINCK 276.
[1390] BORCHARDT, Rechtsprechung, 311.
[1391] Rs. 131/86, Vereinigtes Königreich/Kommission Slg. 1988, 905 (Legehennen-Urteil).
[1392] Rs. T-80/89 u.a., BASF u.a./Kommission (LDPE) Slg. 1995 II 729.

In den Rs. T-79/89 u.a., BASF u.a./Kommission (PVC), hat das EuG festgehalten:

> „Der Grundsatz der Unantastbarkeit des von der zuständigen Behörde beschlossenen Rechtsakts stellt sowohl für die Gemeinschaftsorgane wie für die Rechtssubjekte, deren rechtliche und sachliche Lage von einer Entscheidung dieser Organe berührt wird, einen wesentlichen Faktor der Rechtssicherheit und der Stabilität der Rechtslagen in der Gemeinschaftsrechtsordnung dar. Nur die strikte, uneingeschränkte Beachtung dieses Grundsatzes erlaubt die Gewissheit, dass der einmal beschlossene Rechtsakt nur unter Beachtung der Zuständigkeits- und Verfahrensregeln geändert werden kann und dass folglich der zugestellte oder veröffentlichte Rechtsakt eine exakte Abschrift des beschlossenen Rechtsakts darstellt, die damit den Willen der zuständigen Behörde getreu wiedergibt."[1393]

Im betreffenden Fall wurde festgestellt, dass sowohl an der Begründung wie am verfügenden Teil der Kommissionsentscheidung Änderungen vorgenommen worden waren, dass dies einen massiven Verstoss gegen den Grundsatz der Unantastbarkeit der Entscheidung darstellte und somit die Nichtigerklärung der betreffenden Entscheidung zur Folge haben musste. Das EuG hatte in seinem Urteil zunächst sogar auf Inexistenz erkannt, wurde aber vom EuGH insofern korrigiert, als die betreffende Entscheidung nicht inexistent, sondern „nur" nichtig war.[1394] Das EuG hat kürzlich die Entscheidung der Kommission in einem parallelen Verfahren betreffend das Polyäthylen-Kartell wegen der gleichen Verstösse für nichtig erklärt.[1395]

Zur Bestimmung des authentischen Wortlauts der vom Kommissionskollegium in den verbindlichen Sprachen angenommenen Entscheidungen dient das Verfahren der Feststellung durch die Unterschriften des Kommissionspräsidenten und des Exekutivsekretärs gemäss Art. 16 der GO der Kommission (vorne 52ff.). Die Missachtung dieser Formalität kann die Nichtigkeit der betreffenden Entscheidung nach sich ziehen.[1396]

Der Grundsatz der Unantastbarkeit der Entscheidung ist nicht verletzt, wenn wegen eines technischen Versehens eine ganze Seite oder ein Abschnitt der Entscheidung dem Adressaten erst nachträglich eröffnet werden kann.[1397]

Obwohl der Grundsatz der Unantastbarkeit der Entscheidung eigentlich selbstverständlich ist, zeigt die Kommission beträchtliche Mühe bei seiner Anwendung.

1393 Slg. 1991 II 315, 339.
1394 Rs. C-137/92P, BASF u.a./Kommission Slg. 1994 I 2555.
1395 Rs. T-80/89 u.a., BASF u.a./Kommission (LDPE) Slg. 1995 II 729.
1396 Rs. T-79/89 u.a., BASF u.a./Kommission (PVC) Slg. 1991 II 315; Rs. C-137/92P, BASF u.a./Kommission Slg. 1994 I 2555; Rs. T-80/89 u.a., BASF u.a./Kommission (LDPE) Slg. 1995 II 729; Rs. T-31/91, Solvay/Kommission Slg. 1995 II 1821, die Kommission hat das Rechtsmittel eingelegt, Rs. C-287/95P.
1397 Rs. T-29/92, SPO/Kommission Slg. 1995 II 289; Rs. T-31/91, Solvay/Kommission Slg. 1995 II 1821, die Kommission hat das Rechtsmittel eingelegt, Rs. C-287/95P; Rs. T-32/92, Solvay/Kommission Slg. 1995 II 1825.

Immerhin haben die europäischen Gerichte klargemacht, dass sie keine Abweichungen vom Grundsatz dulden.

F. Beschleunigungsgebot

Das Beschleunigungsgebot ist ein grundlegendes Prinzip des Fusionskontrollverfahrens. Das EuG hat dies in der Rs. T-3/93, Air France/Kommission[1398], betont und sich bei seinem Urteil davon leiten lassen. Das gesamte Fusionskontrollverfahren ist auf eine rasche Abwicklung ausgerichtet. Dies zeigt sich an der Bindung aller Beteiligten an kurze Fristen und an der Vereinbarkeitsfiktion.

Die FKVO ist ein Musterbeispiel dafür, dass erstens das Beschleunigungsgebot auch in komplexen Verfahren durchgesetzt werden kann und zweitens dass es desto ausgeprägter sein sollte, je einschneidender die Eingriffe des Verwaltungsrechts in die rechtliche (und wirtschaftliche) Stellung der Betroffenen sind.

G. Andere Grundsätze des Verwaltungshandelns

Im europäischen Wettbewerbsrecht kommen noch weitere Grundsätze des Verwaltungshandelns zum Tragen:[1399] die Unschuldsvermutung bei Untersuchungen wegen Verstössen gegen das Wettbewerbsrecht, der Gleichbehandlungsgrundsatz, die Grundsätze der Rechtsklarheit, „Ne bis in idem", der Verjährung von Bussen und der Nichtrückwirkung.

[1398] Slg. 1994 II 121.
[1399] Vgl. den Artikel von GORNIG/TRÜE.

KAPITEL 6
VORSCHLÄGE FÜR DIE ANWENDUNG UND ÄNDERUNG DES EUROPÄISCHEN FUSIONSKONTROLLVERFAHRENS

I. Die für 1996 geplante Revision der FKVO

A. Stand der Revisionsarbeiten

In der FKVO selbst wurde vorgesehen, dass bestimmte Artikel vor Ablauf des Jahres 1993 revidiert werden sollten (Art. 1 Abs. 3, Art. 9 Abs. 10 und Art. 22 Abs. 6). Im Jahr 1993 hat die Kommission die Revision der FKVO um weitere drei Jahre aufgeschoben[1400], da damals die Chancen für eine Revision (vor allem für die Herabsetzung der Schwellenwerte) schlecht standen.[1401] In ihrem Bericht über die Anwendung der Fusionskontrollverordnung vom 28.7.93[1402] wies sie immerhin auf zahlreiche Revisionsmöglichkeiten hin.

Anfang 1996 hat die Kommission die Diskussion über die Revision wieder aufgenommen und am 31. Januar 1996 das Grünbuch über die Revision der FKVO verabschiedet, in dem sie zahlreiche Revisionsvorschläge ankündigt.[1403] Die Mitgliedstaaten, die anderen Gemeinschaftsinstitutionen, grosse Unternehmen, Verbände und interessierte Personen wurden eingeladen, bis zum 31. März 1996 zu den darin aufgeführten Vorschlägen Stellung zu nehmen.

B. Hauptpunkte der Revision

Die in Betracht gezogenen Änderungen betreffen die Herabsetzung der Schwellenwerte auf 2 Mia. und 100 Mio. ECU, die Behandlung und Beurteilung von Gemeinschaftsunternehmen, die ausdrückliche Regelung von Zusagen im Vorprüfverfahren, die Berechnung der Umsätze von Banken und einige weitere Präzisierungen oder Änderungen.

[1400] Bericht der Kommission über die Anwendung der Fusionskontrollverordnung vom 28.7.93, KOM(93) 385endg., IV A, 1.
[1401] VAN BAEL/BELLIS 375 Fn 50.
[1402] KOM(93) 385endg.
[1403] KOM(96) 19endg.

II. Zusammenfassung der in der Arbeit entwickelten Vorschläge

Nachfolgend werden thesenartig die in den einzelnen Kapiteln ausgearbeiteten Revisions- oder Auslegungsvorschläge aufgeführt. Sie sind mit R, A, oder R/A bezeichnet, je nachdem, ob sie eine Revision der entsprechenden Bestimmungen, eine entsprechende Auslegung oder eines von beiden erfordern. Sofern die Kommission im Grünbuch die gleichen Vorschläge erwägt, wird darauf hingewiesen.

Anwendungsbereich

1. Zusammenschlussbegriff

Die Kommission sollte die extrem weite Auslegung des Zusammenschlussbegriffs überprüfen (A). Es ist fraglich, ob der Tatbestand der „wirtschaftlichen Fusion" und jeder Wechsel in der Art der Kontrolle einen Zusammenschluss darstellen.

2. Umsatzschwellen

Die Höhe der Umsatzschwellen ist der Hauptpunkt der gegenwärtigen Revision der FKVO. Die Kommission will sie auf 2 Mia. bzw. 100 Mio. ECU herabsetzen.[1404]

Die Umsatzschwellen widerspiegeln die Auswirkungen eines Zusammenschlusses auf den Gemeinsamen Markt nur unvollkommen. Ab welchen Umsatzwerten Auswirkungen auf den Gemeinsamen Markt zu erwarten sind, ist schwierig abstrakt zu beantworten. Deshalb wird hier nicht für oder gegen die Herabsetzung der Schwellenwerte Stellung genommen.

Nachdem mittlerweile die meisten Mitgliedstaaten über eine eigene Zusammenschlusskontrolle verfügen, ist die Frage der Herabsetzung der Schwellenwerte vor allem eine Frage der Verteilung der Zuständigkeit zur Beurteilung von Zusammenschlüssen zwischen der Gemeinschaft und den Mitgliedstaaten.[1405] Bei der Beantwortung dürften politische und praktische Gesichtspunkte (Verstärkung oder Schwächung des Subsidiaritätsprinzips bzw. des Einflusses der FKVO, Kapazitäten der Task Force Fusionskontrolle) entscheidend sein.

[1404] Grünbuch Ziff. 64.

[1405] Das Grünbuch weist m.E. nicht schlüssig nach, dass die angestrebten Schwellenwerte die gemeinschaftsweite Bedeutung besser umschreiben als die bestehenden, vgl. Ziff. 31-68.

3. 2/3-Regel

Die 2/3-Regel widerspiegelt nicht die tatsächliche Bedeutung eines Zusammenschlusses für die Mitgliedstaaten und nimmt keine Rücksicht auf die Beeinträchtigung des zwischenstaatlichen Handels. Die 2/3-Regel lässt zu, dass Zusammenschlüsse mit beträchtlichen Auswirkungen auf den Gemeinsamen Markt, von einem Mitgliedstaat beurteilt werden. Sie sollte deshalb mit einer absoluten Umsatzschwelle ergänzt werden, bei deren Erreichen der Zusammenschluss in der Zuständigkeit der Gemeinschaft verbleibt (z.B. gemeinschaftsweiter Gesamtumsatz von mindestens zwei beteiligten Unternehmen von 750 Mio. ECU) (R).

Entscheidkompetenz

Die von der Kommission getroffene Zuständigkeitsordnung im Fusionskontrollverfahren ist sinnvoll. Der Gerichtshof sollte eine Delegation von Entscheidungsbefugnissen in diesem Rahmen trotz der PVC- und Polyäthylen-Urteile als zulässig anerkennen (A).

Fristen

Die einseitige Verlängerung der Fristen zugunsten der Kommission durch die DVO sollte wieder rückgängig gemacht werden (R). Die Bestimmungen über die Berechnung der Fristen sollten einfach, klar und fair sein. Dazu sollten die Fristen grundsätzlich an dem auf den dies a quo folgenden Tag beginnen, unabhängig davon, ob dies ein Werktag ist oder nicht. Wenn die in der Frist liegenden Feiertage kompensiert werden sollen, sollten wenigstens nur die in Brüssel anerkannten Feiertage berücksichtigt werden (R/A). Bei der Berechnung der Länge der Frist, ist es logisch, zuerst die Feiertage zu kompensieren und dann erst die Regel anzuwenden, dass eine Frist, die an einem Samstag, Sonntag oder Feiertag endet, bis zum nächsten Werktag verlängert wird (R).

Hat die Kommission im Vorprüfverfahren trotz Vorliegen eines Verweisungsantrags eines Mitgliedstaats innerhalb von sechs Wochen keine Entscheidung getroffen, sollte gleich wie im Hauptprüfverfahren die Verweisungsfiktion der Genehmigungsfiktion vorgehen. Art. 9 sollte dahingehend geändert werden. (R)

Anmeldepflicht

Die Frist für die Anmeldung sollte aufgehoben werden, da sie nicht notwendig ist (R). Sollte die einwöchige Frist nicht aufgehoben werden, wäre es sinnvoll, sie auf zehn Tage oder zwei Wochen zu verlängern (R).

Der Entscheid über die Notwendigkeit der Vorlage bestimmter Informationen sollte von einer unabhängigen Stelle überprüft werden können (R/A). Die Kommission kann sonst praktisch allein über die Auslegung der Anmeldungserfordernisse entscheiden. Die Unternehmen hätten kein Interesse daran, es auf eine gerichtliche Auseinandersetzung ankommen zu lassen. Der Anhörungsbeauftragte wäre gut in der Lage, in Konfliktfällen zu entscheiden.

Die im Formblatt CO vorgesehene Möglichkeit der Kommission, auch bei konzentrativen Gemeinschaftsunternehmen mit geringen Tätigkeiten im EWR eine vollständige Anmeldung zu verlangen, wenn sie unabhängig vom betreffenden Zusammenschluss Wettbewerbsprobleme auf den betroffenen Märkten untersuchen möchte, ist aufzuheben, da sie gegen den Grundsatz der Gleichbehandlung verstösst (R/A).

Vollzugsverbot

Die Auswirkungen des Vollzugsverbots und seiner Missachtung auf den Zusammenschluss bzw. die schon erfolgten Vollzugshandlungen sollten präzisiert werden (R).

Es sollte präzisiert werden, welche Handlungen unter das Vollzugsverbot fallen und welche Handlungen lediglich die Anmeldepflicht auslösen (R). Die Tatbestände von Art. 4 (Auslösung der Meldepflicht) und von Art. 7 (Vollzugsverbot) sollten klar abgegrenzt werden (R).

Die Ausnahme vom Vollzugsverbot für öffentliche Übernahmeangebote (Art. 7 Abs. 3) sollte auch beim Kontrollerwerb durch Erwerb von Anteilen gelten (R/A). Damit wäre der Anteilserwerb nicht verboten, sondern lediglich die Ausübung der Stimmrechte eingeschränkt.

Das automatische Vollzugsverbot sollte grundsätzlich bis zur endgültigen Entscheidung, mindestens aber gleich lang wie das Vorprüfverfahren dauern (R). Durch die Verlängerung des Vollzugsverbots würde das Problem behoben, dass das Vollzugsverbot gegenwärtig drei Tage vor Ende der Frist für einen Verweisungsantrag eines Mitgliedstaats endet. Die Kommission beabsichtigt, bei der Revision vorzuschlagen, dass das Vollzugsverbot grundsätzlich bis zu einer endgültigen Entscheidung gilt.[1406]

Zusagen im Vorprüfverfahren

Es sollte vorgesehen werden, dass die Kommission Zusagen auch im Vorprüfverfahren zur Grundlage einer Genehmigung machen kann (R). Dazu müssten folgende weitere Änderungen vorgenommen werden: Als Sanktionen der Missachtung einer im Vorprüfverfahren gemachten Zusage sollten der Widerruf der Genehmigungsentscheidung sowie Bussen und Zwangsgelder zur Verfügung stehen (R).

[1406] Grünbuch Ziff. 144.

Die Anhörungsrechte der Mitgliedstaaten und Dritter könnten dadurch gewährleistet werden, dass Zusagen entweder innerhalb einer bestimmten Frist (z.B. zwei Wochen) seit Beginn des Vorprüfverfahrens gemacht werden müssten oder dass das Verfahren für eine bestimmte Dauer verlängert würde.

Die Kommission darf die Stellungnahme Dritter und der Mitgliedstaaten zu den Zusagen erst einholen, wenn sie bereit ist, die Zusagen zu akzeptieren (A). Andernfalls würde sie den Grundsatz von Treu und Glauben, den Grundsatz der Verhältnismässigkeit und möglicherweise Geschäftsgeheimnisse der Beteiligten verletzen. Die Offenlegung, der Beschränkungen, die die zusammenschlusswilligen Unternehmen zu akzeptieren bereit sind, könnte diesen beträchtlichen Schaden zufügen.

Die Kommission beabsichtigt, bei der Revision der FKVO dem Rat entsprechende Vorschläge zu unterbreiten.[1407]

Widerruf von Entscheidungen im Vorprüfverfahren

Entscheidungen nach Art. 6 Abs. 1 lit. a und lit. b sollten wie Entscheidungen nach Art. 8 Abs. 2 gemäss den in Art. 8 Abs. 5 genannten Bedingungen widerrufen werden können (R). Die Kommission wird dies bei der Revision der FKVO vorschlagen.[1408]

Widerruf der Genehmigungsfiktion

Wie eine Genehmigungsentscheidung sollte auch die Genehmigungsfiktion (wegen unrichtiger Angaben) widerrufen werden können. In Art. 8 Abs. 5 und der neu einzufügenden entsprechenden Bestimmung für das Vorprüfverfahren sollte die Möglichkeit des Widerrufs der Genehmigungsfiktion vorgesehen werden (R).

Sachverhaltsermittlung

Die Befugnis zur Nachprüfung könnte wohl ohne Schaden gestrichen werden (R).

Entscheidungen im Hauptprüfverfahren

1. Bedingungen und Auflagen

In der FKVO sollten die Wirkungen der Bedingung auf die Genehmigungsentscheidung und die Folgen der Nichtrealisierung der Bedingung präzisiert werden (R).

[1407] Grünbuch Ziff. 124-126.
[1408] Grünbuch Ziff. 125 und 143.

Die Kommission sollte in ihren Entscheidungen klar zwischen Bedingungen und Auflagen unterscheiden (A).

Die Bedingungen und Auflagen müssen so beschaffen sein, dass ihre Realisierung leicht feststellbar ist (A).

Suspensive Bedingungen sollten immer mit einer Frist für ihre Realisierung ausgesprochen werden (A).

In der FKVO sollte vorgesehen werden, dass die Realisierung oder Nichtrealisierung einer Bedingung von der Kommission durch formelle Entscheidung festgestellt werden muss (R). Bei Nichtrealisierung müsste die Kommission die beteiligten Unternehmen vorgängig zur Einhaltung der Bedingung ermahnen (R/A).

2. Entflechtung

Die Möglichkeit, dass bei einem rechtmässig vollzogenen Zusammenschluss auch nachträglich durch Anwendung von Art. 22 Abs. 3 - 5 noch die Entflechtung angeordnet werden kann (wie in RTL/Veronica/Endemol, M.553, geschehen), widerspricht dem System der FKVO. Entweder muss Art. 22 Abs. 3 so geändert werden, dass die Mitgliedstaaten den Zusammenschluss nur vor dessen Vollzug an die Kommission verweisen können, oder Art. 22 Abs. 5 muss so geändert werden, dass die Kommission nach dem Vollzug des Zusammenschlusses keine Entflechtung mehr anordnen kann (R).

Die Kommission will dem Rat einen Vorschlag unterbreiten, der vorsieht, dass nach einem Antrag eines Mitgliedstaates nach Art. 22 Abs. 3 ein Vollzugsverbot gilt, sofern der Zusammenschluss nicht vorher vollzogen worden ist.[1409]

3. Widerruf

Art. 8 Abs. 5 (und die neu einzuführende Bestimmung betreffend den Widerruf von Entscheidungen nach Art. 6 Abs. 1 lit. a und lit. b) sollte die Folgen des Widerrufs regeln (R).

Art. 9

Bei der Revision der FKVO sollte Art. 9 beibehalten werden, da es sinnvoll ist, dass die Kommission auf Antrag eines Mitgliedstaats auch Märkte berücksichtigen kann, die keinen wesentlichen Teil des Gemeinsamen Marktes ausmachen.

[1409] Grünbuch Ziff. 97.

Es sollte aber klargemacht werden, unter welchen Voraussetzungen die Kommission welche Entscheidungen treffen kann bzw. muss (R). Dies sollte folgendermassen geschehen: Hat der Zusammenschluss nur Auswirkungen auf einen Markt, der kein wesentlicher Teil des Gemeinsamen Marktes ist, sollte er verwiesen werden, wenn der betreffende Mitgliedstaat einen solchen Antrag gestellt hat und nicht lediglich die Berücksichtigung des gesonderten Marktes durch die Kommission will. Hat der Zusammenschluss Auswirkungen auf einen wesentlichen Teil des Gemeinsamen Marktes, sollte die Verweisung nur ausnahmsweise erfolgen, wenn nämlich die nationale Behörde unter Berücksichtigung aller Umstände besser plaziert ist, um den Zusammenschluss zu beurteilen (Subsidiaritätsprinzip).

Die FKVO sollte vorsehen, dass die Entscheidungen nach Art. 9 veröffentlicht werden (R).

Im Rahmen der anstehenden Revision der FKVO will die Kommission Art. 9 beibehalten, aber verschiedene Vorschläge zur Klärung und Verbesserung des Verweisungsverfahrens machen.[1410] Bei Zusammenschlüssen, die nur auf einem unwesentlichen Teil des Gemeinsamen Marktes Auswirkungen haben, will sie vorschlagen, dass der betreffende Mitgliedstaat den Nachweis der Begründung oder Verstärkung einer beherrschenden Stellung nicht mehr erbringen muss.[1411]

Art. 22 Abs. 3 - 5

Die Niederländische Klausel sollte bei der Revision der FKVO gestrichen werden (R). Würde sie beibehalten, sollte sie in mehrfacher Hinsicht geändert werden (vorne 195ff.).

Die Kommission will die Niederländische Klausel beibehalten und geringfügige Änderungen vornehmen.[1412]

Gerichtlicher Rechtsschutz

Der Gerichtshof sollte die Ermessensüberprüfung von Entscheidungen der Kommission im Wettbewerbsrecht mit Mass ausbauen (A).

Bei Klagen gegen Ermittlungsmassnahmen der Kommission, insbesondere Nachprüfungen, sollte ein wirksames Verfahren zur sofortigen Kontrolle der Rechtmässigkeit der Massnahme vorgesehen werden (R).

[1410] Grünbuch Ziff. 93 und 95.
[1411] Grünbuch Ziff. 95.
[1412] Grünbuch Ziff. 97.

Vertraulichkeit des Schriftverkehrs zwischen Anwalt und Mandant

Der Gerichtshof sollte klarstellen, dass der Grundsatz der Vertraulichkeit des Schriftverkehrs zwischen Anwalt und Mandant auch Anwälten zugute kommt, die in der EU niedergelassen, aber nicht Staatsangehörige eines Mitgliedstaates sind (A).

Das Privileg sollte auch Anwälten aus Drittstaaten zukommen, sofern sie ähnliche Funktionen ausüben und an ähnliche Standesregeln gebunden sind. Diese Anerkennung könnte über internationale Abkommen erfolgen (R/A).

Der Gerichtshof sollte klarstellen, dass auch Zusammenfassungen mündlicher Auskünfte unter das Privileg fallen (A).

Die Rechtsprechung sollte das Privileg auf die gesamte beratende Tätigkeit von Anwälten ausdehnen (A).

Rechtliches Gehör

In der FKVO sollte festgehalten werden, dass das rechtliche Gehör den Beteiligten, den Mitgliedstaaten und betroffenen Dritten auch im Vorprüfverfahren zu gewähren ist (R).

Das rechtliche Gehör Dritter im Vorprüfverfahren sollte über die blosse Stellungnahme zur Tatsache des Zusammenschlusses erweitert werden (R/A). Dazu sollten Dritte, die ein hinreichendes Interesse haben, eine kurze, nichtvertrauliche Beschreibung des Vorhabens erhalten. Sie sollten auch zu Zusagen, welche die Kommission zur Grundlage einer Genehmigungsentscheidung machen will, Stellung nehmen können.

Die Kommission will Dritten die Möglichkeit zur Stellungnahme zu Zusagen im Vorprüfverfahren geben.[1413] Sie prüft auch Vorschläge, allen Dritten, die von den Massnahmen der Kommission direkt betroffen sind, einen Anspruch auf rechtliches Gehör zu geben.[1414]

Akteneinsicht

Die Kommission muss im Fusionskontrollverfahren grundsätzlich volle Akteneinsicht gewähren. Die im 23. Wettbewerbsbericht angekündigte Praxis kann nicht auf das Fusionskontrollverfahren übertragen werden (A).

Die missverständliche Formulierung von Art. 17 DVO („...sonstige vertrauliche Angaben..., deren Preisgabe für die Zwecke des Verfahrens von der Kommission nicht für erforderlich gehalten wird...") sollte wieder durch die Formulierung von Art. 12

[1413] Grünbuch Ziff. 123 und 126.
[1414] Grünbuch Ziff. 149.

Abs. 3 aDVO („...sonstige vertrauliche Angaben einschliesslich schutzbedürftiger Wirtschaftsinformationen..., deren Preisgabe erhebliche Nachteile für den Informanten mit sich bringen würde...") ersetzt werden (R).

Mündliche Anhörung

Die DVO sollte so geändert werden, dass den Beteiligten immer ein hinreichendes Interesse an einer mündlichen Anhörung zuerkannt wird und dass andere Beteiligte ein hinreichendes Interesse nachweisen müssen (R).

Das Erfordernis, dass ein schriftlicher Antrag für eine mündliche Anhörung nur in bestimmten Schreiben an die Kommission gestellt werden kann, ist übermässig formalistisch und sollte aufgegeben werden (R).

Die Kommission sollte den Bericht des Anhörungsbeauftragten veröffentlichen (A).

Formelles

Ungenauigkeiten im Wortlaut der FKVO und der DVO (z.B. der Grammatikfehler in Art. 7 Abs. 5 FKVO oder der Verweis in Art. 13 Abs. 5 UA 2 auf Art. 13 Abs. 3 lit. c, der aus dem Entwurf gestrichen wurde) sollten behoben werden (R).

Die Verwendung einzelner Begriffe in der FKVO ist nicht immer konsequent. Die Kommission will in der Revision von 1996 zumindest die Verwendung des Begriffs der beteiligten Unternehmen überprüfen.[1415] (R)

[1415] Grünbuch Ziff. 150.

Teil 2
Das schweizerische Fusionskontrollverfahren mit vergleichender Betrachtung des europäischen Verfahrens

KAPITEL 1
GRUNDLAGEN

I. Geschichte der Zusammenschlusskontrolle in der Schweiz

A. KG 62

Das erste Kartellgesetz der Schweiz datiert vom 20. Dezember 1962[1416]. Die Meinungen sind geteilt, ob es über die Untersuchung der Entstehung kartellähnlicher Organisationen eine gewisse Kontrolle von Unternehmenszusammenschlüssen erlaubte.[1417] Die Kartellkommission selbst war der Auffassung, dass Zusammenschlüsse, die sich aus dem freien Willen der Beteiligten ergeben haben, nicht vom Kartellgesetz erfasst würden, dass aber Zusammenschlüsse, die durch Missbrauch von Marktmacht zustande gekommen seien, darunter fielen und eine Sonderuntersuchung rechtfertigten.[1418] Wäre die Kartellkommission zum Schluss gekommen, der Zusammenschluss sei volkswirtschaftlich oder sozial schädlich, hätte sie im Anschluss an eine Sonderuntersuchung dessen Unterlassung oder Entflechtung empfehlen können. Die Kartellkommission hat nie eine Sonderuntersuchung über einen Zusammenschluss eröffnet.[1419] Dagegen hat sie zahlreiche auf Art. 18 KG 62 gestützte allgemeine Erhebungen über die Konzentration in ausgewählten Märkten durchgeführt.[1420] In einigen ihrer Berichte wies die Kartellkommission darauf hin, dass eine weitere Konzentration in bestimmten Sektoren (z.B. Banken, Erdöl) unerwünscht sei; sie anerkannte aber auch zahlreiche nützliche Auswirkungen von Unternehmenskonzentrationen.[1421]

[1416] Bundesgesetz über Kartelle und ähnliche Organisationen vom 20. Dezember 1962, AS 1964, 53.
[1417] Bejahend: SCHÜRMANN, in: SCHÜRMANN/SCHLUEP 694 und scheinbar auch RIEDER 163. Verneinend: HOMBURGER, Unternehmenszusammenschlüsse, 150-152.
[1418] VKK 1975, 5. Diese Meinung vertrat auch SCHLUEP, Concentration, 140.
[1419] RIEDER 163.
[1420] SCHLUEP spricht von einem systematischen Vorgehen der Kartellkommission, SCHLUEP, Concentration, 145. Eine Übersicht der durchgeführten allgemeinen Erhebungen geben RIEDER 164-165 und SCHLUEP, Concentration, 145-149.
[1421] RIEDER 164-165.

B. KG 85

Bereits 1971 verlangte eine Motion des damaligen Nationalrats Schürmann eine Revision des KG 62. Dabei sollte auch eine Meldepflicht für Unternehmenszusammenschlüsse geprüft werden. Die Ausarbeitung des Entwurfs nahm zehn Jahre in Anspruch. Der bundesrätliche Entwurf von 1981 setzte sich zum Ziel, „die Wettbewerbspolitik vermehrt auf die Probleme der Wirtschaftskonzentration, der Nachfragemacht und ähnlicher Erscheinungen zu orientieren".[1422] Dazu sah er eine Meldepflicht für Unternehmenszusammenschlüsse vor, sofern die beteiligten Unternehmen mehr als 1000 Arbeitnehmer beschäftigten, einen jährlichen Umsatz von mehr als 100 Millionen Franken erzielten oder einen Marktanteil von über 30% erreichten (Art. 34). Auch bei Zusammenschlüssen, die nicht unter die Meldepflicht fielen, sollte die Kartellkommission ausgedehnte Untersuchungskompetenzen haben (Art. 35). Der Entwurf hielt ausdrücklich fest, dass die Kartellkommission auch die Entflechtung empfehlen konnte (Art. 31). Im Vorentwurf war sogar die Verfügungskompetenz der Kartellkommission vorgesehen (Art. 42 des Vorentwurfs von 1978).

Besonders an der vorgesehenen Zusammenschlusskontrolle fand das Parlament keinen Gefallen.[1423] Es strich die Meldepflicht für Unternehmenszusammenschlüsse aus dem Entwurf. Das so gekürzte Gesetz über Kartelle und ähnliche Organisationen (KG 85) wurde am 20. Dezember 1985 vom Parlament verabschiedet und trat auf den 1. Juli 1986 in Kraft. Das letzte Überbleibsel einer Zusammenschlusskontrolle war Art. 30, der die Kartellkommission ermächtigte, eine Untersuchung nach Art. 29 durchzuführen, wenn „durch einen Zusammenschluss eine den Markt massgeblich beeinflussende Stellung (Art. 4 Abs. 1) begründet oder verstärkt wird und überdies Anhaltspunkte für volkswirtschaftlich oder sozial schädliche Auswirkungen bestehen". Die Zusammenschlusskontrolle nach Art. 30 KG 85 sah von einer Meldepflicht ab und erfolgte nachträglich. Zusammenschlüsse wurden nach der Saldomethode beurteilt.

Die erstmalige ausdrückliche Erwähnung einer Zusammenschlusskontrolle im KG war immerhin bemerkenswert. Art. 30 KG 85 ging aber nicht weiter als Art. 29 KG 85, da die Kartellkommission nach diesem Artikel ohnehin untersuchen konnte, ob eine „ähnliche Organisation", d.h. ein Unternehmen, das den Markt massgeblich beeinflussen kann (Art. 4 Abs. 1 KG 85), volkswirtschaftlich oder sozial schädliche Auswirkungen hat. Die kartellähnliche Organisation wäre das aus dem Zusammenschluss hervorgegangene Unternehmen gewesen. Auch nach Art. 30 konnte die Kartellkommission einen Zusammenschluss nur untersuchen, wenn eine den Markt massgeblich beeinflussende Stellung begründet oder verstärkt wurde und Anhalts-

---

[1422] Botschaft 1981, 1317.
[1423] Vgl. RIEDER 166-168.

punkte für volkswirtschaftliche oder soziale Schädlichkeit des Zusammenschlusses gegeben waren.[1424]

Es war umstritten, ob die Kartellkommission einen *geplanten* Zusammenschluss zum Gegenstand einer Untersuchung machen konnte.[1425] Die Kartellkommission äusserte die Ansicht, dass ihr nicht verwehrt werden könne, in einer laufenden Untersuchung nach Art. 29 einen geplanten Zusammenschluss präventiv zu verbieten, wenn dessen volkswirtschaftliche oder soziale Schädlichkeit im Moment des Vollzugs gegeben wäre.[1426]

Da die im Entwurf von 1981 vorgesehene Meldepflicht für Unternehmenszusammenschlüsse den Weg ins KG 85 nicht gefunden hatte, blieb der Kartellkommission primär die Presse, um sich über vollzogene Unternehmenszusammenschlüsse zu informieren.[1427] Die in der Presse erwähnten Tatsachen enthalten jedoch in der Regel zuwenig wettbewerblich relevante Tatsachen für die Beurteilung der Notwendigkeit eines wettbewerbsrechtlichen Untersuchungsverfahrens. Aus diesem und anderen Gründen entwickelte die Kartellkommission die Praxis, zunächst durch das Sekretariat eine Vorabklärung nach Art. 28 KG 85 durchführen zu lassen.[1428]

Das Verfahren der Vorabklärungen war weitgehend formlos.[1429] Bis heute erfolgten zahlreiche Vorabklärungen über Zusammenschlüsse.[1430] Die Kartellkommission hat insgesamt nur *eine* Untersuchung nach Art. 30 KG 85 durchgeführt.[1431] Die Zahl der Vorabklärungen verringerte sich nach 1986 stark.[1432] Im Jahresbericht 1989 hielt die Kartellkommission fest, dass sie Untersuchungen über Unternehmenszusam-

---

[1424] Einige Autoren sahen den Unterschied zwischen Art. 29 und 30 darin, dass die Kartellkommission bei Vorliegen der Voraussetzungen von Art. 30 eine Untersuchung eröffnen *musste*, so SCHÜRMANN, in: SCHÜRMANN/SCHLUEP 694 und 698. A.M. HOMBURGER zu Art. 30 N 27.

[1425] Bejahend: ZÄCH, Wettbewerbsrecht, 862; verneinend: RIEDER 172. Bejahend, wenn eine bestehende beherrschende Stellung verstärkt wurde: STOFFEL, Kartellrecht, 111.

[1426] VKKP 2/1992, 83-87.

[1427] Jahresbericht 1987 der Kartellkommission, VKKP 1/1988, 5.

[1428] Jahresbericht 1987 der Kartellkommission, VKKP 1/1988, 6.

[1429] Vgl. SCHLUEP, Anmerkungen, 108-110.

[1430] 1987 sechs, VKKP 1/1988, 24-29; 1988 elf, VKKP 1b/1989, 25-33; 1989 vier, VKKP 1a/1990, 26-28; 1990 zwei, VKKP 1a/1991, 20-22; 1991 fünf (Beteiligung der Tagesanzeiger AG an der Berner Zeitung AG; COOP/KVZ; Feldschlösschen/SIBRA; Zürich Versicherungs-Gesellschaft/La Genevoise; Swissair/Crossair), VKKP 1a/1992, 27-33; 1992 drei (Hofer & Curti Beteiligungen AG/Usego-Trimerco Holding AG/Denner AG/Metro International; Merkur; Edipresse/Tribune de Genève. Letztere wurde in die Untersuchung über die Pressekonzentration eingegliedert), VKKP 1a/1993, 29-31; 1993 zwei (Keramik Laufen/Porzellanfabrik Langenthal; CS Holding/Schweizerische Volksbank), VKKP 1a/1994, 42-43; 1994 drei (Swisscare; Arcovita; Verschwinden von „La Suisse"), VKKP 1a/1995, 48-50; 1995 keine, VKKP 1a/1996, 58; 1996 eine (Ciba/Sandoz).

[1431] Schindler/FFA, VKKP 1/1988, 26 und VKKP 1a/1993, 7. Mit Zusammenschlüssen befassten sich auch die nicht auf Art. 30 KG 85 gestützten Untersuchungen über die Wettbewerbsverhältnisse auf dem Milchmarkt, VKKP 3/1993, und über die Pressekonzentration, VKKP 4/1993, 11-87.

[1432] RIEDER spricht von einer gewissen „Anfangseuphorie", RIEDER 173-174.

menschlüsse nicht mit besonderer Priorität behandle, da sie nicht über die Instrumente für eine wirksame Tätigkeit verfüge.[1433]

Die Saldomethode hatte sich zur Beurteilung von Unternehmenszusammenschlüssen zudem als ungeeignet erwiesen.[1434] Nach dem KG 85 waren beliebig grosse Marktanteile zulässig, solange per Saldo keine volkswirtschaftlich oder sozial schädlichen Auswirkungen vorlagen. Volkswirtschaftlich oder sozial schädliche Auswirkungen waren angesichts der vielfältigen zu berücksichtigenden und zu saldierenden Faktoren in den meisten Fällen keine auszumachen. Viele der bei der Saldomethode zu ermittelnden Posten waren im Zeitpunkt des Zusammenschlusses noch gar nicht bekannt. Die Vorabklärungen wurden deshalb meist mit der stereotypen Formel eingestellt, dass die Kartellkommission auf den Fall zurückkommen werde, falls sie doch noch Anhaltspunkte für volkswirtschaftlich oder sozial schädliche Auswirkungen erkenne.[1435]

Das KG 85 gab der Kartellkommission keine wirksamen Mittel, um auf wettbewerbsbedrohende Zusammenschlüsse zu reagieren. Empfehlungen der Kartellkommission konnten gemäss Art. 32 KG 85 die Abänderung oder Aufhebung von Abreden oder die Unterlassung bestimmter Verhaltensweisen zum Inhalt haben. Für Unternehmenszusammenschlüsse wäre letzteres im Vordergrund gestanden. Die Kartellkommission konnte auch Vertragsabschlüsse empfehlen, die das EVD in Kontrahierungspflichten hätte umformen können.[1436] Einem marktbeherrschenden Unternehmen konnte sie empfehlen, von weiteren Zusammenschlüssen abzusehen.[1437] Ob die Kartellkommission die Entflechtung eines vollzogenen Zusammenschlusses empfehlen konnte, war umstritten.[1438] Weil der Zusammenschluss bereits vollzogen worden wäre, hätte eine Entflechtungsempfehlung einen schweren Eingriff in die Interessen der beteiligten Unternehmen bedeutet. Eine solche Empfehlung wäre in gewissem Sinne eher gerechtfertigt gewesen, wenn der Zusammenschluss durch Missbrauch von Marktmacht herbeigeführt worden wäre. Andernfalls wäre das Interesse der beteiligten Unternehmen am Bestand der durch den Zusammen-

---

[1433] VKKP 1a/1990, 3.

[1434] Die Eignung der Saldomethode für die Beurteilung von Zusammenschlüssen hatte SCHLUEP im Jahre 1976 noch hervorgehoben, SCHLUEP, Fallgruppen, 14. Er leitete daraus allerdings ein Argument für die Einführung einer Meldepflicht von Unternehmenszusammenschlüssen ab.

[1435] RIEDER 174; z.B. VKKP 1a/1992, 30-32 (Feldschlösschen/SIBRA).

[1436] ZÄCH, Kontrahierungszwang; RIEDER 169-170; VKKP 2/1991, 65-67 (Untersuchung über das Sanitärgewerbe); vgl. ferner Art. 9 lit. d KG 85 (Kartellzivilrecht).

[1437] VKKP 2/1992, 85-87 (Schindler/FFA); SCHÜRMANN, in: SCHÜRMANN/SCHLUEP 714 Fn 11; RIEDER 171-173; a.M. SCHMIDHAUSER, Vergleich, 377; HOMBURGER zu Art. 32 N 25-27.

[1438] Bejahend: SCHLUEP, Concentration, 132 (bereits für das KG 62) m.w.H.; ZÄCH, Kontrahierungszwang, 7. Verneinend: Botschaft 12; KARTELLKOMMISSION, Rechtsvergleich EG - CH, 107; SCHÜRMANN, in: SCHÜRMANN/SCHLUEP 712-714; HOMBURGER zu Art. 32 N 22-27; SCHMIDHAUSER, Vergleich, 377; LIMBURG 161-162 m.w.H.
In der Filmbranche konnte die Entflechtung von Zusammenschlüssen gestützt auf Art. 36 lit. a und b der Filmverordnung vom 24. Juni 1992 (SR 443.11) verlangt werden.

schluss entstandenen Situation desto stärker gewesen, je länger diese angedauert hätte.

Die präventive Ausgestaltung der Zusammenschlusskontrolle liegt daher auch im Interesse der beteiligten Unternehmen. Nur durch eine präventive Kontrolle kann die durch eine Entflechtung des Zusammenschlusses verursachte Verschwendung von Ressourcen vermieden werden.

Die Zusammenschlusskontrolle des bis zum 1.7.96 geltenden KG 85 hat wie dargelegt keine praktische Bedeutung erlangt. Angesichts der genannten Schwächen mussten die Bemühungen um eine wirksame Zusammenschlusskontrolle durch das KG 85 vielmehr als gescheitert bezeichnet werden.[1439] Die Gründe dafür sind das mangelnde Instrumentarium zur Untersuchung von Unternehmenszusammenschlüssen, die knappen personellen Ressourcen und die Beurteilung nach der Saldomethode.[1440] Der ehemalige Präsident der Kartellkommission, WALTER R. SCHLUEP, bemerkte im Jahr 1992, dass „das stehengebliebene Relikt einer Fusionskontrolle kaum noch mehr bieten kann als unerwünschte Beschäftigungstherapie eines ohnehin überlasteten Sekretariats der Kartellkommission".[1441]

C. KG 95

Die eidgenössischen Räte haben am 6. Oktober 1995 ein total revidiertes Kartellgesetz verabschiedet, das Bundesgesetz über Kartelle und andere Wettbewerbsbeschränkungen (KG 95).[1442] Wie gegenwärtig viele Gesetze wurde auch dieses „europakompatibel" ausgestaltet. Es lehnt sich mit anderen Worten stark an das europäische Wettbewerbsrecht an. Gleich wie dieses sieht es auch eine präventive Kontrolle von Unternehmenszusammenschlüssen vor. Das KG 95 trat am 1. Juli 1996 in Kraft (AS 1996, 1805).

Die Ausarbeitung der Vorlage und ihre Behandlung im Parlament erfolgten für schweizerische Verhältnisse äusserst rasch.[1443] Der Vorsteher des EVD, Bundesrat Delamuraz, setzte Ende 1992, einen Tag nach der Ablehnung des EWR-Abkommens, eine Studienkommission zur Revision des KG ein. Der Vorentwurf wurde dem Bundesrat im Oktober 1993 unterbreitet und bis März 1994 in die Vernehmlassung geschickt.[1444] Der Entwurf und die Botschaft datieren vom 23. November 1994.[1445] Sie wurden im Frühjahr 1995 den Räten unterbreitet. Der Nationalrat hat

---

[1439] DROLSHAMMER 130-131; RIEDER 173; JAKOB-SIEBERT 263; im Ergebnis auch Botschaft 10 und 12.
[1440] Vgl. VKKP 1a/1990, 3.
[1441] SCHLUEP, Wettbewerbsphilosophien, 504-505.
[1442] AS 1996, 546.
[1443] Vgl. Botschaft 17-30.
[1444] Die Ergebnisse des Vernehmlassungsverfahrens sind in der Botschaft 26-30 zusammengefasst.
[1445] BBl 1995 I 468ff.

die Vorlage als Erstrat in der Sommersession 1995 beraten und mit einigen Änderungen genehmigt.[1446] Der Ständerat behandelte die Vorlage in der folgenden Herbstsession, in der auch die Differenzen zum Nationalrat ausgeräumt wurden.[1447] Die Schlussabstimmung erfolgte am 6. Oktober 1995.

Die Revision des KG 85 war zusammen mit dem Binnenmarktgesetz das Hauptanliegen des Programms des Bundesrates zur „marktwirtschaftlichen Erneuerung".[1448]

Das neue KG gewichtet den Wettbewerb stärker als das KG 85 und sieht wirksamere Verfahren und Mittel zur Durchführung und Durchsetzung des verwaltungsrechtlichen Teils des Gesetzes vor. Das VwVG wird für generell anwendbar erklärt. Neben Bestimmungen über Kartelle und marktmächtige Unternehmen enthält das KG 95, wie andere moderne Wettbewerbsgesetze auch[1449], Regeln über die präventive Kontrolle von Unternehmenszusammenschlüssen.[1450] Das KG 95 verwirklicht die erste präventive Fusionskontrolle im schweizerischen Wettbewerbsrecht.

II. Gründe für eine präventive Zusammenschlusskontrolle in der Schweiz

Es ist nicht Ziel dieser Arbeit, die verschiedenen wirtschaftswissenschaftlichen Meinungen über die Kontrolle von Unternehmenszusammenschlüssen zu untersuchen oder die Notwendigkeit einer wirksamen Zusammenschlusskontrolle ökonomisch zu rechtfertigen.[1451] Aus der Sicht des Verfassers gibt es immerhin folgende gute Gründe für eine wirksame schweizerische Zusammenschlusskontrolle:

- „Wirksamer Wettbewerb soll...die in einem Markt handelnden Unternehmen immer wieder zwingen oder doch anspornen, den Ressourceneinsatz zu optimieren, die Produkte und Produktionskapazitäten an die äusseren Bedingungen anzupassen sowie neue Produkte und Produktionsverfahren zu entwickeln."[1452]

[1446] Amtl. Bull. NR 1995, 1057-1111.

[1447] Amtl. Bull. StR 1995, 845-871 und 1013-1014; Amtl. Bull. NR 1995, 2046, 2110 und 2298.

[1448] Vgl. Botschaft des Bundesrates vom 24. Februar 1993 über das Folgeprogramm nach der Ablehnung des EWR-Abkommens, BBl 1993 I 805ff.

[1449] Vgl. etwa die österreichische Kartellgesetznovelle von 1993, das belgische Gesetz vom 5. August 1991 über den Schutz des Wettbewerbs in der Wirtschaft oder das portugiesische Gesetz Nr. 371/93 vom 29. Oktober 1993. Vgl. vorne 22f.

[1450] Präventiv heisst, dass die Zulässigkeit des Zusammenschlusses vor dessen Vollzug beurteilt wird.

[1451] Dazu: RUFFNER 214-222 m.w.H.

[1452] Botschaft 45. Ähnlich schon Botschaft 1981, 1310-1312; vgl. auch BORNER/BRUNETTI/WEDER 41-42.

- Es ist eine Aufgabe des Staates, Wettbewerb als öffentliches Gut zu schützen.[1453]
- Durch Unternehmenszusammenschlüsse kann der Wettbewerb ebenso beschränkt werden wie durch Absprachen und Missbrauch von Marktmacht. Denn Unternehmenszusammenschlüsse beseitigen den Wettbewerb zumindest zwischen den beteiligten Unternehmen im Normalfall radikal. Deshalb müssen auch Unternehmenszusammenschlüsse einer wettbewerblichen Kontrolle unterliegen.[1454]
- Das Argument, eine Fusionskontrolle bedeute Regulierung statt der überall geforderten Deregulierung, geht am Problem vorbei, da gerade im Wirtschaftsrecht eine gewisse Mindestzahl von Vorschriften bestehen muss, damit die Unternehmen nach klaren und fairen Regeln um wirtschaftlichen Erfolg kämpfen können.[1455]
- Wettbewerbsbeschränkungen durch Unternehmenszusammenschlüsse gewinnen im Vergleich zu Wettbewerbsbeschränkungen durch Kartelle in Zukunft tendenziell an Bedeutung.[1456]
- Die meisten modernen Wettbewerbsrechtssysteme sehen auch Regeln über Unternehmenszusammenschlüsse vor.[1457] Die Botschaft erwähnt, dass 20 Mitgliedstaaten der OECD über ein System zur Kontrolle von Unternehmenszusammenschlüssen verfügen, wobei 15 von diesen 20 eine präventive Kontrolle mit Genehmigungspflicht vorsehen.[1458]
- Die besondere Situation der schweizerischen Wirtschaft, vor allem die starke Exportabhängigkeit und der kleine Heimmarkt, sind keine Gründe, die Beseitigung des Wettbewerbs in der Schweiz hinzunehmen, denn „firms that do not have to compete at home rarely succeed abroad"[1459]. Hingegen ist die Konkurrenz aus dem Ausland - auch potentielle - besonders zu berücksichtigen. Sind die Marktzutrittsschranken klein, so schaden auch grosse Marktanteile auf dem Schweizer Markt dem Wettbewerb nicht unbedingt.[1460]

[1453] ZÄCH/ZWEIFEL 22-23; BORNER/BRUNETTI/WEDER 42; RHINOW, in: Kommentar zu Art. 31bis BV N 182 und 185. Im Ergebnis wohl gleich: Botschaft 33 (Schutz bestimmter, positiver Funktionen des Wettbewerbs). Der Stellenwert des Wettbewerbs im schweizerischen Wirtschaftsrecht ist umstritten: s. hinten 314ff.

[1454] So auch Botschaft 53; ZÄCH, Wettbewerbsrecht, 862; vgl. auch STOFFEL, Kartellrecht, 115.

[1455] Vgl. WOHLMANN, Deregulierung und Kartellrecht.

[1456] SCHMIDHAUSER, Vergleich, 376 (1986); TERCIER 410-411 (1993). Es ist möglich, dass das verschärfte KG zu einem Ausweichen auf Zusammenschlüsse führt.

[1457] ZÄCH/ZWEIFEL 21; Beispiele s. vorne 22f.

[1458] Botschaft 64.

[1459] MICHAEL E. PORTER, The Competitive Advantage of Nations, New York 1990, 662, zit. nach ZÄCH, Wettbewerbsrecht, 865.

[1460] RUFFNER 214-216 und 235-240; BORNER/BRUNETTI/WEDER 46 und 52-54.

- Eine Zusammenschlusskontrolle muss wirksam sein, da sonst Ressourcen des Staates und der Wirtschaft verschwendet würden. Eine Zusammenschlusskontrolle ist dann wirksam, wenn sie gegen Zusammenschlüsse, die ihren materiellen Kriterien nicht entsprechen, etwas unternehmen, diese also verbieten oder rückgängig machen kann. Aus Gründen der Praktikabilität, der Rechtssicherheit und der Verhältnismässigkeit ist sie präventiv auszugestalten. Eine Zusammenschlusskontrolle ist nur wirksam, wenn die entscheidende Behörde über ausreichende Informationen verfügt. Die notwendigen Untersuchungsbefugnisse sind deshalb vorzusehen.

Eine schweizerische Zusammenschlusskontrolle wäre weniger notwendig, wenn die Schweiz Mitglied der EU oder des EWR wäre, da viele der vom KG 95 erfassten Zusammenschlüsse auch unter die FKVO oder die entsprechenden EWR-Vorschriften fielen. Die Europäische Kommission oder die EFTA-Überwachungsbehörde würde dann den Zusammenschluss auf seine wettbewerblichen Auswirkungen in der EU bzw. im EWR prüfen. Nach Art. 9 FKVO könnten die Schweizer Behörden von der Kommission verlangen, dass diese ein besonderes Augenmerk auf die Auswirkungen des Zusammenschlusses in der Schweiz richte. Gestützt auf Art. 22 Abs. 3 FKVO könnten die Schweizer Behörden sogar die Beurteilung eines Zusammenschlusses, der die Umsatzschwellen der FKVO nicht erreicht, an die Kommission oder die EFTA-Überwachungsbehörde delegieren. Die Kommission oder die EFTA-Überwachungsbehörde würde so die Untersuchung für die Wettbewerbskommission durchführen. Die Möglichkeit von sich widersprechenden Entscheidungen bestünde nicht, und die getroffenen Entscheidungen wären im ganzen Europäischen Wirtschaftsraum durchsetzbar.

III. Grundlage der Fusionskontrolle des KG 95 in der Bundesverfassung

Die verwaltungsrechtlichen Bestimmungen des KG 95 stützen sich auf Art. 31bis Abs. 3 lit. d BV. Die Bestimmung lautet:

> „Wenn das Gesamtinteresse es rechtfertigt, ist der Bund befugt, nötigenfalls in Abweichung von der Handels- und Gewerbefreiheit, Vorschriften zu erlassen:
> ...
> d. gegen volkswirtschaftlich oder sozial schädliche Auswirkungen von Kartellen und ähnlichen Organisationen;"

Die Auslegung des Kartellartikels ist umstritten[1461], insbesondere, was die Bedeutung des Wettbewerbs angeht[1462].

[1461] RHINOW, in: Kommentar zu Art. 31bis BV N 184.

[1462] Dazu grundlegend: SCHLUEP, Wettbewerbsphilosophien und SCHLUEP, Wettbewerbspolitik.

Nach RHINOW und BIAGGINI bezeichnet die schweizerische Bundesverfassung im Gegensatz zu Art. 3 lit. g EGV den Wettbewerb zwar nicht als grundlegendes Ordnungsprinzip des Marktes, doch enthält sie neben der Gewährung der Handels- und Gewerbefreiheit auch die Entscheidung zugunsten einer wettbewerbsorientierten Wirtschaftsordnung.[1463] Was aus wettbewerblicher Sicht schädlich ist, ist auch volkswirtschaftlich und sozial schädlich, so dass grundsätzlich jede Art von Wettbewerbsbeseitigung volkswirtschaftlich und sozial schädlich ist.[1464] Als relativ unbestimmte Zielnorm überlässt Art. 31bis Abs. 3 lit. d BV dem Gesetzgeber einen weiten Spielraum für die Gestaltung der Ausführungsgesetzgebung.[1465] Der Artikel ist nicht auf bestimmte gesetzgeberische Massnahmen fixiert; er ist offen und seine Auslegung muss den Zeitumständen angepasst werden.[1466]

SCHÜRMANN vertritt eine andere Meinung. Er misst dem Wettbewerb keine so grosse Bedeutung zu. Dieser sei eine Folge der Wirtschaftsfreiheit und dem Marktgeschehen immanent.[1467] Die privatautonome Wirtschaftsgestaltung sei dank Art. 31 BV bedingungslos vorrangig.[1468]

Das KG 95 stützt sich auf die erstgenannte Auslegung der BV.[1469] Danach ist die präventive Fusionskontrolle verfassungskonform. Denn ein marktmächtiges Unternehmen, das aus einem Zusammenschluss hervorgeht, ist eine „ähnliche Organisation" im Sinne von Art. 31bis Abs. 3 lit. d BV. Die Fusionskontrolle des KG 95 beschränkt sich auf solche Zusammenschlüsse (Art. 10). Die Verfassungsbestimmung erlaubt die Bekämpfung von schädlichen Auswirkungen von kartellähnlichen Organisationen. Wegen der Schwierigkeiten, die eine nachträgliche Prüfung eines Zusammenschlusses mit sich bringt, führt eine teleologische Auslegung dazu, dass Zusammenschlüsse auch vor ihrem Vollzug geprüft und, wenn sie mit grösster Wahrscheinlichkeit volkswirtschaftlich oder sozial schädliche Auswirkungen haben, verhindert werden können. Wie oben ausgeführt, sind Zusammenschlüsse, die wirksamen Wettbewerb beseitigen können, volkswirtschaftlich und sozial schädlich.

Die Verfassungsmässigkeit der Fusionskontrolle bejaht neben Parlament und Bundesrat auch die überwiegende Lehre.[1470] Auch wenn die vom Parlament verabschie-

---

1463 RHINOW/BIAGGINI 106; weitere Hinweise s. Fn 1453.
1464 RHINOW/BIAGGINI 117.
1465 RHINOW/BIAGGINI 102 und 107.
1466 RHINOW, in: Kommentar zu Art. 31bis BV N 222.
1467 SCHÜRMANN 471. SCHÜRMANN ist jedoch nicht konsequent, da er als Schutzobjekt des Kartellverwaltungsrechts den Schutz des Wettbewerbs als Institution angibt, SCHÜRMANN 487.
1468 SCHÜRMANN 472.
1469 Vgl. Botschaft 166-170.
1470 Botschaft 169; ZÄCH, Wettbewerbsrecht, 863; BÜHLMANN 195; BINDER 58-60. RHINOW, in: Kommentar zu Art. 31bis BV N 220 lässt offen, ob auch präventive Massnahmen zulässig sind. HOMBURGER zu Art. 30 N 2 verneint die Verfassungsmässigkeit.

dete Fusionskontrolle verfassungswidrig sein sollte, ist sie für das Bundesgericht nunmehr verbindlich (Art. 114bis Abs. 3 BV, Bindung des Bundesgerichts an die Bundesgesetze).

IV. Orientierung an ausländischen Rechtsordnungen, besonders der europäischen FKVO

Die Fusionskontrolle des KG 95 (wie auch andere Bestimmungen des Gesetzes) lehnen sich stark an das europäische Wettbewerbsrecht an. Laut der Botschaft hat das KG 95 unter Vorbehalt des Prinzips der Missbrauchsgesetzgebung und der Ausrichtung auf einzelstaatliche Wettbewerbsbeschränkungen das europäische Wettbewerbsrecht „berücksichtigt".[1471] Die AVO wurde sogar „soweit als möglich an die bewährten Vorgaben der EG-Fusionskontrollverordnung angelehnt".[1472]

Wie im folgenden noch zu sehen sein wird, sind die Grundzüge des Verfahrens und der Wortlaut zahlreicher Bestimmungen des KG 95 und der AVO praktisch identisch mit den europäischen Vorschriften. Die so grosse Ähnlichkeit und der offensichtliche Angleichungswille des Gesetzgebers verlangen, bei der Auslegung und weiteren Ausgestaltung des schweizerischen Fusionskontrollverfahrens auch das europäische Recht zu beachten. Die wörtliche, teleologische, systematische und historisch-subjektive Auslegung der einzelnen Gesetzes- und Verordnungsbestimmungen des schweizerischen Fusionskontrollverfahrens dürfte in zahlreichen Fällen zum gleichen Ergebnis wie im europäischen Recht führen. Wo dies im einzelnen der Fall ist, wird im folgenden aufgezeigt.

In der schweizerischen Fusionskontrolle sind auch Einflüsse aus anderen Rechtsordnungen als der europäischen erkennbar. So ist die ausnahmsweise Zulassung durch den Bundesrat der Ministererlaubnis des deutschen GWB nachempfunden.

Die Ausrichtung am europäischen Recht hat zahlreiche Gründe. Der Auftrag zur Ausarbeitung des Vorentwurfs erging noch vor der Abstimmung vom 6. Dezember 1992 über den Beitritt der Schweiz zum EWR. Das EWR-Abkommen hätte die Geltung der FKVO auch auf die Schweiz ausgedehnt. Aus dieser Optik drängte sich auch für „nationale" Zusammenschlüsse die Orientierung an der FKVO auf.[1473] In der Botschaft nennt der Bundesrat folgende weitere Gründe für die Orientierung am europäischen Recht:[1474] Das europäische Wettbewerbsrecht weist heute einen hohen Grad der Konkretisierung und der inhaltlichen Kohärenz auf und hat sich in der Pra-

---

[1471] Botschaft 165-166; vgl. auch Botschaft 28.
[1472] Kommentar zur AVO, 2.
[1473] Vgl. die Antwort des Bundesrates auf die Motion Loeb vom 12. März 1992, Amtl. Bull. NR 1992, 1205.
[1474] Botschaft 62-64 und 166.

xis bewährt. Die Wettbewerbsordnungen vieler Mitgliedstaaten haben sich an ihm orientiert.[1475] In der EU tätige Schweizer Unternehmen müssen das Wettbewerbsrecht der EU schon jetzt beachten. Die Ausrichtung des KG 95 am „Acquis communautaire" vermeidet, dass diese Unternehmen sich nach unterschiedlichen Wettbewerbsordnungen richten und so unnötigen Aufwand betreiben müssen. Sie verringert auch das Risiko widersprüchlicher Entscheidungen.

V. Übersicht über die materielle Beurteilung von Zusammenschlüssen

A. Grundsatz

Die Wettbewerbskommission beurteilt Zusammenschlüsse nach Artikel 10. Dabei steht die Erhaltung wirksamen Wettbewerbs im Vordergrund. Untersagt die Wettbewerbskommission einen Zusammenschluss, können die beteiligten Unternehmen gemäss Art. 11 den Bundesrat um eine ausnahmsweise Zulassung aus überwiegenden öffentlichen Interessen ersuchen. Diese Interessen können auch wettbewerbsfremde, im KG 85 unter der Saldomethode zu berücksichtigende Faktoren sein. Art. 10 Abs. 2 - 4 lautet:

> „² Die Wettbewerbskommission kann den Zusammenschluss untersagen oder ihn mit Bedingungen und Auflagen zulassen, wenn die Prüfung ergibt, dass der Zusammenschluss:
>
> a. eine marktbeherrschende Stellung, durch die wirksamer Wettbewerb beseitigt werden kann, begründet oder verstärkt; und
>
> b. keine Verbesserung der Wettbewerbsverhältnisse in einem anderen Markt bewirkt, welche die Nachteile der marktbeherrschenden Stellung überwiegt.
>
> ³ Bei Zusammenschlüssen von Banken im Sinne des Bundesgesetzes über die Banken und Sparkassen (SR 952.0), die der Eidgenössischen Bankenkommission aus Gründen des Gläubigerschutzes als notwendig erscheinen, können die Interessen der Gläubiger vorrangig Berücksichtigung finden. In diesen Fällen tritt die Bankenkommission an die Stelle der Wettbewerbskommission; sie lädt die Wettbewerbskommission zur Stellungnahme ein.
>
> ⁴ Bei der Beurteilung der Auswirkungen eines Zusammenschlusses auf die Wirksamkeit des Wettbewerbs berücksichtigt die Wettbewerbskommission auch die Marktentwicklung sowie die Stellung der Unternehmen im internationalen Wettbewerb."

1475 Die Botschaft nennt Frankreich, Italien, Irland, Griechenland, Belgien, Portugal, Schweden, Österreich und in geringerem Mass Finnland, Botschaft 63.

Ein Zusammenschluss wird[1476] also grundsätzlich untersagt, wenn durch ihn auf dem sachlich, räumlich und zeitlich relevanten Markt eine marktbeherrschende Stellung[1477] entsteht, durch die wirksamer Wettbewerb[1478] beseitigt werden kann. Davon gibt es allerdings eine Ausnahme: Wenn der Zusammenschluss eine Verbesserung der Wettbewerbsverhältnisse auf einem anderen Markt bewirkt, welche die Nachteile der marktbeherrschenden Stellung auf dem betrachteten Markt überwiegt, kann er trotzdem bewilligt werden.

Der Schritt von der Saldomethode zum Kriterium der Beseitigung wirksamen Wettbewerbs ist ein beträchtlicher Fortschritt im schweizerischen Wettbewerbsrecht.[1479] Nach dem KG 95 entscheidet die Wettbewerbskommission nach wettbewerblichen Kriterien mit Ausnahme der Berücksichtigung der Stellung der Unternehmen im internationalen Wettbewerb, was wirtschaftspolitisch motiviert ist.

Art. 10 gibt in zweierlei Hinsicht Anlass zu Kritik: Erstens ist seine Formulierung unglücklich und zweitens ist die Ausnahme von Abs. 2 lit. b nicht klar. Die Formulierung ist unglücklich, weil sie das Verhältnis zwischen marktbeherrschender Stellung und der Beseitigung wirksamen Wettbewerbs nicht klärt. Bei wörtlicher Auslegung könnte ein Zusammenschluss, der eine marktbeherrschende Stellung verstärkt oder begründet, auch dann untersagt werden, wenn zwar die Möglichkeit der Beseitigung wirksamen Wettbewerbs besteht, der Wettbewerb de facto aber überhaupt nicht beeinträchtigt wird.

Die Botschaft führt dazu aus, dass die Prüfung, ob wirksamer Wettbewerb beseitigt werden kann, zu einer „dynamischen Betrachtungsweise" zwingen soll[1480], das heisst wohl, dass die wahrscheinlichen Entwicklungen mitberücksichtigt werden sollen. Mir scheint, dass die marktbeherrschende Stellung in dem Sinne qualifiziert sein muss, dass sie besonders stark ist und den Wettbewerb mit grosser Wahrscheinlichkeit beseitigt.[1481] Diese Ansicht wird auch durch die Botschaft bekräftigt, nach der das gewählte Beurteilungskriterium der Absicht entspricht, „Fusionen nur

---

[1476] Die Verwendung des Wortes „kann" bedeutet nicht, dass die Wettbewerbskommission frei ist, den Zusammenschluss zu untersagen oder zu genehmigen. Die Wettbewerbskommission muss vielmehr jeden Zusammenschluss, der die Voraussetzungen von Art. 10 Abs. 2 erfüllt, untersagen, sofern die Einwände nicht durch Bedingungen und Auflagen beseitigt werden können.

[1477] Zum Begriff der marktbeherrschenden Stellung s. Botschaft 81-82. Die Möglichkeit, sich in wesentlichem Umfang unabhängig von den übrigen Marktteilnehmern zu verhalten, entspricht der Rechtsprechung des EuGH, vgl. Rs. 27/76, United Brands/Kommission Slg. 1978, 207.

[1478] Dazu: Botschaft 44-49 und SCHLUEP, Wirksamer Wettbewerb.

[1479] Die Verhinderung wirksamen Wettbewerbs konnte auch nach Art. 29 Abs. 3 KG 85 als Grund für die Unzulässigkeit eines Zusammenschlusses angesehen werden, allerdings nur wenn die Verhinderung des Wettbewerbs nicht aus „überwiegenden Gründen des Gesamtinteresses" unerlässlich war. Die Auslegung dieser Klausel war umstritten. Als Notstandsklausel legte sie SCHLUEP aus, SCHLUEP, Wirksamer Wettbewerb, 65-70. Als Erweiterung der Saldomethode wurde sie verstanden von SCHÜRMANN, Tragweite, und HOMBURGER zu Art. 29 N 64-71.

[1480] Botschaft 117.

[1481] Ähnlich WOHLMANN 189, der von einer „echten Marktgefährdung in der Schweiz" spricht.

im Falle einer *extrem hohen Konzentration* auf dem betreffenden Markt nicht zu genehmigen".[1482] Auch für ZÄCH und ZWEIFEL bezweckt die Zusammenschlusskontrolle des KG 95 die Verhinderung jener Zusammenschlüsse, die dazu führen, dass die Marktgegenseite keine Ausweichmöglichkeit mehr hat.[1483]

Eine Untersagung des Zusammenschlusses kommt gemäss der Botschaft in der Praxis nur für Zusammenschlüsse in Frage, „bei denen der schweizerische Markt wegen privater oder staatlicher Regulierungen vom Weltmarkt abgeschottet ist oder aus anderen Gründen (beispielsweise wegen der Kundenpräferenzen) einen eigenen Markt bildet", wo also die internationale Konkurrenz fehlt.[1484] Dieser Ansatz wird durch neuere ökonomische Untersuchungen gestützt, die gezeigt haben, dass potentielle ausländische Konkurrenz besondere wettbewerbsfördernde Wirkung hat.[1485] Die schweizerische Zusammenschlusskontrolle dürfte und sollte sich deshalb auf Zusammenschlüsse in Märkten konzentrieren, in denen hohe Marktzutrittsschranken ausländische Konkurrenz be- oder verhindern.[1486] Diese Märkte sind vor allem die Agroproduktion, der Agrogrosshandel und der Lebensmittelgrosshandel.[1487] Auch Zusammenschlüsse der Grossbanken oder der grossen Versicherungen wären in bestimmten Geschäftsbereichen wohl problematisch. Die verstärkte Kontrolle durch das Wettbewerbsrecht in abgeschotteten Märkten könnte auch den wohltuenden Effekt haben, dass sich der Kreis derer vergrössert, die nicht nur vom Abbau von Handelsschranken sprechen, sondern den Worten auch Taten folgen lassen.

Die zweite Kritik an Art. 10 ist, dass die Bedeutung der Verbesserung der Wettbewerbsverhältnisse auf einem anderen Markt nicht klar ist. Die wahrscheinliche Beseitigung des Wettbewerbs auf einem Markt muss gegen die Verbesserung der Wettbewerbsverhältnisse auf einem anderen Markt abgewogen werden. Die Fragen, die sich stellen, sind: Können die Verhältnisse auf verschiedenen Märkten überhaupt gegeneinander abgewogen werden? Nach welchen Kriterien soll die Abwägung geschehen? In welchem Verhältnis steht diese Ausnahme zu den überwiegenden öffentlichen Interessen von Art. 11?

[1482] Botschaft 117.
[1483] ZÄCH/ZWEIFEL 29.
[1484] Botschaft 117; vgl. auch Botschaft 54.
[1485] RUFFNER 236-237.
[1486] Botschaft 53 und 54.
[1487] ZÄCH/ZWEIFEL 28.

B. Stellung der Unternehmen im internationalen Wettbewerb

Nach Art. 10 Abs. 4 hat die Wettbewerbskommission auch die Stellung der Unternehmen im internationalen Wettbewerb zu berücksichtigen.[1488] Dieses Kriterium ist wirtschaftspolitischer Art.

Die Verhältnisse auf dem schweizerischen Binnenmarkt sind sehr verschieden von denen auf dem europäischen Binnenmarkt, in den USA oder auf dem Weltmarkt. Ein in der Schweiz marktmächtiges Unternehmen kann international von geringer Bedeutung sein.[1489] Der kleine Heimmarkt und die grosse Bedeutung der Exporte für die schweizerische Volkswirtschaft verlangen, dass die Stellung der Unternehmen im internationalen Wettbewerb und besonders die internationale Konkurrenzfähigkeit berücksichtigt werden. Der Beurteilungsmassstab für die Schweizer Behörde kann deshalb nicht der gleiche sein wie derjenige der Europäischen Kommission.

Ist die mit einem Zusammenschluss hauptsächlich verfolgte Absicht die Stärkung oder Sicherung der Stellung der beteiligten Unternehmen im internationalen Wettbewerb, so dürfte dies zu einer milderen Beurteilung der Konzentration auf dem schweizerischen Markt führen. Eine marktbeherrschende Stellung, durch die wirksamer Wettbewerb mit kleiner Wahrscheinlichkeit beseitigt werden kann, dürfte noch zulässig sein.[1490] Die Beseitigung wirksamen Wettbewerbs in der Schweiz ist m.E. jedoch auch mit einer Stärkung im internationalen Wettbewerb nicht zu rechtfertigen. Die Stärkung der Stellung der Unternehmen im internationalen Wettbewerb ist nur bei Märkten, für die keine hohen Handelsschranken zum Ausland bestehen, ein gutes Argument für eine zusätzliche Beschränkung des Wettbewerbs in der Schweiz.[1491]

C. Berücksichtigung der Gläubigerinteressen bei Bankzusammenschlüssen

Zusammenschlüsse von Banken[1492], die der Eidgenössischen Bankenkommission (EBK) aus Gründen des Gläubigerschutzes notwendig erscheinen, werden nach Art. 10 Abs. 3 nicht von der Wettbewerbskommission, sondern von der EBK beurteilt. Dabei können die Interessen der Gläubiger „vorrangig Berücksichtigung finden".

Diese Bestimmung wurde durch die eidgenössischen Räte ins Gesetz aufgenommen. Sie betrifft nach ihrem Wortlaut nur Zusammenschlüsse, an denen ausschliesslich Banken beteiligt sind. Aus Wortlaut und Zweck der Bestimmung folgt weiter, dass nur diejenigen Zusammenschlüsse durch die EBK zu beurteilen (bzw. zu erlauben)

[1488] Schon in der Saldomethode unter dem KG 85 hatte die internationale Konkurrenzfähigkeit ein grosses Gewicht, vgl. RIEDER 176.
[1489] Vgl. RIEDER 183.
[1490] Vgl. Botschaft 119.
[1491] Vgl. SCHMIDHAUSER, Vorabklärungen, 160.
[1492] Zum Begriff s. Art. 1-3quater Bankengesetz (BaG).

sind, die zur Wahrung der Interessen der Bankgläubiger notwendig scheinen.[1493] Nur bei diesen Zusammenschlüssen macht es einen Sinn, die Interessen der Gläubiger vorrangig zu berücksichtigen, also den Zusammenschluss trotz Wettbewerbsbehinderung zu genehmigen. Die vorrangige Berücksichtigung des Gläubigerschutzes heisst, dass diesem Kriterium mehr Gewicht als der Aufrechterhaltung wirksamen Wettbewerbs zugemessen wird. Es ist also möglich, dass ein Zusammenschluss zwischen Banken eine beherrschende Stellung entstehen lässt, durch die wirksamer Wettbewerb beseitigt wird, wenn dies aus Gründen des Gläubigerschutzes einer oder mehrerer der beteiligten Banken nötig ist.

Wann ein Zusammenschluss aus Gründen des Gläubigerschutzes notwendig ist, wird im Gesetz nicht näher ausgeführt. Dass der Gläubigerschutz das Kriterium für die Zulassung durch die EBK sein soll, wurde auch erst durch den Ständerat präzisiert.[1494] Nach der Version des Nationalrats hätte die EBK nach den gleichen Kriterien wie die Wettbewerbskommission entscheiden müssen. Einerseits kann argumentiert werden, der Konzentrationsprozess im Bankensektor liege ganz allgemein im Interesse eines wirksamen Gläubigerschutzes[1495], andererseits kann die Bestimmung auch so ausgelegt werden, dass ein Zusammenschluss erst dann aus Gründen des Gläubigerschutzes notwendig ist, wenn für die Guthaben der Gläubiger eine aktuelle und konkrete Gefahr besteht, wenn ihre Bank nicht übernommen wird. Die Praxis von Wettbewerbs- und Bankenkommission wird diese Frage beantworten müssen, unglücklicherweise schon bei der Festlegung der Zuständigkeit.[1496]

Im Rahmen der Bankenaufsicht unterliegen Banken vor Aufnahme ihrer Geschäftstätigkeit einer Bewilligungspflicht durch die EBK. Die Bewilligung wird nur erteilt, wenn zahlreiche Voraussetzungen erfüllt sind. Die Bewilligungsvoraussetzungen sollen in erster Linie die „Solidität" der Bank und damit den Gläubigerschutz sicherstellen (Art. 3 - 3quater BaG). Eine neue Bewilligung oder Genehmigung der Statuten ist nötig nach bestimmten Vorgängen, die einen Zusammenschluss im Sinne des KG 95 darstellen (echte Fusion, Übernahme mit Aktiven und Passiven, Wechsel der Kontrolle bei einer ausländisch beherrschten Bank).[1497]

Nach wettbewerblichen Kriterien hatte die Bankenkommission bisher nicht zu entscheiden. Diese werden aber auch in Zukunft für die EBK eine untergeordnete Rolle spielen, da der Gesetzgeber ihr erlaubt, die Interessen der Gläubiger vorrangig zu berücksichtigen.

[1493] Vgl. die Äusserung der Kommissionsberichterstatterin SIMMEN im Ständerat, Amtl. Bull. StR 1995, 863.

[1494] Amtl. Bull. StR 1995, 863; vgl. den kurz vorher erschienenen NZZ-Artikel von KLEINER.

[1495] Vgl. KLEINER, NZZ-Artikel.

[1496] Bei Sanierungsfällen dürfte die EBK schon vor der Beschliessung des Zusammenschlusses mit dem Fall befasst sein, so dass es primär an ihr liegt, die Frage der Zuständigkeit zu klären.

[1497] Art. 3ter Abs. 2 BaG; KLEINER/ROTH, in: Kommentar zum Bankengesetz, Art. 3-3quater N 7; TSCHÄNI § 8 N 33-60.

Die Entscheidungen, die die EBK treffen kann, werden nicht ausdrücklich genannt. Nach der wörtlichen Auslegung von Art. 10 Abs. 3 ist die EBK nur zuständig, wenn ihr der Zusammenschluss notwendig erscheint, sie ihn also bewilligen will. Eine solche Auslegung des Wortes „notwendig" (das das vom Nationalrat vorgeschlagene „dringlich" ersetzt) würde aber bedeuten, dass die EBK entscheiden muss, bevor sie den Zusammenschluss überhaupt geprüft hat. Der Satz „die der Eidgenössischen Bankenkommission aus Gründen des Gläubigerschutzes als notwendig erscheinen", sollte ausgelegt werden als „die eine Gefährdung der Rechte der Gläubiger abwenden sollen". So hätte die EBK Entscheidungsspielraum.

Art. 10 Abs. 3 ist gedacht für Zusammenschlüsse, bei denen eine „grosse und gesunde" Bank eine sanierungsbedürftige Bank übernimmt und beide Banken auf dem gleichen Markt tätig sind.[1498] Dies könnte bei der Übernahme einer Vermögensverwaltungsbank durch eine Grossbank der Fall sein. In den letzten Jahren waren Zusammenschlüsse im schweizerischen Bankensektor sehr zahlreich.[1499]

Das Verfahren bei der Prüfung durch die EBK ist hinten 429ff. behandelt.

D. Ausnahmsweise Zulassung aus überwiegenden öffentlichen Interessen

Art. 11 ermöglicht die ausnahmsweise Zulassung eines von der Wettbewerbskommission, der Rekurskommission für Wettbewerbsfragen oder dem Bundesgericht untersagten Zusammenschlusses aus überwiegenden öffentlichen Interessen durch den Bundesrat. Der Bundesrat wollte mit der Möglichkeit der ausnahmsweisen Zulassung eine Trennung der Prüfung von wettbewerbswirtschaftlichen und anderen Gesichtspunkten erreichen.[1500] Die Berücksichtigung anderer öffentlicher Interessen als der Erhaltung wirksamen Wettbewerbs wurde dem Bundesrat als oberster Exekutivbehörde übertragen.

Die ausnahmsweise Zulassung durch den Bundesrat gleicht der deutschen Ministererlaubnis.[1501] Bei beiden können auch andere als wettbewerbliche Faktoren berücksichtigt werden, wie das in der Schweiz bei der Saldomethode möglich war.

Als Beispiel eines im Einzelfall eventuell überwiegenden öffentlichen Interesses nennt die Botschaft die Kulturpolitik.[1502] In den Beratungen im Nationalrat wurden zusätzlich ökologische Interessen und die regionale Arbeitsplatzerhaltung genannt.[1503] Weitere Interessen, die eine ausnahmsweise Zulassung rechtfertigen

---

[1498] Vgl. KLEINER, NZZ-Artikel.
[1499] Vgl. den Artikel von THOMAS A. FRICK und PETER C. HONEGGER, Das Bankgeheimnis bei Übernahmen, NZZ Nr. 277 vom 28.11.1995, S. 25.
[1500] Botschaft 31 und 57.
[1501] § 24 Abs. 3 GWB.
[1502] Botschaft 110.
[1503] Amtl. Bull. NR. 1995, 1092-1093 (Voten WEDER, STUCKY und Bundesrat DELAMURAZ).

könnten, sind Gläubigerschutz, regionale Förderung, Landesversorgung mit Lebensmitteln und militärischen Gütern, etc. Das betreffende öffentliche Interesse muss das öffentliche Interesse an wirksamem Wettbewerb überwiegen. Zudem ist für eine Zulassung nötig, dass das betreffende Interesse nur durch den Zusammenschluss, der die Möglichkeit der Beseitigung wirksamen Wettbewerbs mit sich bringt, gewahrt werden kann.[1504] Solche Konstellationen dürften nur in Ausnahmefällen vorkommen.

Die ausnahmsweise Zulassung klingt an die Saldomethode von Art. 29 KG 85 an, nur dass nach Art. 11 die Interessen für die Wettbewerbsbeschränkung klar überwiegen müssen und es sich in jedem Fall um öffentliche Interessen handeln muss. Auch unter dem KG 85 war in Art. 29 Abs. 3 die Rede von überwiegenden Gründen des Gesamtinteresses. Das Gesamtinteresse ist jedoch enger als die verschiedenen öffentlichen Interessen.[1505] Trotz Ähnlichkeiten mit Bestimmungen des KG 85 unterscheidet sich Art. 11 KG 95 klar von diesen.

Es ist fraglich, ob die Übertragung von Einzelfallentscheidungen über Unternehmenszusammenschlüsse an den Bundesrat und die aufwendige Abwägung von öffentlichen Interessen vom Standpunkt der Verfahrensökonomie und angesichts der gegenwärtigen Arbeitslast der Regierung sinnvoll ist.[1506]

E. Vergleich mit der FKVO

Die materiellen Beurteilungskriterien des KG 95 unterscheiden sich wesentlich von denen der FKVO. Nach Artikel 2 FKVO reicht für die Untersagung eines Zusammenschlusses, dass eine marktbeherrschende Stellung begründet oder verstärkt wird, die wirksamen Wettbewerb im Gemeinsamen Markt oder einem wesentlichen Teil desselben *erheblich behindern* kann.[1507] Die Möglichkeit der Beseitigung wirksamen Wettbewerbs ist nicht erforderlich. Ausnahmen vom Grundsatz der Erhaltung wirksamen Wettbewerbs wegen der Verbesserung der Wettbewerbsverhältnisse auf einem anderen Markt, wegen Interessen von Bankgläubigern, der Stellung der Unternehmen im internationalen Wettbewerb oder sonstiger überwiegender öffentlicher Interessen gibt es in der FKVO nicht.

Da auch in der EU innert etwas mehr als fünfeinhalb Jahren nur fünf Zusammenschlüssen die Genehmigung versagt wurde, dürfte die schweizerische Fusionskon-

---

1504 Botschaft 110.
1505 SCHÜRMANN, in: SCHÜRMANN/SCHLUEP 680-681. Die genaue Bedeutung des Gesamtinteresses war umstritten.
1506 In der parlamentarischen Beratung zum KG 95 hat Bundesrat DELAMURAZ zudem darauf hingewiesen, dass eine ausnahmsweise Zulassung (nach Art. 8 KG 95) vom Bundesrat selbst entschieden werden müsse und nicht delegiert werden könne, Amtl. Bull. NR 1995, 1094.
1507 Die Kommission scheint der Behinderung des Wettbewerbs gegenüber dem Vorliegen einer marktbeherrschenden Stellung zudem nur insofern Bedeutung beizumessen, als die marktbeherrschende Stellung auf Dauer angelegt sein muss, s. Fn 27.

trolle zu einer äusserst kleinen Zahl von Untersagungen führen.[1508] Wie in der EU werden die Wirkungen der blossen Existenz der Zusammenschlusskontrolle um vieles grösser sein, als die Zahl der negativen Entscheidungen vermuten lässt.

VI. Auf das Fusionskontrollverfahren anwendbare Vorschriften

Die grundlegenden Verfahrensvorschriften[1509] der Zusammenschlusskontrolle sind im KG 95 selbst enthalten. Das „Verfahren der Untersuchung von Unternehmenszusammenschlüssen" ist in den Art. 32 - 38 gesondert vom „Verfahren der Untersuchung von Wettbewerbsbeschränkungen" geregelt. Für beide Verfahren bestehen gemeinsame Bestimmungen hinsichtlich Anwendbarkeit des VwVG, Ermittlungsmassnahmen, Amtshilfe, Rechtsmittel, Veröffentlichung von Entscheiden und Verfahren bei Sanktionen (Art. 39 - 42 und 44, 48, 50 - 57). Die Beteiligung Dritter am Verfahren und ihre Verfahrensrechte sind unterschiedlich geregelt (Art. 43).

Der Bundesrat ist ermächtigt, Ausführungsbestimmungen zum KG 95 zu erlassen (Art. 60). Als bisher einzige Ausführungsverordnung hat er am 17. Juni 1996 die Verordnung über die Kontrolle von Unternehmenszusammenschlüssen erlassen. Sie regelt definitorische Fragen (Kontrolle, beteiligte Unternehmen, konzentrative Gemeinschaftsunternehmen), bestimmt den Inhalt der Meldung des Zusammenschlusses und enthält Regeln über Fristen und Veröffentlichungen. Nicht im Detail vorgeschrieben ist die Form der Meldung eines Zusammenschlusses.

VII. Folgen der Anwendbarkeit des VwVG

In Untersuchungen der Kartellkommission unter dem KG 85 war das VwVG grundsätzlich nicht anwendbar, da dieses Verfahren nicht auf den Erlass einer Verfügung, sondern nur von Empfehlungen abzielte.[1510],[1511]

Im Verfahren vor dem EVD war das VwVG dagegen anwendbar, da dieses Verfahren auf den Erlass einer Verfügung gerichtet war.[1512] Die Folge davon war, dass das EVD bei Ablehnung oder Nichtbefolgung einer Empfehlung das ganze Unter-

---

[1508] So auch Botschaft 118.

[1509] Zur Abgrenzung des Verfahrens vom materiellen Recht s. vorne 2f.

[1510] BGE 113 Ib 90 (Portland) und 117 Ib 481 (Schweizerische Bankiervereinigung); vgl. auch die Gutachten von RICHLI und GRISEL, VKKP 1/1987, 66-105, 107-121, 123-129 und 131-134; SCHÜRMANN, in: SCHÜRMANN/SCHLUEP 701; vgl. Art. 31 Abs. 2 KG 85.

[1511] Einige Autoren waren der Auffassung, dass auch unter dem KG 85 das VwVG im Untersuchungsverfahren vor der Kartellkommission anzuwenden war, HOMBURGER zu Art. 31 N 5-8a und zu Art. 32 N 31; KILLIAS 281-287.

[1512] Vgl. BGE 117 Ib 489; LIMBURG 33 m.w.H.

suchungsverfahren nocheinmal VwVG-konform durchführen musste.[1513] Dies war ineffizient.[1514]

Da die Wettbewerbskommission neu Verfügungsbefugnis hat, ist das VwVG auf die von ihr durchgeführten Verfahren anwendbar (vgl. Art. 39). Die grundsätzliche Anwendbarkeit des VwVG auf Verfahren vor der Wettbewerbskommission ist die bedeutendste verfahrensrechtliche Neuerung des KG 95. Für das Fusionskontrollverfahren ist die wichtigste Folge, dass den Zusammenschlussbeteiligten rechtliches Gehör und Akteneinsicht zu gewähren sind. Das VwVG ist grundsätzlich im Vorprüfverfahren[1515], im Hauptprüfverfahren und im Verfahren der ausnahmsweisen Zulassung durch den Bundesrat anwendbar. Ausnahmen vom VwVG gibt es dort, wo das KG 95 selbst eine abweichende Regelung trifft. Dies ist der Fall bei der Auskunftspflicht, der Amtshilfe, den Untersuchungsmassnahmen, der Beteiligung Dritter an der Untersuchung und besonders beim Entzug der Parteirechte Dritter (Art. 40 - 43). Abweichend von den allgemeinen Regeln des VwVG umfasst die Auskunftspflicht auch Geschäftsgeheimnisse, und die Untersuchungsmassnahmen sind um die Anordnung von Hausdurchsuchungen und die Sicherstellung von Beweisgegenständen erweitert. Zudem werden die Personen und Unternehmen, die sich am Verfahren beteiligen können, speziell genannt.

Durch die Anwendbarkeit des VwVG sollen die Verfahrensrechte der Beteiligten verstärkt werden und das Verfahren an Transparenz und Effizienz gewinnen.[1516]

Bei Anwendung des VwVG bewirkt die Frist von vier Monaten für die Untersuchung einen gewissen Zeitdruck. Betreffend die Untersuchung durch das EVD nach dem KG 85 wurde verschiedentlich bezweifelt, ob das Verfahren VwVG-konform in drei Monaten durchgeführt werden könne.[1517] Die Situation unter dem KG 95 ist insofern anders, als Sekretariat und Wettbewerbskommission besser als das EVD in der Lage sind, Untersuchungen durchzuführen. Eine ihrer Hauptaufgaben wird die fristgerechte Durchführung von Fusionskontrollverfahren sein. Die Anwendung der FKVO durch die Task Force Fusionskontrolle zeigt, dass ausgedehnte Verfahrensrechte auch innert kurzer Fristen beachtet werden können.

Dass die Wettbewerbsbehörden mit „Begehren und Beschwerden derart in Atem gehalten werden, dass Effizienz und Effektivität der Untersuchungen im Übermass litten", wie RICHLI das unter dem KG 85 für möglich hielt[1518], erscheint für das

---

1513 BGE 117 Ib 481 (Schweizerische Bankiervereinigung); Botschaft 13.
1514 Gl.M. STOFFEL, Kartellrecht, 112; LIMBURG 304; ZÄCH, Wettbewerbsrecht, 864; Botschaft 13 und 20.
1515 Zur Terminologie s. Fn 1718.
1516 Botschaft 58.
1517 RICHLI, Gutachten, 69; RICHLI, Verfahrensfragen, 210 und 223. SCHMIDHAUSER, Untersuchungen, 174, hielt das für ausgeschlossen, GRISEL 117 dagegen für durchaus möglich.
1518 RICHLI, Verfahrensfragen, 228.

Fusionskontrollverfahren unwahrscheinlich. Eine Verzögerung des Verfahrens liefe primär den Interessen der am Zusammenschluss Beteiligten zuwider. Sie werden aus eigenem Interesse mit den Wettbewerbsbehörden zusammenarbeiten und es nicht auf eine Verlängerung der Entscheidungsfristen ankommen lassen.

KAPITEL 2
ALLGEMEINE BESTIMMUNGEN

I. Zeitlicher Geltungsbereich

Das KG 95 wurde am 6. Oktober 1995 verabschiedet.[1519] Es trat auf den 1. Juli 1996 in Kraft (AS 1996, 1805). Der Bundesrat hatte die organisatorischen Bestimmungen (Art. 18 - 25) bereits auf den 1. Februar 1996 in Kraft gesetzt.[1520] Die Zusammenschlusskontrolle des KG 95 gilt grundsätzlich unmittelbar ab Inkrafttreten des Gesetzes am 1. Juli 1996. Nach der Übergangsbestimmung der AVO (Art. 24)[1521] ist bei vertraglichen Zusammenschlüssen der Abschluss des Vertrages und bei öffentlichen Übernahmeangeboten deren Veröffentlichung massgebend.[1522] Nach dieser Regelung unterliegen Zusammenschlüsse (die die übrigen Anwendungsvoraussetzungen erfüllen) der Fusionskontrolle des KG 95, wenn sie nach dem 1. Juli 1996 beschlossen[1523] werden oder wenn sie zwar vor dem 1. Juli 1996 beschlossen, aber nicht innert vier Monaten vollzogen worden sind. Besteht während dieser vier Monate ein in- oder ausländisches Vollzugsverbot, wird die Frist für den Vollzug um dessen Dauer verlängert.

Die Übergangsregelung dürfte auf den Zusammenschluss von Ciba und Sandoz zugeschnitten sein. Dieser Zusammenschluss konnte bis zum 1. Juli 1996 nicht vollzogen werden, da die Europäische Kommission am 3. Mai 1996 die Durchführung eines Hauptprüfverfahrens beschlossen hatte.[1524] Das Hauptprüfverfahren kann bis September 1996 dauern.

Bei Inkrafttreten des KG 95 lief kein Verfahren zur Untersuchung eines Zusammenschlusses nach Art. 30 KG 85. Dagegen war im März 1996 eine Vorabklärung über die Fusion von Ciba und Sandoz und im Mai 1996 eine solche über die Fusion von Feldschlösschen und Hürlimann eröffnet worden.[1525]

[1519] AS 1996, 546. Die Referendumsfrist lief am 15. Januar 1996 unbenutzt ab, BBl 1995 IV 516.

[1520] AS 1996, 562.

[1521] Die Übergangsbestimmung des KG 95 (Art. 62) betrifft nur Wettbewerbsabreden, also Vereinbarungen und aufeinander abgestimmte Verhaltensweisen.

[1522] Nach einer wörtlichen Auslegung der Art. 9 und 10 des Gesetzes käme es nur auf den Zeitpunkt des Vollzugs des Zusammenschlusses an.

[1523] Bei öffentlichen Übernahmeangeboten: „veröffentlicht".

[1524] NZZ Nr. 103 vom 4./5.5.96, S. 25.

[1525] NZZ Nr. 57 vom 8.3.96, S. 21 und Nr. 112 vom 15.5.96, S. 21.

II. Anwendungsbereich der Fusionskontrolle

Die Fusionskontrolle ist auf Zusammenschlüsse (B) von Unternehmen (A) anwendbar[1526], bei denen die beteiligten Unternehmen gewisse Umsatzschwellen erreichen (C) oder an denen mindestens ein marktmächtiges Unternehmen[1527] beteiligt ist (D). Es kommt nicht auf den Sitz oder die Nationalität der Unternehmen an. Die Fusionskontrolle basiert auf dem Auswirkungsprinzip.[1528]

Die Anwendungsvoraussetzungen der schweizerischen und der europäischen Fusionskontrolle sind zwar sehr ähnlich ausgestaltet; sie sind aber unabhängig voneinander. Gerade wegen der ähnlichen Ausgestaltung der Anwendungsbedingungen werden viele Zusammenschlüsse - bedingt durch die schweizerische Nichtmitgliedschaft in EU und EWR - einer Doppelkontrolle nach KG 95 und der FKVO unterliegen. Wenn eine Koordination der Beurteilung auch ausgeschlossen erscheint, sollte der Aufwand für die beteiligten Unternehmen doch so weit wie möglich verringert werden. Das bedeutet beispielsweise, dass eine Anmeldung nach dem Formblatt CO grundsätzlich auch dem KG 95 Genüge tut.

A. Unternehmensbegriff

Wie das KG 85 und die FKVO geht das KG 95 vom Begriff des Unternehmens aus und zwar bezüglich Abreden, Marktbeherrschung und Zusammenschlüssen (Art. 4).

Unternehmen sind selbständige Wettbewerbsaktivitäten von natürlichen oder juristischen Personen oder auch relativ juristischen Personen (wie Kollektiv- oder Kommanditgesellschaften).[1529] Als Unternehmen werden oft auch direkt die Unternehmensträger bezeichnet.[1530] Entscheidend dafür, ob ein Unternehmen vorliegt, ist die aktive und selbständige Teilnahme am Wirtschaftsprozess.[1531]

Das KG 95 benützt in den Abschnitten über Unternehmenszusammenschlüsse, Verfahren und Rechtsschutz sowie Verwaltungssanktionen durchwegs den Begriff des Unternehmens. Trotzdem sind - wie im KG 85 - die Adressaten der Rechte und

---

[1526] Was das KG 95 in Art. 2 (und schon das KG 85 in Kapitel I) als Geltungsbereich bezeichnet, ist der sachliche Anwendungsbereich, vgl. SCHLUEP, in: SCHÜRMANN/SCHLUEP 151-153.

[1527] Genauer: ein Unternehmen, für welches in einem Verfahren nach KG 95 rechtskräftig festgestellt worden ist, dass es in der Schweiz auf einem bestimmten Markt eine beherrschende Stellung hat. Der Zusammenschluss muss diesen Markt oder einen solchen betreffen, der ihm vor- oder nachgelagert oder benachbart ist (Art. 9 Abs. 4).

[1528] Das Auswirkungsprinzip gilt allgemein im KG 95 (Art. 2 Abs. 2). Es galt schon unter dem KG 62 und dem KG 85: BGE 93 II 192 (Hachette); SCHLUEP, in: SCHÜRMANN/SCHLUEP 157; vgl. auch Art. 137 IPRG. Gegenüber im Ausland vollzogenen Fusionen war die Kartellkommission unter dem KG 85 allerdings weitgehend machtlos, RIEDER 179.

[1529] SCHLUEP, in: SCHÜRMANN/SCHLUEP 170-171.

[1530] Z.B. Botschaft 66.

[1531] Vgl. auch SCHÜRMANN 473.

Pflichten nicht die Unternehmen an sich, sondern nur natürliche und juristische Personen sowie relativ rechtsfähige Handelsgesellschaften als Unternehmensträger.[1532]

Das KG 95 erfasst auch Unternehmen des öffentlichen Rechts (Art. 2 Abs. 1 KG 95), macht aber einen Vorbehalt zugunsten von staatlichen Marktordnungen und besonderen Rechten zur Erfüllung öffentlicher Aufgaben, die Unternehmen des privaten oder öffentlichen Rechts verliehen wurden (Art. 3 KG 95, hinten 341f.).

Ein in der Praxis unbedeutender Unterschied zwischen der FKVO und dem KG 95 besteht darin, dass der Unternehmensbegriff der FKVO gemeinschaftsrechtlicher Natur ist, und es deshalb nicht auf die Rechtspersönlichkeit im innerstaatlichen Recht ankommt. Im europäischen Recht können also Unternehmen als solche Adressaten der Vorschriften der FKVO sein.[1533] Sowohl die Anmelder wie auch von der Kommission zur Auskunft verpflichtete Unternehmen dürften jedoch immer Rechtspersönlichkeit besitzen.

B. Zusammenschluss

1. Begriff

Als Unternehmenszusammenschluss gilt nach Art. 4 Abs. 3 KG 95:

„a. die Fusion von zwei oder mehr bisher voneinander unabhängigen Unternehmen;

b. jeder Vorgang, wie namentlich der Erwerb einer Beteiligung oder der Abschluss eines Vertrages, durch den ein oder mehrere Unternehmen unmittelbar oder mittelbar die Kontrolle über ein oder mehrere bisher unabhängige Unternehmen oder Teile von solchen erlangen".

Zum Vergleich Art. 3 FKVO:

„¹ Ein Zusammenschluss wird dadurch bewirkt, dass

a) zwei oder mehr bisher voneinander unabhängige Unternehmen fusionieren oder dass

b) - eine oder mehrere Personen, die bereits mindestens ein Unternehmen kontrollieren, oder

- ein oder mehrere Unternehmen

durch den Erwerb von Anteilsrechten oder Vermögenswerten, durch Vertrag oder in sonstiger Weise die unmittelbare oder mittelbare Kontrolle über die Gesamtheit oder über Teile eines oder mehrerer anderer Unternehmen erwerben."

1532 SCHLUEP, in: SCHÜRMANN/SCHLUEP 166.

1533 Die Identifikation einer Einheit mit Rechtspersönlichkeit in einem Mitgliedstaat muss unter Umständen für die Vollstreckung von Bussen erfolgen.

Mit Ausnahme des Kontrollerwerbs durch eine Person, die bereits mindestens ein Unternehmen kontrolliert, stimmt die Zusammenschlussdefinition des KG 95 mit derjenigen der FKVO überein. In beiden Rechtsordnungen gilt als Zusammenschluss also einerseits die Fusion, anderseits jeglicher Kontrollerwerb über ein anderes Unternehmen. In beiden Rechtsordnungen kann der Kontrollerwerb auf beliebige Art erfolgen.[1534]

2. Fusion

Eine Fusion ist die Verschmelzung von zwei oder mehreren Unternehmen in eine neue Einheit durch liquidationslosen Übergang des gesamten Vermögens der untergehenden Gesellschaften und unter Wahrung der mitgliedschaftlichen Kontinuität.[1535] Der Fusionskontrolle unterliegen nur Fusionen bisher voneinander unabhängiger Unternehmen. Zusammenschlüsse von Konzernunternehmen, also Unternehmen, die schon bisher unter einheitlicher Leitung standen, werden nicht erfasst.

Im schweizerischen Recht ist die Fusion für einige Gesellschaftsformen im OR geregelt: echte Fusion durch Absorption oder Kombination von Aktiengesellschaften in Art. 748 - 749 OR; Fusion durch Absorption von Genossenschaften in Art. 914 OR; Absorption einer Aktiengesellschaft durch eine Kommanditaktiengesellschaft oder eine Körperschaft des öffentlichen Rechts in Art. 750 und 751 OR. Fusionen von Gesellschaften anderer Rechtsformen sind ebenfalls denkbar.[1536]

3. Kontrollerwerb

Jede Art des Kontrollerwerbs gilt als Zusammenschluss. Auslegungsbedürftig ist der Begriff der Kontrolle.

a) Kontrolle

Die AVO konkretisiert den Kontrollbegriff des KG 95. Art. 1 AVO entspricht materiell Art. 3 Abs. 3 der FKVO. Danach bedeutet Kontrolle die Möglichkeit, einen bestimmenden Einfluss auf ein anderes Unternehmen auszuüben.[1537] Die Mittel dazu sind unerheblich. Genannt werden im besonderen Eigentums- und Nutzungsrechte an der Gesamtheit oder an Teilen des Vermögens des Unternehmens sowie Rechte oder Verträge, die einen solchen Einfluss auf die Zusammensetzung, die Beratungen oder

---

[1534] Dies wurde auch unter Art. 30 KG 85 angenommen, SCHÜRMANN, in: SCHÜRMANN/SCHLUEP 696.
[1535] SCHÜRMANN, in: SCHÜRMANN/SCHLUEP 696; vgl. auch Botschaft 82.
[1536] MANFRED KÜNG, Zum Fusionsbegriff im schweizerischen Recht, SZW 1991, 245-256. Zu den privatrechtlichen Aspekten von Fusionen s. im Detail BURKHARD GANTENBEIN, Die Fusion von juristischen Personen und Rechtsgemeinschaften im schweizerischen Recht, Dissertation, Freiburg 1995.
[1537] Im Kommentar zur AVO, 2, wird hervorgehoben, dass der wettbewerbsrechtliche Kontrollbegriff eine künftige Konzerndefinition nicht präjudizieren soll.

Beschlüsse der Organe des Unternehmens gewähren. Auch eine Kombination dieser Mittel oder ein Kombination eines dieser Mittel mit weiteren tatsächlichen Umständen können Kontrolle verschaffen.

Für die Auslegung des Kontrollbegriffs kann auf das europäische Recht verwiesen werden (vorne 30ff.).[1538] Darauf deutet auch die Aussage in der Botschaft[1539], dass Kontrolle die Möglichkeit bedeutet, die wesentlichen Fragen der allgemeinen Geschäftspolitik zu bestimmen (im europäischen Recht die „strategischen Entscheidungen"). Die Botschaft nennt die Bereiche der Produktion, der Preise, der Investitionen, der Versorgung, des Absatzes und der Gewinnverwendung.[1540] Gemäss der Botschaft ist es nicht erforderlich, dass in allen diesen Bereichen ein bestimmender Einfluss wahrgenommen wird. Wie unter der FKVO ist gemeinsame Kontrolle möglich.[1541] Nach dem Kommentar zur AVO liegt gemeinsame Kontrolle vor, wenn die kontrollierenden Unternehmen bei allen Entscheiden, die das Gemeinschaftsunternehmen betreffen, in bezug auf strategische Fragen eine Übereinstimmung erzielen müssen.[1542]

Ein Zusammenschluss im Sinne von Art. 30 KG 85 wurde durch den Erwerb von Kapitalanteilen, der eine beherrschende Einflussnahme zur Folge hatte, bewirkt. Auch die Auslegung dieser Bestimmung dürfte zu berücksichtigen sein, zumal vom Wortsinn her a priori kein Unterschied zwischen bestimmendem und beherrschendem Einfluss besteht.[1543]

Ob Kontrolle vorliegt, muss in jedem einzelnen Fall anhand der konkreten Umstände geprüft werden. Dabei sind nicht nur die Rechte und tatsächlichen Einflussmöglichkeiten des betreffenden Unternehmens, sondern auch diejenigen von anderen zum gleichen Konzern gehörenden Unternehmen zu berücksichtigen. In Art. 3 Abs. 1 der FKVO wird dies klargemacht, indem von unmittelbarer und mittelbarer Kontrolle gesprochen wird. In Art. 1 AVO sollte dies ebenfalls präzisiert werden.

Die Stimmrechtsmehrheit verleiht regelmässig die Kontrolle über ein anderes Unternehmen. Schon unter dem KG 85 war anerkannt, dass auch unterhälftige Beteiligungen eine beherrschende Einflussnahme ermöglichen können.[1544] Für Publikumsgesellschaften nennt die Botschaft Stimmrechtsanteile von 20 bis 30%.[1545] Zu beachten ist, dass für bestimmte Beschlüsse je nach Rechtsform der Gesellschaft qualifizierte

---

[1538] Vgl. Kommentar AVO, 3.
[1539] Botschaft 83.
[1540] Botschaft 83.
[1541] Vgl. Art. 2 AVO; Kommentar zur AVO, 3.
[1542] Kommentar zur AVO, 3.
[1543] Zum „beherrschenden Einfluss" von Art. 30 KG 85 s. HOMBURGER zu Art. 30 N 24.
[1544] HOMBURGER zu Art. 30 N 24.
[1545] Botschaft 83.

Mehrheiten erforderlich sind (vgl. auch die zum Kontrollbegriff der FKVO gemachten Ausführungen, vorne 30ff.).

b) Arten des Kontrollerwerbs

Jegliche Art des Kontrollerwerbs bewirkt einen Zusammenschluss. Als Mittel kommen in Frage: Kauf von Aktien oder sonstigen Anteilen, Kauf von Aktiven und Passiven, Aktionärsbindungsverträge, gegenseitige Beteiligungen, Übernahme- oder Zusammenschlussvertrag, öffentliches Übernahmeangebot, Personalunion der Verwaltungsräte, Geschäftsführungsverträge, etc.[1546] Der Aktienkauf dürfte im Vordergrund stehen.

Bei öffentlichen Übernahmeangeboten ist voraussichtlich ab dem 1. Januar 1997[1547] das Bundesgesetz über die Börsen und den Effektenhandel (Börsengesetz, BEHG) vom 24. März 1995[1548] zu beachten.

Auch die Errichtung eines Gemeinschaftsunternehmens kann unter die Fusionskontrolle fallen (Art. 2 Abs. 2 AVO).[1549] Prima vista steht dem allerdings der Wortlaut von Art. 4 Abs. 3 entgegen. Denn danach ist nur der Erwerb der Kontrolle über ein oder mehrere bisher unabhängige Unternehmen ein Zusammenschluss. Nach wörtlicher Auslegung müssen das oder die übernommenen Unternehmen im Zeitpunkt des Zusammenschlusses also bereits bestanden haben und nicht erst gegründet werden. Diese wörtliche Auslegung würde aber dem Sinn des Gesetzes widersprechen und ist deshalb wohl nicht massgeblich. Die Gründung eines Gemeinschaftsunternehmens kann praktisch die gleichen Wirkungen wie der Zusammenschluss der Gründerunternehmen haben. Dies besonders dann, wenn die Unternehmensaktivitäten der Gründerunternehmen vom Gemeinschaftsunternehmen selbständig weitergeführt werden, das Gemeinschaftsunternehmen also strukturellen Charakter hat.

Wie im europäischen Recht stellt sich die Frage, ob die Gründung eines Gemeinschaftsunternehmens nach den Vorschriften über Kartelle oder über Zusammenschlüsse zu beurteilen ist, oder anders gesagt, wie zwischen kooperativen und konzentrativen Gemeinschaftsunternehmen unterschieden werden muss.

Das Gesetz enthält keine diesbezüglichen Bestimmungen und die Ausführungen der Botschaft dazu sind unklar.[1550] Danach lasse sich nur bei Gemeinschaftsunternehmen mit strukturverändernden Wirkungen ein materieller Eingriff im Sinne der Fusionskontrolle rechtfertigen. Die Frage der Abgrenzung von konzentrativen und

---

[1546] Vgl. HOMBURGER zu Art. 30 N 22; TSCHÄNI § 1 N 1-4. Zu den zivilrechtlichen Vorgängen bei den verschiedenen Arten des Kontrollerwerbs s. TSCHÄNI § 3-5.

[1547] NZZ Nr. 70 vom 23./24.3.96, S. 33.

[1548] BBl 1995 II 419.

[1549] Vgl. Botschaft 84.

[1550] Botschaft 84.

kooperativen Gemeinschaftsunternehmen solle aber nicht auf der Ebene der formellen Genehmigungspflicht (gemäss der vom Parlament verabschiedeten Fassung: „Meldepflicht") gelöst werden.

Wenn auf der Ebene der formellen Meldepflicht keine Unterscheidung zwischen konzentrativen und kooperativen Gemeinschaftsunternehmen getroffen werden soll, würde das entweder bedeuten, dass jede Gründung eines Gemeinschaftsunternehmens nach den Vorschriften über Unternehmenszusammenschlüsse zu melden und zu beurteilen ist oder dass die Gründung eines Gemeinschaftsunternehmens überhaupt nicht zu melden ist. Weder das eine, noch das andere kann der Sinn des Gesetzes sein. Das Fusionskontrollverfahren sieht eine Meldepflicht, ein besonderes Genehmigungsverfahren, kurze Fristen und einschneidende Sanktionen, nämlich Unwirksamkeit und Bussen, vor. Dies ist für Abreden nicht der Fall. Es wäre unverhältnismässig, jede Gründung eines Gemeinschaftsunternehmens dem Verfahren für Zusammenschlüsse zu unterwerfen.

Die AVO macht nun doch eine Unterscheidung zwischen konzentrativen und kooperativen Gemeinschaftsunternehmen auf der Ebene der formellen Meldepflicht (Art. 2 AVO). Danach stellt der gemeinsame Kontrollerwerb über ein bestehendes Unternehmen die Errichtung eines konzentrativen Gemeinschaftsunternehmens und damit einen Zusammenschluss dar, wenn das Gemeinschaftsunternehmen auf Dauer alle Funktionen einer selbständigen wirtschaftlichen Einheit erfüllt. Die Neugründung eines Gemeinschaftsunternehmens ist gemäss Art. 2 Abs. 2 AVO nur dann ein Zusammenschluss, wenn in das Gemeinschaftsunternehmen zusätzlich die Geschäftstätigkeiten von mindestens einem der Gründerunternehmen einfliessen.

Das Hauptkriterium für die Unterscheidung von konzentrativen und kooperativen Gemeinschaftsunternehmen (Funktionen einer selbständigen wirtschaftlichen Einheit) ist das gleiche im europäischen Recht (Art. 3 Abs. 2 UA 2 FKVO). In der Bekanntmachung über die Unterscheidung von konzentrativen und kooperativen Gemeinschaftsunternehmen und in der schon heute sehr umfassenden Kommissionspraxis sind zahlreiche Konstellationen untersucht worden (vgl. vorne 33f.).

Es ist möglich, dass im schweizerischen Recht die Gründung eines konzentrativen Gemeinschaftsunternehmens zusätzlich nach den Vorschriften über wettbewerbsbeschränkende Abreden beurteilt werden soll (Doppelkontrolle). Eine Doppelkontrolle wird beispielsweise in Deutschland praktiziert.[1551] Da die Gründung eines Gemeinschaftsunternehmens für die beteiligten Unternehmen eine einheitliche Transaktion bedeutet, scheint es wegen der Verfahrensökonomie und der Rechtssicherheit angebracht, das Vorhaben in einem einheitlichen Verfahren zu prüfen.[1552] Die Ausschliesslichkeit der Prüfung anhand der FKVO (one-stop shopping) ist für die beteiligten Unternehmen einer der grössten Vorteile der europäischen Fusions-

---

[1551] LANGEN/BUNTE zu § 1 GWB N 109-120.
[1552] Vgl. KURZ 137.

kontrolle. Würden nach dem KG 95 konzentrative Zusammenschlüsse einer Doppelkontrolle unterworfen, sollte eine allfällige Prüfung nach den Vorschriften über Wettbewerbsabreden ebenfalls innerhalb des Fusionskontrollverfahrens erfolgen. Wie in der europäischen Fusionskontrolle ist die Beurteilung von Zusammenschlüssen auch unter dem KG 95 weniger streng als die Beurteilung von Wettbewerbsabreden. Letztere sind schon unzulässig, wenn sie den Wettbewerb erheblich beeinträchtigen und nicht erst, wenn sie ihn gänzlich beseitigen können (vgl. Art. 5 und 10).[1553]

Nach der FKVO werden auch sog. Nebenabreden, also mit dem Zusammenschluss verbundene wettbewerbsbeschränkende Abreden, im gleichen Verfahren beurteilt. Nebenabreden sollten auch nach schweizerischem Recht zusammen mit dem Zusammenschluss beurteilt werden. Da Wettbewerbsabreden keiner „Freistellung" bedürfen, bedeutet die Prüfung im gleichen Verfahren, dass diese Abreden nachträglich nicht mehr in Frage gestellt werden können.

Damit die Fusionskontrolle nicht durch gestaffelten Erwerb von Teilen eines Unternehmens, die die Umsatzschwellen nicht überschreiten, umgangen werden kann, bestimmt Art. 4 Abs. 3 AVO, dass alle Vorgänge zur Erlangung der Kontrolle zwischen bestimmten Unternehmen während zwei Jahren als einziger Zusammenschluss anzusehen sind.

c) Vergleich mit der FKVO

Die Zusammenschlussdefinition des KG 95 ist praktisch gleich wie die der FKVO. Die Wettbewerbskommission dürfte deshalb auf die diesbezügliche Praxis der Kommission (insbesondere die Bekanntmachung über den Begriff des Zusammenschlusses) zurückgreifen.

Der Kontrollbegriff sollte allerdings nicht so weit ausgedehnt werden, wie die europäische Kommission dies tut. Ob Entfusionierung, Liquidation eines Gemeinschaftsunternehmens und jede Art der Änderung in der Zusammensetzung der Kontrolle als Zusammenschlusstatbestände sind, ist zu bezweifeln (vgl. vorne 33). Vorgänge, hinter denen keinerlei Absicht steht, Kontrolle zu erwerben und auszuüben, also z.B. die Vergrösserung des Einflusses wegen Aktienverkaufs eines Dritten, sollten nicht als Zusammenschluss angesehen werden. Die Bestimmungen über die missbräuchliche Ausnutzung einer beherrschenden Stellung würden hier ausreichen.

Wie im europäischen Recht wird zwischen kooperativen und konzentrativen Gemeinschaftsunternehmen unterschieden. Erstere werden nach den Bestimmungen über Wettbewerbsabreden beurteilt, letztere nach denen über Zusammenschlüsse. Bei der Unterscheidung der beiden Typen von Gemeinschaftsunternehmen wird man sich auf die zum europäischen Recht gemachten Überlegungen abstützen können.

[1553] Vgl. Botschaft 84.

Eine Doppelkontrolle ist nach KG 95 im Gegensatz zur FKVO nicht ausgeschlossen, hätte aber in den Fristen des Fusionskontrollverfahrens zu erfolgen.

Im schweizerischen wie im europäischen Recht werden alle Vorgänge zum Kontrollerwerb zwischen denselben Unternehmen während zwei Jahren als einziger Zusammenschluss betrachtet (Art. 4 Abs. 3 AVO; Art. 5 Abs. 2 UA 2 FKVO).

C. Umsatzschwellen

1. Schwellenwerte

Die Kriterien des KG 95 für die Unterstellung von Zusammenschlüssen unter die Zusammenschlusskontrolle lehnen sich stark an diejenigen der FKVO an.[1554] Entscheidend sind gewisse Umsatzwerte, die die beteiligten Unternehmen (dazu hinten 338f.) im letzten Geschäftsjahr vor dem Zusammenschluss erzielt haben. Für Medienunternehmen, Versicherungen und Banken bestehen Spezialbestimmungen.

Nach Art. 9 Abs. 1 fällt ein Zusammenschluss unter die Zulassungspflicht, wenn

> „a. die beteiligten Unternehmen einen Umsatz von insgesamt mindestens 2 Milliarden Franken oder einen auf die Schweiz entfallenden Umsatz von insgesamt mindestens 500 Millionen Franken erzielten; und
>
> b. mindestens zwei der beteiligten Unternehmen einen Umsatz in der Schweiz von je mindestens 100 Millionen Franken erzielten."

Zum Vergleich dazu fällt ein Zusammenschluss nach Art. 1 Abs. 2 FKVO unter die Genehmigungspflicht, wenn

- die beteiligten Unternehmen einen weltweiten Umsatz von insgesamt mindestens 5 Milliarden ECU (gegenwärtig circa 8 Milliarden Franken) erzielten, und

- mindestens zwei der beteiligten Unternehmen einen Umsatz in der Gemeinschaft von je mindestens 250 Millionen ECU (gegenwärtig circa 400 Millionen Franken) erzielten.

Die erste Bedingung soll sicherstellen, dass nur Zusammenschlüsse mit einer gewissen wirtschaftlichen Bedeutung erfasst werden. Dabei wird nach dem KG 95 alternativ zum globalen auch der in der Schweiz erzielte Gesamtumsatz berücksichtigt.[1555] Die zweite Bedingung soll vermeiden, dass alle Zusammenschlüsse eines Grossunternehmens (auch die mit einem oder mehreren kleinen Unternehmen) unter die Zusammenschlusskontrolle fallen.

[1554] Vgl. Art. 34 des Entwurfs zum KG 85.

[1555] In der EU entspräche dies dem gemeinschaftsweiten Gesamtumsatz aller beteiligten Unternehmen.

Die Aufgreifkriterien des schweizerischen und europäischen Rechts gründen darauf, dass Umsätze von einer bestimmten Höhe mit der Möglichkeit zur Beeinflussung der Wettbewerbsverhältnisse in bestimmten Märkten korrelieren.[1556] Wegen der Höhe der Umsatzschwellen dürfte ausgeschlossen sein, dass die an einem Zusammenschluss beteiligten Unternehmen zwar die Umsatzschwellen erfüllen, der Zusammenschluss aber keine Auswirkungen in der Schweiz hat.[1557]

Für Banken und Versicherungen bestehen Spezialregelungen (Art. 9 Abs. 3). Danach treten bei Versicherungsgesellschaften die jährlichen Bruttoprämieneinnahmen an die Stelle des Umsatzes. Bei Banken tritt an die Stelle des Umsatzes 10% der Bilanzsumme. Diese beiden Ausnahmen wurden aus Art. 5 Abs. 3 FKVO übernommen.[1558]

Für Banken umschreiben Art. 9 Abs. 3 KG 95 und Art. 8 Abs. 2 AVO die geographische Zurechnung der Bilanzsumme genauer. Danach ergibt sich der auf die Schweiz entfallende Anteil der Bilanzsumme aus dem Verhältnis zwischen den Forderungen aufgrund von Geschäften mit in der Schweiz ansässigen Personen (Banken und Kunden) und dem Gesamtbetrag „dieser Forderungen". Diese Berechnungsart ist auch in der FKVO vorgesehen. Aus dem Vergleich der beiden Bestimmungen wird klar, dass mit „dieser Forderungen" im KG 95 die Forderungen gegenüber Banken und Kunden gemeint sein müssen. Die im KG 95 vorgenommene Umschreibung von „Banken und Kunden" mit „Personen" ist nicht treffend, da Banken auch gegenüber anderen Personen Forderungen haben können. Unter der FKVO tauchten verschiedene Probleme mit der Umsatzberechnung von Banken auf (vorne Fn 245). SCHROEDER schlägt vor, in der FKVO die Bilanzsumme durch das Betriebsergebnis zu ersetzen.[1559]

Die Berechnung der Bruttoprämieneinnahmen von Versicherungen erfolgt gemäss Art. 6 AVO nach leicht anderen Regeln als denen der FKVO (Art. 5 Abs. 3 lit. b FKVO). Die geographische Zuordnung der Prämien geschieht aber ebenfalls nach dem Sitz bzw. Wohnsitz des Versicherten.

Die eidgenössischen Räte haben auch besondere Regeln für die Umsatzberechnung von Medienunternehmen in das KG 95 festgelegt. Nach Art. 9 Abs. 2 ist bei Medienunternehmen das Zwanzigfache der in der Medienbranche getätigten Umsätze massgebend.[1560] Das heisst, dass ein Zusammenschluss von zwei Medienunter-

---

[1556] Vgl. Botschaft 111.

[1557] Würde diese (theoretische) Konstellation eintreten, könnte gestützt auf das Auswirkungsprinzip die Meinung vertreten werden, dass das KG nicht anwendbar sei (vgl. Art. 2 Abs. 2).

[1558] Art. 8 AVO bestimmt zusätzlich, dass bei Unternehmen, die nur teilweise im Bankgeschäft tätig sind, nur die Bilanzsumme dieser Unternehmensteile berücksichtigt wird.

[1559] DRAUZ/SCHROEDER 28.

[1560] Art. 7 AVO präzisiert, dass diese besondere Berechnungsart nur für die Geschäftstätigkeit im Medienbereich gilt und die Umsätze anderer Geschäftsbereiche nach den jeweiligen Regeln zu berechnen sind.

nehmen schon dann unter die Fusionskontrolle fällt, wenn ihr Gesamtumsatz 100 Mio. Franken oder der auf die Schweiz entfallende Umsatz 25 Mio. Franken beträgt und wenn jedes von ihnen mindestens 5 Mio. Franken Umsatz in der Schweiz erzielt. Die Sonderregelung für Medienunternehmen soll den Wettbewerbsbehörden erlauben, in den besonders bedeutenden und zukunftsträchtigen Informationsmärkten auch kleinere Zusammenschlüsse zu untersuchen.[1561] Anstoss zu dieser Sonderregelung hat wohl unter anderem die starke Konzentrationstendenz in der schweizerischen Medienbranche während der letzten Jahre gegeben.[1562]

Die Umsatzschwellen können durch allgemeinverbindlichen, nicht referendumspflichtigen Bundesbeschluss veränderten Verhältnissen angepasst werden (Art. 9 Abs. 5 lit. a).[1563] Auf gleiche Art kann die Bundesversammlung auch besondere Voraussetzungen für Zusammenschlüsse in einzelnen Wirtschaftszweigen festlegen (Art. 9 Abs. 5 lit. b).

Aufgrund der Höhe der Umsatzschwellen ist anzunehmen, dass nur wenige Zusammenschlüsse unter die Zusammenschlusskontrolle des KG 95 fallen werden. Nach der Botschaft lag im Jahr 1993 die Zahl der Unternehmen, die für sich allein den ersten Schwellenwert überschritten, bei rund 130.[1564] Der Bundesrat geht gestützt auf die letzten rund zehn Jahre davon aus, dass jährlich zehn bis fünfzehn Zusammenschlüsse unter die Fusionskontrolle fallen.[1565]

Zwischen der Verabschiedung des KG 95 und dessen Inkrafttreten am 1. Juli 1996 war in der Schweiz eine markante Zunahme der Zusammenschlussaktivitäten feststellbar. Einige Unternehmen wurden möglicherweise durch das absehbare Inkrafttreten der Fusionskontrolle dazu bewogen, ihre Zusammenschlusspläne noch vorher zu verwirklichen.

Beispiele von bedeutenden Zusammenschlüssen seit September 1995 sind:

- die Fusion von Luzerner Zeitung und Luzerner Neuste Nachrichten[1566];

- die Gründung eines Gemeinschaftsunternehmens durch die SBG und die Rentenanstalt[1567];

[1561] Vgl. die Äusserungen von Bundesrat DELAMURAZ im NR, Amtl. Bull. NR 1995, 1068.

[1562] Vgl. die Untersuchung über die Pressekonzentration, VKKP 4/1993, 11-87, und neuerdings z.B. die Fusion der Luzerner Neuesten Nachrichten und der Luzerner Zeitung, NZZ Nr. 214 vom 15.9.95, S. 13.

[1563] Nach der Botschaft kann die Veränderung der Verhältnisse auch in einer Veränderung des wirtschaftlichen Umfelds bestehen, Botschaft 116.

[1564] Botschaft 112-113.

[1565] Botschaft 113.

[1566] NZZ Nr. 214 vom 15.9.95, S. 13.

[1567] NZZ Nr. 215 vom 16./17.9.95, S. 21.

- die Übernahme (durch öffentliches Kaufangebot) von Landis & Gyr durch Elektrowatt[1568];

- die Übernahme der Appenzell-Ausserrhodischen Kantonalbank durch die SBG[1569];

- die Fusion von Ciba und Sandoz[1570];

- die Übernahme von Badener Tagblatt und BAR-Bezirksanzeiger durch das Aargauer Tagblatt[1571];

- die Übernahme von Ecco durch Adia[1572];

- die Fusion von Feldschlösschen und Hürlimann[1573].

Sogar ein Zusammenschluss von CS Holding und SBG wurde im April 1996 erwogen.

2. Umsatzberechnung

Die Berechnung der Umsatzschwellen ist ausser teilweise für Banken und Versicherungsgesellschaften nicht im KG 95 geregelt. Die AVO bestimmt, welche Unternehmen in die Berechnung einzubeziehen (Art. 3 und 5) und welche Arten von Umsätzen zu berücksichtigen sind (Art. 4 Abs. 1).

Die Unternehmen, deren Umsätze zu berücksichtigen sind, sind die beteiligten Unternehmen selbst, ihre Tochter-, Mutter- und Schwesterunternehmen sowie Gemeinschaftsunternehmen von zwei oder mehr dieser Unternehmen[1574]. Art. 5 Abs. 1 AVO umschreibt diese Unternehmen mittels präziser Kriterien (Besitz von mehr als der Hälfte des Kapitals oder der Stimmrechte; Recht, mehr als die Hälfte der Mitglieder der Organe zu bestellen oder die Geschäfte zu führen). Diese Regelung entspricht Art. 5 Abs. 4 FKVO, die Formulierung wurde jedoch geschickt vereinfacht.[1575] Für die Bestimmung der in die Umsatzberechnung einzubeziehenden

---

[1568] NZZ Nr. 286 vom 8.12.95, S. 21.
[1569] NZZ Nr. 298 vom 22.12.95, S. 21.
[1570] NZZ Nr. 57 vom 8.3.96, S. 1, 21 und 27.
[1571] NZZ Nr. 74 vom 28.3.96, S. 13.
[1572] NZZ Nr. 107 vom 9.5.96, S. 21.
[1573] NZZ Nr. 112 vom 15.5.96, S. 21.
[1574] Die Umsätze eines Gemeinschaftsunternehmens werden den beteiligten Unternehmen je hälftig angerechnet (Art. 5 Abs. 3 AVO).
[1575] Sinnvoll wäre der Hinweis gewesen, dass die in Art. 5 Abs. 1 lit. a AVO aufgeführten Rechte auch mittelbar über andere Tochterunternehmen ausgeübt werden können, vgl. Art. 5 Abs. 4 lit. b FKVO.

Unternehmen kann folglich auf Teil 1 zum europäischen Verfahren verwiesen werden (vorne 40ff.).

Für die Berechnung der Umsatzschwellen werden selbstverständlich die konsolidierten Umsätze, also die Umsätze nach Elimination der konzerninternen Transaktionen berücksichtigt (Art. 5 Abs. 2 AVO). Die Zahlen der konsolidierten Konzernrechnung bei Aktiengesellschaften und Gesellschaften mit beschränkter Haftung (Art. 663e und 805 OR) sollten zumindest bei unkritischen Fällen für die Berechnung der Umsatzschwellen nach KG 95 benützt werden können, auch wenn der Konsolidierungskreis nach unterschiedlichen Kriterien abgegrenzt werden kann (Art. 663g OR). Es würde einen unnötigen Aufwand bedeuten, für die Fusionskontrolle spezielle konsolidierte Umsatzzahlen zu berechnen.

Bezüglich der Art der einzubeziehenden Umsätze übernimmt Art. 4 Abs. 1 AVO praktisch wörtlich Art. 5 Abs. 1 FKVO (Umsätze des letzten Geschäftsjahres mit Waren und Dienstleistungen, die dem normalen geschäftlichen Tätigkeitsbereich[1576] der Unternehmen zuzuordnen sind, unter Abzug von Erlösschmälerungen[1577], der Mehrwertsteuer und anderer unmittelbar auf den Umsatz bezogener Steuern). Beim Kontrollerwerb über einen Unternehmensteil sind nur die Umsätze des betreffenden Teils zu berücksichtigen (Art. 3 Abs. 2 i.V.m. Art. 4 Abs. 1 AVO; Art. 5 Abs. 2 FKVO).

Der Umsatzberechnung werden die Zahlen des letzten abgeschlossenen Geschäftsjahres zugrundegelegt. Gemäss dem Kommentar zur AVO sollen die endgültigen und geprüften Abschlüsse berücksichtigt werden.[1578] Dies entspricht der Praxis unter der FKVO.[1579] Haben die beteiligten Unternehmen seit Abschluss des letzten Geschäftsjahres bedeutende Übernahmen oder Veräusserungen getätigt, müssen diese berücksichtigt werden.[1580] Auch dies entspricht der Praxis der europäischen Kommission.[1581] Betrug das abgeschlossene Geschäftsjahr nicht zwölf Monate, so sind die Umsatzwerte auf zwölf Monate umzurechnen (Art. 4 Abs. 2 AVO).

3. Vergleich mit der FKVO

Das KG 95 übernimmt das System der Schwellenwerte (weltweiter und auf das Referenzgebiet entfallender Umsatz) von der FKVO. Letztere sieht noch eine negative Bedingung vor, nämlich dass nicht alle am Zusammenschluss beteiligten Unter-

---

[1576] Der Kommentar zur AVO verweist auf die Unterscheidung von betrieblichen und betriebsfremden Erträgen gemäss den Grundsätzen ordnungsgemässer Rechnungslegung, Kommentar zur AVO, 5.

[1577] Die AVO verwendet den Begriff Erlösminderungen und nennt Skonti und Rabatte als Beispiele; vgl. Kommentar zur AVO, 5.

[1578] Kommentar zur AVO, 6.

[1579] Bekanntmachung der Kommission über die Berechnung des Umsatzes, Ziff. 26.

[1580] Kommentar zur AVO, 6.

[1581] Bekanntmachung der Kommission über die Berechnung des Umsatzes, Ziff. 27.

nehmen jeweils mehr als zwei Drittel ihres gemeinschaftsweiten Gesamtumsatzes in ein und demselben Mitgliedstaat erwirtschaftet haben. Sie dient zur Regelung des Verhältnisses zwischen der FKVO und den nationalen Fusionskontrollvorschriften: Zusammenschlüsse, die vorwiegend einen bestimmten Mitgliedstaat betreffen, sollen nicht von der Kommission, sondern von diesem Mitgliedstaat beurteilt werden.

Die Sondervorschriften für Banken und Versicherungen entsprechen ebenfalls weitgehend der FKVO. Abweichend von der FKVO hat das Parlament für Medienunternehmen die Umsatzschwellen der in diesem Bereich erwirtschafteten Umsätze um den Faktor zwanzig herabgesetzt. Dies entspringt dem auch in der EU zu beobachtenden Bestreben, auf den besonders sensiblen Informationsmärkten Monopole „um jeden Preis" zu verhindern.[1582]

Über die Berechnung des Umsatzes schweigt das KG 95. Die Ausführungsverordnung übernimmt die Bestimmungen der FKVO. Die Wettbewerbskommission und das Sekretariat dürften sich deshalb für weitere technische Fragen der Umsatzberechnung an der Praxis der europäischen Kommission und deren ausführlicher Bekanntmachung über die Berechnung des Umsatzes orientieren.

D. Beteiligung eines marktmächtigen Unternehmens

Das KG 95 enthält einen speziellen Aufgreiftatbestand, dessen praktische Bedeutung schwer abzuschätzen ist. Nach Art. 9 Abs. 4 unterliegen der Fusionskontrolle alle Zusammenschlüsse, an denen ein Unternehmen beteiligt ist, für welches in einem Verfahren nach dem KG 95 rechtskräftig festgestellt worden ist, „dass es in der Schweiz auf einem bestimmten Markt eine beherrschende Stellung hat und der Zusammenschluss diesen Markt betrifft oder einen solchen, der ihm vor- oder nachgelagert oder benachbart ist". Der Zusammenschluss fällt dann unter die Fusionskontrolle, unabhängig davon, ob er die Umsatzschwellen erreicht oder nicht.

Die Feststellung, dass ein Unternehmen marktbeherrschend ist, muss in einem Verfahren nach dem KG 95 erfolgt sein. In Frage kommen die Untersuchung von Wettbewerbsbeschränkungen nach Art. 27 - 30 oder das Fusionskontrollverfahren.[1583] Die Feststellung muss rechtskräftig erfolgt sein, was sicher der Fall ist, wenn die ordentlichen Rechtsmittel (Beschwerde an die Rekurskommission, Verwaltungsgerichtsbeschwerde) erschöpft sind.

Der Markt, auf dem das betreffende Unternehmen eine marktbeherrschende Stellung hat, muss der vom Zusammenschluss betroffene Markt sein oder diesem vor- oder nachgelagert oder benachbart sein. Unter vor- oder nachgelagerten Märkten dürften

---

[1582] Vgl. die Äusserungen von Bundesrat DELAMURAZ im NR, Amtl. Bull. NR 1995, 1068 und die drei Verbotsentscheidungen der Europäischen Kommission, MSG Media Service, M.469, Nordic Satellite Distribution, M.490 und RTL/Veronica/Endemol, M.553.

[1583] Vgl. Botschaft 113-114.

Märkte verstanden werden, die in bezug auf Produktion oder Distribution auf dem Weg des Produkts vorher oder nachher kommen. Unter benachbarten Märkten dürften Märkte von Gütern verstanden werden, die bis zu einem gewissen Grad substituierbar sind oder deren Nachfrage parallel verläuft.

Mit diesem Anwendungskriterium wollte der Gesetzgeber wohl auch den kontinuierlichen Aufkauf von kleineren Unternehmen durch ein Grossunternehmen der Fusionskontrolle unterstellen. Wenn beispielsweise ein Grossverteiler oder die Telecom Detailhandelsunternehmen bzw. Unternehmen der Telekommunikationsbranche aufkaufen, wäre die Zusammenschlusskontrolle in vielen Fällen nicht anwendbar, weil die übernommenen Unternehmen keinen Umsatz von 100 Mio. Franken erzielten.

Die Praktikabilität von Art. 9 Abs. 4 scheint allerdings fraglich. Während welcher Dauer soll eine Entscheidung, wonach Marktbeherrschung vorliegt, bewirken, dass ein Zusammenschluss unter die Fusionskontrolle fällt? Das betroffene Unternehmen würde argumentieren können, die marktbeherrschende Stellung bestehe zum aktuellen Zeitpunkt nicht mehr. Besonders auf „boomenden" Märkten können sich die Wettbewerbsverhältnisse innert Monaten ändern. Das mit der „Meldepflicht" verbundene Vollzugsverbot des Zusammenschlusses ist so einschneidend, dass es unter Voraussetzungen stehen sollte, die eindeutige, aktuelle Marktmacht anzeigen. Die Wirkung der in Art. 9 Abs. 4 genannten Entscheidungen hätte mindestens zeitlich beschränkt werden müssen.[1584]

Da die Wettbewerbskommission bei der Eröffnung einer kartellrechtlichen Untersuchung und bei der Gestaltung einvernehmlicher Regelungen über ein beträchtliches Ermessen verfügt (vgl. Art. 27, 29 und 32), und somit nicht in jedem Fall von Marktmacht auch zu einer Entscheidung gelangen wird, ist es zweifelhaft, ob Art. 9 Abs. 4 vor dem Gebot der Rechtsgleichheit standhält.

E. Vorbehalt wettbewerbsbeschränkender öffentlich-rechtlicher Vorschriften

Das KG 95 macht einen Vorbehalt zugunsten von staatlichen Markt- oder Preisordnungen sowie der Gewährung besonderer Rechte zur Erfüllung öffentlicher Aufgaben (Art. 3 Abs. 1). Vorschriften, die eine staatliche Marktordnung begründen oder bestimmten Unternehmen zur Erfüllung öffentlicher Aufgaben besondere Rechte gewähren, können einen wettbewerbsbeseitigenden Zusammenschluss rechtfertigen.[1585] Nach dem Grundsatz der Verhältnismässigkeit müsste der wettbewerbs-

---

1584 Ein dahingehender Antrag von Ständerat RÜESCH, der auch eine Mindest-Umsatzschwelle vorsah, wurde leider abgelehnt, Amtl. Bull. StR 1995, 859-863.

1585 Für STOFFEL sind staatliche Markt- und Preisordnungen solche des Bundes; dagegen könnten auch die Kantone Unternehmen mit besonderen Rechten ausstatten, STOFFEL, Kartellrecht, 115-116.

beseitigende Zusammenschluss ein geeignetes und erforderliches Mittel zur Aufrechterhaltung der staatlichen Markt- oder Preisordnung oder zur Ausübung der besonderen Rechte sein.[1586] Ein Vorbehalt zugunsten von staatlichen Markt- oder Preisordnungen bestand schon in Art. 44 KG 85.[1587]

F. Kritik an den Anwendungsvoraussetzungen

Die Schwellenwerte des KG 95 liegen sehr hoch. Gemessen z.B. an der Bevölkerungszahl, und damit der Zahl der potentiellen Konsumenten, sind die Umsatzschwellen in der Schweiz beträchtlich höher als jene in der EU. Während die Bevölkerung der Schweiz nur rund einen Fünfzigstel derjenigen der EU ausmacht (368.7 Millionen : 7 Millionen), sind die Umsatzschwellen des KG 95 nur um den Faktor vier kleiner. Aufgrund der statistischen Auswertung der Zusammenschlüsse vergangener Jahre ist der Bundesrat der Ansicht, dass jährlich nur rund zehn bis fünfzehn Zusammenschlüsse unter die Zusammenschlusskontrolle gefallen wären.[1588] Gerade auf Märkten, auf denen keine ausländische Konkurrenz herrscht, können wohl auch kleinere Zusammenschlüsse wettbewerbsbedrohend sein. Die Schwellenwerte liegen somit eher zu hoch und sollten deshalb nach einiger Zeit überprüft werden. Dies gilt besonders, wenn man davon ausgeht, dass die Hauptanwendungsvoraussetzung der Fusionskontrolle das Überschreiten der Umsatzschwellen und nicht die Beteiligung eines marktbeherrschenden Unternehmens am Zusammenschluss ist.

Die Anwendung der Zusammenschlusskontrolle auf Zusammenschlüsse, an denen ein Unternehmen beteiligt ist, das in einem Verfahren nach dem KG 95 als marktmächtig bezeichnet worden ist, ist aus den oben genannten Gründen problematisch. Dieses Anwendungskriterium sollte mindestens zeitlich beschränkt werden.

Die besonderen Umsatzschwellen für Banken und Versicherungen entsprechen weitgehend dem europäischen Recht. Da die Ermittlung der Bilanzsumme von Banken unter der FKVO zahlreiche Probleme verursacht hat und in der EU die Berücksichtigung des Bankbetriebsergebnisses geprüft wird, sollte das KG 95 auch diesbezüglich überprüft werden.

Von der Befugnis der Bundesversammlung, durch allgemeinverbindlichen, nicht dem Referendum unterstehenden Bundesbeschluss Sonderbestimmungen für weitere Wirtschaftszweige zu erlassen, sollte im Interesse der Kohärenz des Wettbewerbsrechts nur restriktiv Gebrauch gemacht werden.

[1586] Vgl. Botschaft 72-73.

[1587] Dazu: BENOÎT CARRON, Le régime des ordres de marché du droit public en droit de la concurrence; SCHÜRMANN, in: SCHÜRMANN/SCHLUEP 766-768; HOMBURGER zu Art. 44 N 11-16.

[1588] Botschaft 113. Diese Zahlen dürften noch relativ hoch liegen.

III. Verfahrensbeteiligte

Am Fusionskontrollverfahren sind verschiedene Unternehmen, Behörden und Personen beteiligt. Den am Zusammenschluss beteiligten Unternehmen stehen die Wettbewerbskommission mit ihrem Sekretariat und - bei bestimmten Zusammenschlüssen von Banken - die Eidgenössische Bankenkommission gegenüber. Unternehmen oder Personen, die nicht am Zusammenschluss beteiligt sind, also z.B. Konkurrenten, können ihre Meinung zum Zusammenschlussvorhaben äussern und zur Ermittlung des Sachverhalts beitragen. Sie verfügen nicht über Parteirechte im Sinne des VwVG (Anspruch auf rechtliches Gehör, Akteneinsicht, etc., s. hinten 449). Rechtsmittelinstanzen sind die Rekurskommission für Wettbewerbsfragen und das Bundesgericht. Der Bundesrat kann von den Wettbewerbsbehörden untersagte Zusammenschlüsse ausnahmsweise zulassen.

A. Behörden

1. Wettbewerbskommission

Mit der Durchführung des verwaltungsrechtlichen Teils des Gesetzes beauftragt das KG 95 die Wettbewerbskommission (Art. 18 - 22). Änderungen gegenüber der bisherigen Kartellkommission gibt es vor allem hinsichtlich Verfügungskompetenz, Struktur, Unabhängigkeit der Mitglieder und Betrauung der Kammern mit Entscheidkompetenzen. In diesen Bereichen wollte der Bundesrat die Wettbewerbskommission dem Modell der Eidgenössischen Bankenkommission angleichen.[1589] Der Hauptunterschied zwischen Wettbewerbskommission und bisheriger Kartellkommission liegt bei der Verfügungskompetenz.

Die Zusammensetzung der Wettbewerbskommission ist in Art. 18 Abs. 1 und 2 geregelt. Wie die ehemalige Kartellkommission besteht sie aus elf bis fünfzehn Mitgliedern. Sie wird durch einen Präsidenten und zwei Vize-Präsidenten geleitet und kann sich in Kammern gliedern, denen ein Mitglied des Präsidiums vorsteht.[1590] Die Mitglieder der Wettbewerbskommission, ihr Präsident und die Vize-Präsidenten werden durch den Bundesrat bezeichnet. Die Mehrheit der Mitglieder müssen neu unabhängige Sachverständige sein, d.h. vor allem Hochschulprofessoren.[1591]

[1589] Botschaft 31, 57 und 130.
[1590] Art. 19; Botschaft 128.
[1591] Nach Art. 20 KG 85 sollten in der Kartellkommission Wissenschaft, Wirtschaft und Konsumenten vertreten sein. Es war üblich, dass der Vorort, der Gewerbeverband, der Gewerkschaftsbund, Konsumentenorganisationen und Grossverteiler einen Vertreter in der Kartellkommission hatten, vgl. TERCIER 411.

Ende Januar 1996 hat der Bundesrat den amtierenden Präsidenten der Kartellkommission, Pierre Tercier, zum Präsidenten der Wettbewerbskommission ernannt.[1592] Mitte April 1996 hat er auch die übrigen Mitglieder bestimmt: Vizepräsidenten sind die Professoren Roland von Büren und Roger Zäch, Mitglieder sind Botschafter Marino Baldi (Bundesamt für Aussenwirtschaft), Heidi Bravo-Baumann (Bauernverband), Pascale Erbeia (Westschweizer Konsumentinnenbund), Prof. Yves Flückiger, Serge Gaillard (Gewerkschaftsbund), Klaus Hug (Verband der Waren- und Kaufhäuser), Peter Hutzli (Vorort), Prof. Richard Kühn, Prof. Jean-Christian Lambelet, Daniel Lehmann (Gewerbeverband), Prof. Ursula Nordmann-Zimmermann und Prof. Peter Zweifel.[1593] In der ersten Besetzung besteht die Wettbewerbskommission somit aus sechs Vertretern von Verbänden und neun „unabhängigen" Mitgliedern.

Der personellen Besetzung der Wettbewerbskommission kommt einige Bedeutung zu. Einerseits muss das neue Gesetz bestehende Wettbewerbsbehinderungen schwungvoll ausräumen, anderseits sollten die Kompetenzen des neuen Gesetzes nicht zu wettbewerbstheoretischen Experimenten missbraucht werden.

Das KG 95 lässt offen, ob die Tätigkeit in der Wettbewerbskommission vollamtlich ist. Die Botschaft sah vor, dass der Vorsitzende des Präsidiums vollamtlich, die beiden Vizepräsidenten halbamtlich und die übrigen Mitglieder nebenamtlich tätig sein sollten.[1594] Der Nationalrat hat es abgelehnt, den nebenamtlichen Charakter der Tätigkeit in der Wettbewerbskommission im Gesetz festzuschreiben; die Frage sollte im Gesetz nicht geregelt werden.[1595] Wegen des erweiterten Anwendungsbereichs des KG 95 und der vergrösserten Befugnisse der Wettbewerbskommission dürfte die Tätigkeit in der Wettbewerbskommission mehr Zeit beanspruchen als die in der Kartellkommission. Da die Wettbewerbskommission neu Verfügungskompetenz hat, ist die Verantwortung der Kommissionsmitglieder in gewissem Sinne auch grösser. Für die wirksame Durchführung des KG 95 ist neben der Zusammensetzung und den Befugnissen der Wettbewerbskommission auch die personelle Dotation des Sekretariats von entscheidender Bedeutung (hinten 349f.).

[1592] NZZ Nr. 20 vom 25.1.96, S. 12.

[1593] NZZ Nr. 90 vom 18.4.96, S. 13.

[1594] Botschaft 129.

[1595] Antrag SCHMID SAMUEL, Amtl. Bull. NR 1995, 1102 und die Voten der Kommissionssprecher des Nationalrats, LEDERGERBER und COUCHEPIN, und von Bundesrat DELAMURAZ, Amtl. Bull. NR 1995, 1101-1102. Auf die Schwierigkeiten, die sich bei einer ganz aus nebenamtlichen Mitgliedern bestehenden Kartellkommission ergeben können, hat SCHMIDHAUSER bereits 1978 hingewiesen: SCHMIDHAUSER, Administrative Bewältigung, 47-48.

Wie die Kartellkommission ist die Wettbewerbskommission in ihrer Tätigkeit von der Verwaltung unabhängig, also nicht an Weisungen gebunden (Art. 19).[1596] Administrativ ist sie dem Eidgenössischen Volkswirtschaftsdepartement zugeordnet.

Nach dem neuen KG hat die Wettbewerbskommission unmittelbare Verfügungskompetenz[1597] (Art. 18 Abs. 3).[1598] Auch die Kammern haben selbständige Entscheidungsbefugnis (Art. 19 Abs. 1).[1599] Unter dem KG 85 kam bekanntlich erst dem EVD Verfügungsbefugnis zu. Nach der Rechtsprechung des Bundesgerichts[1600] hatte das EVD im Fall der Nichtbefolgung einer Empfehlung der Kartellkommission die Untersuchung unter Anwendung des VwVG ganz zu wiederholen. Dies wurde allgemein als ineffizient beurteilt.[1601]

Die Wettbewerbskommission hat neben den im Gesetz genannten verfahrensabschliessenden Verfügungen auch eine Reihe von Zwischenverfügungen und anderen Entscheidungen zu treffen. Die Zuständigkeit für die verschiedenen Entscheidungen und Verfügungen (Gesamtkommission, Präsident, Vizepräsident oder Kammer) soll in einem gestützt auf Art. 20 zu erlassenden Geschäftsreglement festgelegt werden.[1602] Das Geschäftsreglement der Wettbewerbskommission wird voraussichtlich erst im Sommer 1996 beschlossen und vom Bundesrat genehmigt.

Die Kompetenzverteilung sollte m.E. wie folgt geregelt werden: Die zuständige Kammer oder die Gesamtkommission kann die Entscheidung über die Eröffnung eines Hauptprüfverfahrens treffen.[1603] Die Verfügungen über die Verlängerung des Vollzugsverbots, die Untersagung, die Zulassung und die Zulassung unter Bedingungen und Auflagen, die Wiederherstellung wirksamen Wettbewerbs, den Widerruf und die Revision einer Zulassung können von der zuständigen Kammer erlassen werden. Für die Übertragung der Verfügungskompetenz in diesen Fragen spricht der Umstand, dass die mit der Sache vertrauten Personen auch entscheiden sollten. Ein

---

1596 Zur Unabhängigkeit unter dem KG 85 s. SCHÜRMANN, in: SCHÜRMANN/SCHLUEP 617; SCHMIDHAUSER, Vergleich, 371; HOMBURGER zu Art. 20 N 3.

1597 „Die Verfügung ist ein individueller, an den Einzelnen gerichteter Hoheitsakt, durch den eine konkrete verwaltungsrechtliche Rechtsbeziehung rechtsgestaltend oder feststellend in verbindlicher und erzwingbarer Weise geregelt wird." HÄFELIN/MÜLLER N 685; vgl. Art. 5 VwVG.

1598 Die Übertragung der Verfügungskompetenz war verschiedentlich gefordert worden: STOFFEL, Application, 104-105; ZÄCH, Wettbewerbsrecht, 864; BAUDENBACHER, Revision, 1375. Bereits die Kartellkommission als Expertenkommission für die Revision des KG 62 hatte dies vorgeschlagen, Botschaft 1981, 1363-1364.

1599 So schon gefordert von ZÄCH, Wettbewerbsrecht, 864.

1600 BGE 117 Ib 481 (Schweizerische Bankiervereinigung).

1601 Fn 1514.

1602 Nach Art. 4 des Reglements der Kartellkommission zum KG 85 (AS 1986, 977) mussten alle Entscheidungen gegenüber Dritten ausserhalb der Verwaltung sowie alle anderen wichtigen Entscheidungen grundsätzlich von der Kommission getroffen werden.

1603 Der Kommentar zur AVO scheint dagegen davon auszugehen, dass das Sekretariat die Entscheidungen im Vorprüfverfahren trifft, Kommentar zur AVO, 7. Art. 32 schliesst die Delegation dieser Entscheidung m.E. aus.

Gremium von fünf Mitgliedern der Wettbewerbskommission scheint mir für diese Verfügungen im Normalfall ausreichend legitimiert. Auch die Botschaft führt aus, dass die Wettbewerbskommission ihre Entscheidungen grundsätzlich in Kammern trifft und schwerfällige Plenarsitzungen vermieden werden sollten.[1604] Eine wichtige Voraussetzung für die Legitimität der Entscheidungen ist jedoch die Möglichkeit, dass eine bestimmte Anzahl Kommissionsmitglieder verlangen kann, dass auch eine in die Zuständigkeit der Wettbewerbskommission fallende Entscheidung der Gesamtkommission vorgelegt wird.

Der Gesamtkommission sollten Entscheidungen über Grundsatzfragen und Verfügungen über Verwaltungs- und Strafsanktionen vorbehalten sein.

Vorsorgliche Massnahmen, Entscheidungen über das rechtliche Gehör und die Akteneinsicht, Auskunftsverlangen, Zeugeneinvernahmen, Verpflichtung zur Beweisaussage und Hausdurchsuchungen sollten auf Antrag des Sekretariats von einem Mitglied des Präsidiums angeordnet werden.[1605]

Nach Art. 19 kann die Wettbewerbskommission ein Mitglied des Präsidiums im Einzelfall ermächtigen, dringliche Fälle oder Fälle untergeordneter Bedeutung direkt zu erledigen. Im Fusionskontrollverfahren dürften die Voraussetzungen für diese Delegation nur für wenige Situationen vorliegen. Die fristgebundenen Entscheidungen und Verfügungen in der Fusionskontrolle sind nicht besonders dringlich, sondern die Regel. Die Organisation der Wettbewerbskommission und ihrer Kammern muss sich an diesen Fristen orientieren. Zusammenschlüsse, die die Umsatzschwellen überschreiten, sind auch kaum „Fälle von untergeordneter Bedeutung". Von untergeordneter Bedeutung können allenfalls gewisse Zusammenschlüsse sein, die deshalb unter die Fusionskontrolle fallen, weil an ihnen ein Unternehmen beteiligt ist, für das in einer früheren Entscheidung nach dem KG 95 festgestellt worden ist, dass es marktbeherrschend ist. Solche Entscheidungen dürften an ein Mitglied des Präsidiums delegiert werden können.

Die Wettbewerbskommission und die Kammern beschliessen mit einfachem Mehr bei einem Quorum von der Hälfte, aber mindestens drei Mitgliedern (Art. 21). Der Stichentscheid liegt beim Präsidenten. Nach dem KG 85 waren Zirkulationsbeschlüsse zulässig.[1606]

Das Bundesgericht hat auch festgestellt, dass das KG 85 keine besondere Form der Beschlussfassung vorgesehen habe, so dass eine in der Kompetenz der Kartellkommission liegende Verfügung stillschweigend beschlossen werden konnte, wenn kein

---

[1604] Botschaft 58. Die Botschaft verwies in diesem Punkt allerdings auf einen Art. 18 Abs. 4, der im Entwurf nicht vorhanden war.
[1605] Vgl. Art. 23 Abs. 1.
[1606] Art. 3 des Reglements der Kartellkommission vom 24. Februar 1986, AS 1986, 977.

Mitglied Einwendungen dagegen erhob.[1607] Als Bedingungen für die stillschweigende Beschlussfassung nannte es, „dass sich die Kommissionsmitglieder bewusst sind, dass eine bestimmte Massnahme in ihre Beschlusskompetenz fällt, sie den Sachverhalt und die in Aussicht genommene Massnahme kennen und effektiv die Möglichkeit haben, Einwendungen zu erheben".[1608] Nach der Praxis unter dem KG 85 oblag die Ausarbeitung der Begründung der Verfügung dem Präsidenten und dem Sekretariat, wobei die Kommission die Möglichkeit hatte, vorgängig die Vorlage eines Entwurfs zu verlangen.[1609]

Es ist zweifelhaft, ob aus einem solchen Verfahren immer eine wohlinformierte und wohlbegründete Kollegialentscheidung resultierte. Das Problem, dass die Wettbewerbskommission mit untergeordneten Entscheidungen (z.B. über Auskunftsverlangen) belastet wird und die meisten Entscheidungen dann effektiv vom Präsidenten und vom Sachbearbeiter „gemacht" werden, lässt sich durch sinnvolle Delegation der Entscheidkompetenz, wie sie das KG 95 ermöglicht, beseitigen.

Das Beschlussfassungsverfahren der Wettbewerbskommission sollte im Reglement so geregelt werden, dass der entscheidenden Kammer immer ein Verfügungsentwurf vorliegt und der definitive Text der Verfügung an der Sitzung verabschiedet wird. Der Ausstand von Mitgliedern der Wettbewerbskommission und des Sekretariates richtet sich nach Art. 10 VwVG. Art. 22 Abs. 2 hält dazu fest, dass die blosse Vertretung eines übergeordneten Verbandes in der Wettbewerbskommission kein persönliches Interesse oder Befangenheit vermuten lässt. Ist der Ausstand streitig, so entscheidet nach Art. 22 Abs. 3 die Wettbewerbskommission oder die entsprechende Kammer unter Ausschluss des betreffenden Mitglieds.[1610] Zwischenverfügungen über den Ausstand sind mit Beschwerde an die Rekurskommission für Wettbewerbsfragen anfechtbar (Art. 45 Abs. 2 lit. b VwVG i.V.m. Art. 44 KG 95).

1607 Urteil des Bundesgerichts vom 6. März 1995 in Sachen Denner AG und EG Dritte Kraft AG (2A.188 und 189/1993), besprochen in NZZ Nr. 107 vom 10.5.95, S. 26.
1608 Urteil des Bundesgerichts vom 6. März 1995 in Sachen Denner AG und EG Dritte Kraft AG (2A.188 und 189/1993), Erw. 3a.
1609 Urteil des Bundesgerichts vom 6. März 1995 in Sachen Denner AG und EG Dritte Kraft AG (2A.188 und 189/1993), Erw. 3a.
1610 Die einzige Abweichung gegenüber Art. 10 VwVG besteht darin, dass auch eine Kammer über den Ausstand entscheiden kann, vgl. den abgelehnten Kommissionsvorschlag auf Streichung von Abs. 2, Amtl. Bull. NR 1995, 1103. Art. 22 KG 85 war substantieller, da das VwVG grundsätzlich nicht anwendbar war.

2. Eidgenössische Bankenkommission

Bestimmte Zusammenschlüsse von Banken werden von der Eidgenössischen Bankenkommission beurteilt (Art. 10 Abs. 3, vorne 320ff. und hinten 429ff.). Dabei „tritt die Bankenkommission an die Stelle der Wettbewerbskommission" (Art. 10 Abs. 3). Wie bei der Bankenaufsicht nach dem BaG erlässt die EBK in ihrer Funktion als Fusionskontrollbehörde Verfügungen. Somit ist das VwVG anwendbar.

Stellung und Aufgaben der EBK sind im Bankengesetz und der dazugehörigen Verordnung geregelt (insbesondere Art. 23 BaG und Art. 50 - 52 der Verordnung[1611]). Die EBK besteht aus sieben bis neun Mitgliedern. Es gibt einen Präsidenten und zwei Vizepräsidenten. Die EBK wird vom Bundesrat gewählt. Die Mitglieder der EBK müssen Sachverständige sein.

Die EBK kann sich in Kammern gliedern.[1612] Sie verfügt über ein ständiges Sekretariat, dessen Beamte und Angestellte der Personalgesetzgebung des Bundes unterstehen. Die EBK ist eine eidgenössische Kommission im Sinne von Art. 1 Abs. 2 lit. d VwVG. Sie ist aber keine Verwaltungsabteilung des Bundes und untersteht keiner direkten Aufsicht durch den Bundesrat.[1613] Deshalb ist gegen die EBK wie gegen die Wettbewerbskommission keine Aufsichtsbeschwerde möglich.[1614]

Die EBK kann von den Banken alle Auskünfte und Unterlagen verlangen, die sie zur Erfüllung ihrer Aufgabe benötigt (Art. 23bis Abs. 2 BaG). Das Bankgeheimnis kann ihr nicht entgegengehalten werden.[1615] Gemäss Art. 51b der Verordnung kann sie auch Zeugen einvernehmen.[1616] Das Sekretariat bereitet die Geschäfte der Bankenkommission vor, stellt ihr Antrag und vollzieht ihre Entscheide (Art. 51a der Verordnung). Es verkehrt mit den Beteiligten direkt und führt das ganze Verwaltungsverfahren. Es kann auch selbst Erhebungen durchführen.

[1611] Verordnung über die Banken und Sparkassen vom 17. Mai 1972, SR 952.02.
[1612] Dies ist gegenwärtig nicht der Fall, KLEINER, in: Kommentar zum Bankengesetz, Art. 23 N 9.
[1613] Entscheid des Bundesrates vom 14. Mai 1969, SJZ 1969, 206-208.
[1614] LIMBURG 275.
[1615] SCHÜRMANN 365.
[1616] Dieser Artikel der Verordnung hat keine Grundlage im Gesetz, KLEINER, in: Kommentar zum Bankengesetz, Art. 23bis N 10.

3. Sekretariat (Art. 23 und 24)

Im Vorentwurf zum KG 95 war die Schaffung eines Bundesamtes für Wettbewerb vorgesehen. Wegen Kritiken im Vernehmlassungsverfahren wurde aber an einem der Wettbewerbskommission zugeordneten Sekretariat festgehalten.[1617] Nach Ansicht des Bundesrates sollte die schliesslich gewählte Struktur dem Modell der Bankenkommission folgen.[1618]

Das Sekretariat hat die Geschäfte der Wettbewerbskommission vorzubereiten, die Untersuchung durchzuführen[1619] und zusammen mit einem Mitglied des Präsidiums die notwendigen verfahrensleitenden Verfügungen zu erlassen. Es hat auch die Aufgabe, die Entscheide der Wettbewerbskommission zu vollziehen. Zusätzlich muss es Behörden und Unternehmen bei Fragen zum KG beraten. Gegenüber dem KG 85 erfährt das Sekretariat mit der Übertragung der Untersuchungsbefugnis einen bedeutenden Kompetenzzuwachs.[1620]

Das Sekretariat hat notwendigerweise die gleiche unabhängige Stellung gegenüber anderen Verwaltungsbehörden wie die Wettbewerbskommission.[1621] Es verkehrt direkt mit Beteiligten, Dritten und Behörden. Der Ausstand von Sekretariatsmitarbeitern richtet sich nach Art. 10 VwVG.

Das Personal des Sekretariats wird von der Wettbewerbskommission ausgewählt, der Direktor durch den Bundesrat ernannt.[1622] Die bisherigen Sekretariatsmitarbeiter werden mit grosser Wahrscheinlichkeit im neuen Sekretariat weiterbeschäftigt, da die Wettbewerbskommission ein grosses Interesse daran hat, die wenigen erfahrenen Sekretariatsmitarbeiter zu behalten. Das Sekretariat wird über die bestehenden sieben Mitarbeiter- und drei Sekretariatsstellen hinaus bis 1998 gestaffelt erweitert.[1623]

Es ist wichtig, dass das Sekretariat personell ausreichend dotiert ist. Insbesondere die Zusammenschlusskontrolle verlangt nach ausreichend Mitarbeitern, da jeder gemeldete Zusammenschluss wegen der einmonatigen Frist für das Vorprüfverfahren sofort bearbeitet werden muss.

1617 Art. 31-37 Vorentwurf; Botschaft 31; vgl. dazu auch ZÄCH, Wettbewerbsrecht, 864.
1618 Botschaft 31.
1619 Obwohl Art. 33 Abs. 3 nur noch von der Wettbewerbskommission spricht, ist in erster Linie das Sekretariat für die Durchführung der Untersuchung eines Zusammenschlusses zuständig, s. hinten 393f.
1620 Vgl. Botschaft 132-133.
1621 In Art. 20 Abs. 2 KG 85 war dies ausdrücklich vorgesehen.
1622 Dies entspricht der Regelung für das Sekretariat der EBK, Art. 51 BaG.
1623 Vgl. Botschaft 164. Das Sekretariat der Kartellkommission war schon für die Durchführung des KG 85 viel zu klein, Botschaft 161; KARTELLKOMMISSION, EWR-Abkommen, 85; DROLSHAMMER/DUCREY (1995) 215.

Das Sekretariat soll je zur Hälfte aus Juristinnen und Juristen und Ökonominnen und Ökonomen bestehen.[1624] Der Bundesrat beabsichtigt, das Sekretariat in eine Ermittlungsabteilung, einen Rechtsdienst, einen Wirtschaftsdienst, einen Dienst für Statistik und einen administrativen Dienst zu gliedern.[1625]

4. Bundesrat

Der Bundesrat hat die Befugnis, Unternehmenszusammenschlüsse, die nach den Gesichtspunkten von Art. 10 untersagt worden sind, in Ausnahmefällen zuzulassen, wenn sie nötig sind, um überwiegende öffentliche Interessen zu verwirklichen (Art. 11, vorne 322f. und hinten 426ff.). Dadurch soll die Beurteilung eines Zusammenschlusses zweigeteilt werden. Von der Wettbewerbskommission (und den Rechtsmittelinstanzen) werden ausschliesslich wettbewerbliche Aspekte, vom Bundesrat im Ausnahmeverfahren auch andere öffentliche Interessen geprüft.[1626]

5. Rekurskommission für Wettbewerbsfragen

Zur Beurteilung von Beschwerden gegen Verfügungen der Wettbewerbskommission und des Sekretariats wurde eine Rekurskommission für Wettbewerbsfragen eingesetzt (Art. 44, vgl. hinten 434ff.). Die Rekurskommission ist eine aus unabhängigen Richtern bestehende eidgenössische Rekurskommission im Sinne der Artikel 71a - 71c des VwVG. Die Rekurskommission hat die Funktion eines erstinstanzlichen Verwaltungsgerichts.[1627] Organisation und Verfahren der Rekurskommission sind in einer Verordnung des Bundesrates geregelt.[1628] Die Richter dieser Rekurskommission sollen nebenamtlich tätig sein.[1629]

Beschwerden gegen Verfügungen des EVD und Verfügungen der Kartellkommission über die Auskunftspflicht und Beweisanordnungen waren schon seit dem 1.1.94 an die Rekurskommission EVD zu richten.[1630]

Da sich die neu geschaffene Rekurskommission nur mit Fragen der Anwendung des KG 95 befasst, ist anzunehmen, dass sie rasch und mit grossem Sachverstand urteilen wird. Mit dem Europäischen Gericht erster Instanz hat sie gemeinsam, dass sie

---

[1624] Botschaft 163.

[1625] Botschaft 164.

[1626] Botschaft 57.

[1627] Vgl. HÄFELIN/MÜLLER N 1449.

[1628] Verordnung über Organisation und Verfahren eidgenössischer Rekurs- und Schiedskommissionen vom 3. Februar 1993, SR 173.31.

[1629] Botschaft 164.

[1630] Art. 38 KG 85 in der Fassung von AS 1992 I 288, 312; Art. 29 der in Fn 1628 zitierten Verordnung i.V.m. Art. 2 Abs. 1 der Verordnung vom 3. Februar 1993 über die vollständige Inkraftsetzung der Änderung des Bundesgesetzes über die Organisation der Bundesrechtspflege, SR 173.110.01.

die erste gerichtliche Rechtsmittelinstanz ist und vor allem wettbewerbsrechtliche Fragen beurteilen wird.

6. Vergleich mit der europäischen Fusionskontrolle

Bei der Behördenorganisation der schweizerischen und der europäischen Fusionskontrolle gibt es zahlreiche Unterschiede. Die Wettbewerbskommission ist nur für Wettbewerbsrecht zuständig, die europäische Kommission jedoch für alle Bereiche des Gemeinschaftsrechts. Die Wettbewerbskommission entspricht damit eher der Generaldirektion für Wettbewerb. Die Kommission entspricht in bezug auf ihre Aufgaben und Arbeitslast am ehesten dem Bundesrat. Die Kommission ist kaum in der Lage, die Untersuchungen von nahe zu verfolgen.

Die Mitglieder der Wettbewerbskommission dürften im Gegensatz zu den Mitgliedern der Kommission nicht vollamtlich tätig sein. Die Task Force Fusionskontrolle hat mit circa fünfzig Mitarbeitern, die ausschliesslich für die Fusionskontrolle zuständig sind, mehr Personal als das künftige Sekretariat der Wettbewerbskommission insgesamt. Die Anzahl Mitarbeiter der Generaldirektion IV beträgt rund vierhundert.

Die Entscheidungsbefugnis ist im schweizerischen Recht sinnvoller geregelt. Im Gesetz steht, dass die Wettbewerbskommission auch in Kammern entscheiden kann und in welchen Fällen eine Delegation der Entscheidbefugnis an die Mitglieder des Präsidiums zulässig ist. In der EU gilt der Grundsatz der Kollegialentscheidung der Kommission, der wegen dem grossen Abstand der Kommission von den direkt mit der Sache befassten Beamten nicht leicht zu beachten ist, wie jüngere Urteile des Gerichtshofes belegen.

B. Zusammenschlussbeteiligte

1. Begriff

Die Vorschriften des KG 95 über Unternehmenszusammenschlüsse gehen vom Begriff der am Zusammenschluss beteiligten Unternehmen aus. Dies gilt sowohl für die Anwendungsvoraussetzungen wie für den Ablauf des Verfahrens und die Auskunftspflicht (Art. 9, 32 - 38 und 40).

Am Zusammenschluss beteiligt sind das oder die übernehmende(n) und das oder die zu übernehmende(n) Unternehmen und bei einer Fusion die fusionierenden Unternehmen (Art. 3 Abs. 1 AVO). Bei der Gründung eines Gemeinschaftsunternehmens sind es die Gründerunternehmen. Das Unternehmen, das einen Unternehmensteil verkauft, gilt nicht als beteiligtes Unternehmen, der verkaufte Unternehmensteil dagegen schon (Art. 3 Abs. 2 AVO). Die Zusammenschlussbeteiligten werden somit gemäss dem KG 95 und der FKVO gleich umschrieben. Ein Unterschied besteht hinsichtlich des rechtlichen Gehörs: nach europäischem Recht gilt der Veräusserer für die Anhörungsrechte als Beteiligter und hat somit einen Anspruch auf rechtliches Gehör (Art. 11 lit. d DVO), nach schweizerischem Recht gilt er nicht als Beteiligter und hat deshalb keinen Anspruch auf rechtliches Gehör (Art. 3 AVO).

Die am Zusammenschluss beteiligten Unternehmen sind Parteien im Sinne von Art. 6 VwVG, da eine allfällige Verfügung ihre Rechte und Pflichten berührt. Sie sind auch die Verfügungsadressaten (Art. 34 VwVG). Wegen ihrer Parteistellung verfügen sie über die Parteirechte (Art. 18 und 26 - 33 VwVG) und unterliegen der Mitwirkungspflicht im Verfahren (Art. 13 VwVG).[1631]

Die Zusammenschlussbeteiligten sind nicht unbedingt identisch mit den am Verfahren Beteiligten. Am Verfahren können auch Dritte beteiligt sein (nachfolgend C). Das KG 95 beschränkt jedoch die Parteirechte im Fusionskontrollverfahren auf die am Zusammenschluss beteiligten Unternehmen (Art. 43 Abs. 4). Somit hängen auch die Verfahrensrechte davon ab, ob ein Unternehmen am Zusammenschluss beteiligt ist.

2. Vertretung im Verfahren

Parteien im Verwaltungsverfahren können sich auf jeder Stufe des Verfahrens vertreten lassen, soweit sie nicht persönlich zu handeln haben (Art. 11 VwVG). Persönlich haben sie bei Beweisaussagen oder Anhörungen zu erscheinen. Das Recht auf Vertretung ist eines der Rechte, die aus Art. 4 BV abgeleitet werden.[1632]

Sind mehrere Unternehmen gemeinsam meldepflichtig, haben sie "mindestens" einen gemeinsamen Vertreter zu bestellen (Art. 9 Abs. 2 AVO).[1633] Für Handlungen des Vertreters können sich die Wettbewerbsbehörden eine Vollmacht vorlegen lassen (Art. 11 Abs. 2 VwVG). Bis zum Widerruf der Vollmacht verkehren die Wettbewerbsbehörden direkt mit dem Vertreter (Art. 11 Abs. 3 VwVG).[1634]

Haben die meldenden Unternehmen oder ihre Vertreter Sitz oder Wohnsitz im Ausland, verlangt die AVO, dass sie ein Zustellungsdomizil in der Schweiz bezeichnen (Art. 9 Abs. 3 AVO).

Eine Partei kann sich verbeiständen lassen, sofern es die Dringlichkeit einer Untersuchung nicht ausschliesst (Art. 11 Abs. 1 VwVG). Dringlichkeit könnte bei einer Hausdurchsuchung vorliegen, sonst scheint sie im Fusionskontrollverfahren nicht

---

[1631] Unter dem KG 85 hatten die am Verfahren beteiligten Unternehmen keine eigentlichen Parteirechte, da das Verfahren nicht zum Erlass einer Verfügung führte. Das KG 85 gestand ihnen in eingeschränktem Umfang aber vergleichbare Rechte zu, vgl. LIMBURG 62.

[1632] MÜLLER, in: Kommentar zu Art. 4 BV N 117-119; KÖLZ/HÄNER N 52.

[1633] "Mindestens" bedeutet wohl, dass auch mehrere Vertreter bezeichnet werden können, denen die Wettbewerbsbehörden wirksam Mitteilungen an alle Beteiligten machen können.

[1634] MOOR II 37; z.B. BGE 113 Ib 298 (zum Steuerrecht).

gegeben. Hausdurchsuchungen dürften im Fusionskontrollverfahren aber kaum je eingesetzt werden.

C. Dritte

In das Fusionskontrollverfahren können auch Dritte, also Personen und Unternehmen, die nicht am Zusammenschluss beteiligt sind, in gewissem Umfang einbezogen werden. Nach Art. 33 Abs. 1 können sie bei Eröffnung eines Hauptprüfverfahrens zum Zusammenschluss Stellung nehmen. Gemäss Art. 40 haben betroffene Dritte den Wettbewerbsbehörden alle erforderlichen Auskünfte zu geben und Unterlagen vorzulegen. Art. 42 sieht vor, dass Dritte als Zeugen einvernommen werden können. Art. 43 gibt bestimmten Dritten[1635] die Möglichkeit, sich formell an der Untersuchung einer Wettbewerbsbeschränkung zu beteiligen. Für das Fusionskontrollverfahren ist der Bundesrat jedoch der Ansicht, dass Dritte diese Möglichkeit nicht haben.[1636] Diese Auslegung wird auch vom Wortlaut von Art. 43 Abs. 1 („Untersuchung von Wettbewerbsbeschränkungen") gestützt.

Die Auslegung des Bundesrates ist jedoch nicht zwingend. Allerdings würde die Möglichkeit Dritter, sich am Verfahren zu beteiligen, ihnen nur geringe Vorteile verschaffen. Denn ihre Rechte im Verfahren beschränken sich auf die Möglichkeit zur Stellungnahme zum Zusammenschluss (Art. 33 Abs. 1). Parteirechte kommen ihnen keine zu (Art. 43 Abs. 4). Parteirechte (insbesondere das rechtliche Gehör und die Akteneinsicht) haben nur die am Zusammenschluss beteiligten Unternehmen.[1637] Der Ausschluss der Parteirechte Dritter im Fusionskontrollverfahren beantwortet die unter dem KG 85 umstrittene Frage, ob neben den an einer Wettbewerbsbeschränkung beteiligten Unternehmen noch weitere Unternehmen Parteirechte hatten, weil sie zur Beschwerde gegen eine Verfügung des EVD legitimiert und deshalb Parteien waren.[1638]

Auch wenn Dritten keine Parteirechte zukommen, können sie Parteistellung erlangen, wenn sie gestützt auf Art. 48 lit. a VwVG beschwerdelegitimiert sind. Die Beschwerdelegitimation bestimmt sich unabhängig von der Beteiligung am Verfahren, auch wenn diese als Faktor zu berücksichtigen ist. Beschwerdelegitimiert ist,

---

[1635] Es sind dies: 1. Personen, die aufgrund der Wettbewerbsbeschränkung in der Aufnahme oder in der Ausübung des Wettbewerbs behindert sind (also Konkurrenten), 2. Berufs- und Wirtschaftsverbände, die nach ihren Statuten zur Wahrung der wirtschaftlichen Interessen ihrer Mitglieder befugt sind, sofern sich auch Mitglieder des Verbands oder eines Unterverbands an der Untersuchung beteiligen können, 3. Organisationen von nationaler oder regionaler Bedeutung, die sich statutengemäss dem Konsumentenschutz widmen.

[1636] Botschaft 141 Fn 211.

[1637] Art. 43 Abs. 4 spricht nur von den „beteiligten Unternehmen". Darunter sind die am Zusammenschluss beteiligten Unternehmen zu verstehen, da auch in den übrigen Artikeln diese Terminologie verwendet wird und Art. 43 Abs. 4 sonst keinen Sinn machen würde.

[1638] Dazu: LIMBURG 64-72 und 75. Nach LIMBURG 208 war dies nicht der Fall.

wer durch die angefochtene Verfügung berührt ist und ein schutzwürdiges Interesse an deren Aufhebung oder Änderung hat. Ob Dritte ein schutzwürdiges Interesse an der Aufhebung oder Änderung einer Verfügung über die Zulässigkeit eines Zusammenschlusses haben und sie dadurch zu Parteien werden können, wird die Rechtsprechung entscheiden müssen (hinten 435ff.).

Sofern die Rechtsprechung bestimmten Dritten die Beschwerdelegitimation zuerkennt, verfügen diese wegen ihrer Parteieigenschaft über das Beschwerderecht und ein Recht auf Eröffnung der Verfügung (hinten 421f.).

IV. Verfahrensmaximen

Verfahrensmaximen sind Grundsätze, nach denen das Verfahren organisiert ist, an die sich die Behörden zu halten haben und die das Verwaltungsverfahren von anderen Verfahrenstypen abgrenzen.[1639]

A. Offizialmaxime

Die Offizialmaxime ist im schweizerischen Fusionskontrollverfahren im gleichen Mass anwendbar wie im europäischen (vgl. vorne 59).

B. Dispositionsmaxime

Auch die Dispositionsmaxime ist im schweizerischen Fusionskontrollverfahren in gleichem Umfang wie im europäischen Verfahren anwendbar (vgl. vorne 59).

C. Untersuchungsmaxime

Die Untersuchungsmaxime besagt, dass die Verwaltungsbehörde den Sachverhalt von Amtes wegen abzuklären hat.[1640] Diese Maxime gilt im Verwaltungsrecht generell (vgl. für das Verfahren vor Bundesbehörden Art. 12 VwVG), wird aber durch die Mitwirkungspflicht der Parteien relativiert.[1641] Die Untersuchungsmaxime macht es nötig, dass die untersuchende Behörde über Kompetenzen zur zwangsweisen Beschaffung der nötigen Informationen verfügt.[1642] Auch wenn die Behörde für die Ermittlung des Sachverhalts verantwortlich ist, gehen die Folgen der Beweislosigkeit

---

[1639] Vgl. KÖLZ/HÄNER N 45.
[1640] HÄFELIN/MÜLLER N 1283.
[1641] HÄFELIN/MÜLLER N 1285.
[1642] DAVID 264.

zulasten der Partei, die aus dem Sachverhalt Rechte ableiten wollte.[1643] Die Parteien müssen deshalb die Möglichkeit haben, Beweismittel zu bezeichnen (Art. 33 VwVG).[1644] Das Recht, Beweise zu bezeichnen, ist Teil des Anspruchs auf rechtliches Gehör und folgt aus Art. 4 BV (hinten 463). Angebotene Beweise darf die Behörde nur dann ablehnen, „wenn sie keine erheblichen Tatsachen betreffen oder untauglich bzw. unnötig für die Beweisführung sind".[1645]

Im Fusionskontrollverfahren müssten von den beteiligten Unternehmen bezeichnete Beweise belegen, dass der Zusammenschluss keine beherrschende Stellung begründet oder verstärkt oder dass wirksamer Wettbewerb durch den Zusammenschluss nicht behindert werden kann. Dazu könnten beispielsweise Gutachten von Experten oder Entscheidungen ausländischer Wettbewerbsbehörden dienen.

Gegenstück zur Untersuchungsmaxime ist die Verhandlungsmaxime, die den beteiligten Parteien die Aufgabe auferlegt, den für das Verfahren erheblichen Sachverhalt darzustellen und zu beweisen.[1646]

D. Opportunitätsmaxime

Die Opportunitätsmaxime bedeutet, dass eine Behörde nicht gezwungen ist, beim Vorliegen eines bestimmten Tatbestandes ein Verfahren zu eröffnen, sondern dabei über eine gewisse Freiheit verfügt. Der Begriff der Opportunitätsmaxime ist im Strafrecht gebräuchlich.[1647]

Im Fusionskontrollverfahren ist die Opportunitätsmaxime nicht anwendbar. Die Wettbewerbskommission muss jeden gemeldeten Zusammenschluss prüfen. Sie muss auch ein Hauptprüfverfahren eröffnen, wenn die Voraussetzungen dafür erfüllt sind. Vernachlässigbare Fälle werden schon durch die hohen Umsatzschwellen ausgeschlossen. Bei der Bekämpfung von unzulässigen Wettbewerbsabreden und wohl auch bei der Untersuchung nicht angemeldeter Zusammenschlüsse können in der EU und in der Schweiz Prioritäten festgelegt werden.[1648]

1643 HÄFELIN/MÜLLER N 1283 m.w.H.
1644 SALADIN 120 und 135.
1645 MÜLLER, in: Kommentar zu Art. 4 BV N 106.
1646 HÄFELIN/MÜLLER N 1284.
1647 Z.B. NIKLAUS SCHMID, Strafprozessrecht, Zürich 1993, 27-32.
1648 Vgl. für die EU: Rs. T-24/90, Automec/Kommission Slg. 1991 II 2223; für die Schweiz: Art. 27 Abs. 2 KG 95; LIMBURG 103-107 m.w.H. und 285; neuerdings Urteil des Bundesgerichts vom 6. März 1995 in Sachen Denner AG und EG Dritte Kraft AG (2A.188 und 189/1993), Erw. 5b.

E. Vergleich mit der FKVO

Im schweizerischen und europäischen Fusionskontrollverfahren gelten Offizial- und Dispositionsmaxime gleichermassen in den jeweiligen Verfahrensabschnitten. Auch die Untersuchungsmaxime gilt in beiden Verfahren. Die Regeln über die Beweislast sind im europäischen Recht noch nicht so ausgebaut wie in der Schweiz. In beiden Verfahren findet die Opportunitätsmaxime grundsätzlich keine Anwendung.

Schon daraus, dass die Verfahrensmaximen des Fusionskontrollverfahrens nach dem KG 95 und der FKVO weitgehend übereinstimmen, ergibt sich eine weitgehende Übereinstimmung der Behördenfunktion und -tätigkeit sowie des Verfahrensaufbaus.

V. Verfahrenssprache

Amtssprachen des Bundes sind Deutsch, Französisch und Italienisch (Art. 116 Abs. 4 BV). Nach Art. 11 Abs. 4 AVO ist die Meldung des Zusammenschlusses in einer dieser Amtssprachen einzureichen. Diese wird zur Verfahrenssprache, sofern nichts anderes vereinbart wird (vgl. auch Art. 37 VwVG). Die AVO enthält die ungewöhnliche, aber sehr sinnvolle Bestimmung, dass die Beilagen der Meldung in Englisch eingereicht werden können. Damit wird der Aufwand der Unternehmen bei Mehrfachanmeldungen reduziert. Diese Möglichkeit bedingt jedoch, dass die Mitarbeiterinnen und Mitarbeiter des Sekretariats und die Mitglieder der Wettbewerbskommission auch Englisch beherrschen. Wenn schon die Beilagen in Englisch eingereicht werden können, kann man sich fragen, wieso nicht die ganze Meldung in Englisch erfolgen kann.

VI. Fristen

Wie in der europäischen Zusammenschlusskontrolle spielen Fristen auch in der schweizerischen eine grundlegende Rolle. Insbesondere die Bindung der Wettbewerbskommission an Fristen, innerhalb derer sie eine Entscheidung erlassen muss, beeinflusst den Ablauf des Verfahrens stark. Gerade bei einer präventiven Zusammenschlusskontrolle wird die Wirtschaftsfreiheit der Zusammenschlussbeteiligten bis zur Entscheidung über die Zulässigkeit des Vorhabens massiv eingeschränkt. Während dieser Zeit können sie den Zusammenschluss nämlich nicht vollziehen. Ohne zwingende Fristen für die Entscheidung wäre eine präventive Zusammenschlusskontrolle m.E. nicht zu rechtfertigen. Die Wettbewerbsbehörden sind nicht nur an zwingende Fristen, sondern auch an das allgemeine Beschleunigungsgebot gebunden.[1649]

[1649] SALADIN 94; hinten 487.

A. Arten

Das KG 95 setzt Fristen für bestimmte Entscheidungen der Wettbewerbskommission fest, nämlich für die Eröffnung eines Hauptprüfverfahrens und für die endgültige Entscheidung am Ende des Hauptprüfverfahrens (Art. 32 Abs. 1 und Art. 33 Abs. 3). Es bestimmt auch Fristen für bestimmte Verfahrenshandlungen der Beteiligten, wie die Frist für einen Antrag auf ausnahmsweise Zulassung des Zusammenschlusses (Art. 36). Ausserdem enthält es besondere Verjährungsfristen für die Strafverfolgung von Widerhandlungen (Art. 56).

Die Wettbewerbskommission und das Sekretariat können und müssen den am Verfahren Beteiligten und Dritten Fristen für bestimmte Handlungen setzen (z.B. für die Vervollständigung der Meldung des Zusammenschlusses, die Stellungnahme zum Zusammenschluss oder die Stellungnahme zu den Einwänden der Wettbewerbskommission). Solche gewillkürte Fristen können von der festsetzenden Behörde verlängert werden (Art. 22 Abs. 2 VwVG). Sie dienen der zügigen Verfahrenserledigung[1650] und sind im Fusionskontrollverfahren nötig, damit die Wettbewerbskommission selbst die Entscheidungsfristen einhalten kann.

Die Fristen von einem Monat für die Eröffnung eines Hauptprüfverfahrens (Art. 32 Abs. 1) und von vier Monaten für die Durchführung des Hauptprüfverfahrens (Art. 33 Abs. 3) sind Verwirkungsfristen, also gesetzliche Fristen im Sinne von Art. 22 Abs. 1 VwVG.

Dies geht zunächst daraus hervor, dass das Gesetz die Folgen der Fristüberschreitung selbst regelt: der Zusammenschluss gilt bei Überschreiten als zugelassen (Art. 32 Abs. 1 und Art. 33 Abs. 3). Eine Entscheidung der Wettbewerbskommission ist nicht mehr erforderlich und nicht mehr wirksam. Der Charakter einer zwingenden Frist folgt auch daraus, dass der Vollzug des Zusammenschlusses während des Verfahrens verboten ist. Eine so einschneidende Beschränkung der Wirtschaftsfreiheit der Unternehmen wäre unverhältnismässig, erfolgte sie nicht für eine exakt bestimmte Zeitdauer.

Art. 37 Abs. 1 KG 85 setzte dem EVD eine ähnliche Frist. Das Departement musste innerhalb von drei Monaten über Massnahmen bei Ablehnung von Empfehlungen der Kartellkommission verfügen. Die Natur dieser Frist als Verwirkungs- oder Ordnungsfrist war streitig.[1651] In der Praxis wurde sie jedenfalls nicht als Verwirkungsfrist betrachtet.[1652]

1650 HÄFELIN/MÜLLER N 1334.
1651 Für eine Ordnungsfrist: LIMBURG 191-193 mit Begründung und weiteren Hinweisen; HOMBURGER zu Art. 37 N 4; SCHÜRMANN, in: SCHÜRMANN/SCHLUEP 732. Für eine Verwirkungsfirst: SCHMIDHAUSER, Untersuchungen, 174; RICHLI, Gutachten, 69-73.
1652 Vgl. die Untersuchung „Sand, Kies und Transportbeton", VKKP 1a/1992, 7.

B. Dauer

Die Frist für die Mitteilung der Eröffnung eines Hauptprüfverfahrens und die Dauer des Vollzugsverbots betragen einen Monat ab der Meldung des Zusammenschlusses (Art. 32).[1653] Die Wettbewerbskommission muss den beteiligten Unternehmen die Einleitung eines Hauptprüfverfahrens innerhalb der Monatsfrist *mitteilen* (Art. 32 Abs. 1 KG 95; Art. 20 Abs. 2 AVO), andernfalls könnten sich die beteiligten Unternehmen wohl auf die Zulassungsfiktion von Art. 32 Abs. 1 berufen.

Die Dauer des Hauptprüfverfahrens beträgt vier Monate ab Zustellung des Eröffnungsbeschlusses, sofern die Wettbewerbskommission nicht durch Umstände gehindert wird, die von den beteiligten Unternehmen zu verantworten sind (Art. 33 Abs. 3 KG 95; Art. 20 Abs. 3 AVO). Im Entwurf des Bundesrates war die Möglichkeit vorgesehen, die Frist auf Antrag der beteiligten Unternehmen zu verlängern (Art. 33 Abs. 3 E). Diese Bestimmung wurde vom Parlament ohne Beratung wohl richtigerweise gestrichen.[1654] Sie hätte die Gefahr geschaffen, dass die Ausnahme zur Regel und dadurch die Kohärenz des Systems bedroht worden wäre.

Die Frist von drei Monaten, die dem EVD zur Verfügung stand, um eine Verfügung zu treffen, wurde von verschiedener Seite als zu kurz angesehen, um ein Verfahren nach VwVG durchzuführen.[1655] Da die Wettbewerbskommission und das Sekretariat im Hinblick auf ihre Hauptaufgabe, nämlich die Durchführung von Untersuchungen organisiert sind, dürfte die Frist von vier Monaten, bei einem ausreichenden Personalbestand der Behörden, genug lang sein.

C. Exkurs: Verhältnis zu anderen Fristen

Neben wettbewerbsrechtlichen Vorschriften sind auf Zusammenschlüsse auch andere öffentlich-rechtliche Bestimmungen und Verfahren anwendbar. Dazu gehören z.B. die Lex Friedrich, die Bewilligung durch die Bankenkommission nach dem BaG und die Regeln über öffentliche Übernahmeangebote. Die zusammenschlusswilligen Unternehmen sollten vor dem Zusammenschluss das Zusammenwirken dieser Bestimmungen genau untersuchen, um den zeitlichen Ablauf der Zusammenschlussvorbereitungen planen zu können. Insbesondere die unterschiedliche Dauer der einzelnen Verfahren sollte berücksichtigt werden.

Im folgenden wird kurz auf die Regelung der öffentlichen Kaufangebote hingewiesen. Voraussichtlich am 1. Januar 1997 tritt das Bundesgesetz über die Börsen und

---

[1653] Es gab auch Vorschläge im Parlament, diese Frist auf fünfzehn Tage zu verkürzen, Antrag BAUMBERGER (zurückgezogen), Amtl. Bull. NR 1995, 1107-1108; vgl. WOHLMANN 189. Bei einer so kurzen Frist wäre m.E. fraglich, ob eine Milizbehörde zu einer fundierten Entscheidung gelangen könnte.
[1654] Vgl. Amtl. Bull. NR 1995, 1108; Amtl. Bull. StR 1995, 868-869.
[1655] Fn 1517.

den Effektenhandel (Börsengesetz, BEHG)[1656] vom 24. März 1995 in Kraft.[1657] Bezüglich öffentlicher Kaufangebote wird es zusammen mit der noch zu erlassenden Übernahmeverordnung den Übernahme-Kodex der Vereinigung Schweizer Börsen[1658] ersetzen.

Neben weitreichenden Meldepflichten bei Erreichen, Über- oder Unterschreiten gewisser Beteiligungsschwellen (5, 10, 20, 33 1/3, 50 und 66 2/3 Prozent der Stimmrechte) verlangt das BEHG auch, dass öffentliche Kaufangebote geprüft werden und nach bestimmten Regeln ablaufen. Diese Regeln gelten für öffentliche Angebote zum Kauf oder Tausch von Beteiligungspapieren schweizerischer Gesellschaften, die mindestens teilweise an einer schweizerischen Börse kotiert sind (Art. 2 lit. e BEHG). Das BEHG überträgt die Regelung der Angebotsfrist, der Bedingungen der Abänderung und die Rücktrittsfrist für den Verkäufer der Übernahmekommission (Art. 28 lit. e BEHG).[1659] Der Übernahme-Kodex sah eine Angebotsfrist von - Ausnahmen vorbehalten - mindestens zwei Wochen und höchstens zwei Monaten vor (Ziff. 3.4 und 3.5). Die Angebotsfrist der Übernahmeverordnung dürfte sich im gleichen Rahmen bewegen.

Am Ende der Angebotsfrist wird beurteilt, ob das Angebot zustande gekommen ist. Die einzelnen Anteilskäufe stehen unter dieser Bedingung. Fällt das öffentliche Kaufangebot unter die Fusionskontrolle, so steht es unter der *zusätzlichen* Bedingung, dass es entweder innerhalb eines Monats im Vorprüfverfahren oder innerhalb von insgesamt fünf Monaten genehmigt wird. Wenn ein Hauptprüfverfahren durchgeführt wird, dauert das Verfahren mit Sicherheit länger als zwei Monate. Wird der Zusammenschluss am Ende des Hauptprüfverfahrens genehmigt, ergeben sich keine Probleme. Wird der Zusammenschluss aber untersagt und müssten die einzelnen Anteilskäufe als wirksam beurteilt werden, etwa weil der Verkäufer sich der Wettbewerbskommission gegenüber verpflichtet hatte, die Stimmrechte bis zum Abschluss des Verfahrens nur zur Erhaltung des Wertes der Investition auszuüben, und die Wettbewerbskommission daher eine Ausnahme vom Vollzugsverbot gewährt hat[1660], müssten Massnahmen zur Wiederherstellung wirksamen Wettbewerbs gestützt auf Art. 37 getroffen werden. Besonders auf eher kleinen Märkten hätte dies für den Anbieter in den meisten Fällen einen massiven Verlust zur Folge. In ein öffentliches Kaufangebot sollte deshalb die (resolutive) Bedingung aufgenommen

---

[1656] BBl 1995 II 419. Die Botschaft des Bundesrates wurde in BBl 1993 I 1369 veröffentlicht.
[1657] NZZ Nr. 70 vom 23./24.3.96, S. 33.
[1658] Vgl. TSCHÄNI § 4 N 26.
[1659] Die Verordnung der Übernahmekommission wurde Ende März 1996 in die Vernehmlassung geschickt, NZZ Nr. 70 vom 23./24.3.96, S. 33.
[1660] Art. 16 Abs. 2 AVO; Botschaft 141.

werden, dass es nicht untersagt wird.[1661] Eine solche Bedingung muss auch nach dem englischen City Code in die Vereinbarung aufgenommen werden.[1662]

D. Berechnung

Nach den allgemeinen Regeln beginnt der Fristenlauf am Tag, der dem auslösenden Ereignis folgt (Art. 20 Abs. 2 VwVG). Die Frist von einem Monat für die Mitteilung der Eröffnung eines Hauptprüfverfahrens wird bei Eingang der vollständigen Meldung (Art. 32 Abs. 1 KG 95; Art. 20 Abs. 1 AVO) oder bei Vorliegen der Informationen, die eine Meldung enthalten muss (Art. 35), ausgelöst. Die Frist ist eingehalten, wenn die Eröffnung des Hauptprüfverfahrens den Beteiligten innerhalb der einmonatigen Frist mitgeteilt wird (Art. 32 Abs. 1). Die Mitteilung kann auf irgend einem Weg erfolgen.[1663]

Für das Hauptprüfverfahren stehen den Wettbewerbsbehörden vier Monate zur Verfügung (Art. 33 Abs. 3). Nach Art. 20 Abs. 3 AVO wird die Frist durch die Zustellung des Beschlusses, ein Hauptprüfverfahren zu eröffnen, ausgelöst. Die Frist von vier Monaten ist eingehalten, wenn die Wettbewerbskommission innerhalb dieser Zeit entschieden hat (Art. 33 Abs. 3). Die Mitteilung der Entscheidung an die beteiligten Unternehmen sollte unverzüglich, also spätestens am folgenden Tag, erfolgen.

Die Fristen von einem und von vier Monaten enden mit Ablauf des Tages im betreffenden Monat, der die gleiche Nummer trägt, wie der Tag des Fristbeginns; gibt es keinen solchen Tag im betreffenden Monat, so endet die Frist mit dem letzten Tag dieses Monats (Art. 20 Abs. 1 AVO).

Auf die in der AVO nicht geregelten Fragen bezüglich der Berechnung dieser Fristen (z.B. Fristenlauf an Samstagen, Sonn- und Feiertagen) dürften die Art. 20, 21, 23 und 24 des VwVG analog anwendbar sein. Direkt sind sie nicht anwendbar, weil sie den Parteien gesetzte Fristen betreffen. Gemäss Art. 20 Abs. 3 VwVG endet eine Frist, deren letzter Tag auf einen Samstag, einen Sonntag oder einen am Wohnsitz oder Sitz der Partei oder ihres Vertreters vom kantonalen Recht anerkannten Feiertag fällt, am nächsten Werktag. Diese Regelung ist sinnvoll und allgemein verbreitet. Die Ansicht des Kommentars zur AVO[1664], dass diese Regel nicht anwendbar sei, verkürzt die Entscheidungsfrist in unerwarteter und unnötiger Weise.

[1661] Vgl. etwa das Angebot der Elektrowatt an die Aktionäre von Landis & Gyr, NZZ Nr. 20 vom 25.1.96, S. 24.

[1662] BELLAMY/CHILD 361.

[1663] Die Praxis, dass eine behördliche Mitteilung erst bei Ablauf der Abholfrist auf der Post als rechtsgenügend zugestellt gilt (z.B. BGE 100 III 3), kann bei der einmonatigen Frist im Fusionskontrollverfahren nicht anwendbar sein. Dagegen dürfte die Mitteilung der Eröffnung eines Hauptprüfverfahrens per Fax oder Telefon als ausreichend angesehen werden, vgl. hinten 422.

[1664] Kommentar zur AVO, 11.

Bei Anwendung der allgemeinen Regel muss geklärt werden, ob die Feiertage am Sitz der Wettbewerbskommission oder jene am Sitz der Partei zu berücksichtigen sind. Bei der Monats-Frist für die Mitteilung der Einleitung des Hauptprüfverfahrens sind wohl die Feiertage am Sitz der Wettbewerbskommission, also Bern, *und* die Feiertage am Sitz der Parteien zu berücksichtigen, da die Mitteilung in den meisten Fällen telefonisch oder per Fax erfolgen dürfte, was nur dann geschehen kann, wenn die Behörde und der Adressat der Mitteilung arbeiten. Für die Frist von vier Monaten sind nur die Feiertage am Sitz der Behörde, also Bern, zu berücksichtigen, da die Frist eingehalten ist, wenn die Wettbewerbskommission innerhalb der Frist entschieden hat (Art. 33 Abs. 3).

Für Fristen, die den am Verfahren Beteiligten oder Dritten von der Wettbewerbskommission oder dem Sekretariat gesetzt werden, gelten die allgemeinen Bestimmungen des VwVG. Diese Fristen können somit erstreckt werden (Art. 22 Abs. 2 VwVG). Wenn der letzte Tag auf einen kantonalen Feiertag am Sitz oder Wohnsitz des betreffenden Unternehmens oder der betreffenden Person fällt, wird die Frist zum nächsten Werktag verlängert (Art. 20 Abs. 3 VwVG). Die Frist gilt als eingehalten, wenn die Sendung innerhalb der Frist der Behörde oder zu deren Handen einer schweizerischen Poststelle oder einer schweizerischen diplomatischen oder konsularischen Vertretung übergeben worden ist (Art. 21 Abs. 1 VwVG). Wird eine Eingabe an eine nicht zuständige Behörde gemacht (also z.B. eine Stellungnahme an die EBK statt an die Wettbewerbskommission geschickt), gilt die Frist dennoch als eingehalten (Art. 21 Abs. 2 VwVG).[1665] Wurde ein Verfahrensbeteiligter oder sein Vertreter unverschuldet daran gehindert, eine Frist einzuhalten, kann er Wiederherstellung der Frist verlangen (Art. 24 VwVG). Die genannten Regeln gelten auch für Rechtsmittelfristen.

E. Stillstand und Unterbrechung

Erfolgen wesentliche Änderungen der in der Meldung des Zusammenschlusses beschriebenen Tatsachen, welche erhebliche Auswirkungen auf die Beurteilung des Zusammenschlussvorhabens haben, kann das Sekretariat vor Einleitung des Hauptprüfverfahrens oder die Wettbewerbskommission nach Einleitung des Hauptprüfverfahrens entscheiden, dass die ein- bzw. viermonatige Frist erst am Tag nach Eingang der Mitteilung der wesentlichen Änderungen beim Sekretariat zu laufen beginnt (Art. 21 AVO). Diese Regelung wurde von Art. 4 Abs. 3 DVO inspiriert.

Art. 21 AVO enthält zwei Verbesserungen gegenüber Art. 4 Abs. 3 DVO. Nach Art. 21 AVO ist die Unterbrechung der Frist offenbar nicht davon abhängig, ob die beteiligten Unternehmen die Änderungen kennen und der Behörde mitgeteilt haben. Für die Beurteilung des Zusammenschlusses spielt dies auch keine Rolle. Zweitens

---

[1665] Dies ist ein allgemeiner Rechtsgrundsatz im schweizerischen öffentlichen Recht, BGE 118 Ia 241; HÄFELIN/MÜLLER N 152a.

enthält die AVO eine klare Regelung für den Fall, dass die wesentlichen Änderungen der Wettbewerbskommission erst im Hauptprüfverfahren bekannt werden.

Nach der DVO steht die Frist im Hauptprüfverfahren zwischen der Änderung und ihrer Mitteilung still, aber nur, wenn die Kommission ein Auskunftsverlangen oder eine Nachprüfung angeordnet hat (vgl. vorne 68f.). Durch diese Regelung wird die Kommission gezwungen, eine Massnahme zu treffen, die eigentlich gar nicht mehr erforderlich ist, wenn sie schon Kenntnis von der Änderung hat.

Die allgemeine Regel, dass im Verwaltungsverfahren alle Fristen, also gesetzliche und behördliche, während der Gerichtsferien grundsätzlich stillstehen[1666], gilt nach Art. 20 Abs. 1 AVO nicht im Fusionskontrollverfahren. Obschon Art. 20 AVO nur die gesetzlichen Fristen für die Entscheidungen der Wettbewerbskommission betrifft, muss diese Regel auch für die von den Wettbewerbsbehörden festgesetzten Fristen gelten, da es inkohärent wäre, wenn z.B. die Frist für die Ergänzung der Meldung stillsteht, nicht aber die Frist für die Eröffnung des Hauptprüfverfahrens.

Die Frist von vier Monaten für das Hauptprüfverfahren kann verlängert werden, wenn die Wettbewerbskommission durch Umstände an der Prüfung gehindert wird, die von den beteiligten Unternehmen zu verantworten sind (Art. 33 Abs. 3). Diese Regelung entspricht Art. 10 Abs. 4 FKVO. Die FKVO präzisiert, dass die Frist stillsteht, und verlangt zusätzlich, dass die fehlende Kooperation der Beteiligten dazu geführt hat, dass die Kommission ein Auskunftsverlangen oder eine Nachprüfung durch Entscheidung anordnen musste. Das KG 95 verlangt, dass die Wettbewerbskommission die Hinderung durch Verfügung feststellt (Art. 34). Wann Umstände von den Beteiligten zu verantworten sind, dürfte die Praxis der Wettbewerbskommission und der Rechtsmittelinstanzen zu präzisieren haben.

Nach Art. 33 Abs. 3 ist nicht klar, innerhalb welcher Frist die Wettbewerbskommission entscheiden muss, wenn sie die viermonatige Frist berechtigterweise überschritten hat. Analog zur FKVO sollte von einem Stillstand der Frist ausgegangen werden in der Zeit, während der eine bestimmte Auskunft nicht erteilt wird oder während der ein bestimmtes Verhalten der Beteiligten andauert.[1667]

Keine Hemmung sollte eintreten, wenn lediglich Meinungsverschiedenheiten darüber bestehen, ob ein Dokument unter das Berufsgeheimnis fällt. Solche Fragen sollten durch eine unabhängige Instanz rasch entschieden werden. Die Übertragung dieser Entscheidung an den Anhörungsbeauftragten in der EU ist eine gute Lösung. Wenn die Rekurskommission für Wettbewerbsfragen innert weniger Tage entscheiden kann, wäre sie ebenfalls eine geeignete Instanz zur Beurteilung dieser Frage.

[1666] Art. 22a VwVG; die betreffenden Zeiträume sind: siebter Tag vor Ostern bis und mit siebtem Tag nach Ostern, 15. Juli bis und mit 15. August, 18. Dezember bis und mit 1. Januar.

[1667] In diese Richtung deutet auch die Botschaft, wenn sie sagt, dass die Frist um eine der Verzögerung entsprechende Zeit verlängert werden soll, Botschaft 142.

Im Gegensatz zur FKVO enthält das KG 95 keine Bestimmung, wonach die Fristen von neuem beginnen, wenn eine Verfügung von einer Rechtsmittelinstanz aufgehoben worden ist. Eine solche Bestimmung ist auch nicht nötig, wenn die Rekurskommission für Wettbewerbsfragen oder das Bundesgericht in der Sache selbst entscheidet (Art. 61 VwVG; Art. 114 OG). Weist die Rechtsmittelinstanz den Fall an die Wettbewerbskommission zurück, sollte auch die viermonatige Frist von neuem beginnen.

F. Folgen der Fristversäumnis

Verpasst die Wettbewerbskommission die Frist von einem Monat für die Eröffnung eines Hauptprüfverfahrens oder die Frist von vier Monaten für dessen Durchführung, gilt der Zusammenschluss von Gesetzes wegen als zulässig (Art. 34). Bei Fristen, die von einer Behörde festgesetzt worden sind, muss die Behörde die Säumnisfolgen bei der Fristansetzung nennen (Art. 23 VwVG). Wird eine Rechtsmittelfrist oder die Frist für die ausnahmsweise Zulassung des Zusammenschlusses verpasst, wird der entsprechende Rechtsbehelf unter Vorbehalt der Wiederherstellung der Frist abgewiesen.

G. Vergleich mit der FKVO

Die Bindung der Wettbewerbskommission an die Entscheidungsfristen von einem und von vier Monaten sowie die Zulassungsfiktion bei Überschreiten der Frist hat der schweizerische Gesetzgeber aus der FKVO übernommen. Diese zwei Merkmale prägen das System des Fusionskontrollverfahrens der EG und der Schweiz.

Aus der FKVO übernommen wurde auch die Möglichkeit einer Entscheidung nach Ablauf der viermonatigen Frist, wenn die Wettbewerbskommission durch Umstände, die die Beteiligten zu vertreten haben, in ihrer Tätigkeit gehindert wurde. In der FKVO sind die Voraussetzungen und Folgen dafür allerdings präziser umschrieben.

Das KG 95 sieht keine Frist für die Meldung des Zusammenschlusses vor. Eine solche ist auch nicht nötig, besteht doch nach KG 95 und der FKVO ein Vollzugsverbot (vgl. vorne 96).

Die Berechnung der Fristen ist in der europäischen DVO detaillierter geregelt. Letztere enthält auch Regeln über den Ausgleich von in der Frist liegenden Feiertagen und über den Stillstand der Frist. Es ist m.E. aber richtig, dass nicht alle europäischen Bestimmungen übernommen wurden, die dazu dienen, die für die Behörden verbindlichen Fristen um jeden Preis zu verlängern.

VII. Informelles Verfahren

Der Begriff des informellen Verfahrens und seine Vorteile wurden schon in Teil 1 über das europäische Verfahren behandelt (vorne 71f. und 76f.).

A. Bedeutung und Anwendungsbereich im schweizerischen Wettbewerbsrecht

Dialogische, einvernehmliche Regelungen von Verwaltungsrechtsverhältnissen haben in der Schweiz eine kaum zugegebene, doch enorm breite Anwendung.[1668] Dies gilt besonders auch für das schweizerische Wettbewerbsrecht, das in seiner Gesamtheit bis anhin nicht auf den Erlass von Verfügungen ausgerichtet war, sondern auf die einvernehmliche Beseitigung der massivsten Wettbewerbsbeschränkungen abzielte.[1669] So sah das KG 85 vor, dass die Kartellkommission oder das Sekretariat Vorabklärungen mittels einvernehmlicher Regelung mit den Parteien beenden konnte (Art. 28 Abs. 2).[1670] Auch die unter dem KG 85 übliche einvernehmliche Feststellung des Sachverhaltes gehört in diesen Verfahrensbereich.[1671] DAVID nennt solches Vorgehen „bewährte eidgenössische Tradition".[1672] Auch die Empfehlungen, die bekanntlich das Hauptinstrument der Kartellkommission darstellten, können als Instrumente des informellen Verwaltungshandelns betrachtet werden.[1673] Die Kartellkommission hat in einigen Fällen sogar Gespräche über die Verwirklichung von Empfehlungen geführt.[1674] Sie hat auch auf weniger formelle Instrumente als Empfehlungen zurückgegriffen.[1675] Bei der Untersuchung der Pressekonzentration in der Schweiz wurden mit den beteiligten Unternehmen beispiels-

---

[1668] SCHWEIZER, Abmachungen, 315; vgl. auch BAUDENBACHER, Alternative, 305; RICHLI, Verhandlungselemente, 385-388.

[1669] Das Bundesgericht hat den partnerschaftlichen, nicht hoheitlichen Charakter des schweizerischen Wettbewerbsrechts als Argument gegen die umfassende Anwendung des VwVG angeführt, BGE 117 Ib 481, 487.

[1670] Z.B. die Vorabklärung betreffend Generica, VKKP 1a/1990, 18-19; vgl. SCHÜRMANN 489. Auch wenn diese Möglichkeit im Gesetz ausdrücklich vorgesehen ist, gehört sie m.E. zum informellen Verwaltungshandeln; a.M. RICHLI, Verfahrensfragen, 232.

[1671] Botschaft 1981, 1363; SCHÜRMANN, in: SCHÜRMANN/SCHLUEP 722.

[1672] Vgl. DAVID 264.

[1673] RICHLI, Regelungsdefizit, 197.

[1674] SCHMIDHAUSER, Vergleich, 378; vgl. auch HOMBURGER zu Art. 32 N 30.

[1675] Nach Ansicht von DROLSHAMMER und DUCREY sei dies wegen der verfahrensrechtlichen Unzulänglichkeiten des KG 85 geschehen, DROLSHAMMER/DUCREY (1995) 215; vgl. auch STOFFEL, Kartellrecht, 105.

weise Verhaltenskodices ausgearbeitet.[1676] Der Begriff des informellen Verfahrens ist auch von der Kartellkommission benützt worden.[1677]

Im KG 95 hat das informelle Verfahren ebenfalls einen hohen Stellenwert.[1678] Die Übertragung der Verfügungsbefugnis an die Wettbewerbskommission bedeutet nicht etwa, dass sie von nun an einseitig hoheitlich verfügen und die Kooperation mit den beteiligten Unternehmen abbauen soll.[1679] Im Gegenteil dürfte die Bereitschaft der Beteiligten, in Verhandlungslösungen einzuwilligen, dadurch gefördert werden, dass die Wettbewerbskommission Verfügungskompetenz hat. Die Wettbewerbskommission wird wegen ihrer Entscheidungskompetenz über grössere Verhandlungsmacht verfügen.[1680] Die Vorteile informellen Verwaltungshandelns gelten auch unter dem KG 95. Besonders im Fusionskontrollverfahren (z.B. bei der Festsetzung von Bedingungen und Auflagen) ist die Kooperation mit den Beteiligten unabdingbar.

In einigen Bestimmungen des KG 95 ist informelles Verwaltungshandeln ausdrücklich vorgesehen. Nach Art. 23 Abs. 2 KG 95 hat das Sekretariat die Aufgabe, die Unternehmen bei Fragen zur Anwendung des KG zu beraten. Im Abschnitt über die Untersuchung von Wettbewerbsbeschränkungen ist die Möglichkeit des Sekretariats vorgesehen, Massnahmen zur Beseitigung oder Verhinderung von Wettbewerbsbeschränkungen anzuregen (Art. 26 Abs. 2) und mit den Beteiligten eine einvernehmliche Regelung zu diesem Zweck auszuarbeiten, welche von der Wettbewerbskommission genehmigt werden kann (Art. 29).

Obschon das KG 95 getrennte Verfahren für Wettbewerbsbeschränkungen (Wettbewerbsabreden und unzulässige Verhaltensweisen marktbeherrschender Unternehmen) und Unternehmenszusammenschlüsse vorsieht, sind obige Bestimmungen m.E. analog auf das Fusionskontrollverfahren anwendbar (hinten 398ff.).

Art. 37 KG 95 über Massnahmen zur Wiederherstellung wirksamen Wettbewerbs nach der Untersagung eines Zusammenschlusses setzt voraus, dass sich die an einem Zusammenschluss Beteiligten und die Wettbewerbskommission zunächst einvernehmlich über die notwendigen Massnahmen geeinigt haben. Nur wenn keine Einigung zustande kommt, kann die Wettbewerbskommission verfügen (vgl. hinten 414f.).

In Art. 12 AVO wird ausdrücklich die Möglichkeit der einvernehmlichen Festlegung des Umfangs der Meldung erwähnt (hinten 382).

[1676] Verhaltenskodices für Edipresse, Kiosk/Naville und Publicitas, VKKP 5/1994, 131-152. Diese Kodices wurden auf Art. 25 KG 85 gestützt.
[1677] Z.B. VKKP 1a/1995, 4 betreffend die Aushandlung der genannten Verhaltenskodices.
[1678] Vgl. Botschaft 135-137; RICHLI, Neues Kartellgesetz, 600.
[1679] Vgl. LIMBURG 263-264.
[1680] LIMBURG 299.

Ausser in den genannten Bereichen können informelle Verfahrenselemente im Fusionskontrollverfahren bei der Sachverhaltsermittlung sowie der Aushandlung und dem Vollzug von Bedingungen und Auflagen von Bedeutung sein.

B. Rechtliche Probleme

Informelle Verfahrenshandlungen werfen zahlreiche Fragen auf.[1681] Schon ihre Rechtsnatur ist nicht eindeutig.[1682] In jüngster Zeit wurden Bemühungen unternommen, bestimmte Aspekte informellen Verwaltungshandelns, z.B. Zusagen im Fusionskontrollverfahren, auf die Lehre von den verwaltungsrechtlichen Verträgen zu stützen.[1683]

Die Zulässigkeit informeller Verfahrenshandlungen ist nicht unumstritten. In der älteren Lehre wurde die Ansicht vertreten, informelles Verwaltungshandeln sei nur dann zulässig, wenn es im Gesetz ausdrücklich vorgesehen sei.[1684] Nach herrschender Lehre ist informelles Verwaltungshandeln jedoch zulässig, wenn es nicht durch Wortlaut oder Sinn des Gesetzes ausgeschlossen ist.[1685] Die Kriterien für die Zulässigkeit informeller Verwaltungshandlungen dürften denen für verwaltungsrechtliche Verträge nahekommen.[1686] Verwaltungsrechtliche Verträge sind dann zulässig, wenn das Gesetz Raum für sie lässt und wenn es nach seinem Sinn und Zweck nach dieser Handlungsform ruft.[1687] Nach diesen Kriterien ist informelles Verwaltungshandeln unter dem KG 95 wie dem KG 85 generell zulässig.[1688] Im Fusionskontrollverfahren erfordert der Grundsatz der Verhältnismässigkeit geradezu, dass zunächst nach einvernehmlichen Lösungen gesucht wird.

Die Berücksichtigung der Interessen Dritter ist das grösste Problem bei informellen Verwaltungshandlungen. Wird kein Hauptprüfverfahren eröffnet, weil im Vorprüfverfahren eine einvernehmliche Regelung getroffen wurde oder weil die Wettbewerbskommission Zusagen der beteiligten Unternehmen berücksichtigt hat, werden Dritte um die Möglichkeit gebracht, bei Eröffnung des Hauptprüfverfahrens zum Zusammenschluss Stellung zu nehmen. Dies dürfte aber nicht schwer ins Gewicht

---

[1681] Eine Übersicht vermittelt RICHLI, Verhandlungselemente, 393.
[1682] RICHLI, Verfahrensfragen, 232-233.
[1683] S. die Dissertation von Rolf SCHMID, Kooperatives Verwaltungshandeln in den Kartellverfahren der Schweiz und der EG, Zürich 1994. Zum verwaltungsrechtlichen Vertrag allgemein s. HÄFELIN/MÜLLER N 843-912.
[1684] Z.B. Z. GIACOMETTI, Allgemeine Lehren des rechtsstaatlichen Verwaltungsrechts, Bd. 1, Zürich 1960, 257-272.
[1685] RICHLI, Verhandlungselemente, 394-396; RICHLI, Verfahrensfragen, 231-232; SCHMID 136-137.
[1686] SCHMID 136-137.
[1687] HÄFELIN/MÜLLER N 857-869.
[1688] RICHLI, Verfahrensfragen, 231-232; SCHMID 139.

fallen (hinten 400). Dritte können unter Umständen Beschwerde gegen die endgültige Verfügung der Wettbewerbskommission führen (hinten, 435ff.).

C. Vergleich mit der FKVO

Im schweizerischen wie im europäischen Verfahren hat informelles Verwaltungshandeln eine grosse Bedeutung. Schon vor der Meldung bzw. Anmeldung eines Zusammenschlusses erteilen das Sekretariat bzw. die Task Force Fusionskontrolle Auskünfte zur Anwendung der jeweiligen Vorschriften. In beiden Verfahren kann der Umfang der Anmeldung einvernehmlich festgelegt werden. Der Sachverhalt wird wenn möglich im Einvernehmen mit den Beteiligten ermittelt. Während des ganzen Verfahrens sollte zwischen der Behörde und den Beteiligten informeller Informationsaustausch möglich sein. In beiden Verfahren müssen Bedingungen und Auflagen zu einer Zulassungsentscheidung zunächst auf informellem Weg mit den Beteiligten abgesprochen werden. Nach dem KG 95 müssen auch bei der Wiederherstellung wirksamen Wettbewerbs zuerst die Beteiligten Vorschläge unterbreiten. Dies ist auch die bisherige Praxis im europäischen Recht.

Im europäischen Fusionskontrollverfahren hat sich die Praxis entwickelt, dass die Kommission im Vorprüfverfahren Zusagen der beteiligten Unternehmen akzeptiert, um die Eröffnung eines Hauptprüfverfahrens zu vermeiden (vorne 135ff.). Es dürfte auch im Verfahren nach dem KG 95 möglich sein, dass die beteiligten Unternehmen zusammen mit dem Sekretariat eine einvernehmliche Regelung zur Änderung des Vorhabens ausarbeiten und diese dann der Wettbewerbskommission mit einem Antrag auf Genehmigung des Zusammenschlusses unterbreiten (hinten 398ff.).

VIII. Zusammenarbeit mit anderen Wettbewerbsbehörden

A. Zusammenarbeit mit anderen Behörden des Bundes und der Kantone

Für die Durchführung des Kartellgesetzes sind in erster Linie die Wettbewerbskommission und das Sekretariat zuständig. Die kantonalen Behörden müssen den Wettbewerbsbehörden unter Umständen Amtshilfe[1689] leisten. So formuliert Art. 41 eine Pflicht der Behörden des Bundes und der Kantone, an Abklärungen der Wettbewerbsbehörden mitzuwirken und die notwendigen Unterlagen zur Verfügung zu stellen.[1690]

1689 Zum Begriff s. Fn 405.

1690 Eine Amtshilfepflicht war auch in Art. 36 KG 85 ausdrücklich vorgesehen, allerdings nur für Bundesbehörden untereinander.

Für Bundesbehörden untereinander besteht auch ohne ausdrückliche Bestimmung eine allgemeine Pflicht zur Leistung von Amtshilfe.[1691] Eine Pflicht zur Gewährung von Amtshilfe zwischen Bundesbehörden und kantonalen Behörden leitet die herrschende Lehre aus dem Grundsatz der Bundestreue (Art. 3 BV) ab.[1692] In der Praxis scheint die Amtshilfe generell reibungslos zu funktionieren.[1693]

Die ausdrückliche Amtshilfepflicht von Art. 41 betrifft alle Behörden des Bundes und der Kantone und gilt bei allen Abklärungen. Sie ist also nicht auf laufende Untersuchungen beschränkt und betrifft auch nicht nur Kenntnisse, die im Rahmen der laufenden Untersuchung gesammelt worden sind. Damit geht die Amtshilfepflicht des KG 95 wohl über die generelle Amtshilfepflicht hinaus.

Die kantonalen Behörden leisten der Wettbewerbskommission auch bei der Vollstreckung ihrer Verfügungen Amtshilfe (Art. 43 VwVG).

Die Amtshilfepflicht der kantonalen Behörden geht weiter als die Amtshilfepflicht der Behörden der EU-Mitgliedstaaten. Amtshilfe unter der FKVO ist auf Auskunftsverlangen und Nachprüfungen in einem bestimmten Verfahren beschränkt. Unter dem KG 95 muss Amtshilfe generell bei Abklärungen geleistet werden.

B. Zusammenarbeit mit ausländischen Behörden

Das KG 95 sieht keine Pflichten zur Zusammenarbeit mit ausländischen Behörden vor. Auch die Art. 58 und 59 betreffend die „Ausführung internationaler Abkommen" verpflichten die Wettbewerbsbehörden zu keiner direkten Zusammenarbeit mit ausländischen Behörden.[1694] Sie sehen lediglich vor, dass der Anstoss zur Durchführung einer Vorabklärung, zu einer einvernehmlichen Regelung oder zur Anordnung von Massnahmen durch das EVD von einem Staat ausgehen kann, mit dem die Schweiz ein internationales Abkommen geschlossen hat. Dieses Verfahren gilt nur für nicht unmittelbar anwendbare internationale Abkommen.[1695] Für unmittelbar anwendbare Abkommen würden die Vorschriften des Abkommens gelten. Gemäss der Botschaft gilt es für das Freihandelsabkommen Schweiz - EG vom 22. Juli 1972[1696]

[1691] SIMON 136-137; HOMBURGER zu Art. 36 N 2.

[1692] SALADIN, in: Kommentar zu Art. 3 BV N 33-36; HÄFELIN/HALLER N 308c-308d; MOOR I 139-140; zurückhaltend SIMON 138-142.

[1693] MOOR I 139.

[1694] Bei der Ausarbeitung des Entwurfes zum KG 95 hatte die Kartellkommission eine umfassendere Regelung der immer bedeutenderen internationalen Beziehungen wettbewerbspolitischer Natur gefordert, VKKP 1a/1995, 20. Diese Forderung wurde offenbar zurückgestellt.

[1695] Vgl. Botschaft 157.

[1696] SR 0.623.401.

und das EFTA-Übereinkommen vom 4. Januar 1960[1697].[1698] Wäre die Schweiz Mitglied des EWR, käme das Verfahren der Art. 58 und 59 nicht zum Tragen, sondern die viel weitergehenden, unmittelbar anwendbaren Zusammenarbeitsvorschriften des EWR-Abkommens (vorne 84ff.).

1. Amtshilfe

Die Schweiz ist generell zurückhaltend in der Gewährung von Amtshilfe an ausländische Behörden. Die Amtshilfe (wie die Rechtshilfe) im Verwaltungsrecht ist wissenschaftlich noch weitgehend unerforscht.[1699] In einigen Rechtsbereichen ist die Amtshilfe in internationalen Abkommen vorgesehen (z.B. im Bereich der Sozialversicherungen oder der Vermeidung der Doppelbesteuerung).[1700] Eine einheitliche gesetzliche Regelung fehlt. In der Praxis ist das Bedürfnis nach Amtshilfe im Verwaltungsrecht je nach Rechtsgebiet ganz unterschiedlich.

In einigen Gesetzen wird eine ausdrückliche Ermächtigung zur Amtshilfe gegeben, z.B. in Art. 23sexies BaG[1701] und Art. 38 BEHG[1702]. Danach darf die EBK Amtshilfe leisten, wenn die weitergegebenen Informationen nur zum Zweck der Bankenaufsicht bzw. der Aufsicht der Börsen und des Effektenhandels verwendet werden, die ausländischen Behörden an das Amtsgeheimnis gebunden sind und eine allfällige Weiterleitung der Information nur mit Zustimmung der EBK oder gestützt auf eine generelle Ermächtigung in einem Staatsvertrag erfolgen kann.[1703] Diese Bestimmungen gehen dem Bankgeheimnis (Art. 47 BaG) und den Bestimmungen über den Schutz von Geschäftsgeheimnissen (Art. 161 und 273 StGB) vor. Die Amtshilfe muss sich aber auf das Nötigste beschränken und sich primär auf Bankdaten und nicht Kundendaten beziehen.[1704] Wenn sich die Amtshilfe auf Kundendaten bezieht,

---

[1697] SR 0.632.31.

[1698] Botschaft 157. Die unmittelbare Anwendbarkeit der Wettbewerbsvorschriften des Freihandelsabkommens Schweiz - EG wird von einigen Autoren gefordert, z.B. THOMAS COTTIER, Die Extraterritorialität des Wettbewerbsrechts der Europäischen Union, Vortrag zu einem Seminar des Europa Instituts Zürich vom 24. Oktober 1995 über Lizenz- und Alleinvertriebsverträge im Recht der EU.

[1699] SCHNYDER 5; eine hervorragende Vorarbeit ist der Bericht von MANFRINI.

[1700] Die Schweiz hat zwei Übereinkommen des Europarates betreffend Amtshilfe zwar unterzeichnet, aber nicht ratifiziert. Es handelt sich um das Übereinkommen Nummer 94 vom 24. November 1977 betreffend Zustellung von Schriftstücken in Verwaltungssachen im Ausland und das Übereinkommen Nummer 100 vom 15. März 1978 über die Erlangung von Auskünften und Beweisen in Verwaltungssachen im Ausland, BBl 1984 I 809 und 1988 II 290. Die Ratifikation in nächster Zeit ist unwahrscheinlich.

[1701] In Kraft seit 1. Februar 1995, AS 1995, 246, 252.

[1702] Dieses Gesetz wird voraussichtlich auf den 1. Januar 1997 in Kraft treten, NZZ Nr. 70 vom 23./24.3.96, S. 33.

[1703] Zur Amtshilfe durch die EBK s. KLEINER, in: Kommentar zum Bankengesetz, Art. 23sexies; SCHÜRMANN 396-400; Artikel von ZULAUF.

[1704] KLEINER, Kommentar zum Bankengesetz, Art. 23sexies N 3-4 und 22.

ist das VwVG anwendbar, d.h. die betroffenen Kunden müssen vorgängig angehört werden, und die Weiterleitung der Informationen darf nur durch eine anfechtbare Verfügung erfolgen (Art. 23sexies Abs. 3 BaG; Art. 38 Abs. 3 BEHG).

Die Zulässigkeit der Amtshilfe ohne ausdrückliche rechtliche Grundlage ist umstritten.[1705] Die Leistung von Amtshilfe dürfte jedoch zulässig sein, soweit sie nicht verboten ist.[1706] In der Praxis wird Amtshilfe in zahlreichen Bereichen geleistet.[1707] Im Wettbewerbsrecht ist nach bisheriger Praxis zumindest bis 1990 *keine* Amtshilfe geleistet worden.[1708] Art. 3 Abs. 3 des Gesetzes über die internationale Rechtshilfe in Strafsachen (IRSG)[1709] schliesst die *Rechts*hilfe bei Verletzung wirtschaftspolitischer Vorschriften aus. Er könnte so ausgelegt werden, dass auch *Amts*hilfe im Wettbewerbsrecht ausgeschlossen wird (hinten 371).

Wird die Amtshilfe ohne ausdrückliche Ermächtigung als zulässig angesehen, kann sie ihre Schranken im Amtsgeheimnis und sonstigen Geheimhaltungspflichten finden. Das Amtsgeheimnis ist aber kein Hindernis für die Amtshilfe an eine andere dem Amtsgeheimnis verpflichtete Stelle, soweit der Grundsatz der Verhältnismässigkeit beachtet wird, die hilfestellende Behörde eine ähnliche Verwaltungstätigkeit wie die ersuchende ausübt und die Information im Rahmen eines bestimmten Verfahrens benützt wird (Spezialitätsprinzip).[1710]

Amtshilfe ohne ausdrückliche gesetzliche Grundlage ist ausgeschlossen, wenn eine besondere Geheimhaltungspflicht besteht wie Art. 162 StGB (Verletzung des Fabrikations- oder Geschäftsgeheimnisses) oder Art. 273 StGB (Wirtschaftlicher Nachrichtendienst).

Die Gründe für einen Ausbau der Amtshilfe im Wettbewerbsrecht und verschiedene Initiativen dazu sind schon oben im Teil 1 behandelt worden (vorne 76ff.).

Im Fusionskontrollverfahren ist Amtshilfe wegen der freiwilligen Mitwirkung der Beteiligten und der kurzen Fristen nicht von der gleichen Bedeutung wie in Kartellfällen. Bei parallelen Fusionskontrollverfahren sollte zumindest ein informeller Informationsaustausch gepflegt werden.

Nachdem sich das schweizerische Wettbewerbsrecht mit der Revision von 1995 bedeutenden ausländischen Wettbewerbsrechtsordnungen (EU, Deutschland, USA) beträchtlich angeglichen hat, sind Amtshilfe-Abkommen für Wettbewerbssachen mit

---

[1705] Vgl. SCHNYDER 6; MANFRINI 146-162.

[1706] SIMON 65, der seine Betrachtungen auf die Amtshilfe unter Bundesbehörden beschränkt. MANFRINI ist der Ansicht, eine ausdrückliche gesetzliche Ermächtigung sei notwendig, MANFRINI 155-156.

[1707] MANFRINI 134-136.

[1708] HAYMANN 19. HAYMANN beruft sich auf die Strafbestimmung von Art. 273 StGB und die Richtlinien des Bundesamtes für Polizeiwesen betreffend Rechtshilfe in Strafsachen vom 1. Juli 1990, 7. Aufl., S. 21.

[1709] SR 351.1.

[1710] Vgl. SIMON 85-87 und 119-124; MANFRINI 155, 159-160.

solchen Staaten oder ein schweizerisches Gesetz über Amtshilfe in Wettbewerbssachen in Betracht zu ziehen. Dabei wären die Grundsätze des doppelten Eingriffstatbestandes, der Spezialität, des Gegenrechts, der Verhältnismässigkeit und der Ordre-public-Vorbehalt zu beachten.[1711] Zu denken wäre auch an eine über die Amtshilfe hinausgehende Koordinierung paralleler Fusionskontrollverfahren.

2. Rechtshilfe

Rechtshilfe, also Hilfeleistung an eine ausländische richterliche Behörde[1712], würde wohl weniger durch die Wettbewerbsbehörden, als durch kantonale Behörden geleistet. Bei privatrechtlichen Wettbewerbsstreitigkeiten wären die Regeln über die Rechtshilfe in Zivilsachen anwendbar.[1713] Stünden strafrechtliche Wettbewerbsvorschriften in Frage (als was die Art. 85 und 86 EGV und die FKVO wohl nicht zu qualifizieren sind[1714]), kämen die Regeln über die Rechtshilfe in Strafsachen zum Zuge. Diese ist, wo Staatsverträge fehlen, durch das IRSG geregelt. Das IRSG schliesst in Art. 3 Abs. 3 die Rechtshilfe bei Verletzung wirtschaftspolitischer Vorschriften aus. In der Botschaft zum IRSG von 1976 wurde die Meinung geäussert, wettbewerbsrechtliche Verfahren fielen unter diese Bestimmung.[1715]

Es ist jedoch keineswegs sicher, dass wettbewerbsrechtliche Verfahren generell unter den Begriff „wirtschaftspolitische Massnahmen" fallen. Auch wenn dies 1976 die herrschende Meinung gewesen ist, könnte hier eine Änderung eingetreten sein.[1716] Zudem scheint der ausdrückliche Ausschluss der Rechtshilfe nur wirtschaftspolitische Massnahmen strafrechtlichen Charakters (Art. 3 Abs. 3 i.V.m. Art. 1 Abs. 1 IRSG) zu betreffen.

Für die Rechtshilfe im Verwaltungsrecht bestehen wie bei der Amtshilfe keine klaren Regeln. Das Bundesamt für Polizeiwesen hielt in einem verwaltungsinternen Schreiben von 1983 die Rechtshilfe im Verwaltungsrecht für zulässig, sofern die wesentlichen allgemeinen Grundsätze der Zivil- und Strafrechtshilfe beachtet werden.[1717]

1711 SCHNYDER 9-10.
1712 SCHNYDER 1.
1713 Vgl. SCHNYDER 2-3.
1714 Vgl. die Diskussion über die Natur des europäischen Wettbewerbsverfahrens, vorne 181.
1715 Botschaft zum IRSG, BBl 1976 II 444, 455; vgl. auch SCHNYDER 5.
1716 Vgl. HAYMANN 10-12.
1717 Verwaltungsinternes Schreiben des BAP, Sektion Internationale Rechtshilfe, vom 6. April 1983, erwähnt bei SCHNYDER 5 Fn 52 und 6 Fn 57.

Wegen der ausgreifenden Anwendungsvoraussetzungen einiger Wettbewerbsrechtsordnungen (z.B. der europäischen und der amerikanischen) sind in der Praxis wohl auch wenige Fälle aufgetaucht, in denen Rechtshilfe in Betracht gezogen wurde.

Für die Anwendung von Zwangsmitteln durch schweizerische Behörden müsste in jedem Fall eine gesetzliche Grundlage bestehen.

KAPITEL 3
VERFAHRENSABLAUF

I. Übersicht

Zusammenschlussvorhaben, die unter die Fusionskontrolle des KG 95 fallen, müssen der Wettbewerbskommission gemeldet werden. Die Prüfung des Zusammenschlusses erfolgt in einem zweistufigen Verfahren. Zunächst beurteilt die Wettbewerbskommission den Zusammenschluss im Vorprüfverfahren[1718]. Dafür steht ihr ein Monat zur Verfügung. Während dieser Zeit ist der Vollzug des Zusammenschlusses grundsätzlich untersagt. Die Wettbewerbskommission eröffnet die zweite Phase der Prüfung, das Hauptprüfverfahren, wenn sich Anhaltspunkte dafür ergeben haben, dass der Zusammenschluss eine marktbeherrschende Stellung begründet oder verstärkt. Eröffnet sie während eines Monats kein Hauptprüfverfahren, so gilt der Zusammenschluss als zugelassen. Im Hauptprüfverfahren untersucht sie das Vorhaben eingehend während höchstens vier Monaten. Am Ende des Hauptprüfverfahrens kann die Wettbewerbskommission den Zusammenschluss zulassen, ihn unter Bedingungen und Auflagen zulassen oder ihn untersagen.

Nachfolgend wird die Abfolge der einzelnen Verfahrensschritte des Fusionskontrollverfahrens aufgezeigt. Das Gesetz und die AVO lassen einige Fragen zum Ablauf des Verfahrens offen. In Klammern stehende Handlungen sind fakultativ. Die Reihenfolge gewisser Handlungen kann anders sein.

Vorprüfverfahren:
(Informelle Kontakte zwischen den beteiligten Unternehmen und dem Sekretariat vor der Meldung); Meldung des Zusammenschlusses; Auswertung der Meldung; schriftliche Bestätigung des Eingangs der Meldung durch das Sekretariat; Mitteilung innert zehn Tagen, ob die Meldung vollständig ist; erstes Zusammentragen von Informationen über die beteiligten Unternehmen, den fraglichen Markt, etc.; (informelle Kontakte mit den Beteiligten und Dritten); (Anforderung und Einreichen zusätzlicher Angaben und Unterlagen durch die Beteiligten); (Antrag und Entscheid über den vorzeitigen Vollzug des Zusammenschlusses); Antrag des Sekretariats an die Wettbewerbskommission über die Eröffnung eines Hauptprüfverfahrens; Entscheid der Wettbewerbskommission über die Eröffnung eines Hauptprüfverfahrens; (Unbedenklichkeitserklärung und Genehmigung des vorzeitigen Vollzugs des Zusammenschlus-

---

[1718] Das KG 95 bezeichnet die erste Phase des Verfahrens als vorläufige Prüfung (Art. 10) und nur die zweite, viermonatige Verfahrensphase als Prüfungsverfahren. Da die Wettbewerbskommission aber auch in der ersten Phase den Zusammenschluss darauf zu prüfen hat, ob sich Anhaltspunkte ergeben, dass er eine marktbeherrschende Stellung begründet oder verstärkt und da diese Prüfung gewichtige Auswirkungen auf den weiteren Gang des Verfahrens hat, wird wie im ersten Teil der Arbeit die Terminologie Vorprüfverfahren und Hauptprüfverfahren benutzt, vgl. vorne 90f.

ses im Falle der Nichteröffnung eines Hauptprüfverfahrens); Mitteilung des Entscheids an die Beteiligten.
Hauptprüfverfahren:
Veröffentlichung des wesentlichen Inhalts der Meldung des Zusammenschlusses durch das Sekretariat mit Ansetzung einer Frist zur Stellungnahme durch Dritte; Entscheid über den weiteren Aufschub des Zusammenschlusses; vertiefte Sachverhaltsfeststellung (informelle Gespräche mit den Beteiligten und Dritten, Zeugeneinvernahmen, Beweisaussage durch die Betroffenen, Auskünfte von anderen Behörden, Sicherstellung von Beweisgegenständen, Hausdurchsuchungen, etc.); Sachverhaltswürdigung durch Sekretariat und Wettbewerbskommission; Gewährung von Akteneinsicht und rechtlichem Gehör; (mündliche Äusserung); Ausarbeitung des Verfügungsentwurfs; Verfügung der Wettbewerbskommission bzw. der zuständigen Kammer; Eröffnung der Verfügung; Veröffentlichung der Verfügung.

(Ausnahmsweise Zulassung des Zusammenschlusses durch den Bundesrat aus überwiegenden öffentlichen Interessen).

II. Präventive Ausgestaltung der Fusionskontrolle, Melde-, Genehmigungs- oder Zulassungspflicht

Die schweizerische Zusammenschlusskontrolle ist wie die FKVO präventiv ausgestaltet, d.h. die Entscheidung über die Zulässigkeit des Zusammenschlusses hat grundsätzlich vor seinem Vollzug zu ergehen. Zu diesem Zweck besteht vor und eine gewisse Zeit nach der Meldung des Zusammenschlusses ein Vollzugsverbot.

Eine Fusionskontrolle muss präventiv ausgestaltet sein, um wirksam und gleichzeitig verhältnismässig zu sein.[1719] Bei einer nachträglichen Kontrolle würde eine dieser Eigenschaften leiden. Die Verhältnismässigkeit bezieht sich einerseits auf die behördlich angeordneten Massnahmen, die die Wirtschaftsfreiheit der Beteiligten beschränken, anderseits auf die Ressourcen, die für die behördliche Tätigkeit eingesetzt werden müssen. Die Anordnung einer Entflechtung ist verglichen mit einer vorgängigen Untersagung sicher nicht das mildere Mittel. Die nachträgliche Entflechtung eines Zusammenschlusses würde enorme rechtliche und praktische Probleme stellen. Auch Rechte Dritter würden in Frage gestellt. Deshalb dient die präventive Ausgestaltung der Fusionskontrolle der Rechtssicherheit.

Eine präventive Zusammenschlusskontrolle bedingt einen straffen Zeitrahmen für das Untersuchungsverfahren sowie eine Gliederung des Verfahrens in mindestens zwei Abschnitte, damit unbedenkliche Zusammenschlüsse rasch freigegeben werden können.

[1719] Für WOHLMANN muss eine Zusammenschlusskontrolle aus der Natur der Sache präventiv sein, WOHLMANN 189.

Der Entwurf des KG 85 hatte nur eine Meldepflicht ohne Vollzugsverbot, also eine nachträgliche Beurteilung vorgesehen.[1720] Der präventive oder nachträgliche Charakter der Fusionskontrolle ist der Hauptunterschied zwischen der Fusionskontrolle des KG 85 und des KG 95.

Das Parlament hat während der Beratungen des KG 95 den Begriff „Genehmigungspflicht" durch „Meldepflicht" ersetzt.[1721] Der Kommentar zur AVO spricht von „Meldepflicht mit Widerspruchsvorbehalt". Die Frage stellt sich, was dieser Begriffswechsel bewirkte.

Genehmigungspflicht bedeutet, dass bestimmte Zusammenschlusshandlungen ohne Genehmigung nicht vollzogen werden dürfen. Die Genehmigung hat üblicherweise vor dem Vollzug zu erfolgen, was eine präventive Fusionskontrolle bedeutet. Auch eine nachträgliche Genehmigung ist denkbar. Im Fall der Verweigerung der Genehmigung drängt sich als Folge die Unwirksamkeit ex tunc auf.

Meldepflicht dagegen bedeutet, dass der Vollzug des Zusammenschlusses grundsätzlich erlaubt ist, aber einer Behörde angezeigt werden muss. Die blosse Meldepflicht rechtfertigt den Aufschub des Vollzugs des Zusammenschlusses nicht. Die Kontrolle erfolgt also in der Regel nach dem Vollzug des Zusammenschlusses. Entscheidet die Behörde, dass der Zusammenschluss doch nicht zulässig gewesen ist, muss sie das weitere Vorgehen festlegen. Vollzugsverbot und Unwirksamkeit ex tunc passen nicht in dieses System.

Das System der schweizerischen Fusionskontrolle ist folgendes: Ein geplanter Zusammenschluss, der unter die Zusammenschlusskontrolle fällt, muss der Wettbewerbskommission gemeldet werden (Art. 9). Während eines Monats nach der Meldung darf er grundsätzlich nicht vollzogen werden (Art. 32 Abs. 2). Die zivilrechtliche Wirksamkeit des Zusammenschlusses bleibt bis zum Ablauf der Frist grundsätzlich aufgeschoben (Art. 34). Eröffnet die Wettbewerbskommission innerhalb von einem Monat kein Hauptprüfverfahren, so kann der Zusammenschluss „ohne Vorbehalt vollzogen werden" (Art. 32 Abs. 2). Eröffnet sie ein Hauptprüfverfahren, so verlängert sich das Vollzugsverbot grundsätzlich (Art. 33 Abs. 2).

Ein Zusammenschluss darf grundsätzlich nicht vollzogen werden, bevor die Wettbewerbskommission dies erlaubt hat oder bevor die Entscheidungsfrist abgelaufen ist (Genehmigungsfiktion). Ein trotzdem vollzogener, aber nachträglich untersagter Zusammenschluss ist rechtlich nicht wirksam. Mit diesen Charakteristiken entspricht das Fusionskontrollverfahren des KG 95 eher einer Genehmigungspflicht (mit

---

1720 Obwohl die Botschaft (S. 12 Fn 11) erwähnt, der Entwurf von 1981 habe auf eine präventive Zusammenschlusskontrolle abgezielt, war die genannte Zusammenschlusskontrolle eine nachträgliche, vgl. Botschaft 1981, 1362.
1721 Amtl. Bull. NR 1995, 1095-1101 und Amtl. Bull. StR 1995, 859-860.

Genehmigungsfiktion) als einer Meldepflicht (mit Widerspruchsvorbehalt). Es wäre deshalb angezeigt, auch in bezug auf das KG 95 von Genehmigungspflicht zu sprechen.

Um den terminologischen und materiellen Änderungen des Parlaments Rechnung zu tragen, wird in der vorliegenden Arbeit zur Charakterisierung des Fusionskontrollverfahrens (in Anlehnung an die Art. 11, 34, 36 und 38) der Begriff „Zulassungspflicht" verwendet. Als Meldepflicht wird nur die Pflicht zur Einreichung einer Meldung bezeichnet.

Die Änderung der Begriffe hat wohl dazu beigetragen, dass das Gesetz im Parlament oppositionelle Hürden mit mehr Schwung genommen hat, der Begriff Meldepflicht bezeichnet das Verfahren jedoch weniger treffend als die Begriffe Genehmigungs- oder Zulassungspflicht. Die vom Parlament gemachten materiellen Änderungen, also insbesondere der Wegfall der formellen Genehmigungsentscheidung im Vorprüfverfahren und die Einführung eines „Widerspruchsverfahrens", haben wegen der ohnehin bestehenden Zulassungsfiktion den Charakter des Verfahrens nicht geändert.[1722]

Das im KG 95 gewählte System entspricht praktisch dem der FKVO, ausser dass die Wettbewerbskommission am Ende des Vorprüfverfahrens nur dann eine formelle Entscheidung treffen muss, wenn sie ein Hauptprüfverfahren eröffnen will.[1723] Die AVO nähert das Verfahren in dieser Beziehung dem der europäischen Fusionskontrolle wieder an, indem sie eine Unbedenklichkeitserklärung vorsieht (Art. 16). Wie auf Seite 395 und 397f. näher ausgeführt, muss die Wettbewerbskommission jeden angemeldeten Zusammenschluss prüfen und, sofern sie vor Ablauf der Frist entschieden hat, dass kein Hauptprüfverfahren eröffnet wird, den Unternehmen unverzüglich die Unbedenklichkeit des Zusammenschlusses mitteilen und die Genehmigung zum Vollzug erteilen.

[1722] Im Parlament wurden die tatsächlichen Auswirkungen der von der Kommission des NR vorgeschlagenen Änderungen nicht diskutiert, vgl. Amtl. Bull. NR 1995, 1094-1101 und 1106-1109; Amtl. Bull. StR 1995, 867-868. Aus Äusserungen einzelner Parlamentarier geht hervor, dass der Änderung der Bezeichnung zu grosse Bedeutung beigemessen wurde: Nationalrat STUCKY beispielsweise sagte, dass die im Gesetz schliesslich verwirklichte Fusionskontrolle nicht präventiv sei, sondern eine Meldepflicht mit Widerrufsvorbehalt vorsehe, Amtl. Bull. NR 1995, 1061.

[1723] Auch der Kommentar zur AVO misst diesem Unterschied m.E. zuviel Bedeutung bei, Kommentar zur AVO, 2.

III. Ordentliches Verfahren

A. Vorprüfverfahren

1. Übersicht

Das Vorprüfverfahren wird durch die Meldung des Zusammenschlusses oder von Amtes wegen eingeleitet. Es dauert höchstens einen Monat. Während dieser Zeit ist der Vollzug des Zusammenschlusses grundsätzlich verboten. Im Vorprüfverfahren beurteilt die Wettbewerbskommission zunächst, ob die Fusionskontrolle überhaupt anwendbar ist und ob sie ein Hauptprüfverfahren eröffnen muss. Zu diesem Zweck prüft sie, ob Anhaltspunkte vorliegen, dass der Zusammenschluss eine marktbeherrschende Stellung begründet oder verstärkt. Ist dies so, muss sie ein Hauptprüfverfahren eröffnen. Liegen keine solchen Anhaltspunkte vor, ist der Zusammenschluss zulässig. Nach dem blossen Wortlaut des Gesetzes muss die Wettbewerbskommission in diesem Fall keine Entscheidung treffen.[1724] Nach Art. 16 Abs. 1 AVO kann die Wettbewerbskommission den Zusammenschluss jedoch auch vor Ablauf der Monatsfrist für unbedenklich erklären.

2. Meldung des Zusammenschlusses

Zusammenschlussvorhaben, die unter die Fusionskontrolle fallen, sind der Wettbewerbskommission vor ihrem Vollzug zu melden (Art. 9).

a) Eröffnung des Verfahrens

Das Vorprüfverfahren wird durch die vollständige Meldung des Zusammenschlusses eröffnet (Art. 20 AVO). Ein Vorprüfverfahren muss auch von Amtes wegen eröffnet werden, wenn ein meldepflichtiger Zusammenschluss ohne Meldung vollzogen wurde (Art. 35). Die Frist von einem Monat für das Vorprüfverfahren beginnt dann in dem Zeitpunkt, in welchem die Wettbewerbsbehörden im Besitz der Informationen sind, die eine Meldung enthalten muss (Art. 35 KG 95).

b) Meldepflicht

Die Adressaten der Meldepflicht sind gemäss Art. 9 Abs. 1 AVO das Unternehmen, das die Kontrolle erwirbt, oder die Unternehmen, die gemeinsam die Kontrolle erwerben. Fusionierende Unternehmen und Unternehmen, die gemeinsam die Kontrolle über ein anderes erwerben, sind gemeinsam meldepflichtig (Art. 9 Abs. 1

[1724] Der Entwurf sah vor, dass die Wettbewerbskommission den Zusammenschluss entweder genehmigt oder ein Hauptprüfverfahren eröffnet (Art. 32 E). Das Parlament hat dies geändert, vorne 374ff. und hinten 397ff.

AVO).[1725] Eine gemeinsame Meldung kann von einem gemeinsamen Vertreter vorgenommen werden (Art. 9 Abs. 2 AVO).

Die Regelung der Meldepflicht entspricht der europäischen Fusionskontrolle (vgl. vorne 91ff.). Die Regelung ist sinnvoll und legt die Verantwortlichkeit für die Meldung klar fest.

c) Adressat und Übermittlung der Meldung

Die Meldung ist in fünffacher Ausfertigung an das Sekretariat der Wettbewerbskommission zu richten (Art. 9 Abs. 1 AVO). Sie hat schriftlich unter Beilage der verlangten Unterlagen zu erfolgen. Die genauen Modalitäten der Meldung sind auch in der AVO nicht geregelt. Da der Meldung auch die neuesten Jahres- und Geschäftsberichte beizulegen sind (Art. 11 Abs. 2 lit. a AVO), kommt nur eine Meldung per Post oder Kurier in Betracht.

Das Sekretariat muss den Eingang und die Vollständigkeit der Meldung innert zehn Tagen schriftlich bestätigen (Art. 14 AVO). Erachtet es die Meldung in einem wesentlichen Punkt für unvollständig, fordert es die meldenden Unternehmen in der gleichen Frist auf, die Meldung zu ergänzen. Nach der europäischen DVO muss die Kommission den Beteiligten die Unvollständigkeit der Anmeldung umgehend mitteilen (Art. 4 Abs. 2 DVO). M.E. ist eine Frist der offenen Formulierung der DVO vorzuziehen, zehn Tage sind dafür aber zu lang. Wie im europäischen Recht ist die Meldung nur wirksam, wenn sie vollständig ist (Art. 20 Abs. 1 AVO).

d) Zeitpunkt der Meldung

Im Gegensatz zur FKVO setzt das KG 95 keine Frist für die Meldung des Zusammenschlusses. Die Meldung muss lediglich vor dem Vollzug erfolgen. Wegen dem Vollzugsverbot ist das auch ausreichend, um die präventive Kontrolle sicherzustellen. Folglich ist es im schweizerischen Recht nicht wichtig, den genauen Zeitpunkt zu bestimmen, an dem die Zusammenschlussvorbereitungen genügend konkret sind, dass sie die Meldepflicht auslösen. Immerhin weist die Botschaft darauf hin, dass die Meldung erst zu erfolgen hat, wenn das Zusammenschlussvorhaben bezüglich der strukturellen Elemente ausgearbeitet ist.[1726] Schon vor der Meldung können die Beteiligten mit Fragen an das Sekretariat gelangen.

[1725] Art. 2 Abs. 1 der europäischen DVO sagt ausdrücklich, dass mehrere Anmeldepflichtige eine gemeinsame Anmeldung einreichen müssen. Dies dürfte auch nach Art. 9 AVO so sein, vgl. Kommentar zur AVO, 7.

[1726] Nach der Botschaft müssen die Vertragsverhandlungen abgeschlossen sein, Botschaft 140. Verhandlungen über Einzelheiten des Zusammenschlusses können m.E. auch nach der Meldung geführt werden.

e) Inhalt der Meldung

Der Umfang der Meldung beeinflusst den Charakter des Fusionskontrollverfahrens stark. Die zwei sich anbietenden Extremlösungen dürften wohl eine Meldung der Art „Das Unternehmen A übernimmt das Unternehmen B" und eine Meldung nach dem Formblatt CO zur FKVO sein.

Das KG 95 äussert sich nicht direkt zum Inhalt der Meldung. In den Beratungen im Parlament wurde viel Gewicht darauf gelegt, dass die Fusionskontrolle keinen unnötigen Formalismus und administrativen Aufwand verursachen soll.[1727] Auch aus den Änderungen, die das Parlament am Entwurf vorgenommen hat, ist das Bestreben ersichtlich, die Fusionskontrolle einfach und wenig bürokratisch zu gestalten.[1728] Bei der Redaktion der Ausführungsverordnung wurde dem Rechnung getragen.[1729] Der Umfang der Meldung des Zusammenschlusses nach schweizerischem Recht ist deshalb beträchtlich geringer als der des Formblattes CO. Wegen der überschaubaren Verhältnisse in der Schweiz kann bei der Wettbewerbskommission auch ein gewisses Grundwissen vorausgesetzt werden.

Der Zweck des Vorprüfverfahrens verlangt einen gewissen Mindestumfang der Meldung. Im Vorprüfverfahren muss geprüft werden, ob die Fusionskontrolle anwendbar ist und ob Anhaltspunkte für die Begründung oder Verstärkung einer marktbeherrschenden Stellung bestehen. Die Wettbewerbskommission muss nicht prüfen, ob der Zusammenschluss wirksamen Wettbewerb verhindern kann. Die für die Beurteilung im Vorprüfverfahren benötigten Angaben sind deshalb: eine Beschreibung des Vorhabens, die weltweiten Gesamtumsätze der beteiligten Unternehmen, die Umsätze der beteiligten Unternehmen in der Schweiz, die Tätigkeiten der beteiligten Unternehmen, Informationen zur Bestimmung des sachlich, geographisch und zeitlich relevanten Marktes, Angaben zu den betroffenen Märkten (insbesondere Marktzutrittsschranken) sowie die Marktanteile auf den kritischen Märkten. In diesem Verfahrensabschnitt sind also zahlreiche Informationen über die Wettbewerbsverhältnisse auf den kritischen Märkten entbehrlich (insbesondere betreffend die zeitliche Dimension).

Diese Informationen und Angaben zur Stellung der Unternehmen im internationalen Wettbewerb können auch noch bei Eröffnung eines Hauptprüfverfahrens gemacht werden und müssen nicht schon in der Meldung enthalten sein.[1730]

1727 Z.B. Amtl. Bull. NR 1995, 1098 (Votum DAVID); vgl. auch Kommentar zur AVO, 1.
1728 Vgl. etwa Amtl. Bull. NR 1995, 1057 (Kommissionssprecher LEDERGERBER); Amtl. Bull. NR 1995, 1095-1097 (Voten JAEGER und BÜHRER).
1729 Vgl. Begleitbrief von Bundesrat DELAMURAZ vom 12. Februar 1996 zum Entwurf der AVO.
1730 Botschaft 140.

Die Art. 11 bis 13 der AVO verwirklichen diese Gedanken. Bis auf wenige Ausnahmen (hinten 384f.) sind die in der Meldung enthaltenen Angaben zur Beurteilung des Zusammenschlusses im Vorprüfverfahren ausreichend.

Für die Beurteilung im Hauptprüfverfahren ist die Meldung zuwenig umfangreich. Art. 15 AVO nennt deshalb ausdrücklich die Pflicht, den Wettbewerbsbehörden zusätzliche Angaben zu machen, auch wenn die Meldung an sich vollständig war.[1731] Diese Bestimmung wäre eigentlich nicht nötig, da die Verpflichtung zur Auskunft und allenfalls zur Beweisaussage (Art. 40 und 42) mit der Meldung nicht erlischt.

Analog zum Formblatt CO behält sich die Wettbewerbskommission vor, den Gebrauch eines Meldeformulars generell vorzuschreiben (Art. 13 AVO). Die Wettbewerbskommission kann auch beschliessen, dass Anmeldungen bei bestimmten ausländischen Behörden ganz oder teilweise für die Meldung in der Schweiz verwendet werden können (Art. 13 Abs. 1 AVO).[1732] Ob die Anmeldung nach Formblatt CO alle für die Anmeldung nach der AVO notwendigen Angaben enthält, wird hinten 382ff. untersucht.

Die Wettbewerbskommission hat davon abgesehen, schon auf Inkrafttreten des KG 95 ein Meldeformular für verbindlich zu erklären.[1733] Den Unternehmen, die einen Zusammenschluss melden, darf aus der gutgläubigen Auslegung von Art. 11 AVO deswegen kein Nachteil erwachsen.[1734]

Haben sich die in der Meldung beschriebenen Tatsachen wesentlich geändert, müssen die beteiligten Unternehmen die Änderungen dem Sekretariat unaufgefordert und umgehend mitteilen (Art. 21 AVO). Die Änderung der Tatsachen kann bewirken, dass die Frist für das Vorprüfverfahren bzw. Hauptprüfverfahren unterbrochen wird (vorne 361f.).

aa) Umfang der Meldung nach der AVO

Art. 11 AVO verlangt Angaben zu den beteiligten Unternehmen, zum Zusammenschluss und zu den betroffenen Märkten. Zu den beteiligten Unternehmen wird verlangt:

- Firma, Sitz und eine Kurzbeschreibung der Geschäftstätigkeit aller Unternehmen, die für die Berechnung der Umsatzschwellen berücksichtigt werden, sowie des Veräusserers (Art. 11 Abs. 1 lit. a AVO);

[1731] Vgl. Botschaft 140.
[1732] Der Kommentar zur AVO nennt in diesem Zusammenhang das Formblatt CO.
[1733] Kommentar zur AVO, 8.
[1734] Der Kommentar zur AVO weist auf einen gewissen Spielraum hin, den die Melde-Erfordernisse offenlassen, Kommentar zur AVO, 7.

- „die nach den Artikeln 4 - 8 berechneten Umsätze beziehungsweise Bilanzsummen oder Bruttoprämieneinnahmen sowie die auf die Schweiz entfallenden Anteile der beteiligten Unternehmen" (Art. 11 Abs. 1 lit. c AVO);

- die Marktanteile der beteiligten Unternehmen und der drei wichtigsten Wettbewerber für die letzten drei Jahre auf den in der Meldung zu nennenden und zu beschreibenden Märkten (Art. 11 Abs. 1 lit. e AVO).

Über das Zusammenschlussvorhaben müssen in der Meldung folgende Angaben gemacht werden:

- Eine Beschreibung des Vorhabens, der „relevanten Tatsachen und Umstände"[1735] und dessen Ziele (Art. 11 Abs. 1 lit. b AVO)

Zu den betroffenen Märkten müssen folgende Angaben gemacht werden:

- Die Nennung und Beschreibung der sachlichen und räumlichen Märkte, die vom Zusammenschluss betroffen sind oder betroffen sein könnten und in denen der gemeinsame Marktanteil in der Schweiz von zwei oder mehr der beteiligten Unternehmen 20% oder mehr beträgt (Art. 11 Abs. 1 lit. d AVO)[1736];

- Nennung der in den letzten fünf Jahren in die betroffenen Märkte eingetretenen Unternehmen sowie derjenigen Unternehmen, die in den nächsten drei Jahren eintreten könnten, und der Kosten, die ein Markteintritt verursacht (Art. 11 Abs. 1 lit. f AVO).

Der Meldung müssen grundsätzlich die Verträge, die mit dem Zusammenschluss in Zusammenhang stehen, die Angebotsunterlagen bei öffentlichen Übernahmeangeboten, Berichte und Analysen, die im Hinblick auf den Zusammenschluss erstellt worden sind, und die neusten Jahresberichte beigelegt werden (Art. 11 Abs. 2 AVO). Dies gilt jedoch nur beschränkt. Die Kopien der Verträge, die den Zusammenschluss bewirken, müssen nur beigelegt werden, soweit sich ihr „wesentlicher Inhalt" nicht bereits aus der Beschreibung des Vorhabens ergibt (Art. 11 Abs. 2 lit. b AVO). Auch von den Berichten und Analysen, die im Hinblick auf den Zusammenschluss erstellt wurden, müssen nur soweit Kopien ausgehändigt werden, als diese

---

[1735] Diese Formulierung ist nicht sehr glücklich, da nicht offensichtlich ist, welche Tatsachen relevant sind.

[1736] Die AVO enthält in Art. 11 Abs. 3 Definitionen des sachlich und des räumlich relevanten Marktes. Danach umfasst der sachlich relevante Markt alle Waren und Leistungen, die von der Marktgegenseite hinsichtlich ihrer Eigenschaften und ihres vorgesehenen Verwendungszwecks als substituierbar angesehen werden. Der räumlich relevante Markt umfasst das Gebiet, in welchem die Marktgegenseite den sachlichen Markt umfassenden Waren oder Leistungen nachfragt oder anbietet.
Die relevanten räumlichen Märkte beschränken sich somit richtigerweise nicht auf die Schweiz. Die beteiligten Unternehmen haben vielmehr ein Interesse daran darzulegen, dass der relevante räumliche Markt grösser als die Schweiz ist, denn dadurch vermindert sich in der Regel ihr relativer Marktanteil und die ausländische Konkurrenz dürfte verunmöglichen, dass wirksamer Wettbewerb in der Schweiz beseitigt wird.

für die Beurteilung des Zusammenschlusses „wichtige Angaben" enthalten, die sich nicht bereits aus der Beschreibung des Vorhabens ergeben (Art. 11 Abs. 2 lit. d AVO).

Die AVO sieht sinnvollerweise die Möglichkeit der Befreiung von einzelnen Meldeerfordernissen vor (Art. 12 AVO, Erleichterte Meldung). Danach kann das Sekretariat von der Pflicht zur Vorlage bestimmter der in Art. 11 AVO genannten Angaben oder Unterlagen befreien, wenn es der Ansicht ist, dass diese für die Prüfung des Falles nicht notwendig sind. Die Pflicht zur Vorlage zusätzlicher Angaben und Unterlagen nach Art. 15 AVO wird von der Befreiung nicht berührt. Art. 12 AVO weist ausdrücklich darauf hin, dass die beteiligten Unternehmen den Umfang der Meldung schon vor der Meldung einvernehmlich mit dem Sekretariat festlegen können. Besonders bei unbedeutenden Zusammenschlüssen, die nur deswegen meldepflichtig sind, weil daran ein gemäss früherer Entscheidung marktbeherrschendes Unternehmen beteiligt ist, wäre eine erleichterte Meldung angezeigt.

bb) Vergleich mit der Anmeldung nach dem Formblatt CO

Zahlreiche Zusammenschlüsse dürften unter die europäische und die schweizerische Fusionskontrolle fallen (vgl. vorne 328). Für die meldepflichtigen Unternehmen ist es von Vorteil, wenn sie die Angaben für die Meldungen nur einmal erarbeiten müssen. Art. 13 AVO sieht ausdrücklich die Möglichkeit vor, dass die Wettbewerbskommission auch ausländische Meldungen akzeptieren kann.[1737] Nachfolgend werden deshalb die bedeutendsten Gemeinsamkeiten und Unterschiede der beiden Meldungen in Tabellenform dargestellt. Gefolgt wird der Systematik des Formblattes CO.

Abschnitt des Formblattes CO	Im Formblatt CO und der Meldung nach KG 95 verlangte Angaben	Unterschiedliche Angaben	
		Nur Formblatt CO	Nur Art. 11 AVO
1 (Hintergrundinformationen)	Name, Anschrift, Geschäftstätigkeit aller beteiligten Unternehmen		
2 (Einzelheiten des Zusammenschlusses)	Beschreibung des Zusammenschlusses	Detaillierte Beschreibung des Zusammenschlusses und seiner Abwicklung; Umsatzangaben für die EG, die EFTA und die jeweiligen Mitgliedstaaten	Neben weltweitem Gesamtumsatz nur Umsatzangaben für die Schweiz
3 (Eigentum und Kontrolle)	Angabe aller „Konzernunternehmen"	Die Mittel zur Ausübung der Kontrolle sind in bezug auf diejenigen Konzernunternehmen anzugeben, die auf einem betroffenen Markt tätig sind.	Die Mittel zur Ausübung der Kontrolle müssen nicht angegeben werden.

[1737] Im Kommentar zur AVO, 9, wird als einzige die Anmeldung nach dem Formblatt CO genannt.

Kapitel 3: Verfahrensablauf / Vorprüfverfahren

4 (Personelle und kapitalmässige Verflechtungen und vorangehende Beteiligungen)		Liste der Beteiligungen aller Konzernunternehmen von mehr als 10% an Unternehmen, die auch auf einem betroffenen Markt tätig sind; Liste der personellen Verflechtungen mit Unternehmen, die auf einem betroffenen Markt tätig sind; Angaben zu den Beteiligungen, die die Konzernunternehmen in den letzten drei Jahren in den betroffenen Märkten erworben haben	Die AVO fordert keine dieser weitgehenden und für die Beurteilung des Zusammenschlusses nicht unbedingt notwendigen Angaben.
5 (Unterlagen)	Verträge, die den Zusammenschluss bewirken oder sonst mit ihm in Zusammenhang stehen; Angebotsunterlagen bei einem öffentlichen Übernahmeangebot; die letzten Jahresabschlüsse und Jahresberichte; Berichte und Analysen, die im Hinblick auf den Zusammenschluss erstellt wurden	Sämtliche Unterlagen im Zusammenhang mit dem Zusammenschluss; Berichte und Analysen nur dann, wenn mindestens ein Markt betroffen ist und wenn diese für den Vorstand, Aufsichtsrat oder die Aktionärsversammlung erstellt wurden	Verträge, die den Zusammenschluss bewirken, nur soweit sich ihr wesentlicher Inhalt nicht aus der Beschreibung des Zusammenschlussvorhabens ergibt (Art. 11 Abs. 2 lit. a AVO); Berichte und Analysen nur, soweit sie für die Beurteilung des Zusammenschlusses wichtige Angaben enthalten und sich ihr Inhalt nicht schon aus der Beschreibung des Zusammenschlussvorhabens ergibt
6 bis 8 (Marktdefinitionen, Angaben zu den betroffenen Märkten, allgemeine Bedingungen in den betroffenen Märkten)	Angabe der betroffenen Märkte und ihre Beschreibung in bezug auf Vertriebs- und Nachfragestrukturen sowie die Bedeutung von Forschung und Entwicklung	Die zu beschreibenden betroffenen Märkte liegen im EWR. Die Marktanteilsschwelle, die vermuten lässt, dass ein Markt betroffen ist, liegt bei 15%. Bei vertikalen Beziehungen beträgt die Marktanteilsschwelle 25%. Zusätzliche ausführliche Beschreibung der relevanten Märkte in verschiedenen geographischen Gebieten bezüglich Marktvolumen, Einfuhren in den EWR, Markteintrittsschranken, Produktionsweise, Angebotsstruktur, Preisvergleiche, etc. Marktanteile der letzten drei Jahre der beteiligten Unternehmen und aller Konkurrenten, die einen Marktanteil von mehr als 10% haben; Wesentliche Markteintritte in den letzten fünf Jahren; zu erwartende Markteintritte; Faktoren, die den Markteintritt beeinflussen Dieser Teil der Anmeldung dürfte einen beträchtlichen Teil des Anmeldungsaufwandes ausmachen.	Die zu beschreibenden betroffenen Märkte liegen in der Schweiz. Die Marktanteilsschwellen, die vermuten lassen, dass ein Markt betroffen ist, liegen bei einem gemeinsamen Marktanteil von 20% und bei einem Marktanteil eines einzigen Unternehmens von 30%. Marktanteile der beteiligten Unternehmen und der drei wichtigsten Konkurrenten in den letzten drei Jahren; Markteintritte der letzten fünf Jahre; mögliche Markteintritte in den nächsten drei Jahren; Kosten des Markteintritts

9 (Allgemeine Fragen)	Hintergründe und Ziele des Zusammenschlussvorhabens	Schilderung des weltweiten Zusammenhangs des Zusammenschlusses, der Auswirkungen auf die Verbraucher und auf den technischen und wirtschaftlichen Fortschritt; Nennung von Nebenabreden	
10 (Erklärung)		Das Formblatt CO verlangt eine Erklärung, dass die gemachten Angaben vollständig und richtig sind.	Die AVO setzt dies voraus.

Die Anmeldungen nach dem Formblatt CO und der AVO enthalten viele gemeinsame Angaben. Das Formblatt CO verlangt aber um einiges umfangreichere Informationen. Der grösste Unterschied liegt bei den Angaben über die betroffenen Märkte. Die Meldung nach schweizerischem Recht enthält nicht alle im Formblatt CO verlangten Angaben.

Die im Formblatt CO verlangten Angaben umfassen demgegenüber diejenigen der Meldung nach der AVO mit Ausnahme der in der Schweiz realisierten Umsätze, der Angabe der Marktanteile in der Schweiz und der betroffenen Märkte in der Schweiz.[1738] Der Anmeldung nach dem Formblatt CO liegen auch nicht zwingend alle Berichte und Analysen bei. Wollen sich die beteiligten Unternehmen auf eine Verbesserung der Wettbewerbsverhältnisse auf einem anderen Markt oder ihrer Stellung im internationalen Wettbewerb berufen, müssen sie dies ebenfalls zusätzlich vorbringen. Nach Ergänzung dieser Angaben (und allenfalls Übersetzung in eine Amtssprache) dürfte die Anmeldung eines Zusammenschlusses nach dem Formblatt CO auch als Meldung in der Schweiz verwendet werden können.

Die Möglichkeit der Befreiung von Meldepflichten ist in beiden Verfahren praktisch gleich umschrieben (Art. 12 AVO; Art. 3 Abs. 2 DVO).

cc) Stellungnahme zum Umfang der Meldung nach schweizerischem Recht

aaa) Zweckmässigkeit der Anforderungen

Die Meldung des Zusammenschlusses nach Art. 11 AVO erlaubt eine sinnvolle Prüfung der Frage, ob Anhaltspunkte vorliegen, dass der Zusammenschluss eine marktbeherrschende Stellung begründet oder verstärkt[1739]. Die Meldung könnte nicht mehr viel weiter reduziert werden.[1740] Es ist zweckmässig, dass die Wettbewerbskommission ausländische Meldungen akzeptieren und ein Meldeformular für verbindlich erklären kann.

[1738] SOMMER ist der Ansicht, dass die Anmeldung nach Formblatt CO alle Angaben für die Beurteilung nach dem KG 95 enthält. SOMMER, NZZ-Artikel.

[1739] Zur Bestimmung einer marktbeherrschenden Stellung vgl. SCHLUEP, in: SCHÜRMANN/SCHLUEP 262-271.

[1740] Vgl. auch Kommentar zur AVO, 7.

Die von Art. 11 AVO verlangten Angaben weisen allerdings gewisse Lücken auf. So ist es für eine korrekte Beurteilung des Zusammenschlusses erforderlich, dass die Wettbewerbskommission in jedem Fall über Kopien der den Zusammenschluss bewirkenden Verträge verfügt. Eine Schilderung des Inhalts durch die beteiligten Unternehmen ist nicht ausreichend. Was der im Hinblick auf die wettbewerbsrechtliche Beurteilung eines Zusammenschlusses wesentliche Inhalt eines Vertrages ist, sollte nicht von den zusammenschlusswilligen Unternehmen entschieden werden können. Die Versuchung, wettbewerbsrechtlich problematische Klauseln zu unterschlagen, wäre sehr gross. Zudem provoziert eine solche Regelung geradezu Meinungsverschiedenheiten zwischen den Beteiligten und den Behörden darüber, was wesentlich sei.

Das gleiche gilt für die Frage, ob die Kopien und Berichte für die Beurteilung des Zusammenschlusses wichtige Angaben enthalten. Auch diese Beschränkung des Umfangs der Meldung ist m.E. unzweckmässig.

Die Meldung sollte auch Angaben über die Marktanteile in anderen Ländern als der Schweiz enthalten. Der Vergleich zwischen den Marktanteilen in der Schweiz und in anderen Ländern kann Aufschluss über potentielle Wettbewerber und allfällige Marktzutrittsschranken geben. Die AVO sollte zudem die Angabe der Produktebereiche verlangen, die von dem Zusammenschluss berührt werden. Ohne deren Kenntnis können die Wettbewerbsbehörden nicht beurteilen, welche Märkte sachlich relevant sein können.

In der Meldung sollten zudem auch allfällige Nebenabreden genannt werden, da diese sinnvollerweise zusammen mit dem Zusammenschluss beurteilt werden.

Einige Meldungserfordernisse sollten präzisiert werden. Es ist nötig, dass die in Art. 11 Abs. 1 lit. a verlangte Kurzbeschreibung der Geschäftstätigkeit der beteiligten Unternehmen mindestens alle Tätigkeitsbereiche der beteiligten Unternehmen und ihre Bedeutung auf den jeweiligen Märkten nennt.

Der Begriff der „relevanten Tatsachen und Umstände" von Art. 11 Abs. 1 lit. b AVO sollte weiter präzisiert oder ersetzt werden. Was relevant ist, kann aus der Sicht der Wettbewerbskommission und der beteiligten Unternehmen anders beurteilt werden. „Hintergründe" oder „Beweggründe" würde klar machen, dass es sich um die aus der Sicht der beteiligten Unternehmen relevanten Umstände handelt.

bbb) Verhältnismässigkeit der Anforderungen

Die Meldungserfordernisse der AVO genügen dem Verhältnismässigkeitsprinzip. Die Meldung verlangt von den Unternehmen keinen grossen zusätzlichen Aufwand, da die meisten der verlangten Informationen in der Regel vorliegen werden. Auch die im vorhergehenden Titel geforderten zusätzlichen Informationen wären gemessen am Zweck der Fusionskontrolle gerechtfertigt.

Die Möglichkeit, dass eine bei einer ausländischen Behörde eingereichte Anmeldung auch in der Schweiz verwendet werden kann, verhindert unnötigen Aufwand. Die Anmeldung gemäss dem Formblatt CO sollte mit den oben genannten Ergänzungen als Meldung an die Wettbewerbskommission verwendet werden können. Somit dürfte der zusätzliche Aufwand wegen der Anmeldung bei zwei verschiedenen Behörden gering ausfallen.[1741]

f) Missachtung der Meldepflicht

Da die Meldepflicht nur dann missachtet worden ist, wenn der Zusammenschluss ohne vorherige Meldung vollzogen wurde, ist die Missachtung der Meldepflicht mit der Missachtung des Vollzugsverbots und somit der Zulassungspflicht identisch. Diese ist hinten 389ff. behandelt.

3. Vollzugsverbot

a) Grundsatz

Gemäss Art. 32 Abs. 2 dürfen die beteiligten Unternehmen einen meldepflichtigen Zusammenschluss während eines Monats seit der Meldung nicht vollziehen, es sei denn, die Wettbewerbskommission habe dies auf Antrag der Unternehmen aus wichtigen Gründen bewilligt oder sie habe den Zusammenschluss gestützt auf Art. 16 Abs. 1 AVO für unbedenklich erklärt. Eröffnet die Wettbewerbskommission ein Hauptprüfverfahren, muss sie zu Beginn entscheiden, ob der Zusammenschluss ausnahmsweise vollzogen werden darf oder weiterhin aufgeschoben bleibt (Art. 33 Abs. 2). Hat sie innerhalb eines Monats seit der Meldung kein Hauptprüfverfahren eröffnet, kann der Zusammenschluss „ohne Vorbehalt" vollzogen werden (Art. 32 Abs. 1).

b) Bedeutung von „Vollzug"

Das KG 95 definiert nicht, was unter dem Vollzug des Zusammenschlusses zu verstehen ist. Die Fragen, die sich stellen, sind die gleichen wie bei der Auslegung von Art. 7 Abs. 5 FKVO (vorne 107ff.). Gewisse Vorbereitungshandlungen für den Zusammenschluss (wie Vertragsabschluss, Lancierung eines öffentlichen Übernahmeangebots, etc.) müssen bereits erfolgt sein, damit überhaupt ein meldepflichtiger Zusammenschluss vorliegt. „Vollzugshandlungen" dürfen aber noch nicht erfolgen. Die Botschaft kommt zum Schluss, dass auch nach schweizerischem Recht der Vollzug von Verpflichtungsgeschäften, nicht jedoch deren Abschluss unzulässig ist.[1742] Das Verpflichtungsgeschäft ist auch vor dem Vollzug der Verpflichtung nicht

---

[1741] A.M. SOMMER, NZZ-Artikel.
[1742] Botschaft 142.

wirkungslos. Nach Abschluss eines Verpflichtungsgeschäfts über einen Zusammenschluss besteht insbesondere die Pflicht, alles zu unterlassen, was den Zusammenschluss behindern könnte.[1743] Für die Abgrenzung von Vollzugshandlung und zulässigen Vorbereitungshandlungen bei anderen als vertraglich begründeten Zusammenschlüssen wird auf das im Teil 1 auf Seite 111 Gesagte verwiesen.

c) Wirkung des Vollzugsverbots

Das Vollzugsverbot bedeutet zunächst, dass die beteiligten Unternehmen den Zusammenschluss nicht vollziehen dürfen (Art. 32 Abs. 2 und Art. 33 Abs. 2). Es bewirkt aber auch, dass die zivilrechtliche Wirksamkeit allfälliger Zusammenschlusshandlungen bis zur endgültigen Entscheidung oder der Bewilligung zum vorzeitigen Vollzug aufgeschoben bleibt (Art. 34, hinten 390ff.).

d) Dauer des Vollzugsverbots

Das Vollzugsverbot dauert einen Monat von der Meldung des Zusammenschlusses an gerechnet, es sei denn, die Wettbewerbskommission habe den früheren Vollzug während des Vorprüfverfahrens oder nach der Eröffnung des Hauptprüfverfahrens bewilligt (Art. 32 Abs. 2 und Art. 33 Abs. 2). Im letzteren Fall endet es unter normalen Umständen spätestens mit Ablauf der viermonatigen Frist für das Hauptprüfverfahren (Art. 34). Hat sie ein Hauptprüfverfahren eröffnet, bleibt das Vollzugsverbot zunächst weiterhin bestehen (hinten 388f.). Gemäss Art. 16 Abs. 1 AVO darf der Zusammenschluss im Vorprüfverfahren auch vollzogen werden, sobald die Kommission ihn für unbedenklich erklärt hat.

Die Berechnung der Dauer des Vollzugsverbots wird in der AVO nicht ausdrücklich geregelt. Sie sollte - anders als in der europäischen Fusionskontrolle (vgl. vorne 112f.) - gleich berechnet werden wie die Frist für das Vorprüfverfahren. Hat die Wettbewerbskommission während dieser Frist keine Entscheidung getroffen, kann der Zusammenschluss ohne Vorbehalt vollzogen werden.

e) Befreiung

Bei Vorliegen wichtiger Gründe kann die Wettbewerbskommission den beteiligten Unternehmen auf Antrag erlauben, den Zusammenschluss vor Ablauf der einmonatigen Frist zu vollziehen (Art. 32 Abs. 2). Die Zusammenschlusshandlungen sind dann nach dem Wortlaut von Art. 34 zivilrechtlich wirksam, auch wenn der Zusammenschluss schliesslich untersagt werden sollte.

Die Botschaft nennt öffentliche Übernahmeangebote und Sanierungsfusionen als Beispiele für eine Befreiung vom Vollzugsverbot.[1744]

[1743] GUHL 50-51.

[1744] Botschaft 141.

Die Bewilligung zum vorzeitigen Vollzug kann mit Bedingungen und Auflagen verbunden werden (Art. 16 Abs. 2 AVO). Bezüglich öffentlicher Übernahmeangebote wird ausdrücklich die Beschränkung der Ausübung der Stimmrechte auf die zur Erhaltung der getätigten Investition erforderlichen Entscheidungen genannt. Auch diese Bestimmungen haben eine Parallele im europäischen Verfahren: Nach Art. 7 Abs. 4 FKVO können Ausnahmen vom Vollzugsverbot gewährt werden, um schweren Schaden von einem Beteiligten oder einem Dritten abzuwenden, und nach Art. 7 Abs. 3 FKVO sind öffentliche Übernahmeangebote vom Vollzugsverbot ausgenommen, solange die Stimmrechte nur zur Erhaltung des vollen Wertes der Investition und aufgrund einer von der Europäischen Kommission gewährten Befreiung ausgeübt werden. Die Befreiung kann ebenfalls mit Bedingungen und Auflagen versehen werden.

Nach dem Wortlaut der vom Parlament verabschiedeten Fassung von Art. 32 muss die Wettbewerbskommission den Beteiligten am Ende des Vorprüfverfahrens nur dann eine Entscheidung mitteilen, wenn sie ein Hauptprüfverfahren eröffnen will, nicht aber, wenn sie den Zusammenschluss zulassen will. Dies hätte zur Folge, dass der Vollzug der unbedenklichen Zusammenschlüsse immer während eines Monats untersagt wäre, es sei denn, die Wettbewerbskommission habe auf Antrag der beteiligten Unternehmen aus wichtigen Gründen den vorzeitigen Vollzug genehmigt. Dieses Bedingungen sind nicht sinnvoll. Deshalb sieht Art. 16 Abs. 1 AVO vor, dass die beteiligten Unternehmen den Zusammenschluss vollziehen dürfen, sobald ihn die Wettbewerbskommission für unbedenklich erklärt hat. Es drängt sich auf, dass die Wettbewerbskommission den Zusammenschluss für unbedenklich erklärt, sobald sie entschieden hat, kein Hauptprüfverfahren zu eröffnen.

Die AVO enthält eine besondere Bestimmung über die Befreiung vom Vollzugsverbot bei Zusammenschlüssen von Banken, die die EBK aus Gründen des Gläubigerschutzes als notwendig erachtet (Art. 17).[1745] Die EBK kann die Befreiung auch vor der Anmeldung und von Amtes wegen gewähren, und sie ist nicht an weitere Bedingungen (wie das Vorliegen anderer wichtiger Gründe) gebunden. Sie hat allerdings die Wettbewerbskommission zur Stellungnahme einzuladen. Es ist fraglich, ob diese Bestimmung notwendig ist, da die EBK "an die Stelle der Wettbewerbskommission" tritt[1746] und somit auch eine Befreiung nach Art. 32 Abs. 2 oder Art. 33 Abs. 2 gewähren könnte.

f) Vollzugsverbot im Hauptprüfverfahren

Bei Eröffnung eines Hauptprüfverfahrens muss die Wettbewerbskommission darüber entscheiden, „ob der Zusammenschluss ausnahmsweise vorläufig vollzogen werden kann oder aufgeschoben bleibt" (Art. 32 Abs. 2). Verlängert sie das Vollzugsverbot

---

[1745] Zum Verfahren der Beurteilung von Bankzusammenschlüssen durch die EBK s. hinten 429ff.
[1746] Art. 10 Abs. 3.

ohne zeitliche Beschränkung, endet es dennoch spätestens mit Ablauf der viermonatigen Frist für das Hauptprüfverfahren, sofern die Wettbewerbskommission nicht durch Umstände gehindert worden war, die die beteiligten Unternehmen zu verantworten haben (Art. 34).

Eine wörtliche Auslegung der Art. 32 - 34 würde ergeben, dass der Zusammenschluss nach Ablauf eines Monats auch dann rechtmässig vollzogen werden darf, wenn ein Hauptprüfverfahren eröffnet worden ist. Der Vollzug wäre wirksam, würde aber nicht „ohne Vorbehalt" erfolgen, d.h. er müsste allenfalls wieder rückgängig gemacht werden. Diese Interpretation würde jedoch dem Sinn des Gesetzes widersprechen. Es ist deshalb davon auszugehen, dass der Zusammenschluss auch zwischen der Entscheidung, ein Hauptprüfverfahren zu eröffnen, und der Entscheidung über den weiteren Aufschub des Vollzugs nicht rechtmässig und wirksam vollzogen werden kann. Deshalb sollte der Entscheid über die Verlängerung des Vollzugsverbots gleich zu Beginn des Hauptprüfverfahrens erfolgen.

Erteilt die Wettbewerbskommission die Erlaubnis zum vorläufigen Vollzug des Zusammenschlusses, so sind die daran anschliessenden Vollzugshandlungen zivilrechtlich wirksam, auch wenn der Zusammenschluss am Ende des Verfahrens untersagt würde (Art. 34). In einem solchen Fall müssten Massnahmen zur Wiederherstellung wirksamen Wettbewerbs nach Art. 37 getroffen werden. Zutreffender als „vorläufiger Vollzug" wäre somit „vorzeitiger Vollzug".

Die Wettbewerbskommission kann, statt das Vollzugsverbot zu verlängern, auch andere, weniger einschneidende vorsorgliche Massnahmen anordnen wie die Beschränkung der Ausübung von Stimmrechten oder anderen Kontrollrechten (hinten 418f.).[1747]

g) Missachtung des Vollzugsverbots

Die Sanktionen für die Missachtung des Vollzugsverbots sind einerseits die zivilrechtliche Unwirksamkeit des Zusammenschlusses, andererseits verwaltungs- und strafrechtliche Bussen. Zudem haben die betreffenden Unternehmen die Pflicht, Massnahmen zur Wiederherstellung wirksamen Wettbewerbs zu treffen. Wurde ein meldepflichtiger Zusammenschluss ohne Meldung vollzogen, kann die Wettbewerbskommission den Zusammenschluss nachträglich prüfen.

aa) Nachträgliche Prüfung des Zusammenschlusses

Bei Missachtung des Vollzugsverbots und der Meldepflicht kann die Wettbewerbskommission von Amtes wegen ein Vorprüfverfahren einleiten und, wenn die Voraussetzungen dafür erfüllt sind, ein Hauptprüfverfahren eröffnen (Art. 35). Die ein-

---

[1747] In Art. 16 Abs. 2 AVO werden diese Massnahmen als Bedingungen und Auflagen zu einer "Befreiung" vom Vollzugsverbot angesehen. Aus Art. 33 Abs. 2 geht nicht eindeutig hervor, ob er eine Befreiung vom Vollzugsverbot oder nur eine Nichtverlängerung vorsieht.

monatige Frist für die Eröffnung des Hauptprüfverfahrens läuft, sobald die Wettbewerbskommission im Besitz der Informationen ist, die eine Meldung enthalten muss (Art. 35).

bb) Wirksamkeit der Rechtsgeschäfte

Nach Art. 34 bleibt die zivilrechtliche Wirksamkeit eines meldepflichtigen Zusammenschlusses unter Vorbehalt der Bewilligung zum vorläufigen Vollzug während des Verfahrens aufgeschoben. Was dies bedeutet, ist nicht ohne weiteres klar. Die Botschaft nimmt die herrschende, vor allem von deutschen Autoren beeinflusste Lehre betreffend den Status der Rechtsgeschäfte unter dem Vollzugsverbot der FKVO auf.[1748] Danach hängt die Wirksamkeit von Vollzugsgeschäften, die in Missachtung des Vollzugsverbots vorgenommen wurden, vom endgültigen Entscheid der Wettbewerbskommission ab. Vollzugshandlungen, die vor oder während dem Vollzugsverbot erfolgen, sind „nicht sofort und endgültig nichtig, sondern schwebend unwirksam".[1749] Mit der Untersagungsentscheidung werden sie definitiv unwirksam, mit der Zulassungsentscheidung oder -fiktion wird die Unwirksamkeit aufgehoben. Die Wirksamkeit der Vollzugshandlungen ist also aufschiebend bedingt. Der Schwebezustand endet mit der ausdrücklichen oder fingierten Entscheidung der Wettbewerbskommission.

Nun hat das Parlament die Genehmigungspflicht in eine „Meldepflicht" geändert. Zu prüfen ist, ob dies einen Einfluss auf den Status der aufgeschobenen Vollzugshandlungen hat.

Art. 34 wurde vom Parlament bezüglich der Folgen des Aufschubes nicht geändert. In den Beratungen im Parlament wurde weder den Folgen der Missachtung des Vollzugsverbots noch seinen Wirkungen Beachtung geschenkt.

Wie vorne auf Seite 374ff. dargelegt, hat die Änderung der Bezeichnung nichts an der Grundkonzeption der Fusionskontrolle geändert. Sie ist, wie im Entwurf vorgesehen, präventiv. Hinter dem Wechsel der Bezeichnung und der Streichung der ausdrücklichen Genehmigungsentscheidung steht jedoch die Idee, dass Zusammenschlüsse grundsätzlich zulässig sind und dies nicht erst durch eine ausdrückliche Genehmigung einer Behörde werden. Der Vollzug des Zusammenschlusses bleibt aber auch gemäss der vom Parlament beschlossenen Fassung aufgeschoben. Er kann nicht wie die wegen wesentlichen Irrtums oder Übervorteilung (Art. 21 und 23 - 31 OR) einseitig unverbindlichen Verträge als schwebend wirksam betrachtet werden, da er sonst schon während des Verfahrens vollzogen werden dürfte.[1750] Der Status des Zusammenschlusses im Fusionskontrollverfahren entspricht vielmehr dem

---

[1748] Botschaft 142-143.
[1749] Botschaft 142.
[1750] Vgl. BRUNO SCHMIDLIN, in: Berner Kommentar zu Art. 23/24 OR N 118-126 (1995); ERNST KRAMER, in: Berner Kommentar zu Art. 21 OR N 47 (1991).

anderer bewilligungspflichtiger Rechtsgeschäfte, wie etwa dem Grundstückserwerb durch Personen im Ausland[1751]. Sie sind schwebend unwirksam.[1752] Damit ist der Status des Zusammenschlusses vor der Entscheidung gleich wie im europäischen Recht. Die in der Botschaft geäusserte Ansicht trifft folglich auch auf die vom Parlament beschlossene Fassung des Gesetzes zu.

Die Untersagung des Zusammenschlusses hat dessen definitive Nichtigkeit zur Folge.[1753] Die Nichtigkeit des Zusammenschlusses ist von Amtes wegen zu beachten und kann von jedermann jederzeit angerufen werden.[1754]

Es lässt sich argumentieren, dass die Rechtsfolge der Unwirksamkeit für Zusammenschlusshandlungen, die in Missachtung des Vollzugsverbots erfolgt sind, zu stark ist. Sie kann zu grosser Rechtsunsicherheit und unangemessenen Konsequenzen führen. Nehmen wir an, ein Zusammenschlussvorhaben verlange unter anderem eine als Vollzugshandlung zu qualifizierende Zahlung einer Geldsumme und einer der Beteiligten habe diese bereits bezahlt, aber ein anderer Beteiligter habe noch keine Leistung erbracht. Wird der Zusammenschluss zu diesem Zeitpunkt untersagt, darf der zweite Beteiligte seine als Vollzugshandlung zu qualifizierende Gegenleistung nicht mehr erbringen. Da die Geldsumme für einen rechtswidrigen Zweck bezahlt wurde (nämlich den Vollzug des Zusammenschlusses in Missachtung des Vollzugsverbots), ist er auch nicht zur Herausgabe des Geldes verpflichtet (Art. 66 OR).[1755]

Für die am Zusammenschluss beteiligten Unternehmen ist es also empfehlenswert, sich Gedanken über den Ablauf des Vollzugs und über die Folgen einer allfälligen Untersagungsentscheidung zu machen. Verträge über Zusammenschlüsse sollten zumindest von der Bedingung der Zustimmung der Wettbewerbskommission abhängig gemacht werden.[1756]

[1751] Vgl. Art. 26 des Bundesgesetzes über den Erwerb von Grundstücken durch Personen im Ausland vom 16. Dezember 1983, SR 211.412.41.

[1752] Vgl. ERNST KRAMER, in: Berner Kommentar zu Art. 19-21 OR N 269 und N 320 (1991).

[1753] Botschaft 142; vgl. Art. 9 Abs. 1 lit. c KG 85; Art. 13 lit. a KG 95; vgl. auch ERNST KRAMER, in: Berner Kommentar zu Art. 19-21 OR N 269 und N 320 (1991).

[1754] Vgl. dazu die Kommentare zu Art. 20 OR, z.B. CLAIRE HUGUENIN, in: HEINRICH HONSELL u.a. (Hrsg.), Kommentar zum schweizerischen Privatrecht, Obligationenrecht, Band 1, Art 1-529, Basel 1992, zu Art. 20 OR, insbesondere N 52-71.

[1755] In der Lehre wird die Regel von Art. 66 OR fast einhellig als zu starr befunden, GUHL 207-208. Deshalb wird bei Verletzung der Bewilligungspflicht für Grundstückverkäufe an Ausländer Art. 66 OR durch Art. 26 Abs. 4 des Bundesgesetzes über den Erwerb von Grundstücken durch Personen im Ausland (SR 211.412.41) ausgeschlossen. Eine ähnliche Regelung wäre auch für die Fusionskontrolle angebracht. ZÄCH kommt dagegen zum Schluss, dass der Ausschluss eines Rückabwicklungsanspruchs die Verwirklichung des Kartellverbots von Art. 85 Abs. 1 EGV fördert, ZÄCH, Rückabwicklung, 103; vgl. auch 94, 95 und 98. Dieser Gedanke liesse sich auch auf das Vollzugsverbot von Zusammenschlüssen übertragen.

[1756] TSCHÄNI § 10 N 27.

Wurde ein Zusammenschluss - in Missachtung des Vollzugsverbots oder erlaubterweise - vollzogen und am Ende des Hauptprüfverfahrens für unzulässig erklärt, trifft die beteiligten Unternehmen die Pflicht, alle Massnahmen zu ergreifen, die zur Wiederherstellung wirksamen Wettbewerbs erforderlich sind (Art. 37, hinten 414ff.).

cc) Strafbestimmungen

Für die Verletzung des Vollzugsverbots sieht das KG 95 verwaltungs- und strafrechtliche Sanktionen vor. Das Unternehmen, das einen meldepflichtigen Zusammenschluss ohne Meldung vollzieht oder das Vollzugsverbot missachtet, kann mit einem Betrag von bis zu einer Million Franken bestraft werden (Art. 51 Abs. 1). Die Organe eines Unternehmens, die vorsätzlich einen meldepflichtigen Zusammenschluss ohne Meldung vollziehen oder Verfügungen im Zusammenhang mit Unternehmenszusammenschlüssen zuwiderhandeln, können mit Busse bis zu 20 000 Franken bestraft werden (Art. 55).

Die gegen die Entscheidungsträger verhängten Bussen haben strafrechtlichen Charakter. Interessant ist, dass nur die Unterlassung der Meldung eines Zusammenschlusses, nicht aber die Missachtung des Vollzugsverbots im Vorprüfverfahren mit Strafe bedroht ist. Die Missachtung des verlängerten Vollzugsverbotes, das die Wettbewerbskommission durch Zwischenverfügung am Anfang des Hauptprüfverfahrens anordnen kann, ist dagegen mit Strafe bedroht. Diese Inkohärenz dürfte nicht beabsichtigt gewesen sein.[1757]

Straf- und verwaltungsrechtliche Sanktionen schliessen sich nicht gegenseitig aus.[1758] Die mit Sanktionen belegten Verstösse gegen das KG 95 werden vom Sekretariat im Einvernehmen mit einem Mitglied des Präsidiums verfolgt und von der Wettbewerbskommission beurteilt (Art. 53 Abs. 1 und Art. 57 Abs. 2). Für die Verfolgung und Beurteilung strafbarer Handlungen gilt das Bundesgesetz über das Verwaltungsstrafrecht (Art. 57 Abs. 1).[1759]

h) Vergleich mit der FKVO

Das Vollzugsverbot des KG 95 stimmt weitgehend mit demjenigen der FKVO überein. Die Unterscheidung von zulässigen und unzulässigen Vollzugshandlungen dürfte nach den gleichen Kriterien erfolgen. Die Missachtung des Vollzugsverbots hat grundsätzlich die gleichen Folgen für die zivilrechtliche Wirksamkeit der Vollzugshandlungen und zieht ähnliche Sanktionen nach sich. Bei Missachtung der Meldepflicht kann der Zusammenschluss nachträglich geprüft werden. Die Wirksamkeit der schon erfolgten Vollzugshandlungen steht unter der aufschiebenden Bedingung,

---

[1757] Im Entwurf hiess es „die Genehmigungspflicht...nicht oder nicht richtig erfüllt", was die Missachtung des Vollzugsverbots im Vorprüfverfahren eingeschlossen hätte.
[1758] Botschaft 152.
[1759] Bundesgesetz vom 22. März 1974 über das Verwaltungsstrafrecht, SR 313.0.

dass der Zusammenschluss genehmigt wird. Die Missachtung des Vollzugsverbots ist mit Bussen belegt (hinten 423ff.), wobei nach KG 95 auch die Entscheidungsträger der betreffenden Unternehmen strafrechtlich verfolgt werden können. Die Ausnahmen vom Vollzugsverbot dürften sich in den beiden Regelungen entsprechen. Das KG 95 ist diesbezüglich einfacher formuliert.

Die Dauer des Vollzugsverbots von einem Monat nach dem KG 95 ist sinnvoller als die drei Wochen der FKVO, weil damit die Dauer des Aufschubs der Länge des Vorprüfverfahrens entspricht. Es ist auch sinnvoll, dass der Entscheid über die weitere Verlängerung des Vollzugsverbots am Anfang des Hauptprüfverfahrens erfolgt. Wie unter der FKVO kann die Wettbewerbskommission in diesem Moment auch andere, weniger einschneidende vorsorgliche Massnahmen als den weiteren Aufschub des Vollzugs anordnen.

Nach dem Wortlaut von Art. 32 könnte der Aufschub auch dann einen Monat dauern, wenn die Wettbewerbskommission schon entschieden hat, dass sie kein Hauptprüfverfahren einleiten will. Diese unnötige Verlängerung des Aufschubs sollte dadurch vermieden werden, dass die Wettbewerbskommission in dieser Situation von sich aus den Zusammenschluss gestützt auf Art. 16 Abs. 1 AVO für unbedenklich erklärt und den Vollzug bewilligt.

4. Informationsbeschaffung

Die Hauptquelle der Informationen über das Zusammenschlussvorhaben ist die Meldung. Zusätzlich dürften die Wettbewerbskommission und das Sekretariat viele Kenntnisse auf informellem Weg von den Beteiligten oder Dritten erlangen. Die Befugnisse des Sekretariats und der Wettbewerbskommission zur Sachverhaltsermittlung treten im Vorprüfverfahren aus Zeitgründen wohl in den Hintergrund.

Das KG 95 sagt nicht klar, ob die Wettbewerbskommission oder das Sekretariat die Sachverhaltsermittlungen im Vorprüfverfahren durchführt und über welche Befugnisse diese beiden Behörden verfügen (vgl. Art. 10 und 32).

Nach Art. 32 des Entwurfs war klar, dass das Sekretariat das Vorprüfverfahren durchführen und somit die Sachverhaltsermittlungen vornehmen soll. Das Parlament hat diese Bestimmung so abgeändert, dass das Sekretariat nicht mehr erwähnt wird. Dies könnte dahin interpretiert werden, dass der Gesetzgeber dem Sekretariat die Befugnis zur Durchführung der Sachverhaltsermittlung im Vorprüfverfahren nehmen wollte. Im Parlament hat sich aber niemand so geäussert, vielmehr wurde im Ständerat ausdrücklich die Aufgabenteilung im kartellrechtlichen Untersuchungsverfahren bekräftigt, wonach das Sekretariat die Untersuchungen durchführt und die Wettbewerbskommission die Entscheide fällt (Art. 23 Abs. 1).[1760] Auch wenn das Vorprüfverfahren des Fusionskontrollverfahrens nicht zwingend unter „Untersuchungen" zu

---

[1760] Amtl. Bull. StR 1995, 846, 865-866.

subsumieren ist, bereitet es doch die Geschäfte der Wettbewerbskommission vor, was ebenfalls Aufgabe des Sekretariats ist. Deshalb muss auch im Fusionskontrollverfahren diese Aufgabenteilung zur Anwendung kommen. Die Einschränkung der Befugnisse des Sekretariats im Fusionskontrollverfahren würde auch dem Sinn des Gesetzes widersprechen und die Wirksamkeit des Vorprüfverfahrens beträchtlich verringern. Innerhalb der kurzen Frist für das Vorprüfverfahren ist nur ein permanentes Organ in der Lage, die für den Entscheid über die Eröffnung eines Hauptprüfverfahrens nötigen Grundlagen zu beschaffen.[1761] Von der Zuständigkeit des Sekretariats zur Informationsbeschaffung geht auch die AVO aus. Nach Art. 12 AVO kann das Sekretariat von der Pflicht zur Vorlage bestimmter Angaben und Unterlagen in der Meldung befreien, nach Art. 14 AVO kann es bei einer unvollständigen Meldung deren Ergänzung verlangen und nach Art. 15 AVO kann es von den beteiligten Unternehmen zusätzliche Angaben und Unterlagen anfordern.

Folglich kann das Sekretariat auch Auskünfte einholen, Dritte als Zeugen einvernehmen[1762], Hausdurchsuchungen anordnen und Beweisgegenstände sicherstellen (Art. 40 und 42).

Die Auskunftspflicht (Art. 40, hinten 404ff.) und die Pflicht zur Amtshilfe (Art. 41, hinten 367f.) bestehen auch im Vorprüfverfahren. Art. 15 Abs. 2 AVO nennt nocheinmal ausdrücklich die Verpflichtung der am Zusammenschluss beteiligten Unternehmen, auch nach der Meldung zusätzliche Angaben und Unterlagen einzureichen und die Möglichkeit des Sekretariats, von Dritten Auskünfte einzuholen, die für die Beurteilung des Zusammenschlusses von Bedeutung sein können.

Das Vorprüfverfahren dürfte einige Ähnlichkeiten mit den Vorabklärungen von Wettbewerbsbeschränkungen nach Art. 26 aufweisen. Die Sachverhaltsermittlung wird zunächst wohl weitgehend auf informellem Weg erfolgen. Reicht dies nicht aus, dürfte sich das Sekretariat auf die Auskunftspflicht von Art. 40 berufen.[1763] Erst dann würden wohl die weiteren Ermittlungsbefugnisse eingesetzt, sofern dafür noch Zeit besteht.

5. Entscheidungen am Ende des Vorprüfverfahrens

Das Vorprüfverfahren wird durch die Entscheidung der Wettbewerbskommission über die Eröffnung eines Hauptprüfverfahrens oder durch Ablauf der einmonatigen Frist beendet (Art. 32 Abs. 1).

[1761] Vgl. Botschaft 132.
[1762] Fraglich ist, ob das Sekretariat auch im Vorprüfverfahren über die Befugnis verfügt, „die von einer Untersuchung Betroffenen zur Beweisaussage zu verpflichten" oder ob diese Befugnis nur in der Untersuchung im engeren Sinn besteht.
[1763] Vgl. RICHLI, Verfahrensfragen, 225.

a) Beurteilung des Zusammenschlusses im Vorprüfverfahren

Das Vorprüfverfahren hat zum Ziel, die Zusammenschlussvorhaben, die genauer untersucht werden müssen, von denen zu trennen, die ohne Bedenken vollzogen werden dürfen oder die gar nicht unter die Fusionskontrolle fallen. Das Vorprüfverfahren muss folglich einerseits feststellen, ob die Fusionskontrolle überhaupt anwendbar ist, und anderseits, ob ein Hauptprüfverfahren zu eröffnen ist, weil Anhaltspunkte dafür vorliegen, dass der Zusammenschluss eine marktbeherrschende Stellung begründet oder verstärkt (Art. 10). Die Wettbewerbskommission muss jeden gemeldeten Zusammenschluss daraufhin prüfen. Dazu ist sie nach Art. 32 verpflichtet.

Das Vorprüfverfahren dient somit hauptsächlich zur Beantwortung der Frage, ob eine marktbeherrschende Stellung verstärkt oder aufgebaut wird. Die Beseitigung wirksamen Wettbewerbs ist noch nicht zu prüfen.

b) Eröffnung des Hauptprüfverfahrens

aa) Natur

Der Entscheid, ein Hauptprüfverfahren zu eröffnen, ist ein Beschluss im Sinne von Art. 21. Er ist keine Verfügung, da die Verfahrenseröffnung nicht direkt und verbindlich die Rechte und Pflichten der am Zusammenschluss beteiligten Unternehmen regelt. Er bereitet vielmehr die Verfügung am Ende des Hauptprüfverfahrens vor.[1764] Nach Art. 32 muss die Wettbewerbskommission die Einleitung eines Hauptprüfverfahrens den beteiligten Unternehmen lediglich mitteilen.[1765]

Auch unter dem KG 85 galt die Eröffnung einer Untersuchung nicht als Verfügung. Es wurde angenommen, der Beschluss regle in erster Linie organisatorische Belange und wirke kommissionsintern.[1766]

Gegen die Eröffnung eines Hauptprüfverfahrens gibt es folglich kein Rechtsmittel.[1767] Da der Eröffnungsentscheid keine Verfügung ist, unterliegt er auch nicht der Begründungspflicht. Schon unter dem KG 85 war hingegen angeregt worden, dass der Beschluss, eine Untersuchung zu eröffnen, kurz begründet werden sollte.[1768] Dem ist auch für das Fusionskontrollverfahren zuzustimmen. Die Begründung sollte den Unternehmen insbesondere erlauben, die von der Wettbewerbskommission vorgenommene Berechnung der Umsatzwerte nachzuvollziehen.

[1764] Vgl. SALADIN 66.
[1765] Bei Wettbewerbsbeschränkungen braucht die Eröffnung einer Untersuchung den beteiligten Unternehmen nicht einmal mitgeteilt zu werden, eine amtliche Publikation genügt, Art. 27.
[1766] LIMBURG 114-116.
[1767] Zum KG 85 vgl. LIMBURG 116.
[1768] LIMBURG 115.

Im Entwurf war vorgesehen, dass die Entscheidung über die Eröffnung eines Hauptprüfverfahrens auf Antrag des Sekretariats erfolge (Art. 33 Abs. 1 E). Trotz der Änderung des Wortlauts durch das Parlament dürfte dies auch unter dem verabschiedeten Gesetz so sein.

bb) Kriterien für die Eröffnung des Hauptprüfverfahrens

Bestehen Anhaltspunkte dafür, dass eine marktbeherrschende Stellung begründet oder verstärkt wird, so muss die Wettbewerbskommission ein Hauptprüfverfahren eröffnen (Art. 10 Abs. 1). Sie verfügt dabei über kein Entscheidungsermessen.[1769] Dies folgt schon aus dem Wortlaut von Art. 10. Auch die stärkere Gewichtung des Wettbewerbs im neuen KG verlangt, dass die Wettbewerbsbehörden bei der Möglichkeit der Beseitigung wirksamen Wettbewerbs einschreiten.

Das Vorprüfverfahren verlangt nicht lediglich eine oberflächliche Prüfung der gleichen Frage, wie sie das Hauptprüfverfahren beantworten soll. Letzteres hätte dem System des Entwurfs (Art. 33 und 10 E) und dem der FKVO (Art. 6 Abs. 3 und 2) entsprochen. Nach dem KG 95 wird im Vorprüfverfahren nur ein Teil der im Hauptprüfverfahren zu untersuchenden Frage beantwortet, nämlich, ob Anhaltspunkte für die Begründung oder Verstärkung einer marktbeherrschenden Stellung vorliegen. Diese Frage ist leichter und eindeutiger zu beantworten als die Frage, ob die Gefahr der Beseitigung wirksamen Wettbewerbs besteht.[1770] Die Aufteilung der Beurteilung ist m.E. auch den Zeitverhältnissen besser angepasst als die lediglich oberflächliche Prüfung der gleichen Frage. Eine solche Aufteilung hätte auch in der FKVO gemacht werden sollen.

Die Beschränkung der Beurteilung des Zusammenschlusses auf die Begründung oder Verstärkung einer marktbeherrschenden Stellung hat auch Nachteile. Es gibt Zusammenschlüsse, die zwar eine marktbeherrschende Stellung begründen, aber dennoch keine Gefahr für den Wettbewerb darstellen, z.B. wenn die Marktbeherrschung nur noch kürzeste Zeit andauert, weil die Schutzdauer eines Patents ausläuft oder weil der Markt für die Auslandkonkurrenz geöffnet wird.

Die Beurteilung der Frage, ob eine marktbeherrschende Stellung begründet oder verstärkt wird, ist nach dem Wortlaut des Gesetzes vorläufig (Art. 10). Während des Hauptprüfverfahrens kann die Wettbewerbskommission deshalb zu einem anderen Ergebnis kommen.

cc) Wirkungen

Die Eröffnung eines Hauptprüfverfahrens bewirkt:

[1769] Vgl. vorne 355.

[1770] Im KG 85 waren die Voraussetzungen für die Eröffnung einer Untersuchung eines Unternehmenszusammenschlusses nach Art. 30 Anhaltspunkte für die Beseitigung wirksamen Wettbewerbs und Anzeichen sozialer und volkswirtschaftlicher Schädlichkeit, vgl. dazu SCHÜRMANN, in: SCHÜRMANN/SCHLUEP 262-271.

- dass die zweite Phase des Verfahrens, das Hauptprüfverfahren, eingeleitet wird,

- dass der Vollzug des Zusammenschlusses weiterhin verboten bleibt und die Wettbewerbskommission nächstens über den weiteren Aufschub des Zusammenschlusses entscheiden muss,

- dass die Frist von vier Monaten für die endgültige Entscheidung über den Zusammenschluss zu laufen beginnt,

- dass das Sekretariat den wesentlichen Inhalt der Meldung des Zusammenschlusses veröffentlichen und eine Frist bekanntgeben muss, innerhalb welcher Dritte zum Zusammenschluss Stellung nehmen können (Art. 33 Abs. 1).

c) Keine Eröffnung des Hauptprüfverfahrens/Unbedenklichkeitserklärung

Hat die Wettbewerbskommission den beteiligten Unternehmen die Eröffnung eines Hauptprüfverfahrens innerhalb eines Monats seit der Meldung nicht mitgeteilt, so kann der Zusammenschluss ohne Vorbehalt vollzogen werden (Art. 32 Abs. 1). Er ist dann auch zivilrechtlich wirksam (Art. 34). Art. 16 Abs. 1 AVO sieht vor, dass die Wettbewerbskommission den beteiligten Unternehmen auch vor Ablauf der einmonatigen Frist für das Vorprüfverfahren eine Mitteilung machen kann, wenn sie den Zusammenschluss für unbedenklich hält. Auch diese Mitteilung berechtigt zum Vollzug des Zusammenschlusses.

Obschon der vom Parlament verabschiedete Text bezüglich der Frist für das Vorprüfverfahren nur vom Vollzug des Zusammenschlusses und von seiner Wirksamkeit spricht[1771], ist der Zusammenschluss nach Ablauf eines Monats an sich zulässig. Die vom Parlament vorgenommenen Änderungen sollten gerade betonen, dass Zusammenschlüsse grundsätzlich, d.h. ohne Widerspruch der Wettbewerbskommission, zulässig sind. Ein gemeldeter Zusammenschluss kann nach Ablauf der Frist von einem Monat für die Eröffnung eines Hauptprüfverfahrens nicht mehr in Frage gestellt werden.

Die Wettbewerbskommission muss auch gemäss der vom Parlament beschlossenen Fassung jeden Zusammenschluss untersuchen (vorne 395). In Verbindung mit dem Verhältnismässigkeitsprinzip folgt daraus, dass die Wettbewerbskommission eine Unbedenklichkeitserklärung machen muss, sobald sie zum Schluss gekommen ist, dass sie kein Hauptprüfverfahren eröffnen wird. Anderseits rechtfertigt es sich deshalb, von einer impliziten Zulassung oder einer Zulassungsfiktion zu sprechen, wenn die Wettbewerbskommission innerhalb eines Monats keine Entscheidung getroffen hat (im Entwurf war ausdrücklich eine Genehmigungsfiktion vorgesehen). Erlässt die Wettbewerbskommission im Hauptprüfverfahren innerhalb der Frist von vier Monaten keine Verfügung, kommt die Zulassungsfiktion von Art. 34 zur Anwendung

---

[1771] Art. 34 Satz 1; im Gegensatz zu Art. 34 E.

(hinten 414). Dies entspricht der FKVO, die eine Genehmigungsfiktion in beiden Verfahrensabschnitten vorsieht.

Die Unbedenklichkeitserklärung der AVO erinnert an die Genehmigungsverfügung des Entwurfs. Sie dürfte die formellen Anforderungen an eine Verfügung nicht erfüllen, materiell aber dennoch eine Verfügung sein.[1772] Ihre bedeutendste Rechtswirkung besteht darin, dass sie den Vollzug des Zusammenschlusses erlaubt und der Zusammenschluss dadurch wirksam erfolgen kann.

Die Unbedenklichkeitserklärung sowie das Zusammenwirken von Entscheidungsfristen und Zulassungsfiktion haben zur Folge, dass die europäische und die schweizerische Fusionskontrolle nach dem gleichen Mechanismus funktionieren. Der im Parlament vorgenommene „Systemwechsel" von der Genehmigungs- zur Meldepflicht hatte minimale Auswirkungen auf das System der Zusammenschlusskontrolle. Die bedeutendste Auswirkung besteht darin, dass der weitaus grösste Teil aller Entscheidungen über Zusammenschlüsse nicht begründet und nicht veröffentlicht werden muss (hinten 400f.).

Ohne die in der AVO vorgesehene Unbedenklichkeitserklärung hätte die vom Parlament beschlossene Regelung für die beteiligten Unternehmen folgenden gravierenden Nachteil: Nach Art. 32 müsste die Wettbewerbskommission keine Entscheidung treffen, wenn sie im Vorprüfverfahren zum Schluss kommt, dass kein Hauptprüfverfahren eröffnet werden muss.[1773] Sie könnte den Dingen freien Lauf lassen, so dass nach einem Monat die Zulassungsfiktion eintreten würde. Damit würde das Vorprüfverfahren und damit das Vollzugsverbot auch für einen unbedenklichen Zusammenschluss immer einen Monat dauern. Dies widerspräche dem Grundsatz der Verhältnismässigkeit. Die in der AVO vorgesehene Unbedenklichkeitserklärung behebt diesen Nachteil. Dies dürfte dem Sinn des Gesetzes und dem Willen des Gesetzgebers entsprechen, denn auch im Parlament wurde davon ausgegangen, dass ein Zusammenschluss vor Ablauf eines Monats vollzogen werden kann, wenn die Wettbewerbskommission früher zu einer Entscheidung gelangt ist.[1774]

d) Einvernehmliche Regelung im Vorprüfverfahren

Der Entwurf konnte dahin interpretiert werden, dass die Wettbewerbskommission eine Genehmigungsentscheidung am Ende des Vorprüfverfahrens mit Bedingungen und Auflagen hätte versehen können (Art. 32 Abs. 3, 33 Abs. 1, 10 Abs. 1 und 3 E). Dies hätte verhindert, dass ein Hauptprüfverfahren eröffnet werden musste. Der Text

---

[1772] Vgl. SALADIN 57-84 und 143-149; GYGI 126-145.

[1773] Nach Art. 32 des Entwurfs musste die Wettbewerbskommission eine Genehmigungsverfügung treffen.

[1774] Voten von Nationalrat BAUMBERGER und Bundesrat DELAMURAZ, Amtl. Bull. NR 1995, 1107-1108. Im Ständerat sagte Kommissionssprecherin SIMMEN, dass die „Meldepflicht" das Verfahren beschleunige, Amtl. Bull. StR 1995, 845. Dies ist nur möglich, wenn die Wettbewerbskommission *vor Ablauf eines Monats entscheidet* und diese Entscheidung den beteiligten Unternehmen *mitteilt*.

des KG 95 kann nicht so ausgelegt werden. Es ist zweifelhaft, ob die Wettbewerbskommission ohne ausdrückliche Grundlage im KG 95 eine Zulassungsverfügung unter Bedingungen und Auflagen erlassen darf.[1775] Anderseits stellt sich aber die Frage, ob im Vorprüfverfahren Zusagen als Tatsache oder in einer einvernehmlichen Regelung mit den Beteiligten berücksichtigt werden können.

In der europäischen Fusionskontrolle, bei der Bedingungen und Auflagen im Vorprüfverfahren ebenfalls nicht ausdrücklich vorgesehen sind, hat die Kommission die Praxis begonnen, Zusagen der beteiligten Unternehmen auch im Vorprüfverfahren zu berücksichtigen.

Da die Wettbewerbskommission nur dann ein Hauptprüfverfahren eröffnen muss, wenn am Ende des Vorprüfverfahrens noch Anhaltspunkte für die Begründung oder Verstärkung einer marktbeherrschenden Stellung vorliegen, kann sie auch im Vorprüfverfahren gemachte Zusagen als Tatsachen berücksichtigen.

Auch einvernehmliche Regelungen würden sich hervorragend dazu eignen, auf informellem Weg die Zahl der Hauptprüfverfahren zu reduzieren. Ihre Zulässigkeit im Vorprüfverfahren ist jedoch fraglich. Das KG sieht einvernehmliche Regelungen für das Fusionskontrollverfahren nicht vor.

Einvernehmliche Regelungen sind in Art. 29 für das Verfahren der Untersuchung von Wettbewerbsbeschränkungen vorgesehen. In jenem Verfahren bezwecken sie, vom Sekretariat für unzulässig gehaltene Wettbewerbsbeschränkungen durch Vereinbarung zwischen der Wettbewerbskommission und den Beteiligten zu beseitigen. Eine einvernehmliche Regelung wird vom Sekretariat schriftlich abgefasst, der Wettbewerbskommission vorgeschlagen und von dieser mittels Verfügung genehmigt.[1776] Die Missachtung einvernehmlicher Regelungen ist durch Strafbestimmungen sanktioniert (Art. 50 und 54).

Der Wortlaut des Gesetzes schliesst einvernehmliche Regelungen im Vorprüfverfahren aber auch nicht aus. Der Zweck des Gesetzes verlangt, dass die Zahl der Hauptprüfverfahren und allgemein die Dauer des Verfahrens möglichst gering gehalten werden. Zudem entspricht es dem Willen des Gesetzgebers, das Fusionskontrollverfahren so wenig formell wie möglich zu gestalten.[1777] Vor diesem Hintergrund müssen Massnahmen zur Vermeidung oder Verkürzung von Verfahren zulässig sein, solange gewisse unentbehrliche formelle Verfahrensabschnitte (wie die Meldung des Zusammenschlusses) nicht berührt werden. Einvernehmliche Regelungen im Vorprüfverfahren sollten folglich zulässig sein.

[1775] Dafür könnte immerhin Art. 16 Abs. 2 AVO angeführt werden. Die Bestimmung dürfte allerdings nur Bedingungen und Auflagen für den vorzeitigen Vollzug bis zum Zeitpunkt der Zulassung, also bis zum Ende der Monatsfrist betreffen.
[1776] Art. 29; Botschaft 137.
[1777] Z.B. die Voten der Kommissionssprecher LEDERGERBER und COUCHEPIN im NR, Amtl. Bull. NR 1995, 1057 und 1100-1101; Votum von Nationalrat DAVID, Amtl. Bull. NR 1995, 1098.

Da die Beurteilung des Zusammenschlusses im Vorprüfverfahren auf das Vorliegen einer marktbeherrschenden Stellung ausgerichtet ist, kann eine einvernehmliche Regelung zwischen den Wettbewerbsbehörden und den beteiligten Unternehmen ein Hauptprüfverfahren nur verhindern, wenn sie auf die Beseitigung der marktbeherrschenden Stellung an sich abzielt.

Rechtsmittel von Beteiligten (und möglicherweise Dritten, hinten 435ff.) könnten bei der Nichteröffnung eines Hauptprüfverfahrens wegen der Berücksichtigung von Zusagen, nicht aber bei einer einvernehmlichen Regelung beschränkt werden. Die Verfügung, die die einvernehmliche Regelung genehmigt, kann wie eine endgültige Entscheidung angefochten werden. Bei der Nichteröffnung eines Hauptprüfverfahrens wegen der Berücksichtigung von Zusagen gibt es keine anfechtbare Verfügung. Damit die Rechtsmittel der Beteiligten und Dritter nicht beschränkt werden, und zur Erleichterung der Durchsetzung sollte einer einvernehmlichen Regelung der Vorzug gegenüber der blossen Berücksichtigung einer Zusage gegeben werden.

Das Recht Dritter, bei Eröffnung eines Hauptprüfverfahrens zum Zusammenschlussvorhaben Stellung zu nehmen, würde bei Beendigung des Verfahrens durch einvernehmliche Regelung ausgeschlossen. Da durch die einvernehmliche Regelung bzw. die Zusage jedoch die Gefahr der Begründung einer marktbeherrschenden Stellung gebannt wird und Dritte kraft Gesetzes auch keine Möglichkeit haben, zu Zusammenschlüssen Stellung zu nehmen, die keine marktbeherrschende Stellung begründen oder verstärken, ist diese Einschränkung in Kauf zu nehmen.

e) Vergleich der Entscheidungen mit der FKVO

Am Ende des Vorprüfverfahrens muss die Wettbewerbskommission nach dem Wortlaut des Gesetzes nur dann eine formelle Entscheidung erlassen, wenn sie ein Hauptprüfverfahren eröffnen will. Sie muss sozusagen Einspruch gegen den Zusammenschluss erheben. Teilt sie den beteiligten Unternehmen innerhalb eines Monats keine Eröffnungsentscheidung mit, wird der Zusammenschluss zulässig. Dabei bleibt der Vollzug des Zusammenschlusses bis zu diesem Zeitpunkt grundsätzlich verboten. Dieser Unterschied wird durch die in der AVO vorgesehene Unbedenklichkeitserklärung, die mit der Erlaubnis zum Vollzug verbunden ist, erheblich abgeschwächt. Wie oben begründet, muss die Wettbewerbskommission jeden Zusammenschluss prüfen und den Beteiligten umgehend mitteilen, wenn sie kein Hauptprüfverfahren eröffnet und den Zusammenschluss für unbedenklich hält.

Im europäischen wie im schweizerischen Fusionskontrollverfahren sind die Entscheidungsmöglichkeiten der Behörden und die Genehmigungs-/Zulassungsfiktion grundsätzlich gleich.

Ein Unterschied in bezug auf die Entscheidungen im Vorprüfverfahren besteht darin, dass die Wettbewerbskommission im Vorprüfverfahren keine begründeten Genehmigungsentscheidungen treffen und somit auch nicht veröffentlichen muss. Deshalb wird sich eine für Dritte verwertbare Praxis nur sehr langsam entwickeln.

Das Kriterium für die Eröffnung eines Hauptprüfverfahrens ist in den beiden Verfahren anders. Nach dem KG 95 muss ein Hauptprüfverfahren schon eröffnet werden, wenn Anzeichen für die Begründung oder Verstärkung einer marktbeherrschenden Stellung vorliegen. Das Kriterium der FKVO ist, ob ernsthafte Bedenken bestehen, dass der Zusammenschluss eine beherrschende Stellung begründet oder verstärkt, die wirksamen Wettbewerb erheblich behindern würde. Nach dem KG 95 wird im Vorprüfverfahren also nur die marktbeherrschende Stellung untersucht. Dies hat zur Folge, dass einvernehmliche Regelungen oder Zusagen von der Wettbewerbskommission nur dann genehmigt werden können, wenn sie auf die Verhinderung einer marktbeherrschenden Stellung abzielen. Nach dem Wortlaut der FKVO kann ein Zusammenschluss auch für unbedenklich erklärt werden, wenn eine Zusage darauf abzielt, dass der Wettbewerb nicht erheblich behindert wird, auch wenn (kurzzeitig) eine marktbeherrschende Stellung geschaffen würde.[1778]

B. Hauptprüfverfahren

1. Übersicht

Ein Hauptprüfverfahren wird nur eröffnet, wenn Anhaltspunkte bestehen, dass der Zusammenschluss eine marktbeherrschende Stellung begründet oder verstärkt. Im Hauptprüfverfahren wird untersucht, ob durch diese marktbeherrschende Stellung wirksamer Wettbewerb beseitigt werden kann und ob der Zusammenschluss nicht eine Verbesserung der Wettbewerbsverhältnisse in einem anderen Markt bewirkt, welche die Nachteile der marktbeherrschenden Stellung überwiegt (Art. 10). Müssen diese beiden Fragen positiv beantwortet werden, kann die Wettbewerbskommission den Zusammenschluss mittels Verfügung untersagen oder mit Bedingungen und Auflagen zulassen.

Das Hauptprüfverfahren dauert im Normalfall höchstens vier Monate. Zu Beginn des Hauptprüfverfahrens entscheidet die Wettbewerbskommission, ob der Zusammenschluss ausnahmsweise vollzogen werden kann oder ob das Vollzugsverbot weiterhin gilt (Art. 33 Abs. 2). Die Eröffnung eines Hauptprüfverfahrens wird zusammen mit dem wesentlichen Inhalt der Meldung in der nächstmöglichen Ausgabe des Bundesblattes und des Schweizerischen Handelsamtsblattes veröffentlicht (Art. 33 Abs. 1).

[1778] Vgl. Mannesmann/Vallourec/Ilva, M.315.

Für die Prüfung des Zusammenschlusses verfügen die Wettbewerbsbehörden über weite Ermittlungsbefugnisse. Im Gegenzug dazu haben die Beteiligten die Verfahrensrechte des VwVG.

2. Eröffnung

Ein Hauptprüfverfahren wird durch eine entsprechende Entscheidung der Wettbewerbskommission am Ende des Vorprüfverfahrens eröffnet (vorne 395ff.). Auch wenn ein meldepflichtiger Zusammenschluss ohne Meldung vollzogen worden ist, muss die Wettbewerbskommission von Amtes wegen zuerst ein Vorprüfverfahren durchführen. Gemäss der FKVO kann die Kommission bei Unterlassung einer Meldung von Amtes wegen direkt ein Hauptprüfverfahren eröffnen, ohne ein Vorprüfverfahren durchführen zu müssen.

3. Informationsbeschaffung

a) Informationsquellen

Die Wettbewerbsbehörden müssen sich die Grundlagen für ihre Entscheidungen von Amtes wegen beschaffen (Art. 12 VwVG, vorne 59 und 354). Als Beweismittel können im Verwaltungsverfahren Urkunden, Auskünfte der Parteien, Auskünfte oder Zeugnis von Dritten, Augenscheine und Gutachten von Sachverständigen verwendet werden (Art. 12 und 19 VwVG).

Die im Fusionskontrollverfahren benötigten Informationen stammen jedoch vor allem aus der Meldung des Zusammenschlusses und aus freiwilligen Auskünften der Beteiligten und Dritter.

Die Informationsbeschaffung dürfte in zwei Tranchen erfolgen: die obligatorische Meldung, die das Vorprüfverfahren auslöst, und eine zweite Tranche am Anfang des Hauptprüfverfahrens. Daneben haben freiwillige Auskünfte und informelle Kontakte mit den Wettbewerbsbehörden grosse Bedeutung. Sofern sie überhaupt nötig sind, dürften die ausgedehnten Befugnisse zur Sachverhaltsermittlung aus zeitlichen Gründen vor allem im Hauptprüfverfahren Anwendung finden. Schliesslich sind die Medien als Informationsquelle nicht zu unterschätzen. Bei den eher übersichtlichen Verhältnissen in der Schweiz dürften die Wettbewerbskommission und ihr Sekretariat gewisse Märkte auch permanent beobachten können. Dies geschieht gestützt auf Art. 45, der die Wettbewerbskommission verpflichtet, die Wettbewerbsverhältnisse laufend zu beobachten.

Der Sachverhalt wird im Fusionskontrollverfahren wie in den anderen wettbewerbsrechtlichen Verfahren üblicherweise vom Sekretariat ermittelt.[1779] Nach Art. 23 führt

---

[1779] Zum Untersuchungsverfahren nach KG 85 s. LIMBURG 146-147.

das Sekretariat die Untersuchungen durch und erlässt zusammen mit einem Mitglied des Präsidiums die notwendigen verfahrensleitenden Verfügungen.

Die Verfahrensbeteiligten trifft nach den allgemeinen Regeln des Verwaltungsverfahrens eine Pflicht zur Mitwirkung an der Feststellung des Sachverhalts (Art. 13 VwVG). Diese Pflicht wird durch eine besondere Auskunfts- und Vorlagepflicht im KG 95 konkretisiert (Art. 40). Auch Geschäftsgeheimnisse müssen der Wettbewerbskommission und dem Sekretariat mitgeteilt werden (Art. 40 KG 95 i.V.m. Art. 16 Abs. 1 und 2 VwVG).[1780]

Die Parteien können den Wettbewerbsbehörden Beweise offerieren. Wenn diese zur Abklärung des Sachverhalts tauglich erscheinen, müssen die Behörden die angebotenen Beweise abnehmen und würdigen (Art. 32 und 33 VwVG). Unter dem KG 85 legte die Kartellkommission in einer Beweisanordnung in Form einer Verfügung fest, welche Personen welche Auskünfte und Urkunden beizubringen hatten (Art. 31 Abs. 3 KG 85).[1781] Dies dürfte auch im Hauptprüfverfahren gemacht werden.

Das KG 95 gibt den Wettbewerbsbehörden die Befugnis, Zeugen einzuvernehmen, die von einer Untersuchung Betroffenen zur Beweisaussage zu verpflichten, Beweisgegenstände sicherzustellen und Hausdurchsuchungen anzuordnen (Art. 42).

Es fragt sich, ob die Wettbewerbsbehörden sich auf die Auskunftpflicht der Betroffenen berufen müssen, bevor sie diese zur Zeugenaussage bzw. Beweisaussage verpflichten oder eine Hausdurchsuchung anordnen. Im kartellrechtlichen Untersuchungsverfahren nach Art. 31 KG 85 konnte die Kartellkommission nur Zeugeneinvernahmen durchführen und die Herausgabe von Unterlagen verlangen, wenn der Sachverhalt nicht durch freiwillige Auskünfte ermittelt werden konnte.[1782] Auch nach der allgemeinen Bestimmung von Art. 14 VwVG können nur dann Zeugeneinvernahmen durchgeführt werden, wenn der Sachverhalt auf andere Weise nicht hinreichend abgeklärt werden kann. Im kürzlich ergangenen Urteil in Sachen Denner hat das Bundesgericht jedoch betont, dass es im genannten Rahmen weitgehend im Ermessen der Wettbewerbsbehörde liege, welche Massnahmen sie zur Sachverhaltsermittlung ergreift und welche konkreten Fragen sie beantwortet haben will.[1783]

1780 Vgl. Botschaft 148. Der Verweis in Art. 40 auf Art. 16 VwVG und der Rückverweis auf dessen Abs. 2 sind nicht restlos klar. Das Anfügen von „..., auch wenn diese Geschäftsgeheimnisse enthalten." an den ersten Satz von Art. 40 hätte die Rechtslage präzisiert.

1781 Vgl. dazu SCHÜRMANN, in: SCHÜRMANN/SCHLUEP 705-706.

1782 Unter dem KG 85 war zudem umstritten, ob die allgemeine Auskunftspflicht von Art. 35 KG 85 auch im Untersuchungsverfahren anwendbar war und ob die Kartellkommission folglich, bevor sie eine Zeugeneinvernahme anordnete, eine Entscheidung über die Auskunftspflicht nach Art. 35 Abs. 3 KG 85 treffen musste. Dazu: LIMBURG 124-129, der im Untersuchungsverfahren nur Art. 31 zur Anwendung bringen wollte. Gl.M. SCHÜRMANN, in: SCHÜRMANN/SCHLUEP 723; a.M. GRISEL 115.

1783 Urteil des Bundesgerichts vom 6. März 1995 in Sachen Denner AG und EG Dritte Kraft AG (2A.188 und 189/1993), Erw. 5b und 6a.

Das KG 95 sieht keine Abfolge der Ermittlungsmassnahmen vor. Dennoch ergibt sich aus dem Grundsatz der Verhältnismässigkeit eine gewisse Staffelung der Massnahmen zur Ermittlung des Sachverhalts.[1784] So wäre es unverhältnismässig, Zeugeneinvernahmen vor einer Anfrage für freiwillige Auskunftserteilung durchzuführen, sofern keine Anzeichen dafür bestehen, dass letzteres ergebnislos bliebe. Es wäre auch unverhältnismässig, in einem Fusionskontrollverfahren eine Hausdurchsuchung bei einem beteiligten Unternehmen anzuordnen, wenn die Zusammenarbeit mit ihm bis anhin gut war und keine Anhaltspunkte dafür vorliegen, dass es die gesuchten Informationen nicht auch freiwillig herausgeben würde. Eine „natürliche" Abfolge der Ermittlungshandlungen ist: informelle Anfrage; Anfrage mit Hinweis auf Art. 40; formell auf Art. 40 gestützte Anfrage; Zeugeneinvernahme bzw. Verpflichtung zur Beweisaussage; Sicherstellung von Beweisgegenständen; Hausdurchsuchung. Da im KG 95 keine generelle Staffelung der Ermittlungsmittel vorgesehen ist, muss die Verhältnismässigkeit im Einzelfall geprüft werden.

Verfügungen über Auskunfts-, Zeugnis- und Editionspflicht und den Ausschluss einer Partei von der Zeugeneinvernahme (Art. 13 - 18) können als Zwischenverfügungen selbständig angefochten werden, wenn sie einen nicht wieder gutzumachenden Nachteil bewirken (Art. 45 Abs. 1 und 2 lit. d VwVG).

b) Auskunfts- und Vorlagepflicht (Art. 40)

Beteiligte an Zusammenschlüssen sowie betroffene Dritte haben den Wettbewerbsbehörden alle für deren Abklärungen notwendigen Auskünfte zu erteilen und Unterlagen vorzulegen. Was die Beteiligten betrifft, ist die Auskunfts- und Vorlagepflicht eine Erweiterung der allgemeinen Mitwirkungspflicht von Art. 13 VwVG. Die Auskunftspflicht besteht nach Einreichung einer vollständigen Meldung weiter (vgl. Art. 15 Abs. 1 AVO).

aa) Verpflichtete

Zur Auskunft und Vorlage von Urkunden sind Beteiligte an Abreden, marktmächtige Unternehmen, Beteiligte an Zusammenschlüssen sowie betroffene Dritte verpflichtet. Im Fusionskontrollverfahren sind die letzten zwei Kategorien relevant. Art. 15 Abs. 1 AVO präzisiert, dass auch die mit einem beteiligten Unternehmen verbundenen Unternehmen und die Veräusserer von Beteiligungen der Auskunfts- und Vorlagepflicht unterliegen. Art. 15 Abs. 2 AVO umschreibt die Auskunftspflicht betroffener Dritter. Marktmächtige Unternehmen dürften nur dann zur Auskunft und Herausgabe von Unterlagen verpflichtet sein, wenn ihr Verhalten Gegenstand eines bestimmten Verfahrens bildet, sie also Beteiligte oder betroffene Dritte sind.

Wer am Zusammenschluss beteiligt ist, wurde auf Seite 351ff. umschrieben. Der Ausdruck betroffene Dritte kommt sonst im KG 95 nicht vor. Er wurde aus Art. 35

[1784] Vgl. Botschaft 148-149.

KG 85, der ebenfalls die Auskunftspflicht betrifft, übernommen. Darum wird auf die Interpretation dieser Bestimmung abgestellt werden können. Die Botschaft zum KG 85 umschrieb beteiligte Dritte als „diejenigen Personen, die durch wettbewerbsbeschränkende Sachverhalte in ihrer wirtschaftlichen Freiheit beeinträchtigt werden". Die Kartellkommission verstand unter betroffenen Dritten alle Personen, die möglicherweise von Wettbewerbsbehinderungen betroffen sind und sich möglicherweise an Wettbewerbsbehinderungen beteiligen.[1785] Diese weite Auslegung dürfte auch für das Fusionskontrollverfahren gelten, insbesondere weil vor dem Zusammenschluss noch gar niemand von ihm betroffen sein kann.

Kann die Auskunftspflicht bestritten werden, weil gar kein Zusammenschluss vorliege? In bezug auf die Auskunftspflicht nach Art. 31 Abs. 1 KG 85 vertrat HOMBURGER die Meinung, dass die Auskunft deshalb verweigert werden konnte, weil gar kein Kartell und keine ähnliche Organisation vorläge.[1786] Demgegenüber wies RICHLI richtig darauf hin, dass die Auskunftspflicht zunächst sicher soweit bestand, wie dies nötig war, um zu entscheiden, ob das KG überhaupt anwendbar war.[1787] Das Bundesgericht hat im Urteil vom 6. März 1995 in Sachen Denner AG und EG Dritte Kraft AG entschieden, dass zumindest bei Abklärungen über eine kartellähnliche Organisation die Auskunftspflicht gemäss Art. 35 KG 85 zunächst nicht auf die Unterstellungsfrage beschränkt werden könne, sondern sich ab Beginn einer Vorabklärung auch auf das Marktverhalten beziehe.[1788] Diese Rechtsprechung dürfte auch im Fusionskontrollverfahren anwendbar sein, so dass die Berufung darauf, dass die Fusionskontrolle gar nicht anwendbar sei, einem Auskunftsbegehren der Wettbewerbsbehörden nicht entgegengehalten werden kann. Dies würde der betreffenden Person auch keinen Vorteil bringen, da die Wettbewerbsbehörden sie umgehend als Zeuge einvernehmen könnten (Art. 42).

bb) Umfang der Pflicht

Die verpflichteten Personen müssen den Wettbewerbsbehörden alle für ihre Abklärungen erforderlichen Auskünfte erteilen und ihnen die notwendigen Urkunden zur Verfügung stellen. Dies entspricht dem Umfang der Auskunfts- und Vorlagepflicht von Art. 31 und 35 KG 85. Das Auskunfts- oder Vorlageverlangen muss vom Zweck des jeweiligen Verfahrens gedeckt und in der konkreten Situation erforderlich sein.

Was erforderlich ist, steht grundsätzlich im Ermessen der Wettbewerbsbehörden.[1789] Für das Fusionskontrollverfahren umschreibt Art. 15 Abs. 2 AVO diese Bedingun-

---

1785 Entscheid der Kartellkommission in Sachen Denner vom 27. Juni 1990, VKKP 1a/1991, 77, 78-79.
1786 HOMBURGER zu Art. 31 N 9.
1787 RICHLI, Gutachten, 90 und Verfahrensfragen, 215.
1788 Urteil des Bundesgerichts vom 6. März 1995 (2A.188 und 189/1993), besprochen in NZZ Nr. 107 vom 10.5.95, S. 26.
1789 Zur Auskunftspflicht nach Art. 35 KG 85 s. Urteil des Bundesgerichts vom 6. März 1995 in Sachen Denner AG und EG Dritte Kraft AG (2A.188 und 189/1993), Erw. 5b und 6a.

gen mit: Auskünfte, „die für die Beurteilung des Zusammenschlussvorhabens von Bedeutung sein können". Die Auskunftspflicht ist im Vorprüfverfahren nicht auf die Frage der Anwendbarkeit der Vorschriften über Unternehmenszusammenschlüsse beschränkt, sondern erstreckt sich mindestens auch auf die marktbeherrschende Stellung der beteiligten Unternehmen, was auch Angaben über die Wettbewerbsverhältnisse auf den betreffenden Märkten nötig macht (vgl. vorangehender Abschnitt).

Für Geschäftsgeheimnisse besteht gleich wie im europäischen Verfahren kein Privileg.[1790] Das galt schon unter dem KG 85 und zwar auch für Geschäftsgeheimnisse Dritter, von denen der Auskunftspflichtige Kenntnis hat und die der Beantwortung der gestellten Frage dienen.[1791] Bestimmte zur Beurteilung eines Zusammenschlusses erforderliche Angaben dürften sogar regelmässig den Charakter von Geschäftsgeheimnissen haben.

Für die Schranken der Auskunftspflicht verweist Art. 40 auf Art. 16 VwVG über das Zeugnisverweigerungsrecht im Verwaltungsverfahren. Die gleichen Schranken wie für die Auskunftspflicht gelten auch für die Vorlagepflicht.[1792] Die Schranken der Auskunfts- und Vorlagepflicht sind hinten 459ff., Schutz des Berufsgeheimnisses und Auskunfts- und Zeugnisverweigerungsrecht, behandelt.

Die Auskunftspflicht ist die Grundlage für die bei der Eröffnung eines Hauptprüfverfahrens notwendige Nachreichung von Informationen gemäss Art. 15 AVO. Danach müssen die beteiligten Unternehmen auch nach Einreichung einer vollständigen Meldung zusätzliche Angaben machen und Unterlagen einreichen, die für die Prüfung des Zusammenschlusses von Bedeutung sein können. Die AVO nennt Informationen über bisherige oder geplante Absatz- oder Umsatzzahlen, die Marktentwicklung und ihre Stellung im internationalen Wettbewerb. Weiter kommen Angaben über die betroffenen Märkte (Eintrittsschranken, Herstellung der Produkte oder Dienstleistungen, etc.) in Frage, da solche in der Meldung nicht verlangt werden. Art. 15 AVO beschränkt die Ermittlungsrechte der Wettbewerbsbehörden nach KG 95 in keiner Weise. Die Auskunftspflicht nach Art. 40 und die Befugnis zur Anordnung von Massnahmen nach Art. 42 stehen den Wettbewerbsbehörden also unbeschränkt zur Verfügung.

c) Untersuchungsmassnahmen (Art. 42)

Die Wettbewerbsbehörden haben weitreichende Untersuchungsbefugnisse. Art. 42 lautet:

„Die Wettbewerbsbehörden können Dritte als Zeugen einvernehmen und die von einer Untersuchung Betroffenen zur Beweisaussage verpflichten. Artikel 64 des Bundesge-

---

[1790] Fn 1780.

[1791] DAVID 265; Urteil des Bundesgerichts vom 6. März 1995 in Sachen Denner AG und EG Dritte Kraft AG (2A.188 und 189/1993), Erw. 6b/aa.

[1792] Vgl. KÖLZ/HÄNER N 122.

setzes über den Bundeszivilprozess ist anwendbar. Die Wettbewerbsbehörden können Hausdurchsuchungen anordnen und Beweisgegenstände sicherstellen."

Nicht ausdrücklich im KG 95 erwähnt ist die auf Art. 12 VwVG gestützte Befugnis der Wettbewerbsbehörden, Gutachten von Sachverständigen einzuholen.[1793]

aa) Einvernahme von Dritten als Zeugen

Dritte können als Zeugen einvernommen werden. „Dritte" muss als Gegensatz zu den „von der Untersuchung Betroffenen" verstanden werden. Von der Untersuchung Betroffene können nur zur Beweisaussage verpflichtet werden. Bei Unternehmenszusammenschlüssen sind die von der Untersuchung Betroffenen die am Zusammenschluss Beteiligten.

Dritte und Beteiligte konnten nach KG 85 ohne Unterschied als Zeugen einvernommen werden (Art. 31 Abs. 2 KG 85). Die im KG 62 vorgesehene Unterscheidung von Parteien und Zeugen war nach kurzer Zeit nicht mehr befolgt worden, damit es den Parteien nicht möglich war, an den Zeugeneinvernahmen anwesend zu sein.[1794]

Die im KG 95 wieder vorhandene Unterscheidung von Beteiligten und Dritten bedeutet nicht, dass die Parteien nun an jeder Zeugeneinvernahme anwesend sein könnten. Nach Art. 18 Abs. 2 VwVG kann die Zeugeneinvernahme zur Wahrung wesentlicher öffentlicher oder privater Interessen in Abwesenheit der Parteien erfolgen. Ebenso kann den Parteien die Einsicht in die Einvernahmeprotokolle verweigert werden. Die begründete Furcht der Zeugen vor Retorsionsmassnahmen der Parteien gilt mit Sicherheit als wesentliches privates Interesse.[1795]

Bei juristischen Personen werden deren Organe als Zeugen einvernommen.[1796]

Auf Zeugeneinvernahmen durch die Wettbewerbsbehörden sind die Art. 14 - 19 des VwVG anwendbar.[1797] Das Zeugnisverweigerungsrecht richtet sich nach Art. 16 VwVG und Art. 42 Abs. 1 und 3 BZP (vgl. hinten 460f.).

Da die Zeugeneinvernahme im KG 95 mit Ausnahme der Abgrenzung von Beteiligten und Dritten keine Besonderheit im Vergleich zum allgemeinen Verwaltungsrecht bietet und sie im Fusionskontrollverfahren kaum Bedeutung erlangen dürfte, soll hier auf die Behandlung der Zeugenaussage in der Literatur verwiesen werden.[1798]

1793 Vgl. dazu etwa KÖLZ/HÄNER N 116, 119 und 120.
1794 LIMBURG 61-62; vgl. auch SCHÜRMANN, in: SCHÜRMANN/SCHLUEP 703. Dies scheint auch der Grund für die Regelung von Art. 31 Abs. 2 KG 85 gewesen zu sein, SCHMIDHAUSER, Vergleich, 377.
1795 Hinten 465; a.M. war wohl SCHMIDHAUSER, Vergleich, 377.
1796 Vgl. SCHÜRMANN, in: SCHÜRMANN/SCHLUEP 703.
1797 Vgl. schon Art. 31 KG 85.
1798 SCHÜRMANN, in: SCHÜRMANN/SCHLUEP 703-705; HOMBURGER zu Art. 31 N 10-24; KÖLZ/HÄNER N 121-122; SALADIN 124-125.

bb) Verpflichtung der Beteiligten zur Beweisaussage

Die von einer Untersuchung Betroffenen, also die Zusammenschlussbeteiligten, können zur Beweisaussage verpflichtet werden. Die Beweisaussage ist in Art. 64 BZP geregelt. Danach kann der Richter, hier die Wettbewerbsbehörde, eine Partei zur Beweisaussage unter Straffolge verpflichten, wenn er es nach dem einfachen Parteiverhör für geboten erachtet. Die Partei ist zuvor erneut zur Wahrheit zu ermahnen. Die formlose Befragung oder die Befragung mit Hinweis auf die Auskunftspflicht von Art. 40 bildet wohl auch im Fusionskontrollverfahren die Voraussetzung für die Anordnung einer Beweisaussage. Die Verpflichtung zur Beweisaussage dürfte im Fusionskontrollverfahren, wenn überhaupt, nur angeordnet werden, wenn die Parteien die Kooperation verweigern und die Wettbewerbsbehörden die gesuchten Informationen auf keinem anderen Weg erlangen können. Die Wettbewerbsbehörden würdigen die Beweise und damit auch die Beweisaussage frei (hinten 410f.).[1799]

cc) Hausdurchsuchung und Sicherstellung von Beweisgegenständen

Die Wettbewerbsbehörden können sogar Hausdurchsuchungen anordnen und Beweisgegenstände sicherstellen. So weitgehende Massnahmen werden üblicherweise bei der Verfolgung von strafrechtlichen Delikten angewendet.[1800] Im ordentlichen Verwaltungsverfahren nach VwVG sind sie im Gegensatz zum Verwaltungsstrafrecht[1801] nicht vorgesehen. Letzteres ist anwendbar, wenn die Verfolgung und Beurteilung einer strafbaren Handlung einer Verwaltungsbehörde des Bundes übertragen ist (Art. 1 dieses Gesetzes). Dies ist beispielsweise bei den strafrechtlich sanktionierten Widerhandlungen gegen das KG 95 der Fall (Art. 57 Art. 1). Es ist anzunehmen, dass auf das Verfahren der Hausdurchsuchung und Sicherstellung von Beweisgegenständen die Bestimmungen des Bundesgesetzes über das Verwaltungsstrafrecht analog anwendbar sind.

Nach Art. 41 KG 95 sind die Amtsstellen der Kantone, also auch die Polizeiorgane, zur Amtshilfe bei der Durchsetzung dieser Massnahmen verpflichtet.

Hausdurchsuchungen und die Sicherstellung von Beweisgegenständen dürften im Gegensatz zu kartellrechtlichen Untersuchungen im Fusionskontrollverfahren kaum benutzt werden. Voraussetzung für die Anordnung dieser Massnahmen wäre, dass andere Massnahmen (Auskunftsersuchen, Vorlageersuchen, Zeugeneinvernahme, Beweisaussage) nicht zum Ziel führen.

[1799] Vgl. auch Art. 65 Abs. 1 BZP.
[1800] Vgl. Art. 67 und 70 der Bundesstrafprozessordnung (Bundesgesetz vom 15. Juni 1934 über die Bundesstrafrechtspflege, SR 312.0); § 88-95 und 96-103 der Zürcher Strafprozessordnung.
[1801] Art. 46-49 des Bundesgesetzes über das Verwaltungsstrafrecht, SR 313.0.

d) Sanktionen

Die im KG 95 vorgesehenen Sanktionen für Widerhandlung gegen die Bestimmungen zur Sachverhaltsermittlung sind einerseits verwaltungsrechtlicher, anderseits strafrechtlicher Natur. Die strafrechtlichen Sanktionen richten sich an natürliche Personen, die verwaltungsrechtlichen an Unternehmen. Die Sanktionen sind in beiden Fällen Bussen.

Erfüllt ein Unternehmen die Auskunfts- oder Vorlagepflicht nicht, wird es mit einer Busse von bis zu 100 000 Franken belegt (Art. 52). Eine natürliche Person, die vorsätzlich Verfügungen der Wettbewerbsbehörden betreffend die Auskunftspflicht (oder Vorlagepflicht) nicht erfüllt, wird mit einer Busse von bis zu 20 000 Franken bestraft (Art. 55).[1802] Falsches Zeugnis wird nach Art. 307 i.V.m. Art. 309 StGB, falsche Beweisaussage nach Art. 306 i.V.m. 309 StGB bestraft. Wer sich einer Hausdurchsuchung oder der Sicherstellung von Beweisgegenständen widersetzt, kann sich nach Art. 286 StGB (Hinderung einer Amtshandlung) oder Art. 285 StGB (Gewalt gegen Beamte) strafbar machen. Wird in der Anordnung der Zwangsmassnahme ausdrücklich auf Art. 292 StGB (Ungehorsam gegen amtliche Verfügung) verwiesen, ist diese Bestimmung anwendbar.

e) Anfechtung von Untersuchungsmassnahmen

Entscheidungen über Untersuchungsmassnahmen sind Zwischenverfügungen. Nach Art. 45 Abs. 2 lit. d können Verfügungen über die Auskunfts-, Zeugnis- oder Editionspflicht selbständig angefochten werden, wenn sie einen nicht wieder gutzumachenden Nachteil bewirken. Die Anfechtung erfolgt innert zehn Tagen seit Eröffnung mittels Beschwerde an die Rekurskommission für Wettbewerbsfragen (Art. 44 KG 95; Art. 50 VwVG).

f) Vergleich der Ermittlungsbefugnisse der Schweizer Wettbewerbsbehörden und der Europäischen Kommission

Das KG 95 gibt der Wettbewerbskommission und dem Sekretariat weitgehende Untersuchungsbefugnisse, die im Ergebnis mindestens denen der Kommission unter der FKVO entsprechen. Die Untersuchungsbefugnisse bestehen in beiden Verfahren sowohl im Vor- wie im Hauptprüfverfahren. Nach dem KG 95 und der FKVO müssen den Behörden auch Geschäftsgeheimnisse offengelegt werden.

Zur Auskunft sind nach dem KG 95 nur betroffene Dritte verpflichtet, während nach der FKVO jedes Unternehmen auskunftspflichtig ist. Nach dem KG 95 können Dritte einschliesslich natürliche Personen jedoch als Zeugen einvernommen werden. Zeugeneinvernahmen sind in der FKVO nicht vorgesehen und Auskunftsverlangen

---

1802 Durch diese speziellere Bestimmung wird die Anwendung von Art. 292 StGB (Ungehorsam gegen amtliche Verfügungen) ausgeschlossen, vgl. HÄFELIN/MÜLLER N 954.

können nur an Unternehmen gerichtet werden. Die Befugnisse, Auskünfte einzuholen, sind nach dem KG 95 also beträchtlich grösser. Dem stehen umfangreiche Auskunfts- und Zeugnisverweigerungsrechte gegenüber (hinten 460ff.). Das Verfahren zur Erzwingung von Auskünften nach dem KG 95 dürfte weniger formell sein als nach der FKVO.

Die Untersuchungskompetenzen nach dem KG 95 sind auch insofern grösser als die der FKVO, als die Wettbewerbskommission Durchsuchungen irgendwelcher Räumlichkeiten anordnen kann, während die Europäische Kommission Nachprüfungen nur in Geschäftsräumen vornehmen kann und für die Anwendung hoheitlicher Gewalt auf die nationalen Behörden angewiesen ist.[1803] Die Durchsuchung von Privatwohnungen in wettbewerbsrechtlichen Verfahren dürfte aber auch in der Schweiz keine praktische Bedeutung erlangen.

Die Bussen für die Missachtung von Auskunftspflichten sind in der Schweiz mit 100 000 Franken etwas höher als die 50 000 ECU (etwa 80 000 Franken) in der EU. Zwangsgelder sieht das KG 95 dagegen nicht vor. Entscheidungen über Massnahmen zur Sachverhaltsermittlung können nach dem KG 95 und der FKVO selbständig angefochten werden, wenn sie einen nicht wieder gutzumachenden Schaden bewirken. Anders als die Beschwerde nach dem VwVG hat die Nichtigkeitsklage nach Art. 173 EGV grundsätzlich keine aufschiebende Wirkung.

Die Ermittlungsbefugnisse im KG 95 und in der FKVO sind Maximallösungen. Bescheidenere Befugnisse verbunden mit einem Stillstand der Frist für die Entscheidung und einem Vollzugsverbot würden für die Fusionskontrolle ausreichen.

Unabhängig von den theoretischen Befugnissen dürften freiwillig erteilte Auskünfte bei weitem die wichtigste Informationsquelle der schweizerischen und europäischen Wettbewerbsbehörden sein.

4. Informationswürdigung und Ausarbeitung der Entscheidung

Die Würdigung der in einem bestimmten Verfahren eingehenden Informationen ist eine kontinuierliche Aufgabe, zu der Sekretariat und Wettbewerbskommission verpflichtet sind. Die Sachverhaltsermittlung wird hauptsächlich vom Sekretariat durchgeführt (vorne 402f.). Es muss deshalb laufend beurteilen, ob für eine Entscheidung zusätzliche Informationen benötigt werden. Das Sekretariat stellt der Wettbewerbskommission auch Antrag auf Erlass der Verfügungen am Ende des Hauptprüfverfahrens (Art. 23).

Für die ihr vorbehaltenen Entscheidungen und Verfügungen muss die Wettbewerbskommission alle Aspekte des Sachverhalts, die Äusserungen der Parteien[1804] und die

---

[1803] Rs. 46/87 und 227/88, Hoechst/Kommission Slg. 1989, 2859.
[1804] Art. 32 VwVG; MÜLLER, Kommentar zu Art. 4 BV N 112; hinten 462ff., Rechtliches Gehör.

Anträge des Sekretariats zur Kenntnis nehmen, würdigen und als Grundlage für ihre Entscheidung verwenden. Die Wettbewerbskommission hat die Beweise nach freier Überzeugung zu würdigen (Art. 19 VwVG i.V.m. Art. 40 BZP).

5. Entscheidungen am Ende des Hauptprüfverfahrens

a) Übersicht

Am Ende des Hauptprüfverfahrens kann die Wettbewerbskommission folgende Verfügungen erlassen: Verfahrenseinstellung, schlichte Zulassung, Untersagung oder Zulassung unter Bedingungen und Auflagen. Wurde der Zusammenschluss schon vollzogen, kann sie auch Massnahmen zur Wiederherstellung wirksamen Wettbewerbs anordnen (Art. 10 Abs. 2).

Die Wettbewerbskommission entscheidet durch Verfügung (Art. 18 Abs. 3). Wenn das Hauptprüfverfahren nicht eingestellt wird, weil der Zusammenschluss gar nicht unter die Fusionskontrolle fällt oder weil das Vorhaben von den Beteiligten aufgegeben wird, muss die Wettbewerbskommission gestützt auf ihre materielle Beurteilung fristgerecht eine der genannten Verfügungen erlassen.

Die Kartellkommission konnte nicht verfügen, sondern lediglich Empfehlungen aussprechen.[1805] Der mögliche Inhalt der Empfehlungen unter dem KG 85 war auch in bezug auf Zusammenschlüsse viel eingeschränkter als die Verfügungsbefugnisse der Wettbewerbskommission (vgl. vorne 310f.).[1806] Insbesondere war umstritten, ob die Kartellkommission die Entflechtung eines Zusammenschlusses empfehlen konnte.[1807]

b) Zulassung

Kommt die Wettbewerbskommission nach der Beurteilung gemäss Art. 10 zum Schluss, dass der Zusammenschluss zulässig ist, muss sie eine entsprechende Verfügung an die Beteiligten richten. Obwohl das KG 95 nicht mehr ausdrücklich den Erlass einer Genehmigungsverfügung fordert, wäre es willkürlich, auf den Eintritt der Zulassungsfiktion nach Ablauf der Frist von vier Monaten zu warten.[1808] Dass die Zulassung durch Verfügung und nicht durch Fristablauf geschehen soll, geht auch aus Art. 38 hervor, der den Widerruf einer Zulassung behandelt, und daraus, dass für das Hauptprüfverfahren keine Unbedenklichkeitserklärung vorgesehen ist (Art. 16 AVO). Die Zulassungsverfügung hat deklaratorischen Charakter.

1805 BGE 113 Ib 90, Erw. 2d/aa; in der Lehre wurde vereinzelt die Meinung vertreten, die Empfehlungen hätten Verfügungscharakter, KILLIAS 285-287.
1806 RIEDER 169-172; LIMBURG 161-164.
1807 Fn 1438.
1808 Darauf scheint allerdings die Formulierung von Art. 22 AVO hinzudeuten.

Die zivilrechtliche Wirksamkeit des Zusammenschlusses tritt nach dem Wortlaut von Art. 34 entweder bei Ablauf der viermonatigen Frist oder mit der Bewilligung zum vorläufigen Vollzug ein. Die Zulassungsverfügung muss jedoch auch die Bewilligung zum sofortigen Vollzug einschliessen (vgl. die Unbedenklichkeitserklärung nach Art. 16 Abs. 1 AVO).

Auch Nebenabreden sollten im Fusionskontrollverfahren beurteilt werden und von der Zulassung umfasst sein (vorne 334).

Wurde die Bewilligung zum vorläufigen Vollzug des Zusammenschlusses bereits früher erteilt, bewirkt die Zulassungsverfügung, dass die Vollzugshandlungen zivilrechtlich definitiv wirksam werden.

c) Zulassung unter Bedingungen und Auflagen

Die Wettbewerbskommission kann einen Zusammenschluss unter Bedingungen und Auflagen zulassen, wenn dies ausreicht, um die Nichtvereinbarkeit mit dem KG 95 zu beseitigen (Art. 10 Abs. 2).[1809] Bedingungen und Auflagen sind im allgemeinen schweizerischen Verwaltungsrecht übliche Nebenbestimmungen von Verfügungen.[1810]

aa) Natur und Wirkung

Die Zulassung unter Bedingungen und Auflagen erfolgt mittels Verfügung.

Eine suspensive Bedingung macht die Zulässigkeit des Zusammenschlusses vom Eintritt eines zukünftigen, ungewissen Ereignisses oder Zustandes abhängig, eine resolutive Bedingung meist vom Fortbestehen eines bestimmten Zustandes.[1811] Eine Bedingung muss grundsätzlich potestativ sein (also vom Willen der Beteiligten abhängen), da es für die Beteiligten unzumutbar wäre, wenn Dritte über die Zulässigkeit des Zusammenschlusses walten könnten.

Eine Auflage ist eine mit der Zulassung verbundene Verpflichtung, deren Einhaltung die Zulässigkeit des Zusammenschlusses nicht berührt.[1812] Die Auflage kann für sich durchgesetzt werden.[1813]

Eine Zulassung unter einer Bedingung hat deklarativen Charakter. Eine Zulassungsverfügung unter Auflagen ist bezüglich der Auflagen konstitutiv. Eine bedingte

---

[1809] Die Bedingungen und Auflagen, an die die Wettbewerbskommission die Bewilligung zum vorzeitigen Vollzug knüpfen kann (Art. 16 Abs. 2 AVO), beziehen sich nur auf den vorläufigen Vollzug und die Zeit bis zur endgültigen Verfügung.
[1810] Vgl. HÄFELIN/MÜLLER N 719-736.
[1811] Vgl. HÄFELIN/MÜLLER N 725.
[1812] Vgl. HÄFELIN/MÜLLER N 729-730.
[1813] HÄFELIN/MÜLLER N 730.

Zulassung bewirkt, dass der Zusammenschluss zulässig ist und wirksam vollzogen werden darf, sobald oder solange die Bedingung erfüllt ist.

bb) Inhalt von Bedingungen und Auflagen

Die möglichen Bedingungen und Auflagen dürften denen unter der FKVO entsprechen. Es kann daher auf die Praxis zur FKVO verwiesen werden (vorne 159ff.). Bedingungen und Auflagen sollten auch unter dem KG 95 struktureller Natur sein, damit die Kontrolle ihrer Einhaltung möglichst wenig Aufwand verursacht. Was Inhalt von Empfehlungen unter dem KG 85 sein konnte, kann grundsätzlich zu einer Bedingung oder Auflage erhoben werden.[1814] Neben Bedingungen und Auflagen kann die Wettbewerbskommission natürlich nach wie vor unverbindliche Empfehlungen machen.

cc) Nichtrealisierung einer Bedingung oder Auflage

Tritt eine suspensive Bedingung nicht ein, ist der Zusammenschluss nie zulässig geworden. Auch die zivilrechtliche Wirksamkeit des Zusammenschlusses ist nie eingetreten, es sei denn, die Wettbewerbskommission habe die Erlaubnis zum vorzeitigen Vollzug erteilt. In letzterem Fall sind die vorgenommenen Zusammenschlusshandlungen zivilrechtlich wirksam (vorne 387). Wurde der Zusammenschluss schon vollzogen - unabhängig davon, ob die einzelnen Vollzugshandlungen zivilrechtlich wirksam sind oder nicht -, kommt Art. 37 über die Wiederherstellung wirksamen Wettbewerbs zur Anwendung (hinten 414ff.).

Tritt eine resolutive Bedingung ein, so wird der Zusammenschluss unzulässig. Da er in den meisten Fällen bereits (zulässigerweise) vollzogen worden ist, kommen die Massnahmen nach Art. 37 zum Zug. Die Vollzugsgeschäfte sind zivilrechtlich wirksam.

Die Nichterfüllung einer Auflage beeinflusst die Zulässigkeit und zivilrechtliche Wirksamkeit des Zusammenschlusses nicht. Sie ist aber mit gravierenden verwaltungs- und strafrechtlichen Sanktionen bedroht: Die beteiligten Unternehmen werden mit einer verwaltungsrechtlichen Busse von bis zu einer Million Franken und bei wiederholtem Verstoss gegen die Auflage von bis zu zehn Prozent des auf die Schweiz entfallenden Gesamtumsatzes belastet (Art. 51). Nach Art. 55 werden Personen, die einer Verfügung im Zusammenhang mit Unternehmenszusammenschlüssen zuwiderhandeln, mit Busse bis zu 20 000 Franken bestraft. Diese Bestimmung richtet sich an die Organe der betreffenden Gesellschaft. Als schwerste Sanktion kann die Wettbewerbskommission eine erteilte Zulassung widerrufen, wenn die

---

[1814] Da Empfehlungen in erster Linie Verhaltensempfehlungen waren (RIEDER 182; LIMBURG 164), und unter dem KG 95 vor allem Bedingungen und Auflagen struktureller Natur ausgesprochen werden sollten, werden sie sich aber nicht entsprechen.

beteiligten Unternehmen einer Auflage in schwerwiegender Weise zuwiderhandeln (Art. 38 Abs. 1 lit. c).[1815]

d) Untersagung

Sind die entsprechenden Voraussetzungen von Art. 10 erfüllt (vorne 317ff.), muss die Wettbewerbskommission den Zusammenschluss untersagen. Die Untersagung erfolgt durch Verfügung. Sie ist deklarativ, da das Vorhaben an sich unzulässig ist.

Der Zusammenschluss wurde zivilrechtlich nicht wirksam (Art. 34). In Missachtung des Vollzugsverbots vollzogene Zusammenschlusshandlungen werden durch die Untersagungsverfügung definitiv unwirksam und nichtig (vorne 390ff.).

Hat die Wettbewerbskommission während des Verfahrens die Erlaubnis zum vorzeitigen Vollzug des Zusammenschlusses nach Art. 32 Abs. 2 oder Art. 33 Abs. 2 erteilt, wird der Zusammenschluss zwar auch unzulässig, die erfolgten Zusammenschlusshandlungen bleiben aber wirksam (Art. 34). Die Wettbewerbskommission hat dann Massnahmen gestützt auf Art. 37 (Wiederherstellung wirksamen Wettbewerbs) anzuordnen.

e) Zulassungsfiktion (Art. 34)

Hat die Wettbewerbskommission innert vier Monaten seit der Eröffnung des Hauptprüfverfahrens keine Verfügung erlassen, so gilt der Zusammenschluss per Fiktion als zulässig. Wurde die Wettbewerbskommission bei der Prüfung des Zusammenschlusses durch Umstände gehindert, die von den beteiligten Unternehmen zu verantworten sind, kann sie auch nach Ablauf der vier Monate noch verfügen. Sie muss die Behinderung aber vor Ablauf der Frist durch Verfügung feststellen.

Die Zulassungsfiktion hat die gleichen Wirkungen wie eine Zulassungsverfügung. Die Wettbewerbskommission kann nach Eintritt der Zulassungsfiktion grundsätzlich keine Verfügung über den Zusammenschluss mehr erlassen. Eine Zulassung kann unter den Voraussetzungen von Art. 38 widerrufen werden. Unter Zulassung ist wohl auch die Zulassung per Fiktion zu verstehen.

f) Wiederherstellung wirksamen Wettbewerbs

Für den Fall, dass ein rechtmässig oder unrechtmässig schon vollzogener Zusammenschluss untersagt wird (oder ein untersagter Zusammenschluss vollzogen wird), sieht Art. 37 die Pflicht der Beteiligten zur Wiederherstellung wirksamen Wettbewerbs vor. Die Anwendung von Art. 37 ist an die Bedingung geknüpft, dass keine ausnahmsweise Zulassung durch den Bundesrat beantragt oder gewährt wurde. Die Verpflichtung der Beteiligten, wirksamen Wettbewerb wiederherzustellen, und die

---

[1815] Dieser Widerrufsgrund gilt auch bei Auflagen, die vom Bundesrat in einer ausnahmsweisen Zulassung gemacht wurden, Art. 38 Abs. 2.

Möglichkeit der Wettbewerbskommission, Massnahmen anzuordnen, besteht in diesem Fall erst ab dem Zeitpunkt, in dem der Bundesrat ein Gesuch um ausnahmsweise Zulassung des Zusammenschlusses abgewiesen hat.[1816] M.E. sollte die Wettbewerbskommission auch in der Zeit, während der ein solches Gesuch hängig ist, Massnahmen anordnen können, die zur Erhaltung wirksamen Wettbewerbs dienen. Art. 37 sieht folgendes Verfahren vor:

1. Die Wettbewerbskommission fordert die beteiligten Unternehmen auf, innert einer Frist Vorschläge zur Wiederherstellung wirksamen Wettbewerbs zu machen.
2. Sie prüft die Vorschläge.
3. Bei Gutheissung kann sie verfügen, wie und bis wann die Vorschläge umgesetzt werden müssen.
4. Bei Ablehnung der Vorschläge oder bei Verweigerung von Vorschlägen durch die Unternehmen kann sie die ihr angemessen scheinenden Massnahmen verfügen.

aa) Inhalt der Massnahmen

Als Massnahmen nach Art. 37 kommen solche in Frage, die geeignet sind, wirksamen Wettbewerb wiederherzustellen. Art. 37 Abs. 4 erwähnt die Trennung der zusammengefassten Unternehmen oder Vermögenswerte sowie die Beendigung des kontrollierenden Einflusses.[1817] Diese dürften die stärksten Massnahmen darstellen und nur im Extremfall zur Anwendung gelangen.[1818] In der Botschaft werden als Massnahmen auch die teilweise Veräusserung des Zusammenschlussobjektes an Dritte, die Abspaltung von Unternehmensteilen, die Beendigung des kontrollierenden Einflusses oder die Beendigung personeller Verflechtungen genannt.[1819]

Die Botschaft erwähnt, dass auch Massnahmen in Frage kommen, die zwar auf den betroffenen Markt keinen Einfluss haben, die aber auf einem anderen Markt zu einer Verbesserung der Wettbewerbsverhältnisse führen, welche die Nachteile der entstandenen oder verstärkten marktbeherrschenden Stellung überwiegt.[1820] Mit einer ausschliesslich wörtlichen Auslegung von Art. 37 lässt sich dies allerdings schwer vereinbaren. Denn wirksamer Wettbewerb wird nicht wiederhergestellt, wenn auf einem anderen Markt eine Verbesserung der Wettbewerbsverhältnisse eintritt. Da die Wettbewerbskommission die Verbesserung der Wettbewerbsverhältnisse auf einem anderen Markt bei der Beurteilung des Zusammenschlusses ex ante einbezie-

---

[1816] Die Frist für einen Antrag an den Bundesrat beträgt dreissig Tage. Der Bundesrat ist gehalten, in vier Monaten zu entscheiden.
[1817] Unter dem KG 85 war umstritten, ob die Kartellkommission die Entflechtung eines Zusammenschlusses empfehlen durfte, Fn 1438.
[1818] Vgl. Botschaft 146; vgl. auch RUFFNER 221.
[1819] Botschaft 145.
[1820] Botschaft 144-145.

hen darf (Art. 10 Abs. 2), entspricht es aber wohl dem Zweck und der Systematik des Gesetzes, wenn dies auch bei der Beurteilung ex post geschehen kann.

bb) Natur und Wirkung

Die Wettbewerbskommission ordnet Massnahmen zur Wiederherstellung wirksamen Wettbewerbs durch Verfügung an. Die Verfügung ist konstitutiv für die darin angeordneten Verhaltensweisen.

Massnahmen zur Wiederherstellung wirksamen Wettbewerbs können unabhängig davon angeordnet werden, ob der Zusammenschluss rechtmässig oder in Missachtung des Vollzugsverbots vollzogen worden ist, der Zusammenschluss also zivilrechtlich wirksam ist oder nicht. Auch eine zivilrechtlich nichtige Zusammenschlussvereinbarung kann von den Beteiligten vollzogen und befolgt werden. In einer solchen Situation können Massnahmen zur Wiederherstellung einer rechtskonformen Situation nötig sein.

cc) Beurteilung

Die Massnahmen zur Wiederherstellung wirksamen Wettbewerbs sind für eine glaubwürdige und effektive Durchsetzung des Wettbewerbsrechts notwendig. Sie können weiter gehen als die Empfehlungen der Kartellkommission unter dem KG 85. Die Möglichkeit der Entflechtung eines rechtswidrig vollzogenen Zusammenschlusses dürfte eine nicht zu unterschätzende dissuasive Wirkung haben.

Es ist sinnvoll, dass zunächst die beteiligten Unternehmen Vorschläge zu den Massnahmen und ihrer Umsetzung machen können. Damit ist sichergestellt, dass zuerst die mildesten Massnahmen in Betracht gezogen werden.

g) Widerruf und Revision einer Zulassung

Die Begriffe Widerruf und Revision werden im schweizerischen Recht nicht einheitlich verwendet.[1821] Beide Begriffe bezeichnen die Änderung von Verwaltungsakten, die dem Gesetz nicht oder nicht mehr entsprechen. Für das KG 95 dürfte unter Revision die Aufhebung einer Zulassung (oder die Einleitung eines Hauptprüfverfahrens) durch die Wettbewerbskommission auf Gesuch hin zu verstehen sein und unter Widerruf die Aufhebung der Zulassung (oder die Einleitung eines Hauptprüfverfahrens) von Amtes wegen.[1822]

Nach den Regeln des allgemeinen Verwaltungsrechts sind an die Revision bzw. den Widerruf zulasten des Betroffenen höhere Anforderungen als an den Widerruf zugunsten des Betroffenen zu stellen.[1823] Allerdings können privatrechtsgestaltende

---

[1821] Vgl. KÖLZ/HÄNER N 190-192; HÄFELIN/MÜLLER N 830-833.
[1822] Vgl. HÄFELIN/MÜLLER N 830 und 833.
[1823] BGE 94 I 336; HÄFELIN/MÜLLER N 806-832a.

Verfügungen wie Bewilligungen nach allgemeinen Regeln nicht widerrufen werden, sobald das privatrechtliche Rechtsgeschäft vollzogen worden ist.[1824] Art. 38 KG 95 macht davon aber eine Ausnahme und nennt besondere Revisions- und Widerrufsgründe für das Fusionskontrollverfahren. Danach kann die Wettbewerbskommission eine Zulassungsverfügung widerrufen oder trotz Fristablauf nachträglich ein Hauptprüfverfahren eröffnen, wenn die beteiligten Unternehmen unrichtige Angaben gemacht haben, die Zulassung arglistig herbeigeführt haben oder einer Auflage in schwerwiegender Weise zuwiderhandeln. Der Bundesrat kann eine ausnahmsweise Zulassung aus denselben Gründen widerrufen.

Die Zulassung eines Zusammenschlusses kann nur widerrufen werden, wenn sich nachträglich ergibt, dass die Zulassung bei richtiger Sachkenntnis oder ohne die Auflage, die missachtet wurde, nicht gewährt worden wäre. Die Untersuchung, ob eine Zulassung widerrufen werden muss, schliesst an die ordentliche Untersuchung des Zusammenschlusses an. Wenn bereits ein Hauptprüfverfahren durchgeführt worden war, muss es deshalb nicht noch einmal vollständig durchgeführt werden. Wurde die Zulassung arglistig herbeigeführt, bedeutet das für sich selbst, dass die Zulassung bei normalem Verfahrensgang nicht gewährt worden wäre.

Der Widerruf der Zulassung bewirkt, dass der Zusammenschluss unzulässig wird. Die Wettbewerbskommission muss unter Umständen Massnahmen zur Wiederherstellung wirksamen Wettbewerbs nach Art. 37 verlangen oder verfügen.

Wurde wegen unrichtiger Angaben oder arglistigem Verhalten der beteiligten Unternehmen ein Zusammenschluss im Vorprüfverfahren zugelassen, so kann die Wettbewerbskommission auch nach Ablauf der Monatsfrist noch ein Hauptprüfverfahren eröffnen. Da sie den Zusammenschluss erst in einem Vorprüfverfahren untersucht hat, ist es nötig, dass sie ein Hauptprüfverfahren durchführt.

h) Vergleich der Entscheidungen mit der FKVO

Die Entscheidungsmöglichkeiten am Ende des Hauptprüfverfahrens stimmen im europäischen und im schweizerischen Recht weitgehend überein. Die Behörde kann den Zusammenschluss zulassen, untersagen oder unter Bedingungen und Auflagen zulassen. Die materielle Beurteilung von Zusammenschlüssen erfolgt allerdings nach unterschiedlichen Kriterien. In beiden Verfahrensordnungen ist eine Zulassungsfiktion vorgesehen für den Fall, dass die Behörde nicht innerhalb der vorgesehenen Frist entschieden hat. Auch die Möglichkeit des Stillstands der Frist ist in beiden Verfahren, zwar unter leicht anderen Voraussetzungen, für den Fall vorgesehen, dass die Behörde an der Untersuchung durch Umstände gehindert wurde, die die Beteiligten zu vertreten haben.

[1824] HÄFELIN/MÜLLER N 822.

Die Wirkungen der Verfügungen der Wettbewerbskommission auf den Zusammenschluss sind grundsätzlich gleich wie die Wirkungen der Kommissionsentscheidungen. Die Gründe für den Widerruf einer Verfügung bzw. Entscheidung entsprechen einander fast wörtlich. Wurde ein nicht genehmigter Zusammenschluss schon vollzogen, sieht die Lösung des KG 95 verfahrensmässig etwas milder aus als die der FKVO (Art. 37 KG 95; Art. 8 Abs. 4 FKVO). Als stärkste Massnahme kann in beiden Rechtsordnungen die Entflechtung des Zusammenschlusses angeordnet werden.

C. Gemeinsame Bestimmungen

1. Vorsorgliche Massnahmen

Das KG 95 enthält keine Bestimmung über andere vorsorgliche Massnahmen als das Vollzugsverbot. Wird das Vollzugsverbot angeordnet, sind andere vorsorgliche Massnahmen auch nicht mehr nötig. Wird das Vollzugsverbot im Hauptprüfverfahren nicht verlängert, kann aber ein Bedarf für andere vorsorgliche Massnahmen entstehen. In der AVO werden solche Massnahmen als mit der Bewilligung des ausnahmsweisen Vollzugs des Zusammenschlusses im Hauptprüfverfahren verbundene Bedingungen und Auflagen angesehen (Art. 16 Abs. 2 AVO). Aus Art. 33 Abs. 2 des Gesetzes geht nicht klar hervor, ob er eine Befreiung oder nur eine Nichtverlängerung des Vollzugsverbots vorsieht.

Das VwVG enthält keine Regeln über vorsorgliche Massnahmen im nichtstreitigen Verfahren. In der Lehre wird jedoch die Meinung vertreten, dass diesbezüglich eine Lücke im VwVG besteht und dass solche Massnahmen zulässig sind.[1825] Als Bedingungen für den Erlass vorsorglicher Massnahmen werden genannt:

1. Es sind überwiegende öffentliche oder private Interessen zu wahren.
2. Die Endverfügung kann nicht sofort getroffen werden.
3. Die zu wahrenden Interessen würden einen nicht leicht wieder gutzumachenden Nachteil erleiden.
4. Die zu erlassende Verfügung darf weder präjudiziert noch verunmöglicht werden.[1826]

Im Fusionskontrollverfahren folgt die Zulässigkeit der Anordnung einer milderen Massnahme als der Verlängerung des Vollzugsverbots im Moment der Eröffnung des Hauptprüfverfahrens auch aus dem Verhältnismässigkeitsprinzip oder spezieller dem Grundsatz „Qui peut le plus, peut le moins". Im Fusionskontrollverfahren kommen statt der Verlängerung des Vollzugsverbots als vorsorgliche Massnahmen

---
[1825] KÖLZ/HÄNER N 146. SCHLUEP, Anmerkungen, 124, forderte eine besondere Vorschrift über vorsorgliche Massnahmen im neuen KG.
[1826] Nach KÖLZ/HÄNER N 146.

in Frage: das Verbot, Stimmrechte auszuüben, bestimmte Entscheidungen zu beeinflussen oder Unternehmensteile zusammenzulegen, etc.

2. Veröffentlichungen

a) Einzelne Veröffentlichungen

Die erste Veröffentlichung in einem Fusionskontrollverfahren erfolgt, nachdem die Wettbewerbskommission ein Hauptprüfverfahren eröffnet hat.[1827] Sie umfasst den wesentlichen Inhalt der Meldung des Zusammenschlusses und bezweckt, dass Dritte dazu Stellung nehmen können (Art. 33 Abs. 1). Aus dem Zweck dieser Mitteilung folgt, dass sie so umfassend sein muss, dass Dritte zum Zusammenschluss sinnvoll Stellung nehmen können. Art. 18 der AVO verlangt, dass die Mitteilung Firma, Sitz und Geschäftstätigkeit der beteiligten Unternehmen und eine kurze Beschreibung des Zusammenschlusses enthält. Dies sollte für eine begründete Stellungnahme ausreichen.

Der Umfang der Veröffentlichung bei Einleitung eines Hauptprüfverfahrens dürfte damit mindestens dem der Mitteilung der Anmeldung unter der FKVO entsprechen.

Nach Art. 18 AVO muss die Veröffentlichung in der nächstmöglichen Ausgabe des Bundesblattes und des Schweizerischen Handelsamtsblattes erfolgen.

Vor der Mitteilung des Zusammenschlusses am Anfang des Hauptprüfverfahrens erfährt die Öffentlichkeit nichts über den Zusammenschluss.[1828] Erstaunlicherweise gilt das auch, wenn der Zusammenschluss in Missachtung der Zulassungspflicht schon vollzogen worden ist.

Das Fehlen einer Mitteilung über die Meldung eines Zusammenschlusses ist auch der Qualität der Entscheidfindung im Vorprüfverfahren nicht förderlich, da Dritte von sich aus die Wettbewerbskommission nicht auf Aspekte des Zusammenschlusses hinweisen können, die sie übersehen haben könnte. Es ist ausserdem fraglich, ob Zusammenschlüsse dieser Grössenordnung unbemerkt vonstatten gehen sollen und ob die Medien nicht sowieso darüber berichten. Die Nichtveröffentlichung der Tatsache der Meldung eines Zusammenschlusses vergrössert auch das Risiko von Insidergeschäften. Es ist nämlich denkbar, dass ein Unternehmen den Zusammenschluss nach der Meldung an die Wettbewerbskommission noch geheimhalten will; durch die Meldung wird der Kreis der Insider beträchtlich vergrössert. Das Risiko von Insidergeschäften wird zusätzlich dadurch erhöht, dass Art. 15 Abs. 2 der AVO vorsieht, dass die Wettbewerbsbehörden Dritte im Vorprüfverfahren zum Zusammenschluss befragen können. Immerhin mildert diese Bestimmung der Ausführungsver-

---

[1827] Vgl. Kommentar zur AVO, 10.
[1828] Botschaft 141.

ordnung den Nachteil, dass Dritte sich während des Vorprüfverfahrens nicht von sich aus zum Zusammenschluss äussern können.

Das KG 95 verlangt keine Veröffentlichung der Entscheidungen am Ende des Vorprüfverfahrens. Da diese Entscheidungen den weitaus grössten Teil der Entscheidungen der Wettbewerbskommission betreffend Zusammenschlüsse ausmachen werden, dient dies nicht gerade der Transparenz des Verfahrens[1829]. Zudem wird die Praxis der Wettbewerbskommission nicht bekannt.

Immerhin verlangt Art. 22 AVO, dass die Wettbewerbskommission dem EVD laufend Bericht über die von ihr als unbedenklich erachteten Zusammenschlüsse erstattet. Dabei nennt sie die beteiligten Unternehmen und begründet in kurzer Form, warum hinsichtlich eines meldepflichtigen Zusammenschlusses kein Hauptprüfverfahren eröffnet wurde. Die AVO sagt nichts über die weitere Verwendung dieser Berichterstattung. M.E. sollte sie der Öffentlichkeit zugänglich gemacht werden.

Die Verfügungen, die das Hauptprüfverfahren abschliessen, werden vom Sekretariat veröffentlicht (Art. 48 Abs. 1 KG 95; Art. 23 AVO). Nach Art. 23 AVO enthält die Veröffentlichung Firma und Sitz der beteiligten Unternehmen, eine kurze Beschreibung des beurteilten Zusammenschlussvorhabens, eine summarische Wiedergabe der Gründe und des Dispositivs des Entscheids. Damit entspricht die Veröffentlichung umfangmässig wohl etwa der öffentlichen Version der Zulassungsentscheidungen im Vorprüfverfahren des europäischen Fusionskontrollverfahrens. Die summarische Wiedergabe der Entscheidgründe und des Dispositivs sollte so umfassend sein, dass der Entscheid nachvollziehbar ist. Es wäre möglicherweise effizienter, sicher aber der Transparenz dienlicher, wenn statt einer Zusammenfassung der Verfügung, der authentische Text unter Auslassung vertraulicher Informationen veröffentlicht würde.

Die Publikation erfolgt am gleichen Ort wie die Mitteilung der Eröffnung eines Hauptprüfverfahrens, nämlich im Bundesblatt und im Schweizerischen Handelsamtsblatt (Art. 23 AVO).

Die in Art. 31 Abs. 4 KG 85 vorgesehene Verpflichtung der Parteien, den Berichtsentwurf, zu dem sie Stellung nehmen konnten, geheimzuhalten, bis das EVD dessen Veröffentlichung bewilligt hat, gibt es im neuen KG nicht mehr. Mit der Akteneinsicht verbundene Verpflichtungen, bestimmte Kenntnisse nicht zu veröffentlichen, sind aber bestimmt zulässig.

b) Verhältnis zu den Geheimhaltungspflichten

Die Veröffentlichung von Entscheidungen steht grundsätzlich in Konflikt mit den Geheimhaltungspflichten der Behörden. Die Wettbewerbsbehörden sind an das Amtsgeheimnis gebunden (hinten 452). Die in Art. 48 vorgesehene Möglichkeit der

---

[1829] Vgl. die Forderung nach mehr Publikumsöffentlichkeit im Verwaltungsverfahren, KÖLZ/HÄNER N 58; LIMBURG 311.

Wettbewerbskommission, ihre Entscheidungen zu veröffentlichen, und die in Art. 33 Abs. 1 vorgesehene Mitteilung des Zusammenschlusses begründen Ausnahmen vom Amtsgeheimnis. Wie unter der FKVO dürfen die Veröffentlichungen keine Geschäftsgeheimnisse preisgeben (Art. 25 Abs. 4).

c) Vergleich mit der FKVO

Die Regeln des KG 95 und der FKVO über die Veröffentlichungen weisen erhebliche Unterschiede auf. In der FKVO ist das Gebot der Transparenz der Verwaltungstätigkeit im Wirtschaftsrecht besser verwirklicht als im KG 95 (vgl. vorne 170f.). Nach schweizerischem Recht wird die Öffentlichkeit von Gesetzes wegen nur über diejenigen Zusammenschlüsse orientiert, bei denen die Wettbewerbskommission ein Hauptprüfverfahren eröffnen muss. Nach der FKVO muss eine Mitteilung über alle angemeldeten Zusammenschlussvorhaben erfolgen. Der Umfang dieser beiden Veröffentlichungen dürfte etwa übereinstimmen.

Über die Entscheidungen am Ende des Vorprüfverfahrens muss die Wettbewerbskommission lediglich dem EVD Bericht erstatten. Ob das EVD diese Berichterstattung veröffentlichen darf, ist fraglich. Nach europäischem Recht wird eine Mitteilung über die Entscheidung im Amtsblatt veröffentlicht, und eine öffentliche Version der Entscheidung ist erhältlich. Die klare Regelung der FKVO ist vorzuziehen.

Die Verfügungen bzw. Entscheidungen am Ende des Hauptprüfverfahrens werden in beiden Rechtsordnungen veröffentlicht; nach der schweizerischen AVO allerdings nur in zusammengefasster Form. Gemäss der FKVO ist der vollständige Text unter Auslassung vertraulicher Daten im Amtsblatt zu publizieren. Sowohl unter dem KG 95 wie unter der FKVO sind Geschäftsgeheimnisse absolut vor Veröffentlichung geschützt.

3. Eröffnung von Entscheidungen

Die Eröffnung einer Verfügung ist die individuelle Mitteilung des Erlasses und ihres Inhalts an den Adressaten.[1830] Adressaten der Verfügung sind die Parteien. Parteien sind nach Art. 6 VwVG Personen, deren Rechte oder Pflichten die Verfügung berühren soll, und andere Personen, Organisationen oder Behörden, denen ein Rechtsmittel gegen die Verfügung zusteht. Erstere sind die am Zusammenschluss beteiligten Unternehmen. Das vorstehend Gesagte gilt analog für die Eröffnung der Entscheide im Vorprüfverfahren.

Ob auch Dritte, also am Zusammenschluss nicht Beteiligte, zur Beschwerde gegen Verfügungen über Unternehmenszusammenschlüsse legitimiert sind und dadurch zu Parteien werden, werden die Rechtsmittelinstanzen entscheiden müssen (hinten 435ff.). Sind sie Parteien, muss auch ihnen - mindestens auf Gesuch hin - die Verfü-

---

[1830] HÄFELIN/MÜLLER N 709.

gung eröffnet werden.[1831] Zwar entzieht Art. 43 Abs. 4 im Fusionskontrollverfahren Dritten die Parteirechte, wozu eigentlich auch die Eröffnung der Verfügung gehört[1832]; die Mitteilung der Verfügung ist aber eine notwendige Voraussetzung für die Ausübung des Beschwerderechts und kann den Beschwerdeberechtigten deshalb nicht entzogen werden.

Die Eröffnung der Verfügung erfolgt nach den Regeln des allgemeinen Verwaltungsrechts, d.h. nach Art. 34 - 38 VwVG. Diese Regeln sind bei HÄFELIN und MÜLLER kurz und treffend dargestellt:

> „Die Eröffnung der Verfügung...ist eine empfangsbedürftige einseitige Rechtshandlung. Die Verfügung gilt als zugestellt, wenn sie vom Adressaten oder einer anderen hierzu berechtigten Person entgegengenommen oder in den Briefkasten des Adressaten eingeworfen ist. Bei mit eingeschriebener Post zugestellten Verfügungen, die dem Empfänger nicht ausgehändigt wurden, ist nach der Praxis des Bundesgerichts der Zeitpunkt massgebend, in welchem die Sendung gemäss der in den Briefkasten oder in das Postfach des Adressaten gelegten Abholungseinladung auf der Post abgeholt wird; geschieht dies nicht innert der Abholfrist, so gilt die Verfügung als am letzten Tag der Frist zugestellt (BGE 113 Ia 12, 15). Wenn jemand in einer Angelegenheit einen Vertreter bezeichnet hat, muss die Behörde ihre Verfügung durch Zustellung an diesen eröffnen (BGE 113 Ib 296, 297ff.)."[1833]

Diese Modalitäten gelten auch für die Entscheidungen am Ende des Vorprüfverfahrens, allerdings mit Ausnahme der Praxis, dass eine Mitteilung bei Nichtabholen erst am letzten Tag der Abholfrist als zugestellt gilt. Diese Praxis kann wegen der kurzen Frist für die Mitteilung nicht anwendbar sein. Die erste Mitteilung dieser Entscheidung dürfte aber ohnehin per Telefon oder Fax erfolgen.

Eine Verfügung muss schriftlich eröffnet werden (Art. 34 VwVG). Zwischenverfügungen können auch mündlich bekanntgegeben werden, müssen aber auf Verlangen einer Partei schriftlich bestätigt werden (Art. 34 Abs. 2 VwVG). Der Zeitpunkt der Eröffnung ist wichtig für die Berechnung der Beschwerdefrist von Art. 50 VwVG und die Frist für die ausnahmsweise Zulassung durch den Bundesrat.

Interessanterweise gilt die viermonatige Frist nur für den Erlass der Verfügung und nicht für deren Eröffnung. Die Zusammenschlussbeteiligten könnten also auch nach Ablauf der Frist noch im Ungewissen über die Entscheidung der Wettbewerbskommission sein. Wie unter der FKVO sollte die Verfügung den Adressaten aber umgehend eröffnet werden. Eine entsprechende Bestimmung hätte hier Unklarheiten ausgeschlossen.

[1831] SALADIN 144.
[1832] KÖLZ/HÄNER N 110.
[1833] HÄFELIN/MÜLLER N 709.

4. Vollstreckung

Die Vollstreckung der Verfügungen und Zwischenverfügungen der Wettbewerbskommission und der Mitglieder seines Präsidiums erfolgt nach den allgemeinen Regeln des VwVG (Art. 39 - 43).

Gemäss Art. 41 VwVG können Verfügungen, die nicht auf Geldzahlung oder Sicherheitsleistung lauten, mittels Ersatzvornahme oder unmittelbarem Zwang vollstreckt werden. Zusätzlich sind die im KG 95 vorgesehenen Sanktionen anwendbar (folgender Abschnitt).

Eine Ersatzvornahme durch die Wettbewerbskommission wäre z.B. möglich, wenn die beteiligten Unternehmen einer Auflage, die von ihnen gemachten Zusagen zu veröffentlichen, nicht nachkommen.

Die Behörden der Kantone müssen den Wettbewerbsbehörden „Rechtshilfe"[1834] leisten (Art. 43 VwVG). Bei der Vollstreckung von Verfügungen betreffend Auskunfts- oder Zeugnispflicht, sind die kantonalen Behörden zusätzlich durch Art. 41 KG 95 zur Amtshilfe verpflichtet.

5. Strafbestimmungen

Das KG 95 unterscheidet Verwaltungssanktionen (Art. 50 - 53) und Strafsanktionen (Art. 54 - 57). Die strafrechtlichen Sanktionen sind ausschliesslich an natürliche Personen gerichtet, da juristische Personen nicht deliktsfähig sind.[1835] Strafbar ist nur vorsätzliche Tatbegehung. Die Verwaltungssanktionen richten sich an Unternehmen. Die parallele Verhängung von verwaltungs- und strafrechtlichen Sanktionen an die Unternehmen und die verantwortlichen Personen dürfte die Regel sein.[1836] Beide Arten von Sanktionen ziehen Busse nach sich, wobei die gegen Unternehmen aussprechbaren Bussen um ein Vielfaches höher sind. Die Höhe der Bussen ist von nicht zu unterschätzender Bedeutung für die praktische Wirksamkeit wettbewerbsrechtlicher Vorschriften.

a) Verwaltungssanktionen

Die verwaltungsrechtlichen Bussen bei Widerhandlungen im Zusammenhang mit Unternehmenszusammenschlüssen können nach Art. 51 bis zu einer Million Franken und bei wiederholtem Verstoss gegen eine mit der Zulassung erteilte Auflage bis zu zehn Prozent des auf die Schweiz entfallenden Gesamtumsatzes der beteiligten Unternehmen betragen. Wiederholter Verstoss dürfte vor allem bei Verhaltensauflagen möglich sein.

1834 Nach der in dieser Arbeit verwendeten Terminologie Amtshilfe.
1835 TRECHSEL zu Art. 1 StGB N 45-47; Botschaft 152.
1836 Vgl. Botschaft 152.

Die Nichterfüllung der Auskunfts- oder Herausgabepflicht wird nach Art. 52 mit höchstens 100 000 Franken bestraft. Wie auf Seite 398ff. ausgeführt, können auch im Fusionskontrollverfahren einvernehmliche Regelungen getroffen werden. Fraglich ist, ob deren Missachtung unter die Strafbestimmung von Art. 50 fällt, da Art. 51 scheinbar als Spezialbestimmung die Sanktionen bei Unternehmenszusammenschlüssen regelt.[1837]

Verstösse werden vom Sekretariat im Einvernehmen mit einem Mitglied des Präsidiums gemäss dem VwVG untersucht.[1838] Beurteilt werden sie von der Wettbewerbskommission (Art. 53). Die Verjährung richtet sich nach den Regeln des allgemeinen Verwaltungsrechts.[1839] Danach beträgt die Verjährungsfrist für öffentlich-rechtliche Ansprüche aus rechtswidrigem Verhalten in Ermangelung einer besonderen gesetzlichen Vorschrift fünf Jahre.[1840]

b) Strafrechtliche Sanktionen

Die im KG 95 vorgesehenen Straftatbestände sind nur bei vorsätzlicher Begehung durch natürliche Personen strafbar. Sie richten sich an die Personen, die in den beteiligten Unternehmen über selbständige Entscheidungsbefugnis verfügen, also die Organe im zivilrechtlichen Sinn.[1841] Über Art. 6 des Bundesgesetzes über das Verwaltungsstrafrecht[1842] könnten allenfalls auch weitere natürliche oder juristische Personen zur Rechenschaft gezogen werden.

Die Straftatbestände des KG 95 sind in Art. 54 und 55 genannt (Widerhandlung gegen einvernehmliche Regelungen, behördliche Anordnungen, Verfügungen betreffend die Auskunftpflicht, Verfügungen im Zusammenhang mit Unternehmenszusammenschlüssen und Missachtung des Vollzugsverbots). Als Strafen sind Bussen von höchstens 20'000 bzw. 100'000 Franken vorgesehen. Es handelt sich deshalb um Übertretungen im Sinne von Art. 101 StGB.

Die Anwendung von Art. 292 StGB wegen Ungehorsams ist bei den von Art. 54 und 55 erfassten Tatbeständen ausgeschlossen.

Die Missachtung einer einvernehmlichen Regelung im Fusionskontrollverfahren dürfte unter Art. 55 (Strafmass bis 20 000 Franken) und nicht unter Art. 54 (Strafmass bis 100 000 Franken) fallen, da auch die Genehmigung einer einvernehmlichen Regelung im Fusionskontrollverfahren eine Verfügung im Zusammen-

---

[1837] Vgl. auch Botschaft 154.
[1838] Vgl. Botschaft 155.
[1839] Botschaft 155.
[1840] IMBODEN MAX/RHINOW René, schweizerische Verwaltungsrechtsprechung, 5. Auflage, Basel 1976, Nr. 34, S. 203, mit Verweis auf BGE 98 Ib 359, 93 I 672, u.a.
[1841] Botschaft 155.
[1842] SR 313.0.

hang mit Unternehmenszusammenschlüssen ist und eine schwerere Bestrafung der Missachtung einer einvernehmlichen Regelung als der Missachtung einer Untersagungsverfügung keinen Sinn machen würde. Erstaunlich ist jedoch, dass ein Verstoss gegen eine Verfügung im Zusammenhang mit einem Unternehmenszusammenschluss mit höchstens 20 000 Franken, ein Verstoss gegen eine Verfügung im Zusammenhang mit Wettbewerbsabreden (einschliesslich einer einvernehmlichen Regelung) aber mit bis zu 100 000 Franken bestraft werden kann.

Die Verjährung ist besonders geregelt (Art. 56). Die Verfolgung der strafbaren Handlungen erfolgt durch das Sekretariat im Einvernehmen mit einem Mitglied des Präsidiums, die Beurteilung durch die Wettbewerbskommission (Art. 57). Sie haben sich nach dem Bundesgesetz über das Verwaltungsstrafrecht zu richten.[1843]

c) Vergleich mit der FKVO

Beide Rechtsordnungen sehen ähnliche Strafbestimmungen mit ähnlichen Tatbeständen vor. Im Unterschied zur FKVO gibt es im KG 95 keine Befugnis, Zwangsgelder festzusetzen. Dagegen können nach KG 95 auch die für das Verhalten der Unternehmen verantwortlichen natürlichen Personen strafrechtlich belangt werden. Dies dürfte eine nicht zu unterschätzende generalpräventive Wirkung entfalten. Die Bussen im Wettbewerbsrecht der EG haben nicht strafrechtlichen Charakter (vorne 181). Wegen ihrer Höhe sind sie aber dennoch einschneidende Sanktionen. Die Durchführung eines Zusammenschlusses in Missachtung des Vollzugsverbots kann mit bis zu 10% des Gesamtumsatzes der beteiligten Unternehmen (immerhin 500 Mio. ECU oder mehr) sanktioniert werden. Die verwaltungsrechtlichen Sanktionen des KG 95 reichen für diesen Fall nur bis zu 1 Million Franken. Eine Busse von 10% des auf die Schweiz entfallenden Umsatzes der beteiligten Unternehmen kann nur bei wiederholtem Verstoss gegen eine Auflage ausgesprochen werden. Der Maximalbetrag der Busse für die Missachtung der Auskunftspflicht ist in der Schweiz mit 100 000 Franken höher als die entsprechende Busse nach der FKVO, welche 50 000 ECU (circa 80 000 Franken) beträgt.

[1843] Zur Anwendung des Verwaltungsstrafrechts auf wettbewerbsrechtliche Übertretungen s. SCHÜRMANN, in: SCHÜRMANN/SCHLUEP 745-747.

IV. Besondere Verfahren

A. Ausnahmsweise Zulassung eines Zusammenschlusses durch den Bundesrat (Art. 11)

1. Grundsatz

Die Beurteilung von Zusammenschlüssen nach dem KG 95 erfolgt zunächst nach wettbewerblichen Kriterien durch die Wettbewerbskommission. Führt diese Prüfung zu einem negativen Resultat, d.h. wird der Zusammenschluss von der Wettbewerbskommission untersagt, können die Beteiligten den Bundesrat um eine ausnahmsweise Zulassung aus überwiegenden öffentlichen Interessen ersuchen. Die Botschaft spricht von einer wettbewerbsbehördlichen Doppelstruktur: die Beurteilung wettbewerblicher Aspekte soll von der Wettbewerbskommission und ihrem Sekretariat durchgeführt werden, die Beurteilung anderer öffentlicher Interessen soll dem Bundesrat obliegen.[1844] Eine solche zweistufige Beurteilung ist auch bei Wettbewerbsabreden und Verhaltensweisen marktbeherrschender Unternehmen vorgesehen (Art. 8). Welche öffentlichen Interessen im Einzelfall eine ausnahmsweise Zulassung rechtfertigen können und wann diese Interessen überwiegen, wurde auf Seite 322f. erwähnt.

2. Verfahren

Ein Antrag um ausnahmsweise Zulassung durch den Bundesrat kann von den beteiligten Unternehmen innert dreissig Tagen seit der Untersagung des Zusammenschlusses durch die Wettbewerbskommission oder seit dem Eintritt der Rechtskraft eines Entscheids der Rekurskommission für Wettbewerbsfragen oder des Bundesgerichts gestellt werden (Art. 36). Der Antrag kann nur gegen ablehnende Verfügungen bzw. Entscheidungen und naturgemäss nur einmal gestellt werden. Ein Antrag auf Aufhebung einer Bedingung oder einer Auflage ist im Gesetz somit nicht vorgesehen. Ist ein Antrag nach der Verfügung der Wettbewerbskommission gestellt worden, steht die Frist für eine Beschwerde an die Rekurskommission für Wettbewerbsfragen bis zur Eröffnung des Entscheids des Bundesrates still.[1845]

Für die Reihenfolge von Antrag und Rechtsmitteln ergeben sich somit folgende Möglichkeiten:

[1844] Botschaft 57.
[1845] Nach dem Entwurf war nicht klar, ob ein Antrag an den Bundesrat und eine Beschwerde an die Rekurskommission parallel zu erfolgen hatten.

1. Untersagung durch die Wettbewerbskommission; Beschwerde an die Rekurskommission für Wettbewerbsfragen; Verwaltungsgerichtsbeschwerde an das Bundesgericht; Antrag an den Bundesrat (Art. 36 Abs. 2)
2. Untersagung durch die Wettbewerbskommission; Beschwerde an die Rekurskommission für Wettbewerbsfragen; Antrag an den Bundesrat und/oder Verwaltungsgerichtsbeschwerde an das Bundesgericht, beide innert dreissig Tagen (Art. 36 Abs. 1, kein Stillstand der Frist für die Verwaltungsgerichtsbeschwerde)
3. Untersagung durch die Wettbewerbskommission; Antrag an den Bundesrat; Beschwerde an die Rekurskommission für Wettbewerbsfragen; Verwaltungsgerichtsbeschwerde an das Bundesgericht (Stillstand der Frist für die Beschwerde gemäss Art. 36 Abs. 1)

Der Entscheid des Bundesrates kann weder durch die Rekurskommission für Wettbewerbsfragen noch durch das Bundesgericht überprüft werden. Die Möglichkeit der Umkehr der Reihenfolge der Entscheidungen der Behörden kann nur verstanden werden, wenn man sich vergegenwärtigt, dass durch den Bundesrat und die Rechtsmittelbehörden unterschiedliche Fragen geprüft werden. Der Bundesrat prüft die vom Zusammenschluss berührten öffentlichen Interessen, während die Rekurskommission die Rechtmässigkeit, Begründetheit und Angemessenheit der Verfügung der Wettbewerbskommission und das Bundesgericht grundsätzlich nur noch die Rechtmässigkeit des Entscheids der Rekurskommission prüft.

Das Verfahren der ausnahmsweisen Zulassung ist im Gesetz lediglich rudimentär geregelt. Wie es im Detail abläuft, wird die Praxis zeigen müssen. Das Verfahren muss sich nicht nach dem VwVG richten, da der Bundesrat weder als erste Instanz noch auf Beschwerde entscheidet (Art. 1 VwVG). Eine VwVG-konforme Ermittlung des Sachverhalts ist nicht mehr nötig, da eine solche schon erfolgt ist.

Der Antrag um ausnahmsweise Zulassung ist zuhanden des Bundesrates beim EVD einzureichen.[1846] Er muss begründet sein.[1847] Der Bundesrat entscheidet als Kollegium über den Antrag. Er wird den Entscheid über die ausnahmsweise Zulassung des Zusammenschlusses nicht delegieren.[1848] Der Entscheid sollte gemäss Art. 36 Abs. 3 innert vier Monaten seit Eingang des Antrages gefällt werden. Die Botschaft betont, dass es sich um eine Ordnungsfrist handle, dass sie jedoch nicht ohne wichtige Gründe überzogen werden dürfe.[1849] Auch der Bundesrat sollte in möglichst kurzer Zeit zu einer Entscheidung kommen. Arbeitsüberlastung könnte sicher nicht als Grund für die Nichteinhaltung der Frist dienen. Bei Ablauf der viermonatigen Frist

---

[1846] Art. 36 spricht zwar nur vom „Departement", damit muss aber das EVD gemeint sein, da die Wettbewerbskommission diesem administrativ zugeordnet ist und da dieses Departement auch im zweistufigen Verfahren des KG 85 für dessen Durchsetzung zuständig war. Vgl. auch Botschaft 144.
[1847] Vgl. Botschaft 144.
[1848] Äusserung von Bundesrat DELAMURAZ im Nationalrat, Amtl. Bull. NR. 1995, 1094.
[1849] Botschaft 144.

für die Entscheidung des Bundesrates hat das Verfahren in der Regel schon mindestens neun Monate gedauert, die Dauer allfälliger Verfahren vor der Rekurskommission und dem Bundesgericht nicht eingerechnet. Bis zu diesem Zeitpunkt wurde der Zusammenschluss nicht vollzogen. Ob die beteiligten Unternehmen zu diesem Zeitpunkt noch ein Interesse am Zusammenschluss haben, ist unsicher.

Ein positiver Entscheid des Bundesrates macht die Verfügung der Wettbewerbskommission oder der Rekurskommission bzw. das Urteil des Bundesgerichts hinfällig und begründet das Recht, den Zusammenschluss zu vollziehen.[1850] Ein negativer Entscheid des Bundesrates ändert nichts an der rechtlichen Situation, ausser dass die Möglichkeit der ausnahmsweisen Zulassung erschöpft ist.

3. Kritik

Die Ausnahmegenehmigung durch den Bundesrat ist sicher nicht das gelungenste aller Elemente des KG 95. Ihr haftet etwas von einer Verlegenheitslösung an.

Die Einschaltung einer weiteren Instanz ist im Hinblick auf den Grundsatz der Beschleunigung des Verfahrens fragwürdig. Bei Ausschöpfung des Instanzenzuges kann es bis zu einem endgültigen Entscheid durchaus einige Jahre dauern. Dass das Verfahren der Ausnahmegenehmigung weniger als die anderen Verfahren am Grundsatz von Ökonomie und Raschheit ausgerichtet ist, zeigt sich auch daran, dass die ausnahmsweise Zulassung auch noch nach einem Entscheid des Bundesgerichts über die ordentlichen Rechtsmittel erteilt werden kann. Da im normalen Verfahren und den Rechtsmitteln andere Fragen geprüft werden als bei einer ausnahmsweisen Zulassung aus überwiegenden öffentlichen Interessen und da nach einer Zulassung kaum noch Verfahrensmängel oder andere Verstösse gegen Bundesrecht gerügt werden dürften, sollte zuerst die Möglichkeit einer Ausnahmegenehmigung geprüft werden, bevor die Rekurskommission für Wettbewerbsfragen und das Bundesgericht mit dem Zusammenschluss befasst werden.

Mir scheint es nicht sinnvoll, dem mit Arbeit überlasteten Bundesrat die Entscheidung über einzelne komplexe wirtschaftliche Vorhaben zu übertragen. Eine fundierte Entscheidung, die alle Aspekte des Vorganges und die von ihm berührten Interessen berücksichtigen soll, benötigt entsprechende Einarbeitungszeit. Als Alternative würde sich ein der Wettbewerbskommission übergeordneter Wettbewerbsrat, dessen Entscheidungen vom Bundesrat zu genehmigen sind, anbieten. Die Entscheidung könnte auf diese Weise gut vorbereitet werden und hätte die nötige politische Legitimation[1851].

[1850] Vgl. Botschaft 144.
[1851] Vgl. Botschaft 31.

Damit die vom KG 95 vorgesehene Verfahrensökonomie gewahrt bleibt, müssen Zulassungen durch den Bundesrat rare Ausnahmen bleiben.[1852] Es würde dem Sinn dieses Verfahrens nicht entsprechen, wenn die Beteiligten nach jeder Untersagung mit guten Chancen an den Bundesrat gelangen könnten. Dann würde die Untersuchung durch die Wettbewerbskommission zu einer blossen Vorstufe des Verfahrens vor dem Bundesrat, in dem versucht werden könnte, den Zusammenschluss mit allen möglichen Interessen zu rechtfertigen, und das dadurch zum eigentlichen Hauptverfahren würde. Der Bundesrat wird eine restriktive und klare Haltung einnehmen müssen.[1853]

B. Beurteilung von Bankzusammenschlüssen durch die Eidgenössische Bankenkommission

Nach Art. 10 Abs. 3 beurteilt die EBK Zusammenschlüsse, die ihr aus Gründen des Gläubigerschutzes notwendig erscheinen. Sie kann dabei die Interessen der Gläubiger vorrangig berücksichtigen. Die Anwendungsbedingungen und die Kriterien für die Prüfung durch die EBK wurden schon auf Seite 320ff. genannt. Hier ist die Rede vom Ablauf dieser Prüfung.

Zusammenschlüsse von Banken müssen gleich wie andere Zusammenschlüsse der Wettbewerbskommission gemeldet werden, sofern die Wettbewerbskommission und die EBK die Zuständigkeit für die Beurteilung des Zusammenschlusses noch nicht festgelegt haben (Art. 9 Abs. 1 i.V.m. Art. 10 Abs. 3). Die Wettbewerbskommission hat die EBK unverzüglich über die Meldung von Zusammenschlussvorhaben von Banken zu unterrichten (Art. 10 AVO). Zusammenschlüsse, die eine Änderung der Statuten, der Gesellschaftsverträge oder der Reglemente bedingen, sowie Zusammenschlüsse von ausländisch beherrschten Banken müssen der EBK in jedem Fall gemeldet werden (Art. 3 und 3ter BaG). Bei Sanierungsfällen dürfte die EBK im Rahmen ihrer Aufsichtstätigkeit schon früh von der Möglichkeit eines Zusammenschlusses erfahren. Zeichnet sich die Möglichkeit eines Zusammenschlusses ab, müssen die Wettbewerbskommission und die EBK untereinander die Zuständigkeit zur Beurteilung des Zusammenschlusses ausmachen. Diese hängt weitgehend vom Ermessen der EBK ab. Deshalb kann auch kein Anspruch der beteiligten Banken auf Beurteilung durch die EBK statt die Wettbewerbskommission bestehen.

Steht die Zuständigkeit der EBK fest, fragt sich, nach welchen Regeln sie vorzugehen hat. Die einzige diesbezügliche Verfahrensbestimmung des KG 95 sagt, dass die EBK die Wettbewerbskommission zur Stellungnahme einladen muss. Als Verfahrensordnungen kommen die Bestimmungen über das Bewilligungs- und Über-

---

1852 Vgl. Kommissionssprecherin SIMMEN im StR, Amtl. Bull. StR 1995, 845.
1853 Vgl. die Äusserungen von Kommissionssprecher COUCHEPIN und Bundesrat DELAMURAZ im NR, Amtl. Bull. NR 1995, 1093-1094.

wachungsverfahren des Bankengesetzes[1854] und das Fusionskontrollverfahren des KG 95 in Frage. Der Hauptunterschied zwischen den beiden Verfahren besteht vor allem in der Bindung an die Entscheidungsfristen. Weil beide Behörden durch Verfügung entscheiden, richten sich beide Verfahren grundsätzlich nach dem VwVG.[1855]

Ein Argument für die Anwendung des Fusionskontrollverfahrens ist der Wortlaut von Art. 10 Abs. 3, wonach die Bankenkommission bei solchen Zusammenschlüssen „an die Stelle der Wettbewerbskommission" tritt. Die Systematik des Gesetzes, nach der Art. 10 Abs. 3 bei der materiellen Beurteilung von Zusammenschlüssen steht und eine Bestimmung über das anwendbare Verfahren fehlt, deutet ebenfalls darauf hin, dass die EBK bei der Prüfung des Zusammenschlusses nach den Verfahrensvorschriften des KG 95 vorzugehen hat. Auch die AVO geht von der Anwendung der Verfahrensbestimmungen des KG 95 aus. So sieht Art. 17 AVO vor, dass die EBK gestützt auf Art. 32 Abs. 2 oder Art. 33 Abs. 2 i.V.m. Art. 10 Abs. 3 eine Befreiung vom Vollzugsverbot erteilen kann.

Gegen eine Anwendung des Fusionskontrollverfahrens spricht der Umstand, dass im Vorschlag des Nationalrats von Art. 10 Abs. 3 die Beurteilung durch die EBK nur bei dringlichen Fällen stattgefunden hätte. Wenn die EBK statt der Wettbewerbskommission entscheiden sollte, weil der Fall dringend wäre, müssten kürzere als die im KG 95 vorgesehenen Fristen gelten. In der verabschiedeten Fassung ist jedoch nicht mehr die Rede von dringenden Fällen. Die Absicht, in Sanierungsfällen rasch klare Verhältnisse zu schaffen, dürfte immer noch hinter der Bestimmung stehen.[1856] Dies kann aber auch mit der in der AVO vorgesehenen Befreiung vom Vollzugsverbot durch die EBK erreicht werden. Aus den genannten Gründen dürfte die EBK an das gleiche Verfahren wie die Wettbewerbskommission gebunden sein und ihre Entscheidungen nach den gleichen Vorschriften zu veröffentlichen haben.

Richtet sich das Verfahren der Genehmigung von Bankzusammenschlüssen durch die EBK nach dem KG 95, müssten ihre Verfügungen mit Beschwerde an die Rekurskommission für Wettbewerbsfragen angefochten werden können. Nach Art. 24 BaG dagegen wäre gegen Verfügungen der EBK nur die Verwaltungsgerichtsbeschwerde an das Bundesgericht möglich. M.E. ist in diesem Sonderverfahren die Verwaltungsgerichtsbeschwerde als Rechtsmittel angemessener als die Beschwerde an die Rekurskommission für Wettbewerbsfragen, da die EBK nicht hauptsächlich

---

[1854] Vgl. KLEINER/ROTH, in: Kommentar zum Bankengesetz, Art. 2 N 1-9 und Art. 23bis N 3-23.
[1855] Vgl. KLEINER/ROTH, in: Kommentar zum Bankengesetz, Art. 3-3quater N 9 und zu Art. 23bis N 7; Art. 39 KG 95.
[1856] Vgl. KLEINER, NZZ-Artikel.

nach wettbewerblichen Gesichtspunkten entscheidet und die Überprüfung ihrer Verfügungen auf Angemessenheit durch die Rekurskommission für Wettbewerbsfragen dem System des KG 95 widersprechen würde.

KAPITEL 4
RECHTSSCHUTZ

I. Grundsatz

Nach dem KG 95 unterliegen die Verfügungen der Wettbewerbskommission der Beschwerde an die Rekurskommission für Wettbewerbsfragen (Art. 44). Gegen die Verfügungen der Rekurskommission für Wettbewerbsfragen ist die Verwaltungsgerichtsbeschwerde an das Bundesgericht zulässig (Art. 98 lit. e OG).

Gegenüber dem KG 85 wurden die Bestimmungen über den Rechtsschutz vereinfacht und der Rechtsweg um eine Instanz verringert.[1857] Unter dem KG 85 konnte die Kartellkommission bekanntlich nur Empfehlungen aussprechen und erst das EVD konnte Verfügungen erlassen. Diese Verfügungen konnten seit dem 1. Januar 1994 mit Beschwerde an die EVD-Rekurskommission und anschliessend mit Verwaltungsgerichtsbeschwerde an das Bundesgericht angefochten werden.[1858]

Da die verwaltungsrechtliche und verwaltungsgerichtliche Beschwerde hinlänglich bekannt sind, sollen in diesem Kapitel nur Grundzüge und Besonderheiten erwähnt werden.

Fehlerhafte Verfügungen müssen nur angefochten werden, wenn sie nicht nichtig sind. Anfechtbarkeit ist allerdings die Regel, Nichtigkeit die Ausnahme.[1859] Wird eine anfechtbare Verfügung nicht innert der vorgegebenen Fristen und im vorgeschriebenen Verfahren angefochten, erwächst sie in formelle Rechtskraft. Die Nichtigkeit einer Verfügung dagegen muss von Amtes wegen und jederzeit berücksichtigt werden.[1860] Eine Verfügung ist nur dann nichtig, „wenn der ihr anhaftende Mangel besonders schwer und offensichtlich oder zumindest leicht erkennbar ist und zudem die Rechtssicherheit dadurch nicht ernsthaft gefährdet wird".[1861] Die fehlende Bezeichnung der erlassenden Behörde oder die fehlende Unterschrift beispielsweise führen zur Nichtigkeit einer Verfügung.[1862]

[1857] ZÄCH, Wettbewerbsrecht, 864, hatte gar vorgeschlagen, nur noch die Verwaltungsgerichtsbeschwerde an das Bundesgericht zuzulassen.
[1858] Fn 1630.
[1859] HÄFELIN/MÜLLER N 765.
[1860] HÄFELIN/MÜLLER N 768.
[1861] HÄFELIN/MÜLLER N 769 mit Verweis auf BGE 98 Ia 568, 571.
[1862] Weitere Beispiele bei HÄFELIN/MÜLLER N 771-797.

II. Beschwerde an die Rekurskommission für Wettbewerbsfragen

Für Beschwerden gegen Verfügungen der Wettbewerbsbehörden ist die Rekurskommission für Wettbewerbsfragen zuständig (Art. 44). Die Beschwerde richtet sich nach Art. 44 - 69 VwVG. Das Verfahren vor der Rekurskommission ist in Art. 19 - 28 der Verordnung über Organisation und Verfahren eidgenössischer Rekurs- und Schiedskommissionen[1863] geregelt.

A. Objekt

Beschwerdeobjekt sind Verfügungen der Wettbewerbskommission und des Sekretariats.

Formelle endgültige Verfügungen sind im Fusionskontrollverfahren die Untersagung, Zulassung, Zulassung unter Bedingungen und Auflagen im Hauptprüfverfahren, die Anordnung von Massnahmen zur Wiederherstellung wirksamen Wettbewerbs und die Genehmigung einer einvernehmlichen Regelung im Vorprüfverfahren. Auch die Unbedenklichkeitserklärung im Vorprüfverfahren nach Art. 16 Abs. 1 AVO dürfte eine anfechtbare Verfügung sein (vorne 398).[1864] Die Bewilligung des vorzeitigen Vollzugs des Zusammenschlusses unter Bedingungen und Auflagen im Vorprüfverfahren (Art. 16 Abs. 2 AVO) dürfte ebenfalls eine anfechtbare Verfügung sein, da im Normalfall keine weitere Verfügung folgt und die Bewilligung mindestens die Wirksamkeit des Zusammenschlusses bewirkt. Die Eröffnung eines Hauptprüfverfahrens ist keine anfechtbare Verfügung (vorne 395). Ebenfalls nicht anfechtbar dürfte die Zulassungsfiktion im Vorprüfverfahren und im Hauptprüfverfahren sein.[1865]

Nach Art. 45 VwVG sind nicht nur Endverfügungen, sondern auch verfahrensleitende und andere Zwischenverfügungen anfechtbar, wenn sie einen nicht wieder gutzumachenden Nachteil bewirken können.[1866] Von den in Art. 45 Abs. 2 VwVG aufgezählten Zwischenverfügungen kommen im Fusionskontrollverfahren besonders solche über die Zuständigkeit, den Ausstand, die Auskunfts-, Zeugnis- oder Editionspflicht, den Ausschluss einer Partei von der Zeugeneinvernahme, die Verweigerung der Akteneinsicht[1867] und die Ablehnung von Beweisanträgen in Betracht. Bei

---

[1863] SR 173.31.
[1864] Auch eine nicht als Verfügung bezeichnete Äusserung einer Behörde kann eine Verfügung sein, SALADIN 65; GYGI 131.
[1865] „Stillschweigende Verfügungen kommen als Anfechtungsobjekt nicht in Betracht", GYGI 131.
[1866] Dazu KÖLZ/HÄNER N 226-229 und GYGI 140-143; vgl. BGE 99 Ib 415.
[1867] In BGE 113 Ib 90 hatte das Bundesgericht verneint, dass die Verfügung der Kartellkommission, mit der Akteneinsicht in einem Untersuchungsverfahren nach dem KG 85 verweigert wurde, angefochten werden könne, da sie nicht in einem Verfahren ergangen sei, das auf Erlass einer Verfügung abziele, und auch nicht als Beweisanordnung gelten könnte, die gemäss Art. 31 Abs. 3 KG 85 separat (mit Verwaltungsgerichtsbeschwerde) anfechtbar gewesen wäre.

der Verweigerung des vorläufigen Vollzugs des Zusammenschlusses und der Verlängerung des Vollzugsverbots am Anfang des Hauptprüfverfahrens dürfte dies leicht möglich sein.

Die Verweigerung oder Verzögerung einer Verfügung (beispielsweise über die Bewilligung zum vorläufigen Vollzug des Zusammenschlusses, wenn im Vorprüfverfahren ein entsprechender Antrag gestellt wurde) ist grundsätzlich anfechtbar (Art. 5 Abs. 1 lit. c VwVG).[1868] Eine solche Beschwerde wäre aber nur sinnvoll, wenn die Rekurskommission für Wettbewerbsfragen über diese Beschwerde innert weniger Tage entscheiden würde.

B. Legitimation

Zur Beschwerde ist legitimiert, wer durch die angefochtene Verfügung berührt ist und ein schutzwürdiges Interesse an deren Aufhebung oder Änderung hat oder wer durch das Bundesrecht ausdrücklich zur Beschwerde ermächtigt wird (Art. 48 VwVG). Die Personen, deren Rechte und Pflichten die Verfügung berühren soll (und die aus diesem Grund nach Art. 6 VwVG automatisch Partei im Verfahren sind), sind immer beschwerdelegitimiert. Im Fusionskontrollverfahren sind das die am Zusammenschluss beteiligten Unternehmen. An diese müssen die Verfügungen auch adressiert sein.

Von einiger Bedeutung ist, ob auch Dritte, also nicht am Zusammenschluss Beteiligte, Verfügungen über Unternehmenszusammenschlüsse anfechten können. Der Charakter des Verfahrens ändert sich, wenn die Beteiligten auch nach der Zulassung des Zusammenschlusses durch die Wettbewerbskommission oder die Rekurskommission für Wettbewerbsfragen noch mit einer Untersagung rechnen müssen.

Zur Verwaltungsbeschwerde ist zunächst nur legitimiert, wer eine gewisse Beziehungsnähe zur Verfügung hat.[1869] Die notwendige Beziehungsnähe formuliert Art. 48 lit. a VwVG (Berührtsein und schutzwürdiges Interesse an der Änderung oder Aufhebung der Verfügung). Zusätzlich sind nach Art. 48 lit. b VwVG auch diejenigen Personen beschwerdelegitimiert, denen in einem Bundesgesetz ausdrücklich die Beschwerdelegitimation übertragen wird. Im KG 95 gibt es keine solche Bestimmung.[1870]

[1868] Vgl. HÄFELIN/MÜLLER N 1360.

[1869] HÄFELIN/MÜLLER N 1369.

[1870] Für die Untersuchung von Wettbewerbsbeschränkungen (aber nicht Zusammenschlüssen, Botschaft 141 Fn 211) sieht Art. 43 die Möglichkeit vor, dass Dritte sich am Verfahren beteiligen können. Der Bundesrat vertritt die Auffassung, dass diese Dritten dann auch beschwerdeberechtigt sind, Botschaft 150. Diese Äusserung muss m.E. so interpretiert werden, dass nach Ansicht des Bundesrates diese Dritten in der Regel nach Art. 48 lit. a VwVG berührt sind und ein schutzwürdiges Interesse an der Aufhebung oder Änderung der Verfügung haben. Denn die Beteiligung am Verfahren vermittelt nicht automatisch die Beschwerdelegitimation, sondern zunächst nur das Recht, im Untersuchungsverfahren angehört zu werden (Art. 43 Abs. 2) und im Beschwerdeverfahren Stellung nehmen zu können

Als weitere Vorfrage muss geprüft werden, ob Art. 43 Abs. 4 Dritten die Beschwerdebefugnis entzieht. Art. 43 Abs. 4 lautet:

> „Im Verfahren der Prüfung von Unternehmenszusammenschlüssen haben nur die beteiligten Unternehmen Parteirechte."

Ist das Beschwerderecht ein Parteirecht, wird es Dritten somit nicht gewährt. Ob dies so ist, wird in der Literatur aber nicht klar beantwortet. Nach der Umschreibung von GYGI[1871] sind unter Parteirechten „alle die zahlreichen Mitwirkungs- und Einwirkungsmöglichkeiten zu verstehen, die den Parteien erlauben, ihre Rechte zu verfolgen, sich Gehör zu verschaffen und den Ausgang des Verfahrens zu ihren Gunsten zu beeinflussen". Danach könnte auch das Beschwerderecht ein Parteirecht sein.

Die Beschwerdelegitimation wird jedoch unabhängig von der Parteieigenschaft definiert. SALADIN nennt es auffallend, dass zur Umschreibung der Beschwerdeberechtigten der Parteibegriff gerade nicht verwendet wird.[1872] Nicht alle Parteien sind beschwerdeberechtigt.[1873] Umgekehrt sind aber alle zur Beschwerde Berechtigten gemäss Art. 6 VwVG Parteien. Für Dritte folgt die Parteieigenschaft gerade aus der Beschwerdebefugnis. Wird Dritten der Ausfluss der Parteieigenschaft, nämlich die Parteirechte, entzogen, heisst das noch nicht, dass sie auch nicht beschwerdeberechtigt sind. Der Entzug der Parteirechte berührt die Parteieigenschaft nicht. Art. 43 Abs. 4 wäre in sich widersprüchlich, wenn er zwar davon ausgehen würde, dass Dritte im Fusionskontrollverfahren Parteien sein können, ihnen aber die Beschwerdebefugnis entziehen würde. Indem Art. 43 Abs. 4 im Fusionskontrollverfahren Dritten die Parteirechte entzieht, setzt er vielmehr voraus, dass Dritte auch in diesem Verfahren Parteien sein können.

Somit ist die Beschwerdelegitimation Dritter und damit deren Parteistellung allein nach Art. 48 lit. a VwVG zu prüfen. Danach sind Dritte nur beschwerdeberechtigt, wenn sie durch die angefochtene Verfügung berührt sind und ein schutzwürdiges Interesse an deren Aufhebung oder Änderung haben. Dies ist der Fall, „wenn sie eine besonders nahe und schützenswerte Beziehung zur Streitsache haben, weil sie mehr als irgend jemand oder die Allgemeinheit von der angefochtenen Verfügung betroffen werden".[1874] Das Berührtsein hängt von den konkreten Umständen des Einzelfalles ab.[1875] Ein schutzwürdiges Interesse kann rechtlich, aber auch rein

---

(Art. 57 Abs. 1 VwVG und 110 OG). Zum in diesen Artikeln gebrauchten Begriff der „anderen Beteiligten" s. KÖLZ/HÄNER N 405-409 und LEBER 29.

[1871] GYGI 57.
[1872] SALADIN 87.
[1873] KÖLZ/HÄNER N 238.
[1874] HÄFELIN/MÜLLER N 1376.
[1875] KÖLZ/HÄNER N 237.

praktisch sein.[1876] Es muss privat und grundsätzlich aktuell sein.[1877]
Ein Verband ist in zwei Situationen ebenfalls zur Beschwerde legitimiert: einerseits wenn er selbst die Legitimationsvoraussetzungen erfüllt und anderseits wenn er gemäss seinen Statuten zur Wahrung der betroffenen Interessen seiner Mitglieder berufen ist, wenn die Interessen der Mehrheit oder zumindest einer grossen Anzahl der Mitglieder betroffen sind und wenn die betroffenen Mitglieder selbst zur Beschwerde legitimiert sind.[1878]

Ob Dritte für die Anfechtung einer Verfügung des EVD betreffend ein Kartell oder eine kartellähnliche Organisation gemäss KG 85 legitimiert waren, war umstritten. Für Konkurrenten wurde die Frage bejaht von RICHLI, Gutachten, 78-81 und HOMBURGER zu Art. 38 N 9-12. Dagegen sprachen sich aus: SCHÜRMANN, in: SCHÜRMANN/SCHLUEP 732-733; LIMBURG 64-67 und 70-73 und DAVID 266. Diese Autoren verneinten die Klagebefugnis Dritter, weil das KG 85 ihre Interessen nicht schützen wolle.[1879] Mit der Aufwertung des verwaltungsrechtlichen Teils im KG 95 und der Beschränkung der Beurteilung auf die Wettbewerbsverhältnisse dürfte dieses Argument nicht mehr angeführt werden können.

Verfügungen über Unternehmenszusammenschlüsse können Dritte zweifellos in ihren wirtschaftlichen Interessen berühren. Insbesondere Konkurrenten und Arbeitnehmer können von einer Zulassung eines Zusammenschlusses betroffen sein.

Entscheidend für die Beschwerdelegitimation Dritter ist folglich, ob ihr Interesse an der Änderung oder Aufhebung der angefochtenen Verfügung als schutzwürdig angesehen wird. Dies muss die Rechtsprechung entscheiden. M.E. dürfte es Situationen geben, in denen Dritte ein schutzwürdiges Interesse an der Beschwerde haben, wenn sie z.B. wegen dem Zusammenschluss mit Sicherheit vom Markt verdrängt würden.

Im Kartellverfahren sind Dritte, die gestützt auf Art. 43 Abs. 1 ihre Beteiligung am Verfahren angemeldet haben, nach Ansicht des Bundesrates zur Anfechtung einer Verfügung legitimiert.[1880] Da Dritten die Möglichkeit der Beteiligung am Fusionskontrollverfahren gemäss Art. 43 Abs. 4 verwehrt ist, hilft diese Bemerkung in der Botschaft nicht weiter. Im Fusionskontrollverfahren können Dritte immerhin zur Tatsache des Zusammenschlusses Stellung nehmen (Art. 33 Abs. 1). Allerdings ist zweifelhaft, ob diese minimale Beteiligung am Verfahren ein schutzwürdiges Interesse vermuten lässt. Umgekehrt ist auch offen, ob die Stellungnahme eine Voraussetzung für die Beschwerdelegitimation ist.

[1876] HÄFELIN/MÜLLER N 1373.
[1877] KÖLZ/HÄNER N 236-237.
[1878] HÄFELIN/MÜLLER N 1382-1383; KÖLZ/HÄNER N 243-244.
[1879] Ein rechtlich geschütztes Interesse ist im Gegensatz zur staatsrechtlichen Beschwerde (Art. 88 OG) jedoch nicht Voraussetzung für die Beschwerdelegitimation, vgl. GYGI, 151-153; KÖLZ/HÄNER N 235.
[1880] Fn 1870.

Für die Beschwerdelegitimation Dritter im Fusionskontrollverfahren kann das formale Argument angeführt werden, dass schon mit dem Ausschluss der Parteirechte für Dritte in Art. 43 Abs. 4 anerkannt wird, dass Dritte Parteien und damit beschwerdeberechtigt sein können. Für die Beschwerdelegitimation Dritter spricht auch das Interesse an einer möglichst richtigen Entscheidung.

Gegen die Beschwerdelegitimation Dritter spricht das Interesse der Zusammenschlussbeteiligten und anderer Dritter, möglichst rasch über die Zulässigkeit des Zusammenschlusses Klarheit zu haben. Es wäre unzumutbar, wenn praktisch jeder Zusammenschluss von jedem beliebigen Konkurrenten in Frage gestellt werden könnte.

Wird Dritten die Beschwerdelegitimation zuerkannt, sollte dies in jedem Fall restriktiv erfolgen. Nicht jede Beeinträchtigung der wirtschaftlichen Tätigkeit sollte die Beschwerdelegitimation verleihen. Sind Dritte beschwerdelegitimiert, sollte die Kognition der Beschwerdeinstanz in bezug auf die Unangemessenheit beschränkt sein.

Das Europäische Gericht erster Instanz hat entschieden, dass Konkurrenten und Arbeitnehmervertreter, aber grundsätzlich nicht Aktionäre einer Gesellschaft oder Gewerkschaften, direkt und unmittelbar betroffen und damit zur Nichtigkeitsklage legitimiert sein können (vorne 211ff.). Die Rechtsprechung des Gerichtshofes sollte bei der Frage der Beschwerdelegitimation Dritter im schweizerischen Fusionskontrollverfahren in die Beurteilung einbezogen werden.

C. Gründe

Eine Verfügung kann angefochten werden wegen Verletzung von Bundesrecht[1881], einschliesslich Ermessensüberschreitung oder -missbrauch, unrichtiger oder unvollständiger Feststellung des Sachverhalts und Unangemessenheit (Art. 49 VwVG). Die Beschwerdeinstanz kann also eine umfassende Rechts- und Ermessenskontrolle vornehmen. Bei der Überprüfung der Angemessenheit einer Verfügung der Wettbewerbskommission oder des Sekretariats sollten sich die Rechtsmittelinstanzen dort eine gewisse Beschränkung auferlegen, wo die Wettbewerbskommission komplexe wirtschaftliche Verhältnisse beurteilt hat und wo sie aufgrund ihrer besonderen Sachkenntnis entschieden hat.[1882] Dies dürfte regelmässig bei der Festsetzung einer Bedingung oder Auflage für eine Zulassung der Fall sein. Auch bei der Überprüfung der Auslegung unbestimmter Rechtsbegriffe[1883], die im KG überaus zahlreich

---

[1881] Das Bundesrecht umfasst auch die durch die EMRK garantierten verfassungsmässigen Rechte, BGE 116 Ib 353, 355.

[1882] Der Bundesrat auferlegt sich eine solche Zurückhaltung bei der Überprüfung von Ermessensentscheidungen untergeordneter Behörden, z.B. VPB 1992, Nr. 3; vgl. HÄFELIN/MÜLLER N 386 und 1368.

[1883] Dazu: HÄFELIN/MÜLLER N 361-368.

sind[1884], sollte die Beschwerdeinstanz eine gewisse Zurückhaltung üben, wenn die Behörde z.B. aufgrund der Spezialität der Frage zum Entscheid besser geeignet ist.[1885] Auch das Bundesgericht übt eine solche Zurückhaltung und greift solange nicht ein, als die Auslegung der Verwaltungsbehörden vertretbar erscheint.[1886]

D. Frist

Die Beschwerde gegen die endgültige Verfügung muss innerhalb von dreissig Tagen, gegen Zwischenverfügungen innerhalb von zehn Tagen seit der Eröffnung der Verfügung eingereicht werden (Art. 50 VwVG). Wurde nach einer Untersagung durch die Wettbewerbskommission ein Antrag um ausnahmsweise Zulassung durch den Bundesrat gestellt, läuft die Beschwerdefrist erst ab der Eröffnung des Entscheids des Bundesrates (Art. 36 Abs. 1).

E. Wirkungen

Die Beschwerde hat grundsätzlich aufschiebende Wirkung (Art. 55 VwVG). Bei einer Beschwerde gegen die Zulassung eines Zusammenschlusses heisst das, dass die Wirkungen der Zulassung nicht eintreten können, der Zusammenschluss also noch nicht vollzogen werden darf.[1887] Das gleiche gilt bei einer Zulassung unter Bedingungen und Auflagen. Wurde der Vollzug des Zusammenschlusses bereits genehmigt, hat die aufschiebende Wirkung keine Auswirkungen auf die erfolgten Zusammenschlusshandlungen.

Bei einer negativen Verfügung wie der Untersagung des Zusammenschlusses hat die aufschiebende Wirkung grundsätzlich keine Folgen, denn es kann nicht angenommen werden, dass der Zusammenschluss bis zum Beschwerdeentscheid zulässig ist, wenn die Wettbewerbskommission ihn untersagt hat.[1888] Wurde der Vollzug des Zusammenschlusses bereits vor der Untersagung durch die Wettbewerbskommission gestützt auf Art. 32 Abs. 2 oder 33 Abs. 2 erlaubt, so bewirkt die aufschiebende Wirkung, dass die Rechtsfolge der Untersagungsverfügung, nämlich die Unzulässigkeit der erfolgten Zusammenschlusshandlungen, nicht eintritt, sondern bis zum Beschwerdeentscheid aufgeschoben bleibt.[1889] Die Wirksamkeit der Vollzugshandlungen wird in dieser Situation durch die Untersagung nicht berührt.

1884 Vgl. Art. 10: „marktbeherrschende Stellung", „wirksamer Wettbewerb", „wirksamen Wettbewerb beseitigen", „Verbesserung der Wettbewerbsverhältnisse", etc.
1885 Vgl. HÄFELIN/MÜLLER N 370.
1886 HÄFELIN/MÜLLER N 370 mit Verweis auf BGE 107 Ib 116, 121 und 100 Ib 429, 435.
1887 Vgl. GYGI 241; KÖLZ/HÄNER N 279.
1888 Vgl. KÖLZ/HÄNER N 279 mit Verweis auf BGE 116 Ib 348.
1889 Vgl. GYGI 241.

Die Wettbewerbskommission, die Rekurskommission für Wettbewerbsfragen oder ihr Vorsitzender können der Beschwerde die aufschiebende Wirkung entziehen, die zwei letztgenannten Instanzen können sie wiederherstellen (Art. 55 Abs. 2 - 4 VwVG).[1890] Im Fusionskontrollverfahren muss dabei aber berücksichtigt werden, dass der Vollzug des Zusammenschlusses, wenn überhaupt, nur mit grossem Aufwand rückgängig gemacht werden kann.

Die Anordnung von vorsorglichen Massnahmen gestützt auf Art. 56 VwVG ist denkbar (beispielsweise die Anordnung, den weiteren Vollzug eines Zusammenschlusses, dessen Vollzug schon vor der Zulassung erlaubt worden war, auf Begehren eines beschwerdeführenden Dritten während der Dauer des Verfahrens auszusetzen).

F. Entscheid

Die Rekurskommission für Wettbewerbsfragen kann in der Sache selbst entscheiden oder diese ausnahmsweise mit verbindlichen Weisungen an die Wettbewerbskommission zurückgeben (Art. 61 Abs. 1 VwVG). Die Rekurskommission kann die angefochtene Verfügung *zugunsten* des Beschwerdeführers ändern, also z.B. statt eine Untersagung eine Zulassung aussprechen (Art. 62 Abs. 1 VwVG). *Zuungunsten* einer Partei kann grundsätzlich nur entschieden werden, wenn die angefochtene Verfügung Bundesrecht verletzt oder auf einer unrichtigen oder unvollständigen Feststellung des Sachverhalts beruht (Art. 62 Abs. 2 VwVG).[1891] Wegen falscher Anwendung von Art. 10 könnte statt einer Zulassung eine Untersagung ausgesprochen werden.

III. Verwaltungsgerichtsbeschwerde an das Bundesgericht

A. Objekt

Verfügungen der Rekurskommission für Wettbewerbsfragen können mittels Verwaltungsgerichtsbeschwerde an das Bundesgericht weitergezogen werden (Art. 98 lit. e OG). Die Verfügungen der EBK über Zusammenschlüsse können m.E. direkt mit Verwaltungsgerichtsbeschwerde beim Bundesgericht angefochten werden (Art. 24 BaG, vorne 430f.). Die Verwaltungsgerichtsbeschwerde ist in den Art. 97 - 115 OG geregelt. Sie ist das letzte ordentliche Rechtsmittel gegen Entscheidungen der Wettbewerbskommission und des Sekretariats (Art. 97 Abs. 1 OG).

[1890] Vgl. HÄFELIN/MÜLLER N 1396-1398; KÖLZ/HÄNER N 280.
[1891] Eine Änderung wegen Unangemessenheit, wie sie Art. 62 Abs. 2 VwVG unter sehr strengen Bedingungen zulässt, dürfte theoretisch sein.

B. Legitimation

Die Beschwerdelegitimation für die Verwaltungsgerichtsbeschwerde entspricht praktisch derjenigen für die verwaltungsrechtliche Beschwerde (vgl. Art. 103 OG und Art. 48 VwVG; vorne 435ff.).[1892] Die Wettbewerbskommission ist nicht gemäss Art. 103 lit. c OG spezialgesetzlich zur Verwaltungsgerichtsbeschwerde gegen Verfügungen der Rekurskommission für Wettbewerbsfragen legitimiert. Auch ohne spezialgesetzliche Übertragung der Legitimation könnte sie nach den allgemeinen Grundsätzen für die Beschwerdelegitimation (Berührtsein und schützenswertes Interesse) zur Verwaltungsgerichtsbeschwerde legitimiert sein.[1893] Ein besonderes schützenswertes Interesse dürfte sie nach der bisherigen Rechtsprechung allerdings kaum haben.[1894]

Zur Verwaltungsgerichtsbeschwerde gegen die Verfügung einer eidgenössischen Rekurskommission ist nach OG zudem „das in der Sache zuständige Departement" berechtigt (Art. 103 lit. b OG). Auch das EVD ist m.E. nicht das zuständige Departement, da es unter dem KG 95 in Wettbewerbssachen keine Entscheidungskompetenz mehr hat und auch über kein Weisungsrecht gegenüber der Wettbewerbskommission verfügt.[1895] Es gibt deshalb keine Aufsichtsbeschwerde gegen die Wettbewerbskommission (hinten 443f.).

C. Gründe

Die Gründe für eine Verwaltungsgerichtsbeschwerde sind die Verletzung von Bundesrecht, einschliesslich Ermessensüberschreitung oder Ermessensmissbrauch, und die offensichtlich unrichtige, unvollständige oder unter Verletzung wesentlicher Verfahrensvorschriften vorgenommene Feststellung des rechtserheblichen Sachverhalts (Art. 104 und 105 OG). Einfache Unangemessenheit kann nicht gerügt werden, Ermessensmissbrauch und Ermessensüberschreitung sowie die falsche Auslegung unbestimmter Rechtsbegriffe schon.[1896]

D. Frist

Die Frist für die Einreichung einer Verwaltungsgerichtsbeschwerde gegen eine endgültige Verfügung beträgt dreissig Tage, gegen eine Zwischenverfügung zehn Tage seit ihrer Eröffnung (Art. 106 Abs. 1 OG).

1892 HÄFELIN/MÜLLER N 1369 und 1522; BGE 117 Ib 162.
1893 GYGI 169 und 177; LEBER 25.
1894 Vgl. GYGI 169-172.
1895 Unter dem KG 85 war das EVD das in der Sache zuständige Departement.
1896 Zu den Begriffen s. HÄFELIN/MÜLLER N 344-386.

E. Wirkungen

Die Verwaltungsgerichtsbeschwerde hat keine aufschiebende Wirkung, es sei denn, der Präsident der urteilenden Abteilung des Bundesgerichts ordne diese an (Art. 111 OG). Bei Verfügungen und Zwischenverfügungen, die eine Handlung erlauben oder verlangen (z.B. Bejahung der Auskunftspflicht oder des Akteneinsichtsrechts, Zulassung des Zusammenschlusses), kann aufschiebende Wirkung angezeigt sein. Wie bei der verwaltungsrechtlichen Beschwerde können auch andere vorsorgliche Massnahmen angeordnet werden (Art. 113 i.V.m. 94 OG).

F. Entscheid

Hebt das Bundesgericht die angefochtene Verfügung auf, kann es selbst in der Sache entscheiden oder diese zu neuer Beurteilung an die Rekurskommission für Wettbewerbsfragen zurückweisen, welche die Sache ihrerseits an die Wettbewerbskommission zurückweisen kann (Art. 114 Abs. 2 OG). Das Bundesgericht darf weder zugunsten noch zuungunsten der Parteien über deren Begehren hinausgehen (Art. 114 Abs. 1 OG).

IV. Andere Rechtsmittel und Rechtsbehelfe

A. Revision

Die Revision einer Zulassung eines Zusammenschlusses durch die Wettbewerbskommission ist in Art. 38 vorgesehen (vorne 416f.).

Die Revision einer Verfügung der Rekurskommission für Wettbewerbsfragen oder eines Urteils des Bundesgerichts ist bei Vorliegen der in den Artikeln 66 VwVG und 136, 137 und wohl 139a OG genannten Gründe möglich. Die Revision richtet sich nach Art. 66 - 68 VwVG und Art. 136 - 144 OG.[1897]

B. Wiedererwägung

Die Revision einer Untersagung oder Zulassung eines Zusammenschlusses unter Bedingungen und Auflagen ist im KG 95 nicht vorgesehen. Es dürfte deshalb möglich sein, dass die Betroffenen ein Gesuch um Wiedererwägung stellen.[1898] Nach der Definition von HÄFELIN und MÜLLER ist das Wiedererwägungsgesuch „der formlose

---

[1897] Dazu: KÖLZ/HÄNER N 459-463.
[1898] BGE 113 Ia 146. Zum Wiedererwägungsgesuch allgemein s. KÖLZ/HÄNER N 190-197 und HÄFELIN/MÜLLER N 1421-1427.

Rechtsbehelf, durch den der Betroffene die verfügende Verwaltungsbehörde ersucht, auf ihre Verfügung zurückzukommen und sie abzuändern oder aufzuheben".[1899] Als blosser Rechtsbehelf gibt ein Wiedererwägungsgesuch grundsätzlich keinen Anspruch auf materielle Beurteilung.[1900] Als formloser Rechtsbehelf ist es nicht an Formen und Fristen gebunden.[1901] Nach KÖLZ und HÄNER wird ein Wiedererwägungsgesuch „in der Regel dann materiell behandelt, wenn dem Interesse an der Durchsetzung des objektiven Rechts gegenüber jenem am Bestand der Verfügung der Vorzug zu geben ist".[1902]

Die Wiedererwägung einer Untersagung kommt grundsätzlich in Betracht, da bei falscher Rechtsanwendung kein besonderes Interesse am Bestand der Untersagung besteht. Bei der Wiedererwägung von Bedingungen und Auflagen wären die beteiligten Interessen (vor allem auch von Dritten) sorgfältig abzuwägen.

C. Aufsichtsbeschwerde

Ein weiterer formloser Rechtsbehelf im Verwaltungsverfahren ist die Aufsichtsbeschwerde an die Aufsichtsbehörde (Art. 71 VwVG). Mit der Aufsichtsbeschwerde soll erreicht werden, dass die der betreffenden Behörde hierarchisch übergeordnete Behörde in einer bestimmten Sache gestützt auf ihre Aufsichtskompetenz einschreitet.[1903] Ob gegen eine Verfügung oder eine andere Handlung der Wettbewerbskommission Aufsichtsbeschwerde ergriffen werden kann, hängt davon ab, ob sie der Aufsicht durch das EVD (oder den Bundesrat) untersteht. Die Frage stellte sich auch unter dem KG 85. Die Kartellkommission ging offenbar davon aus, dass die Aufsichtsbeschwerde an das EVD möglich war.[1904] Auch HOMBURGER und SCHMID erwähnen die Möglichkeit einer Aufsichtsbeschwerde.[1905]

Eine direkte Aufsicht und das damit verbundene Weisungsrecht des EVD oder des Bundesrates sind aber mit der im Gesetz ausdrücklich statuierten Unabhängigkeit der Kartellkommission (Art. 20 Abs. 2 KG 85) bzw. der Wettbewerbskommission (Art. 19 Abs. 1) nicht vereinbar. Für das KG 85 hat LIMBURG dies überzeugend dargelegt.[1906] Die Verwaltungsunabhängigkeit der Wettbewerbskommission wurde in Art. 19 KG 95 noch klarer als in Art. 20 Abs. 2 KG 85 formuliert. Zudem ist das EVD

[1899] HÄFELIN/MÜLLER N 1421.
[1900] HÄFELIN/MÜLLER N 1347 und 1425. Ausnahmsweise kann ein solcher Anspruch bestehen, HÄFELIN/MÜLLER N 1426.
[1901] HÄFELIN/MÜLLER N 1347 und 1424.
[1902] KÖLZ/HÄNER N 192.
[1903] Zur Aufsichtsbeschwerde s. KÖLZ/HÄNER N 198-202 und HÄFELIN/MÜLLER N 1428-1439.
[1904] KARTELLKOMMISSION, Rechtsvergleich EG - CH, 111.
[1905] HOMBURGER zu Art. 38 N 47; SCHMID 161.
[1906] LIMBURG 54.

unter dem KG 95 nicht mehr mit Entscheidungen in Wettbewerbssachen befasst.[1907] Die Aufsichtsbeschwerde gegen Verfügungen und andere Handlungen der Wettbewerbskommission ist somit ausgeschlossen.

Dagegen dürften Verfügungen und andere Handlungen des Sekretariats subsidiär zu anderen Rechtsmitteln der Aufsichtsbeschwerde an die Wettbewerbskommission unterliegen.[1908] Auch gegen Verfügungen und andere Handlungen einzelner Kammern der Wettbewerbskommission und der Mitglieder des Präsidiums (Art. 19 Abs. 1) ist wohl subsidiär die Aufsichtsbeschwerde an die Gesamtkommission möglich.[1909]

Wo eine Aufsichtsbehörde besteht, kann auch Beschwerde wegen Rechtsverweigerung oder Rechtsverzögerung geführt werden (Art. 70 VwVG). Wegen der kurzen Fristen im Fusionskontrollverfahren dürfte dieses Rechtsmittel kaum eine Rolle spielen.

D. Schadenersatzklage

Eine Klage auf Ersatz des durch Mitglieder der Wettbewerbskommission oder Beamte des Sekretariats in Ausübung ihrer Tätigkeit widerrechtlich verursachten Schadens kommt grundsätzlich in Betracht (Art. 1 und 3 des Verantwortlichkeitsgesetzes[1910]). Widerrechtlich zugefügt ist ein Schaden, wenn ein Verstoss gegen ein Gebot oder Verbot der Rechtsordnung erfolgt ist, das dem Schutz des verletzten Rechtsgutes dient.[1911] Der Schaden müsste mittels einer verwaltungsrechtlichen Klage an das Bundesgericht geltend gemacht werden (Art. 10 des Verantwortlichkeitsgesetzes; Art. 116 lit. c OG).

V. Vergleich mit dem europäischen Recht

In der Schweiz wie in der EU besteht für die gerichtliche Überprüfung von Entscheidungen der Wettbewerbsbehörden eine einheitliche Klagemöglichkeit: in der Schweiz die Beschwerde an die Rekurskommission für Wettbewerbsfragen, in der EU die Nichtigkeitsklage an das Europäische Gericht erster Instanz. Andere Rechtsmittel spielen eine untergeordnete Rolle.

[1907] Es kann lediglich noch das Sekretariat mit einer Untersuchung beauftragen, Art. 27 Abs. 1.

[1908] Zur Stellung des Sekretariats s. Art. 23 und 27 Abs. 1; unter dem KG 85 s. LIMBURG 54.

[1909] Vgl. LIMBURG 55.

[1910] Bundesgesetz über die Verantwortlichkeit des Bundes sowie seiner Behördemitglieder und Beamten vom 14. März 1958, SR 170.32.

[1911] BGE 116 Ib 193.

In beiden Rechtssystemen ist das gerichtliche Verfahren zweistufig, wobei die erste Instanz in der Schweiz ausschliesslich, in der EU vorwiegend für Wettbewerbsfälle zuständig ist. Mit der Einräumung der Verfügungsbefugnis an die Wettbewerbskommission und der Einsetzung der Rekurskommission für Wettbewerbsfragen ist der Rechtsschutz im KG 95 gegenüber dem KG 85 bedeutend verbessert worden.

Die anfechtbaren Entscheidungen bzw. Verfügungen entsprechen sich im schweizerischen und europäischen Fusionskontrollverfahren in etwa. Im europäischen Recht ist anerkannt, dass auch Genehmigungen im Vorprüfverfahren anfechtbare Entscheidungen sind. Ob die Unbedenklichkeitserklärung im schweizerischen Fusionskontrollverfahren eine Verfügung ist, werden die Rechtsmittelinstanzen entscheiden müssen.

Zwischenentscheidungen sind in beiden Rechtssystemen gesondert anfechtbar, wenn sie den Betroffenen nicht wieder gutzumachende Nachteile verursachen.

Die Rekurskommission für Wettbewerbsfragen kann die Rechtsanwendung, die Sachverhaltsfeststellung und die Ermessensausübung überprüfen, während das EuG nur die Rechtsanwendung, die offensichtlich falsche Sachverhaltsfeststellung und den Ermessensmissbrauch rügen kann. Auf letztere Klagegründe ist auch die Verwaltungsgerichtsbeschwerde an das Bundesgericht beschränkt. Das Rechtsmittel an den EuGH betrifft nur noch Rechtsfragen. Die Rekurskommission für Wettbewerbsfragen sollte bei der Überprüfung der Auslegung unbestimmter Rechtsbegriffe und der Ermessensausübung durch die Wettbewerbskommission eine gewisse Zurückhaltung üben, wie dies die europäischen Gerichte und das Bundesgericht bei komplexen, besondere Sachkenntnis erfordernden Fragen tun.

Die Umschreibung der Klagelegitimation stimmt trotz der Verwendung anderer Begriffe weitgehend überein. Auch in der Schweiz dürfte die Klagelegitimation Dritter wie unter der FKVO grundsätzlich anerkannt werden.

Die Verwaltungsbeschwerde hat im Gegensatz zur Nichtigkeitsklage grundsätzlich aufschiebende Wirkung. Die Verwaltungsbeschwerde und die Verwaltungsgerichtsbeschwerde können kassatorisch oder reformatorisch sein. Die Nichtigkeitsklage ist kassatorisch, der EuGH als Rechtsmittelinstanz kann die (kassatorische) Entscheidung des EuG aufheben oder durch seine eigene ersetzen.

Trotz der zahlreichen erwähnten Unterschiede dürfte der gerichtliche Rechtsschutz unter der FKVO und dem KG 95 im Ergebnis recht ähnlichen Schutz vermitteln.

KAPITEL 5
VERFAHRENSRECHTE UND GRUNDSÄTZE DES VERWALTUNGSRECHTS

Das folgende Kapitel hat nicht zum Ziel, die einzelnen Verfahrensrechte und Grundsätze des Verwaltungsverfahrens im Detail darzustellen. Jedes dieser Rechte und jeder Grundsatz würde eine gesonderte Arbeit erfordern.[1912] Es soll lediglich untersucht werden, in welchem Umfang sich die Verfahrensrechte und Grundsätze des Verwaltungsrechts im neuen Fusionskontrollverfahren voraussichtlich auswirken werden.

I. Grundlagen

A. Begriff und Wesen der Verfahrensrechte und der Grundsätze des Verwaltungsrechts

Wie im europäischen Fusionskontrollverfahren kann zwischen Verfahrensrechten und Grundsätzen des Verwaltungsrechts unterschieden werden (vorne 227ff.). Im schweizerischen Verwaltungsrecht ist die Terminologie zwar etwas gefestigter, aber bei weitem nicht einheitlich.[1913] Wie das europäische steht das schweizerische Verwaltungsverfahrensrecht - besonders im Bereich des Wirtschaftsverwaltungsrechts - in einer Phase rascher Entwicklung. Die gesamteuropäische Tendenz zu Vereinheitlichung und vermehrter Interdependenz der Verwaltungsverfahren ist auch in der Schweiz feststellbar.[1914]

Die *Grundsätze des Verwaltungsrechts* stehen auf Verfassungsebene und binden den Staat in seinem gesamten Handeln.[1915] Die Lehre und die Rechtsprechung identifizieren fünf Grundsätze des Verwaltungsrechts[1916]: Gesetzmässigkeit, Rechtsgleichheit, öffentliches Interesse, Verhältnismässigkeit und Treu und Glauben. Das

---

[1912] Für eine allgemeine Darstellung der Verfahrensrechte beziehe man sich auf HÄFELIN/MÜLLER N 433-449a und 1306-1338c; MÜLLER, in: Kommentar zu Art. 4 BV N 85-132; KÖLZ/HÄNER N 126-144; SALADIN 126-143; MOOR II 183-196; für eine Übersicht der Grundsätze des Verwaltungsrechts auf HÄFELIN/MÜLLER N 296-432 und 486-602; KÖLZ/HÄNER N 52-54, MOOR I 265-411.

[1913] Im folgenden wird insbesondere auf die Terminologie von HÄFELIN und MÜLLER abgestellt. KÖLZ und HÄNER beispielsweise nennen unter dem Titel „Verfahrensmaximen oder Verfahrensgrundsätze" auch die Gleichbehandlung der Parteien und den Vertrauensgrundsatz, die in der Terminologie von HÄFELIN und MÜLLER als Grundsätze des Verwaltungsrechts bezeichnet werden, KÖLZ/HÄNER N 44-64.

[1914] Vgl. SCHWEIZER, Verwaltungsverfahrensrecht, 194-195; Fn 1017.

[1915] HÄFELIN/MÜLLER N 294.

[1916] HÄFELIN/MÜLLER N 294.

Rechtsgleichheitsgebot ist in Art. 4 BV ausdrücklich garantiert. Die übrigen Grundsätze sind mit Ausnahme des Grundsatzes des öffentlichen Interesses, der in einigen Verfassungsartikeln ebenfalls erwähnt ist, ungeschriebenes Verfassungsrecht.[1917]

Verfahrensrechte sind bestimmte Regeln, die die Verwaltungsbehörden im Verwaltungsverfahren zugunsten der Privaten beachten müssen. Die Verfahrensrechte legen eine bestimmte Rahmenordnung des Verfahrens fest, damit die Privaten ihre materiellen Rechte durchsetzen und im Verfahren ihre Stellung als Person wahren können.[1918] Das Bundesgericht hat zahlreiche Verfahrensrechte aus Art. 4 BV abgeleitet: das Verbot der Verweigerung oder Verzögerung eines Rechtsanwendungsaktes, der Anspruch auf richtige Zusammensetzung der Behörde, der Anspruch auf rechtliches Gehör, das Verbot des überspitzten Formalismus und der Anspruch auf unentgeltliche Rechtspflege.[1919] Der Anspruch auf rechtliches Gehör umfasst verschiedene weitere Aspekte (hinten 462f.).

Die Verfahrensrechte werden auch als Verfahrensgrundsätze[1920], allgemeine Verfahrensgrundsätze[1921] oder Verfahrensgarantien[1922] oder zusammenfassend als Verbot der formellen Rechtsverweigerung[1923] bezeichnet. Das Bundesgericht setzte sie auch mit den allgemeinen Grundsätzen des Verfassungs- und Verwaltungsrechts gleich.[1924]

Neben den Grundsätzen des Verwaltungsrechts und den Verfahrensrechten gibt es noch *allgemeine Rechtsgrundsätze*. Dies sind Rechtsregeln, die in allen Rechtsgebieten gelten, aber auf Gesetzesstufe stehen und durch anderslautende Regelung aufgehoben werden können, wie der Grundsatz, dass eine Frist auch gewahrt ist, wenn die Eingabe an die unzuständige Behörde gerichtet wurde.[1925] Die allgemeinen Rechtsgrundsätze entsprechen nicht den allgemeinen Rechtsgrundsätzen des Gemeinschaftsrechts, welche ihre Grundlage in den Gründungsverträgen, also dem europäischen Verfassungsrecht, haben. Die allgemeinen Rechtsgrundsätze des Gemeinschaftsrechts umfassen allgemeine Grundsätze des Verwaltungsrechts und Verfahrensrechte.

Die aus Art. 4 BV abgeleiteten Verfahrensrechte haben Verfassungsrang.[1926] Sie sind Mindestgarantien, über die die jeweiligen Verfahrensbestimmungen (also

---

[1917] HÄFELIN/MÜLLER N 294.
[1918] Vgl. HÄFELIN/MÜLLER N 433; MÜLLER, in: Kommentar zu Art. 4 BV N 85.
[1919] HÄFELIN/MÜLLER N 433-449a; vgl. auch HAEFLIGER 115-156 und 180-181.
[1920] SCHÜRMANN, in: SCHÜRMANN/SCHLUEP 701.
[1921] Titel des zweiten Abschnitts des VwVG (Art. 7-43).
[1922] KÖLZ/HÄNER N 52; HOMBURGER zu Art. 31 N 5.
[1923] HÄFELIN/MÜLLER N 434.
[1924] Z.B. BGE 113 Ib 90, 94-95. Dies weicht von der hier verwendeten Terminologie ab.
[1925] HÄFELIN/MÜLLER N 142-152a.
[1926] HAEFLIGER 129; SALADIN 126; KÖLZ/HÄNER N 18.

VwVG oder KG 95) hinausgehen können.[1927] Für Verwaltungsverfahren vor Bundesbehörden, die auf Erlass einer Verfügung abzielen, konkretisiert das VwVG die minimal zu gewährenden Verfahrensrechte.[1928] Unter Beachtung des verfassungsrechtlichen Minimums können andere verwaltungsrechtliche Gesetze abweichende Bestimmungen vorsehen (Art. 1 - 3 VwVG).

B. Persönlicher und sachlicher Geltungsbereich

Im Verwaltungsverfahren stehen die Verfahrensrechte grundsätzlich den Parteien zu (Art. 18, 26 - 33 VwVG), also den Personen, deren Rechte oder Pflichten die Verfügung berühren soll (Art. 6 VwVG). Im Fusionskontrollverfahren sind neben den am Zusammenschluss beteiligten Unternehmen möglicherweise auch Dritte beschwerdelegitimiert und somit Parteien. Für das Fusionskontrollverfahren versagt Art. 43 Abs. 4 KG 95 Dritten jedoch die Parteirechte. Die Parteirechte umfassen alle im zweiten Abschnitt des VwVG genannten, und nachfolgend behandelten, Rechte.[1929] Das KG 95 gibt Dritten im Fusionskontrollverfahren einzig das Recht, zum wesentlichen Inhalt der Meldung des Zusammenschlusses Stellung zu nehmen (Art. 33 Abs. 1).

Der Ausschluss der Verfahrensrechte Dritter, die von einer Verfügung betroffen sind, verstösst gegen Art. 4 BV. Die Regelung ist wegen Art. 114bis Abs. 3 BV vom Richter aber zu beachten. Die Botschaft begründet den Ausschluss der Verfahrensrechte Dritter mit dem Interesse an der Verfahrensbeschleunigung.[1930] Ob das Verfahren bei Gewährung der Verfahrensrechte an Dritte zwingend verzögert würde, ist allerdings zweifelhaft. Die wahrscheinliche, von der Botschaft jedoch nicht genannte Motivation der Regelung, nämlich der Schutz vertraulicher Informationen, liesse sich wie im Kartellverfahren lösen.

Im Untersuchungsverfahren nach dem KG 85 waren Dritte ebenfalls nicht Träger von Verfahrensrechten.[1931] Für das Verfahren vor dem EVD war umstritten, ob sie Partei sein konnten und damit Parteirechte hatten (vorne 353). Die Rechte Dritter im Fusionskontrollverfahren sind somit nur unwesentlich grösser als im Kartellverfahren des KG 85.

Die Verfahrensrechte sind nicht in allen Verfahrensstadien in gleichem Masse anwendbar. Im Vorprüfverfahren dürften sie, wie im europäischen Verfahren, nur beschränkt anwendbar sein. Die Zusammenschlussbeteiligten müssen beispielsweise vor der Entscheidung über die Eröffnung eines Hauptprüfverfahrens nicht angehört

---

[1927] MÜLLER, in: Kommentar zu Art. 4 BV N 85.
[1928] BGE 117 Ib 488; HÄFELIN/MÜLLER N 1308.
[1929] Das Beschwerderecht und das Recht auf Zustellung der Verfügung kann beschwerdeberechtigten Dritten aber nicht entzogen werden, vorne 421f. und 436ff.
[1930] Botschaft 149.
[1931] LIMBURG 208.

werden, da diese Entscheidung nicht selbständig anfechtbar ist (Art. 30 lit. a VwVG).

C. Anwendbarkeit der EMRK

Schweizerische Behörden müssen die EMRK beachten. Im Wettbewerbsrecht kann sich insbesondere die Frage der Anwendbarkeit von Art. 6 EMRK stellen. Art. 6 EMRK gilt nur für Straf- und Zivilverfahren und nicht für das Verwaltungsverfahren. Ob wettbewerbsrechtliche Verfahren als zivil- oder strafrechtlich qualifiziert werden können, ist noch nicht geklärt (vgl. vorne 233f.).

Die meisten Garantien von Art. 6 EMRK werden schon durch Art. 4 BV gewährt.[1932] Art. 6 EMRK geht nur in wenigen Bereichen über Art. 4 BV hinaus. Auch sind die Anforderungen von Art. 6 EMRK nicht in allen Verfahrensstadien zu beachten. Art. 6 EMRK gibt Anspruch auf eine Beurteilung der Sache durch einen unparteiischen und unabhängigen Richter. Da die Verfügungen der Wettbewerbsbehörden bei der Rekurskommission für Wettbewerbsfragen, einer unabhängigen richterlichen Instanz, angefochten werden können und diese über eine umfassende Kognition verfügt, dürfte den Anforderungen von Art. 6 EMRK in jedem Fall Genüge getan sein.[1933] Einzig wenn die Wettbewerbskommission eine strafrechtliche Busse verhängen will, muss sie die zusätzlichen Garantien von Art. 6 Abs. 2 und 3 EMRK, die schon im erstinstanzlichen Verfahren anzuwenden sind, beachten (vgl. hinten 474).

D. Folgen der Anwendbarkeit des VwVG

Gestützt auf das KG 95 kann die Wettbewerbskommission unmittelbar Verfügungen erlassen. Das VwVG ist deshalb anwendbar (Art. 1 VwVG; Art. 39 KG 95). Die wichtigste Folge der Anwendbarkeit des VwVG ist, dass die darin umschriebenen Verfahrensrechte schon im Verfahren vor der Wettbewerbskommission gewahrt werden müssen.

Unter dem KG 85 war das VwVG erst im Verfahren vor dem EVD, aber nicht im Verfahren vor der Kartellkommission anwendbar.[1934] Für das Verfahren vor der Kartellkommission hätte dies nicht zwingend den Ausschluss der aus Art. 4 BV abgeleiteten Verfahrensrechte bedeuten müssen. Das Bundesgericht und verschiedene Autoren waren jedoch der Meinung, dass das KG 85 eine besondere gesetzliche Ordnung für das Verfahren vor der Kartellkommission aufstelle und die Anwendung weitergehender Verfahrensrechte wegen Art. 114bis Abs. 3 BV ausgeschlossen

---

[1932] SCHWEIZER, Verwaltungsverfahrensrecht, 213 m.w.H.
[1933] VILLIGER 166-167; KÖLZ/HÄNER N 20-21; SCHWEIZER, Verwaltungsverfahrensrecht, 213-214.
[1934] Vgl. BGE 117 Ib 481; SCHÜRMANN, in: SCHÜRMANN/SCHLUEP 701, 707 und 737.

sei.[1935] Für das Bundesgericht war die Anwendung des VwVG mit „einem partnerschaftlichen, nicht hoheitlichen Grundgedanken verpflichteten System staatlichen Verwaltungshandeln...kaum vereinbar".[1936] Wie LIMBURG überzeugend dargelegt hat, schliessen sich die Anwendung der Verfahrensrechte und der kooperative Charakter eines Verfahrens jedoch keineswegs aus, sondern bedingen sich im Gegenteil eher.[1937] Aus rechtsstaatlicher Sicht erscheint auch SCHLUEP jede Beschränkung der Verfahrensrechte der Beteiligten als Ärgernis.[1938] Besonders das Fehlen des rechtlichen Gehörs und der Akteneinsicht[1939] bewog verschiedene Autoren dazu, die Anwendung des VwVG auf das Verfahren der Kartellkommission zu fordern.[1940]

II. Einzelne Verfahrensrechte

Im folgenden werden einzelne Verfahrensrechte besonders behandelt. Die Systematik weicht von der im schweizerischen Verwaltungsrecht üblichen ab. Die vorliegende Systematik erlaubt jedoch eine Gegenüberstellung mit den Verfahrensrechten und Grundsätzen des europäischen Fusionskontrollverfahrens. Bei den Verfahrensrechten sind die Rechte auf Schutz vertraulicher Kenntnisse vor den Äusserungs- und Orientierungsrechten behandelt. Bei den Grundsätzen des Verwaltungsrechts folgt die Gliederung der Bedeutung des jeweiligen Grundsatzes für das Fusionskontrollverfahren.

A. Wahrung des Amtsgeheimnisses

1. Grundsatz und Begriff

Die Wettbewerbsbehörden sind nach Art. 25 an das Amtsgeheimnis gebunden, d.h. sie dürfen dem Amtsgeheimnis unterliegende Kenntnisse nicht an Unberechtigte weitergeben. Die Wettbewerbskommission ist wegen ihrer Behördeneigenschaft schon durch Art. 320 StGB zur Wahrung des Amtsgeheimnisses verpflichtet. Für die Beamten und Angestellten des Sekretariats folgt das Amtsgeheimnis auch aus Art. 27 des Beamtengesetzes[1941] bzw. Art. 28 der Angestelltenverordnung[1942] und aus

---

1935 BGE 113 Ib 90; 117 Ib 481, 487; GRISEL 110; SCHÜRMANN, in: SCHÜRMANN/SCHLUEP 707.
1936 BGE 117 Ib 481, 487.
1937 LIMBURG 205-206.
1938 SCHLUEP, Anmerkungen, 118.
1939 Vgl. Botschaft 20.
1940 HOMBURGER zu Art. 31 N 5-8a; ZÄCH, Wettbewerbsrecht, 863-864; LIMBURG 301-302.
1941 Beamtengesetz (BtG) vom 30. Juni 1927, SR 172.221.10.
1942 Angestelltenverordnung vom 10. November 1959, SR 172.221.104.

Art. 320 i.V.m. Art. 110 Ziff. 4 StGB. Betreffend das Amtsgeheimnis ergeben sich gegenüber dem KG 85 keine Änderungen.

2. Verpflichtete

Zur Wahrung des Amtsgeheimnisses sind die Mitglieder der Wettbewerbskommission, die Beamten und Angestellten des Sekretariats, die Mitglieder der EBK und die Beamten und Angestellten ihres Sekretariats verpflichtet (Art. 320 i.V.m. Art. 110 Ziff. 4 StGB; Art. 27 des Beamtengesetzes; Art. 28 der Angestelltenverordnung).[1943]

3. Umfang

Art. 25 äussert sich nicht zum Umfang des Amtsgeheimnisses. Nach Art. 27 des Beamtengesetzes betrifft das Amtsgeheimnis „dienstliche Angelegenheiten, die nach ihrer Natur oder gemäss besonderer Vorschrift geheimzuhalten sind".[1944] Unter das Amtsgeheimnis im Fusionskontrollverfahren dürften behördeninterne und alle konkreten, ein bestimmtes Verfahren betreffenden Informationen mit Ausnahme der allgemein zugänglichen oder bekannten Informationen fallen.[1945] Die Weitergabe oder Veröffentlichung von abstrahierenden Informationen zu statistischen Zwecken ist zulässig.[1946]

Die Tatsache, dass über einen Zusammenschluss ein Hauptprüfverfahren eröffnet wurde, fällt nicht unter das Amtsgeheimnis, sie muss sogar publiziert werden (Art. 33 Abs. 1). Die Tatsache der Meldung des Zusammenschlusses wird dagegen nicht veröffentlicht.

Der Bundesrat geht scheinbar davon aus, dass der Zusammenschluss der Öffentlichkeit wegen der Fusionskontrolle nicht bekannt werden soll, solange kein Hauptprüfverfahren eröffnet worden ist.[1947] Dies entspricht wohl dem Wortlaut, dem Sinn und der Systematik des Gesetzes. Wenn die beteiligten Unternehmen die Tatsache des geplanten und eventuell schon gemeldeten Zusammenschlusses als Geschäftsgeheimnis betrachten, fällt diese Information deshalb ihrer Natur nach unter das

---

[1943] Vgl. KLEINER, in: Kommentar zum Bankengesetz, Art. 23 N 13.
[1944] Vgl. HÄFELIN/MÜLLER N 1231-1233. Der Umfang der Schweigepflicht von Art. 27 Beamtengesetz und Art. 320 StGB entsprechen sich weitgehend, SIMON 114. Vgl. deshalb auch die strafrechtliche Spezialliteratur zu Art. 320 StGB.
[1945] Vgl. für das Amtsgeheimnis der EBK, KLEINER/ROTH, in: Kommentar zum Bankengesetz, Art. 23 N 13B.
[1946] Vgl. KLEINER, in: Kommentar zum Bankengesetz, Art. 23 N 16N.
[1947] Botschaft 141. Die Botschaft spricht zwar auf der vorhergehenden Seite lediglich von der Geheimhaltung der Vertrags*verhandlungen*, dies dürfte sich jedoch auf die Geheimhaltung vor den Wettbewerbsbehörden beziehen.

Amtsgeheimnis.[1948] Vorbereitungen für eine Fusion oder Übernahme von Gesellschaften werden in Lehre und Rechtsprechung als typische Geschäftsgeheimnisse betrachtet.[1949] Die Einholung einer amtlichen Bewilligung vor dem Vollzug eines Vorhabens kann ohne weiteres als Vorbereitung gewertet werden. Die vom Gesetz gewollte Vertraulichkeit des Zusammenschlusses während des Vorprüfverfahrens dürfte für die Wettbewerbsbehörden einen echten „Challenge" darstellen.

Die Entscheide der Wettbewerbsbehörden fallen nicht unter das Amtsgeheimnis. Art. 48 ermächtigt die Kommission, diese zu veröffentlichen.[1950]

4. Verwendung der Information

Das Amtsgeheimnis umfasst auch das Verbot, Kenntnisse, die in Ausübung der amtlichen Tätigkeit erlangt wurden, zu einem anderen Zweck als dem mit der Auskunft oder dem Verfahren verfolgten zu verwerten (Art. 25 Abs. 2). Das bedeutet beispielsweise, dass die Wettbewerbsbehörden ihre im Fusionskontrollverfahren erlangten Kenntnisse nicht zu einem verfahrensfremden Zweck an Steuerbehörden, Aufsichtsbehörden (Börsen-, Versicherungs- oder wohl auch Bankenaufsichtsbehörden), etc. weitergeben dürfen. Es bedeutet auch, dass die Wettbewerbskommission die in einem Fusionskontrollverfahren gesammelten Kenntnisse nicht als Beweise in Verfahren betreffend Kartelle verwenden kann.

Eine Ausnahme vom Verwertungsverbot macht Art. 25 Abs. 3 zugunsten des Preisüberwachers. Diesem dürfen die Wettbewerbsbehörden alle Informationen weitergeben, die er zur Erfüllung seiner Aufgaben benötigt.

Die Möglichkeit der Wettbewerbsbehörden, anderen Behörden Amtshilfe zu leisten, wird durch das Verwertungsverbot stark eingeschränkt. Andere Behörden müssen dagegen der Wettbewerbskommission Amtshilfe leisten, auch wenn die betreffenden Informationen nicht im Auftrag der Wettbewerbsbehörden für ein bestimmtes Fusionskontrollverfahren beschafft worden sind (Art. 41). Die Möglichkeit der Amtshilfe an ausländische Wettbewerbsbehörden dürfte in Parallelverfahren dagegen

---

[1948] Das Bundesgericht hat kürzlich festgestellt, dass die Tatsache, dass gegen ein Unternehmen ein Vorabklärungsverfahren läuft, kein Geschäftsgeheimnis ist und nicht unter das Amtsgeheimnis fällt, Urteil des Bundesgerichts vom 6. März 1995 in Sachen Denner AG und EG Dritte Kraft AG (2A.188 und 189/1993), Erw. 6b/bb; gl.M. SCHÜRMANN in: SCHÜRMANN/SCHLUEP 625-626; a.M. bis zur offiziellen Veröffentlichung durch die Kartellkommission: HOMBURGER zu Art. 23 N 3.
Die Tatsache der Durchführung eines Vorprüfverfahrens über einen bestimmten Zusammenschluss unterscheidet sich darin von der Tatsache der Durchführung einer Vorabklärung in Kartellsachen, dass ein Zusammenschluss freiwillig ist und keine Anzeichen für rechtswidrige Handlungen der beteiligten Unternehmen bestehen.

[1949] BGE 109 Ib 47, 56 m.w.H.

[1950] Unrichtig daher die Botschaft 151, wonach das Amtsgeheimnis bei den Veröffentlichungen zu wahren sei.

offenstehen, da der Informationsaustausch dem Zweck des Fusionskontrollverfahrens dient.

5. Grenzen des Amtsgeheimnisses

Das Amtsgeheimnis kann durch Einwilligung des Betroffenen, durch ausdrückliche gesetzliche Bestimmung (z.B. Art. 33 Abs. 1) oder durch die aus der Verfassung abgeleiteten Verfahrensrechte (rechtliches Gehör) beschränkt werden.

Die Einwilligung des Betroffenen erlaubt der Behörde nur dann eine unter das Amtsgeheimnis fallende Information weiterzugeben, wenn deren Geheimhaltung nicht auch im öffentlichen Interesse geboten ist.[1951]

Das rechtliche Gehör der Beteiligten steht in einem Konflikt zum Amtsgeheimnis. Es verlangt, dass den Beteiligten Informationen gegeben werden, die sonst unter das Amtsgeheimnis fielen. Die Abwägung von Amtsgeheimnis und rechtlichem Gehör ist hinten 470ff. dargestellt.

Auch das Interesse an einem effizienten Verfahren kann gebieten, Dritten über ihren gesetzlichen Anspruch hinaus Kenntnisse über das Verfahren zu geben.

6. Geheimhaltungsmassnahmen

Die Kartellkommission hat schon 1965 Richtlinien über die Wahrung des Amtsgeheimnisses formuliert.[1952] Sie verfolgte auch intern eine strikte Praxis zum Schutz des Amtsgeheimnisses.[1953] Da die Risiken und Auswirkungen einer Verletzung des Amtsgeheimnisses bei der Fusionskontrolle generell grösser sind als bei Wettbewerbsabreden, werden die Wettbewerbskommission und das Sekretariat diesbezüglich besondere Vorkehren treffen müssen.

7. Rechtsfolgen der Missachtung

Eine Verfügung, welche die Offenlegung einer Information in Missachtung des Amtsgeheimnisses erlaubt, kann selbständig angefochten werden, wenn sie einen nicht wieder gutzumachenden Schaden bewirkt (Art. 45 Abs. 2 VwVG). Die Missachtung des Amtsgeheimnisses ist eine Verletzung von Bundesrecht und kann zur Nichtigerklärung der betreffenden Verfügung führen.

Die Verletzung des Amtsgeheimnisses ist nach Art. 320 StGB strafbar. Der fehlbare Beamte oder Angestellte kann zudem disziplinarisch bestraft werden (Art. 30 - 33

[1951] TRECHSEL zu Art. 320 StGB N 5 m.w.H.

[1952] Richtlinien vom 9. September 1965, unveröffentlicht, erwähnt bei SCHÜRMANN, in: SCHÜRMANN/ SCHLUEP 625.

[1953] Urteil des Bundesgerichts vom 6. März 1995 in Sachen Denner AG und EG Dritte Kraft AG (2A.188 und 189/1993), Erw. 3b/cc und 6b/bb.

des Beamtengesetzes; Art. 31 - 43 der Angestelltenverordnung). Die Mitglieder der Wettbewerbskommission unterstehen keiner Disziplinargewalt.

Für Schäden, die durch die Verletzung des Amtsgeheimnisses erwachsen, ist der Bund ersatzpflichtig (Art. 3 i.V.m. Art. 1 des Verantwortlichkeitsgesetzes[1954]). Bei vorsätzlicher oder grobfahrlässiger Verletzung des Amtsgeheimnisses kann der Bund auf den Schuldigen zurückgreifen (Art. 8 des Verantwortlichkeitsgesetzes).

8. Vergleich mit dem europäischen Recht

Das Amtsgeheimnis ist im schweizerischen und europäischen Fusionskontrollverfahren ein wichtiger und verfahrensprägender Grundsatz. In beiden Rechtsordnungen sind alle mit der Prüfung von Zusammenschlüssen betrauten Stellen an das Amtsgeheimnis gebunden. Der Umfang des Amtsgeheimnisses und die Ausnahmen davon (rechtliches Gehör, Veröffentlichungen) entsprechen sich im Grundsatz in beiden Verfahren. Unterschiedlich dürfte die Tatsache der Durchführung eines Vorprüfverfahrens behandelt werden. Die FKVO verlangt die Veröffentlichung einer Mitteilung der Anmeldung, während nach dem KG 95 eine Mitteilung an die Öffentlichkeit erst bei Eröffnung eines Hauptprüfverfahrens erfolgt. Vor diesem Zeitpunkt dürfte die Tatsache der Anmeldung im schweizerischen Recht daher unter das Amtsgeheimnis fallen.

Das europäische wie das schweizerische Recht verbieten die anderweitige Verwertung der im Fusionskontrollverfahren erlangten Informationen.

Die Verletzung des Amtsgeheimnisses ist nach schweizerischem Recht strafbar. Die übrigen Sanktionen entsprechen sich in den beiden Rechtsordnungen vom Grundsatz her (Anfechtbarkeit der verletzenden Entscheidung bzw. Verfügung, disziplinarische Sanktionen, Schadenersatz).

B. Schutz von Geschäftsgeheimnissen

Geschäftsgeheimnisse sind in wettbewerbsrechtlichen Verfahren geschützt, d.h. die Behörden dürfen Geschäftsgeheimnisse, von denen sie im Verfahren Kenntnis erlangt haben, Dritten nicht zugänglich machen (Art. 16 und 25 Abs. 4). Dafür können die Unternehmen Geschäftsgeheimnisse den Wettbewerbsbehörden nicht vorenthalten, soweit sie der Auskunftspflicht nach Art. 40 unterliegen.[1955] Es liegt in der Natur wettbewerbsrechtlicher Verfahren, dass die entscheidenden Behörden Informationen benötigen, die Geschäftsgeheimnisse sind.

[1954] Fn 1910.
[1955] Botschaft 148; Urteil des Bundesgerichts vom 6. März 1995 in Sachen Denner AG und EG Dritte Kraft AG (2A.188 und 189/1993). Dieses Urteil betraf Art. 35 KG 85, dem Art. 40 KG 95 praktisch entspricht.

1. Begriff des Geschäftsgeheimnisses

Das Recht auf Schutz von Geschäftsgeheimnissen hat generelle Geltung im Verwaltungsverfahren. Die betreffenden Bestimmungen des KG 95 entsprechen denjenigen des KG 85. Deshalb dürfte der Schutz von Geschäftsgeheimnissen gleich sein wie unter dem KG 85.

Unter dem KG 85 wurden als Geschäftsgeheimnisse Fabrikations- und Geschäftsgeheimnisse im Sinne von Art. 162 StGB verstanden.[1956] Ein Geschäftsgeheimnis nach dieser Bestimmung ist eine Tatsache, die zum technischen und kommerziellen Know-how eines Unternehmens gehört, die nicht allgemein bekannt oder zugänglich ist und an deren Geheimhaltung der Geheimnisherr ein schutzwürdiges Interesse sowie einen subjektiven Geheimhaltungswillen hat.[1957] SCHLUEP verwendet für den Schutz von Fabrikations- und Geschäftsgeheimnissen im zivilrechtlichen Verfahren die gleiche Definition.[1958]

Diese Definition des Geschäftsgeheimnisses dürfte der des europäischen Rechts entsprechen, wo allerdings noch einige Unklarheiten bezüglich des subjektiven Geheimhaltungsinteresses bestehen. Für die konkreten Informationen, die im Fusionskontrollverfahren Geschäftsgeheimnisse sein können, wird deshalb auf das in Teil 1 auf Seite 244ff. Gesagte verwiesen.

Im schweizerischen Recht dürfte noch öfter als im europäischen zwischen den Beteiligten und den Wettbewerbsbehörden einvernehmlich festgelegt werden, was im konkreten Fall als Geschäftsgeheimnis zu gelten hat.[1959]

Wie im europäischen Fusionskontrollverfahren (Formblatt CO, F) sollten die am Zusammenschluss beteiligten Unternehmen bei der Meldung des Zusammenschlusses angeben, welche Informationen sie als Geschäftsgeheimnisse betrachten.

2. Schutzvorkehren

a) Amtsgeheimnis und weitere strafrechtliche Schutzbestimmungen

Geschäftsgeheimnisse sind Geheimnisse im Sinne von Art. 320 StGB und folglich durch das Amtsgeheimnis geschützt.[1960] Ausnahmen vom Schutz von Geschäfts-

---

[1956] SCHÜRMANN, in: SCHÜRMANN/SCHLUEP 625.

[1957] TRECHSEL zu Art. 162 StGB N 1-6.

[1958] Zu Art. 12 KG 85, dem Art. 16 KG 95 entspricht, s. SCHLUEP, in: SCHÜRMANN/SCHLUEP 530-531; vgl. auch HOMBURGER zu Art. 12 N 1 und 2.

[1959] Zur Praxis unter dem KG 85 vgl. SCHÜRMANN, in: SCHÜRMANN/SCHLUEP 625 und HOMBURGER zu Art. 23 N 5.

[1960] SCHÜRMANN, in: SCHÜRMANN/SCHLUEP 625; HOMBURGER zu Art. 23 N 4; Urteil des Bundesgerichts vom 6. März 1995 in Sachen Denner AG und EG Dritte Kraft AG (2A.188 und 189/1993).

geheimnissen gibt es keine (s. folgende Seite). Geschäftsgeheimnisse dürfen ohne Einwilligung des Geheimnisherrn überhaupt nicht weitergegeben werden. Geschieht die Verletzung eines Geschäftsgeheimnisses nicht durch einen Beamten, ist sie nach Art. 162 StGB (Verletzung des Fabrikations- oder Geschäftsgeheimnisses) dennoch strafbar. Diese Bestimmung könnte auf jemanden anwendbar sein, der nicht Beamter im Sinne von Art. 110 Ziff. 4 StGB ist, aber dennoch wegen eines Fusionskontrollverfahrens von Geschäftsgeheimnissen erfahren hat.

Die Weitergabe von Geschäftsgeheimnissen durch Mitglieder von Behörden, ihre Beamten oder Angestellten oder Private an ausländische Amtsstellen, Organisationen oder Unternehmen wird durch Art. 273 StGB (Wirtschaftlicher Nachrichtendienst) unter Strafe gestellt. Der Begriff des Geschäftsgeheimnisses wird für diese Bestimmung weiter ausgelegt als oben umschrieben.[1961] Ein Beispiel für die Anwendung von Art. 273 StGB ist BGE 104 IV 175. Stanley Adams wurde dafür verurteilt, dass er der EG-Kommission wettbewerbsbeschränkende Praktiken der Firma Hoffmann-La Roche mitgeteilt hatte.[1962] Art. 273 StGB schliesst auch aus, dass im Rahmen der Amtshilfe ausländischen Behörden Geschäftsgeheimnisse übermittelt werden.[1963]

In gewissem Sinne ist auch das strafrechtlich geschützte Berufsgeheimnis (Art. 321 StGB) eine Schutzvorkehr gegen die Verbreitung von Geschäftsgeheimnissen. Im Fusionskontrollverfahren dürfte das Berufsgeheimnis jedoch meist ein Mittel sein, das einem Auskunfts- oder Aktendeditionsbegehren der Wettbewerbsbehörden entgegengehalten wird (hinten 460ff.). In solchen Fällen können die Wettbewerbsbehörden normalerweise dennoch zu den verlangten Informationen kommen, indem sie diese direkt von den betreffenden Unternehmen anfordern. Das Berufsgeheimnis verpflichtet aber beispielsweise einen Experten, der mit der Abklärung einer wettbewerbsrechtlichen Frage beauftragt wurde, seine Kenntnisse Dritten nicht zugänglich zu machen.

Auch Art. 161 StGB (Ausnützen der Kenntnis vertraulicher Tatsachen, Insiderhandel) schützt Geschäftsgeheimnisse vor deren Verwertung durch einen „Insider" zu dessen finanziellem Vorteil.

b) Schutz von Geschäftsgeheimnissen bei der Akteneinsicht

Das rechtliche Gehör der Beteiligten, insbesondere das Akteneinsichtsrecht, und das Recht auf Wahrung von Geschäftsgeheimnissen anderer Beteiligter oder Dritter stehen miteinander in Konflikt. Bei der Abwägung der jeweiligen Interessen über-

---

[1961] TRECHSEL zu Art. 273 StGB N 3-8.
[1962] Der Geheimnischarakter von Widerhandlungen gegen das europäische oder das schweizerische Wettbewerbsrecht ist allerdings anzuzweifeln.
[1963] Vgl. jedoch Fn 1962.

wiegt immer das Recht auf Wahrung der Geschäftsgeheimnisse (hinten 470ff.). Geschäftsgeheimnisse dürfen deshalb bei der Gewährung der Akteneinsicht nicht zugänglich gemacht werden. Bei der Akteneinsicht und bei mündlichen Anhörungen ist das Problem des Schutzes von Geschäftsgeheimnissen besonders akut. Im zivilrechtlichen (gerichtlichen) Verfahren wird die Weitergabe von Geschäftsgeheimnissen an die Gegenpartei durch Art. 16 Abs. 2 verboten.

c) Schutz von Geschäftsgeheimnissen bei mündlichen Anhörungen

Zum Schutz von Geschäftsgeheimnissen und anderen vertraulichen Informationen ist es nötig, dass die mündliche Anhörung von der Wettbewerbskommission gut vorbereitet und straff geleitet wird. Kommen Geschäftsgeheimnisse von Beteiligten zur Sprache, sollten andere Beteiligte oder Dritte angewiesen werden, den Raum zu verlassen. Dies ist auch die Praxis im europäischen Fusionskontrollverfahren.

d) Schutz von Geschäftsgeheimnissen bei Veröffentlichungen

Nach Art. 25 Abs. 4 dürfen die Veröffentlichungen der Wettbewerbsbehörden keine Geschäftsgeheimnisse enthalten. Damit alle Geschäftsgeheimnisse aus dem zur Veröffentlichung bestimmten Text entfernt werden können, sollte er den betroffenen Unternehmen vor Veröffentlichung vorgelegt werden.[1964]

3. Rechtsfolgen der Missachtung

Die Weitergabe von Geschäftsgeheimnissen durch die Wettbewerbsbehörden, ihre Mitglieder, Beamte oder Angestellte verletzt das Amtsgeheimnis und wird deshalb gleich sanktioniert (Nichtigerklärung der verletzenden Verfügung, allenfalls Nichtigerklärung der endgültigen Verfügung, strafrechtliche und disziplinarische Bestrafung, Schadenersatz, vorne 454f.). Zusätzlich sind Geschäftsgeheimnisse durch die genannten weiteren strafrechtlichen Bestimmungen geschützt.

4. Vergleich mit dem europäischen Recht

Geschäftsgeheimnisse geniessen im europäischen und im schweizerischen Fusionskontrollverfahren absoluten Schutz vor Weitergabe an Dritte und andere am Zusammenschluss Beteiligte. Bezüglich der Definition von Geschäftsgeheimnissen bestehen im europäischen Recht noch einige Unklarheiten bezüglich des Geheimhaltungsinteresses, sonst werden Geschäftsgeheimnisse in beiden Rechtsordnungen gleich umschrieben. In beiden Verfahrensordnungen legen die Behörde und die beteiligten Unternehmen in der Regel wohl einvernehmlich fest, welche Informationen Geschäftsgeheimnisse sind.

[1964] Zur Praxis unter dem KG 85 s. LIMBURG 142.

Unterschiedlich dürfte die Tatsache des Zusammenschlusses behandelt werden. Für den Schutz von Geschäftsgeheimnissen kritische Verfahrensetappen gibt es bei der Gewährung der Anhörungsrechte und den Veröffentlichungen. Schwierigkeiten können aber mittels geeigneter Massnahmen umgangen werden, wie die Praxis zur FKVO und zu anderen Rechtsbereichen im schweizerischen und europäischen Recht zeigt.

Die Weitergabe von Geschäftsgeheimnissen verletzt das Amtsgeheimnis und wird folglich gleich sanktioniert. Im schweizerischen Recht sind Geschäftsgeheimnisse zusätzlich durch zahlreiche strafrechtliche Bestimmungen geschützt.

C. Schutz des Berufsgeheimnisses

Das Berufsgeheimnis im Sinne von Art. 321 StGB berechtigt gemäss Art. 16 VwVG im Verwaltungsverfahren grundsätzlich zur Zeugnisverweigerung. Art. 40 KG 95 betreffend das Auskunftsverweigerungsrecht in wettbewerbsrechtlichen Verfahren verweist auch auf Art. 16 VwVG. Das Berufsgeheimnis berechtigt den Geheimnisträger also generell zur Verweigerung der Auskunft, des Zeugnisses und der Aktenedition gegenüber den Wettbewerbsbehörden.

Art. 16 Abs. 1 VwVG verweist weiter auf Art. 42 Abs. 1 und 3 BZP. Nach Art. 42 Abs. 1 lit. b BZP können die Träger eines Amtsgeheimnisses im Sinne von Art. 321 StGB[1965] das Zeugnis verweigern, sofern der Berechtigte nicht in die Offenlegung eingewilligt hat. Materiell ist das Berufsgeheimnis also durch Art. 42 Abs. 1 lit. b BZP geschützt.

Der Umfang des Berufsgeheimnisses nach Art. 321 StGB ist weit. Es umfasst alle Informationen, die der Berufsperson infolge ihres Berufs anvertraut werden oder die sie in dessen Ausübung wahrgenommen hat und die nicht offensichtlich sind.[1966]

Der Berufsgeheimnisträger kann die Verfügung über die Auskunfts-, Editions- oder Zeugnispflicht, der er wegen des Berufsgeheimnisses keine Folge leisten darf, gesondert anfechten.[1967]

Träger von anderen als den in Art. 321 StGB genannten Berufsgeheimnissen und „normale" Träger von Geschäftsgeheimnissen haben kein Zeugnisverweigerungsrecht, soweit sie der Auskunftpflicht von Art. 40 unterliegen, also am Zusammenschluss beteiligte Unternehmen oder betroffene Dritte sind (Art. 16 Abs. 2 VwVG

[1965] Rechtsanwälte, Verteidiger, Notare, Geistliche, nach Obligationenrecht zur Verschwiegenheit verpflichtete Revisoren, Ärzte, Zahnärzte, Apotheker, Hebammen sowie ihre Hilfspersonen.

[1966] TRECHSEL zu Art. 321 StGB N 18 und 19; vgl. auch die bei TRECHSEL zu Art. 321 StGB erwähnte strafrechtliche Spezialliteratur.

[1967] GYGI 142.

i.V.m. Art. 42 Abs. 2 BZP und Art. 40 KG 95).[1968] Unterliegen sie nicht der Auskunftspflicht, wie z.B. Bankiers oder nichtbetroffene Dritte, können sie sich auf das Zeugnis- und Editionsverweigerungsrecht von Art. 16 Abs. 2 VwVG berufen.

D. Auskunfts- und Zeugnisverweigerungsrecht

1. Auskunfts- und Zeugnisverweigerungsrecht im Verwaltungsverfahren

Das VwVG gibt ein Recht zur Zeugnisverweigerung (Art. 16 VwVG). Das Auskunftsverweigerungsrecht im Fusionskontrollverfahren richtet sich ebenfalls nach dieser Bestimmung (Art. 40). Das Auskunftsverweigerungsrecht dürfte auch den gemäss Art. 42 zur Beweisaussage verpflichteten Personen zustehen.[1969]

Die folgenden Ausführungen beziehen sich folglich nicht nur auf Zeugen, sondern auch auf die nach Art. 40 zur Auskunft Verpflichteten, also Beteiligte an Zusammenschlüssen und betroffene Dritte, und auch auf die nach Art. 42 zur Beweisaussage Verpflichteten. Damit gilt im schweizerischen Fusionskontrollverfahren ein umfassendes Auskunfts-, Zeugnis- und Editionsverweigerungsrecht.

Für das Zeugnisverweigerungsrecht verweist Art. 16 VwVG auf Art. 42 Abs. 1 und 3 BZP. Nach Art. 42 Abs. 1 lit. b BZP sind einerseits Berufsgeheimnisträger zur Verweigerung des Zeugnisses berechtigt (vorne 459f.), anderseits kann nach Art. 42 Abs. 1 lit. a BZP ein Zeuge die Aussage über Fragen verweigern, deren Beantwortung ihm selbst oder nahen Verwandten die Gefahr strafrechtlicher Verfolgung oder einer schweren Benachteiligung der Ehre zuziehen kann oder einen unmittelbaren Vermögensschaden verursachen würde.

Das Zeugnisverweigerungsrecht wegen eines drohenden Vermögensschadens scheint also auch im Fusionskontrollverfahren gegeben.[1970] Dies dürfte die Beurteilung von Zusammenschlüssen aber nicht weiter behindern, da der Vermögensschaden beim

---

[1968] Botschaft 148. Unter dem KG 85 war in der Lehre umstritten, ob Art. 16 Abs. 2 VwVG, den Art. 31 Abs. 2 KG 85 für sinngemäss anwendbar erklärte, ein Zeugnisverweigerungsrecht verlieh. Ohne Einschränkung für ein Zeugnisverweigerungsrecht: HOMBURGER zu Art. 31 N 19. Dagegen: GRISEL 114; SCHÜRMANN, in: SCHÜRMANN/SCHLUEP 704. Das Bundesgericht hat sich kürzlich letzterer Auffassung zu eigen gemacht: Urteil des Bundesgerichts vom 6. März 1995 in Sachen Denner AG und EG Dritte Kraft AG (2A.188 und 189/1993).

[1969] Im Zivilprozess wird auf die zur Beweisaussage „Verpflichteten" kein Zwang zur Aussage ausgeübt, WALTHER HABSCHEID, Schweizerisches Zivilprozess- und Gerichtsorganisationsrecht, Basel/Frankfurt a.M. 1986, N 956. Sollte dies für die Beweisaussage nach Art. 42 nicht der Fall sein, muss das Auskunftsverweigerungsrecht gemäss Art. 16 VwVG gelten, da das Schutzbedürfnis der von einer Untersuchung Betroffenen höher ist als das von Dritten und da das Fusionskontrollverfahren ohnehin auf Freiwilligkeit beruht.

[1970] Für das KG 85 wurde dieses Zeugnisverweigerungsrecht bejaht von RICHLI, Gutachten, 88-90 und 124-125; LIMBURG 137; generell gegen die Möglichkeit der Zeugnisverweigerung in Verfahren nach dem KG 85: GRISEL 113-114.

Zeugen selbst eintreten muss und ein Schaden des zusammenschlusswilligen Unternehmens kaum einen direkten Vermögensschaden beim Zeugen bewirken könnte.[1971] Auch das Auskunftsverweigerungsrecht kommt der einzelnen Auskunftsperson und nicht etwa dem zusammenschlusswilligen Unternehmen zu.

Für die Zeugnispflicht von Beamten und deren Grenzen verweist Art. 42 Abs. 3 BZP auf die besonderen Vorschriften des Beamtenrechts (für Bundesbeamte Art. 28 des Beamtengesetzes[1972]). Es gibt auch ein besonderes Zeugnisverweigerungsrecht für Mitarbeiter von Medienunternehmen (Art. 16 Abs. 3 VwVG).

Wird ein Zeugnisverweigerungsrecht angerufen, entscheidet die Wettbewerbskommission oder das Sekretariat mittels Verfügung über die Zeugnispflicht. Diese Verfügung kann selbständig angefochten werden. Im Fusionskontrollverfahren sollte für diese Beschwerde ein besonders rasches Verfahren vorgesehen werden, so dass die Wettbewerbskommission keine Entscheidung treffen würde, sie sei an der Sachverhaltsermittlung gehindert worden, was den Stillstand der Frist zur Folge hätte (Art. 34).

2. Vergleich mit dem europäischen Recht

Das Auskunfts- und Zeugnisverweigerungsrecht ist im schweizerischen Recht viel ausgedehnter. Zur Auskunftsverweigerung berechtigen das Berufsgeheimnis, die Medientätigkeit sowie die Gefahr einer strafrechtlichen Verfolgung, einer schweren Benachteiligung der Ehre oder eines Vermögensschadens. Im europäischen Verfahren gibt es kein vergleichbares gesetzliches Auskunftsverweigerungsrecht. Es ist auch weniger nötig, da die Kommission Auskunftsverlangen nur an Unternehmen richten kann und keine strafrechtliche Verfolgung droht. Dennoch hat der EuGH in den Urteilen Orkem und Solvay anerkannt, dass ein Unternehmen nicht verpflichtet werden darf, „Antworten zu erteilen, durch die es das Vorliegen einer Zuwiderhandlung eingestehen müsste, für die die Kommission den Beweis zu erbringen hat" (vorne 253ff.). In diesem engen Rahmen gibt es also im europäischen Wettbewerbsrecht ein Aussageverweigerungsrecht („Selbstbezichtigungsvorbehalt") zugunsten von Unternehmen. Ein solches Recht gibt es in der Schweiz nicht.

E. Schutz vertraulicher Informationen im Vergleich zum europäischen Recht

Das Amtsgeheimnis und der Schutz von Geschäftsgeheimnissen wurden bereits auf Seite 455 und 458 verglichen.

[1971] Vgl. SCHÜRMANN, in: SCHÜRMANN/SCHLUEP 704.
[1972] Fn 1941.

Bestimmte Kategorien von vertraulichen Informationen müssen den Wettbewerbsbehörden nicht ausgehändigt werden. Im schweizerischen Recht kann jeder Träger eines Berufsgeheimnisses im Sinne von Art. 321 StGB dessen Herausgabe an die Wettbewerbsbehörden verweigern. Im europäischen Wettbewerbsrecht können die Verfahrensbeteiligten die Herausgabe ihrer Korrespondenz mit einem in der Gemeinschaft niedergelassenen, unabhängigen Anwalt verweigern (Vertraulichkeit der Anwaltskorrespondenz, „legal professional privilege", vorne 249ff.). Das Berufsgeheimnis und die Vertraulichkeit der Anwaltskorrespondenz haben einen unterschiedlichen Zweck und einen unterschiedlichen Hintergrund.

Ein Auskunftsverweigerungsrecht von Berufsgeheimnisträgern gewährt das europäische Wettbewerbsrecht im Gegensatz zum schweizerischen nicht. Es ist aber auch nicht nötig, da Auskunftsverlangen nicht an natürliche Personen (mit Ausnahme der Personen, die ein beteiligtes Unternehmen kontrollieren) gerichtet und Nachprüfungen nur bei Unternehmen vorgenommen werden können. Der Grundsatz der Vertraulichkeit der Anwaltskorrespondenz gibt *dem Klienten* das Recht, gewisse Dokumente der Kommission nicht auszuhändigen. Im schweizerischen Verfahren gibt es kein solches Recht des Klienten.

Die Auskunfts- und Zeugnisverweigerungsrechte im schweizerischen Recht sind viel ausgedehnter als der Selbstbezichtigungsvorbehalt des europäischen Rechts. Im Gegensatz zu letzterem dienen sie aber dem Schutz von Privatpersonen und nicht von Unternehmen.

Im schweizerischen Wettbewerbsrecht gibt es insgesamt mehr rechtlich anerkannte Gründe als im europäischen Wettbewerbsrecht, die Herausgabe von vertraulichen Informationen an die Wettbewerbsbehörden zu verweigern.

F. Rechtliches Gehör

1. Das rechtliche Gehör als Sammelbegriff für Äusserungs-, Orientierungs- und Mitwirkungsrechte

Im schweizerischen Recht wird das rechtliche Gehör als Sammelbegriff für eine ganze Reihe von Verfahrensrechten verwendet. Der Anspruch auf rechtliches Gehör wird bisweilen auch als Verbot der formellen Rechtsverweigerung bezeichnet. Ihm kommt, um mit SALADIN zu sprechen, grösste praktische und dogmatische Bedeutung zu.[1973] Das Bundesgericht leitet den Anspruch auf rechtliches Gehör aus Art. 4 Abs. 1 BV ab (Gleichbehandlungsgebot). Der Anspruch auf rechtliches Gehör hat deshalb Verfassungsrang; er ist sogar ein verfassungsmässiges Recht.[1974]

[1973] SALADIN 126.
[1974] MÜLLER, in: Kommentar zu Art. 4 BV N 15.

Kapitel 5: Verfahrensrechte und Grundsätze des Verwaltungsrechts

Der Anspruch auf rechtliches Gehör umfasst Äusserungs-, Orientierungs- und Mitwirkungsrechte. Zusammengefasst gibt es dem Bürger den Anspruch, „in einem Verwaltungs- oder Gerichtsverfahren mit seinem Begehren angehört zu werden, Einblick in die Akten zu erhalten und zu den für die Entscheidung wesentlichen Punkten Stellung nehmen zu können".[1975]

Im Einzelnen verleiht es folgende Rechte:[1976]

Äusserungsrechte:

Recht auf Äusserung

Recht zur Stellungnahme zu den Beweisergebnissen

Orientierungsrechte:

Akteneinsichtsrecht

Recht auf eine begründete Entscheidung

Mitwirkungsrechte:

Recht auf Stellung von Beweisanträgen

Recht auf Mitwirkung bei der Sachverhaltsabklärung.

Die aufgezählten Rechte bedingen sich teilweise gegenseitig. So ist die Akteneinsicht eine Voraussetzung für eine wirksame Äusserung.

Diesen Rechten entspricht die Pflicht der Behörde, die erheblichen Äusserungen und Anträge der Parteien zur Kenntnis zu nehmen, zu würdigen und dazu Stellung zu nehmen.[1977] Dass dies erfolgt ist, muss sich in der Begründung der Verfügung niederschlagen (hinten 480f., Begründungspflicht).[1978]

Für das Verwaltungsverfahren vor Bundesbehörden konkretisiert das VwVG die wichtigsten der aus Art. 4 BV abgeleiteten Verfahrensrechte in den Artikeln 18 und 26 - 33.[1979] Der Anspruch auf rechtliches Gehör ist in der schweizerischen Verfassungs- und Verwaltungsrechtsliteratur ausgiebig behandelt worden.[1980]

[1975] HÄFELIN/MÜLLER N 443.
[1976] Vgl. KÖLZ/HÄNER N 52; LIMBURG 199; SALADIN 132-136; HANGARTNER 211-212; z.B. BGE 116 Ia 94, 99. Die Lehre ist aber nicht einmütig, welche Rechte im einzelnen dem Anspruch auf rechtliches Gehör zuzurechnen sind, vgl. LIMBURG 199 m.w.H.
[1977] Vgl. SALADIN 135-136; KÖLZ/HÄNER N 52; MÜLLER, in: Kommentar zu Art. 4 BV N 114.
[1978] BGE 117 Ib 492; MÜLLER, in: Kommentar zu Art. 4 BV N 113; HAEFLIGER 147; AUBERT N 1808quater.
[1979] Fn 1928.
[1980] Vgl. nur SALADIN 127-143; AUBERT N 1804-1812, ad N 1804-1812; HANGARTNER 211-214; HÄFELIN/MÜLLER N 1306-1329; MÜLLER, in: Kommentar zu Art. 4 BV; HAEFLIGER 115-157; COTTIER, Der Anspruch auf rechtliches Gehör (Art. 4 BV); KLAUS REINHARDT, Das rechtliche Gehör in Verwaltungssachen, Zürich 1968; speziell für das Untersuchungsverfahren nach KG 85: LIMBURG 198-245.

2. Das rechtliche Gehör als Äusserungsrecht:

Das rechtliche Gehör im engeren Sinne ist das Recht, sich zu den von der Behörde vorgebrachten entscheidungsrelevanten Punkten zu äussern. Es ist in den Art. 29 - 32 VwVG geregelt.

3. Berechtigte

Das rechtliche Gehör steht den Parteien zu (Art. 29 VwVG). Dies sind im Fusionskontrollverfahren zunächst die beteiligten Unternehmen. Partei ist wohl auch der Veräusserer eines Unternehmens oder Unternehmensteils, obschon er im schweizerischen Recht im Gegensatz zum europäischen nicht als beteiligtes Unternehmen gilt (Art. 3 AVO; Art. 11 lit. b DVO).

Dritte haben im Fusionskontrollverfahren grundsätzlich keine Verfahrensrechte, auch wenn sie Parteieigenschaft haben (Art. 43 Abs. 4). Sie können aber gemäss Art. 33 Abs. 1 zum Zusammenschluss Stellung nehmen.

Den Wettbewerbsbehörden ist es nicht verwehrt und im Rahmen des Untersuchungsgrundsatzes ist es sogar geboten, Äusserungen Dritter zu berücksichtigen.[1981] Art. 15 Abs. 2 AVO hält fest, dass das Sekretariat von betroffenen Dritten Auskünfte einholen kann, die für die Beurteilung des Zusammenschlusses von Bedeutung sind.

Unter dem KG 85 hatten Dritte keinen Anspruch auf Äusserung im Verfahren vor der Kartellkommission.[1982] Es war umstritten, ob sie einen solchen im Verfahren vor dem EVD hatten.[1983]

4. Umfang

Bevor die Wettbewerbskommission oder das Sekretariat eine Verfügung trifft, müssen die Parteien Gelegenheit erhalten, sich zu allen rechtserheblichen Punkten zu äussern.[1984] Dazu gehören alle Sachfragen, also das Ergebnis der Sachverhaltsermittlung.[1985] Zur rechtlichen Beurteilung des Sachverhalts müssen sich die Parteien nur äussern können, wenn die Behörde sich auf juristische Argumente zu stützen gedenkt, die den Parteien nicht bekannt sind und mit deren Heranziehung sie nicht

---

[1981] Zum Verfahren nach dem KG 85 vgl. LIMBURG 139.

[1982] Art. 31 Abs. 4 KG 85; GRISEL 112; SCHÜRMANN, in: SCHÜRMANN/SCHLUEP 708; LIMBURG 139. Für einen solchen Anspruch trat RICHLI ein, Verfahrensfragen, 210, 217-218.

[1983] Vorne 353f.

[1984] Art. 30 Abs. 1 VwVG; BGE 114 Ia 314; KÖLZ/HÄNER N 52; MÜLLER, in: Kommentar zu Art. 4 BV N 105.

[1985] HÄFELIN/MÜLLER N 1317; MÜLLER, in: Kommentar zu Art. 4 BV N 105.

rechnen mussten.[1986] Zu den rechtserheblichen Punkten gehört auch der voraussichtliche Inhalt der Verfügung.[1987]

Art. 30 Abs. 2 VwVG nennt Verfügungen, vor denen die Beteiligten nicht angehört werden müssen. Für das Fusionskontrollverfahren von Bedeutung sind Zwischenverfügungen, die nicht selbständig durch Beschwerde anfechtbar sind, dringliche Verfügungen und Verfügungen, in denen die Behörde den Begehren der Parteien voll entspricht. Art. 30 Abs. 2 VwVG bedeutet umgekehrt, dass die Parteien vor Erlass von selbständig anfechtbaren Zwischenverfügungen angehört werden müssen.

Im Fusionskontrollverfahren muss den Zusammenschlussbeteiligten somit in der Regel vor Verfügungen über die Zulässigkeit des Zusammenschlusses und vor Verfügungen über Massnahmen zur Wiederherstellung wirksamen Wettbewerbs die Möglichkeit zur Äusserung gegeben werden. Zur Eröffnung eines Hauptprüfverfahrens und zu dringlichen Verfügungen über Untersuchungsmassnahmen müssen die Beteiligten nicht vorgängig angehört werden.

Die Beteiligten haben insbesondere auch das Recht, sich zu den Ergebnissen der Zeugeneinvernahmen zu äussern und Ergänzungsfragen zu stellen. Art. 18 VwVG stellt sogar den Grundsatz auf, dass die Parteien den Zeugeneinvernahmen beiwohnen können. Die Anwesenheit der Parteien bei den Zeugeneinvernahmen und die Einsicht in die Einvernahmeprotokolle kann ihnen jedoch zur Wahrung wesentlicher öffentlicher oder privater Interessen verweigert werden (Art. 18 Abs. 2 VwVG). In jedem Fall muss die Wettbewerbskommission der betreffenden Partei den Inhalt der Einvernahme nach Art. 28 VwVG bekannt machen und ihr die Möglichkeit geben, sich zu äussern und Gegenbeweise zu bezeichnen; andernfalls kann die Einvernahme nicht als Beweismittel verwendet werden.

In wettbewerbsrechtlichen Verfahren dürfte die Teilnahme der Parteien an Zeugeneinvernahmen die Ausnahme sein.[1988] Der Konflikt zwischen dem Zeugenschutz und dem Interesse an einem effizienten Verfahren einerseits und dem rechtlichen Gehör der Beteiligten anderseits, lässt sich m.E. über Art. 18 VwVG befriedigend lösen.[1989] Zum Schutz der Zeugen vor Retorsionsmassnahmen dürfte der Ausschluss der Beteiligten von Zeugeneinvernahmen die Regel sein.[1990]

1986 MÜLLER, in: Kommentar zu Art. 4 BV N 105; RICHLI, Verfahrensfragen, 219.

1987 HÄFELIN/MÜLLER N 1314. Die Kartellkommission hat den Unternehmen mehrmals von sich aus ermöglicht, zu einer Zusammenfassung der rechtlichen Würdigung des Sachverhalts Stellung zu nehmen, VKKP 1a/1991, 4-5 (Zementmarkt und Sand, Kies und Transportbeton).

1988 Dies war auch die herrschende Auffassung bei der Einvernahme von Zeugen unter Art. 31 Abs. 2 KG 85: SCHÜRMANN, in: SCHÜRMANN/SCHLUEP 704-705; HOMBURGER zu Art. 31 N 21-22; RICHLI, Gutachten, 75-76; GRISEL 109. Die Meinung, dass die Teilnahme der Beteiligten an Zeugeneinvernahmen ganz ausgeschlossen war, vertrat LIMBURG 229-232 und 301-302.

1989 Gl.M. LIMBURG 231 und 265; STOFFEL, Nouveau droit, 56. A.M. ZÄCH, Wettbewerbsrecht, 864 und SCHLUEP, Anmerkungen, 120 und 122-123, die eine spezielle Bestimmung vorschlagen.

1990 Zur Wahrscheinlichkeit von Retorsionsmassnahmen s. SCHLUEP, Anmerkungen, 119.

Der Umfang des gesetzlichen Gehörsanspruchs Dritter beschränkt sich auf die Stellungnahme zum geplanten Zusammenschluss (Art. 33 Abs. 1). Für diese Stellungnahme steht ihnen mindestens der wesentliche Inhalt der Meldung zur Verfügung. Wenn das Sekretariat von Dritten Auskünfte einholen will, kann es ihnen weitere Angaben über den Zusammenschluss offenbaren. Nach Art. 15 Abs. 2 der AVO ist es dabei lediglich an den Schutz von Geschäftsgeheimnissen gebunden. Sogar unter das Amtsgeheimnis fallende Informationen können offengelegt werden. Eine solche Information dürfte insbesondere die Tatsache des Zusammenschlusses sein, die der Öffentlichkeit während des Vorprüfverfahrens noch nicht bekannt ist. Stellt die Tatsache des Zusammenschlusses ein Geschäftsgeheimnis dar (vorne 452f.), so ist die Orientierung Dritter über den Zusammenschluss ausgeschlossen.

Der Anspruch auf rechtliches Gehör findet wie der Anspruch auf Akteneinsicht dort seine Schranken, wo ihm schutzwürdige Interessen anderer Privater oder des Staates entgegenstehen.[1991] Die Schranken des rechtlichen Gehörs entsprechen den Schranken der Akteneinsicht gemäss Art. 27 VwVG (hinten 470ff.). Oft können die unterschiedlichen Interessen durch beschränkte oder nachträgliche Anhörung gewahrt werden.

Das rechtliche Gehör muss dann nicht gewährt werden, wenn eine Verfügung besonders dringend ist („Gefahr im Verzuge ist") und den Beteiligten die Beschwerde dagegen zusteht (Art. 30 Abs. 2 lit. e VwVG).[1992] In solchen Situationen überwiegt das Interesse des Staates an einer wirksamen Untersuchung. Dies betrifft in erster Linie Ermittlungshandlungen. Im Fusionskontrollverfahren ist aber auch die Situation denkbar, dass ein Beteiligter wegen wichtiger Gründe eine Erlaubnis zum sofortigen Vollzug des Zusammenschlusses beantragt und ein anderer Zusammenschlussbeteiligter, der sich dem Vollzug widersetzt, z.B. das Zielunternehmen eines öffentlichen Übernahmeangebots, dazu wegen Dringlichkeit nicht angehört werden kann.

5. Modalitäten der Äusserung

Die Äusserung kann schriftlich oder mündlich erfolgen.[1993] Ein Anspruch auf eine mündliche Äusserung besteht allerdings nicht, soweit die Behörde nicht über eine strafrechtliche Anklage zu entscheiden hat (Art. 6 EMRK).[1994] Mündliche Anhörungen (sog. Hearings) dürften jedoch wie unter dem KG 95 oft durchgeführt werden. Die mündliche Anhörung ist nachstehend in einem eigenen Kapitel behandelt.

[1991] HÄFELIN/MÜLLER N 1311.
[1992] Vgl. SALADIN 142; HÄFELIN/MÜLLER N 1311; BGE 104 Ib 129, 134-136.
[1993] KÖLZ/HÄNER N 136; SALADIN 132.
[1994] BGE 108 Ia 188, 191; BGE 115 II 129, 133; HÄFELIN/MÜLLER N 1315 m.w.H.; SALADIN 132.

Die Stellungnahme Dritter zur Tatsache des Zusammenschlusses erfolgt in der Regel schriftlich, das Sekretariat kann aber im Einzelfall eine mündliche Anhörung anordnen (Art. 19 AVO).

6. Zeitpunkt der Äusserung

Das rechtliche Gehör muss vor Erlass einer Verfügung gewährt werden. Die meisten Verfügungen werden im Hauptprüfverfahren getroffen. Aber auch im Vorprüfverfahren können Verfügungen getroffen werden (z.B. über den vorzeitigen Vollzug des Zusammenschlusses). Deshalb muss auch in dieser Phase das rechtliche Gehör gewährt werden, sofern dargetan ist, dass die Verfügung einen nicht wieder gutzumachenden Schaden bewirken könnte.

Damit die Beteiligten ihren Anspruch auf rechtliches Gehör in ausreichendem und umfassendem Masse wahrnehmen können, sollte ihnen die Wettbewerbskommission zu einem Zeitpunkt nach der Ermittlung des Sachverhalts und einer ersten Würdigung die Gelegenheit geben, sich dazu zu äussern. Sinnvoll wäre ein der Mitteilung der Einwände des europäischen Fusionskontrollverfahrens nachempfundenes Schreiben, das den relevanten Sachverhalt, ein Verzeichnis der Beweismittel, auf die sich die Wettbewerbskommission stützen will, und die Einwände, die sie gegen den Zusammenschluss erhebt, umfasst.[1995]

7. Missachtung des rechtlichen Gehörs

Der Anspruch auf rechtliches Gehör ist Teil des Bundesrechts. Seine Missachtung kann somit in der verwaltungsrechtlichen und der verwaltungsgerichtlichen Beschwerde gerügt werden. Die Missachtung des rechtlichen Gehörs ist ein Grund für die Nichtigkeit der Verfügung, unabhängig davon, ob ihr Inhalt durch die Nichtgewährung des rechtlichen Gehörs beeinflusst worden ist.[1996] Es wird deshalb auch gesagt, der Anspruch auf rechtliches Gehör sei formeller Natur.[1997]

Nach der Rechtsprechung des Bundesgerichts kann die Missachtung des rechtlichen Gehörs geheilt werden, wenn die unterlassene Anhörung, Akteneinsicht oder Begründung in einem Rechtsmittelverfahren nachgeholt wird, in dem die betreffende Frage in gleichem Umfang geprüft werden kann wie durch die Vorinstanz.[1998] Im Beschwerdeverfahren ist dies möglich. Im Gegensatz zum Bundesgericht wollen das

---

[1995] Auch für das rechtliche Gehör in Kartellsachen schlug LIMBURG eine ähnliche Lösung vor, LIMBURG 304-305.
[1996] HÄFELIN/MÜLLER N 1328 mit Hinweisen auf die Rechtsprechung; KÖLZ/HÄNER N 53. Dies im Unterschied zu anderen Verfahrensvorschriften, deren Missachtung nur dann die Aufhebung der angefochtenen Verfügung zur Folge hat, wenn sie Einfluss auf den Entscheid gehabt hat und nicht geheilt werden kann, GYGI 297-298.
[1997] HÄFELIN/MÜLLER N 1328; AUBERT N 1812 und ad 1812.
[1998] HÄFELIN/MÜLLER N 798 und 1329; KÖLZ/HÄNER N 53.

Eidgenössische Versicherungsgericht, der Bundesrat und die überwiegende Lehre die Heilung einer Verletzung des rechtlichen Gehörs nur zulassen, wenn sie im Interesse des Betroffenen liegt.[1999]

Daraus, dass das Bundesgericht die Verletzung des rechtlichen Gehörs im erstinstanzlichen Verfahren in der Regel als heilungsfähig ansieht, folgt auch, dass es eine verfahrensleitende Verfügung, die nach Ansicht eines Beteiligten das rechtliche Gehör verletzt, in der Regel nicht als selbständig anfechtbare Zwischenverfügung betrachtet.[2000] Bezüglich des Akteneinsichtsrechts verneinte das Bundesgericht in einer Entscheidung vom 15. Februar 1990 in Sachen Schweizerische Bankiervereinigung gegen EVD die Anfechtbarkeit (mit Verwaltungsgerichtsbeschwerde) einer Zwischenverfügung des EVD, die ein Begehren um Einsicht in Akten der Kartellkommission aus deren Untersuchung gegen den Antragsteller verweigerte.[2001] Das Bundesgericht stellte sich auf den Standpunkt, dass kein nicht wieder gutzumachender Nachteil drohe und die Zwischenverfügung des EVD somit auch mit der Endverfügung angefochten werden könne. Es gibt jedoch gute Gründe dafür, dass die Verletzung des Rechts auf Akteneinsicht (und des rechtlichen Gehörs insgesamt) im erstinstanzlichen Verfahren einen nicht wieder gutzumachenden Nachteil bewirkt und deshalb selbständig anfechtbar sein sollte.[2002]

Gerade im Fusionskontrollverfahren ist es zweifelhaft, ob die Gewährung des rechtlichen Gehörs im Rechtsmittelverfahren, einige Monate nach einer Untersagung des geplanten Zusammenschlusses, ausreichend ist. Zu diesem Zeitpunkt kann das Interesse am Zusammenschluss aus verschiedenen Gründen erloschen sein. Die Dauer bis zu einer Verfügung, vor deren Erlass die Beteiligten gehörig angehört wurden, würde verkürzt, wenn die Zwischenverfügung, die das rechtliche Gehör verweigert, selbständig angefochten werden könnte und die Beschwerde schon wegen der Missachtung des rechtlichen Gehörs gutgeheissen würde. Die Missachtung des rechtlichen Gehörs könnte so schon nach Tagen oder Wochen korrigiert werden. Das gesamte Verfahren könnte um Monate verkürzt werden und die Möglichkeit, dass ein schliesslich gutgeheissenes Zusammenschlussvorhaben wegen Verfahrensfragen durchkreuzt würde, wäre geringer.

[1999] HÄFELIN/MÜLLER N 1329; MÜLLER, in: Kommentar zu Art. 4 BV N 103 m.w.H.; KÖLZ/HÄNER N 53; COTTIER 9; vgl. schon die Kritik von AUBERT N 1810 (1967). Zur Haltung des Bundesrates s. HOMBURGER zu Art. 38 N 17 Fn 19.

[2000] Vgl. GYGI 142.

[2001] VKKP 1a/1991, 85-89; Vgl. HOMBURGER zu Art. 38 N 16.

[2002] Vgl. HOMBURGER zu Art. 38 N 17; MÜLLER, in: Kommentar zu Art. 4 BV N 103; HÄFELIN/MÜLLER N 1329; VPB 1985, Nr. 18, 129.

G. Akteneinsicht

1. Begriff und Grundsatz[2003]

Die Verwaltungsakten sind grundsätzlich nicht öffentlich.[2004] Um ihren Anspruch auf rechtliches Gehör wirksam wahrnehmen zu können, müssen die von einem Verfahren Betroffenen grundsätzlich Einsicht in die entscheidrelevanten Akten erhalten.[2005] Das Recht auf Akteneinsicht dient somit dem rechtlichen Gehör.

Die Akteneinsicht im Verwaltungsverfahren ist in Art. 26 - 28 VwVG geregelt. Danach haben die Parteien, im Fusionskontrollverfahren die Zusammenschlussbeteiligten, einen Anspruch, die entscheidrelevanten Akten am Sitz der verfügenden Behörde, also der Wettbewerbskommission, oder einer von ihr bezeichneten kantonalen Behörde einzusehen (Art. 26 VwVG). Das Akteneinsichtsrecht bedingt, dass einsichtsfähige Akten geführt werden.[2006]

Unter dem KG 85 gab es im Verfahren vor der Kartellkommission nach Auffassung des Bundesgerichts und der überwiegenden Lehre kein Recht auf Akteneinsicht. Mit der Gewährung des Rechts auf Einsicht in die tatsächlichen Feststellungen des Berichts gestützt auf Art. 31 Abs. 4 KG 85 sei das rechtliche Gehör im kartellrechtlichen Untersuchungsverfahren abschliessend geregelt worden.[2007] Ob die Kartellkommission nach eigenem Ermessen Akteneinsicht gewähren konnte, war umstritten.[2008] Akteneinsicht im Verfahren vor der Kartellkommission war von mehreren Autoren, insbesondere HOMBURGER, verschiedentlich gefordert worden.[2009]

2. Berechtigte

Das Recht auf Akteneinsicht steht grundsätzlich den Parteien zu (Art. 26 VwVG). Im Fusionskontrollverfahren ist es auf die am Zusammenschluss beteiligten Unternehmen beschränkt (Art. 43 Abs. 4). Die am Zusammenschluss Beteiligten müssen kein besonderes Interesse an der Akteneinsicht glaubhaft machen.[2010]

2003 Vgl. WILLY HUBER, Das Recht des Bürgers auf Akteneinsicht im Verwaltungsverfahren, Dissertation, St. Gallen 1980; ALEXANDER DUBACH, Das Recht auf Akteneinsicht, Dissertation, Zürich 1990.
2004 HÄFELIN/MÜLLER N 1320.
2005 Vgl. LIMBURG 222; COTTIER 122.
2006 Vgl. COTTIER 123.
2007 BGE 113 Ib 90, 95-96; bestätigt in BGE 117 Ib 481, 484-487; SCHÜRMANN, in: SCHÜRMANN/SCHLUEP 707; RICHLI, Gutachten, 82-85.
2008 Dagegen: GRISEL 112-113; dafür: RICHLI, Gutachten, 84-85.
2009 ERIC HOMBURGER, Anmerkungen zu BGE 113 Ib 90, in: SAG 1988, 31-34; HOMBURGER zu Art. 31 N 5 Fn 6 und N 7-8a m.w.H.; LIMBURG 204-207.
2010 SALADIN 133; VPB 1984, Nr. 34, 221.

3. Umfang

a) Grundsatz

Den Parteien muss Einsicht in alle Akten gewährt werden, die möglicherweise als Entscheidungsgrundlage in Frage kommen.[2011] Aktenstücke, in die die Parteien keine Einsicht nehmen konnten oder deren wesentlicher Inhalt ihnen nicht mit der Möglichkeit zur Stellungnahme zugänglich gemacht wurde, dürfen von der Behörde nicht als Beweismittel verwendet werden (Art. 28 VwVG).[2012] Art. 26 VwVG nennt als Aktenstücke, in die Einsicht gewährt werden muss, Eingaben von Parteien, Vernehmlassungen von Behörden, alle als Beweismittel dienenden Aktenstücke und bereits eröffnete Verfügungen. Im Fusionskontrollverfahren kommen als Beweismittel in Betracht: Urkunden (z.B. Verträge zwischen den Parteien), Protokolle oder Aktennotizen von Befragungen der Beteiligten und Dritter (Hearings)[2013], Ergebnisse von Untersuchungsmassnahmen, also Protokolle von Zeugeneinvernahmen, von Beweisaussagen, von Hausdurchsuchungen, Expertengutachten (vgl. Art. 12 VwVG).

In der Lehre wird die Ansicht vertreten, die Einsicht in die Sachverhaltsdarstellung der Wettbewerbsbehörde würde nach Art. 26 VwVG für die Gewährung der Akteneinsicht ausreichen, und es müsste keine Einsicht in die dieser Darstellung zugrundeliegenden Aktenstücke gewährt werden.[2014] Diese Auffassung widerspricht dem Wortlaut von Art. 26 Abs. 1 lit. b VwVG. Dieser verlangt Einsicht in alle als Beweismittel dienenden Aktenstücke. Überzeugend hat LIMBURG zum KG 85 dargelegt, dass die Einsicht in die Sachverhaltsdarstellung der Kartellkommission die Einsicht in die ihr zugrundeliegenden Akten nicht ersetzt.[2015]

b) Schranken

Das rechtliche Gehör und damit auch die Akteneinsicht stehen in einem Spannungsverhältnis zu legitimen Geheimhaltungsansprüchen der Behörden und anderer Privater.[2016] Die Schranken des Akteneinsichtsrechts sind in Art. 27 VwVG umschrieben. Danach kann die Akteneinsicht verweigert werden, wenn wesentliche öffentliche oder private Interessen die Geheimhaltung erfordern. Aus den gleichen Gründen kann den Beteiligten die Teilnahme an Zeugeneinvernahmen und die Einsicht in die

---

[2011] VPB 1970/71, Nr. 16, 59; MÜLLER, in: Kommentar zu Art. 4 BV N 108.
[2012] Vgl. HÄFELIN/MÜLLER N 1324.
[2013] Vgl. LIMBURG 122-123.
[2014] RICHLI, Gutachten, 83; SCHMID 55 (die von SCHMID vorgebrachte Argumentation des Bundesgerichts bezieht sich jedoch auf Akten der Kartellkommission im Verfahren vor dem EVD und nicht auf Akten der entscheidenden Behörde selbst).
[2015] LIMBURG 227-229.
[2016] Vgl. Botschaft 147.

Einvernahmeprotokolle verweigert werden (Art. 18 VwVG). Im Einzelfall sind die Gründe für die Verweigerung der Akteneinsicht zu nennen.[2017]

Wird einem Beteiligten die Einsicht in ein Aktenstück verweigert, kann die Wettbewerbskommission zu seinem Nachteil nur darauf abstellen, wenn sie ihn von dessen wesentlichem Inhalt mündlich oder schriftlich in Kenntnis setzt und ihm ausserdem Gelegenheit gibt, sich dazu zu äussern und Gegenbeweise zu bezeichnen (Art. 28 VwVG). Der wesentliche Inhalt kann den Beteiligten mittels Zusammenfassungen, Abdecken der vertraulichen Passagen, Ersetzung absoluter Zahlen durch ungefähre Angaben, etc. zur Kenntnis gebracht werden.[2018] Dies wird erleichtert, wenn die Beteiligten von sich aus nichtvertrauliche Zusammenfassungen von Dokumenten erstellen.

Die Abwägung der verschiedenen Interessen muss im Einzelfall geschehen.[2019] Der Begriff der wesentlichen privaten oder öffentlichen Interessen ist ein unbestimmter Rechtsbegriff, der den Behörden einen weiten Beurteilungsspielraum einräumt.[2020] Wesentliche private Interessen sind etwa der Schutz von Geschäftsgeheimnissen, der Schutz von Informanten und Experten sowie Persönlichkeitsrechte von Privaten.[2021] Wesentliche öffentliche Interessen sind das Interesse an der Effektivität einer noch nicht abgeschlossenen Untersuchung, der Schutz der Polizeigüter, die innere und äussere Sicherheit der Schweiz, die Wahrung der Anonymität von Informanten oder das Interesse an der freien behördeninternen Willensbildung.[2022]

Der Schutz von Geschäftsgeheimnissen ist wie im europäischen Fusionskontrollverfahren absolut. So verlangt Art. 16 die Wahrung von Geschäftsgeheimnissen auch in zivilrechtlichen Verfahren, und Art. 25 verbietet generell deren Veröffentlichung. Auch in der Botschaft wird anerkannt, dass sich ein spezifischer Schutz von Geschäftsgeheimnissen im Wettbewerbsrecht in besonderem Masse aufdrängt.[2023]

Der Schutz der Identität von Informanten dürfte bei entsprechender Wahrscheinlichkeit von Repressalien höher einzuschätzen sein als das Interesse des Beteiligten,

---

[2017] MÜLLER, in: Kommentar zu Art. 4 BV N 111.
[2018] Vgl. HÄFELIN/MÜLLER N 1324; SCHÜRMANN, in: SCHÜRMANN/SCHLUEP 532. Sofern das wesentliche private Interesse im Schutz der Identität des Informanten besteht, dürfen die zur Verfügung gestellten Informationen auch keine Rückschlüsse darauf erlauben, vgl. SCHLUEP, Anmerkungen, 120.
[2019] BGE 117 Ib 481, 494; SALADIN 140; MÜLLER, in: Kommentar zu Art. 4 BV N 102 und 110; HÄFELIN/MÜLLER N 1324.
[2020] BGE 117 Ib 481, 494.
[2021] Art. 27 VwVG; BGE 117 Ib 481, 494; MÜLLER, in: Kommentar zu Art. 4 BV N 110; COTTIER 124; Botschaft 147.
[2022] Art. 27 VwVG; MÜLLER, in: Kommentar zu Art. 4 BV N 110; HÄFELIN/MÜLLER N 1323; COTTIER 124.
[2023] Botschaft 126 und 134.

nicht nur den Inhalt der Information, sondern auch die Identität des Informanten zu kennen.[2024]

Interne Unterlagen der Behörden sind grundsätzlich von der Akteneinsicht ausgenommen. Dazu gehören Notizen von Beamten, Entwürfe von Verfügungen, Mitberichte und Auskünfte anderer Amtsstellen, etc.[2025] Solche Unterlagen können jedoch nur solange von der Akteneinsicht ausgenommen sein, als die Behörde ihren Entscheid nicht darauf stützt.[2026] Allerdings ist fraglich, ob ein Dokument, auf das sich die Behörde stützt, noch als internes Dokument bezeichnet werden kann. Verwendet die Behörde z.B. eine ursprünglich für internen Gebrauch erstellte Beurteilung der Wettbewerbsverhältnisse auf einem bestimmten Markt, muss sie den Beteiligten Einsicht in dieses Dokument gewähren.

Die oben genannten Schranken der Akteneinsicht dürften bewirken, dass sich die Einsicht in der Regel keineswegs auf die gesamte Akte erstreckt. Zahlreiche der Aktenstücke dürften nur in verkürzter oder zusammengefasster Form zugänglich sein.[2027] Die klare Regelung der Schranken der Akteneinsicht im VwVG sollte die gegen die Gewährung der Akteneinsicht unter dem KG 85 vorgebrachten Argumente zerstreuen. Der Konflikt zwischen den Geheimhaltungsinteressen und dem rechtlichen Gehör sollte durch die Regelung des VwVG zufriedenstellend gelöst werden können.[2028]

Der Ausschluss der Akteneinsicht und die in einem solchen Fall anzuwendenden Massnahmen werden durch Art. 26 - 28 VwVG klar und knapp umschrieben. Eine ähnliche Formulierung in der Durchführungsverordnung zur FKVO und vor allem eine klare Praxis wären auch im europäischen Recht zu begrüssen.

4. Zeitpunkt der Ausübung

Die Beteiligten können das Recht auf Akteneinsicht nicht nach Belieben ausüben. Es ist ausreichend, wenn die Wettbewerbsbehörde den Beteiligten zu einem bestimmten Zeitpunkt vor deren Anhörung Einsicht in die Akte gewährt.[2029] Die Gewährung von Akteneinsicht ist in der Regel einmalig. Nicht nötig ist die Gewährung von Akteneinsicht vor dem Erlass von verfahrensleitenden Verfügungen.

Die Akteneinsicht dürfte zu einem bestimmten Zeitpunkt im Hauptprüfverfahren ermöglicht werden, da die entscheidungsrelevanten Dokumente erst im Hauptprüf-

---

[2024] LIMBURG 266; RICHLI, Gutachten, 75; im Strafrecht BGE 103 Ia 490, 493; kritisch: HOMBURGER zu Art. 31 N 22.
[2025] BGE 113 Ia 1, 9; BGE 115 V 297, 303; HÄFELIN/MÜLLER N 1322.
[2026] BGE 115 V 297, 303-305; BGE 117 Ia 90, 96; SALADIN 134; HÄFELIN/MÜLLER N 1322.
[2027] Vgl. RICHLI, Verfahrensfragen, 216; RICHLI, Gutachten, 83-84.
[2028] S. Fn 1989.
[2029] RICHLI, Gutachten, 82.

verfahren in der Akte vereinigt sind. Im Vorprüfverfahren liegen noch keine eigentlichen Beweismittel vor. Die Wettbewerbskommission kann sich für die Eröffnung eines Hauptprüfverfahrens auch lediglich auf Anhaltspunkte stützen. Im Verfahren der Vorabklärung von Wettbewerbsbehinderungen ist die Akteneinsicht ausdrücklich ausgeschlossen (Art. 26 Abs. 3).

Das Recht auf Akteneinsicht kann auch nach Erlass einer Verfügung im Hinblick auf deren Anfechtung verlangt werden.[2030]

5. Durchführung

Wer Anspruch auf Akteneinsicht hat, ist frei, davon Gebrauch zu machen. Akteneinsicht wird grundsätzlich nur auf Gesuch hin gewährt.[2031] Nach Art. 26 Abs. 1 VwVG kann die Akte am Sitz der verfügenden Behörde (oder einer durch sie bezeichneten kantonalen Behörde) eingesehen werden. Ein Anspruch auf Herausgabe der Akten besteht nicht, allerdings ist es der Behörde nicht verwehrt, Anwälten die Akten in ihr Büro zuzustellen.[2032] Das Recht auf Akteneinsicht verlangt, dass die Akten eingesehen, sowie Notizen und gegen Gebühren normalformatige Photokopien gemacht werden können.[2033] Mit der Akteneinsicht verbundene Verpflichtungen, bestimmte Kenntnisse nicht weiterzugeben, sind bestimmt zulässig.

6. Missachtung des Rechts auf Akteneinsicht

Die Verletzung des Rechts auf Akteneinsicht ist eine Verletzung des rechtlichen Gehörs und bildet somit für sich selbst, unabhängig davon, ob sie die Entscheidung beeinflusst hat, einen Grund für die Rechtswidrigkeit des Verfahrens und für die Nichtigerklärung der daraus resultierenden Verfügung (vorne 467f.).

[2030] BGE 104 Ib 59, 60-61.
[2031] KÖLZ/HÄNER N 131.
[2032] BGE 108 Ia 5, 7; KÖLZ/HÄNER N 131. Vgl. auch die Entscheidung des Bundesgerichts vom 11.7.94 (G31/1994) zit. in SJZ 1994, 369, wonach ein Anwalt kein Recht darauf hat, dass ihm ein besonders umfangreiches Dossier in seine Kanzlei zugestellt wird.
[2033] BGE 108 Ia 5, 7; BGE 116 Ia 325; KÖLZ/HÄNER N 131.

H. Mündliche Anhörung

1. Grundsatz

Die Äusserungen im Rahmen des rechtlichen Gehörs können schriftlich oder mündlich erfolgen.[2034] Art. 4 BV und das VwVG geben keinen Anspruch auf eine mündliche Anhörung.[2035] Dagegen verlangt Art. 6 EMRK eine mündliche Anhörung in Verfahren, in denen strafrechtliche Anklagen im Sinne von Art. 6 Ziff. 1 EMRK beurteilt werden.[2036] Dies trifft sicher bei Bussen nach Art. 54 und 55 und möglicherweise[2037] bei Sanktionen nach Art. 51 und 52 zu. Das für die Verfolgung von Verstössen gegen Art. 54 und 55 anwendbare Bundesgesetz über das Verwaltungsstrafrecht[2038] gewährt denn auch das Recht auf eine mündliche Anhörung (Art. 61 dieses Gesetzes).

Unter dem KG 85 hat die Kartellkommission zur Ermittlung des Sachverhalts ausgedehnte Hearings durchgeführt.[2039] Als Hearing wurde die nichtöffentliche Befragung der Beteiligten und Dritter zum Sachverhalt bezeichnet. Sie stellten einen wichtigen Bestandteil des Verfahrens dar.[2040]

Die Hearings unter dem KG 85 gehörten jedoch noch zur Etappe der Sachverhaltsermittlung und nicht wie die mündliche Anhörung im europäischen Fusionskontrollverfahren zur Etappe der Gewährung des rechtlichen Gehörs nach erfolgter Mitteilung der Einwände. Dennoch eignen sich Hearings auch hervorragend für die Gewährung des rechtlichen Gehörs, wenn auch die knappen Zeitverhältnisse im Fusionskontrollverfahren kaum einen ausgedehnten Gebrauch von Hearings erlauben dürften.

2. Teilnehmer

Da es im Fusionskontrollverfahren grundsätzlich keinen Anspruch auf mündliche Anhörung gibt, ist die Wettbewerbsbehörde frei in der Auswahl der Teilnehmer. Sie kann neben den Zusammenschlussbeteiligten auch Dritten die Möglichkeit geben, sich mündlich zu äussern (Art. 19 AVO). Werden Beteiligte und Dritte zusammen angehört, muss analog zu Zeugeneinvernahmen besonderes Gewicht auf den Schutz

---

[2034] S. Fn 1993.
[2035] S. Fn 1994.
[2036] Z.B. MARK E. VILLIGER, Handbuch der Europäischen Menschenrechtskonvention (EMRK), Zürich 1993, N 469-473; KÖLZ/HÄNER N 55.
[2037] Vgl. die Entscheidungen der Europäischen Menschenrechtskommission in Sachen Stenuit/France, 1992 EHRR 509 und Niemitz/Germany, 1993 EHRR 97.
[2038] Fn 1759.
[2039] SCHÜRMANN, in: SCHÜRMANN/SCHLUEP 702.
[2040] Vgl. LIMBURG 122-123.

von Informationen gelegt werden, an deren Geheimhaltung ein überwiegendes privates oder öffentliches Interesse besteht (Art. 18 VwVG). Von Seiten der Behörde dürften einige oder alle Mitglieder der zuständigen Kammer der Wettbewerbskommission und die zuständigen Mitarbeiter des Sekretariats teilnehmen.[2041]

3. Durchführung

Mündliche Anhörungen dürften vom Sekretariat oder der Wettbewerbskommission bzw. der zuständigen Kammer durchgeführt werden können. Im Rahmen der Sachverhaltsermittlung können Hearings auch im Vorprüfverfahren auf informeller Grundlage durchgeführt werden. Soll die mündliche Anhörung der Gewährung des rechtlichen Gehörs dienen, muss sie im Hauptprüfverfahren und nach der Akteneinsicht erfolgen.

I. Vergleich von rechtlichem Gehör und Akteneinsicht im schweizerischen und europäischen Recht

Das rechtliche Gehör ist sowohl im europäischen wie im schweizerischen Fusionskontrollverfahren ein wichtiges Verfahrensrecht. In der Schweiz wird es von Art. 4 BV abgeleitet und im VwVG konkretisiert. Im europäischen Recht ist der Anspruch auf rechtliches Gehör ein vom Europäischen Gerichtshof identifizierter allgemeiner Grundsatz des Gemeinschaftsrechts, für die Fusionskontrolle ist das rechtliche Gehör ebenfalls auf Gesetzesstufe garantiert (Art. 18 FKVO).

Unter der Bezeichnung rechtliches Gehör werden im schweizerischen Recht zahlreiche Einzelrechte zusammengefasst. Im folgenden werden das Recht auf Äusserung (rechtliches Gehör im engeren Sinn) und das Recht auf Akteneinsicht genauer verglichen. Das Recht auf eine begründete Entscheidung, das im schweizerischen Recht ebenfalls zum rechtlichen Gehör gezählt wird, ist hinten 480f. separat dargestellt. Ein Recht auf Anwesenheit bei den Zeugeneinvernahmen gibt es nicht im europäischen Fusionskontrollverfahren. Eigentliche Beweisanträge können auch nicht gestellt werden, die Kommission muss die Äusserungen der Beteiligten jedoch im Rahmen ihrer Pflicht zur Sachverhaltsermittlung berücksichtigen.

In beiden Rechtsordnungen haben die von einer Verwaltungsmassnahme Betroffenen grundsätzlich einen Anspruch, sich zu den vorgesehenen Massnahmen äussern zu können. Im Fusionskontrollverfahren sind die Betroffenen zunächst die am Zusammenschluss beteiligten Unternehmen. Im Unterschied zum europäischen Recht gilt nach schweizerischem Recht der Veräusserer eines Unternehmens oder Unternehmensteils nicht als beteiligtes Unternehmen (Art. 11 lit. b DVO; Art. 3 AVO).

[2041] Für die Hearings unter dem KG 85 s. LIMBURG 122.

475

Dritte haben im europäischen Fusionskontrollverfahren einen Anspruch auf rechtliches Gehör, wenn sie über ein hinreichendes Interesse verfügen. Im Gegensatz dazu entzieht das KG 95 Dritten im Fusionskontrollverfahren sämtliche Verfahrensrechte (Art. 43 Abs. 4). Der Entzug der Verfahrensrechte Dritter dürfte zwar gegen Art. 4 BV verstossen, muss aber vom Richter wegen Art. 114bis Abs. 3 BV dennoch beachtet werden. Im schweizerischen Fusionskontrollverfahren haben Dritte lediglich das Recht, sich bei Eröffnung eines Hauptprüfverfahrens zum Zusammenschluss zu äussern. Im europäischen Recht werden Dritte bereits nach dem Eingang der Anmeldung bei der Kommission zur Stellungnahme aufgefordert. In beiden Rechtsordnungen können die Wettbewerbsbehörden Dritte aber von sich aus anhören.

In beiden Rechtsordnungen können die Wettbewerbsbehörden nur Tatsachen, Umstände und Unterlagen als Beweismittel verwenden, zu denen die Betroffenen vorgängig Stellung nehmen konnten. Bei dringlichen Entscheidungen kann die Anhörung auch nachträglich erfolgen: gemäss der FKVO bei Entscheidungen über das Vollzugsverbot, unter dem KG 95, wenn Gefahr im Verzug ist. Zu Ermittlungsmassnahmen müssen die Betroffenen nach europäischem Recht nicht angehört werden, nach schweizerischem grundsätzlich schon, ausser die Verfügung sei dringlich.

Zur zeitlichen und sachlichen Strukturierung des rechtlichen Gehörs dient im europäischen Fusionskontrollverfahren die Mitteilung der Einwände. Eine solche Mitteilung der Einwände wäre zu den gleichen Zwecken auch im schweizerischen Verfahren von Nutzen.

Ein Anspruch auf mündliche Anhörung besteht nach VwVG nicht. Unter der FKVO haben die Beteiligten einen solchen Anspruch, wenn sie über ein hinreichendes Interesse verfügen. In den Wettbewerbsverfahren vor der Europäischen Kommission ist die mündliche Anhörung ein wichtiger Verfahrensabschnitt, der die Rechtsstaatlichkeit des Verfahrens gewährleisten soll. Die Entscheidung über die Durchführung einer mündlichen Anhörung und die Leitung ihrer Durchführung ist dem unabhängigen Anhörungsbeauftragten übertragen.

Das Recht auf Akteneinsicht wird sowohl im europäischen wie auch im schweizerischen Recht als Teil des rechtlichen Gehörs und als Voraussetzung für eine wirksame Äusserung betrachtet. In beiden Fusionskontrollverfahren gilt, dass nur diejenigen Unterlagen als Beweismittel dienen können, in welche die Beteiligten Einsicht nehmen konnten oder über deren Inhalt sie auf anderem Weg informiert worden sind. Insgesamt ist die Ausgestaltung der Akteneinsicht im europäischen und im schweizerischen Fusionskontrollverfahren sehr ähnlich.[2042]

Das Recht auf Akteneinsicht steht den am Zusammenschluss beteiligten Unternehmen zu. Dritte haben weder im europäischen noch im schweizerischen Recht einen Anspruch auf Akteneinsicht. In beiden Fusionskontrollverfahren können die Wett-

---

[2042] Gl.M. SCHMID 82.

bewerbsbehörden im Rahmen ihrer Geheimhaltungspflichten auch Dritten Einsicht in die Akten gewähren.

Das Recht auf Akteneinsicht umfasst nach schweizerischem Recht grundsätzlich alle Dokumente, die als Entscheidungsgrundlage in Frage kommen. Nach ihren Äusserungen im 23. Wettbewerbsbericht möchte die Kommission die Akteneinsicht nur noch auf die „relevanten" Dokumente beschränken. Unabhängig davon, ob die Kommission im 23. Wettbewerbsbericht ihre frühere Praxis zum Kartellverfahren wirksam revidiert hat, gilt im Fusionskontrollverfahren wegen der ausdrücklichen Gewährung der Akteneinsicht in Art. 18 FKVO nach wie vor der Grundsatz, dass die Akteneinsicht grundsätzlich die ganze Akte umfasst.

Von der Akteneinsicht ausgenommen sind nach europäischem Recht Geschäftsgeheimnisse, interne Akten und sonstige vertrauliche Dokumente. Gemäss dem VwVG ist Akteneinsicht ausgeschlossen, wenn ihr wesentliche private und öffentliche Interessen entgegenstehen. In bezug auf die genannten Arten von Informationen führt auch das VwVG mit grösster Wahrscheinlichkeit zum Ausschluss der Akteneinsicht. Die wesentlich offenere Regelung des schweizerischen Rechts dürfte im Vergleich zum europäischen Recht mehr Ausnahmen von der Akteneinsicht rechtfertigen. Wird keine Einsicht in ein Dokument gewährt, das eine schweizerische Behörde als Grundlage ihrer Entscheidung verwenden will, kommt das Verfahren von Art. 28 VwVG zur Anwendung. Diesem Verfahren entspricht im Ergebnis die Regelung des europäischen Rechts, doch fehlt eine so klare Bestimmung.

Der Entscheid über die Gewährung des rechtlichen Gehörs und der Akteneinsicht und über deren Umfang steht im europäischen Wettbewerbsrecht dem Anhörungsbeauftragten zu. Im schweizerischen Verwaltungsverfahren entscheidet die jeweilige Behörde selbst. Der Entscheid durch den unabhängigen Anhörungsbeauftragten wahrt die Interessen der beteiligten Personen zweifellos besser. Die Einsetzung einer ähnlichen Instanz wäre deshalb auch im schweizerischen Wettbewerbsrecht zu prüfen.

Die Verletzung des rechtlichen Gehörs und der davon abgeleiteten Rechte ist im europäischen wie im schweizerischen Recht ein Grund für die Nichtigkeit der betreffenden Entscheidung. Eine Entscheidung, die das rechtliche Gehör verweigert, kann jedoch nur dann angefochten werden, wenn sie einen nicht wieder gutzumachenden Nachteil bewirken kann.

Die Missachtung des rechtlichen Gehörs wird in zweierlei Hinsicht im schweizerischen und europäischen Recht gerade entgegengesetzt behandelt. Nach schweizerischem Recht ist die Missachtung des rechtlichen Gehörs ein absoluter Nichtigkeitsgrund. Eine Verfügung ist deshalb aufzuheben, ohne dass untersucht werden müsste, ob die Missachtung des rechtlichen Gehörs sie beeinflusst hat. Im europäischen Recht hat die Missachtung eines Verfahrensrechts nur dann die Aufhebung der betreffenden Entscheidung zur Folge, wenn diese bei Gewährung des Verfahrensrechts anders hätte ausfallen können. Anderseits ist nach der neueren Rechtsprechung des EuG ausgeschlossen, dass die Missachtung des rechtlichen Gehörs noch im gerichtlichen Verfahren geheilt, also nachgeholt werden kann. Im schweizerischen Recht wird dagegen akzeptiert, dass die Missachtung des rechtlichen Gehörs auch im gerichtlichen Verfahren geheilt werden kann. Da der Europäische Gerichtshof nur eine beschränkte Kognition hat, wäre allerdings auch nach schweizerischen Grundsätzen die Heilung der Missachtung des rechtlichen Gehörs im Rechtsmittelverfahren ausgeschlossen.

Zusammenfassend scheint das rechtliche Gehör im schweizerischen Verwaltungs- und Fusionskontrollverfahren besser geschützt zu sein, da es mindestens einmal im ganzen Verfahren ausreichend gewährt werden muss. Im europäischen Recht können Verletzungen des Rechts ungeahndet bleiben, wenn das Gericht zum Schluss kommt, dass die Entscheidung sowieso nicht anders ausgefallen wäre.

K. Andere Rechte

Aus Art. 4 BV werden ausser den bisher genannten Verfahrensrechten noch weitere abgeleitet. Dazu gehört das **Recht auf richtige Zusammensetzung** der entscheidenden Behörde. Dieses umfasst den Anspruch der von einem Verfahren betroffenen Personen, dass die Behörde ordnungsgemäss zusammengesetzt, unabhängig und unbefangen ist, dass die Ausstands- und Ablehnungsgründe beachtet wurden (vgl. vorne 347f.) und dass den vom Verfahren Betroffenen die Zusammensetzung der Behörde mitgeteilt wurde.[2043] Die Parteien haben ein verfassungsmässiges **Recht auf Gleichbehandlung** im Verfahren.[2044] Aus Art. 4 BV folgt das **Recht** der am Verfahren Beteiligten, **sich vertreten oder verbeiständen zu lassen** (vgl. vorne 352f.). In der Lehre wird erwogen, ob Art. 4 BV ein **Recht auf Rechtsmittelbelehrung** vermittle. Nach heutiger Rechtsprechung ist dies nicht der Fall.[2045] Verfügungen der Bundesbehörden müssen aber nach Art. 35 Abs. 2 VwVG mit einer Rechtsmittelbelehrung versehen sein. Es kann auch von einem **Recht auf die richtige Verfahrenssprache** gesprochen werden (vgl. vorne 356). Art. 4 BV gibt kein Recht, dass **jede Verwaltungstätigkeit vor ein unabhängiges Gericht** gebracht werden kann.[2046]

[2043] HÄFELIN/MÜLLER N 439-442 m.w.H.; MÜLLER, in: Kommentar zu Art. 4 BV N 120-122; AUBERT N 1802-1803; LIMBURG 209.

[2044] HÄFELIN/MÜLLER N 295 und 397-430; KÖLZ/HÄNER N 54; HANGARTNER 179 und 185-186.

[2045] SALADIN 138; HÄFELIN/MÜLLER N 1299-1305.

[2046] MÜLLER, in: Kommentar zu Art. 4 BV N 85.

III. Weitere Grundsätze des Verwaltungshandelns

A. Gesetzmässigkeit der Verwaltungstätigkeit

1. Nach schweizerischem Recht

Der Grundsatz der Gesetzmässigkeit der Verwaltung gehört mit der Rechtsgleichheit, der Verhältnismässigkeit, dem Vertrauensschutz und dem Grundsatz des öffentlichen Interesses zu den fünf Grundprinzipien des schweizerischen Verwaltungsrechts.[2047] Er ist Konsequenz der Gewaltenteilung und Grundlage für die Ahndung behördlicher Willkür. Das Bundesgericht zählt ihn zu den ungeschriebenen Verfassungsgrundsätzen.[2048]

Der Grundsatz der Gesetzmässigkeit verlangt, dass alles Verwaltungshandeln nur gestützt auf das Gesetz erfolgt.[2049] Nach heutiger Lehre wird er unterteilt in die Erfordernisse des Rechtssatzes und der Gesetzesform.[2050] Nach HÄFELIN und MÜLLER bedeutet das Erfordernis des Rechtssatzes, dass die Staatstätigkeit nur auf Grund und nach Massgabe von *generell-abstrakten Rechtsnormen* ausgeübt werden darf, die *genügend bestimmt* sind.[2051] Handeln die Wettbewerbsbehörden mittels der im KG 95 vorgesehenen Verfügungen und Entscheidungen und wenden sie diese richtig an, so genügen ihre Handlungen dem Erfordernis des Rechtssatzes.

Das Erfordernis der Gesetzesform verlangt, dass die wichtigen Rechtsnormen, auf denen die Verwaltungstätigkeit basiert, in einem Gesetz im formellen Sinn enthalten sind.[2052] In bezug auf die Fusionskontrolle genügt das KG 95 diesem Grundsatz.

2. Vergleich mit dem europäischen Recht

Der Grundsatz der Gesetzmässigkeit des schweizerischen Rechts und der Grundsatz der Rechtmässigkeit des europäischen Rechts sind sehr ähnlich.[2053] Im europäischen Recht bedeutet der Grundsatz, dass erstens höherrangiges Recht vorgeht, dass zweitens die Akte der Gemeinschaftsorgane eine Grundlage im Vertrag oder Sekundärrecht haben und dass drittens das Ermessen richtig ausgeübt werden muss (vorne 289f.). Das Erfordernis des Rechssatzes entspricht der richtigen Ermessensausübung

---

[2047] HÄFELIN/MÜLLER N 294-295.
[2048] BGE 102 Ia 69, 71; HÄFELIN/MÜLLER N 77 und 305.
[2049] HÄFELIN/MÜLLER N 296.
[2050] HÄFELIN/MÜLLER N 308.
[2051] HÄFELIN/MÜLLER N 309. Näheres bei HÄFELIN/MÜLLER N 309a-315.
[2052] HÄFELIN/MÜLLER N 316. Näheres bei HÄFELIN/MÜLLER N 316-331.
[2053] Gl.M. HÄFELIN/MÜLLER N 602e.

und dem Grundsatz, dass eine *ausreichende* Basis im Vertrag oder Sekundärrecht vorhanden sein muss. Das Erfordernis der gesetzlichen Grundlage entspricht dem Grundsatz, dass die rechtliche Basis eine Bestimmung des *Vertrags oder des Sekundärrechts* sein muss.

B. Begründungspflicht

1. Nach schweizerischem Recht

Jede Verfügung muss begründet sein (Art. 35 Abs. 1 VwVG). Dies verlangt auch der Grundsatz des rechtlichen Gehörs.[2054] Eine Begründung ist einzig dann nicht nötig, wenn die Behörde den Begehren der Parteien voll entspricht und keine Partei eine Begründung verlangt (Art. 35 Abs. 2 VwVG). Eine Zulassung am Ende des Hauptprüfverfahrens würde den Anträgen der zusammenschlusswilligen Unternehmen voll entsprechen. Haben Dritte Parteistellung, können auch sie eine Begründung verlangen. Art. 43 Abs. 4 kann m.E. beschwerdeberechtigten Dritten, sofern es solche geben wird, das Recht auf Zustellung einer begründeten Entscheidung nicht entziehen.

Die Begründung soll den Betroffenen in die Lage versetzen, die Tragweite des Entscheids zu beurteilen und ihn in voller Kenntnis der Umstände an eine höhere Instanz weiterzuziehen.[2055] Die Begründung muss zeigen, dass die Behörde die erheblichen Aspekte des Falles geprüft hat.[2056] Sie hat um so ausführlicher zu sein, je komplexer der Sachverhalt und die Rechtslage, je grösser der Entscheidungsspielraum der Behörde und je schwerer der Eingriff in die Interessen der Betroffenen sind.[2057]

Neben den genannten Funktionen gibt die Begründung der Verfügung ihre Legitimität, macht den Entscheidungsprozess transparent, erhöht die Akzeptanz der Verfügung und bestimmt die präjudizielle Wirkung der Verfügung.[2058]

Die mangelhafte Begründung einer belastenden Verfügung verletzt das rechtliche Gehör der Betroffenen. Die Verfügung kann dann mit Beschwerde angefochten und für nichtig erklärt werden. Der Mangel ist unter Umständen im Beschwerdeverfahren heilbar, wenn die Begründung nachgeliefert wird.[2059]

2054 HÄFELIN/MÜLLER N 444; KÖLZ/HÄNER N 156.
2055 HÄFELIN/MÜLLER N 1294; BGE 117 Ib 64, 86; vgl. auch MÜLLER, in: Kommentar zu Art. 4 BV N 113.
2056 BGE 117 Ib 481, 492; HAEFLIGER 147; MÜLLER, in: Kommentar zu Art. 4 BV N 113.
2057 MÜLLER, in: Kommentar zu Art. 4 BV N 114 m.w.H.; KÖLZ/HÄNER N 156.
2058 MÜLLER, in: Kommentar zu Art. 4 BV N 113 m.w.H.
2059 Vgl. HÄFELIN/MÜLLER N 1298.

2. Vergleich mit dem europäischen Recht

Zweck und Umfang der Begründungspflicht entsprechen sich im schweizerischen und im europäischen Recht in etwa, wenn auch andere Formulierungen gewählt werden.[2060] Der im schweizerischen Recht geltende Grundsatz, dass die Begründung um so ausführlicher sein muss, je komplexer der Sachverhalt und die Rechtslage ist, wird im europäischen Recht nicht praktiziert. Die Entscheidungen der Kommission gerade in Bereichen, wo ihr ein grosser Ermessens- oder Beurteilungsspielraum zusteht, wie beispielsweise bei Bussentscheidungen oder bei der Festlegung einer Bedingung oder Auflage, sind oft nur dürftig begründet. Da jedoch auch die Rekurskommission für Wettbewerbsfragen wie der Europäische Gerichtshof den Wettbewerbsbehörden gerade bei der Überprüfung solcher Entscheidungen grossen Freiraum zubilligen dürfte, fällt dieser Unterschied kaum ins Gewicht.

Die Unterschiede bei der gerichtlichen Anfechtung einer mangelhaft begründeten Verfügung sind die gleichen wie bei der Geltendmachung einer Verletzung des rechtlichen Gehörs (vorne 477f.).

C. Verhältnismässigkeit

1. Nach schweizerischem Recht[2061]

Der Grundsatz der Verhältnismässigkeit ist fundamental für die Verwaltungstätigkeit in freiheitlichen Staaten. Nach dem Bundesgericht ist er ein ungeschriebener Grundsatz des Verfassungsrechts.[2062] Er gehört zu den fünf Grundprinzipien des Verwaltungsrechts.[2063]

„Der Grundsatz der Verhältnismässigkeit fordert, dass die Verwaltungsmassnahmen ein geeignetes und notwendiges Mittel darstellen, um das zu verwirklichende Ziel zu erreichen, und dass sie in einem vernünftigen Verhältnis zu den Freiheitsbeschränkungen stehen, die dem Bürger auferlegt werden."[2064] Nach herrschender Auffassung umfasst der Grundsatz der Verhältnismässigkeit drei Aspekte: die Eignung der Massnahmen, das gesetzte Ziel zu erreichen; die Erforderlichkeit der Massnahme, um das Ziel zu erreichen, und ein Überwiegen des öffentlichen Interesses an der Verwirklichung des Ziels im Verhältnis zu den beteiligten privaten Interessen.[2065]

[2060] Vgl. auch LIMBURG 292.
[2061] Vgl. dazu ULRICH ZIMMERLI, Der Grundsatz der Verhältnismässigkeit im öffentlichen Recht, ZSR 1978 II 1-131.
[2062] BGE 102 Ia 69, 71. Vgl. HÄFELIN/MÜLLER N 77 und 489; MÜLLER, in: Kommentar zu Art. 4 BV N 15.
[2063] Fn 2047.
[2064] HÄFELIN/MÜLLER N 486. Vgl. BGE 117 Ia 472, 483.
[2065] Näheres bei HÄFELIN/MÜLLER N 492-520.

Der Grundsatz der Verhältnismässigkeit gehört zum Bundesrecht, weshalb seine Verletzung mit verwaltungsrechtlicher und verwaltungsgerichtlicher Beschwerde angefochten werden kann.[2066]

Gerade im Fusionskontrollverfahren kommt dem Grundsatz der Verhältnismässigkeit hervorragende Bedeutung zu. Der Grundsatz zeigt sich zunächst in der Ausgestaltung des Verfahrens. So ist die Fusionskontrolle nur bei sehr bedeutenden Zusammenschlüssen überhaupt anwendbar. Der zweistufige Aufbau des Verfahrens und die Möglichkeit, im Einvernehmen mit der Wettbewerbskommission wettbewerbliche Bedenken zu beseitigen, zeigen, dass ein Hauptprüfverfahren nur durchgeführt werden soll, wenn dies unumgänglich ist.[2067] Der Grundsatz der Verhältnismässigkeit zeigt sich weiter darin, dass ein Zusammenschluss auch unter Bedingungen und Auflagen zugelassen werden kann, dass Ausnahmen vom Vollzugsverbot möglich sind und dass die Massnahmen zur Wiederherstellung wirksamen Wettbewerbs zunächst im Einvernehmen mit den Beteiligten festgelegt werden sollen.

Der Grundsatz beeinflusst auch die Entscheidungen der Wettbewerbskommission in allen Abschnitten des Verfahrens. Dies gilt natürlich für die Entscheidungen, ein Hauptprüfverfahren zu eröffnen, den Vollzug des Zusammenschlusses vorzeitig zu genehmigen oder weiter aufzuschieben. Bei der Festsetzung von Bedingungen und Auflagen muss die Wettbewerbskommission ganz besonders sorgfältig beurteilen, ob diese in sachlicher, aber auch in zeitlicher, räumlicher und personeller Hinsicht erforderlich sind.[2068]

2. Vergleich mit dem europäischen Recht

Der Grundsatz der Verhältnismässigkeit ist auch im europäischen Recht ein fundamentales Prinzip. In beiden Rechtsordnungen hat er den gleichen Inhalt.[2069] Der Grundsatz prägt das europäische wie das schweizerische Fusionskontrollverfahren sowohl bezüglich der Ausgestaltung als auch bezüglich der von der Wettbewerbsbehörde zu treffenden Entscheidungen.

D. Grundsatz von Treu und Glauben

Der Grundsatz von Treu und Glauben zeigt sich im schweizerischen Verwaltungsrecht einerseits im Vertrauensschutz, anderseits im Verbot von widersprüchlichem

---

2066 Vgl. HÄFELIN/MÜLLER N 295.
2067 Es besteht allerdings kein Anspruch der Unternehmen auf informelle Erledigung des Verfahrens, vgl. SCHMID 145-146.
2068 Vgl. HÄFELIN/MÜLLER N 498 und 513; zur Verhältnismässigkeit der Empfehlungen der Kartellkommission s. WIDMER 67-69.
2069 Gl.M. SCHMID 147; HÄFELIN/MÜLLER N 602g.

Verhalten und Rechtsmissbrauch.[2070] Das Verbot von widersprüchlichem Verhalten und Rechtsmissbrauch richtet sich nicht nur an die Verwaltung, sondern auch an die Privaten.[2071] Soweit sich der Grundsatz von Treu und Glauben an die Verwaltung richtet, ist er eines der fünf Grundprinzipien des Verwaltungsrechts.[2072] Im Verwaltungsverfahren sind vor allem der Grundsatz des Vertrauensschutzes und des Verbots widersprüchlichen Verhaltens von Bedeutung.

1. Vertrauensschutz

Der Grundsatz des Vertrauensschutzes ist ein aus Art. 4 BV abgeleitetes verfassungsmässiges Recht, das den Privaten einen Anspruch auf Schutz berechtigten Vertrauens in behördliche Zusicherungen oder sonstiges, bestimmte Erwartungen begründendes Verhalten der Behörden gibt.[2073] Der Vertrauensschutz kann die Bindung der Behörde an die Vertrauensgrundlage, die Wiederherstellung von Fristen oder ausnahmsweise die Entschädigung des entstandenen Vertrauensschadens bewirken.[2074]

Nach der neueren Lehre sind die Voraussetzungen des Vertrauensschutzes eine Vertrauensgrundlage, das effektive Vertrauen in das Verhalten der Behörde, die Vertrauensbetätigung (nachteilige Dispositionen) und das Überwiegen des Interesses am Vertrauensschutz über die entgegenstehenden öffentlichen Interessen.[2075]

Die einzelnen Voraussetzungen des Vertrauensschutzes werden hier nicht näher behandelt.[2076] Dagegen soll direkt untersucht werden, ob im Fusionskontrollverfahren der Grundsatz des Vertrauensschutzes Anwendung finden kann.

Die Frage des Vertrauensschutzes stellt sich nur, wenn der Betroffene gestützt auf eine Vertrauensgrundlage Dispositionen getroffen hat, die ohne Nachteil nicht wieder rückgängig gemacht werden können. Im Fusionskontrollverfahren dürfte als Disposition vor allem der Vollzug des Zusammenschlusses in Frage kommen. Aber auch eine formell fehlerhafte Verfahrenshandlung, wie eine verspätete Stellungnahme, ist denkbar.

Als Grundlage für das Vertrauen in die Zulässigkeit des Zusammenschlusses kommen in Frage: eine fehlerhafte Zulassungsverfügung, eine fehlerhafte Unbedenklich-

---

[2070] HÄFELIN/MÜLLER N 522; WEBER-DÜRLER 36-47; HANGARTNER 205-207; vgl. BGE 94 I 513, 520-521.
[2071] WEBER-DÜRLER 47; HÄFELIN/MÜLLER N 522.
[2072] Fn 2047.
[2073] BGE 117 Ia 285, 287; HÄFELIN/MÜLLER N 522-523; MÜLLER, in: Kommentar zu Art. 4 BV N 15; AUBERT N 1843bis und 1843quater.
[2074] HÄFELIN/MÜLLER N 581-588.
[2075] Vgl. HÄFELIN/MÜLLER N 532-562.
[2076] Dazu s. WEBER-DÜRLER 79-127; HÄFELIN/MÜLLER N 532-589.

keitserklärung, eine fehlerhafte einvernehmliche Regelung im Vorprüfverfahren, eine zu frühe Genehmigung des Vollzugs des Zusammenschlusses, die Äusserung eines Beamten des Sekretariats oder eines Mitglieds der Wettbewerbskommission im Vorprüfverfahren, dass die Fusionskontrolle nicht anwendbar sei oder dass kein Hauptprüfverfahren eröffnet werde, die Äusserung einer solchen Personen im Hauptprüfverfahren, dass der Zusammenschluss zugelassen würde.

Eine fehlerhafte Zulassungsverfügung kann eine Vertrauensgrundlage sein.[2077] Verfügungen haben Bestand, sofern sie nicht widerrufen werden können. Auch fehlerhafte Verfügungen können nur unter bestimmten Voraussetzungen widerrufen werden (vorne 416f.). Da eine einvernehmliche Regelung ebenfalls durch Verfügung genehmigt wird, kann auch eine fehlerhafte einvernehmliche Regelung Vertrauensgrundlage sein.[2078] Das gleiche gilt m.E. für eine Unbedenklichkeitserklärung nach Art. 16 Abs. 1 AVO.

Die alleinige Genehmigung des vorzeitigen Vollzugs des Zusammenschlusses nach Art. 32 Abs. 2 oder Art. 33 Abs. 2 kann nicht als Vertrauensgrundlage dienen, da die beteiligten Unternehmen daraus nicht schliessen können, dass der Zusammenschluss zugelassen wird. Nach dem KG 95 und wohl auch nach dem Wortlaut der konkreten Verfügung steht der vorzeitige Vollzug unter dem Vorbehalt der endgültigen Verfügung der Wettbewerbskommission und von Massnahmen nach Art. 37.

Damit eine unrichtige behördliche Auskunft als Vertrauensgrundlage gilt, muss sie eine gewisse Bestimmtheit aufweisen, von der zuständigen Behörde stammen, vorbehaltlos sein, und ihre Unrichtigkeit darf nicht erkennbar sein.[2079]

Äusserungen von Beamten des Sekretariats oder von Mitgliedern der Wettbewerbskommission können *im Hauptprüfverfahren* nicht Grundlage für ein berechtigtes Vertrauen in die Zulassung des Zusammenschlusses sein. Einzelne Beamte oder Mitglieder von Behörden sind offensichtlich nicht für eine Verfügung über die Zulässigkeit des Zusammenschlusses zuständig.[2080] Die Auskunft eines Beamten des Sekretariats oder eines Mitglieds der Wettbewerbskommission *im Vorprüfverfahren*, dass der Zusammenschluss nicht unter die Fusionskontrolle falle, dass kein Hauptprüfverfahren eröffnet werde oder dass ein solches nach einer bestimmten Änderung des Zusammenschlusses nicht eröffnet werde, bildet aber m.E. eine Grundlage für das berechtigte Vertrauen in die Zulassung des Zusammenschlusses.[2081] Da das KG 95 in dieser Situation keine ausdrückliche Zulassungsverfügung fordert, müssen sich

---

2077 Vgl. HÄFELIN/MÜLLER N 533.
2078 Die Vertrauensgrundlage ist die Verfügung, die die einvernehmliche Regelung genehmigt, vgl. Botschaft 137.
2079 WEBER-DÜRLER 204-205; HÄFELIN/MÜLLER N 563-580.
2080 Vgl. HÄFELIN/MÜLLER N 569-574.
2081 Vgl. WEBER-DÜRLER 204-206.

die beteiligten Unternehmen an die genannten Äusserungen halten.[2082] In den beiden letztgenannten Situationen dürfte es allerdings selten sein, dass eine Disposition getroffen worden ist, da der Vollzug des Zusammenschlusses grundsätzlich während eines Monats (bzw. bis zur Bewilligung zum vorzeitigen Vollzug) verboten ist. Die Unsicherheit bezüglich der Verlässlichkeit solcher Aussagen von Beamten des Sekretariats oder Mitgliedern der Wettbewerbskommission im Vorprüfverfahren ist mit ein Grund dafür, dass die Wettbewerbskommission die genannten Fragen mittels Verfügung entscheiden sollte.

Ein berechtigtes schutzwürdiges Vertrauen in die Zulässigkeit bestimmter Verfahrenshandlungen kann auch durch die Praxis der Wettbewerbsbehörden oder Auskünfte von Beamten des Sekretariats betreffend Fristen, Formvorschriften oder die Zulässigkeit von Rechtsmitteln begründet werden.[2083]

Eine rechtswidrige Situation kann nur Bestand haben, wenn die Abwägung der beteiligten Interessen ein Überwiegen der privaten Interessen am Fortbestand dieser Situation gegenüber den betroffenen öffentlichen Interessen ergibt. Ein unzulässiger Zusammenschluss, der im Vertrauen auf seine Zulässigkeit vollzogen worden ist, dürfte keinen Bestand haben können. Art. 37 sieht vor, dass unabhängig davon, ob der Zusammenschluss rechtmässig oder rechtswidrig vollzogen worden ist, Massnahmen zur Wiederherstellung wirksamen Wettbewerbs getroffen werden müssen. Der Ausgleich der betroffenen privaten und öffentlichen Interessen dürfte erst bei der Wahl der Massnahmen zur Wiederherstellung wirksamen Wettbewerbs nach Art. 37 erfolgen. Kann die rechtswidrige Situation keinen Bestand haben, muss der Staat unter Umständen eine Entschädigung für den von den beteiligten Unternehmen erlittenen Schaden bezahlen. Der Vertrauensschutz kann aber bewirken, dass *Verfahrenshandlungen*, die im Vertrauen auf eine bestimmte Praxis der Wettbewerbsbehörden an sich rechtswidriger Weise erfolgt sind, als zulässig anzusehen sind.

2. Verbot widersprüchlichen Verhaltens

Der Grundsatz von Treu und Glauben verbietet es den Behörden, sich widersprüchlich zu verhalten.[2084] Insbesondere dürfen sie nicht einen einmal in einer Sache eingenommenen Standpunkt ohne sachlichen Grund wechseln.[2085] Haben die Privaten oder Unternehmen auf ein Verhalten der Behörde vertraut und entsprechende Dispositionen getroffen, dann stellt das widersprüchliche Verhalten der Behörde eine Verletzung des Vertrauensschutzes dar.

2082 Richtigerweise müsste die Wettbewerbskommission eine Unbedenklichkeitserklärung nach Art. 16 Abs. 1 AVO abgeben, wenn sie kein Hauptprüfverfahren eröffnen will.
2083 HÄFELIN/MÜLLER N 538-539 und 564-580.
2084 HÄFELIN/MÜLLER N 522.
2085 HÄFELIN/MÜLLER N 590.

3. Vergleich mit dem europäischen Recht

Die Grundsätze des Vertrauensschutzes und des Verbots widersprüchlichen Verhaltens bestehen in sehr ähnlichem Umfang auch im europäischen Recht, sie werden jedoch nicht in einem noch umfassenderen Grundsatz von Treu und Glauben zusammengefasst. Die dogmatische Behandlung des Vertrauensschutzes und des Verbots widersprüchlichen Verhaltens ist im europäischen Recht noch nicht sehr weit fortgeschritten.[2086]

Die Voraussetzungen und die Sanktionierung des Vertrauensschutzes sind im schweizerischen und europäischen Recht praktisch gleich. In bezug auf das Vertrauen in Äusserungen von Beamten dürften die Anforderungen des europäischen Rechts höher sein. Die Äusserungen müssen die Intensität eines Rechtsaktes erreichen. Äusserungen von Beamten über die Zulässigkeit des Zusammenschlusses dürften in der Regel im ganzen europäischen Fusionskontrollverfahren und im Hauptprüfverfahren nach dem KG 95 kein berechtigtes Vertrauen begründen. Im Vorprüfverfahren nach KG 95 können Aussagen von Beamten oder Mitgliedern der Wettbewerbskommission darüber, ob die Fusionskontrolle anwendbar ist oder ob ein Hauptprüfverfahren eröffnet wird, dagegen ein berechtigtes Vertrauen hervorrufen.

Verfügungen und Entscheidungen der Wettbewerbsbehörden bilden eine Vertrauensgrundlage. Das Vertrauen in ihre Geltung ist in der Regel berechtigt. Sie können nur unter restriktiven Bedingungen nachträglich aufgehoben oder abgeändert werden.

E. Unantastbarkeit der gefassten Entscheidung

Der Grundsatz, dass eine von einer Behörde gefasste Entscheidung ausserhalb der bestehenden Rechtsmittelregeln nur bezüglich Kanzleifehlern[2087] abgeändert werden darf, gilt selbstverständlich auch im schweizerischen Recht.[2088] Die Berichtigung von Kanzleifehlern ist für das Beschwerdeverfahren ausdrücklich in Art. 69 Abs. 3 VwVG erwähnt. Der eigentlich selbstverständliche Grundsatz gibt im europäischen Wettbewerbsrecht wegen der organisatorischen Gliederung und der Entscheidungsverfahren der Kommission mehr zu reden und zu denken.

[2086] Gl.M. HÄFELIN/MÜLLER N 602h. Vgl. aber die eingehende Untersuchung der Rechtsprechung des Gerichtshofs durch SCHWARZE II 843-849 und 911-1133. Auch SCHWARZE ist allerdings der Meinung, dass sich aus der weitverzweigten Judikatur kaum ein einheitliches Muster erkennen lässt, SCHWARZE II 921.

[2087] Kanzleifehler sind offensichtliche Orthographie-, Schreib- und Rechnungsfehler, HÄFELIN/MÜLLER N 841.

[2088] HÄFELIN/MÜLLER N 841; SALADIN 64 und 216-217.

F. Beschleunigungsgebot

1. Nach schweizerischem Recht

Das Beschleunigungsgebot hat vor allem im Strafrecht grosse Bedeutung.[2089] Es ist aber auch im allgemeinen Verwaltungsverfahren zu beachten. SALADIN spricht von der hervorragenden Bedeutung der Grundsätze von Raschheit und Ökonomie.[2090] Die Raschheit des Verwaltungsverfahrens ist nach SALADIN im ganzen gesehen Voraussetzung für Rechtssicherheit und damit Rechtsstaatlichkeit. Ein rasches Verfahren wird auch durch das Verhältnismässigkeitsprinzip gefordert, da Einschränkungen der Grundrechte (hier der Wirtschaftsfreiheit) nur solange wie nötig zulässig sind.[2091] Der Extremfall der Missachtung des Beschleunigungsgebots, die Rechtsverzögerung oder die Rechtsverweigerung, verstösst gegen Art. 4 BV.[2092] In zivil- und strafrechtlichen Verfahren ist die übermässige Verfahrensverzögerung auch durch Art. 6 EMRK verboten.

An das Gebot der zügigen Verfahrenserledigung sind insbesondere auch der Bundesrat und die Rechtsmittelinstanzen gebunden. Die Frist von vier Monaten, in welcher der Bundesrat eine Entscheidung über die ausnahmsweise Zulassung treffen sollte, darf deshalb m.E. nur bei Vorliegen wichtiger Gründe, die im betreffenden Verfahren selbst begründet sind, überschritten werden.

Während die in Art. 37 KG 85 statuierte Ordnungsfrist von drei Monaten für das Verfahren vor dem EVD als „doch recht unübliche verfahrensrechtliche Bestimmung" bezeichnet wurde[2093], fügen sich die Fristen für das Fusionskontrollverfahren des KG 95 nicht nur nahtlos in ihr System ein, sondern sind auch notwendige Bestandteile desselben.

2. Vergleich mit dem europäischen Recht

Das schweizerische Fusionskontrollverfahren ist wie die FKVO auf eine rasche Verfahrenserledigung ausgerichtet. Wegen der grossen wirtschaftlichen Interessen, die bei einem zu prüfenden Zusammenschluss auf dem Spiel stehen, kommt dem Beschleunigungsgebot grundlegende Bedeutung zu. Das schweizerische und das euro-

---

[2089] Vgl. HÄFELIN/MÜLLER N 436 m.w.H.
[2090] SALADIN 94.
[2091] Vgl. RHINOW/BIAGGINI 131 und 138-139. Die Botschaft hebt die Bedeutung der zügigen Erledigung aller wettbewerbsrechtlichen Verfahren hervor, Botschaft 135.
[2092] Vgl. HÄFELIN/MÜLLER N 435-436.
[2093] RICHLI, Verfahrensfragen, 222.

päische Verfahren tragen dem Rechnung, indem sie unter anderem die Wettbewerbsbehörde an Fristen binden und eine Zulässigkeitsfiktion für den Fall der Überschreitung der Frist vorsehen.

G. Andere Grundsätze des Verwaltungshandelns

Ausser den vorerwähnten Grundsätzen gelten im schweizerischen Fusionskontrollverfahren noch weitere Grundsätze des Verwaltungs- und Verfassungsrechts.[2094] Zahlreiche von ihnen gelten auch im europäischen Wettbewerbsrecht: so die Unschuldsvermutung bei Verstössen gegen wettbewerbsrechtliche Vorschriften, der Gleichbehandlungsgrundsatz, der Grundsatz „ne bis in idem" für Bussen sowie das Rückwirkungsverbot.[2095]

[2094] Vgl. AUBERT N 1785-1795, ad 1789-1795bis und 1843; HANGARTNER 179-188, 205 und 207-208; HÄFELIN/MÜLLER N 267 und 401-415.
[2095] Vgl. vorne 296.

KAPITEL 6
ZUSAMMENFASSUNG DER VORSCHLÄGE FÜR DIE ANWENDUNG UND ÄNDERUNG DES SCHWEIZERISCHEN FUSIONSKONTROLLVERFAHRENS

Die folgenden Vorschläge betreffen einerseits die Auslegung der Bestimmungen des KG 95 und der Ausführungsverordnung; diese Vorschläge sind mit A bezeichnet. Anderseits betreffen sie deren Änderung oder Ergänzung; diese Vorschläge sind mit R bezeichnet. Mit R/A bezeichnete Vorschläge könnten durch Änderung oder entsprechende Auslegung der betreffenden Bestimmungen verwirklicht werden.

Zusammenschlussbegriff

Eine Doppelkontrolle der Errichtung eines Gemeinschaftsunternehmens nach den Vorschriften über Zusammenschlüsse und denen über Wettbewerbsabreden sollte nicht erfolgen (R/A).

Umsatzschwellen

Die Höhe der Umsatzschwellen von Art. 9 sollte nach einiger Zeit überprüft werden (R).

Für die Umsatzberechnung von Banken sollte vom Betriebsergebnis ausgegangen werden (R).

Beteiligung eines marktmächtigen Unternehmens

Das Anwendungskriterium der Beteiligung eines durch Entscheidung als marktmächtig angesehenen Unternehmens (Art. 9 Abs. 4) sollte entweder gestrichen oder mindestens zeitlich begrenzt werden (R).

Behördenorganisation

Die sinnvolle Arbeitsteilung zwischen Sekretariat und Wettbewerbskommission (das Sekretariat ermittelt den Sachverhalt und bereitet die Entscheidungen der Wettbewerbskommission vor, während die Wettbewerbskommission entscheidet) sollte strikt eingehalten werden (A).

Die Wettbewerbskommission und ihre Kammern müssen den definitiven Text einer Entscheidung beschliessen und nicht bloss einen Entwurf, der vom Sekretariat später ausformuliert wird (A).

Fristen

Es ist zu begrüssen, dass die Fristen der schweizerischen Fusionskontrolle nicht einseitig zugunsten der Wettbewerbsbehörden verlängert werden.

Wenn das Ende einer Entscheidungsfrist auf einen Samstag, Sonntag oder allgemeinen Feiertag fällt, sollte die Frist in analoger Anwendung von Art. 20 Abs. 3 VwVG bis zum nächsten Arbeitstag verlängert werden (R/A).

Wird die Wettbewerbskommission im Hauptprüfverfahren durch Umstände an der Untersuchung gehindert, die von den beteiligten Unternehmen zu verantworten sind, sollte die viermonatige Frist gleich wie unter der FKVO während der Dauer der Hinderung stillstehen (A).

Wird eine Entscheidung der Wettbewerbskommission von der Rekurskommission für Wettbewerbsfragen oder dem Bundesgericht aufgehoben und an die Wettbewerbskommission zurückverwiesen, sollte die viermonatige Entscheidungsfrist von neuem beginnen (R/A).

Amtshilfe

Die rechtliche Situation bei der Amtshilfe ist unklar. Der Abschluss eines internationalen Abkommens mit der EG über die Amtshilfe in Wettbewerbssachen oder der Erlass eines Gesetzes über die Amtshilfe in Verwaltungssachen ist zu prüfen (R).

Meldung des Zusammenschlusses

In Art. 11 Abs. 1 lit. b AVO sollte der Ausdruck „relevanten Tatsachen und Umstände" durch „Hintergründe" ersetzt werden (R).

Die Verträge, die den Zusammenschluss bewirken, müssen den Wettbewerbsbehörden in jedem Fall zur Verfügung gestellt werden. Art. 11 Abs. 2 lit. b AVO sollte entsprechend geändert werden (R).

In Art. 11 Abs. 2 lit. d AVO sollte „soweit sie für die Beurteilung des Zusammenschlusses wichtige Angaben enthalten" durch „soweit sie Angaben enthalten, die für die Beurteilung des Zusammenschlusses von Bedeutung sein können" ersetzt werden. Der Rest des Satzes könnte gestrichen werden (R).

Eine Anmeldung nach Formblatt CO sollte als Meldung nach dem KG 95 verwendet werden können, wenn zusätzlich die Umsätze der beteiligten Unternehmen, die betroffenen Märkte und die Marktanteile in der Schweiz angegeben werden (R/A).

Vollzugsverbot

Das KG 95 oder die AVO sollten ausdrücklich erwähnen, welche Handlungen vom Vollzugsverbot erfasst werden (R).

Sobald die Wettbewerbskommission entschieden hat, dass sie den Zusammenschluss genehmigt, muss sie den beteiligten Unternehmen die Unbedenklichkeit des Zusammenschlusses und die Befreiung vom Vollzugsverbot mitteilen (A).

Die Folgen der Missachtung des Vollzugsverbots sollten klar geregelt werden (R). Die Anwendung von Art. 66 OR sollte ausgeschlossen werden (R).

Die Missachtung des Vollzugsverbots nach erfolgter Meldung sollte ebenfalls mit strafrechtlichen Bussen bedroht sein (R).

Neben der Verlängerung des Vollzugsverbots sollten auch andere vorsorgliche Massnahmen zulässig sein (A).

Entscheidungen im Vorprüfverfahren

Die Wettbewerbskommission muss den beteiligten Unternehmen ihren Entscheid, kein Hauptprüfverfahren zu eröffnen, unverzüglich, auch vor Ablauf eines Monats, mitteilen (Unbedenklichkeitserklärung) (A).

Einvernehmliche Regelungen und die Berücksichtigung von Zusagen im Vorprüfverfahren sollten zulässig sein (R/A).

Entscheidungen im Hauptprüfverfahren

Im Hauptprüfverfahren sollte die Wettbewerbskommission sobald als möglich eine Zulassungsverfügung treffen; sie darf nicht auf die Zulassungsfiktion warten (R/A).

Nebenabreden sollten von der Entscheidung über den Zusammenschluss umfasst werden (R/A).

Ausnahmsweise Zulassung durch den Bundesrat

Die ausnahmsweise Zulassung durch den Bundesrat sollte nur in extremen Ausnahmefällen gewährt werden (A).

Veröffentlichungen

Die Tatsache, dass ein Zusammenschluss gemeldet worden ist, sollte veröffentlicht werden (R). Dadurch würde das Verfahren an Transparenz gewinnen, und die Einflussmöglichkeiten Dritter und damit die Informationsbasis der Wettbewerbsbehörden würden verbessert.

Die Öffentlichkeit sollte über die im Vorprüfverfahren zugelassenen Zusammenschlüsse orientiert werden (R/A).

Die Entscheidungen am Ende des Hauptprüfverfahrens sollten im Volltext unter Auslassung von vertraulichen Informationen veröffentlicht werden (R/A).

Rechtsschutz

Die Beschwerdelegitimation gegen Verfügungen der Wettbewerbsbehörden richtet sich nach Art. 48 lit. a VwVG. Dritte können deshalb grundsätzlich beschwerdelegitimiert sein (A).

Dritten sollte nicht a priori ein schutzwürdiges Interesse an der Anfechtung von Verfügungen über Unternehmenszusammenschlüsse abgesprochen werden. Die Beschwerdelegitimation Dritter sollte aber nur restriktiv gewährt werden (A).

Rechtliches Gehör

Zur Gewährung des rechtlichen Gehörs wäre eine ähnliche Mitteilung wie die Mitteilung der Einwände des europäischen Verfahrens sinnvoll (R/A).

Die Verletzung des rechtlichen Gehörs sollte nicht als heilbar angesehen werden (A).

Akteneinsicht

Es ist fraglich, ob der Entzug sämtlicher Parteirechte Dritter durch Art. 43 Abs. 4 eine zulässige Beschränkung der von Art. 4 BV gewährten Verfahrensrechte ist. Ist dies nicht der Fall, sollte Art. 43 Abs. 4 geändert werden (R).

Für die Akteneinsicht genügt die Einsicht in die Sachverhaltsdarstellung nicht. Auch die zugrundeliegenden Akten müssen eingesehen werden können (A).

Zur erleichterten Ausübung des Rechts auf Akteneinsicht sollten Entscheidungen über die Gewährung und den Umfang der Akteneinsicht von einer unabhängigen Stelle (z.B. der Rekurskommission für Wettbewerbsfragen) getroffen werden, oder es sollte ein rasches Verfahren zur Überprüfung der von den Wettbewerbsbehörden getroffenen Entscheidungen über die Akteneinsicht vorgesehen werden (R).

KAPITEL 7
BEURTEILUNG DER FUSIONSKONTROLLE DES KG 95

Die Fusionskontrolle des KG 95 ist insgesamt sehr zu begrüssen. Sie ist eine notwendige Ergänzung der Vorschriften gegen Kartelle und die missbräuchliche Ausnutzung von Marktmacht. Die Vorschriften des KG 95 über Unternehmenszusammenschlüsse verwirklichen die Absicht, eine auf schweizerische Verhältnisse zugeschnittene, wirksame Fusionskontrolle einzuführen.

Wie in der vorliegenden Arbeit dargestellt, stimmt das schweizerische Fusionskontrollverfahren weitgehend mit dem europäischen überein. Dies ist sinnvoll, da die Verfahrensvorschriften der europäischen Fusionskontrolle in mehr als fünfjähriger Praxis erprobt und bereits einmal überarbeitet worden sind. Zahlreiche Fragen, die sich in der europäischen Fusionskontrolle bisher gestellt haben, hat die Kommission in Bekanntmachungen beantwortet. Insgesamt ist das Verfahren rasch und wirksam.

Die Abweichungen der schweizerischen Fusionskontrolle von der europäischen sind teils notwendige und sinnvolle Anpassungen an die schweizerischen Verhältnisse (z.B. die Berücksichtigung der Stellung der Unternehmen im internationalen Wettbewerb), teils sind sie mehr politisch motiviert und von zweifelhaftem Nutzen. Zu letzteren gehört die vom Parlament vorgenommene Umbenennung der im Entwurf vorgesehenen „Genehmigungspflicht" in eine „Meldepflicht" und die Streichung der ausdrücklichen Genehmigungsentscheidung im Vorprüfverfahren. Diese Änderungen haben das Prinzip der präventiven Fusionskontrolle nicht beeinträchtigt. Sie verbessern die Situation der Unternehmen m.E. nicht, vermindern aber die Transparenz des Verfahrens.

Die Umsatzschwellen des KG 95 sind sehr hoch. Sie werden nur die grössten Zusammenschlüsse erfassen. In Anbetracht ihrer Höhe ist fraglich, ob sich die Fusionskontrolle nicht auf Zusammenschlüsse von Unternehmen konzentrieren wird, für welche besondere Anwendungsvoraussetzungen bestehen, also Medienunternehmen und solche, die in Entscheidungen nach dem KG 95 für marktbeherrschend gehalten wurden.

Der mit der Fusionskontrolle verbundene administrative Aufwand für die Unternehmen und die Wettbewerbsbehörden ist angesichts des Zwecks der Fusionskontrolle, nämlich der Verhinderung marktbeherrschender Stellungen, die wirksamen Wettbewerb beseitigen können, verhältnismässig. Die Meldung des Zusammenschlusses verlangt nur die nötigsten Angaben.

Der materielle Beurteilungsmassstab (Begründung oder Verstärkung einer marktbeherrschenden Stellung, durch die wirksamer Wettbewerb beseitigt werden kann) und die verschiedenen Ausnahmen bewirken, dass nur Zusammenschlüsse mit massiven Auswirkungen auf den Wettbewerb verboten werden können. Der Beurteilungsmassstab berücksichtigt auch die für schweizerische Unternehmen besonders wichtige Stellung im internationalen Wettbewerb. Die Zielrichtung der schweizerischen Fusionskontrolle ist damit m.E. richtig.

Zusammenfassende Gegenüberstellung der schweizerischen und der europäischen Zusammenschlusskontrolle

Die Fusionskontrolle des KG 95 ist „europakompatibel" ausgestaltet. Besonders bezüglich des Verfahrens orientieren sich das KG 95 und die AVO stark an der europäischen FKVO und ihrer DVO. Die Gegenüberstellung der beiden Verfahren hat ergeben, dass sie sowohl in den Grundzügen wie in den Details sehr ähnlich sind.

Beide Fusionskontrollverfahren sind präventiv ausgestaltet und sehen ein zweistufiges, an kurze Fristen gebundenes Prüfungsverfahren vor, das es erlaubt, relativ schnell die unbedenklichen von den problematischen Vorhaben zu trennen. Wird die einmonatige Frist für das Vorprüfverfahren oder die viermonatige Frist für das Hauptprüfverfahren nicht eingehalten, gilt der Zusammenschluss per Fiktion als zulässig.

Aus dem präventiven Charakter der Fusionskontrolle ergeben sich zahlreiche weitere Eigenschaften des Verfahrens wie die Meldepflicht und das Vollzugsverbot.

Abweichungen des schweizerischen Fusionskontrollverfahrens vom europäischen entspringen grösstenteils der Absicht, das Verfahren und die einzelnen Bestimmungen weniger formalistisch und einfacher zu gestalten. Nicht alle vorgenommenen Vereinfachungen sind auch Verbesserungen.

Die Anwendungsvoraussetzungen beider Fusionskontrollen sind ähnlich. Die jeweiligen Vorschriften sind anwendbar, wenn ein Zusammenschluss vorliegt und die beteiligten Unternehmen bestimmte Umsatzschwellen überschreiten. Der Zusammenschlussbegriff des KG 95 entspricht dem der FKVO. Für die Unterscheidung von konzentrativen und kooperativen Gemeinschaftsunternehmen übernimmt das schweizerische Recht die Grundsätze des europäischen.

Das System der Umsatzschwellen ist sehr ähnlich, wobei die Schwellenwerte in der Schweiz tiefer liegen und in der EU zusätzlich das Problem der Abgrenzung der Zuständigkeiten der Gemeinschaft und der Mitgliedstaaten gelöst werden musste. Die Umsatzberechnung erfolgt nach den gleichen Regeln.

Nach schweizerischem Recht bestehen besondere Anwendungsvoraussetzungen für Medienunternehmen und für Unternehmen, die gemäss einer gestützt auf das KG 95 ergangenen Entscheidung marktbeherrschend sind. Für Banken und Versicherungen sind im europäischen und im schweizerischen Verfahren weitgehend die gleichen Sonderbestimmungen vorgesehen.

Die Anwendungsvoraussetzungen des schweizerischen und des europäischen Rechts sind unabhängig voneinander; deshalb sind parallele Verfahren möglich und sogar wahrscheinlich.

Zusammenfassende Gegenüberstellung

Die mit der Durchführung der jeweiligen Vorschriften betrauten Behörden unterscheiden sich wesentlich. Während die Wettbewerbskommission nur für die Anwendung des Wettbewerbsrechts zuständig ist und ihre Mitglieder vom Bundesrat gewählt werden, sowie zur Mehrheit unabhängige Sachverständige sein müssen, ist die Kommission eine politische Behörde und für die Mehrzahl aller Unions- und Gemeinschaftstätigkeiten zuständig. Auch wenn letztere nur nach den Kriterien der FKVO entscheiden muss, ist die Möglichkeit der Berücksichtigung politischer Gesichtspunkte doch beträchtlich grösser. Die Zahl der direkt mit Zusammenschlussfällen betrauten Mitarbeiterinnen und Mitarbeiter des Sekretariats der Wettbewerbskommission ist um ein Vielfaches kleiner als die der Task Force Fusionskontrolle.

In beiden Verfahrensordnungen haben informelle Kontakte zwischen den beteiligten Unternehmen und den Behörden eine äusserst grosse Bedeutung. Mittels informeller Gespräche lassen sich die Haltung der Behörde zu einem konkreten Vorhaben in Erfahrung bringen, der Umfang der Anmeldung beträchtlich verringern und Bedingungen und Auflagen für eine Genehmigung „aushandeln".

Die Fristen im Fusionskontrollverfahren berechnen sich im europäischen und schweizerischen Fusionskontrollverfahren nach besonderen Regeln. Im Gegensatz zum schweizerischen Recht verlängern die Vorschriften der europäischen DVO die Entscheidungsfristen mit verschiedenartigen Mitteln einseitig zugunsten der Behörde.

Beide Verfahren werden normalerweise durch die Anmeldung des Zusammenschlusses eingeleitet. Im Gegensatz zum KG 95 verlangt die FKVO, dass die Anmeldung innerhalb von einer Woche nach dem Vertragsabschluss oder dem Beteiligungserwerb zu erfolgen hat. Eine Frist für die Anmeldung ist jedoch nicht nötig, da der Zusammenschluss ohne eine entsprechende Bewilligung der Wettbewerbsbehörde ohnehin nicht vollzogen werden darf.

Die in der Meldung nach schweizerischem Recht verlangten Angaben entsprechen zu einem grossen Teil der Anmeldung gemäss dem Formblatt CO. Insgesamt ist der Umfang der Meldung nach dem KG 95 jedoch beträchtlich geringer als nach dem Formblatt CO. Insbesondere verlangt die AVO weniger Angaben über die betroffenen Märkte. Die Meldung nach schweizerischem Recht dient vor allem der Beurteilung des Vorhabens im Vorprüfverfahren; für das Hauptprüfverfahren müssen in der Regel wohl zusätzliche Angaben gemacht werden.

Benötigen die Behörden zusätzliche Informationen, stehen ihnen ausgedehnte Befugnisse zur Sachverhaltsermittlung zur Verfügung. Diese sind in den beiden Rechtsordnungen zwar verschieden, dürften aber in jedem Fall ausreichen. Geschäftsgeheimnisse können den Wettbewerbsbehörden nicht vorenthalten werden.

Der Vollzug des Zusammenschlusses ist während dem Vorprüfverfahren grundsätzlich verboten. Nach der FKVO dauert das automatische Vollzugsverbot allerdings zunächst nur drei und nicht vier Wochen wie das Vorprüfverfahren. Die Ausnahmen vom Vollzugsverbot sind im schweizerischen Kartellgesetz mit dem Kriterium der wichtigen Gründe flexibler formuliert als in der FKVO, wo ein schwerer Schaden glaubhaft gemacht werden muss.

Die Missachtung des Vollzugsverbots und der Meldepflicht ist in beiden Verfahren gleich sanktioniert. Erstens drohen Bussen, zweitens kann der Zusammenschluss auch nachträglich untersucht werden und drittens sind in Missachtung des Vollzugsverbots vorgenommene Zusammenschlusshandlungen schwebend unwirksam. Wird der Zusammenschluss untersagt, werden sie definitiv unwirksam.

Im Vorprüfverfahren entscheidet die Behörde, ob die jeweiligen Fusionskontrollvorschriften anwendbar sind und ob ein Hauptprüfverfahren eröffnet werden muss.

Die Kriterien für die Eröffnung eines Hauptprüfverfahrens sind im KG 95: „Anhaltspunkte für die Begründung oder Verstärkung einer marktbeherrschenden Stellung" und in der FKVO: „ernsthafte Bedenken für die Begründung oder Verstärkung einer marktbeherrschenden Stellung, durch die wirksamer Wettbewerb behindert werden kann".

Um die Eröffnung eines Hauptprüfverfahrens abzuwenden, dürfte es für beide Wettbewerbsbehörden zulässig sein, Zusagen der beteiligten Unternehmen zu berücksichtigen.

Nach dem KG 95 ist die Wettbewerbskommission lediglich dann verpflichtet, eine formelle Verfügung zu erlassen, wenn sie ein Hauptprüfverfahren eröffnen will. Immerhin muss sie gemäss der Ausführungsverordnung den beteiligten Unternehmen auch mitteilen, wenn sie den Zusammenschluss für unbedenklich hält. Nach der FKVO muss die Kommission die Unbedenklichkeit des Zusammenschlusses oder die Nichtanwendbarkeit der FKVO durch formelle Entscheidung feststellen. Wegen dem Verhältnismässigkeitsprinzip und dem Grundsatz von Treu und Glauben ist auch die Wettbewerbskommission verpflichtet, den beteiligten Unternehmen die Nichtanwendbarkeit der Fusionskontrolle mitzuteilen.

Das Hauptprüfverfahren gibt der Behörde vier Monate, um das Zusammenschlussvorhaben eingehend zu untersuchen.

Bezüglich Inhalt und Wirkungen auf den Zusammenschluss entsprechen sich die Verfügungen der Wettbewerbskommission und die Entscheidungen der Europäischen Kommission weitgehend. Auch die Gründe für den Widerruf einer Entscheidung stimmen überein.

Die materiellen Beurteilungskriterien im Hauptprüfverfahren sind allerdings verschieden. Nach der FKVO muss ein Zusammenschluss untersagt werden, wenn durch ihn eine marktbeherrschende Stellung begründet oder verstärkt wird, durch die wirksamer Wettbewerb auf dem Gemeinsamen Markt oder einem wesentlichen Teil desselben *erheblich behindert* würde. Gemäss dem KG 95 wird ein Zusammenschluss erst dann verboten, wenn er eine marktbeherrschende Stellung begründet oder verstärkt, durch die wirksamer Wettbewerb *beseitigt* werden kann, *und* wenn er keine Verbesserung der Wettbewerbsverhältnisse in einem anderen Markt bewirkt, welche die Nachteile der marktbeherrschenden Stellung überwiegt. Unter dem KG 95 können die Stellung der Unternehmen im internationalen Wettbewerb berücksichtigt und die Interessen der Gläubiger von Banken sogar vorrangig berücksichtigt werden. Die letzte Möglichkeit für die Zulassung eines problematischen Zusammenschlusses ist eine ausnahmsweise Zulassung durch den Bundesrat aus überwiegenden öffentlichen Interessen.

Unterschiede zwischen den beiden Verfahren bestehen auch bezüglich der Veröffentlichungen. Im Gegensatz zur europäischen Fusionskontrolle erfolgt in der Schweiz keine Orientierung der Öffentlichkeit über eingegangene Meldungen von Zusammenschlüssen. Der wesentliche Inhalt der Meldung wird erst bei Eröffnung eines Hauptprüfverfahrens veröffentlicht.

Das KG 95 verlangt nicht einmal, dass von den Entscheidungen im Vorprüfverfahren ein Hinweis veröffentlicht wird. Von den Entscheidungen der Kommission nach Art. 6 FKVO sind dagegen nichtvertrauliche Versionen öffentlich zugänglich. Gestützt auf die AVO dürften die Entscheidungen der Wettbewerbskommission im Vorprüfverfahren der Öffentlichkeit ebenfalls, jedoch in zusammengefasster Form, zugänglich gemacht werden können. Die Entscheidungen im Hauptprüfverfahren werden nach der FKVO vollständig, unter Auslassung vertraulicher Informationen, veröffentlicht. Nach dem KG 95 wird nur eine Zusammenfassung publiziert.

In beiden Verfahrensordnungen sind die Verfahrensrechte und Verfahrensgrundsätze von grosser Bedeutung. Sie prägen den Charakter des Verfahrens insgesamt.

Die „Verfahrensrechte" und „Grundsätze des Verwaltungrechts" des Schweizer Rechts werden im EU-Recht meist als „allgemeine Grundsätze des Gemeinschaftsrechts" bezeichnet. Zahlreiche dieser Rechte und Grundsätze wurden erst durch die Rechtsprechung formuliert. In beiden Rechtsordnungen zeigt die Entwicklung in Richtung einer Erweiterung und Vertiefung der Verfahrensrechte.

Die Verfahrensrechte und Grundsätze des Verwaltungsverfahrens haben in beiden Verfahren gesamthaft gesehen etwa den gleichen Umfang; im Detail bestehen aber teilweise beträchtliche Unterschiede.

In beiden Rechtssystemen werden das Amtsgeheimnis und Geschäftsgeheimnisse geschützt. Geschäftsgeheimnisse dürfen weder zum Zweck der Gewährung des rechtlichen Gehörs und der Akteneinsicht, noch bei Veröffentlichungen offenbart werden.

Die Auskunfts-, Zeugnis- und Editionsverweigerungsrechte sind unterschiedlich geregelt. In der Schweiz sind diese Rechte zugunsten von Privatpersonen umfassender. Im europäischen Wettbewerbsrecht werden diese Rechte auch nicht benötigt, da sich Auskunftsverlangen und Nachprüfungen grundsätzlich an Unternehmen richten und nur Unternehmen mit Sanktionen belegt werden können. Im Fusionskontrollverfahren kommt Auskunftsverweigerungsrechten allgemein keine grosse Bedeutung zu, da weder Beteiligte noch Dritte in der Regel ein Interesse an der Verheimlichung von Informationen gegenüber den Behörden haben.

Von grosser Bedeutung sind das rechtliche Gehör und das Recht auf Akteneinsicht. Beide Verfahrensordnungen gewähren den Beteiligten rechtliches Gehör und Akteneinsicht.

Auch Dritte haben im europäischen Fusionskontrollverfahren einen Anspruch auf rechtliches Gehör, wenn sie ein hinreichendes Interesse haben. Dritte ohne ein besonderes Interesse können zur Tatsache der Anmeldung eine Stellungnahme abgeben. Im schweizerischen Fusionskontrollverfahren werden Dritten die Parteirechte pauschal versagt; die AVO erwähnt jedoch die Möglichkeit der Wettbewerbsbehörden, Dritte nach Ermessen anzuhören.

Einen Anspruch auf Akteneinsicht haben Dritte weder im schweizerischen noch im europäischen Fusionskontrollverfahren. Der Umfang und die Schranken des rechtlichen Gehörs und der Akteneinsicht dürften sich in den beiden Rechtsordnungen etwa entsprechen.

Die Missachtung des rechtlichen Gehörs oder der Akteneinsicht ist in beiden Rechtsordnungen ein Grund für die Nichtigkeit der Entscheidung.

Weitere Verfahrensrechte und Grundsätze des Verwaltungsverfahrens gelten in beiden Fusionskontrollverfahren in ähnlichem Umfang und prägen das Verfahren. Dazu gehören das Beschleunigungsgebot, die Begründungspflicht, der Grundsatz der Gesetzmässigkeit bzw. Rechtmässigkeit und der Grundsatz der Verhältnismässigkeit.

In beiden Rechtsordnungen gibt es ein einheitliches Rechtsmittel zur Anfechtung der Entscheidungen der jeweiligen Behörde: die Nichtigkeitsklage nach Art. 173 EGV bzw. die Beschwerde nach Art 44 - 69 VwVG. Die anfechtbaren Entscheidungen dürften sich etwa entsprechen. In beiden Rechtsordnungen ist die Klagelegitimation der beteiligten Unternehmen immer gegeben.

Nach der Rechtsprechung des EuG ist mittlerweile anerkannt, dass auch Dritte durch eine Entscheidung über einen Zusammenschluss unmittelbar und individuell betroffen sein können und deshalb zur Klage legitimiert sein können. Im schweizerischen Recht dürfte die Legitimation Dritter zur Verwaltungsbeschwerde gegen Verfügungen über die Genehmigung eines Zusammenschlusses ebenfalls nicht generell zu verneinen sein.

Der gerichtliche Rechtsschutz dürfte trotz einiger Unterschiede bezüglich Kognition und Entscheidungsbefugnis der Rechtsmittelinstanz insgesamt ähnlichen Umfang haben.

Anhang: Liste der bis zum 31.12.95 ergangenen endgültigen Entscheidungen unter der FKVO

Aktenzeichen	Name	Entscheidungstyp (6a, 6b, 8(2), 8(2)+, 8(3))	Datum	Fundstelle im ABl. (nur bei Entscheidungen nach Art. 8)
M.004	Renault/Volvo	6a und 6b	7.11.90	
M.009	Fiat Geotech/Ford New Holland	6b	8.2.91	
M.010	Conagra/Idea	6b	30.5.91	
M.012	Varta/Bosch	8(2)+	31.7.91	1991 L 230/26
M.017	Aérospatiale/MBB	6b	25.2.91	
M.018	AG/Amev	6b	21.11.90	
M.021	Dresdner Bank/Banque Nationale de Paris	6b	4.2.91	
M.023	ICI/Tioxide	6b	28.11.90	
M.024	Mitsubishi/UCAR	6b	4.1.91	
M.025	Arjomari-Prioux/Wiggins Teape Appleton	6a	10.12.90	
M.026	Cargill/Unilever	6b	20.12.90	
M.027	Promodes/DIRSA	6b	17.12.90	
M.037	Matsushita/MCA	6b	10.1.91	
M.042	Alcatel/Telettra	8(2)+	12.4.91	1991 L 122/48
M.043	Magneti Marelli/CEAc	8(2)+	29.5.91	1991 L 222/38
M.050	AT&T/NCR	6b	18.1.91	
M.053	Aérospatiale-Alenia/de Havilland	8(3)	2.10.91	1991 L 334/42
M.057	Digital/Kienzle	6b	22.2.91	
M.058	Baxter/Nestlé/Salvia	6a	6.2.91	
M.062	Eridania/ISI	6b	30.7.91	
M.063	Elf/Ertoil	6b	29.4.91	
M.065	ASKO/Omni	6b	21.2.91	
M.068	Tetrapak/Alfa-Laval	8(2)	19.7.91	1991 L 290/35
M.069	Kyowa/Saitama Banks	6b	7.3.91	
M.070	Otto/Grattan	6b	21.3.91	
M.072	Sanofi/Sterling Drug	6b	10.6.91	
M.073	Usinor/ASD	6b	29.4.91	
M.076	Lyonnaise des Eaux Dumez/ Brochier	6b	11.7.91	
M.080	La Redoute/Empire	6b	25.4.91	
M.081	VIAG/Continental Can	6b	6.6.91	
M.082	ASKO/Jacobs/ADIA	6b	16.5.91	
M.085	Elf/Occidental	6b	13.6.91	
M.086	Thomson/Pilkington	6b	23.10.91	
M.088	Elf/Enterprise	6a	24.7.91	
M.090	BSN-Nestlé/Cokoladovny	6a	17.2.92	
M.092	RVI/VBC/Heuliez	6b	3.6.91	
M.093	Apollinaris/Schweppes	6a	24.6.91	
M.097	Péchiney/Usinor-Sacilor	6b	24.6.91	
M.098	Elf/BC/CEPSA	6b	18.6.91	
M.099	Nissan/R. Nissan	6b	28.6.91	
M.101	Dräger/IBM/HMP	6b	28.6.91	

M.102	TNT/Canada Post, DBP Postdienst, La Poste, PTT Post and Sweden Post	6b	2.12.91	
M.105	ICL/Nokia Data	6b	17.7.91	
M.110	ABC/Générale des Eaux/Canal/W.H. Smith TV	6b	10.9.91	
M.111	BP/Petromed	6b	29.7.91	
M.112	EDS/SD Scicon	6b	17.7.91	
M.113	Courtaulds/SNIA	6b	19.12.91	
M.116	Kelt/American Express	6b	20.8.91	
M.117	KOIPE-TABACALERA/ELOSUA	6a	28.7.92	
M.119	Metallgesellschaft/Feldmühle	6b	14.10.91	
M.121	Ingersoll-Rand/Dresser	6b	18.12.91	
M.122	Paribas/MTH/MBH	6b	17.10.91	
M.124	BNP/Dresdner Bank - Czecho-Slovakia	6b	26.8.91	
M.126	Accor/Wagons-Lits	8(2)+	28.4.92	1992 L 204/1
M.129	Digital/Philips	6b	2.9.91	
M.130	Delta Air Lines/Pan Am	6b	13.9.91	
M.133	Ericsson/Kolbe	6b	22.1.92	
M.134	Mannesmann/Boge	6b	23.9.91	
M.137	Bank America/Security Pacific	6b	22.10.91	
M.138	CAMPSA	6b	19.12.91	
M.139	VIAG/EB Brühl	6b	19.12.91	
M.141	UAP/Transatlantic/Sun Life	6b	11.11.91	
M.146	Metallgesellschaft/Safic-Alcan	6b	8.11.91	
M.147	Eurocom/RSCG	6b	18.12.91	
M.149	Lucas/Eaton	6b	9.12.91	
M.152	Volvo/Altas	6b	14.1.92	
M.156	Cereol/Continentale Italiana	6a	27.11.91	
M.157	Air France/SABENA	6b	5.10.92	
M.159	Mediobanca/Generali	6a	19.12.91	
M.160	Elf Atochem/Rohm and Haas	6b	28.7.92	
M.162	James River/Rayne	6b	13.2.92	
M.164	Mannesmann/VDO	6b	13.12.91	
M.165	Alcatel/AEG Kabel	6b	18.12.91	
M.166	Torras/SARRIO	6b	24.2.92	
M.167	Gambogi/Cogei	6b	19.12.91	
M.168	Flachglas/VEGLA	6a	13.4.92	
M.176	Sunrise	6a	13.1.92	
M.178	Saab Ericsson Space	6b	13.1.92	
M.179	SPAR/Dansk Supermarked	6b	3.2.92	
M.180	Steetley/Tarmac	6b	12.2.92	
M.182	Inchcape/IEP	6b	21.1.92	
M.183	Schweizer Rück/ELVIA	6b	14.1.92	
M.184	Grand Metropolitan/Cinzano	6b	7.2.92	
M.186	Henkel/Nobel	6b	23.3.92	
M.187	IFINT/EXOR	6b	2.3.92	
M.188	Herba/IRR	6a	28.4.92	
M.189	Generali/BCHA	6b	6.4.92	
M.190	Nestlé/Perrier	8(2)+	22.7.92	1992 L 356/1

Bis zum 31.12.95 ergangene Entscheidungen unter der FKVO

M.192	Banesto/Totta	6b	14.4.92	
M.196	Volvo/Procordia	6b	11.10.93	
M.197	Solvay-Laporte/Interox	6a und 6b	30.4.92	
M.198	Péchiney/VIAG	6b	10.8.92	
M.202	Thorn EMI/Virgin Music	6b	27.4.92	
M.206	Rhône-Poulenc/SNIA	6b	10.8.92	
M.207	EUREKO	6a	27.4.92	
M.210	Mondi/Frantschach	6b	12.5.92	
M.213	Hong Kong and Shanghai Bank/Midland	6b	21.5.92	
M.214	Du Pont/ICI	8(2)+	30.9.92	1993 L 7/13
M.216	CEA Industrie/France Télécom/ Finmeccanica/SGS-Thomson	6b	22.2.93	
M.218	Eucom/Digital	6b	18.5.92	
M.220	Bibby/Finanzauto	6b	29.6.92	
M.221	ABB/BREL	6b	26.5.92	
M.222	Mannesmann/Hoesch	8(2)	12.11.92	1993 L 114/34
M.224	Volvo/Lex	6b	21.5.92	
M.229	Thomas Cook/LTU/West LB	6b	14.7.92	
M.232	Pepsi Co/General Mills	6b	5.8.92	
M.234	GECC/Avis Lease	6b	15.7.92	
M.235	Elf Aquitaine-Thyssen/Minol	6b	4.9.92	
M.236	Ericsson/Ascom	6b	8.7.92	
M.237	DASA/Fokker	6b	10.5.93	
M.238	Siemens/Philips	6c, dann Aufgabe		
M.239	Avesta/British Steel/NCC/AGA/Axel Johnson	6b	4.9.92	
M.241	Eurocard/Eurocheque-Europay	6a	13.7.92	
M.242	Promodes/BRMC	6b	13.7.92	
M.249	Northern Telecom/Matra Telecommunication	6b	10.8.92	
M.251	Allianz/DKV	6b	10.9.92	
M.253	BTR/Pirelli	6b	17.8.92	
M.254	Fortis/La Caixa	6b	5.11.92	
M.256	Linde/Fiat	6b	28.9.92	
M.258	CCIE/GTE	6b	25.9.92	
M.259	British Airways/TAT	6b	27.11.92	
M.261	Volvo/Lex (2)	6b	3.9.92	
M.263	Ahold/Jerónimo Martins	6b	29.9.92	
M.265	VTG/BPTL	6a	12.10.92	
M.266	Rhône Poulenc Chimie/SITA	6b	26.11.92	
M.269	Shell/Montecatini	8(2)+	8.6.94	1994 L 332/48
M.272	Matra/Cap Gemini Sogeti	6b	17.3.93	
M.277	Del Monte/Royal Foods/Anglo American	6b	9.12.92	
M.278	British Airways/Dan Air	6b	17.2.93	
M.283	Waste Management International plc./S.A.E.	6b	21.12.92	
M.284	Hoechst/Wacker	6b	10.5.93	
M.285	Pasteur-Mérieux/Merck	6a	5.7.93	
M.286	Zürich/MMI	6b	2.4.93	

M.289	PepsiCo/KAS	6b	21.12.92	
M.290	Sextant/BGT-VDO	6b	21.12.92	
M.291	KNP/BT/VRG	8(2)+	4.5.93	1993 L 217/35
M.292	Ericsson/Hewlett-Packard	6b	12.3.93	
M.293	Philips/Thomson/SAGEM	6a	18.1.93	
M.295	SITA-RPC/SCORI	6b	19.3.93	
M.296	Crédit Lyonnais/BFG Bank	6b	11.1.93	
M.299	Sara Lee/BP Food Division	6b	8.2.93	
M.300	Kingfisher/Darty	6b	22.3.93	
M.301	Tesco Ltd./Catteau SA	6b	4.2.93	
M.304	Volkswagen AG/V.A.G. (UK) Limited	6b	24.2.93	
M.308	Kali+Salz/MdK/Treuhand	8(2)+	14.12.93	1994 L 186/38
M.310	Harrisons & Crosfield/AKZO	6b	29.4.93	
M.312	Sanofi/Yves Saint Laurent	6b	15.3.93	
M.315	Mannesmann/Vallourec/Ilva	8(2)	31.1.94	1994 L 102/15
M.317	Degussa/Ciba-Geigy	6b	5.4.93	
M.318	Thomson/Shorts	6b	14.4.93	
M.319	BHF/CCF/Charterhouse	6b	30.8.93	
M.320	Ahold/Jerónimo Martins/Inovação	6b	19.4.93	
M.322	Alcan/Inespal/Palco	6b	14.4.93	
M.323	Procordia/Erbamont	6b	29.4.93	
M.326	Toyota Motor Corp./Walter Frey/Toyota France	6b	1.7.93	
M.328	Gehe AG/OCP SA	6b	5.4.93	
M.330	McCormick/CPC/Rabobank/Ostmann	-	29.10.93	Verweisungsentscheidung: WuW 1994, 227-229
M.331	Fletcher Challenge/Methanex	6b	31.3.93	
M.334	Costa Crociere/Chargeurs/Accor	6b	19.7.93	
M.335	Schweizerische Kreditanstalt/ Schweizerische Volksbank	6b	29.4.93	
M.336	IBM France/CGI	6b	19.5.93	
M.337	Knorr-Bremse/Allied Signal	6b	15.10.93	
M.341	Deutsche Bank/Banco de Madrid	6b	28.5.93	
M.342	Fortis/CGER	6b	15.11.93	
M.343	Société Générale de Belgique/Générale de Banque	6b	3.8.93	
M.344	Codan/Hafnia	6b	28.5.93	
M.346	JCSAT/SAJAC	6b	30.6.93	
M.349	AEGON/Scottish Equitable	6b	25.6.93	
M.350	West LB/Thomas Cook	6b	30.6.93	
M.353	British Telecom/MCI	6a	13.9.93	
M.354	American Cyanamid/Shell	6b	1.10.93	
M.355	Rhône-Poulenc/SNIA (II)	6b	8.9.93	
M.357	Commerzbank/CCR	6b	9.8.93	
M.358	Pilkington-Techint/SIV	8(2)	21.12.93	1994 L 158/24
M.360	Arvin/Sogefi	6b	23.9.93	
M.361	Neste/Statoil	6b	17.2.94	
M.362	Nesté/Italgel	6b	15.9.93	

M.363	Continental/Kaliko/DG Bank/Benecke	6b	29.11.93	
M.365	Thyssen/Balzer	6b	30.9.93	
M.366	Alcatel/STC	6a	14.9.93	
M.368	SNECMA/TI	6b	17.1.94	
M.376	Synthomer/Yule Catto	6b	22.10.93	
M.382	Philips/Grundig	6b	3.12.93	
M.384	UAP/Vinci	6b	1.12.93	
M.390	Akzo/Nobel Industries	6b	10.1.94	
M.391	BAI/Banca Popolare di Lecco	6b	20.12.93	
M.392	Hoechst/Schering	6b	6.1.94	
M.394	Mannesmann/RWE/Deutsche Bank	6b	22.12.93	
M.395	CWB/Goldman Sachs Tarkett	6b	21.2.94	
M.397	Ford/Hertz	6a	7.3.94	
M.399	Rhône-Poulenc-SNIA/Nordfaser	6b	3.2.94	
M.400	Allied Lyons/HWE-Pedro Domecq	6b	28.4.94	
M.401	Rütgerswerke AG/Hüls Troisdorf AG	6b	2.3.94	
M.402	PowerGen/NRG Energy/Morrison Knudsen/Mibrag	6b	27.6.94	
M.403	AGF/La Unión y el Fénix	6b	25.4.94	
M.404	Generali/Central Hispano-Generali	6b	9.2.94	
M.406	Philips/Hoechst	6b	11.3.94	
M.408	RWE/Mannesmann	6b	28.2.94	
M.409	ABB/Renault Automation	6b und 6a	9.3.94	
M.410	Kirch/Richemont/Telepiù	6b	2.8.94	
M.416	BMW/Rover	6b	14.3.94	
M.417	VIAG/Bayernwerk	6b	5.5.94	
M.420	CGP/GEC Alsthom/KPR/Kone Corporation	6b	14.4.94	
M.422	Unilever France/Ortiz Miko (II)	6b	15.3.94	
M.423	Newspaper Publishing	6b	14.3.94	
M.425	Banco Santader/BT	6a	28.3.94	
M.426	Rhône-Poulenc/Cooper	6b	18.4.94	
M.427	Rhône-Poulenc/Caffaro	6b	20.6.94	
M.429	Winterthur/DBV	6b	30.5.94	
M.430	Procter & Gamble/VP Schickedanz (II)	8(2)+	21.6.94	1994 L 354/32
M.431	Medeol SA/Elosua SA	6b	6.6.94	
M.433	ERC/NRG Victory	6b	27.5.94	
M.437	Matra Marconi Space/British Aerospace Space Systems	6b	23.8.94	
M.439	Hüls/Phenolchemie	6b	6.5.94	
M.440	GE/ENI/Nuovo Pignone (II)	6b	6.5.94	
M.441	Daimler-Benz AG/RWE AG	6b	20.6.94	
M.442	Elf Atochem/Rütgers	6b	29.7.94	
M.444	Sidmar NV/Klöckner Stahl GmbH	6b	30.5.94	
M.445	BSN/Euralim	6b	8.6.94 7.6.94??	
M.447	Schneider/AEG	6b	1.8.94	
M.448	GKN/Brambles/Leto Recycling	6b	7.6.94	
M.450	AGF/Assubel	6b	28.6.94	
M.452	Avesta (II)	6b	9.6.94	

505

M.455	Banco Santander/Banesto	6b	13.6.94	
M.457	Hoffmann-La Roche/Syntex	6b	20.6.94	
M.458	Electrolux/AEG	6b	23.6.94	
M.459	CINVen/CIE/BP	6b	29.9.94	
M.460	Holdercim/Cedest	6b	6.7.94	
M.464	BMSC/UPSA	6b	6.9.94	
M.465	GE/CIGI	6b	29.8.94	
M.466	Tractebel/Synatom	6b	30.6.94	
M.468	Siemens/Italtel	8(2)	17.2.95	1995 L 161/27
M.469	MSG Media Service	8(3)	9.11.94	1994 L 364/1
M.470	Gencor/Shell	6b	29.8.94	
M.471	Delhaize/PG	6b	22.8.94	
M.472	Vesuvius/Wülfrath	6b	5.9.94	
M.473	PWT/Minemet	6b	20.7.94	
M.475	Shell Chimie/Elf Atochem	6b	22.12.94	
M.477	Mercedes/Kässbohrer	8(2)	14.2.95	1995 L 211/1
M.478	Voith/Sulzer	6b	29.7.94	
M.479	MAN/Ingersoll-Rand	6a und 6b	28.7.94	
M.480	Sanofi/Kodak	6b	12.8.94	
M.484	Krupp/Thyssen/Riva/Falck/Tadfin/AST (Thyssenstahl)	8(2)	21.12.94	1995 L 251/18
M.485	Rheinelektra/Dekra/Cofira	6a	26.9.94	
M.486	Holdercim/Origny-Desvroises	6b	5.8.94	
M.489	Bertelsmann/News International/Vox	6b	6.9.94	
M.490	Nordic Satellite Distribution	8(3)	19.7.95	1996 L 53/20
M.491	General Re/Kölnische Rück	6b	24.10.94	
M.492	Klöckner & Co/Computer 2000	6b	5.9.94	
M.493	Tractebel/Distrigaz II	6b	1.9.94	
M.495	Behringwerke AG/Armour Pharmaceutical Co	6b	3.4.95	
M.496	Marconi/Finmeccanica	6b	5.9.94	
M.497	Matra Marconi Space/Satcomms	6b	14.10.94	
M.498	Commercial Union/Groupe Victoire	6b	12.9.94	
M.499	Jefferson Smurfit/Saint Gobain	6b	19.9.94	
M.500	American Home Products/American Cyanamid	6b	19.9.94	
M.502	Volkswagen/SAB	6b	19.9.94	
M.503	British Steel/Svensk Stål A/S	6b	7.11.94	
M.504	British Steel/Avesta	6b	20.10.94	
M.505	Shell/Monteshell	6b	16.12.94	
M.508	BHF/CCF II	6b	28.10.94	
M.511	Texaco/Norsk Hydro	6b	9.1.95	
M.512	UAP/Provincial	6b	7.11.94	
M.513	Rhône-Poulenc/Ambiente	6b	7.11.94	
M.517	KKR/Borden	6b	24.11.94	
M.518	Winterthur/Schweizer Rück	6b	14.3.95	
M.519	Ericsson/Raychem	6b	21.11.94	
M.520	Direct Line/Bankinter	6b	12.1.95	
M.521	Viag/Sanofi	6b	21.12.94	

M.522	Scandinavian Project	6b	28.11.94
M.523	Akzo Nobel/Monsanto	6b	19.1.95
M.525	Vox (II)	6b	18.1.95
M.526	Sappi/DLJMB/UBS/Warren	6b	14.12.94
M.527	Thomson/Daimler Benz	6b	2.12.94
M.528	British Aerospace/VSEL	6b	24.11.94
M.529	GEC/VSEL	6b	7.12.94
M.531	Recticel/CWW-Gerko	6b	3.2.95
M.532	Cable and Wireless/Schlumberger	6b	22.12.94
M.533	TWD/AKZO Nobel-Kuagtextil	6b	10.2.95
M.534	Bayer/Hoechst	6b	21.12.94
M.535	Mannesmann Demag/Delaval Stork	6b	21.12.94
M.536	Torrington/NSK	6b	28.3.95
M.537	Sidmar/Klöckner (II)	6b	9.1.95
M.538	Omnitel	6a	27.3.95
M.539	Allianz/Elvia/Lloyd Adriatico	6b	3.4.95
M.540	Cegelec/AEG	6b	20.2.95
M.542	Babcock/Siemens/BS Railcare	6b	30.6.95
M.543	Zurigo/Banco di Napoli	6b	22.2.95
M.544	Unisource/Telefonica	6a	6.11.95
M.548	Nokia/SP Tyres	6a	14.3.95
M.549	Svenska Cellulosa/PWA	6b	20.2.95
M.550	Union Carbide/Enichem	6b	13.3.95
M.551	ATR/BAe	6a	25.7.95
M.553	RTL/Veronica/Endemol	8(3), gestützt auf Art. 22(3)	20.9.95
M.554	Dalgety/The Quaker Oats Company	6b	13.3.95
M.555	Glaxo/Wellcome	6b	28.2.95
M.557	Alfred Toepfer/Champagne Céréales	6b	6.4.95
M.558	La Rinascente/Cedis Migliatini	6b	15.3.95
M.560	EDS/Lufthansa	6b	11.5.95
M.561	Securior Datatrak	6b	20.3.95
M.563	British Steel/UES	6b	17.3.95
M.564	Havar Voyage American Express	6b	6.4.95
M.565	Solvay/Wienerberger	6b	24.4.95
M.566	CLT/Disney/SuperRTL	6b	17.5.95
M.567	Lyonnaise des Eaux/Northumbrian Water	6b	21.12.95
M.568	Edison-EDF/ISE	6b	8.6.95
M.570	TBT/British Telecom/TeleDanmark/Telenor	6b	24.4.95
M.571	CGI/Dassault	6b	24.3.95
M.572	GEHE/AAH	6b	3.4.95
M.573	ING/Barings	6b	11.4.95
M.574	Saudi Aramco/MOH	6b	23.5.95
M.575	Volvo/VME	6b	11.4.95
M.576	Ferruzzi Finanziaria/Fondiaria	6b	9.6.95
M.577	GE/Power Controls B.V.	6b	28.4.95
M.578	Hoogovens/Klöckner & Co.	6a	11.4.95
M.579	Burda/Blockbuster	6b	27.4.95
M.580	ABB/Daimler-Benz	8(2)+	18.10.95

Anhang

M.581	Frantschach/Bischof+Klein	6b	5.9.95	
M.582	Orkla/Volvo	8(2)+	20.9.95	1996 L 66/17
M.583	Inchcape/Gestetner Holdings	6b	1.6.95	
M.584	Kirch/Richemont/Multichoice/Telepiù	6b	5.5.95	
M.585	Voest Alpine Industrieanlagenbau GmbH/ Davy Intern. Ltd.	6b	7.7.95	
M.586	Generali/Comit/R. Flemings	6b	15.6.95	
M.587	Hoechst/Marion Merell Dow	6b	22.6.95	
M.588	Ingersoll-Rand/Clark Equipment	6a	15.5.95	
M.589	Seagram/MCA	6b	29.5.95	
M.591	Dow/Bruna	6b	4.7.95	
M.593	Volvo/Henlys	6b	27.6.95	
M.595	British Telecom/VIAG	6b	22.12.95	
M.596	Mitsubishi Bank/Bank of Tokyo	6b	17.7.95	
M.597	Swiss Bank Corporation/S.G. Warburg	6b	28.6.95	
M.598	Daimler-Benz/Carl Zeiss	6b	27.6.95	
M.599	Noranda Forest/Glunz	6b	8.9.95	
M.600 und M.601	Employers Reinsurance Corporation/Frankona Rückversicherungs AG/Aachener Rückversicherungsgesellschaft	6b	30.6.95	
M.603	Crown Cork & Seal/Carnaud-Metal Box	8(2)+	14.11.95	1996 L 75/38
M.604	BT/BNL	6a	15.9.95	
M.606	Generali/Comit/Previnet	6b	26.7.95	
M.611	Dresdner Bank/Kleinwort Benson	6b	28.7.95	
M.612	RWE-DEA/Enichem Augusta	6b	27.7.95	
M.613	Jefferson Smurfit Group/Munksjo	6b	31.7.95	
M.614	Generali/France Vie-France Iard	6b	21.8.95	
M.615	Rhône-Poulenc/Engelhard	6b	23.10.95	
M.616	Swissair/Sabena	6b	20.7.95	vgl. auch ABl. 1995 L 239/19
M.617	Crédit Local de France/Hypothekenbank in Berlin	6b	10.8.95	
M.618	Cable and Wireless/VEBA	6b	16.8.95	
M.620	Thomson-CSF/Teneo/Indra	6b	22.8.95	
M.621	Bayer. Landesbank/Bank f. Arbeit u. Wirtschaft	6b	21.12.95	
M.622	Ricoh/Gestetner	6b	12.9.95	
M.625	Nordic Capital/Transpool	6b	23.8.95	
M.627	UAP/Sun Life	6b	21.8.95	
M.628	Generale Bank/Crédit Lyonnais Bank Nederland	6b	25.9.95	
M.630	Henkel/Schwarzkopf	6b	31.10.95	
M.631	Upjohn/Pharmacia	6b	28.9.95	
M.632	Rhône-Poulenc Rorer/Fisons	6b	21.9.95	
M.639	Montedison/Groupe Vernes/SCI	6b	8.12.95	
M.640	KNP BT/Société Générale	6b	3.10.95	
M.642	Chase Manhattan/Chemical Banking	6b	26.10.95	
M.643	CGER-Banque/SNCI	6b	23.10.95	
M.644	Swiss Life/I.N.C.A.	6b	25.10.95	

Bis zum 31.12.95 ergangene Entscheidungen unter der FKVO

M.646	Repola/Kymmene	6b	30.10.95	
M.648	McDermott/ ETPM	6b	27.11.95	
M.650	SBG/Rentenanstalt	6a	20.12.95	
M.655	Canal+/UFA/MDO	6b	13.11.95	
M.656	Seagate/Conner	6b	17.11.95	
M.657	Rohm/Ciba-Geigy - TFL Ledertechnik	6b	22.12.95	
M.659	GE Capital/Sovac	6b	17.11.95	
M.660	RTZ/CRA	6b	7.12.95	
M.662	Leisureplan	6b	21.12.95	
M.664	GRS Holding	6b	11.12.95	
M.665	Havas(CEP)/Groupe de la Cité	6b	29.11.95	
M.666	Johnson Controls/Roth Frères	6b	5.12.95	
M.668	Philips/Origin	6b	22.12.95	
M.669	Charterhouse/Porterbrook Leasing Company	6b	11.12.95	
M.670	Elsag Bailey/Hartmann & Braun AG	6b	20.12.95	
M.673	Channel Five	6a	22.12.95	
M.674	Demag/Komatsu	6b	21.12.95	
M.675	Alumix/Alcoa	6b	21.12.95	
M.676	Ericsson/Ascom II	6b	22.12.95	
M.678	Minorco/Tilcon	6b	22.12.95	

nach dem 31.12.95 entschieden

M.619	Gencor/Lonrho	8(3)	24.4.96	NZZ Nr. 96 vom 25.4.96, S. 25
M.623	Kimberly-Clark/Scott	8(2)+		

Stichwortverzeichnis

Zu Teil 1 (Das europäische Fusionskontrollverfahren) und Teil 2 (Das schweizerische Fusionskontrollverfahren) bestehen separate Stichwortverzeichnisse. Das Verzeichnis zu Teil 2 befindet sich auf Seite 521 ff.

Zu Teil 1 (Europäisches Fusionskontrollverfahren)

A

Abkommen mit den Vereinigten Staaten über die Anwendung der Wettbewerbsgesetze 87f.
Acquis communautaire 13
Adams-Fall 237, 243, 279
Akteneinsicht 265ff., 304f.
  Begriff 265
  Berechtigte 266f.
  Dritte 271f.
  im Fusionskontrollverfahren 271f.
  Liste der in der Akte befindlichen Dokumente 282
  Missachtung 283f.
  Schranken 275ff. *Siehe* auch Rechtliches Gehör, Umfang und Schranken
  Umfang 267ff.
    entlastende Dokumente 270
    Grundsätze des 12. Wettbewerbsberichts 268ff.
    Identität von Informanten 269
  Zeitpunkt 281f.
Akzo-Urteil 276ff., 279f.
Allgemeine Grundsätze des Gemeinschaftsrechts 227ff., 231
  Begriff 227f.
  Identifikation 227f.
Amtsgeheimnis 174ff., 235ff.
  bauliche und organisatorische Massnahmen 49
  Begriff 235f.
  Behörden der Mitgliedstaaten 80, 236
    ausnahmsweise Beschränkung der den Behörden der Mitgliedstaaten übermittelten Informationen 241f.
  besondere Geheimhaltungsmassnahmen 242f.
  Grenzen 242
  Identität von Informanten 237
  Missachtung 243
  Umfang 237f.
  Verbot anderweitiger Verwertung 238ff.
  Zeitliche Geltung 238
Amtshilfe
  Begriff 82
Amtshilfe, internationale *Siehe* Zusammenarbeit von Wettbewerbsbehörden
Anfechtung von Kommissionsentscheidungen *Siehe* Nichtigkeitsklage
Anhörungsbeauftragter 54ff., 264
  Bericht 278
  Durchführung der mündlichen Anhörung 286ff.
  Entscheid über die Akteneinsicht 283
  Entscheid über die Einsicht in weitere Akten 273, 275
  Entscheid über die mündliche Anhörung 285
  Entscheid über die Weitergabe von Informationen an Verfahrensbeteiligte 279f.
  Stellung 54ff., 286
Anhörungsrechte 138f. *Siehe* auch Rechtliches Gehör sowie Mündliche Anhörung
Anmelder, Begriff 57
Anmeldung 91ff.
  Adressat 92ff.
  Anmeldepflicht 91f.
    für Unternehmen aus Drittstaaten 92
    Missachtung 105
  Befreiung 102f.
  erleichterte 101f., 291, 300
  erneuerte *Siehe* Anmeldung, Rückzug und Erneuerung
  Formblatt CO 93f., 96ff.
    Auslegung 101
  Frist 94ff., 299
    gemeinsame 92
  Inhalt *Siehe* Anmeldung, Formblatt CO
  Missachtung der Anmeldepflicht 141f.
  Rückzug und Erneuerung 104, 137
  Schätzungen 99
  Sprache 101

511

Übermittlung 92ff.
Umdeutung 104
Unterlassung der Anmeldung *Siehe* Anmeldung, Missachtung der Anmeldepflicht
Verhältnismässigkeit 106f.
Veröffentlichung 93f.
Vollständigkeit 93, 99ff.
wesentliche Änderungen 100f.
Wirksamkeit 99f.
Zeitpunkt 94ff.
Anpassung des Vorhabens *Siehe* Bedingungen und Auflagen
Anwälte 58
Anwendungsvoraussetzungen
2/3-Regel 36f., 299
Umsatzschwellen *Siehe* dort
Zusammenschluss *Siehe* dort
Art. 273 des Schweizerischen Strafgesetzbuches (Wirtschaftlicher Nachrichtendienst) 92
Art. 85 EGV 6, 16ff.
Anwendung auf Zusammenschlüsse durch die Gerichte der Mitgliedstaaten 20
Anwendung auf Zusammenschlüsse durch die Kommission 20
Anwendung auf Zusammenschlüsse durch die Verwaltungsbehörden der Mitgliedstaaten 19f.
Art. 86 EGV 6, 12, 16ff.
Anwendung auf Zusammenschlüsse durch die Gerichte der Mitgliedstaaten 20
Anwendung auf Zusammenschlüsse durch die Kommission 20
Anwendung auf Zusammenschlüsse durch die Verwaltungsbehörden der Mitgliedstaaten 19f.
Auflagen *Siehe* Bedingungen und Auflagen
Aufschiebende Wirkung
im gerichtlichen Verfahren 222ff.
Auskünfte
freiwillige 124
unrichtige 148
Widerruf der Genehmigung 168
Auskunftspflicht
und Geheimnisschutzvorschriften von Drittstaaten 143
Auskunftsverlangen 124, 142, 144ff.
im Vorprüfverfahren 125
Verhältnis zu Nachprüfungen 146
Ausstand 289
Auswirkungsprinzip 107f.

B
Bagatellbekanntmachung 36
Banken *Siehe* unter Umsatzschwellen, Berechnung
Bedingungen und Auflagen
Aushandlung 72
Bedingung
aufschiebende *Siehe* suspensive
resolutive 158, 163
suspensive 112, 113, 122, 158, 162
Frist für die Erfüllung 160, 162
im Vorprüfverfahren 135ff.
Durchsetzbarkeit 140f.
Revision 300f.
Zulässigkeit 137ff.
Inhalt 159ff.
Nichteinhaltung 162ff.
struktureller Bezug 160f.
und Dritte 161f.
Unterscheidung zwischen Bedingung und Auflage 157f.
Verhaltenszusagen 160f.
Wirkungen 158
Zuwiderhandlung gegen eine Auflage Widerruf der Genehmigung 169
Beeinträchtigung des Handels zwischen den Mitgliedstaaten 36, 198
Begründungspflicht 134, 290f.
BEHG (Schweizerisches Börsen- und Effektenhandelsgesetz) 95
Behinderung wirksamen Wettbewerbs 8f.
Behörden der Mitgliedstaaten 94
Bekanntmachungen der Kommission 10
Beratender Ausschuss 54, 82ff.
Stellungnahme 82f., 278
Bericht des Anhörungsbeauftragten *Siehe* Anhörungsbeauftragter, Bericht
Berufsgeheimnis *Siehe* Amtsgeheimnis
Beschleunigungsgebot 296
Beschwerdeführer 90, 212
Bestimmender Einfluss *Siehe* Kontrolle, Begriff
Beteiligte am Verfahren *Siehe* Verfahrensbeteiligte
Beteiligte am Zusammenschluss *Siehe* Zusammenschlussbeteiligte
Beteiligte, andere 57
Betroffene *Siehe* Zusammenschlussbeteiligte
Beurteilungsspielraum 229
Beweismittel 151
Bussen 148, 178, 179ff.
Natur 181, 233f.

C

City Code on Takeovers 95

D

Delegation von Entscheidungsbefugnis *Siehe* Kommission, Entscheidungsbefugnis
Deutsche Klausel *Siehe* Verweisung eines Falles an die Behörden eines Mitgliedstaates
Dritte 58f. *Siehe* auch Rechte Dritter *Siehe* auch Rechtliches Gehör, Dritter *Siehe* auch Nichtigkeitsklage, Klagelegitimation, Dritter *Siehe* auch Bedingungen und Auflagen, und Dritte
Durchführungsverordnung 10f.

E

EFTA 38
EFTA-Überwachungsbehörde *Siehe* ESA
EFTA-weite Bedeutung *Siehe* unter Umsatzschwellen
EGKS-Vertrag 12
Einstellungsschreiben 128
Einziger Verfahrenszug *Siehe* one-stop shopping
EMRK 232ff.
    Garantie eines unabhängigen und unparteiischen Richters (Art. 6 EMRK) 233f.
    Schutz der Privatsphäre und der Wohnung (Art. 8 EMRK) 234
Entflechtung 167f., 200, 302
    und Vertrauensschutz 294
    Vorschläge der Unternehmen 167
Entfusionierung 33
Entscheidung, ein Hauptprüfverfahren einzuleiten 126, 131ff.
    Wirkung 134
    Zuständigkeit 132
Entscheidungen
    als Klageobjekt 205ff.
    Ausarbeitung 152f.
    Feststellung 53, 295 *Siehe* auch Kommission, Feststellung von Entscheidungen
    im Hauptprüfverfahren 153ff.
        Genehmigung unter Bedingungen und Auflagen 301f.
    im Vorprüfverfahren 125ff.
    Unantastbarkeit *Siehe* Unantastbarkeit der gefassten Entscheidung
    Widerruf

    im Hauptprüfverfahren 168ff.
    im Vorprüfverfahren 134f., 301
Entscheidungsbefugnis *Siehe* unter Kommission
Ermächtigungsverfahren *Siehe* Kommission, Entscheidungsbefugnis, Übertragung der Zeichnungsberechtigung
Ermessen 145f.
    Angemessene Ermessensausübung 290
Ermittlungsbefugnisse der Kommission 142ff.
    Grenzen 143
Ernsthafte Bedenken der Unzulässigkeit eines Zusammenschlusses 133
Eröffnung des Verfahrens *Siehe* Anmeldung
ESA 84ff., 92
    Adresse 93
    Zuständigkeit 13ff.
Europa-Abkommen 87
Europäischer Gerichtshof (EuGH) 203
Europäisches Gericht erster Instanz (EuG) 203
    Zuständigkeit 204
European Surveillance Agency *Siehe* ESA
EWR-Abkommen
    Allgemein 12f.
    Anwendbarkeit der EWR-Fusionskontrolle 12ff.
    gemischte Fälle 14
    Zwei-Säulen-Prinzip 13f.
Extraterritoriale Rechtsanwendung 107 *Siehe* auch Auswirkungsprinzip

F

Feststellung von Entscheidungen *Siehe* unter Kommission
FKVO *Siehe* Fusionskontrollverordnung
Formblatt CO *Siehe* Anmeldung, Formblatt CO
Freihandelsabkommen mit der EG 87
Fristen 61ff.
    Arten und Dauer 62ff.
    Berechnung 65ff.
    Fristversäumnis 69f.
    Hemmung 68f., 101, 145, 148
        im Vorprüfverfahren 68f.
    Hinzurechnung der Feiertage 65ff.
    in Kartellverfahren 62, 89f.
    Revision 299
    Unterbrechung 69, 101
Fusion *Siehe* Zusammenschluss: durch Fusion
Fusionskontrolle, präventive *Siehe* Präventive Fusionskontrolle
Fusionskontrollverordnung

Anwendungsbereich 25ff.
  Landwirtschaftssektor 25
  Verkehrssektor 25
Geschichte 5
Grundlage im Vertrag 6f.
Fusionskontrollvorschriften der Mitgliedstaaten 22ff.

G

Geheimnisschutzbestimmungen, nationale 92
Gemeinschaftstreue 23, 79
Gemeinschaftsunternehmen 31
  Liquidation 33
  Unterscheidung von kooperativen und konzentrativen 33ff.
Gemeinschaftsweite Bedeutung *Siehe* unter Umsatzschwellen
Genehmigungsentscheidung im Hauptprüfverfahren 153ff.
  und Negativattest 155f.
Genehmigungsentscheidung im Vorprüfverfahren 125, 128f.
  und Negativattest 129
  Zeitpunkt 113
  Zuständigkeit 128
Genehmigungsentscheidung unter Bedingungen und Auflagen 153, 156ff. *Siehe auch* Bedingungen und Auflagen
  Wirkungen 157
Genehmigungsfiktion 70, 130f.
  und Vertrauensschutz 131
  Vorbehalt der Verweisungsfiktion 130
  Widerruf 301
  Wirkungen 131
Generaldirektion IV 48
Gerichtlicher Rechtsschutz 203ff.
  bei Ermittlungen der Kommission 150
  Recht auf gerichtlichen Rechtsschutz 289
Gerichtshof 204 *Siehe* Europäisches Gericht erster Instanz sowie Europäischer Gerichtshof
Geschäftsgeheimnisse 174f., 237, 242, 281
  absoluter Schutz 247f., 276
  Begriff 244ff.
  Behandlung 103f.
  Beispiele 246f.
  Herausgabepflicht an die Kommission 143
  in der Anmeldung 245ff.
  Kennzeichnung bei der Anmeldung 238, 246
  nichtvertrauliche Zusammenfassungen 277f.
  rechtswidrige Offenlegung 175, 210, 248

Schätzungen 246
Geschäftsordnung der Kommission 49f.
Gesetzmässigkeit der Verwaltung *Siehe* Rechtmässigkeit der Verwaltungstätigkeit
Gesonderter Markt in einem Mitgliedstaat 183f. *Siehe auch* Verweisung eines Falles an die Behörden eines Mitgliedstaates
Grünbuch über die Revision der FKVO 6, 22, 24, 34, 36, 37, 38, 42, 44, 45, 64, 68, 76, 96, 111, 129, 136, 138, 139, 141, 169, 170, 173, 182, 184, 195, 197, 200, 201, 262, 297, 298, 300, 301, 302, 303, 304, 305
Grundsätze des Gemeinschaftsrechts *Siehe* Allgemeine Grundsätze des Gemeinschaftsrechts
Grundsätze des Verwaltungshandelns 289ff.
  Gleichbehandlungsgrundsatz 134, 296
  Grundsatz "ne bis in idem" 296
  Grundsatz der Nichtrückwirkung 296
  Grundsatz der Rechtsklarheit 296
  Grundsatz der Verjährung 296

H

Hauptprüfverfahren 141ff.
  Begriff 91
  Eröffnung 141f.
    bei einem nicht angemeldeten Zusammenschluss 121
  Kriterien für die Eröffnung 133f.
  Zweck 141
Hauptverfahren *Siehe* Hauptprüfverfahren
Hinreichendes Interesse
  Dritter an der Äusserung zu einem Verfahren 257
  für eine mündliche Anhörung 285f., 305

I

IBM-Rechtsprechung 205f.
Identität von Informaten 269
Informantenschutz 278
Informationsbeschaffung 124f.
  bei unterlassener Anmeldung 142
  Phasen 125
Informationswürdigung durch die Kommission 150f.
Informelles Verfahren 71ff.
  Aushandeln des Umfangs der Anmeldung 102f.
  Begriff 71
  Bereiche 72ff.

Nutzen 72f., 76f.
Vertraulichkeit 74
Zulässigkeit 74f.
Insidergeschäfte 242
Interne Dokumente der Kommission *Siehe* unter Rechtliches Gehör, Umfang und Schranken

K

Kartellamt 54
Kartelle *Siehe* Art. 85 EGV
Kartellverfahren
 Ausschluss der Durchführungsverordnungen 18ff.
 Problematik 22
 Unterschiede zum Fusionskontrollverfahren 11, 89f.
Klagelegitimation *Siehe* unter Nichtigkeitsklage
Kollegialitätsprinzip 52
Kommission 48f.
 Adresse 93
 Ausschliessliche Zuständigkeit für die Fusionskontrolle 11f.
 Entscheidungsbefugnis 49ff., 299
  Massnahmen der Geschäftsführung und Verwaltung 52
  nicht delegierbare Entscheidungen 51
  Übertragung der Zeichnungsberechtigung 53f.
 Feststellung von Entscheidungen 53
 Organisation 48
 Vertrauen in Äusserungen von Bediensteten 293f.
Kompetenzen
 der Mitgliedstaaten in der Fusionskontrolle 78
Kontrolle
 Begriff 30ff.
 gemeinsame 31f.
Kontrollerwerb *Siehe* Zusammenschluss, durch Kontrollerwerb
Konzentrationsprivileg 24
Konzerndefinition *Siehe* unter Umsatzschwellen
Kurzanmeldung *Siehe* Anmeldung, erleichterte

L

Legal professional privilege *Siehe* Vertraulichkeit der Anwaltskorrespondenz
Lobbying 78

M

Marktbeherrschende Stellung 8f.
Massnahmen zur Wiederherstellung wirksamen Wettbewerbs *Siehe* Wiederherstellung wirksamen Wettbewerbs
Massnahmen, andere *Siehe* Vorsorgliche Massnahmen
Massnahmen, einstweilige *Siehe* Vorsorgliche Massnahmen
Materielle Beurteilung von Zusammenschlüssen 7ff.
 politische Gesichtspunkte 153
 wirtschafts- und sozialpolitische Aspekte 8f.
Maximen *Siehe* Verfahrensmaximen
Merger Task Force *Siehe* Task Force Fusionskontrolle
Missbrauch von Marktmacht *Siehe* Art. 86 EGV
Mitteilung der Beschwerdepunkte *Siehe* Mitteilung der Einwände
Mitteilung der Einwände 151, 259
 Schutz von Geschäftsgeheimnissen 248
Mitteilungen der Kommission
 über die Anwendbarkeit der FKVO 75, 127f.
 über die Nichteinleitung eines Hauptprüfverfahrens 127f.
Mündliche Anhörung 151, 284ff., 305
 Bericht des Anhörungsbeauftragten 288f.
 hinreichendes Interesse 285
 Leitung 55f.
 Schutz von Geschäftsgeheimnissen 248
 Teilnehmer 287
 Zeitpunkt 287

N

Nachprüfungen 124f., 142f., 146
 im Vorprüfverfahren 125
 Verhältnis zu Auskunftsverlangen 146
Nationale Wettbewerbsbehörden und Gerichte 56
Nebenabreden
 Begriff 129
 Erfassung durch die Genehmigungsentscheidung im Hauptprüfverfahren 155
 Erfassung durch die Genehmigungsentscheidung im Vorprüfverfahren 129
 Inhalt 155
Nichtanwendbarkeitsentscheidung 125, 126f.
Nichtigkeit *Siehe* Unwirksamkeit
Nichtigkeitsklage 203, 205ff.
 Frist 210
 Klagelegitimation 211ff.

515

der Beteiligten 211
der Mitgliedstaaten 211
Dritter 211, 212ff.
Beteiligung am Verfahren 214
bezüglich Verfahrensrechte 215
Rechtsschutzinteresse 215
und Schutzzweck der FKVO 215
Kognition 218f.
Nichtigerklärung 210f., 219ff.
Objekt 75, 127f., 205ff.
Niederländische Klausel 195ff.
Revision 303

Ö

Öffentliche Interessen der Mitgliedstaaten *Siehe* Schutz berechtigter Interessen der Mitgliedstaaten
Öffentliche Sicherheit 193
Öffentliche Übernahmeangebote 300
Ausnahme vom Vollzugsverbot 113ff.
Bedingung 114f.

O

one-stop shopping 6
Ausnahmen 181
und Niederländische Klausel 199

P

Personen im Sinne von Art. 3 FKVO 27
Präventive Fusionskontrolle 61, 107
und Vollzugsverbot 124
Privatwohnung, Unverletzlichkeit 146, 255
Prüfungsverfahren *Siehe* Hauptprüfverfahren

R

Recht auf gerichtlichen Rechtsschutz 289
Recht auf richtige Verfahrenssprache 289
Recht auf richtige Zusammensetzung der Behörde 289
Recht auf Vertretung 289
Rechte der Mitgliedstaaten
Informationsrechte 56
mögliche Beeinträchtigung durch Auflagen im Vorprüfverfahren 138f.
Rechte Dritter
mögliche Beeinträchtigung durch Auflagen im Vorprüfverfahren 138f.
Rechtliches Gehör 256ff.
Bericht des Anhörungsbeauftragten *Siehe* Anhörungsbeauftragter, Bericht
der Betroffenen 257f.
Dritter 257ff., 261f.
Entscheidung über die Weitergabe von Informationen 279f.
im Vorprüfverfahren 261f., 304
Missachtung 264f.
Mündliche Anhörung *Siehe* dort
Schranken *Siehe* Umfang und Schranken
Umfang und Schranken 259ff.
"Sonstige vertrauliche Dokumente" 278f.
Geschäftsgeheimnisse 275ff.
Interne Dokumente der Kommission 278
Zusammenfassung 280f.
Verhältnis zur Akteneinsicht 256f.
Vermeidung von Konflikten mit Geheimnisschutzpflichten 277f.
Zeitpunkt der Äusserung 263f.
Rechtmässigkeit der Verwaltungstätigkeit 289f.
Rechtsgemeinschaft 289
Rechtsgrundlage der FKVO *Siehe* Fusionskontrollverordnung, Grundlage im Vertrag
Rechtshilfe, Begriff 82
Rechtsmittel 204f.
Abgrenzung Rechtsfrage - Sachfrage 204
Rechtsmittelgründe 204f.
Rechtssicherheit 140, 169, 190, 196f.
Revision der FKVO 24, 170, 173
Auflagen im Vorprüfverfahren 139
Deutsche Klausel 182, 192
Hauptpunkte 297
Herabsetzung der Schwellenwerte 297
Niederländische Klausel 200
Stand der Revisionsarbeiten 297
Widerruf einer Genehmigung nach Art. 6 141
Rückabwicklung *Siehe* Entflechtung
von verbotenen Kartellvereinbarungen 123

S

Sanktionen *Siehe* Bussen sowie Zwangsgelder
Schadenersatz 243
bei vertrauensbegründenden Situationen 294
Schadenersatzklage 222
Schutz berechtigter Interessen der Mitgliedstaaten 24, 193ff.
Schutz der Privatwohnung (Art. 8 EMRK) 255

Security Code 243
Selbstbezichtigungsvorbehalt 143, 231f., 253ff.
Souveränitätskonflikte 77
Sprache *Siehe* auch Verfahrenssprache
Stimmrechte
   Ausübung 111, 113ff., 119, 300
Strafbestimmungen *Siehe* Bussen sowie Zwangsgelder
Subsidiaritätsprinzip 24, 182, 186

T

Task Force Fusionskontrolle 48f.
Transparenz des Verfahrens 139, 170f.

Ü

Übermittlung von Dokumenten *Siehe* Zustellung
Übernahmeangebot *Siehe* Öffentliche Übernahmeangebote

U

Umsätze
   einzubeziehende 42ff.
   geographische Zurechnung 42
Umsatzschwellen 35ff.
   Berechnung 40ff.
      Banken 45f.
      Umsätze innerhalb des Konzerns 44
      Versicherungen 45f.
   EFTA-weite Bedeutung 38ff.
   gemeinschaftsweite Bedeutung 35ff.
      Haltung der Kommission 19
      Verhältnis zu Art. 85 und 86 EGV (Beeinträchtigung des zwischenstaatlichen Handels) 36f.
   Konzerndefinition 43
   Revision 37f., 298
   Umrechnung 98
Unantastbarkeit der gefassten Entscheidung 294ff.
Unschuldsvermutung 296
Untätigkeitsklage 221
Unternehmen
   Begriff 25ff.
   Internationale Organisation 27
   mit Sitz in Drittstaaten 92, 144, 146
   öffentliche 25
Untersagung 153, 164ff.
   Wirkungen 165
Unwirksamkeit
   Bedeutung 122ff.
   Nichtigkeit 122, 166
   schwebende 112, 122

V

Verbeiständung 58
Verbot des Vollzugs *Siehe* Vollzugsverbot
Verfahren, Abgrenzung vom materiellen Recht 2f.
Verfahrensbeteiligte 47ff.
Verfahrenseffizienz 281
Verfahrensgrundsätze *Siehe* Allgemeine Grundsätze des Gemeinschaftsrechts sowie Verfahrensrechte
Verfahrensmaximen 59f.
   Dispositionsmaxime 59
   Offizialmaxime 59
   Opportunitätsmaxime 60
   Untersuchungsmaxime 59f.
Verfahrensökonomie 140
Verfahrensrechte 227ff.
   Begriff 228f.
   bei Auflagen im Vorprüfverfahren 139
   Dritter 229f.
   Geltung in den verschiedenen Phasen des Verfahrens 231f.
   im Fusionskontrollverfahren 230ff.
   in Wettbewerbsverfahren allgemein 229
   Missachtung 230
Verfahrenssprache 52, 60f., 144
   Arbeitssprachen 153
   Recht auf richtige Verfahrenssprache 289
Verhältnismässigkeit 139, 145f., 194, 291f.
Verhandlungen *Siehe* Informelles Verfahren
Veröffentlichungen 170f.
   der Verlängerung des Vollzugsverbots 117
   Verhältnis zu Geheimhaltungspflichten 174f.
Versicherungen *Siehe* unter Umsatzschwellen, Berechnung
Verteidigungsrechte 229, 231, 249, 254
Vertragsvorbehalt *Siehe* Rechtmässigkeit der Verwaltungstätigkeit
Vertrauensschutz 292ff.
   bei verfrühter Erlaubnis zum Vollzug 117
Vertraulichkeit der Anwaltskorrespondenz 143, 232, 249ff., 304
   Umfang 251f.

517

Verfahren bei Uneinigkeit über die Natur der
    Dokumente 252
  Voraussetzungen 249ff.
Vertretung im Verfahren 58
  Recht auf Vertretung 289
Verwaltungsverfahren
  allgemein 2f.
  europäisches allgemeines Verwaltungsrecht
    227
Verweisung eines Falles an die Behörden eines
  Mitgliedstaates 24, 181ff.
  Frist für die Entscheidung 190f.
  Revision 302f.
Verweisungsfiktion 189f.
  im Vorprüfverfahren 130
Vollstreckung 177ff.
Vollzug
  Aufschub Siehe Vollzugsverbot
  Bedeutung 108ff.
  Unterscheidung zwischen Verpflichtungs- und
    Verfügungsgeschäft 109ff.
  Verbot Siehe Vollzugsverbot
Vollzugsverbot 107ff.
  Ausnahme 113ff.
  Ausübung der Stimmrechte 111, 113f.
  Befreiung 115f.
  Dauer 112f.
  Revision 300
  Durchsetzung 113
  Missachtung 121ff.
  Verlängerung 116ff.
  Wirksamkeit der Rechtsgeschäfte 121ff.
  Wirkungen 111f., 300
Vorabentscheidungsverfahren 222
Vorbehalte zugunsten des nationalen Rechts 47
Vorgespräche Siehe Informelles Verfahren
Vorprüfverfahren 90ff.
  Begriff 91
  Zweck 126
Vorsorgliche Massnahmen
  Anordnung durch nationale Gerichte 113
Vorsorgliche Massnahmen 118ff.
  im gerichtlichen Verfahren 222ff.
  im Verfahren vor der Kommission 118
Vorverfahren Siehe Vorprüfverfahren

W

Walt Wilhelm-Rechtsprechung 21f., 199
Wesentliche Sicherheitsinteressen der Mitgliedstaaten 47, 143

Wettbewerbliche Grundwerte 77
Wettbewerbsbestimmungen des Vertrages Siehe
  Art. 85 sowie Art. 86 EGV
Wichtigste Schriftstücke 79
Widerruf von Entscheidungen
  im Hauptprüfverfahren 168ff.
  im Vorprüfverfahren 134f., 169f.
  und Vertrauensschutz 292ff.
  Wirkungen 170
Wiederherstellung wirksamen Wettbewerbs 123,
  153, 166ff.
  Wirkungen der Massnahmen 168
Wirksamkeit des Zusammenschlusses 178 Siehe
  auch Vollzugsverbot, Wirksamkeit der
  Rechtsgeschäfte Siehe auch Unwirksamkeit
  bei Realisierung einer Resolutivbedingung
    163f.
  Börsentransaktionen 123
  nach einer Untersagung 166
Wirtschaftliche Betrachtungsweise 57

Z

Zeichnungsberechtigung Siehe unter Kommission, Entscheidungsbefugnis
Zusagen Siehe auch Bedingungen und Auflagen
  als Grundlage für die Entscheidung über die
    Anmeldepflicht 75
  betreffend den Vollzug des Zusammenschlus-
    ses 117
  Frist 156
  im Vorprüfverfahren 73, 134f. Siehe auch
    Bedingungen und Auflagen, im Vorprüf-
    verfahren
  struktureller Bezug 136
Zusammenarbeit von Wettbewerbsbehörden
  gestützt auf internationale Abkommen 77
  Notwendigkeit 76ff.
Zusammenarbeit im EWR 84ff.
  Amtshilfe 86
  erweiterte Zusammenarbeit 84ff.
Zusammenarbeit mit den Behörden der Mit-
  gliedstaaten 78ff.
  Amtshilfe 82
  Informationsaustausch 79ff.
  Rechte und Pflichten der Behörden der
    Mitgliedstaaten 80f.
  Vollzug durch die Behörden der Mitglied-
    staaten 81
Zusammenarbeit mit den Behörden von
  Drittstaaten 87f.

Zusammenschluss
  Abgrenzung der Zusammenschlusstatbestände 28ff.
  Begriff 28f., 298
  beteiligte Unternehmen *Siehe* unter Zusammenschlussbeteiligte
  durch Fusion 29f.
    Begriff der wirtschaftlichen Fusion 29f., 108
  durch Kontrollerwerb 30ff.
    Arten des Kontrollerwerbs 32f.
    Gestaffelter Erwerb 32
    Praxis der Kommission 31
    über Teile 42
    Zeitpunkt des Kontrollerwerbs 95
  Gesetzliche Ausnahmen 46f.
  von Konzernunternehmen 28
Zusammenschlussbeteiligte 41f., 57f.
Zusammenschlussfälle
  Gencor/Lonrho 73, 133, 156, 165
  Kali+Salz/MdK/Treuhand, M.308 27, 45, 132, 157, 158, 159, 161, 183, 208, 209, 211, 224, 285
  Mannesmann/Vallourec/Ilva, M.315 8, 9, 132, 153, 155, 165, 171, 172, 174
  McCormick/CPC/Ostmann, M.330 130, 185, 187, 190
  Nestlé/Perrier, M.190 9, 83, 113, 116, 132, 157, 159, 160, 208, 214, 221, 224
  RTL/Veronica/Endemol, M.553 32, 122, 123, 124, 133, 165, 167, 168, 197, 199, 200, 302
Zusammenschlusskontrolle in den Mitgliedstaaten 22ff.
Zusammensetzung der Behörde
  Recht auf richtige Zusammensetzung der Behörde 289
Zustellung 176f.
Zwangsgelder 149, 178, 179ff.

Zu Teil 2 (Schweizerisches Fusionskontrollverfahren)

Ä

Äusserungsrechte *Siehe* Rechtliches Gehör

A

Acquis communautaire 317
Adams-Fall 457
Administrativer Aufwand 493
Akteneinsicht 463, 469ff., 476
  Begriff 469
  Geschäftsgeheimnisse *Siehe* Akteneinsicht, Schranken (wesentliche öffentliche und private Interessen)
  Gesuch 473
  interne Unterlagen 472
  Missachtung 473
  Schranken (wesentliche öffentliche und private Interessen) 470ff., 477
  Umfang 470ff.
  und rechtliches Gehör 469
  unter dem KG 85 469
  Vergleich mit dem europäischen Recht 475ff.
  Zeitpunkt 472f.
  Zuständigkeit für Entscheidungen 346
Allgemeine Rechtsgrundsätze im Gemeinschaftsrecht 448
Allgemeine Rechtsgrundsätze im schweizerischen Recht 448
Amtsgeheimnis 420, 451ff.
  Geheimhaltungsmassnahmen 454
  Grenzen 454
  Missachtung 454f.
  Tatsache des Zusammenschlusses 452
  und Amtshilfe 453f.
  Vergleich mit dem europäischen Recht 455
  Verwendung der Information 453f.
Amtshilfe 367f., 369ff., 453f., 490 *Siehe auch* Rechtshilfe
  bei parallelen Fusionskontrollverfahren 370f.
  durch die Behörden der Kantone 423
  im Vorprüfverfahren 394
  im Wettbewerbsrecht allgemein 370f.
  Übereinkommen des Europarates 369
  Zulässigkeit ohne ausdrückliche rechtliche Grundlage 370
Anhörungsbeauftragter 477
Anwendungsvoraussetzungen 328ff.
  Beteiligung eines marktmächtigen Unternehmens 340f., 342, 489
  Parallelverfahren in der EU und der Schweiz 328
  Sitz der Unternehmen 328
  Unternehmenseigenschaft 328f.
  Zusammenschluss *Siehe* dort
Arglistiges Verhalten 417
Art. 273 StGB 370
Art. 273 StGB (Wirtschaftlicher Nachrichtendienst) 369, 370, 457 *Siehe auch* Adams-Fall
Aufschub des Vollzugs *Siehe* Vollzugsverbot
Aufsichtsbeschwerde 443f.
Auskünfte, freiwillige 402f.
Auskunfts- und Vorlagepflicht 380, 403, 404ff.
  Bestreitung 405
  im Vorprüfverfahren 394
  Sanktionen 409
  Schranken 406
  über Geschäftsgeheimnisse 325, 406
  Umfang 405f.
  Verpflichtete 404f.
Auskunfts- und Zeugnisverweigerungsrecht 459, 460f.
  Selbstbezichtigungsvorbehalt im europäischen Recht 461, 462
Ausnahmsweise Zulassung durch den Bundesrat aus überwiegenden öffentlichen Interessen 322f., 426ff.
  Frist 427f.
  Verfahren 427
  Verlegenheitslösung 428
Auswirkungen, volkswirtschaftlich und sozial schädliche 308, 310, 314ff., 315
Auswirkungsprinzip 328f., 336

B

Bankgeheimnis 348
Bankzusammenschlüsse 320ff. *Siehe auch* Beurteilung von Bankzusammenschlüssen durch die Eidgenössische Bankenkommission
Bedingungen und Auflagen
  Auflage, Natur 412f.
  Bedingung der Zulassung des Zusammenschlusses durch die Wettbewerbskommission 391
  im Vorprüfverfahren 398f.

521

europäisches Recht 399
Inhalt 413
Nichtrealisierung einer Bedingung oder Auflage 413f.
resolutive Bedingung 412
suspensive Bedingung 412
Begründungspflicht 463, 480f.
BEHG 332, 359, 369, 370
Berufsgeheimnis 459f.
und Vertraulichkeit der Anwaltskorrespondenz im europäischen Recht 462
Beschleunigungsgebot 428, 449, 487
Beschwerde an die Rekurskommission für Wettbewerbsfragen 350, 433, 434ff.
aufschiebende Wirkung 439f.
Entscheid 440
Frist 439
Gründe 438f.
Legitimation 435ff.
Dritter 435ff., 492
im europäischen Recht 438
im Kartellverfahren 437
unter dem KG 85 437
Objekt 434f.
Zwischenverfügungen 434f.
vorsorgliche Massnahmen 440
Besondere Rechte (Art. 3 Abs. 1) 329, 341f.
Beteiligte Siehe Verfahrensbeteiligte Siehe Zusammenschlussbeteiligte
Beteiligung am Verfahren 437
Betroffene Dritte (Auskunftspflicht) 404
Beurteilung von Bankzusammenschlüssen durch die Eidgenössische Bankenkommission 429ff.
Berücksichtigung der Interessen von Bankgläubigern 320ff.
Verfahren 429ff.
Beurteilung, materielle Siehe Fusionskontrolle des KG 95, materielle Beurteilung von Zusammenschlüssen
Beweisanordnung 403
Beweisanträge Siehe Rechtliches Gehör, Stellung von Beweisanträgen
Beweisaussage 352, 380, 403, 408
Bundesrat 350 Siehe auch Ausnahmsweise Zulassung durch den Bundesrat aus überwiegenden öffentlichen Interessen
Bussen 392
bei Nichteinhaltung einer Bedingung oder Auflage 413f.
strafrechtliche 392
Zuständigkeit 346

C
City Code on Takeovers 360

D
Doppelkontrolle 333f.
Dritte
Beschwerdelegitimation Siehe Beschwerde an die Rekurskommission für Wettbewerbsfragen, Legitimation, Dritter
Beteiligung am Verfahren 353 Siehe auch dort
Parteieigenschaft 353f.
Parteirechte 353f.
Rechte bei informellen Verfahrenshandlungen 366

E
EBK 320ff., 348ff., 429ff.
Organisation 348
EFTA-Überwachungsbehörde 314
Eidgenössische Bankenkommission Siehe EBK
Eidgenössisches Volkswirtschaftsdepartement Siehe EVD
Einvernehmliche Regelung 364, 365, 491
im Vorprüfverfahren 367, 398ff.
Inhalt 400
Rechtsmittel der Beteiligten und Dritter 400
Empfehlungen der Kartellkommission 310f., 364, 411, 433
EMRK 438, 450, 466, 474, 487
Entflechtung 307, 415
Ressourcenverschwendung 311
unter dem KG 85 310
Entscheidpraxis der Wettbewerbsbehörden 401
Entscheidungen
im Hauptprüfverfahren Siehe Hauptprüfverfahren, Entscheidungen
im Vorprüfverfahren Siehe Vorprüfverfahren, Entscheidungen
Zuständigkeit 345ff.
dringliche Fälle und Fälle untergeordneter Bedeutung 346
Entscheidungsfristen Siehe Fristen, gesetzliche
Ermittlungsbefugnisse 402ff.
Vergleich mit dem europäischen Recht 409f.
Eröffnung eines Hauptprüfverfahrens 395ff.
Kriterien 396

Vergleich mit dem europäischen Recht 401
Natur des Entscheids 395
Rechtsmittel 395
Wirkungen 396f.
Zuständigkeit 345
Eröffnung von Entscheidungen 421f.
an Dritte 421f.
ESA *Siehe* EFTA-Überwachungsbehörde
Europäische Kommission 314
Europäisches Recht
Anlehnung daran 311, 316f., 495
Angleichungswille des Gesetzgebers 316
EVD 345, 441, 443
EVD-Rekurskommission 433
EWR 314, 316f.

F

Formelle Rechtsverweigerung *Siehe* Rechtliches Gehör
Freihandelsabkommen EG - Schweiz 368
Fristen 356ff., 490
Arten 357
Berechnung 360f.
Erstreckung 361
Fristenlauf an Samstagen, Sonn- und Feiertagen 360f.
Fristversäumnis 363
Gerichtsferien 362
gesetzliche 360f.
gewillkürte 361
Hemmung *Siehe* Stillstand
Stillstand 361ff., 490
Unterbrechung 361ff.
Vergleich mit dem europäischen Recht 363
Fusion *Siehe* Zusammenschluss, durch Fusion
Fusionskontrolle
Geschichte 307ff.
Gründe dafür 312ff.
im KG 62 307
mittels der Untersuchung der Entstehung kartellähnlicher Organisationen 307
unter dem KG 85 308ff.
Fusionskontrolle des KG 95
Beurteilung 493f.
materielle Beurteilung von Zusammenschlüssen
abgeschottete Märkte 319f.
ausländische Konkurrenz 313, 319f.

Ausnahmsweise Zulassung durch den Bundesrat aus überwiegenden öffentlichen Interessen *Siehe* dort
Berücksichtigung der Interessen von Bankgläubigern *Siehe* unter Beurteilung von Bankzusammenschlüssen durch die Eidgenössische Bankenkommission
Berücksichtigung der Stellung der Unternehmen im internationalen Wettbewerb 318, 320
Beseitigung wirksamen Wettbewerbs 318f.
Vergleich mit dem europäischen Recht 323
marktbeherrschende Stellung 318f.
Verbesserung der Wettbewerbsverhältnisse auf einem anderen Markt 318, 415f.
Verfassungsmässigkeit 314ff.

G

Gemeinschaftsunternehmen 332ff.
Genehmigungsentscheidung 390 *Siehe* auch Zulassung
Genehmigungsfiktion *Siehe* Zulassungsfiktion
Genehmigungspflicht *Siehe* Zulassungspflicht
Gesamtinteresse 323
Geschäftsgeheimnisse 471, 477 *Siehe* auch Schutz von Geschäftsgeheimnissen
Begriff 456
kein Privileg 406
Pflicht zur Herausgabe an die Wettbewerbsbehörden 403, 406, 455
Tatsache des Zusammenschlusses 466
Tatsache eines Vorabklärungsverfahrens unter dem KG 85 453
Widerhandlungen gegen das Wettbewerbsrecht 457
Gesetzmässigkeit der Verwaltungstätigkeit 447, 479f.
Gläubigerschutz *Siehe* Beurteilung von Bankzusammenschlüssen durch die Eidgenössische Bankenkommission
Gleichbehandlungsgrundsatz 488
im Verfahren 478
Grundsatz des öffentlichen Interesses 447
Grundsätze des Verwaltungsrechts
Begriff 447f.
Verfassungsrang 447

H

Hauptprüfverfahren 401ff.
  Begriff 373
  Entscheidungen 411ff.
    Ausarbeitung 410f.
    Untersagung *Siehe* dort
    Vergleich mit dem europäischen Recht 417f.
    Wiederherstellung wirksamen Wettbewerbs *Siehe* Wiederherstellung wirksamen Wettbewerbs
    Zulassung *Siehe* Zulassung
    Zulassung unter Bedingungen und Auflagen *Siehe* Zulassung unter Bedingungen und Auflagen
  Eröffnung 358, 402
  Informationsbeschaffung *Siehe* Informationsbeschaffung, im Hauptprüfverfahren
  Informationswürdigung 410f.
  Nachreichung von Informationen *Siehe* zusätzliche Angaben und Unterlagen
  Übersicht 374f., 401
  zusätzliche Angaben und Unterlagen 380f., 406
Hauptverfahren *Siehe* Hauptprüfverfahren
Hausdurchsuchungen 403, 408
  Privatwohnungen 410
  Sanktionen 409

I

Informanten, Identität 471f.
Informationsbeschaffung
  Auskünfte, freiwillige *Siehe* dort
  im Hauptprüfverfahren 402ff.
    Informationsquellen 402f.
  in zwei Tranchen 402
  Medien 402
Informationsbeschaffung im Vorprüfverfahren 393f.
Informelles Verfahren 364ff.
  Auskünfte der Wettbewerbsbehörden 365
  Bedeutung 364f.
  einvernehmliche Regelung *Siehe* dort
  erleichterte Meldung *Siehe* Meldung des Zusammenschlusses: Befreiung
  Interessen Dritter 366
  Rechtliche Probleme 366f.
  und Verfügungsbefugnis 365
  und verwaltungsrechtliche Verträge 366
  Vergleich mit dem europäischen Recht 367

Internationale Abkommen
  Ausführung 368f.
  über Amtshilfe im Wettbewerbsrecht 370f.

K

Kartellartikel 314ff.
Kartelle 312
Kartellkommission 307, 308ff., 343f. *Siehe* Wettbewerbskommission
KG 62 307
KG 85 308ff.
  Untersuchung von geplanten Zusammenschlüssen 309
KG 95
  Entstehungsgeschichte 311
  zeitlicher Geltungsbereich 327
Konkurrenzfähigkeit, internationale *Siehe* Fusionskontrolle des KG 95, materielle Beurteilung von Zusammenschlüssen, Berücksichtigung der Stellung der Unternehmen im internationalen Wettbewerb
Kontrolle
  Begriff 330ff.
  gemeinsame 332
Kontrollerwerb *Siehe* Zusammenschluss, durch Kontrollerwerb
Konzerndefinition 330

M

Marktbeherrschende Stellung 384
  Anhaltspunkte 396
Massnahmen zur Wiederherstellung wirksamen Wettbewerbs *Siehe* Wiederherstellung wirksamen Wettbewerbs
Maximen *Siehe* Verfahrensmaximen
Medienunternehmen 336f., 340
Meldepflicht 377f. *Siehe* auch Zulassungspflicht anstelle von Genehmigungspflicht 398f.
  im Entwurf zum KG 85 308f.
  Missachtung 386 *Siehe* auch Vollzugsverbot, Missachtung
Meldung des Zusammenschlusses 377ff., 490
  Adressat und Übermittlung der Meldung 378
  als Informationsquelle 393
  Aufwand 385
  Befreiung 365, 382
  Bestätigung des Eingangs 378
  gemeinsame Meldung 378
  Inhalt 379ff.

ergänzende Angaben für das Hauptprüfverfahren *Siehe* Hauptprüfverfahren, zusätzliche Angaben und Unterlagen
gemessen am Zweck des Vorprüfverfahrens 379
im Vergleich zum Formblatt CO der EG 382ff.
Verhältnismässigkeit der Anforderungen 385f.
Zweckmässigkeit der Anforderungen 384f.
Meldeformular 380
Möglichkeit der Verwendung einer ausländischen Anmeldung 382, 384, 386
Vollständigkeit 378
wesentliche Änderungen der gemeldeten Tatsachen 361f., 380
Wirksamkeit 378
Zeitpunkt 378
Ministererlaubnis des deutschen Rechts 322
Missbrauch von Marktmacht 312
Mitteilung der Einwände 467, 492
Mitteilung von Entscheidungen *Siehe* Eröffnung von Entscheidungen
Mitwirkungspflicht der Beteiligten 403, 404
Mitwirkungsrechte 462
Motion Schürmann 308
Mündliche Anhörung 352, 474f., 476
Anspruch 466
Hearings 474
Schutz vertraulicher Informationen 474
Teilnehmer 474f.
unter dem KG 85 474

N

Nebenabreden 334, 412, 491
Nichtigkeit des Zusammenschlusses 391, 414
Siehe auch Wirksamkeit des Zusammenschlusses
Nichtigkeit einer Verfügung 433

Ö

Öffentliche Übernahmeangebote 332, 387f.
Fristen 358ff.
Ökonomie des Verfahrens 428

O

Orientierung am europäischen Recht *Siehe* Europäisches Recht, Anlehnung
Orientierungsrechte *Siehe* Rechtliches Gehör

P

Parallelverfahren in der Schweiz und der EU 328, 382
Parteien 352
Begriff 421
Mitwirkungspflicht 354
Parteieigenschaft 436
Dritte 421f., 436
Parteirechte 352, 422, 436f.
Dritter 352, 436f., 449, 492
unter dem KG 85 352
Präventive Fusionskontrolle 311, 312, 356, 374ff., 378, 495
in anderen OECD-Staaten 313
Praxis der Wettbewerbskommission 420
Preisüberwacher 453
Prüfungsverfahren *Siehe* Hauptprüfverfahren

R

Recht auf die richtige Verfahrenssprache 478
Recht auf Rechtsmittelbelehrung 478
Recht auf richtige Zusammensetzung der entscheidenden Behörde 478
Rechtliches Gehör 448, 462ff.
Akteneinsicht *Siehe* dort
als Äusserungsrecht 464ff.
Berechtigte 464
Modalitäten 466f.
Umfang 464ff.
bezüglich Zwischenverfügungen 465
Zeitpunkt 467
als Sammelbegriff 462f.
bei Zeugeneinvernahmen 465
Dringlichkeit 466
Dritter 464, 476
Umfang 466
unter dem KG 85 464
formelle Natur 467f.
formelle Rechtsverweigerung 462
Missachtung 467f., 477f.
Heilung 467f.
Mitwirkung bei der Sachverhaltsermittlung 463

Mündliche Anhörung *Siehe* dort
Orientierungsrechte 463
Recht auf eine begründete Entscheidung 463
Schranken 466
Stellung von Beweisanträgen 463
Stellungnahme zu den Beweisergebnissen 463
und Amtsgeheimnis 466
und Geschäftsgeheimnisse 466
Vergleich mit dem europäischen Recht 475ff.
Zuständigkeit für Entscheidungen 346
Rechtsgleichheit 447
Rechtshilfe 371f.
Ausschluss bei wirtschaftspolitischen Vorschriften 371f.
durch die Behörden der Kantone *Siehe* Amtshilfe
im Wettbewerbsrecht 370
Rechtsschutz 433ff.
unbestimmte Rechtsbegriffe 438f.
Vergleich mit dem europäischen Recht 444f.
Rechtssicherheit 314, 438
Rechtsverweigerung oder Rechtsverzögerung 444
Rekurskommission für Wettbewerbsfragen 350f., 433
Retorsionsmassnahmen 465
Revision einer Zulassung 416f., 442
Revision von Rechtsmittelentscheidungen 442

S

Sachverhaltsermittlung 354f., 393f. *Siehe* auch Informationsbeschaffung
Abfolge der Ermittlungsbefugnisse 403f.
Anfechtung von Ermittlungsmassnahmen 404
durch das Sekretariat 402f.
einvernehmliche 364f.
Gebrauch der Ermittlungsbefugnisse im Vorprüfverfahren 402
Verhältnismässigkeit 403f.
Zuständigkeit 393f.
Saldomethode 310f., 317f.
Sanierungsfälle 321, 387
Schadenersatzklage 444
Schutz von Geschäftsgeheimnissen 455ff.
Amtsgeheimnis 456f.
bei der Akteneinsicht 457f.
bei mündlichen Anhörungen 458
bei Veröffentlichungen 458
Berufsgeheimnis 457

Missachtung 458
Vergleich mit dem europäischen Recht 458f.
Vorkehren 456ff.
Sekretariat 349f.
Aufgaben 349
Ausstand 347f.
Organisation 349f.
Sicherstellung von Beweisgegenständen 408f.
Sanktionen 409
Sonderuntersuchungen 307
Staatliche Markt- oder Preisordnungen 329, 341
Stellung der Unternehmen im internationalen Wettbewerb *Siehe* Fusionskontrolle des KG 95, materielle Beurteilung, Berücksichtigung der Stellung der Unternehmen im internationalen Wettbewerb
Stimmrechte, Verbot der Ausübung 419
Strafbestimmungen 423ff.
für natürliche Personen 424f.
Vergleich mit dem europäischen Recht 425

T

Transparenz des Verfahrens 325, 420, 491f., 493
Treu und Glauben 447, 482ff.
Verbot widersprüchlichen Verhaltens 485
Vergleich mit dem europäischen Recht 486

Ü

Übernahme-Kodex 359
Überwiegende Gründe des Gesamtinteresses 318

U

Umsatzschwellen 335ff.
Berechnung 338ff.
Banken 336, 342, 489
Medienunternehmen 336f.
Vergleich mit dem europäischen Recht 339f.
Versicherungen 336
Beurteilung 342
Überprüfung 489
vorhersehbare Anzahl zu kontrollierender Zusammenschlüsse 337
Unantastbarkeit der gefassten Entscheidung 486
Unbedenklichkeitserklärung 397f.
Unentgeltliche Rechtspflege 448

Unrichtige Angaben in der Meldung 417
Unschuldsvermutung 488
Unternehmen
  Begriff 328f.
  öffentliche 329
Untersagung 414
  Zuständigkeit 345
Untersuchungsgrundsatz *Siehe* Verfahrensmaximen, Untersuchungsmaxime
Untersuchungsmassnahmen 406ff. *Siehe* auch Beweisaussage, Hausdurchsuchungen, Sicherstellung von Beweisgegenständen sowie Zeugeneinvernahmen
  Anfechtung 409
  Sanktionen 409
  Vergleich mit dem europäischen Recht 409f.
Unwirksamkeit des Zusammenschlusses *Siehe* auch Wirksamkeit des Zusammenschlusses
  bei Untersagung 391ff.
  Rückforderung von Geldleistungen 391
  schwebende 390f.

V

Verbeiständung 352f.
  Anspruch 478 *Siehe* auch unter Rechtliches Gehör
Verbot der formellen Rechtsverweigerung 448
Verfahren
  erste Phase *Siehe* Vorprüfverfahren
  zweite Phase *Siehe* Hauptprüfverfahren
Verfahrensbeteiligte 343ff.
  Dritte *Siehe* Dritte, Beteiligung am Verfahren
  Zusammenschlussbeteiligte *Siehe* dort
Verfahrensgarantien *Siehe* Verfahrensrechte
Verfahrensgrundsätze *Siehe* Verfahrensrechte
Verfahrensmaximen 354ff.
  Dispositionsmaxime 354
  Offizialmaxime 354
  Opportunitätsmaxime 355
  Untersuchungsmaxime 354f., 402
Verfahrensrechte 402
  Anwendbarkeit des VwVG 450f.
  Anwendbarkeit in den verschiedenen Verfahrensstadien 449
  Begriff 447ff.
  Dritte 449f.
  persönlicher und sachlicher Geltungsbereich 449
  unter dem KG 85 450f.
  Verfassungsrang 448

Verfahrenssprache 356
  Recht auf richtige Verfahrenssprache 478
Verfassungsmässigkeit der Fusionskontrolle *Siehe* Fusionskontrolle des KG 95, Verfassungsmässigkeit
Verfügung
  Adressaten 352
  Begriff 411
  Verfügungskompetenz der Wettbewerbskommission und ihrer Kammern 345f.
  Zwischenverfügungen 345
Verhältnismässigkeit 314, 374, 385, 398, 418, 447, 481f., 487
Verjährung 357
Veröffentlichungen 419ff., 491f.
  der Entscheidungen im Vorprüfverfahren 398
  der Verfügungen am Ende des Hauptprüfverfahrens 420
  Mitteilung über die Eröffnung eines Hauptprüfverfahrens 419
  und Geheimhaltungspflichten 420f.
  Vergleich mit dem europäischen Recht 421
Verordnung über die Kontrolle von Unternehmenszusammenschlüssen 324
Vertrauensschutz 483ff.
  Auskunft von Beamten 484f.
Vertretung im Verfahren 352f., 478
  gemeinsamer Vertreter 352
Verwaltungsgerichtsbeschwerde 433, 440ff.
  aufschiebende Wirkung 442
  Entscheid 442
  Frist 441
  gegen Verfügungen der EBK 440
  Gründe 441
  Legitimation 441
  Objekt 440
Verwaltungshandeln, informelles *Siehe* Informelles Verfahren
Verwaltungshandeln, kooperatives *Siehe* Informelles Verfahren
Verwaltungssanktionen 423f.
Verwaltungsstrafrecht 424, 474
Verwaltungsverfahrensgesetz *Siehe* VwVG
Vollstreckung 423
Vollzug des Zusammenschlusses *Siehe* auch Vollzugsverbot
Vollzugsverbot 386ff., 491
  Bedeutung von Vollzug 386f., 392
  Befreiung 387f.
  von Amtes wegen 388
  Dauer 387f.

Genehmigung des Vollzugs am Ende des Vor-
  prüfverfahrens 398
  im Hauptprüfverfahren 387, 388
  Missachtung 389ff., 491
    Nachträgliche Prüfung des Zusammen-
      schlusses 389f.
    Strafbestimmungen 392 *Siehe* auch Bus-
      sen
    Wirksamkeit der Rechtsgeschäfte 390ff.
  und Meldepflicht 375f.
  Vergleich mit dem europäischen Recht 392f.
  Verlängerung, Zuständigkeit 345
  während des Vorprüfverfahrens 387
  Wirkungen 387
Vorabklärungen unter dem KG 85 309f.
Vorlagepflicht *Siehe* Auskunfts- und Vorlage-
  pflicht
Vorprüfverfahren 377ff.
  Ähnlichkeiten mit Vorabklärungen 394
  Begriff 373
  Beurteilung des Zusammenschlusses im Vor-
    prüfverfahren 395
  Entscheidungen 394ff., 491
    Eröffnung eines Hauptprüfverfahrens
      Siehe dort
    Keine Eröffnung eines Hauptprüfverfah-
      rens 397f.
    Zulassung *Siehe* dort
  Übersicht 373, 377
  Zweck 395f.
Vorsorgliche Massnahmen 418f., 491
  Zuständigkeit 346
Vorverfahren *Siehe* Vorprüfverfahren
VwVG
  Anwendbarkeit unter dem KG 85 450
  Folgen der Anwendbarkeit 324ff., 450f.
  und kooperativer Charakter des Verfahrens
    451
  Verfahrensrechte 450f.

W

Wettbewerbskommission 343ff.
  Aufgaben 343f.
  Ausstand 347f.
  Beschlussfassung 346f.
  Unabhängigkeit 345, 443
  Verfügungskompetenz 345
  Zusammensetzung 343f.
Widerruf einer Zulassung 416f.
  Wirkungen 417

Zuständigkeit 345
Widerspruchsverfahren 376
Wiedererwägung 442f.
Wiederherstellung wirksamen Wettbewerbs 365,
  392, 414ff.
  bei rechtmässig erfolgtem Vollzug des Zu-
    sammenschlusses 413
  Inhalt der Anordnungen 415f.
  Wirkung der Anordnungen 416
  Zuständigkeit 345
Wirksamkeit des Zusammenschlusses 397,
  412f., 413f., 439 *Siehe* auch Unwirksamkeit
  des Zusammenschlusses
  bei Befreiung vom Vollzugsverbot 387
  bei genehmigtem vorzeitigem Vollzug 414
  bei Missachtung des Vollzugsverbots 390ff.
  bei Untersagung 391f., 414
Wirtschaftlicher Nachrichtendienst *Siehe* Art.
  273 StGB

Z

Zeugeneinvernahmen 403, 407
  falsches Zeugnis 409
  Teilnahme der Parteien 465, 475
  unter dem KG 85 403, 407
  Wahrung wesentlicher öffentlicher und priva-
    ter Interessen 407, 465f.
Zeugnisverweigerungsrecht 407, 460f.
Zulassung
  im Hauptprüfverfahren 411f., 491
  im Vorprüfverfahren 398, 491
  implizite 397
  Revision *Siehe* dort
  Widerruf *Siehe* dort
  Zuständigkeit 345
  Zulassung unter Bedingungen und Auflagen
    412ff. *Siehe* auch Bedingungen und Auflagen
  Wirkung 412f.
  Zuständigkeit 345
Zulassungsfiktion 397, 398, 414
Zulassungspflicht 374ff.
Zusagen
  Berücksichtigung als Tatsache 399
  im Vorprüfverfahren 367, 399, 491
  Rechte Dritter 400
Zusammenarbeit mit anderen Wettbewerbsbehör-
  den 367ff.
  Amtshilfe *Siehe* dort
  mit ausländischen Behörden 368ff.

Zusammenschluss 329ff.
　Begriff 329f.
　durch Fusion 330
　durch Kontrollerwerb 330ff.
　　Arten des Kontrollerwerbs 332ff.
　　　Errichtung eines Gemeinschaftsunternehmens 332
　　　Doppelkontrolle 333f.
　　Vergleich mit dem europäischen Recht 334f.
Zusammenschlussbeteiligte 351ff.
　Begriff 351
Zusammenschlussfälle
　Ciba/Sandoz 309, 338
　Mannesmann/Vallourec/Ilva, M.315 401
　RTL/Veronica/Endemol, M.553 340
　Zunahme der Zusammenschlüsse vor Inkrafttreten des KG 95 337f.
Zusammenschlusskontrolle *Siehe* Fusionskontrolle